이장의二障義

화쟁연구소
원효전서 번역총서 06

이장의二障義

-

초판 인쇄 2023년 2월 17일
초판 발행 2023년 2월 28일

-

주저자 박태원
발행인 이방원
책임편집 안효희 책임디자인 박혜옥
마케팅 최성수 · 김 준 경영지원 이병은 · 이석원

-

발행처 세창출판사
신고번호 제1990-000013호
주소 03736 서울시 서대문구 경기대로 58 경기빌딩 602호
전화 02-723-8660 팩스 02-720-4579
이메일 edit@sechangpub.co.kr 홈페이지 www.sechangpub.co.kr
블로그 blog.naver.com/scpc1992 페이스북 fb.me/Sechangofficial 인스타그램 @sechang_official

-

ISBN 979-11-6684-177-4 94150
978-89-8411-815-7 (세트)

_ 이 저서는 2015년 정부(교육부)의 재원으로 한국연구재단의 지원을 받아 수행된 연구임.
(NRF-2015S1A5B4A01036232)

화쟁연구소

원효전서 번역총서 06

이장의二障義

화쟁연구소 번역

주저자 박태원

세창출판사

원효전서를 번역하면서

박태원
(영산대 화쟁연구소 소장, 울산대학교 명예교수)

대학생 때 『기신론소』를 읽으면서 처음 원효(617-686)와 만났다. 대학원 시절에는 원효전서 전체를 원전으로 일람一覽하였다. 박사학위 논문에도 원효를 담았다. 그러고 보니 원효와의 인연이 거의 35년이다.

인간과 세상의 향상진화에 기여할 수 있는 '보편 성찰에 관한 탐구'를 '보편학'이라 불러 본다면, 원효는 한국학 · 한국철학을 보편인문학으로 승격시키는 데 결정적 가교가 될 수 있는 인물이다. 이런 인물을 탐구한 성취에 기대어 새로운 한국철학 · 인문학을 수립해 보는 것이 언제부턴가 품게 된 학문적 의지이다. 그리고 이 의지를 구현하기 위해 지성공동체의 협업을 펼쳐 보고 싶은 의욕이 나날이 뜨거워진다.

원효 관련 글을 쓸수록 숙제 하나가 뚜렷해졌다. 원효 저서들을 다시 정밀하게 음미하는 동시에 전체를 번역해 보아야겠다는 생각이 간절하였지만 차일피일 미루고 있었다. 더 이상 미루지 못하게 자신을 압박하는 어떤 계기가 필요했다. 2015년에 한국연구재단 토대연구사업으로 '원효전서 번역'을 수행키로 함으로써 그 계기가 마련되었다. 전체는 아닐지라도 이미 원효 저술의 상당 부분이 번역되어 있고, 『기신론소 · 별기』 같은 저술은 다수의 번역이 나와 있다. 저술 일부는 영역英

譯도 되어 있다. 그래서 〈이런 상황에서 굳이 원효전서를 다시 번역할 필요가 있는가?〉라는 질문을 자주 접하였다. 나의 대답은 〈반드시 다시 번역해야 한다〉는 것이었다. 학인의 길을 걷는 내내, 기존 번역들의 번역양식과 내용에 대해 비판의식을 갖고 새로운 대안적 번역양식에 대해 지속적으로 궁리해 왔기 때문이었다. 원효전서 번역을 통해 원효학 수립의 든든한 초석을 놓고 싶은 의욕도 소신의 근거였다.

어떤 인물과 그의 사상에 대한 탐구가 '학學(Science)'의 자격을 갖추려면 다층적이고 다원적인 탐구와 독법이 결합되어 하나의 학적 체계를 구성할 수 있어야 한다. 그리고 한반도 지성사에서 '학學'의 대상이 될 수 있는 인물들 가운데서도 원효는 단연 돋보인다. 그런데 '원효학'이라 부를 만한 내용은 아직 그 토대나 내용이 많이 취약하다. 무엇보다 원효 저술 전체가 제대로 번역되지 않고 있다는 점이 결정적 원인이다.

새로운 번역양식의 시도

가. 현토형 번역과 해석학적 번역

한문으로 저술한 원효의 글을 읽으면서 번역과 관련하여 품게 된 생각 두 가지가 있다. 하나는, 원문에 대한 자신의 이해를 분명하게 확인하려면 무엇보다도 번역을 해보는 것이 최고라는 생각이다. 다른 하나는, 현재 통용되고 있는 '한문고전 번역양식'에 대한 방법론적 회의이다.

한문 저술을 원문대로 읽을 때는 원문 특유의 감각을 생생하게 직접 대면할 수 있다는 점이 가장 큰 장점이다. 그러나 원효 저술처럼 고도의 철학적 내용을 담은 글을 읽을 때는 심각한 난제에 봉착한다. 한문이 지니는 어문학적 특징은 철학적 사유의 표현과 전달에 심각한 문제를 발생시키기 때문이다. 한자어는 같은 용어라도 개념의 범주가 넓고 중층적 의미를 담아낸다. 또 한문 문장은 단어와 단어, 구절과 구절, 문장과 문장의 관계를 확인시키는 접속어가 풍부하지도 않고 정밀하지도 않다. 그래서 작자의 의중을 문장에 정밀하게 담아내는 일에, 또한 독자가 필자의 의중에 명확하게 접근하는 일에, 많은 장애를 겪게 한다. 무릇 철학적 사유를 글에 담고 또 읽어 내려면, 가급적 개념을 명확히 제한할 수 있는 언어, 문장의 의미를 정확하게 표현할 수 있는 규칙을 정밀하게 구사할 수 있는 언어가 요구된다. 그런 점에서 고전한문은 철학적 사유의 그릇으로 사용하기에는 매우 불편하다.

문장을 구성하는 요소들 상호 간의 관계나 문장 안에서의 역할을 결정해 주는 격변화 법칙이 문장에 정밀하게 적용되는 문어文語, 단어의 개념범주가 분명한 언어는 번역작업을 용이하게 해 준다. 독일어처럼 격변화 법칙이 정밀하고 일관성 있게 반영되는 언어는 철학적 사유를 표현하거나 읽고 이해하는 데 매우 편리하다. 빨리어나 산스크리트어도 격변화 법칙이 분명하고 개념의 범주가 분명하기 때문에 문장 번역이나 이해에서 편차가 줄어든다. 이에 비해 고전한문에는 단어의 격변화 법칙이 없다. 한자어 하나가 어미변화 없이 다양한 품사로 구사된다. 그나마 문장 구성요소들의 관계를 파악하는 데 도움이 되는 허사虛辭들도 소략하다. 정밀하지도 않고 풍부하지도 않다. 그래서 단어들 사이의 관계나 단어의 문장 내에서의 역할을 결정하는 일에서 감당해야 할 독자讀者나 번역자의 몫이 너무 크다. 게다가 단어의 개념범주는 넓고도 다층적이다. 사정이 이렇다 보니 한문 해독력이나 문장 구사력을 확보하기 위해서는 다양한 문형들을 거듭 익히는 것이 전통 학습법이 되었다. '백번 읽다 보면 뜻이 저절로 드러난다(讀書百遍義自見)'는 말도 고전한문의 특성과 무관하지 않다.

원효 시대의 한국어, 특히 구어의 내용이 어떤 것이었는지 정확하게 확인하기는 어렵지만, 현재를 기준 삼아 볼 때 한국어는 관계사나 수사법의 정밀성과 풍부함이 어디에 내놓아도 손색이 없는 수준이다. 한자어를 포섭하면서 구사되는 현재의 한국어는, 기록과 수사修辭는 물론 철학적 사유의 그릇으로 정말 탁월하다. 그래서 나는 한국어의 주체로 살아가는 것을 크나큰 행복으로 여긴다. 원효 시절의 한국어가 지금처럼 정밀하고 풍요로웠는지는 알 수 없으나, 한문이 한국어의 구어적 정밀성과 풍요로움을 담아내기에는 턱없이 부족했을 것이다. 원효는 자신의 정교하고 다층적인 사유를 한자와 한문에 담아내는 데 매우 불편했을 것이다. 그러나 어쩔 수 없이 한문을 문어文語로 사용해야만 하는 시절이었다.

원효의 입장에서 볼 때, 다양한 의미일지라도 어쩔 수 없이 동일한 한자어를 쓸 수밖에 없는 경우가 허다했을 것이다. '불변의 본질', '본연', '특성', '면모' 등의 상이한 의미를 '성性'이라는 한 용어에 담아야 했고, '불변 · 독자의 실체 없음'과 '헛됨'도 모두 '공空'에 담아야 했으며, '실체 관념', '특징', '양상', '능력', '모습', '차이'라는 다양한 의미도 '상相'이라는 한 용어에 담아야 했다. 또 '가르침', '진리', '방법', '객관세계', '도리', '대상', '바탕', '존재', '온갖 것', '현상' 등의 의미도 모두 '법法'이라는 말에 담아야 했다. 이런 사례가 부지기수이다. 문장이 전하는 뜻을 결정짓는 핵심 개념의 거의 전부가 이런 사정에 노출되어 있다. 게다가 단어와 단어, 구절과 구절, 문장과 문장의 관계를 이어 주는 접속어가 정교하지 않은 탓에, 순접과 역접뿐 아니라 미세하고 중요한 관계의 차이들을 한문 문장으로는 명확히 구현할 수가 없었다. 그의 사유가 보여 주는 극미세한 분석적 정밀성과 다층 · 다면적 입체성으로 볼 때, 그의 사유와 한문의 관계에는 심각한 불화가 있었을 것이지만, 불화를 해소할 다른 방법도 없었다.

원효 저술뿐 아니라 한문으로 저술된 고전들, 특히 철학적 내용을 담은 고전들에 대한 번역은, 이런 난제들을 얼마나 잘 해결했는가에 따라 번역물의 수준이 결정된다. 그런데 한문고전에 대한 기존의 한글번역본은 과연 이런 난제들을 얼마나 해결하고 있을까? 아니, 번역자나 학인들은 이러한 문제를 해결과제로 인식하고는 있는 것일까? 필자의 생각으로는 회의적이다. 문제의식 자체가 결여되어 있는 것으로 보인다. 그래서 해결의지도 약하고, 해결하려는 시도도 만나기 어렵다.

기존의 원효저서 한글번역본들은 일종의 '현토懸吐형 번역'이다. 원전의 한문용어를 대부분 그대로 채택하면서 최소한의 관계사를 부가하여 한글문장으로 전환시키고 있다. 현토가 전통한문에 결핍되어 있는 관계사들을 최소한의 방식으로 보완하여 의미파악의 보조수단으로 삼는 형태였다면, 근대 이후의 한글번역은 현토의 역할을 한글로 계승한 형태라 할 수 있다. 그런 점에서 선행 번역들은 '현토형 번역' 혹은 '전통형 번역'이라 부를 수 있다.

현토형 번역은, 원전의 어문적 구성요소들을 가급적 원형 그대로 번역문에 반영한다는 점에서, 의미의 변형이나 훼손을 최소화할 수 있는 번역양식으로 간주되곤 한다. 그래서 원효저술 번역의 경우, 예컨대 성性·상相·체體·법法 및 이런 개념들과 결합한 복합어를 모두 원전의 표현 그대로 사용하는 것이 의미 훼손을 막을 수 있다고 주장하면서, 원전 용어들을 그대로 번역어로 채택한다. 그러나 한자는 다의적이고 한문은 다양한 해석이 가능하기에, 원전 용어와 문장의 의미에 대한 번역자의 이해에 따라, 의미단락 구분과 관계사 선정 등 번역문 구성을 위한 선택이 결정된다. 같은 용어라도 맥락에 따라서는 상반되거나 다른 의미로 사용되는 경우가 허다하기 때문에, 번역자는 자신의 관점에 따라 그 의미를 결정하여 번역어에 반영해야 한다. 특히 철학적 문헌의 경우에는 반드시 그렇게 해야 한다. 번역자의 관점에 따라 의미를 선택하고 내용을 명확하게 하는 방식으로 번역해 보면, 원문에 대한 번역자의 이해가 타인뿐 아니라 자신에게도 분명해진다.

'모든 번역은 해석이다'라는 말은 한문으로 된 철학적 문헌, 특히 원효 저술의 경우에도 고스란히 유효하다. 고전은 번역을 통해 '독자와의 대화 자리'로 초대된다. 그러기에 번역은 '대화를 이어 주는 통역'의 역할을 해야 한다. 그러나 한문고전 번역의 현실 풍경은 많이 다르다. 〈풍부한 원어의 의미를 번역으로 제한하면 안 된다〉 〈의미를 제한하는 번역으로 심오한 뜻을 훼손시키지 않아야 한다〉는 등의 논리를 앞세워, 가급적 원전의 표현을 그대로 사용하려는 태도가 일반화되어 있다. 단순개념이든 복합개념이든 원문용어 그대로 가져와 한글문장을 만들고 있다. 그런 번역에서는 문장을 구성하는 '용어들의 맥락적 의미'와 '문장의 의미'를 읽어 내는 역자의 관점 및 이해가 드러나기 어렵다. 번역자나 독자 모두 문장의 의미에 접근하기 어렵다. 특히 독자는, '읽을 수는 있으나 뜻을 알기 어려운 현토형 한글문장' 앞에서 고개를 젓는다. 아무리 심오한 뜻을 품은 용어나 문장이라 해도 뜻을 제한적으로 선택하여 번역해야 한다. 뜻을 제한할 수 없는 용어나 문구는 글의 구성요소가 될 수 없다. 글이란 것은 원래 의미의 제한이다. 그 의미를 선택하여 전달하는 것이 번역이다.

문장의 의미 파악을 현토懸吐적 번역으로 처리하는 현토형 번역양식을 채택하는 것은, 번역자에게는 매우 유리하고 독자에게는 극히 불리하다. 원전 용어의 현토형 배열에는 역자의 이해 내용과 수준을 숨길 공간이 넉넉하여, 역자에게는 편할지 몰라도 독자에게는 불편하고, 학문적 기여도는 취약해진다. 현토형 번역물들 사이의 비교평가는 그저 한문해석의 어문학적 타당성이나 현토의 차이를 기준 삼아 행할 수 있을 뿐인데, 그런 평가는 너무 엉성하다. 번역자만 유리한 일방적 언어게임이 관행이라는 방패를 앞세워 답습되고 있다.

한문고전의 현토형 번역물을 영어번역과 비교해 보면 현토형 번역의 문제점이 분명히 드러난다. 영어번역은 아무리 단순한 개념을 담은 용어라도 원전 표현을 그대로 사용할 수가 없다. 영어에는 한자어가 없기 때문이다. 그래서 해당 용어에 대해 번역자가 선택한 의미를 일일이 영어로 기술해야 한다. 한문을 영어로 옮기려면 모든 용어와 문장에 대한 번역자의 이해를 고스란히 번역문에 반영해야 한다. 따라서 영역본을 읽으면 뜻이 분명하고 이해하기가 쉽다. 원문에 대한 의미 파악이 얼마나 정확한지, 얼마나 좋은 번역인지는, 여러 번역본을 비교하고 평가하는 담론과정에서 결정하면 된다. 달리 말해, 영역은 번역자의 이해가 분명히 드러나므로 차이의 확인과 평가가 용이하다. 그리하여 다른 이해를 반영한 다른 번역이나 더 좋은 번역이 등장하기 쉽다. 영역을 비롯한 외국어 번역본에서는 동일 고전에 대한 새로운 번역이 계속 이어지고, 또 그런 현상을 당연하게 여기는 이유가 여기에 있다. 동일 문헌에 대한 다양한 번역을 통해 번역의 자기 진화가 가능하다. 현토형 한글번역과 영역은 모든 점에서 극명하게 대비된다. 이 차이가 무엇을 의미하는지 주목해야 한다.

전통/현토형 번역의 유용성은 제한된 소수자들만의 협소한 공간에 유폐된다. 전문가를 자처하는 소수자들 사이에서만 유통되고 재생산되는 번역은 폐쇄적 공간에 머물기 마련이다. 학문적 기여가 제한되고, 현재어와의 소통성 부재로 인해 다양한 언어지형들과 상호작용하기가 어려우며, 의미 가독성이 떨어져 연구자들과 대중 지성들의 갈증을 채워 줄 수가 없기 때문이다. 그럼에도 불구하고 한국에서의 동아시아 한문고전 번역, 특히 철학/사상 관련 고전들의 번역에서는 아직도 이러한 폐쇄적 방식이 일반형으로 유통되고 있다.

고전한문으로 기술된 철학적 문헌은 번역자의 관점과 이해한 내용에 따라 번역물 수준의 편차가 특히 심하다. 원효저서의 번역에는 이런 문제가 고스란히 노출된다. 원효는 거의 모든 유형의 불교교학을 통섭通攝적으로 다루고 있기에, 그의 언어를 번역하기 위해서는 다채로운 역량을 준비해야 한다. 어문학적 한문해독력은 물론, 모든 불교교학과 원효사상에 대한 심도 있는 탐구, 연관되는 철학적 성찰에 대한 견실한 소양을 확보해야 한다. 아울러 불교언어의 특수성이 요구하는 근원적 역량도 유념해야 한다. 불교언어는 경험에 의한 검증가능성을 원칙으로 삼는 진리관 위에 수립된 것이기에, 사변적 방식만으로 접근하는 것에는 한계가 있다. 언어에 반영된 그 언어주체의 경험지평에 접근하려는 실존적 노력마저 요구된다. 이 근원적 역량의 향상은 결코 단기간에 가능한 것도 아니고 쉬운 것도 아니지만, 용어와 문장의 의미 파악에서 결정적 역할을 하는 경우가 많기 때문에 간과할 수가 없다. 번역자는 이런 다채로운 역량에 의거하여 최종적으로 자신의 해석학적 관점을 선택한 후, 그 관점에 따라 포착한 문장의 의미를 명확한 형태로 현재어에 담아내야 한다.

원효저서에 대한 기존의 한글번역들은 현토형 번역양식이 안고 있는 문제점들을 그대로 노출하고 있다. 이런 문제점들을 극복할 수 있는 대안은 '해석학적 번역양식'이다. 원전 내용에 대한 번역자의 이해를 명확히 드러내면서 그 이해를 현재어에 담아내는 것을 '해석학적 번역'이라 불러 보자. 해석학적 번역은 통상의 의역이 아니라 '해석학적 직역'이다. 해석학적 번역은, 번역자의 이해를 명확히 드러냄으로써 '의미 가독성'을 높이고 '번역내용에 대한 평가'를 용이하게 하여 더 좋은 번역들이 이어지게 한다. 또한 번역이 현재어와 접속되어 다양한 지식 지형의 현재언어들과 상호작용할 수 있는 '소통성'을 높여 준다.

예를 들어 보자. 원효가 즐겨 구사하는 '一心'이라는 기호는 마음의 역동적 국면을 지시한다. 그런데 '一心'을 '일심'이나 '한마음'으로 번역하면, 원효가 이 기호를 통해 알리려는 역동적 사태가 정태적 존재로 둔갑한다. '一心'을 가변적 현상 이면에 있는 '불변의 본체나 궁극실재'를 지시하는 명사적 의미로 읽으면, 원효의 일심철학은 '모든 현상을 지어내고 자신은 불변의 자리를 지키는 궁극실재에 관한 철학'이 된다. 원효의 의도를 엉뚱하게 굴절시키는 이해이다. 원효철학에 대한 이런 관점이 논리의 옷을 걸치고 이론의 집을 짓는 경우가 허다한데, 현토형 번역의 부작용과 무관하지 않다. '一心'을 해석학적으로 번역하려면, '一心'이라는 기호가 채택되는 철학적 의미맥락을 성찰하고 선택한 의미를 반영하는 번역어를 채택해야 한다. 그래서 필자는 '一心'을 '하나처럼 통하는/통하게 하는 마음'이라 번역한다. 『금강삼매경론』의 '경의 핵심 내용을 밝힘'(辨經宗)이라는 대목에 나오는 문장 일부를 해석학적 번역양식에 따라 번역하면 다음과 같다.

원문: "開說十門爲其宗者, 謂從一門, 增至十門. 一門云何? 一心中, 一念動, 順一實, 修一行, 入一乘, 住一道, 用一覺, 覺一味."

해석학적 번역: "〈'펼치는 방식'(開)으로 말하면 '열 가지 [진리 전개] 방식'(十門)이 근본(宗)이 된다〉라는 것은, '일一로써 펼치는 방식'(一門)으로부터 [숫자를 하나씩] 더하여 '십十으로써 펼치는 방식'(十門)에까지 이르는 것을 말한다. 〈'일一'로써 펼치는 방식〉(一門)이란 무엇인가? '하나처럼 통하는 마음'(一心) 가운데 '하나처럼 통하는 생각'(一念)이 움직여, '하나처럼 통하는 진실'(一實)을 따라 '하나처럼 통하는 수행'(一行)을 닦고, '하나처럼 통하게 하는 가르침'(一乘)으로 들어가 '하나처럼 통하는 길'(一道)에 머무르며, '하나처럼 통하게 하는 깨달음'(一覺)으로써 '한 맛[처럼 서로 통함]'(一味)을 깨닫는 것이다."

해석학적 번역을 구현하기 위해서는, '모든 한자어의 의미 풀어쓰기'와 더불어, 문장 의미에 대한 번역자의 이해를 번역문에 명확하게 반영하는 작업이 이루어져야 한다. 이러한 작업을 위해서는 파악한 뜻을 부연하여 설명하고 단어와 문장들의 관계를 정밀하게 연결시켜 주는 보조문의 삽입이 필수적이다. 원문에는 없어도 의미 전달에 필요한 내용을 원문과 차별 가능한 형태로 적절하게 추가해야 한다. 이를 위해 이 '원효전서 번역' 작업에서는 글자 크기를 달리하는 '[ ]' 기호를 사용하여 그 안에 보조 문구를 기입하는 방식을 적극 활용했다.

기존의 현토형 내지 전통형 번역을 통틀어 '1세대 번역양식'이라 부른다면, 이제는 기존 번역양식의 문제점을 보완한 '2세대 번역양식'이 요청된다. 그리고 이 2세대 번역양식은 '해석학적 번역'이어야 한다. 이번에 시도한 원효전서 번역은 이러한 해석학적 번역양식을 원효저술을 대상으로 구현해 본 것이다. 해석학적 번역본은 원효저서의 외국어 번역을 위한 저본으로 사용하기에도 용이하다. 현행 현토형 번역은 외국어 번역의 저본으로 채택하기가 어렵다. 현재 부분적으로 영역되어 있는 것들은 영어권 학자 스스로 원전의 의미를 파악하여 영어로 옮긴 것이다. 원효저서 전체에 대한 신뢰할 만한 영어번역본의 확보는 원효학 수립의 세계적 협업을 위해 시급한 과제인데, 이번의 번역이 그 가교가 될 수 있기를 기대하고 있다. 아울러 한문 불전佛典뿐 아니라 동아시아 한문고전의 한글번역에 있어서도, 양식 전환의 계기가 되는 한 전범典範을 마련해 보려는 전망까지 품고 있다.

나. 협업적 공동번역시스템에 의한 번역

번역자의 역량이 아무리 출중해도 단독번역 작업은 여러 한계를 수반한다. 아무리 꼼꼼히 챙겨도 놓치는 것이 있다. 관련자료 탐색, 의미파악, 번역문 구성 등 번역의 모든 면에서 혼자서는 해결하기 어려운 문제점들이 발생하기 마련이다. 이런 문제를 해결하려면 다양한 역량을 지닌 사람들이 팀을 이루어 협업하는 방식이 이상적이다.

통상적으로 대형 공동번역은 번역물을 연구자들에게 배분한 후 각 연구자들이 번역한 것을 종합하는 형식이다. 번역어 통일이나 내용의 정합성을 위한 조정과정을 거치기는 해도, 기본적으로는 단독번역들의 종합이 된다. 그러다 보니 문헌마다 담당 번역자의 이해가 단독적으로 반영될 뿐, 의미 파악의 타당성을 공동으로 면밀하게 검토할 수 있는 기회가 결여된다. 무엇보다도 다수의 연구자들이 꾸준히 머리를 맞대고 함께 작업할 수 있는 환경을 확보하기가 어렵기 때문이다. 이번 원효전서 번역은 한국연구재단의 재정지원으로 인해 이런 문제점을 극복할 수 있는 협업적 공동번역 시스템을 구성하여 가동할 수가 있었다.

한역漢譯대장경을 산출했던 번역시스템은 탁월했다. 국가적 지원 아래 구성한 번역시스템은 가히 이상적이었던 것으로 보인다. 산스크리트어에 대한 어문학적 해석력, 한문 번역문의 구성력, 불교언어의 뜻을 읽어 내는 의미파악력 등, 번역에 필요한 최고 수준의 전문가들이 모여 각자의 역량을 결합시킬 수 있는 시스템이었다. 그런 시스템을 현재에 그대로 재현하기는 어려울 것으로 보인다. 그러나 이번 원효전서 번역에서는 그런 시스템의 장점을 조금이라도 닮아 보려고 했다. 그래서 불교학 각 분야 전문연구자들의 역량을 결합할 수 있는 팀을 최소한의 규모로라도 구성하고, 모든 번역문을 독회 세미나를 거쳐 결정했다. 매주 1회 개최되는 '원효전서 독회 세미나'에서 연구자들의 역량을 상승적으로 결합시키면서 모든 번역문을 확정했다. 이 팀 번역시스템은 언제나 다음과 같은 3단계의 작업으로 진행하였다.

1단계: 참여연구자들은 각자 맡은 번역내용과 관련된 교학이론 및 기존의 연구를 소화하는 동시에, 문장 내용, 인용문 원전 내용, 전문 교학용어 등 관련 사항들을 꼼꼼히 분석하고 자료들을 종합한다. 또한 기존의 번역이 있는 경우에는 그 번역들과 대비시키면서 해석학적 번역양식에 맞추어 새로운 번역문을 준비하여 책임연구자에게 전달한다.

2단계: 책임연구자는 참여연구자들이 작성한 번역문 및 관련 자료의 모든 내용을 원문과 대조하여 수정/보완한 새로운 번역문을 작성한다.

3단계: 참여연구자들이 준비한 관련 자료 및 번역과 책임연구자의 번역을 종합하여, 매주 1회 연구자들이 모두 모인 '원효전서 독회 세미나'에서 함께 검토하면서 최종 번역문을 확정한다. 한 용어, 한 구절의 의미나 번역을 둘러싼 다양한 문제와 이견이 제기되고 토론되는 과정에서, 참여자들은 원효사상과 불교철학에 대한 이해 및 번역 역량을 향상시켜 간다.

이 모든 과정에서 번역의 일관성과 정합성을 위해 원문의 의미 파악과 번역문의 최종결정은 책임연구자가 맡았다. 따라서 의미 파악의 오류나 번역문의 문제점이 있다면 전적으로 책임연구자의 허물이다. 책임연구자가 꾸준히 원효연구를 진행했기에 그런 역할을 하긴 했지만, 잘못 이해하거나 놓쳐 버린 뜻을 일깨워 주는 참여연구자들의 혜안과 역량이 있었기에 역할 수행이 가능했다. 이러한 협업적 공동번역은 참여연구자들 각자의 공부 향상에도 크게 기여했지만, 무엇보다 나 자신에게 매우 유익했다. 한 단어 한 구절씩 해석학적 양식으로 꼼꼼히 번역하다 보니, 원문으로 읽을 때는 놓치거나 대충 넘어갔던 내용과 의미들을 새롭게 만날 수 있었다. 그동안 원효와 너무 건성으로 만났다는 것을 확인해야 하는 것은 부끄러움이었지만, 새로운 원효를 만난다는 것은 설레는 기쁨이었다. 거듭 새 모습으로 서 있는 원효를 만나고, 그를 통해 불교철학에 대한 새로운 독법을 전망해 보는 희열 때문에, 나와 참여연구자들 모두 장기간의 혹독한 과정을 기꺼운 마음으로 감내할 수 있었다. 원효와 대화하면서, 비단 불교학이나 종교학뿐만 아니라, 인문학과 철학 자체의 새로운 전망까지 품을 수 있었던 것은 행복을 넘어선 행운이었다.

원효사상의 포괄적 성격 때문에, 원효저서를 번역하려면 원효가 탐구했던 모든 유형의 교학과 불교철학을 소화해야 한다. 따라서 번역과정에서 연구자들은 자연스럽게 넓고 깊고 유기적인 불교 이해와 견실한 학문 역량을 다져 가게 된다. 이러한 성취는 고된 작업과정을 감내해 낸 참여연구자들에게 주어지는 최고의 보상이다.

『중변분별론소』를 비롯한 이후의 출간은 영산대 화쟁연구소가 주관한다. 그간 원효전서의 번역과 출간을 주관하였던 울산대 원효학토대연구소가 2021년 9월부터 영산대학교 화쟁연구소로 새롭게 출발하였기 때문이다. 원효학토대연구소를 운영하던 필자의 정년퇴임을 계기로, 원효학 연구를 화쟁인문학의 수립에 초점을 맞추어 집중해 보기 위한 선택이다. 원효전서 번역에서 확보한 인문학의 새로운 전망을 구현해 보고자 하는 의욕이 동기가 되었다. 새 출발을 축하하듯 경사도 있었다. 한국연구재단 토대연구사업(2015-2020)으로 수행한 본 '원효전집 번역'이 '교육부 주관 학술연구지원사업 우수성과'로 선정되었다. 멈추지 말고 더 나아가 보라는 학문공동체의 격려이기에 다시 마음을 다잡는다.

2023년 2월 1일

박 태 원

이장의 일러두기

❶ 본서는 『한국불교전서韓國佛敎全書』 제1권(pp.789c~814b)에 실린 『이장의二障義』를 번역한 것이다. 한불전의 주석에 따르면, 이 책은 일본 오타니(大谷)대학에서 소장하고 있는 고사본古寫本을 저본底本으로 한 것이다. 이 고사본은 우리나라의 불교학동인회에서 편집하여 출간한 『원효전서』(1973년)에 실려 있고, 오쵸 에니치(横超慧日)도 이 고사본을 저본으로 横超本(1979년)을 출간하였다. 이 책의 번역은 한불전 『이장의』를 저본으로 하고, 横超本을 참고본으로 하여 상호 교감하는 방식을 채택한다. 본문의 원문 표기에도 한불전과 横超本의 해당 쪽수를 함께 기록하였다.

❷ 『이장의二障義』에 대한 원효의 과문科文은 각주에 소개하였다.

❸ 모든 원문 교감은 해당 원문의 각주에서 교감의 내용 및 그 근거와 이유를 밝히는 것을 기본방식으로 하였다. 문맥에 따른 교감의 경우에는 해당 번역문의 각주에서 그 근거와 이유를 밝히기도 했다. 또한 교감할 필요는 있어도 원효의 의도를 고려하거나 당시 문헌의 판본을 보존하는 의미가 있다고 판단되는 경우라면, 문맥에 저촉되지 않는 사례에 한하여 교감하지 않은 경우도 있다.

❹ 학인들의 연구를 돕기 위해 각 문단마다 해당 원문의 출처를 밝혀두었다.

❺ 원전 개념어의 뜻을 풀어 번역하는 경우, 번역문은 작은 따옴표(' ')

로 표시했고 해당하는 한문 개념어는 괄호 안에 제시했다. 또한 번역문에서 '[ ]'로 표시된 보조문의 내용은 단어와 문장 및 문맥에 대한 번역자의 이해를 나타낸 것이다.

❻ 원전의 개념어나 문맥의 해석을 위해 역주가 필요한 경우에는 관련된 경론經論의 문구를 제시함으로써 해석의 근거를 밝히는 것을 역주 작성의 원칙으로 삼았다. 참고한 사전과 연구서들에 관해서도 출처를 밝혔다.

❼ 『한국불교전서韓國佛敎全書』는 H, 『대정신수대장경大正新修大藏經』은 T, 『만자속장경卍字續藏經』은 X로 약칭했다.

❽ 원효가 인용하고 있는 경론들의 산스크리트본이 현존하는 경우, 해당하는 산스크리트 문구들을 찾아 번역하여 역주에 반영시킴으로써 한역漢譯 내용과 대조해 볼 수 있게 하였다. 원효가 인용하고 있는 경론들의 내용과 현존하는 산스크리트본의 해당 내용을 대조할 때 사용한 참고문헌과 약호는 다음과 같다.

〈약호〉

AS. *Abhidharmasamuccaya*, ed., by P. Pradhan, Visva-Bharati Series 12, Santiniketan, 1950.

ASBh. Abhidharmasamuccaya-bhāṣya, ed., by N. Tatia, Tibetan Sanskrit Work Series 17, K. P. Jayaswal Research Institute, Patna, 1976.

BoBh. *Bodhisattvabhūmi*, ed., by U. Wogihara, Tokyo, 1930-1936 (repr. Tokyo, 1971).

DśBh. *Daśabhūmīśvaro nāma Mahāyānasūtraṃ*, rev. & ed. by Ryūkō Kondō, 1936 (repr, Kyoto: Rinsen Book, 1983).

LAS. *The Laṅkāvatāra Sūtra*, ed by Bunyiu Nanjio, Kyoto: Otani University Press, 1923.

MAV. *Madhyāntavibhāgabhāṣya*, by Gadjin M. Nagao, Tokyo: Suzuki Research Foundation, 1964.

MSA. *Mahāyānasūtrālaṁkāra, tome I texte, éd. par Sylvain Lévi, Bibliothèque de l'Ecole des Hauts études*, Paris, 1907.

Triṃś. *Vijñāptimātratāsiddhi. Deux Traités de Vasubandhu: Viṃśatika et Triṃśika*. Paris (Bibliothèque des Hautes Études, Sciences historiques te philologiques, fasc. 245.)

RGV. *The Ratnagotra-vibhāga Mahāyānottaratantraśāstra*, ed. by Edward H. Johnston, Patna: The Bihar Research Society, 1950.

ŚrBh. *Śrāvakabhūmi of Ācārya Asaṅga*, ed., by Karunesha Shukla, J. P. Jayaswal Research Institute, Patna, 1973.

Suv. *Suvarṇaprabhāsa sūtra*, Bunyiu Nanjo & Hokei Idzumi, Kyoto: The Eastern Buddhis Society, 1931.

VKN. *Vimalakīrtinirdeśa*: a Sanskrit edition based upon the manuscript newly found at the Potala Palace / 大正大学綜合仏教研究所梵語仏典研究会 [編], 2006.

YBh. *The Yogācārabhūmi of Ācārya Asaṅga*, Part 1, ed., by V. Bhattacharya, University of Calcutta, 1975.

〈참고문헌〉

Ālayavijñāna. L. Schmihausen, *Ālayavijñāna- On the Origin and the Early Development of a Central Concept of Yogācāra Philosophy*, Part I, II, Tokyo: The Internationla Instutute for Buddhist Studies.

안성두 번역, 『보성론寶性論』, 서울: 소명출판, 2011.

차례

『이장의二障義』
—삶과 세상을 왜곡 · 오염시키는 두 가지 장애의 의미에 관한 탐구—

『이장의』는 원효의 구도적 탐구가 얼마나 체계적 기획으로 진행되었고 어느 정도의 견실한 토대를 다지고 있는지 확인시켜 주는 저술이다. 게다가 경전이나 논서를 주석하는 방식이 아니라 단독 주제에 관한 논증적 저술이어서 그의 관심과 성취 수준이 완결된 체계로 개진되고 있다. 경전의 핵심적 의미를 기술하는 종요宗要 형식의 현존 저술들 가운데 『열반종요涅槃宗要』, 『보살계본지범요기菩薩戒本持犯要記』, 일부만 전하는 『십문화쟁론十門和諍論』과 『판비량론判比量論』도 그러한 성격의 저술이다. 이런 저술들은 원효의 관심과 사유의 정체성 및 특이성을 파악하기에 용이하다. 『이장의』에서는 자세한 설명을 자신의 저술인 『대승기신론별기大乘起信論別記』로 대체하는 부분이 있어 『이장의』가 『대승기신론별기』 이후의 저술이라는 점을 알려 준다. 『대승기신론별기』→『이장의』→『대승기신론소大乘起信論疏』의 순서로 저술되었다는 것을 알 수 있다. 『대승기신론별기』가 『대승기신론』에 대한 연구 초록임을 고려할 때, 원효는 『대승기신론』을 연구하면서 불교의 번뇌론에 대한 체계적 이해가 필요하다고 생각하였고, 그리하여 『대승기신론별기』 이후에 번뇌에 대한 연구결과를 담은 『이장의』를 저술하였으며, 다시 번뇌에 대한 체계적 이해를 기반으로 『대승기신론소』를 저술하였던 것으로 추정할 수 있다.

저술 주제인 '두 가지 장애'(二障)의 뜻에 대해 원효는 이렇게 말한다.

"'두 가지 장애'(二障)란, 첫째는 '번뇌로 인한 장애'(煩惱障)인데 '미혹으로 인한 장애'(惑障)라고도 부르고, 둘째는 '대상에 대한 이해를 가로막는 장애'(所知障)인데 '지혜를 가로막는 장애'(智障)라고도 부른다. 혹은 [두 종류의 장애를 구분하는] 또 '다른 방식'(異門)이 있으니 ['현상으로 드러나지 않는 측면'(隱密門)에서] '번뇌로 인한 장애'(煩惱碍)와 '지혜를 가로막는 장애'(智碍)라고 부른다."

원효가 파악한 번뇌의 체계는 크게 '현상으로 드러나는 측면'(顯了門)과 '현상으로 드러나지 않는 측면'(隱密門)의 두 가지 범주로 구분된다. 그리고 '두 가지 장애'(二障)는 이 두 가지 범주에서 각각 명칭을 달리한다. 현료문顯了門에서는 '번뇌장煩惱障과 소지장所知障' 혹은 '혹장惑障과 지장智障'이라 부르고, 은밀문隱密門에서는 '번뇌애煩惱碍와 지애智碍'라고 부른다. 또 현료문의 번뇌장과 소지장은 은밀문의 번뇌애와 지애 중 번뇌애에 속하고, 이 번뇌애는 지애의 바탕(體)인 근본무명에 의지한다. 또 번뇌장은 '자아에 불변 · 독자의 본질/실체가 있다고 하는 집착'(人執)에 수반하는 '[모든 번뇌의] 근원이 되는 번뇌'(根本煩惱)와 '[근본이 되는 번뇌를] 따라 일어나는 번뇌'(隨煩惱)인 '화내는 마음'(忿) · '원망하는 마음'(恨) · '잘못을 감추는 마음'(覆) 등을 말하고, 소지장은 '모든 현상에 불변 · 독자의 본질/실체가 있다고 하는 집착'(法執)에 수반하는 망상분별妄想分別 · '현상에 대한 애착'(法愛) · '비교하는 마음'(慢) · 무지(無明) 등을 말한다. 오쵸(橫超)는, 원효의 현료문(현상적인 관점)은 신역 계통인 『유가론』을 중심으로 한 번뇌설이고 은밀문(근본적인 관점)은 기신론을 중심으로 한 번뇌설이라고 보았다.(橫超 慧日, 1940, pp.142-154.) 원효는 『기신론소』(1-717c)에서 『대승기신론』은 은밀문에 해당한다고 말하고 있다.

<table>
<tr><th colspan="2">현료문顯了門(현상으로 드러나는 측면)
― 『유가사지론』 중심의 번뇌론</th><th colspan="3">은밀문隱密門(현상으로
드러나지 않는 측면) ―
『대승기신론』 중심의 번뇌론</th><th>비고</th></tr>
<tr><td>번뇌장煩惱障</td><td>소지장所知障</td><td colspan="2">번뇌애煩惱碍</td><td>지애智碍</td><td>지애智碍와
번뇌애煩惱
碍는
본말本末
관계</td></tr>
<tr><td>인집人執에 의한
장애</td><td>법집法執에 의한
장애</td><td colspan="2">여섯 가지 오염된
마음(六染心)</td><td></td><td></td></tr>
<tr><td>근본번뇌根本煩惱,
수번뇌隨煩惱('화내
는 마음'(忿), [화가
사라지지 않아]
'원망하는 마음'(恨),
'잘못을 감추는
마음'(覆) 등)</td><td>망상분별妄想分別,
'현상에 대한
애착'(法愛),
'비교하는 마음'(慢),
'[현상에 대한]
무지'(無明) 등</td><td colspan="2">근본업불상응염
根本業不相應染
능견심불상응염
能見心不相應染
현색불상응염
現色不相應染
분별지상응염
分別智相應染
부단상응염
不斷相應染
집상응염
執相應染</td><td>근본무명
根本無明</td><td></td></tr>
<tr><td></td><td></td><td>번뇌장</td><td>소지장</td><td></td><td>번뇌장과
소지장은
번뇌애煩惱
碍에 포함</td></tr>
</table>

이러한 '두 가지 장애'(二障)의 의미를, ① '두 가지 장애라는 명칭과 그 의미'(名義)에 대한 해석, ② 두 가지 장애의 '본연이 지닌 특성'(體相)을 드러냄, ③ 두 가지 장애의 '작용 능력'(功能)에 대한 설명, ④ 번뇌의 종류를 분류하는 '다양한 방식'(諸門)을 포괄적으로 체계화함, ⑤ 두 가지 장애를 '다스려 끊음'(治斷)에 대한 설명, ⑥ 의문들을 '총괄적으로 해결함'이라는 '여섯 가지 방식'(六門)으로 치밀하게 분석하는 것이 『이장

의』 전체의 체계와 내용이다. 구체적으로는 두 가지 장애에 대한 개념의 정의, 두 가지 장애의 특성에 대한 다양한 방식의 분석, 두 가지 장애의 작용 능력에 대한 구분과 내용 분석, 번뇌에 대한 다양·다층의 구분 방식과 그에 의한 번뇌의 특성 분석, 두 가지 장애를 치유하는 수행의 구분과 대상 및 방법의 차이 분석, 수행자 유형(범부, 성문·연각, 보살)에 따른 수준의 차이 분석을, '현상으로 드러나는 측면'(顯了門)과 '현상으로 드러나지 않는 측면'(隱密門) 각각에서 진행하고 있다. 그리고 관련된 난제들과 그에 대한 해결을 덧붙이고 있다.

원효가 번뇌의 체계를 '현상으로 드러나는 측면'(顯了門)과 '현상으로 드러나지 않는 측면'(隱密門)의 두 가지 범주로 구분하면서 번뇌론을 체계화하고 있지만, 핵심은 '번뇌장煩惱障과 소지장所知障의 차이와 관계'에 있다. 다시 말해, 번뇌장의 근본인 '자아에 불변·독자의 본질/실체가 있다고 하는 집착'(人執)과 소지장의 근본인 '모든 현상에 불변·독자의 본질/실체가 있다고 하는 집착'(法執)의 차이와 상호 관계에 대한 탐구가 『이장의』의 핵심이다.

『이장의』의 번뇌론 체계에서 '인집人執에 의한 번뇌장'은 '법집法執에 의한 소지장'의 하위 범주에 속한다. 이러한 체계는 불교 교학의 발달과정을 반영하고 있다. 아비달마 교학은 붓다의 무아 법설을 계승하면서도 모든 현상의 개별적 근거인 자성(自性, svabhāva)을 설정하여 현상의 생멸을 설명한다. 그리고 이 자성 개념은 붓다의 법설이 명백히 거부한 본질·실체·동일성 관념과 친연적親緣的이다. 현상 이면에 존재하는 자성의 설정은, '가변적이고 관계적인 현상'과 '불변·독자·동일의 본질/실체'를 구분하는 우파니샤드 류類의 '본체·현상론적 사유'가 아니냐는 혐의에서 벗어나기가 어렵다. 이러한 혐의에 입각한 비판적 성찰이 대승불교의 철학적 배경이다. 그리고 대승불교는 이런 성찰을 '인집人執과 법집法執' '인공人空과 법공法空'의 문제로 압축시켜 모든 대승교학의 수립에 일관되게 반영하고 있다. 원효는 이 문제를 중시하여 『이장의』 체계에 반영하고 있다.

이렇게 보면 『이장의』를 통해 원효와 대화하기 위해 품어야 할 질문이 분명해진다. 〈삶과 세상을 오염시키는 두 가지 장애를 '자아에 대한 잘못된 집착'과 '현상에 대한 잘못된 집착'으로 구분하여 성찰해야 하는 이유는 무엇인가? 이런 구분이 인간학 탐구에서 지니는 의미는 또 무엇인가? 두 가지 장애와 그 치유가 밝혀 주는 인간과 세상의 오염과 희망은 무엇인가? 인간과 세상의 희망을 구현하기 위한 구도의 길에서 이 두 가지 장애는 어떤 길라잡이 역할을 하는 것인가? '두 가지 장애'와 '깨달음 · 해탈의 수행', '두 가지 장애'와 '깨달음 · 해탈의 구체적 내용'은 어떻게 연관되는가?〉 등의 질문을 하고 오늘의 관심과 언어로 그 대답을 확보해야 한다.

이장의二障義

—삶과 세상을 왜곡·오염시키는 두 가지 장애의 의미에 관한 탐구—

『이장의二障義』[1]

二障[2]義六門分別. 一釋名義, 二出體相, 三辨功能, 四攝諸門, 五明治斷, 六惣決擇.

[H1, 789c5~7; O 9,5~6]

'두 가지 장애'(二障)의 의미를 '여섯 가지 방식'(六門)[3]으로 분석한다. 첫 번째로 '명칭과 의미'(名義)를 풀이하고, 두 번째로 [두 가지 장애의] '본연[4]이 지닌 특성'(體相)[5]을 드러내며, 세 번째로 [두 가지 장애의] '작용 능

1 〈한국불교전서〉 제1권에 수록된 『이장의』는 일본 오타니(大谷)대학에서 소장하고 있는 고사본古寫本을 저본底本으로 한 것이다. 원본인 이 고사본은 우리나라의 불교학동인회에서 편집하여 출간한 『원효전서』(1973년)에 실려 있고, 오쵸 에니치(橫超慧日)도 이 고사본을 저본으로 橫超本(1979년)을 출간하였다. 이 橫超本에는 古寫本의 '행간에 있는 주'(傍註)를 교감하여 『이장의』(연구편)에 목록으로 수록하였으므로 이를 참고할 필요가 있다. 여기서는 한불전 『이장의』를 저본으로 삼고, 橫超本 및 橫超本을 저본으로 삼고 있는 은정희본(2004)을 참고본으로 삼아 교감하는 방식을 채택한다.

2 橫超本과 한국불교전서는 『이장의』 전체에서 고사본의 '鄣'을 채택하고 있지만 은정희는 '障'으로 교정하였다. 현대의 모든 번역과 논문에서는 '障'으로 표기하므로 본 번역에서도 이를 따르기로 한다. 이하에서 '鄣'이 나올 경우에 다시 언급하지 않는다.

3 문門의 번역: 원효저술에서 '門'은 '국면, 맥락, 계열, 측면, 방법, 방식, 종류' 등의 의미로 나타난다. 본 번역에서는 이러한 의미 가운데 해당 문맥에 맞는 것을 그때마다 채택한다.

4 해당 내용을 감안하면 '體'는 '어떤 현상의 근원적 발생조건'을 지시하려는 용어로 보인다. 여기서는 그에 해당하는 번역어로서 '본연本然'을 선택한다.

5 뒤의 해설에서는 '體性'이라고도 표현하고 있다. "四就正習, 簡障體者. 如上所說, 二障<u>體性</u>, 直碍聖道, 名爲正障, 由前數習, 滅後有氣髣髴相似, 故名習氣. 然此習氣, 總說

력'(功能)을 자세히 설명하고, 네 번째로 [번뇌의 종류를 분류하는] '다양한 방식'(諸門)을 포괄하며, 다섯 번째로 [두 가지 장애를] '다스려 끊음'(治斷)을 밝히고, 여섯 번째로 [의문들을] '총괄적으로 해결한다'(惣決擇).

有二, 謂別習氣及通習氣."(H1, 793c15~18.)

제1편

제목의 의미를 풀이함

第一釋名. 言二障者, 一煩惱障, 亦名惑障, 二所知障 亦名智障. 或有異門, 名煩惱碍[1]及與智碍.

[H1, 789c8~10; O 9,7~8]

첫 번째로 명칭에 대해 해석한다. '두 가지 장애'(二障)란, 첫째는 '번뇌로 인한 장애'(煩惱障)인데 '미혹으로 인한 장애'(惑障)라고도 부르고, 둘째는 '대상에 대한 이해를 가로막는 장애'(所知障)인데 '지혜를 가로막는 장애'(智障)라고도 부른다.[2] 혹은 [두 종류의 장애를 구분하는] 또 '다른 방식'(異門)이 있으니 ['현상으로 드러나지 않는 측면'(隱密門)에서] '번뇌로 인한 장애'(煩惱碍)와 '지혜를 가로막는 장애'(智碍)라고 부른다.[3]

---

1 한불전과 은정희본에 '碍'로 표기한 것은 横超本에는 '㝵'로 나온다. 번역에는 영향을 끼치지 않으므로 현대 한자에 통용되는 '碍'로 표기한다. 이하에서 '㝵'가 나타날 때에 다시 언급하지 않는다.

2 번뇌장煩惱障과 소지장所知障: 원효는 기본적으로 번뇌장煩惱障은 인집人執에 의한 것이고 소지장所知障은 법집法執에 의한 것으로 본다. 이는 유식학의 이론을 차용한 것인데, 예컨대 『성유식론成唯識論』에서는 아집과 법집에 의해 두 종류의 번뇌가 생긴다고 하였고 규기(窺基: 632~682)는 이에 대해 『성유식론술기成唯識論述記』에서 번뇌장은 아집에 의해 번뇌를 일으키고 소지장은 법집에 의해 번뇌를 일으킨다고 주석하고 있다. 『성유식론成唯識論』(T31, 1a). "由我法執, 二障具生"; 『成唯識論述記』(T31, 43, 235a15-21). "煩惱障品類衆多, 我執爲根生諸煩惱, 若不執我無煩惱故, 證無我理我見便除, 由根斷故枝條亦盡, 此依見道乃究竟位斷煩惱說, 餘位不然. 先離八品煩惱, 第九品時方斷我見故. 第四地中我見亦爾. 如第九卷資糧位中有其二解, 所知障中類, 亦非一, 法執爲本餘障得生."

3 현료문의 번뇌장과 소지장은 은밀문의 번뇌애와 지애 중 번뇌애에 속하고, 이 번뇌애는 지애의 체體인 근본무명에 의지한다. 또 번뇌장은 인집에 의한 근본번뇌와 수번뇌를 말하고, 소지장은 법집에 의한 망상분별과 법애, 만, 무명 등을 말한다. 오쵸(横超)는, 원효의 현료문(현상적인 관점)은 신역 계통인 『유가론』을 중심으로 한 번뇌설이고 은밀문(근본적인 관점)은 기신론을 중심으로 한 번뇌설이라고 보았다.(横超 慧日, 1940, pp.142-154.) 원효는 『기신론소』(1-717c)에서 『대승기신론』은 은밀문에 해당한다고 말하고 있다.

煩惱障者, 貪瞋等惑, 煩勞爲性. 適起現行, 惱亂身心, 故名煩惱. 此當體[4]從功能立名. 又復能惑[5]界內煩惱之報, 逼惱有情, 令離寂靜, 故名煩惱, 是爲因中說果名也. 障以遮止[6]爲義, 亦用覆蔽[7]爲功, 遮止有情, 不出生死, 覆蔽理性, 不顯涅槃. 由是二義, 故名爲障, 此從義用而受名也.

[H1, 789c10~17; O 9,9~12]

'번뇌로 인한 장애'(煩惱障)는 탐욕과 분노 등의 미혹이니, 괴로움을 특성으로 한다. 인연에 따라 나타나 작용하면서 몸과 마음을 괴롭히고 혼란스럽게 하므로 '번뇌'라고 부른다. 이것은 '본연이 따르는 작용'(體從功能)[8]에 의거하여 명칭을 붙인 것이다. 또한 [번뇌는] ['욕망 세계'(欲界) · '유형 세계'(色界) · '무형 세계'(無色界), 이] '세 가지 세계'(三界) 안에서 번뇌의 과보를 불러일으켜 중생(有情)들을 핍박하고 괴롭게 하여 '평안한 상태'(寂靜)에서 벗어나게 하기 때문에 '번뇌'라고 부른다. 이것은 '원인 가운데서 결과를 설하는 명칭'(因中說果名)[9]이다. '장애'(障)란 '가로막

---

4 橫超本에는 '軆'로 나온다. '軆'는 '體'의 이체자이므로 이후에는 다시 언급하지 않는다.

5 한불전과 橫超本 모두 '惑'자로 나오는데, '오타니(大谷) 대학 고사본'(이하 원본으로 약칭)의 '행간에 있는 주'(이하 방주傍註로 약칭)에는 '感'으로 되어 있고 은정희본도 이를 따른다. 여기서는 '感'으로 보고 번역한다.

6 '止'는 원본에는 '正'으로 되어 있다. 그러나 원본의 傍註에는 '止'로 나오는데, 한불전과 橫超本, 은정희본 모두 傍註를 따라 교감하였다.

7 원본과 한불전에는 '弊'로 나오지만, 橫超本과 은정희본에는 '蔽'로 교감하였다. '蔽'로 보고 번역한다. 이하의 한불전 원문에 '弊'가 나오는 경우에도 동일하므로 모두 '蔽'로 바꾸어 쓰고 교감사항은 별도로 밝히지 않는다.

8 "此當體從功能立名."에서 '體從功能'은 두 가지 번역이 가능하다. 하나는 '體가 功能을 따른다'고 읽는 것이고, 다른 하나는 '體가 따르는 功能'으로 읽는 것이다. 후자는 '體從功能'을 '體從之功能'으로 보는 것인데, 의미 맥락을 감안할 때 이렇게 번역하는 것이 더 적절해 보인다.

아 멈추게 한다'(遮止)는 것을 뜻으로 삼고, 또한 '덮어 가림'(覆蔽)을 작용으로 삼으니, 중생(有情)[이 깨달음으로 나아가는 길]을 가로막아 멈추게 하여 [근본무지에 따라] 태어나고 죽는 [고통에서] 벗어나지 못하게 하며, '진리 면모'(理性)를 덮어 가려서 열반涅槃을 드러나지 못하게 한다. 이 두 가지 의미 때문에 명칭을 '장애'(障)라고 하였으니, 이것은 '뜻과 작용'(義用)에 따라 명칭을 받은 것이다.

所知障者. 盡所有性, 如所有性, 二智所照, 故名所知. 法執等惑, 遮止智性, 不成現觀, 覆蔽境性, 不現觀心, 由是義故, 名所知障. 此從所蔽及用得名.

[H1, 789c17~21; O 9,13~14]

'대상에 대한 이해를 가로막는 장애'(所知障)[에 대해 설명하면 다음과 같다.] ['대상에 대한 이해'(所知)라고 하는 것은] '[현상들 각각의] 특징적 차이 면모'(盡所有性)와 '[모든 현상의] 참 그대로인 면모'(如所有性)[10]는 ['근원적인

9 "是爲因中說果名也."에서 '因中說果名'도 두 가지 번역이 가능하다. 하나는 '원인 가운데서 果名을 설한다'로 읽는 것이고, 다른 하나는 '원인 가운데서 결과를 설하는 명칭'(因中說果之名)으로 읽는 것이다. 문장의 의미 맥락을 감안하여 후자로 번역한다.

10 진소유성盡所有性과 여소유성如所有性: '존재하는 것의 다함이 있는 면모'를 진소유성盡所有性, '존재하는 것의 진리대로의 면모'를 여소유성如所有性이라 한다. 다시 말해, 변하여 소멸하기 마련인 개별 현상들의 특징적 차이들이 진소유성盡所有性이라면, 모든 현상에 불변·독자의 실체/본질이 없다는 무아의 면모, 조건에 따라 생겨난 것이라는 연기의 면모는 여소유성如所有性이다. 따라서 진소유성盡所有性은 개별 현상의 특징적 차이에 대한 이해인 여량지如量智의 대상이 되고, 여소유성如所有性은 모든 현상을 무아·연기의 관점으로 이해하는 여리지如理智의 대상이 된다. 여량지如量智 혹은 양지量智는 개별 현상들의 양상과 특징을 사실 그대로 아는 지혜를 의미한다. 이에 비해 여리지如理智 혹은 이지理智는 모든 현상에 공통하는 본연적 면모를 보는 지혜라는 점에서 근본지根本智 또는 무분별

지혜'(根本智)와 이에 기반하여 대상에 대해 '뒤이어 얻어지는 지혜'(後得智), 이 두 가지 지혜[11]에 의해 밝혀지는 것이므로 '대상에 대한 이해'(所知; 알아

지無分別智라고 부른다. 따라서 여량지는 여리지의 작용이자 결과이다. 『불성론』에 자세한 설명이 나온다. 이에 따르면, 여리지는 깨달음을 이루는 원인으로, 여량지는 깨달음의 결과로 얻어지는 능력으로 설명되고 있다. 『불성론佛性論』 권3(T31, 802a29~b15). "如量智者, 究竟窮知一切境名如量智. 若見一切衆生乖如境智, 則成生死, 若扶從境智, 則得涅槃. 一切如來法, 以是義故, 名爲如量. 至初地菩薩得此二智, 以通達遍滿法界理故, 生死涅槃二法俱知. 又此兩智是自證智見, 由自得解, 不從他得, 但自得證知, 不令他知故, 名自證知見. 又此二智有二種相, 一者, 無著, 二者, 無礙. 言無著者, 見衆生界自性清淨, 名爲無著, 是如理智相. 無礙者, 能通達觀無量無邊界故, 是名無礙, 是如量智相. 又此二智有二義, 如理智爲因, 如量智爲果. 言如理爲因者, 能作生死及涅槃因, 如量爲果者, 由此理故, 知於如來眞俗等法具足成就. 又如理智者, 是清淨因, 如量智者, 是圓滿因. 清淨因者, 由如理, 智三惑滅盡, 圓滿因者, 由如量智三德圓滿故." 『해심밀경』 권3에서는 진소유성盡所有性과 여소유성如所有性에 관해 "善男子, 盡所有性者, 謂諸雜染清淨法中, 所有一切品別邊際, 是名此中盡所有性. 如五數蘊, 六數內處, 六數外處. 如是一切如所有性者, 謂即一切染淨法中所有眞如, 是名此中如所有性."(T16, 699c16~19)이라고 설명한다. 이에 따르면 진소유성은 모든 잡염청정법雜染清淨法들 중에서 모든 것에 대해 범주별로 그 한계(邊際)를 구분한 것으로서 5온五蘊 및 6수내처六數內處와 6수외처六數外處를 합한 12처十二處 등 모든 현상을 설명하는 부처님의 법문法門들이고, 여소유성은 모든 염정법染淨法에 갖춰진 진여眞如를 말한다. 『유가사지론』 권26에서도 유사한 설명이 보이는데, "云何名爲盡所有性? 謂色蘊外更無餘色, 受想行識蘊外更無有餘受想行識, 一切有爲事皆五法所攝, 一切諸法界處所攝, 一切所知事四聖諦攝, 如是名爲盡所有性. 云何名爲如所有性? 謂若所緣是眞實性是眞如性."(T30, 427b29~c5)이라고 설명한다. 이에 따르면 진소유성은 일체유위사一切有爲事를 포섭하는 5온五蘊, 일체제법一切諸法을 포섭하는 12처十二處 · 18계十八界 및 일체소지사一切所知事를 포섭하는 4성제四聖諦 등의 법문法門들을 말하고, 여소유성은 그 대상이 현상의 진실성眞實性이고 진여성眞如性인 경우이다.

11 두 가지 지혜: 근본지根本智와 후득지後得智를 말한다. 유식학唯識學에서 출세성자出世聖者의 지혜로 제시되는 두 가지 지혜이다. 근본지는 또한 정체지正體智, 근본무분별지根本無分別智, 무분별지無分別智, 정체무분별지正體無分別智, 여리지如理智, 이지理智, 승의지勝義智 등으로 불리는데, 인공人空과 법공法空에 의해 드러나는 진여眞如의 이치를 직증直證하여 번뇌를 끊은 지혜로서 무차별無差別의 이치를 비추는 지혜이다. 후득지는 또한 후득차별지後得差別智, 여량지如量智, 양

지는 것)라 부른다. [‘대상에 대한 이해를 가로막는 장애’(所知障)라고 한 것은 다음과 같은 의미 때문이다.] ‘모든 현상에 불변 · 독자의 본질/실체가 있다고 하는 집착’(法執)[12]과 같은 미혹(惑)이 ‘지혜 면모’(智性)를 가로막아

지量智, 분별지分別智, 속지俗智, 세속지世俗智 등으로 불리는데, 정체지를 깨달은 후 세간의 통속사通俗事에 대해 차별差別의 이치를 비추는 지혜이다. 『불광대사전』, p.215, p.5012 참조. 정체지와 후득지가 거론되는 맥락과 용법들을 종합할 때, 현상의 〈‘참 그대로인 본연’인 ‘불변 · 독자의 실체나 본질이 없음’〉(空, 空眞如)에 대한 이해는 정체지이고, ‘현상의 차이들이 지닌 특징’이나 ‘현상들의 관계’에 관한 이해는 후득지라고 하겠다. 『이장의二障義』에서 원효는 이 두 가지 지혜에 대해 “若人若法, 非有非無. 非無故, 說人法皆有量智所照, 非有故, 說人法二空理智所證”(H1, 814a22~24)이라고 설명한다. 이에 따르면 인법人法은 비유비무非有非無로서, 비무非無이기 때문에 인법의 유有가 양지量智로 이해되고 비유非有이기 때문에 인법의 공空이 이지理智로 증득된다.

12 인집人執과 법집法執: 인아집人我執과 법아집法我執이라고도 하고, 인공人空과 법공法空은 그 반대의 의미를 지니는 용어이다. 합하여 인법이집人法二執이라고도 부른다. ‘자아적 존재’(人, 人我)의 실체성에 집착하는 것이 인아집이고, ‘현상적 존재’(法, 法我)의 실체성에 집착하는 것이 법아집이다. 본 번역에서 인집人執은 ‘자아에 불변 · 독자의 본질/실체가 있다고 하는 집착’, 법집法執은 ‘모든 현상에 불변 · 독자의 본질/실체가 있다고 하는 집착’으로 번역한다. 이 ‘인집과 법집’ 및 ‘인공人空과 법공法空’의 문제는 불교사상사의 전개과정을 반영하고 있다. 아비달마 유부有部는 붓다의 무아 통찰을 계승하여 ‘자아적 존재’(人我)의 비실체성은 인정하지만, ‘현상적 존재’(法我)의 궁극적 실재성(自性, svabhāva)을 설정하는 관점을 세운다. 그런데 이 ‘자성’ 개념에는 붓다의 법설이 거부한 본질 · 실체 · 동일성 관념이 스며들어 있다. 대승의 공空 교학은 이 문제점에 대한 대응이기도 하다. 그리하여 대승교학에서는 법집法執/법공法空을 인집人執/인공人空과 대비시켜 그 차이를 우월적으로 거론하는 이론이 발전한다. 원효는 이 불교사상사적 맥락을 정확히 포착하고 대승의 관점을 채택하는 모습을 보여 주는데, 그의 번뇌론과 해탈론에서 인집人執/인공人空과 법집法執/법공法空의 차이는 중요한 주제로 거론되고 있다. 『섭대승론석』 권12에서는 성문지혜聲聞智慧와 보살지혜菩薩智慧의 차이를 물으면서 인법이집人法二執의 대칭이자 보살지혜가 알아야 할 내용(所知分)인 인법이공人法二空에 관해 “所知分中復有二種, 謂人法二空. … 聲聞於所知分中, 但通達人空, 止於苦等四諦生無流智. … 菩薩於所知分中, 具通達人法二空, 於一切所生如理如量智, 於利益衆生分中, 依一切衆生利益事, 謂自他身發願修行”(T31, 245c19~25)이라고 한다. 이에 따르면 성문聲聞은 소지분所知分의 두 가지인 인공과

'[사성제에 대해] 이해함'(現觀)[13]을 이루지 못하게 하고, '대상의 참모습'

법공 중에서 인공에만 통달하는 반면 보살菩薩은 인공人空과 법공法空에 모두 통달하고, 나아가 성문은 인공에만 통달하여 고苦 · 집集 · 멸滅 · 도道의 사제四諦에서 무류지無流智(무루지無漏智의 구역舊譯)를 일으키는 데에서 그치는 반면, 보살은 인법이공에 모두 통달하여 여리지如理智(정체지正體智)뿐 아니라 여량지如量智(후득지後得智)에까지 나아간다고 설명한다. 한편『대승기신론』에서는 "對治邪執者, 一切邪執, 皆依我見, 若離於我, 則無邪執. 是我見有二種, 云何爲二? 一者, 人我見, 二者, 法我見"(T32, 579c26~28)이라고 하여 '대치사집對治邪執' 단락에서 인집(人我見)과 법집(法我見)을 본격적으로 논의하기 시작하는데, 기본적으로 일체사집一切邪執이 의거하는 아견我見의 두 종류로서 인아견人我見과 법아견法我見이 제시된다. 원효는 이 대목에서 인아집과 법아집에 관해 "言人我見者, 計有總相宰主之者, 名人我執. 法我見者, 計一切法各有體性, 故名法執. 法執卽是二乘所起, 此中人執, 唯取佛法之內, 初學大乘人之所起也"(H1, 723a15~19)라고 설명한다. 이에 따르면 인아집은 총상주재지자總相宰主之者가 있다고 여기는 것이고, 법아집은 일체법一切法에 각각 체성體性이 있다고 여기는 것이라고 정의된다. 그런데 이 두 가지 집착을 일으키는 주체에 관해 법아집은 이승二乘이 일으키는 것이고 인아집은 대승초학인大乘初學人이 일으키는 것이라고 설명하여 기존의 관점과 다른 견해를 제시한다. 범부凡夫가 집착하는 인아집에서 벗어나 인공人空에는 통달했지만 법아집에서는 아직 벗어나지 못한 자가 이승인 반면 보살은 이승이 아직 벗어나지 못한 법아집까지 벗어난 것이므로, 기존의 관점에 따르면 대승초학인은 법아집을 벗어나야 할 주체이긴 하지만 인아집에서는 이미 벗어난 자이다. 그러므로 법집을 이승이 일으키는 것으로 보는 설명은 기존의 관점과 부합하지만, 인집을 범부가 일으키는 것이 아니라 대승초학인이 일으키는 것이라는 설명은 그렇지 않다는 데 유의할 필요가 있다. 원효는『대승기신론』에서 제시하는 인집의 개념에 관해 설명을 이어 가면서 "上來五執, 依法身如來藏等總相之主, 而起執故, 通名人執也"(H1, 723b9~10)라고 하여 총상지주總相之主로서의 인아人我는 개별적 주체의 실체성에 관한 집착에 국한된 것이 아니라 법신法身이나 여래장如來藏과 같은 보편적 주체로서의 인아 개념에 관한 집착까지 통틀어 부르는 것(通名)임을 적시한다. 기존의 관점과 다른 원효 설명의 특징은『대승기신론』에서 제시되는 인집 개념의 사상사적 추이를 반영한 결과로 보인다. 또한 원효에 의하면, 인공人空은 십해十解보살 이상에서 성취한다. 즉『대승기신론소』에서는, 견애번뇌見愛煩惱를 증장시키는 의식意識인 집상응염執相應染을 이승二乘 아라한阿羅漢이나 대승 십해十解보살 이상에서 여의는데 이를 인공人空을 성취한 것으로 밝히고 있다. 경증經證으로 인용한『인왕경仁王經』은 십신十信에서 십회향十迴向의 복인성태伏忍聖胎 30인人으로 설하였으나, 원효는 이승二乘 아라한阿羅漢이나 대승 십해十

(境性)을 덮어 가려서 [대상의 참모습을] '이해하는 마음'(觀心)이 나타나지

解보살이 인공人空을 성취한다고 분명히 밝히고 있다. "第一執相應染者, 即是意識, 見愛煩惱所增長義, 麁分別執而相應故. 若二乘人至羅漢位, 見修煩惱究竟離故. 若論菩薩, 十解以上能遠離故. 此言信相應地者, 在十解位, 信根成就, 無有退失, 名信相應. 如『仁王經』言. '伏忍聖胎三十人, 十信十止十堅心.' 當知此中, 十向名堅, 十行名止, 十信解名信. 入此位時, 已得人空, 見修煩惱, 不得現行 故名爲離."(T44, 215a13) 또 원효는 『이장의二障義』에서도 "二乘人空無漏, 亦未能免法執分別"(H1, p.792b4~5)이라고 하여 이승二乘의 무루無漏는 아직 법집분별法執分別을 벗어나지 못한 인공무루人空無漏라 설명한다. 한편 『유가사지론』(T30, 738a17~b9)에 따르면, 이승은 인집人執의 번뇌장煩惱障과 법집法執의 소지장所知障을 구분하여 수행함으로써 진여법계眞如法界 역시 인공人空의 적정상寂靜相과 법공法空의 상주상常住相이라는 두 가지 차별상差別相에 대한 작의作意 속에서 증득하는 자인 반면, 보살은 법무아성法無我性이라는 진여법계眞如法界의 자상自相 개념에서 작의作意하여 결과적으로 번뇌장煩惱障 치단治斷을 위한 인공人空 수행과 소지장所知障 치단治斷을 위한 법공法空 수행이라는 차별상差別相을 해소하는 자이다. 그리고 법집法執(法自性)이 아집我執(我性)을 포섭하는 지위에 있다고 설명하는 대목도 등장한다. 『유가사지론』에서는 먼저 "於最上成滿菩薩住中, 當知一切煩惱習氣隨眠障碍皆悉永斷, 入如來地"라고 하여 가장 미세한 번뇌장이자 육추중肉麤重에 해당하는 습기수면習氣隨眠을 최상성만보살주最上成滿菩薩住에서 끊는다고 하고, 다음으로 "在肉麁重, 如來住中皆悉己斷, 得一切障極淸淨智"라고 하여 가장 미세한 소지장에 해당하는 육추중을 여래주如來住에서 끊는다고 구분하였는데, 원효는 그 이유를 인집人執을 필두로 삼는 번뇌장煩惱障(惑障)과 법집法執을 필두로 삼는 소지장所知障 각각의 의지처인 제칠식第七識과 제팔식第八識의 구분에서 찾고 있는 것으로 보인다. 다시 말해 원효의 설명에 따르자면, 최상성만보살주最上成滿菩薩住에서는 제칠식第七識에 있는 가장 미세한 번뇌장煩惱障을 끊었지만 제팔식第八識에 있는 가장 미세한 소지장을 끊지 못했고, 최상성만보살주여래주最上成滿菩薩住를 거쳐 여래지如來住에 들어가서야 가장 미세한 소지장所知障까지 끊는 셈이 된다.

13 현관現觀: 성제현관聖諦現觀이라고도 한다. 견도見道에서 여실하게 성취하는 사성제四聖諦에 관한 이해를 말한다. 『아비달마구사론』 권23에서는 "於中已明諸加行道世第一法, 爲其後邊, 應說從斯, 復生何道?"(T29, 121a21~22)라고 하여 견도 직전의 가행도加行道 중에서 세제일법世第一法이 최후의 수행임을 밝히는 것으로 사선근 수행에 관한 논의를 마무리하면서 다음에 일어나는 해탈도解脫道인 견도에 관해 다음과 같이 설명한다. "頌曰, 世第一無間, 即緣欲界苦, 生無漏法忍, 忍次生法智, 次緣餘界苦, 生類忍類智. 緣集滅道諦, 各生四亦然. 如是十六心, 名聖諦現觀."(T29, 121a22~27.) 이에 따르면 세제일법에서 무간無間으로 욕계欲界의 고성제苦

못하게 하니, 이러한 의미 때문에 '대상에 대한 이해를 가로막는 장애'(所知障)라 부른다. 이것은 [장애에 의해] 덮이는 대상과 [덮어 가리는] 작용에 따라 명칭을 얻은 것이다.

然人執等惑, 亦有障於少分境智, 而未遮於無上菩提, 亦不弊於一切種境.[14] 雖已斷此, 不得彼故, 是故不立所知障[15]名. 法執等惑, 亦有少分感[16]生死義, 而不弊於二乘涅槃, 亦不止於分段[17]生死. 雖[18]不斷此而證離[19]故, 是故不受煩惱障名. 與奪之意, 義在此乎. 惑智之名, 如

聖諦를 반연하여 무루無漏의 고법인苦法忍을 일으키고 이 고법인이 다시 고법지苦法智를 일으키며 다음으로 나머지 세계인 색계色界·무색계無色界(상이계上二界)에서 고류인苦類忍과 고류지苦類智를 일으킨다. 이렇게 집集·멸滅·도제道諦에서도 각각 네 가지 마음들을 일으키므로 견도에서는 모두 16가지 마음이 생겨나는데, 이 16심十六心을 성제현관聖諦現觀이라고 부른다. 16심의 구체적 명칭에 관해서는 『중변분별론소각주색인』 '견見·수도修道와 수도修道의 9종각九種覺' 조목의 표 참조. 대승 논서인 『현양성교론』 권17 「성현관품成現觀品」의 "論曰, 如是已得煖等善根, 當知從此入於現觀"(T31, 562a23~24)이라고 하는 문장에서도 사선근 수행을 거쳐 성취되는 견도에서의 이해에 관해 현관現觀이라고 지칭하는 것을 확인할 수 있다.

14 한불전과 橫超本, 은정희본에는 모두 '境'자가 있지만, 원본에는 '境'자가 없다. 한불전의 교감에 따라 '境'자를 넣어 번역한다.

15 橫超本의 교감에 따르면 원본에는 '部'로 되어 있지만, 橫超本 및 한불전에 따라 '障'으로 교감한다.

16 원본에는 '惑'으로 나오지만, 원본의 傍註에는 '感'으로 되어 있고 橫超本과 한불전 및 은정희본은 이를 따라 교감하였다. 다만 한불전의 교감주에는 "원본의 傍註에는 '此'가 추가되어 있다."라고 하였는데, 무엇에 근거한 것인지를 파악하기 어려워 고려하지 않는다.

17 원본에는 '假'로 되어 있다고 하지만, 원본의 傍註 및 橫超本, 한불전, 은정희본에는 모두 '段'으로 보았다.

18 원본에는 '離'로 나오지만, 원본의 傍註 및 橫超本, 한불전, 은정희본에는 모두 '雖'로 나온다. 여기서도 '雖'로 보고 번역한다.

19 원본에는 '雖'로 나온다고 하였으나, 傍註에는 '理'로 되어 있다. 또 한불전에는 교감주의 설명 없이 '離'로 되어 있지만, 여기서는 '理'로 보고 번역한다.

常所說.[20]

[H1, 789c21~790a5; O 9,14~10,3]

그런데 '자아에 불변·독자의 본질/실체가 있다고 하는 집착'(人執)과 같은 미혹은, 일정 부분의 '대상에 대한 지혜'(境智)를 가로막는 장애가 있기도 하지만 아직 '최고경지의 깨달음'(無上菩提)을 가로막지는 않으며, 또한 '모든 종류의 대상'(一切種境)을 덮어 버리지도 않는다. 비록 이미 이것[21]을 끊었다고 해도 저것[22]을 얻지는 못하기 때문에, '대상에 대한 이해를 가로막는 장애'(所知障)라고 하는 명칭을 부여하지는 않는다. '모든 현상에 불변·독자의 본질/실체가 있다고 하는 집착'(法執)과 같은 미혹 또한 '[근본무지(無明)를 조건으로] 나고 죽는 [윤회]'(生死)의 국면(義)에 빠져들게 하는 것이 일정 부분 있기는 하지만, '[성문과 연각] 두 부류 수행자'(二乘)[23]의 열반을 덮어 가리지 않고, 또한 '일정한 수명과

---

20 한불전의 교감주에는 "원본의 傍註에 '擧'로 되어 있다."라고 하였으나, 橫超本과 은정희본에서는 이에 대해 언급하지 않아 불분명하다. 교감하지 않고, '說'로 보고 번역한다.

21 일정 부분의 '대상에 대한 지혜'(境智)를 가로막는 장애를 지칭하는 것으로 보인다.

22 '최고경지의 깨달음'(無上菩提)과 '모든 종류의 대상'(一切種境)에 대한 지혜를 지칭하는 것으로 보인다.

23 이승二乘: 성문승聲聞乘과 연각승緣覺乘(독각승獨覺乘)을 지칭한다. '성문승'과 '연각승/독각승'이라는 개념은 '대승보살'이라는 개념을 차별적으로 천명하기 위해 기존의 수행자들을 유형화시킨 것인데, '성문聲聞'과 '연각緣覺'이라는 개념으로 지칭하려고 한 수행의 특징이 구체적으로 무엇인지는 분명치 않다. 추정하건대, '붓다의 가르침을 개인 구제의 관심에서 지적知的으로 이해하려는 수행자들의 태도'를 성문승, '특히 12연기를 중시하며 12연기를 삼세양중인과로 해석하고 그러한 연기해석학에 따라 윤회 인과연쇄로부터의 탈출을 개인적 차원에서 추구하는 수행자들의 태도'를 연각승/독각승으로 불렀던 것으로 보인다. 이런 이해에 따라 성문聲聞(성문승聲聞乘)을 '가르침을 들어서 혼자 깨달으려는 수행자'로, 연각緣覺(연각승緣覺乘/독각승獨覺乘)을 '연기緣起를 이해하여 혼자 깨달으려는 수행자'로 번역해 본다.

형상을 가지고 다양한 세계에 태어나고 죽는 윤회'(分段生死)[24]에 머물게 하지도 않는다. [그러므로] 비록 이것[25]을 끊지 못하였다고 해도 [자아가 불변의 실체가 아니라는 인공人空의] 도리는 증득하기 때문에 [법집法執과 같은 미혹은] '번뇌로 인한 장애'(煩惱障)라는 명칭을 받지는 않는다. [소지장所知障이나 번뇌장煩惱障이라는 명칭을] 부여하거나 부여하지 않는 뜻은 그 의미가 여기에 있다. 미혹(惑)과 지혜(智)라는 명칭[의 의미]는 일반적인 설명과 같다.

或名煩惱碍智碍者. 六種染心, 動念取相, 違平等性離相无動, 由乖寂[26]靜, 名煩惱碍. 根本無明, 正迷諸法無所得性, 能障俗智无所不得, 由不了義, 故名智碍. 此中煩惱是當能碍過名, 智是從彼所碍德稱. 廢立之意, 准前可知.

[H1, 790a5~12; O 10,3~6]

혹은 ['현상으로 드러나지 않는 측면'(隱密門)에서] '번뇌로 인한 장애'(煩惱碍)와 '지혜를 가로막는 장애'(智碍)라고 하는 것은 [그 의미가 다음과 같다.] [『대승기신론』에서 말하는] '여섯 가지 종류의 오염된 마음'(六種染心)[27]

---

24 분단생사分段生死: 유위생사有爲生死라고도 한다. 삼계三界 내의 생사生死로서 육도六道에 윤회하는 중생의 과보가 달라 모습과 수명에 각각 다른 분한이 있는 생사生死이다. 이에 비해 변역생사變易生死(無爲生死)는 삼승三乘의 성인이 무루無漏의 비원력悲願力에 따라 원래의 분단신分段身을 바꾸어 모습과 수명에 제한이 없는 변역신變易身을 얻은 생사生死이다.

25 법집法執을 지칭한다.

26 원본에는 '家'로 되어 있지만, 傍註에는 '寂'으로 나온다. 橫超本, 한불전, 은정희본도 傍註에 따라 '寂'으로 보았다. 이를 따른다.

27 육종염심六種染心: 『대승기신론』(T32, 577c7~15)에서 자세한 설명이 나온다. "'오염된 마음'(染心)에는 여섯 가지가 있으니, 무엇이 여섯 가지인가? 첫 번째는 '집착에 서로 응하는 오염[된 마음]'(執相應染)이니, [이 오염된 마음은] '[가르침을]

들어서 [혼자] 부처가 되려는 수행자'(聲聞)와 '연기의 이치를 깨달아 [혼자] 부처가 되려는 수행자'(緣覺)의 해탈 및 [대승의] '[진리에 대한] 믿음과 서로 응하는 경지'(信相應地)에 의거하여 멀리 벗어나는 것이다. 두 번째는 '[집착이] 끊어지지 않는 것에 서로 응하는 오염[된 마음]'(不斷相應染)이니, '[진리에 대한] 믿음과 서로 응하는 경지'(信相應地)에 의거하여 '수행의 수단과 방법'(方便)을 익히고 배워서 [이 오염된 마음을] 점점 버려 나가다가 [[보살수행의] '열 가지 [본격적인] 단계'(十地) 가운데 '첫 번째 단계'(初地, 歡喜地)인] '온전한 마음의 경지'(淨心地)를 성취하여 궁극적으로 벗어날 수 있는 것이다. 세 번째는 '[근본무지에 따라] 분별하는 이해에 서로 응하는 오염[된 마음]'(分別智相應染)이니, [[보살수행의] '열 가지 [본격적인] 단계'(十地)의 '두 번째 단계'(第二地, 離垢地)인] '윤리적 행위능력을 두루 갖춘 경지'(具戒地)에 의거하여 [이 오염된 마음에서] 점점 벗어나다가 '[십지의 '일곱 번째 단계(第七地, 遠行地)인] '[불변 · 독자의 본질/실체로 차별된] 차이가 없이 방편을 쓸 수 있는 경지'(無相方便地)에 이르러 궁극적으로 벗어나는 것이다. 네 번째는 '[식識이] 나타낸 유형적인 대상에 [의식 차원에서는] 서로 응하지 않는 오염[된 마음]'(現色不相應染)이니, [십지의 '여덟 번째 단계'(第八地, 不動地)인] '유형적인 것으로부터 자유로운 경지'(色自在地)에 의거하여 [이 오염된 마음에서] 벗어날 수 있는 것이다. 다섯 번째는 '주관이 된 마음에 [의식 차원에서는] 서로 응하지 않는 오염[된 마음]'(能見心不相應染)이니, [십지의 '아홉 번째 단계'(第九地, 善彗地)인] '마음에서 자유로운 경지'(心自在地)에 의거하여 [이 오염된 마음에서] 벗어날 수 있는 것이다. 여섯 번째는 '[근본무지에 의한] 애초의 움직임에 [의식 차원에서는] 서로 응하지 않는 오염[된 마음]'(根本業不相應染)이니, [십지의 '열 번째 단계'(第十地, 法雲地)인] '보살의 수행단계를 모두 마친 경지'(菩薩盡地)에 의거하여 '여래의 경지'(如來地)에 들어가면 [이 오염된 마음에서] 벗어날 수 있는 것이다."(染心者有六種, 云何爲六? 一者, 執相應染, 依二乘解脫及信相應地遠離故. 二者, 不斷相應染. 依信相應地修學方便, 漸漸能捨, 得淨心地究竟離故. 三者, 分別智相應染. 依具戒地漸離, 乃至無相方便地究竟離故. 四者, 現色不相應染. 依色自在地能離故. 五者, 能見心不相應染. 依心自在地能離故. 六者, 根本業不相應染. 依菩薩盡地, 得入如來地能離故.) 원효의 『대승기신론별기』(H1, 693c18~22)에서는 이 '오염된 여섯 가지 마음'(六種染心)을 '번뇌로 인한 장애'(煩惱礙)라고 불렀는데, 당唐나라 규봉종밀의 저술인 『대방광원각수다라요의경약소大方廣圓覺修多羅了義經略疏』 권2에서도 '오염된 여섯 가지 마음'(六種染心)을 생사의 윤회를 반복하게 만드는 '현상적인 장애'(事障)로서 '번뇌로 인한 장애'(煩惱礙)라고 규정하고 있다.(T39, 552b22~25. 二者事障續

이 '분별하는 마음을 일으켜'(動念) '차이를 [사실과 다르게] 취함'(取相)[28]으로써 '분별로 인한 차별이 사라진 국면'(平等性)의 〈'분별한 차이'(相)[에 대한 집착]에서 풀려나 '[분별로 인한 차이 왜곡과 오염의] 동요'(動)가 없는 지평〉(離相無動)을 위배하게 되니, [이와 같이] '[차이에 대한 분별의 왜곡과 오염이 없는] 고요하고 청정한 상태'(寂靜)에서 어긋나게 하므로 '번뇌로 인한 장애'(煩惱碍)라고 한 것이다. [또한] '근본적인 무지'(根本無明)가 모든 현상에는 얻을 수 있는 '불변·독자의 본질'(性)이 없다는 사실에 완전히 미혹하게 하여 '세속에 대한 지혜'(俗智)의 '[사실 그대로] 얻지 못함이 없음'을 가로막으니, '[온전하게] 알지 못하게 하는 면모'(不了義) 때문에 '지혜를 가로막는 장애'(智碍)라고 부른다. 이 ['번뇌로 인한 장애'(煩惱碍)와 '지혜를 가로막는 장애'(智碍)] 가운데, '번뇌煩惱'는 '장애하는 허물'(能

諸生死, 六種染心也. 三細乃至起業受報, 是續生死義故. 故彼論云. 此淸淨心爲無明所染, 有其染心, 染心義者, 名煩惱礙等.)

28 상相의 번역어: '相'은 니까야에서 '구분되는 특징적 차이'를 의미하는 빨리어 nimitta의 번역어로 시작하여 불교문헌들 속에서 다양한 변주를 보여 주는 용어이다. 또한 '相'은 붓다를 위시한 모든 불교적 성찰의 핵심부에 놓이는 개념으로서 이 개념을 어떻게 이해하는가에 따라 불교 언어와 이론을 읽는 해석학적 독법의 내용이 결정될 정도로 중요하다. 원효 저술에서는 불교의 교학/해석학에 축적된 '변주된 相의 용법들'이 망라되어 있으며 맥락에 따라 가변적으로 선택되고 있다. 따라서 '相'으로 지칭되는 구체적 내용은 맥락에 따라 다양하며, 번역에서는 그 다양한 맥락에서의 다양한 용법들 가운데 적절한 것을 역자의 이해에 따라 선택하여 번역어에 반영해야 한다. 원효 저술 속에서 목격되는 '相'의 다양한 용법들에 대한 본 번역에서의 번역어 사례로는 〈차이, 양상, [불변·독자의 본질/실체로 차별된] 차이, 특성, 특징, 면모, 모습, 현상, 대상〉 등이 있다. 여기서는 맥락을 고려하여 '분별한 차이'라고 번역해 본다. 이들 번역어는 모두 '相'(nimitta)이 지시하는 '구분되는 특징적 차이'라는 의미의 '문장 맥락에 따른 다양한 변형'이다. 따라서 이 모든 번역어들을 관통하는 일관된 의미는 '구분되는 특징적 차이'이다. 본 번역에서는 이런 점을 충분히 고려하면서 '相'이 등장하는 문장의 의미맥락에 따라 적절한 번역어를 탄력적으로 선택한다.

礙過)에 의거한 이름이고, '지혜(智)'는 그 [번뇌]에 의해 '장애되어지는 능력'(所礙德)에 의거한 명칭이다. [그 명칭을] 버리거나 취하는 뜻은 앞의 내용에 의거해 보면 알 수 있을 것이다.

제2편

두 가지 장애의 본연(體)[이 지닌 특성]을 드러냄

제1장 '현상으로 드러나는 측면'(顯了門)에 의거하여 두 가지 장애의 본연(體)[이 지닌 특성]을 드러냄

第二出體. 略有二門, 謂顯了門及隱密[1]門. 顯了門[2]內委曲有五重. 一當自性以出體相, 二依八識三性簡[3]體, 三約纏及隨眠辨體, 四就正使與習氣明體, 五據五法以定障體.

[H1, 790a12~16; O 10,7~9]

두 번째로 [두 가지 장애의] 본연(體)[이 지닌 특성]을 드러낸다. 대략 두 가지 측면(門)을 두니, '현상으로 드러나는 측면'(顯了門)과 '현상으로 드러나지 않는 측면'(隱密門)이 그것이다. '현상으로 드러나는 측면'(顯了門) 안에 자세하게는 다섯 가지가 있다. 첫째는 속성(自性)에 의거하여 본연(體)의 특성(相)을 나타내고, 둘째는 '8가지 식'(八識)[4]과 ['이로운 것'(善), '해로운 것'(不善), '이롭지도 않고 해롭지도 않은 것'(無記)의] 세 가지 특성(三性)[5]에 의거해서 본연[이 지닌 특성]을 구분하며, 셋째는 '나타나고

---

1 원본에는 '蜜'로 나오지만, 傍註 및 橫超本, 한불전, 은정희본에는 모두 '密'로 되어 있다. 이를 따른다.

2 원본에는 '顯了門' 세 글자가 중복되어 있다고 한다. 傍註와 橫超本, 한불전에서 중복된 부분을 삭제한 교감에 따른다.

3 橫超本의 교감에 따르면 원본에는 '蘭'으로 되어 있다고 한다. 그러나 문맥에 맞지 않으므로 橫超本과 한불전에 의거하여 '簡'으로 보고 번역한다.

4 팔식八識: 유식사상에서 분류하는 여덟 가지 인식기능. 육식六識 외에 제7말나식末那識과 제8아뢰야식阿賴耶識을 추가하여 인식의 기능적 범주를 구분한다.

5 삼성三性: 행위나 마음의 윤리적 특성을 세 가지로 분류한 것으로 선(善, kuśala)·불선(不善, akuśala)·무기(無記, avyākrta)가 그것이다.

있는 번뇌'(纒)와 '잠재하고 있는 번뇌'(隨眠)[6]에 의거하여 본연[이 지닌 특성]을 자세히 설명하고, 넷째는 '곧바로 일어나는 장애'(正使)[7] [8]와 '누적된 경향성'(習氣)[9]에 의거하여 본연[이 지닌 특성]을 밝히며, 다섯째는 '모든 경험 현상의 다섯 가지 분류'(五法)[10]에 의거해서 장애의 본연[이 지닌

---

6 전纏(산스크리트 paryavasthāna)과 수면隨眠(산스크리트 anuśaya, 빨리 anusaya): 전纏은 번뇌의 다양한 명칭들 중 하나로서 그 성격상 수면隨眠의 대칭이라고 할 수 있다. 경량부나 유식유가행파에서는 번뇌의 '현재적 양상'(顯勢位)을 전纏, '잠재적 양상'(潛勢位)인 종자를 수면隨眠이라 한다. 현행하는 번뇌는 모두 '얽어맨다'는 의미에서 전纏이라 부르고, 번뇌의 잠재적 상태인 수면은 마치 잠들어 있는 상태와 같은 것으로서 종자로 간주한다. 『유가사지론』 권8에서는 전纏에 관해 "數起現行故名爲纏."(T30, p.314b26~27)이라고 하여 자주 일어나 현행現行하는 번뇌라고 설명한다. 수면隨眠에 관해서는 "一切世間增上種子之所隨逐故名隨眠."(T30, p.314b25~26)이라고 하여 아뢰야식阿賴耶識의 종자種子가 따르는 것(所隨逐)이라고 설명하는데, 소수축所隨逐은 수면隨眠의 수隨를 해석하는 술어이므로 수면隨眠은 곧 현행하는 일체세간을 증상增上하는 아뢰야식阿賴耶識의 종자種子로서의 번뇌를 말한다. 그러므로 전纏은 현행하는 번뇌로서 뚜렷한 것(麤)이라면 수면隨眠은 잠재된 번뇌로서 미세한 것(細)이라고 하겠다.

7 뒤의 해설에서는 '正使'를 '正障'이라 칭하고 있다. "四就正習, 簡障體者. 如上所說, 二障體性, 直碍聖道, 名爲<u>正障</u>, 由前數習, 滅後有氣髣髴相似, 故名習氣. 然此習氣, 總說有二, 謂別習氣及通習氣."(H1, 793c15~18.)

8 사使(kleśa): '사使' 개념은 한역 아함에서 유식관련 경론에 이르기까지 폭넓게 쓰이고 있는데, 산스크리트 원어는 '고통, 번민'을 의미하는 남성명사 클레사(kleśa)이다. 『유식삼십송唯識三十頌』에서는 제6의식과 상응하는 번뇌로서 탐욕(rāga 貪), 분노(pratigha 瞋), 무지(mūḍhi 痴), 아만(慢 māna), 의심(疑 vicikitsā), '삿된 견해'(惡見 dṛk) 여섯 가지를 제시하고 있다. 관련된 『유식삼십송唯識三十頌』의 산스크리트 원문 제11송과 제12송은 다음과 같다. 밑줄 친 부분이 '[제6식과 상응하는] 여섯 가지 번뇌'(六使)이다. [11] alobhādi trayaṃ vīryaṃ praśrabdhiḥ sāpramādikā / ahiṃsā kuśalāḥ <u>kleśā rāgapratighamūḍhayaḥ</u> // [12] <u>mānadṛgvicikitsāś</u> ca krodhopanahane punaḥ / mrakṣaḥ pradāśa īrṣyātha mātsaryaṃ saha māyayā //.

9 습기習氣(vāsanā): 번뇌의 자체를 정사正使라 하는 데 비해, 번뇌의 누적된 경향성을 습기라 한다. 번뇌습煩惱習 · 여습餘習 · 잔기殘氣 등으로 부르기도 한다. 유식학에서 습기는 종자의 이명異名이다.

특성]을 판정한다.

1. 속성(自性)에 의해 [두 가지] 장애의 본연(體)[이 지닌 특성]을 드러냄

初當自性出障體者. 人執爲首, 根本煩惱, 忿[11]恨覆等諸隨煩惱, 是爲煩惱障之自性. 論其眷屬, 彼相應法及所發業, 幷所感果報, 相從通入煩惱障體. 所知障者, 法執爲首, 妄[12]想分別及與法愛慢無明等, 以

---

10 오법五法: 모든 경험 현상을 다섯 가지 범주로 분류한 것으로 오위五位라고도 한다. 색법(色, rūpa), 심법(心, citta), 심소법(心所, caitasika/citta-samprayukta-saṃskāra), 심불상응행법(心不相應行, citta-viprayukta-saṃskāra), 무위법(無爲, asaṃskṛta)의 다섯이 여기에 해당한다. 심불상응행의 뜻은 한자어로는 '마음과 서로 응하지 않는 현상'(心不相應行)으로 이해할 수 있지만, 이 개념에 해당하는 산스크리트어에서 'viprayukta'의 뜻을 파악하면 좀 더 분명하게 이해할 수 있다. 이 말은 분리를 의미하는 접두어 'vi-'가 'prayukta' 앞에 부가된 형태인데, 과거분사 'yukta'는 어근 'yuj'(결합하다)에서 기원하고, 여기에 '앞으로, 밖으로'를 의미하는 접두어 'pra-'가 붙어 있는 형태이다. 따라서 이 말의 뜻은 '마음(citta)과[의 연결고리가] 떨어져 있는(viprayukta)[것을 조건으로 삼아 만들어진] 현상(saṃskāra)'으로 풀어 볼 수 있다. 『구사론』에 따르면, 이 심불상응행心不相應行에는 득得·비득非得·동분同分·무상과無想果·무상정無想定·멸진정滅盡定·명근命根·생生·주住·이異·멸滅·명신名身·구신句身·문신文身의 14가지가 여기에 해당한다. 그런데 유식의 체계에서는, 『유가사지론』에서 설명하고 있는 것처럼, 모두 24가지가 심불상응행心不相應行에 해당하는데, 득得·무상정無想定·멸진정滅盡定·무상이숙無想異熟·명근命根·중동분衆同分·이생성異生性·생生·노老·주住·무상無常·명신名身·구신句身·문신文身·유전流轉·정이定異·상응相應·세속勢速·차제次第·시時·방方·수數·화합和合·불화합不和合이 그것이다. 해당 원문은 다음과 같다: 『유가사지론』(T30, 293c7~11), "不相應行有二十四種. 謂得, 無想定, 滅盡定, 無想異熟, 命根, 衆同分, 異生性, 生, 老, 住, 無常, 名身, 句身, 文身, 流轉, 定異, 相應, 勢速, 次第, 時, 方, 數, 和合, 不和合."

11 橫超本에 따르면, 원본에는 '怒'로 나오는데 傍註에 따라 '忿'으로 교감한다고 하였다. 이에 따른다.

12 橫超本에 따르면, 원본에는 '延'으로 나오는데 傍註에 따라 '妄'으로 교감한다고 하

爲其體. 論其助伴者, 彼相應法幷所取相, 亦入其中.

[H1, 790a16~23; O 10,10~13]

첫 번째는 〈속성(自性)에 의거하여 장애의 본연[이 지닌 특성]을 나타내는 것이다. '자아에 불변·독자의 본질/실체가 있다고 하는 집착'(人執)을 으뜸으로 삼아 '[모든 번뇌의] 근원이 되는 번뇌'(根本煩惱)[13]와, '화내는 마음'(忿), [화가 사라지지 않아] '원망하는 마음'(恨), '잘못을 감추는 마음'(覆) 등 모든 '[근본이 되는 번뇌를] 따라 일어나는 번뇌'(隨煩惱)[14]들이

였다. 이에 따른다.

13 근본번뇌根本煩惱(산스크리트 mūla-kleśa): 탐貪·진瞋·치癡(無明)·만慢·견見(惡見)·의疑의 6가지를 말한다. 본혹本惑·근본혹根本惑이라고도 하며 수번뇌隨煩惱와 대칭되는 개념이다. 치癡는 근본무지인 무명無明이고, 견見은 근본무지에 의거한 잘못된 견해(惡見, 不正見)를 말하는데 유신견有身見(살가야견薩迦耶見)·변집견邊執見·사견邪見·견취見取·계금취戒禁取의 다섯 가지(五見)가 있다. 유신견有身見은 '나와 나의 것에 불변의 독자적 자아가 있다고 하는 견해'이고, 변집견邊執見은 '불변의 것으로 영원히 존재한다는 견해'(常見)와 '아무것도 남지 않고 완전히 없어진다는 견해'(斷見)의 두 극단적인 비非연기적 견해에 집착하는 것이며, 사견邪見은 '조건인과적 발생'(緣起)이라는 도리를 부정하는 견해이고, 견취見取는 견해에 대한 집착 혹은 잘못된 견해를 진실하다고 여겨 집착하는 것이며, 계금취戒禁取는 계율과 금기에 대한 비연기적 집착으로서 '무조건 준수하거나 무조건 금지해야 한다는 집착'이다. 근본번뇌根本煩惱에 관해 『성유식론成唯識論』 권6(T31, p.31b15~19)에서는 근본번뇌根本煩惱에 속하는 번뇌로서 ① 탐貪, ② 진瞋, ③ 치癡, ④ 만慢, ⑤ 의疑, ⑥ 악견惡見을 거론하고, 그 아래(T31, p.31c13)에서 악견惡見(견見)이 다시 다섯 가지로 차별된다고 하면서, 차례로 ① 살가야견薩迦耶見(유신견有身見), ② 변집견邊執見, ③ 사견邪見, ④ 견취견見取見, ⑤ 계금취견戒禁取見의 5견五見을 거론하여 근본번뇌根本煩惱로서 탐貪·진瞋·치癡·만慢·의疑와 5견五見의 총 10번뇌가 있다고 설명한다. 『유가사지론』 권58(T30, p.621b1~6)에서는 근본번뇌라는 용어는 쓰고 있지 않지만 악견惡見의 특성을 지니는 번뇌인 견성번뇌見性煩惱와 악견惡見의 특성을 지니지 않는 비견성번뇌非見性煩惱로 나누면서 『성유식론』에서 거론한 것과 동일한 10번뇌를 제시한다.

14 수번뇌隨煩惱(산스크리트 upakleśā, 팔리 upakkilesa): 근본번뇌에 수반하여 일어나는 번뇌를 말한다. 수혹隨惑·지말혹枝末惑이라고도 한다. 수번뇌隨煩惱에

'번뇌로 인한 장애'(煩惱障)의 속성이 된다. 그 [번뇌들]에 속하는 것들을 논한다면 [다음과 같다.] 그 [번뇌장]에 상응하는 현상과 [그 번뇌들에 의해] 생겨나는 행위(業)와 [그 행위에 따라] 생겨난 과보가 서로 따르면서 모두 '번뇌로 인한 장애'(煩惱障)의 본연에 속한다. '대상에 대한 이해를 가로막는 장애'(所知障)는, '모든 현상에 불변 · 독자의 본질/실체가 있다고 하는 집착'(法執)을 으뜸으로 삼아, 망상분별妄想分別, '현상에 대한 애착'(法愛), '비교하는 마음'(慢), '[현상에 대한] 무지'(無明)[15] 등을 그 본연으로 삼는다. 그 ['대상에 대한 이해를 가로막는 장애'(所知障)를] 도우면서 함께하는 것들을 논하자면, 그 ['대상에 대한 이해를 가로막는 장애'(所知障)]에

관해서 『성유식론』 권6(T31, p.33a28~b8)에서는, 수번뇌隨煩惱는 근본번뇌根本煩惱가 분위차별分位差別된 것으로서 근본번뇌根本煩惱와 등류성等流性이라고 설명하면서 ① 분忿, ② 한恨, ③ 부覆, ④ 뇌惱, ⑤ 질嫉, ⑥ 간慳, ⑦ 광誑, ⑧ 첨諂, ⑨ 해害, ⑩ 교憍, ⑪ 무참無慚, ⑫ 무괴無愧, ⑬ 도거掉擧, ⑭ 혼침惛沈, ⑮ 불신不信, ⑯ 해태懈怠, ⑰ 방일放逸, ⑱ 실념失念, ⑲ 산란散亂, ⑳ 부정지不正知를 거론하는데, 앞의 10가지는 각각 따로 일어나기 때문에 소수번뇌小隨煩惱라 부르고 다음의 2가지는 편불선심遍不善心이기 때문에 중수번뇌中隨煩惱라 부르며 뒤의 8가지는 편염심遍染心이기 때문에 대수번뇌大隨煩惱라 부른다고 설명한다. 『유가사지론』 권58에서는 수번뇌隨煩惱에 관해 『성유식론』에서 거론하는 20가지 이외에도 사욕邪欲 · 사승해邪勝解 · 심尋 · 사伺 · 악작惡作 · 수면睡眠 등을 추가하여 거론하기도 한다. 예를 들어 심尋과 사伺에 관해 "非一切處非一切時, 若有極久尋求伺察, 便令身疲念失心亦勞損, 是故尋伺名隨煩惱."(T30, p.622c5~7)라고 하여, 모든 때와 장소에서 일어나는 것은 아니지만 지나친 심구尋求와 사찰伺察은 심신心身에 해로움을 끼치기 때문에 수번뇌隨煩惱라 부른다고 설명한다. 원효는 이 『유가사지론』 권58의 문장을 아래에서 자세히 인용하고 있는데, 수번뇌에 관한 원효의 설명을 보면 원효가 아비달마의 번뇌론보다는 유가행파의 번뇌론에 기반하여 이 장의를 저술했다는 것을 알 수 있다. 즉 심소법을 근본번뇌와 수번뇌로 나누고 수번뇌를 다시 아비달마의 소번뇌지법보다 상세하게 분류하고 있는 오위백법의 번뇌 분류를 따르고 있다.

15 이때의 '무명無明'은 '근본무지'라기보다는 '모든 현상에 불변 · 독자의 본질/실체가 있다고 하는 집착'(法執)에 수반하는 '현상에 대한 무지' 정도의 의미로 보는 것이 적절하다.

상응하는 현상과 [그 현상이] 취하는 특성도 그 ['대상에 대한 이해를 가로막는 장애'(所知障)] 중에 들어가게 된다.

2. '여덟 가지 식'(八識)과 '세 가지 특성'(三性)에 의거해서 두 가지 장애의 본연[이 지닌 특성]을 구분함

1) '여덟 가지 식'(八識)에 의해 '번뇌로 인한 장애'(煩惱障)의 본연(體)[이 지닌 특성]을 구분함

二依八識三性簡體者. 煩惱障體不與阿賴(耶)識相應, 唯共七種轉識俱起. 於中愛與無明通七種識, 慢通二識, 瞋唯不通第七末那, 疑及四見唯在意[16]識, 薩迦耶見在意意識. 薩迦耶中有二行, 所謂我行及我所行. 如是二行 亦通二識, 意識二行, 義在可見.

[H1, 790a23~b5; O 10,14~11,2]

두 번째는 〈'8가지 식'(八識)과 ['이로운 것'(善), '해로운 것'(不善), '이롭지도 않고 해롭지도 않은 것'(無記)의] 세 가지 특성(三性)에 의거해서 본연(體)[이 지닌 특성]을 구분하는 것이다. '번뇌로 인한 장애'(煩惱障)의 본연은 아리야식과 상응하지 않고 오직 [안식眼識 · 이식耳識 · 비식鼻識 · 설식舌識 · 신식身識 · 의식意識 · 말나식末那識, 이] '[아리야식이] 전변하여 일어나는 일곱 가지의 식들'(七種轉識)과 함께 어울려 일어난다.[17] 이 중에

16 橫超本에 따르면, '在'와 '識' 사이에 '意'자를 하나 더 넣어 '在意識'으로 교감했다고 한다.

17 원효는 번뇌장은 아리야식의 단계에서는 일어나지 않고 오직 전칠식轉七識에서 일어나는 것으로, 소지장은 아리야식의 단계에서도 일어나는 것으로 보고 있다.

[탐貪 · 진瞋 · 치癡(無明) · 만慢 · 견見(惡見) · 의疑의 여섯 가지 근본번뇌에서] 탐애([貪]愛)와 근본무지(無明)는 '[전변하여 일어나는] 일곱 가지 식들'(七種識)에 통하고, '비교하는 마음'(慢)은 [제7말나식과 제6의식의] 두 가지 식들에 통하며, 분노(瞋)[18]는 오직 제7말나식(末那)[19]에 통하지 않고, [불교의 진리에 대한] 회의(疑)[20]와 [다섯 가지의 잘못된 견해 중 '불변의 독자적 자아가 있다는 견해'(有身見)를 제외한] '네 가지 [잘못된] 견해'(四見)[21]는 오직 [제6]

---

18 *Abhidharmasamuccaya* ed. by Gokhale, 1947, 16, 20-21; pratighaḥ katamaḥ / sattveṣu duḥkhe duḥkhasthānīyeṣu ca dharmeṣv āghātaḥ / asparśavihāraduścaritasanniśrayadānakarmakaḥ //; 『대승아비달마집론大乘阿毘達磨集論』 권1(T31, 664b24-26). "何等爲瞋 謂於有情苦及苦具心恚爲體不安隱住惡行所依爲業." Pañcaskandhaka ed. by Li and Steinkellner, 2008, 8, 1; pratighaḥ katamaḥ / sattveṣv āghātaḥ /; 『대승오온론大乘五蘊論』 권1(T31, 849a7). "云何爲瞋謂於有情樂作損害爲性"; 『현양성교론顯揚聖教論』 권1(T31, 482a3-5). "瞋者, 謂於有情欲興損害爲體, 或是俱生或分別起能障無瞋爲業.如前乃至增長瞋恚爲業, 如經說諸有瞋恚者爲瞋所伏蔽."

19 manaḥ katamat / yan nityakālaṃ manyanātmakam ālayavijñānālambanaṃ caturbhiḥ kleśaiḥ saṃprayuktam ātmadṛṣṭyātmasnehenā'smimānenā'vidyayā ca / tac ca sarvatragaṃ kuśale py akuśale py avyākṛte 'pi sthāpayitvā mārgasaṃmukhībhāvaṃ nirodhasamāpattim aśaikṣabhūmiñ ca, yac ca ṣaṇṇāṃ vijñānānāṃ samanantaraniruddhaṃ vijñānam// (Abhidharmasamuccaya ed. by Gokhale, 1947, 19, 14-17.) "何等爲意? 謂一切時緣阿賴耶識思度爲性, 與四煩惱恒相應, 謂我見我愛我慢無明, 此意遍行. 一切善不善無記位, 唯除聖道現前若處滅盡定及在無學地. 又六識以無間滅識爲意."(『大乘阿毘達磨集論』, T31, 666a6-10); 『현양성교론顯揚聖教論』(T31, 480c23-26). "意者, 謂從阿賴耶識種子所生還緣彼識, 我癡我愛我我所執我慢相應, 或翻彼相應, 於一切時恃舉爲行, 或平等行與彼俱轉, 了別爲性."

20 vicikitsā katamā / satyeṣu vimatiḥ / kuśalapakṣāpravṛttisanniśrayadānakarmikā // (Abhidharmasamuccaya ed. by Gokhale, 1947, 16, 23-24.) "何等爲疑謂於諦猶豫爲體善品不生所依爲業."(『大乘阿毘達磨集論』, vol.31, no.1605, 664b29-c1) vicikitsā katamā/ satyādiṣu yā vimatiḥ /(Pañcaskandhaka ed. by Li and Steinkellner, 2008, 10, 9.) "云何爲疑? 謂於諦等猶豫爲性."(『大乘五蘊論』(T31, 849b3-4); 『현양성교론顯揚聖教論』(T31, 482b2-5). "疑者, 謂於諸諦猶豫不決爲體, 唯分別起能障無疑爲業. 如前乃至增長疑爲業, 如經說猶豫者疑."

의식에만 있으며, [나머지 한 가지 잘못된 견해인] '불변의 독자적 자아가 있다는 견해'(薩迦耶見, 有身見, satkāyadṛṣṭi)는 [제7]말나식(意)과 [제6]의식(意識)에 있다. '[불변의 독자적] 자아가 있다는 견해'(薩迦耶見)에는 두 가지 작용이 있으니, 이른바 '나에 대한 [집착의] 작용'(我行)과 '나의 것에 대한 [집착의] 작용'(我所行)이 그것이다. 이와 같은 두 가지 [집착의] 작용도 [제7말나식과 제6의식의] 두 가지 식들에 통하니, [제6]의식의 두 가지 [집착의] 작용은 그 의미를 알 수 있을 것이다.[22]

---

21 dṛṣṭiḥ katamā/ pañca dṛṣṭayaḥ — satkāyadṛṣṭir antagrāhadṛṣṭir mithyādṛṣṭir dṛṣṭiparāmarśaḥ śīlavrataparāmarśaś ca/ (Pañcaskandhaka ed. by Li and Steinkellner, 2008, 9, 10-11.) "云何爲見? 所謂五見. 一薩迦耶見, 二邊執見, 三邪見, 四見取, 五戒禁取."(『大乘五蘊論』(T31, 849a23-24); 『현양성교론顯揚聖敎論』(T31, 482a13-b2). "見者, 謂五見爲體. 一薩迦耶見, 謂於五取蘊計我我所染汚慧爲體, 或是俱生或分別起能障無我無顚倒解爲業. 如前乃至增長薩迦耶見爲業, 如經說如是知見永斷三結, 謂身見戒禁取疑. 二邊執見, 謂於五取蘊執計斷常染汚慧爲體, 或是俱生或分別起能障無常無顚倒解爲業. 如前乃至增長邊執見爲業. 如經說迦多衍那一切世間依止二種或有或無. 三邪見, 謂謗因謗果或謗功用或壞實事染汚慧爲體, 唯分別起能障正見爲業. 如前乃至增長邪見爲業, 如經說有邪見者所執皆倒, 乃至廣說. 四見取, 謂於前三見及見所依蘊計最勝上及與第一染汚慧爲體, 唯分別起能障苦及不淨無顚倒解爲業, 如前乃至增長見取爲業, 如經說於自所見取執堅住, 乃至廣說. 五戒禁取, 謂於前諸見及見所依蘊計爲淸淨解脫出離染汚慧爲體, 唯分別起能障如前無顚倒解爲業, 如前乃至增長戒禁取爲業, 如經說取結所繫."

22 〈번뇌장과 여덟 가지 식의 관계〉

번뇌장		제8아뢰야식과는 불상응, 칠종전식七種轉識과는 상응		
번뇌장의 다섯 가지 근본번뇌		칠종전식七種轉識과의 상응관계		
		전오식前五識	제6의식	제7말나식
탐애貪愛, 무명無明		o	o	o
만慢			o	o
진瞋		o	o	
의疑, 五見 중 사견四見			o	
유신견有身見	아행我行		o	o
	아소행我所行			

末那相應二行相者，直緣阿賴耶識自體，而作我行，無[23]緣彼識體上諸相，作我所行．言諸相者，與彼相應五種心法，及與一切十八界相．如是諸相，皆從彼識種子所起，悉是彼識明鏡所現．是故末那亦得並緣．

[H1, 790b5~11; O 11,2~4]

[제7]말나(末那)식과 상응하는 '['나'와 '나의 것'에 대한] 두 가지 [집착의] 작용 양상'(二行相)은 [다음과 같다.] 아뢰야식 자체를 직접적인 조건으로 삼아 '나에 대한 [집착의] 작용'(我行)을 짓고, 겸하여 그 [아뢰야]식 자체에서 일어나는 여러 양상(相)들을 조건으로 삼아 '나의 것에 대한 [집착의] 작용'(我所行)을 짓는다. '[아뢰야식 자체에서 일어나는] 여러 양상들'(諸相)이란, 그 [아뢰야]식과 상응하는 '다섯 가지 마음현상'(五種心法)[24] 및 '모

23 한불전과 은정희본에는 언급되지 않았지만, 橫超本에는 '無'가 '兼'으로 되어 있고 교감주에서 '兼'자 이하에 나오는 '緣彼識體上諸相，作我所行．言諸相者，與彼相應' 19자를 넣었다고 하였다.

24 5종심법五種心法: 아뢰야식을 비롯한 모든 식들과 상응하는 다섯 가지의 변행심소遍行心所를 말한다. 촉(觸, sparśa)·작의(作意, manaskāra)·수(受, vedanā)·상(想, saṃjñā)·사(思, cetanā)의 다섯 가지가 있다. 변행심소遍行心所란 '[촉觸·작의作意·수受·상想·사思의 다섯 가지] 보편적으로 작용[하는 마음 현상]'([五]遍行[心所])이다. 유식唯識에서는 '[심왕법心王法·심소유법心所有法·색법色法·불상응행법不相應行法·무위법無爲法의] 다섯 가지 범주[와 여기에 속하는] 100가지 요소'(五位百法)로써 존재와 마음현상을 설명하는 체계를 제시한다. 『유가사지론』, 『성유식론成唯識論』, 『유식삼십송唯識三十頌』 등의 유식학 관련 논저에서는 '보편적으로 작용하는 마음현상'(遍行心所)에 해당하는 것을 다섯 가지로 규정하고 있는데, 다섯 가지란 '[감각기관과 감관대상의] 접촉'(觸, sparśa), '[의도로써] 지어내는 생각'(作意, manaskāra), '느낌'(受, vedanā), '느낌·특징/차이에 대한 지각'(想, saṃjñā), '의도'(思, cetanā)를 가리킨다. 이 다섯 가지 변행심소遍行心所가 등장하는 출전은 매우 많지만 비교적 간략하게 서술된 『유가사지론』의 내용을 소개하면 다음과 같다. 『유가사지론』 권55(T30, 601c10~11). "問諸識生時．與幾遍行心法俱起．答五．一作意．二觸．三受．四想．五思." 또 『전식론轉識論』에

든 경험세계와 더불어 일어나는 양상들'(與一切十八界相)이다. 이와 같은 양상(相)들은 모두 그 [아뢰야]식의 종자를 따라 일어나는 것이며, 모두가 그 [아뢰야]식이라는 밝은 거울에 나타난 것이다. 그러므로 말나식(末那)도 [아뢰야식이라는 거울에 나타난 것들을] 함께 조건으로 삼을 수 있다.

喻如眼識緣明鏡時, 亦有種[25]了別相, 一者了別鏡體明色, 二亦了別於中影像,[26] 而不能計鏡外有像. 末那二行, 其義亦爾, 而不能計識外有法. 故惣相說還緣彼識. 如直說言眼識緣鏡, 當知亦緣鏡內現影,[27] 是不待言論. 此亦如是, 直說末那還緣彼識, 當知[28]無[29]緣識內現相.[30] 不待言論, 故不煩說.

[H1, 790b11~18; O 11,4~8]

예컨대 마치 안식眼識이 밝은 거울을 대할 때에도 [두] 종류의 '식별대상'(了別相)이 있는데, 첫째는 거울의 바탕인 밝은 색을 식별하는 것이고 둘째는 또한 거울 안에 있는 영상을 식별하는 것이어서 [이때 안식眼識은] 거울 밖에 있는 영상은 헤아리지 못하는 것과 같다. [제7]말나(末

서는 "又與五種心法相應. 一觸, 二作意, 三受, 四思惟, 五想. 以根塵識三事和合生觸, 心恒動行名爲作意, 受但是捨受, 思惟籌量可行不可行, 令心成邪成正, 名爲思惟. 作意如馬行, 思惟如騎者. 馬但直行不能避就是非, 由騎者故令其離非就是. 思惟亦爾, 能令作意離漫行也."(T31, 62a5~11)라고 한다.

25 橫超本에서는 '有種' 사이에 '二'자를 넣어 '有二種'으로 교감하였다.

26 橫超本의 교감에 따르면, 원본에는 '緣'으로 되어 있고 傍註에 '像'으로 나온다고 하였다. 문맥으로는 '像'이 적절하다.

27 橫超本에 따르면 원본에는 '題'로 나오고, 傍註에 '影'으로 되어 있다고 하였다.

28 橫超本에 따르면 원본에는 '如'로 나오고, 傍註에 '知' 로 되어 있다고 하였다.

29 橫超本에는 '無'가 '兼'으로 되어 있다.

30 橫超本의 교감에 따르면, '相'은 보충해 넣은 글자라고 하였다.

那)식의 '['나'와 '나의 것'에 대한] 두 가지 [집착의] 작용'(二行)도 그 의미가 이와 같아서, 식識 밖에 있는 것들을 헤아릴 수 없다. 그러므로 [이러한] 양상을 총괄하여 〈다시 [아뢰야]식을 조건으로 삼는다〉고 말한다. 만일 단지 〈안식이 거울을 대한다〉고 말할 때도 또한 〈거울 안에 나타난 영상을 대한다〉고 알아야 하니, 이는 더 설명할 필요가 없다. 이 [말나식] 또한 이와 같으니, 단지 〈말나식이 다시 저 [아뢰야]식을 조건으로 삼는다〉고 말할 때는, 〈아뢰야식 안에 나타난 대상을 겸하여 조건으로 삼는다〉고 알아야 한다. [이것 역시] 더 설명할 필요가 없으므로 번거롭게 설명하지 않는다.

如『顯揚論』云, "意者, 謂從阿賴耶識種子所生, 還緣彼識, 我癡・我愛・我我所執・我慢相應"故. 其我見中, 有二種緣. 一緣自依止, 二緣他依止. 末那所起, 唯有初緣, 意識之中, 具二種緣. 緣自我見, 有二種起, 謂分別起及任[31]運起. 末那有緩,[32] 意識具二. 如『瑜伽』說, "四種我見, 爲所依止, 能生我慢. 一有分別我見, 謂諸外道所起. 二俱生我見, 謂下至禽獸等亦能生起. 三[33]自依止我見, 謂各別內身所起. 四緣他依止我見, 謂於他身所起"故. 諸隨煩惱, 隨其所應, 在七種識, 於中委曲, 准之可解.

[H1, 790b18~c6; O 11,8~14]

[이것은] 『현양성교론顯揚聖敎論』에서 "말나식(意)이라고 하는 것은 아

31 원본에는 '住'로 되어 있는데 傍註에 '任'으로 된 것을 橫超本, 한불전, 은정희본이 이에 의거하여 교감한 것이다. 이에 따른다.

32 한불전의 편집자주에 의하면, "[원본의 글자가 모호하여] '緩'은 '後'인 것 같다"라고 하였다. 여기서는 '後'로 보고 번역하였다.

33 대정장 『유가사지론』 원문에는 '三' 뒤에 '緣'이 있으므로, '三緣'으로 보고 번역하였다.

뢰야식의 종자로부터 생긴 것인데, 다시 그 [아뢰야]식을 조건으로 삼아 '나에 대한 무지'(我癡) · '나에 대한 애착'(我愛) · 〈'나'와 '나의 것'에 대한 집착〉(我我所執) · '비교를 통한 자기규정'(我慢)과 상응한다."[34]라고 말한 것과 같다.

이 '자아에 관한 [잘못된] 견해'(我見)[를 발생시키는 것]에는 두 종류의 조건(緣)이 있다. 첫째는 '자신을 의지함'(自依止)을 조건으로 삼는 것이고, 둘째는 '타인을 의지함'(他依止)을 조건으로 삼는 것이다. 말나식이 일으키는 ['자아에 관한 [잘못된] 견해'(我見)]는 오직 첫 번째 조건[인 '자신을 의지함'(自依止)]만이 있고, [제6]의식(意識)[이 일으키는 '자아에 관한 [잘못된] 견해'(我見)]에서는 ['자신을 의지함'(自依止)과 '타인을 의지함'(他依止)의] 두 가지 조건을 다 갖추고 있다. 자신을 조건으로 삼아 일어나는 '자아에 관한 [잘못된] 견해'(我見)는 두 가지로 일어나니, '[후천적으로] 분별에 의해 일어나는 것'(分別起)과 '[선천적으로 갖추어져] 수시로 일어나는 번뇌'(任運起)가 그것이다.[35] 말나식에는 후자(任運起)가 있고, [제6]의식은 두

34 『현양성교론』 권1(T31, 480c23-24). "意者, 謂從阿賴耶識種子所生, 還緣彼識, 我癡 · 我愛 · 我我所執 · 我慢相應."

35 분별기分別起와 임운기任運起: 현상의 인과적 연속에 대한 불교적 통찰에 따르면, '무지에 의한 사유'(분별)와 그에 따른 번뇌는 선천적인 것과 후천적인 것이 모두 결합되어 있다. 이러한 통찰은 수행론과 직결된다. 선천적 유형과 후천적 유형의 결합이라는 사실을 이해해야 무지와 번뇌의 치유 방법이 제대로 마련되기 때문이다. 『유가사지론』이 설하는 분별기分別起와 임운기任運起의 구분은 이러한 통찰의 산물이다. 후천적으로 생겨난 '사실대로 이해하지 못하는 분별에 따른 발생'을 분별기分別起라 하고, 선천적으로 지닌 근본무지의 경향성에 의해 생겨나는 분별과 번뇌를 임운기任運起 혹은 구생기俱生起라 부른다. 따라서 '자아에 대한 잘못된 견해'(我見)의 발생은 후천적인 분별기와 선천적인 임운기(구생기)의 두 가지로 구분된다. 후천적인 분별과 번뇌는 그 양상과 정도가 뚜렷하고 강하지만 '사실대로의 이해'(正見)를 수립하면 치유되기에, 분별기分別起의 치유를 견소단見所斷(이해에 의한 제거) 혹은 견도소단見道所斷(사실에 맞는 이해를 수립하는 수행방법에 의한 제거)라 부른다. 이에 비해 선천적인 분별과 번뇌는 그 양상과 정도가 미세하고 은밀하지만 잠재적 경향성이기 때문에 '이해의 수립'만으로는 온전한 치

가지를 다 갖추고 있다.

[이것은] 『유가사지론瑜伽師地論』에서 [다음과 같이] 설명하는 것과 같다. "네 가지 '자아에 관한 [잘못된] 견해'[36]가 의지처가 되어 '비교를 통한 자기규정'(我慢)을 일으킬 수 있다. 첫째는 〈분별에 의해 일어나는 '자아에 관한 [잘못된] 견해'〉(分別我見)이니, 모든 '[불교와는] 다른 가르침'(外

유가 어렵다. 따라서 임운기任運起 혹은 구생기俱生起는 '사실대로 보는 이해에 의거한 지속적 수행'(修道)으로 치유해야 한다. 이것을 수소단修所斷(사실대로의 이해에 의거한 수행에 의한 제거) 혹은 수도소단修道所斷(사실대로의 이해에 의거하여 지속하는 수행방법에 의한 제거)이라 부른다. 이것은 교학의 발달사에서 견수이혹見修二惑, 즉 견도와 수도에서 끊어지는 번뇌의 문제로 거론된다. 견혹은 견도소단번뇌見道所斷煩惱·미리혹迷理惑이라고도 한다. 『아비달마구사론』 권19에 따르면 번뇌는 탐貪·진瞋·만慢·무명無明(치癡)·의疑·견見의 육수면六隨眠, 또는 육수면六隨眠 중에서 견見의 작용이 다섯 가지로 달라진 것인 유신견有身見·변집견邊執見·사견邪見·견취見取·계금취戒禁取를 합한 십수면十隨眠으로 나눌 수 있다. 이 중 진瞋과 의疑 및 견見의 다섯 가지 작용인 유신견有身見·변집견邊執見·사견邪見·견취見取·계금취戒禁取의 일곱 가지가 견도見道에서 완전히 끊어지는 번뇌이다. 수혹修惑은 수소단번뇌修所斷煩惱로서 『아비달마구사론』에서는 탐貪·진瞋·만慢·무명無明의 네 가지(욕계 기준)를 꼽는 반면, 『유가사지론』에서는 이 네 가지 번뇌에 유신견有身見·변집견邊執見을 추가한다. 이 점과 관련하여 『성유식론成唯識論』 권6의 번뇌에 관련된 다음과 같은 대목이 주목된다. "十煩惱中, 六通俱生及分別起, 任運思察俱得生故. 疑後三見唯分別起, 要由惡友或邪教力, 自審思察方得生故."(T31, 32a5~7.) 이에 따르면 탐貪·진瞋·만慢·무명無明·유신견有身見·변집견邊執見의 여섯 가지 번뇌는 구생기俱生起와 분별기分別起 번뇌에 모두 통하지만, 의疑·사견邪見·견취見取·계금취戒禁取의 네 가지 번뇌는 오직 분별기分別起 번뇌이다. 여섯 가지 번뇌는 구생기俱生起와 분별기分別起 번뇌에 모두 통하기 때문에 『유가사지론』에서는 이 여섯 가지 번뇌를 견혹見惑과 수혹修惑에 모두 포함시키고, 네 가지 번뇌는 오직 분별기分別起 번뇌이기 때문에 견혹見惑에만 포함시키는 것으로 볼 수 있다. 견도見道에서는 분별기分別起 번뇌에만 속하는 의疑·사견邪見·견취見取·계금취戒禁取의 네 가지 번뇌가 모두 끊기고, 수도修道에서는 구생기俱生起 번뇌에도 통하는 탐貪·진瞋·만慢·무명無明·유신견有身見·변집견邊執見이 끊어진다는 것이다.

36 '나에 대한 무지'(我癡), '나에 대한 애착'(我愛), 〈'나'와 '나의 것'에 대한 집착〉(我我所執), '비교를 통한 자기규정'(我慢)을 말한다.

道)이 일으키는 것이 그것이다. 둘째는 〈선천적으로 갖추어져 일어나는 '자아에 관한 [잘못된] 견해'(俱生我見)〉이니, 아래로 짐승들에 이르기까지도 일으킬 수 있는 것이다. 세 번째는 〈자신을 의지하는 것을 조건으로 삼아 일어나는 '자아에 관한 [잘못된] 견해'〉(自依止我見)이니, 각자 자기 몸을 분별하여 일으키는 것이다. 네 번째는 〈타인을 의지하는 것을 조건으로 삼아 일어나는 '자아에 관한 [잘못된] 견해'〉(他依止我見)이니, 다른 사람의 몸에 대해 [자아에 관한 잘못된 견해를] 일으키는 것이다."[37]

모든 '[근본이 되는 번뇌를] 따라 일어나는 번뇌'(隨煩惱)는 그것이 상응하는 것에 따르면서 일곱 가지의 식에 있으니, 이에 대한 자세한 것은 [위에서 언급한 내용에] 준거해 보면 이해할 수 있을 것이다.

2) '세 가지 특성'(三性)으로 '번뇌로 인한 장애'(煩惱障)의 본연(體)[이 지닌 특성]을 구분함

(1) '세 가지 특성'(三性)에 대하여 '속성에 의해 설명하는 방식'(自性門)

論三性者. 三性法門乃有多種, 今且依一自性門說. 色無色界一切煩惱及欲界中末那四惑, 皆是有覆無記性攝. 五識所起貪恚癡等, 是不善性, 不善意識之等流故. 如『瑜伽』說, "決定心後, 方有染淨, 此後乃有等流眼識, 善不善轉. 而彼不由自分別力. 如眼識生乃至身識, 應知亦爾"故.

[H1, 790c7~14; O 11,15~12,3]

37 『유가사지론』 권86(T30, 779c10~14). "復次有四種我見, 爲所依止, 能生我慢. 一有分別我見, 謂諸外道所起. 二俱生我見, 謂下至禽獸等亦能生起. 三緣自依止我見, 謂於各別內身所起. 四緣他依止我見, 謂於他身所起."

['이로운 것'(善), '해로운 것'(不善), '이롭지도 않고 해롭지도 않은 것'(無記)의] 세 가지 특성(三性)[38]에 대해 설명하면 다음과 같다. '세 가지 특성을 설명하는 방식'(三性法門)에는 여러 종류가 있는데 지금은 [그중] 하나인 '속성에 의해 설명하는 방식'(自性門)에 의거해서 설명한다. '유형적 세계'(色界)와 '무형적 세계'(無色界)의 모든 번뇌와, '[감관에 의거하여 발생한] 욕망의 세계'(欲界) 중 제7말나식(末那)의 ['자아에 대한 무지'(我癡) · '자아에 대한 견해'(我見) · '비교를 통한 자기규정'(我慢) · '자아에 대한 애착'(我愛)의] '네 가지 근본번뇌'(四惑)는 모두 '진리를 덮어 가리지만 세력이 미세하여 이롭지도 않고 해롭지도 않은 특성'(有覆無記性, nivṛtāvyākṛta)에 포함된다. [눈에 상응하는 인식, 귀에 상응하는 인식, 코에 상응하는 인식, 혀에 상응하는 인식, 몸에 상응하는 인식의] '다섯 가지 인식'(五識)이 일으키는 탐욕(貪)과 '성내는 마음'(恚)과 어리석음(癡) 등은 '해로운 특성'(不善性)[에 포함되]니, ['의식이라는 감관기능'(意根)에 상응하여 생겨나는] '해로운 의식'(不善意識)과 '유사한 성질의 흐름'(等流, niṣyanda)이기 때문이다.

[이것은] 『유가사지론』에서 [다음과 같이] 설명한 것과 같다. "[어떤 것을] 확정하는 마음(決定心) 이후에 '오염되거나 청정한 마음'(染淨心)이 있고 이후에 다시 [오염되거나 청정한 마음과] 유사한 성질의 흐름인 '눈에 상응하는 인식'(眼識)이 있어 '이로운 것'(善)과 '해로운 것'(不善)으로 변하여 흘러간다. 그러나 그 [이롭거나 해로운 '눈에 상응하는 인식']은 자신의 분별력에 의해 [생겨난 것은] 아니다. '눈에 상응하는 인식'(眼識)이 [이와 같이] 일어나는 것과 마찬가지로 '몸에 상응하는 인식'(身識)에 이르기까지[의 다섯 가지의 인식(五識) 모두가] 이와 같음을 알아야 한다."[39]

---

38 삼성三性: 모든 현상을 '이로운 것'(善), '해로운 것'(不善), '이롭지도 않고 해롭지도 않은 것'(無記)의 세 가지로 구분하는 용어이다. 무기無記는 '이롭지도 않고 해롭지도 않은'(非善非不善) 모든 현상으로 유부무기有覆無記(不淨無記)와 무부무기無覆無記(淨無記)로 나뉜다. 무기無記의 구체적 내용에 대해서는 아래 '무기無記' 역주 참고.

欲界意識所起之中, 若分別[40]一切煩惱, 悉是不善, 任運起中身邊二見, 是無記性. 如『瑜伽』說, "復次俱生薩迦耶見, 唯無記性. 數現行故, 非極損惱自他處故. 若分別起,[41] 由堅執故, 與前相違, 在欲界者, 唯不善性"故.

[H1, 790c14~19; O 12,3~6]

'[감관에 의거하여 발생한] 욕망의 세계'(欲界)에서 [제6]의식(意識)에 의해 일어나는 것 중 '분별해서 일어나는'(分別起) 모든 번뇌는 다 '해로운 [특성]'(不善[性])이고, '[선천적으로 갖추어져] 수시로 일어나는 번뇌'(任運起) 중에 '불변의 독자적 자아가 있다는 견해'(身見, 有身見, satkāyadṛṣṭi)와 '[항상 있다거나 아무것도 없다는] 치우친 견해'(邊見, 邊執見, antagrāhadṛṣṭi) [이] 두 가지 [잘못된] 견해는 모두 '이롭지도 않고 해롭지도 않은 특성'(無

39 『유가사지론』 권1(T30, 280a24~27). "決定心後, 方有染淨, 此後乃有等流眼識, 善不善轉, 而彼不由自分別力. 乃至此意不趣餘境, 經爾所時, 眼意二識, 或善或染相續而轉. 如眼識生乃至身識, 應知亦爾." 밑줄 친 내용은 원효가 인용하면서 생략한 부분이다. 〈산스크리트본의 해당 내용: YBh(Yobh), p.10; tatra niścitāc cittāt paraṃ saṃkleśo vyavadānaṃ ca draṣṭavyaṃ | tatas tannaiṣyandikaṃ cakṣurvijñānam api kuśalākuśalaṃ pravarttate | na tu svavikalpavaśena | tāvac ca dvayor manovijñānacakṣurvijñānayoḥ kuśalatvaṃ vā kliṣṭatvaṃ yāvat tan mano nānyatra vikṣipyate || yathā cakṣurvijñāna utpanna evaṃ yāvat kāyavijñānaṃ veditavyaṃ ||; 그중에서 결정하는 마음(決定心) 뒤에 염오되거나 청정한 [마음]이 [있다고] 알아야 한다. 그 후 그것의 동질적 결과로서 선하거나 불선한 안식이 발생한다. 자신의 분별 때문에 [발생하는 것은] 아니다. 그리고 그 의[근]이 다른 것에 산란하지 않는 한 의식과 안식 둘은 선하거나 염오된다. 안식이 발생하는 것처럼 신식까지도 마찬가지로 알아야 한다.〉

40 橫超本에는 '起'가 있어, '分別起'로 되어 있는데, 별도의 교감주가 없으므로 원본에는 '分別起'로 나온 것으로 생각된다. 한불전에서는 '起'를 누락시켰으나, 여기서는 '分別起'로 보고 번역하였다.

41 『유가사지론』 원문에는 '分別起' 뒤에 '薩迦耶見'이 있다. 이에 따라 '薩迦耶見'을 넣어서 번역한다.

記性)을 가지고 있다.

[이것은] 『유가사지론』에서 [다음과 같이] 설명한 것과 같다. "또 [선천적으로] 갖추어져 [저절로] 일어나는 '나와 나의 것을 [불변 · 독자의 것으로] 분별하는 견해'(薩迦耶見)는 오직 '이롭지도 않고 해롭지도 않은 특성'(無記性)[에 포함되는 것]이다. 자주 나타나는 작용이기 때문이며, 자신과 타인에게 극심한 피해를 주거나 괴로움을 끼치는 것은 아니기 때문이다. [그런데] 만약 분별해서 일어나는 '나와 나의 것을 [불변 · 독자의 것으로] 분별하는 견해'(薩迦耶見)인 경우라면 ['나'와 '나의 것'에 대한] 집착이 매우 견고하기 때문에 앞의 것과는 서로 다르니, '[감관에 의거하여 발생한] 욕망의 세계'(欲界)에 있는 것은 오직 '해로운 특성'(不善性)[에 포함되는 것]이다."[42]

愛 · 慢 · 無明, 能發修斷不善業者, 是不善性, 結生之時, 微細現行, 是無記性. 如『對法論』[43]云, "九[44]種, 命終心[45]自體愛相應." 此愛唯是有覆無記性故.

[H1, 790c19~791a1; O 12,6~7]

애착(愛)과 '비교하는 마음'(慢)과 근본무지(無明)는, '[선정을 토대로 이해를] 거듭 익혀 가는 수행'(修道)으로 끊는 '해로운 행위'(不善業)를 일으

---

42 『유가사지론』 권58(T30, 622a26-28). "復次俱生薩迦耶見, 唯無記性. 數現行故, 非極損惱自他處故. 若分別起<u>薩迦耶見</u>, 由堅執故, 與前相違, 在欲界者, 唯不善性."

43 원본에는 『對法輪』으로 되어 있고, 傍註에는 『對大論』으로 되어 있다고 하였다. 『對法論』으로 교감한다. 『대법론對法論』은 『대승아비달마잡집론大乘阿毘達磨雜集論』이므로 이후에는 모두 『대승아비달마잡집론大乘阿毘達磨雜集論』으로 표기한다.

44 원본에는 '旭'으로 되어 있는데, 傍註에는 '九'로 나온다고 하였다. 『대승아비달마잡집론』 원문에 따라 '九'로 교감한다.

45 원문에는 '心' 뒤에 '與'가 있으므로 이를 따라 번역하였다.

키는 것은 '해로운 특성'(不善性)[에 포함되는 것]이고, '[윤회하는 다음] 삶에 맺어질'(結生) 때에 미세하게 나타나 작용하는 것은 '이롭지도 않고 해롭지도 않은 특성'(無記性)[에 포함되는 것]이다. [이것은] 『대승아비달마잡집론大乘阿毘達磨雜集論』에서 [다음과 같이] 설명한 것과 같다. "['이어 가게 하는 힘'(相續力)은] 아홉 가지이니, '수명이 다했을 때 일어나는 마음'(命終心)은 '자기 자신에 대한 애착'(自體愛)과 상응한다."[46] 이 애착은 오직 '진리를 덮어 가리지만 세력이 미세하여 이롭지도 않고 해롭지도 않은 특성'(有覆無記性)이다.

瞋恚一種, 唯不善性, 而亦通善心中起. 如『瑜伽』說, "又由自性, 建立如是黑白俱業, 謂如[47]有一隨於一所許作利益, 卽由餘事, 後[48]於其所作不利益. 如[49]於[50]暴虎[51]作惡人[52]所, 發生瞋恚俱行之[53]思, 不喜彼惡. 當知此思瞋俱行故, 隨[54]黑分中, 不喜樂彼惡俱行故, 隨白分中. 是

46 『대승아비달마잡집론』 권5(T31, 714b27). "<u>相續九力者</u>, 九種, 命終心<u>與</u>自體愛相應." 〈산스크리트본의 해당 내용: ASBh., p.39. pratisaṃdhibalena nava maraṇacittāny ātmabhāvatṛṣṇāsaṃprayuktāni |; 죽음의 마음은 결생結生의 힘에 의해서 아홉[종류]가 되는데, 이들은 신체에 대한 갈애와 결합한다.〉

47 橫超本에는 '如' 뒤에 '亦'을 추가하였지만, 『유가사지론』 원문에는 '亦'이 없으므로 교감하지 않고 그대로 둔다.

48 橫超本의 교감주에 따르면, 원본에는 '後'이고, 傍註에 '復'으로 되어 있다고 하였다. 『유가사지론』 원문에 따라 '復'으로 보고 번역한다.

49 『유가사지론』 원문은 '譬如'이다. 교감하여 번역한다.

50 『유가사지론』 원문에는 '於' 앞에 '有一'이 있으므로, 교감하여 번역한다.

51 한불전과 橫超本 모두 '暴虎'로 나온다. 그러나 『유가사지론』 원문에는 '暴虎'가 '極暴虐'으로 되어 있으므로 교감하여 번역한다.

52 橫超本의 교감주에 따르면, 원본에는 '大'로 나오고, 傍註에 '人'으로 되어 있다고 하였다.

53 橫超本의 교감주에 따르면, 원본에는 '俱行之'가 '俱行俱之'로 되어 있다고 한다. 『유가사지론』 원문에는 '俱行之'로 나오므로 이에 의거하여 번역한다.

54 원본에는 '隨'로 되어 있지만, 『유가사지론』 원문에는 '墮'이므로 '墮'로 교감한다

故此業說名黑白, 如是所餘種類亦爾"故.

[H1, 791a1~9; O 12,8~11]

'분노하고 성내는 마음'(瞋恚) 한 종류는 오직 '해로운 특성'(不善性)[에 포함되는 것]이지만, 또한 '이로운 마음'(善心)에 통하여 일어나기도 한다. [이것은] 『유가사지론』에서 [다음과 같이] 설명한 것과 같다. "또한 속성(自性)으로 인해 이와 같은 '나쁨과 좋음을 함께 갖춘 행위'(黑白俱業)[라는 개념]을 확립하니, 어떤 행위가 한 곳에서는 이익을 만들지만 곧 다른 일로 말미암아 다시 [같은] 그곳에서 불이익을 만드는 것과 같은 것이 그것이다. 마치 어떤 사람이 매우 포악하게 악을 짓는 사람에 대해 분노 및 성냄과 함께 작용하는 생각을 일으켜 그 악행을 좋아하지 않는 것과 같다. 이 생각은 분노와 함께 작용하기 때문에 '나쁜 행위의 부분'(黑分)에 속하는 것이지만, [동시에] 그 악행을 좋아하지 않는 것과 함께 작용하기 때문에 '좋은 행위의 부분'(白分)에도 속한다는 알아야 한다. 그러므로 이 행위(業)를 '나쁨과 좋음'(黑白)[을 다 갖춘 행위]라고 부르니, 이와 같이 다른 종류도 또한 그러하다."[55]

(2) '[근본이 되는 번뇌를] 따라 일어나는 번뇌'(隨煩惱)와 '세 가지 특성'(三性)의 상응관계

隨煩惱中, 尋·伺·惡作·睡眠, 此四通於三性. 而在善中, 未必皆是隨煩惱性. 如於夢中, 修無漏道, 此中眠數, 非惑[56]性故. 其餘三種,

---

고 하였다. 바로 뒤의 '隨白分'도 동일하다.

55 『유가사지론』 권66(T30, 665a27-665b04). "又由自性, 建立如是黑白俱業, 謂如有一隨於一所許作利益, 即由餘事, 復於其所作不利益. 譬如有一於極暴虐作惡人所, 發生瞋恚俱行之思, 不喜彼惡. 當知此思瞋俱行故. 墮黑分中. 不喜樂彼惡俱行故, 墮白分中. 是故此業說名黑白, 如是所餘種類亦爾."

准[57]此可知.

[H1, 791a9~12; O 12,11~13]

'[근본이 되는 번뇌를] 따라 일어나는 번뇌'(隨煩惱) 중에 탐구(尋, vitarka),[58] 음미(伺, vicāra),[59] 회한(惡作, kaukṛtya),[60] 무기력(睡眠, middha)[61] 이 네 가지는 ['이로운 것'(善), '해로운 것'(不善), '이롭지도 않고 해롭지도 않은 것'(無記)의] 세 가지 특성에 다 통한다. 그러나 '이로운 것'(善)에 속할 경우에는 [위의 네 가지] 모두가 반드시 '[근본이 되는 번뇌를] 따라 일어나는 번뇌'(隨煩惱)의 특성[을 갖는 것]은 아니다. 마치 꿈속에서 '번뇌가 스며듦이 없는 수행'(無漏道, anāsravamārga)을 닦는 것과 같으니, 여기서의 '수면이라는 [무기력한] 마음현상'(眠數)은 번뇌(惑)의 특성[을 갖는

---

56 원본에는 '或'으로 나오지만, 傍註에 '惑'으로 되어 있다. '惑'으로 교감한다.

57 원본에는 '唯'로 나오고, 傍註에는 '准'으로 되어 있다고 한다. '准'으로 교감하여 번역한다.

58 심尋(vitarka): 니까야/아함에 등장하는 심(尋/覺, vitarka)과 사(伺/觀, vicāra)는 상이한 두 가지 맥락에서 모두 사용된다. 분별/망상의 맥락과 지혜/해탈의 맥락이 그것이다. 두 맥락 모두의 용법을 포괄하는 기본 의미는 '[대상으로] 주의를 기울임'(尋, vitarka)과 [기울인] 주의를 지속해 감'(伺, vicāra)이 그것이다. 그러나 여기서는 번뇌를 다루는 맥락에서의 용법이라는 점을 감안할 때 '탐구(vitarka)'와 '음미(vicāra)'로 번역하는 것이 적절해 보인다. '탐구(vitarka)'는 '음미(vicāra)'와 비교하면 거친 마음작용이다.(『대승아비달마집론大乘阿毘達磨集論』의 정의 참조.) 진제는 '각覺', 현장은 '심尋'이라고 한역하였다.

59 사伺(vicāra): '음미'를 의미한다. 깊이 음미하고 숙고하는 마음의 언어활동이라고 할 수 있다. '탐구(vitarka)'에 비해 미세한 마음작용이다.

60 오작惡作: '회환'(kaukṛtya)이나 후회를 의미한다. 어떤 일에 대해 의도했거나 의도하지 않았거나, 실제로 그 일을 했거나 하지 않았거나, 후에 일어나는 어리석은 회한의 마음작용이다. 마음의 안정을 방해하는 작용을 한다. 진제와 현장 모두 '오작惡作'이라고 한역하였다.

61 수면睡眠: '무기력'(middha)을 의미한다. 무기력으로 인해 위축되는 어리석은 마음이며, 해야 할 것을 하지 않음으로써 일어나는 마음작용이다. 진제는 '수睡', 현장은 '면眠'이라고 한역하였다.

것]이 아니기 때문이다. [탐구(尋), 음미(伺), 회한(惡作)의] 나머지 세 가지도 이것에 의거해 보면 알 수 있을 것이다.

> 放逸等十及誑·諂·憍, 唯通不善有覆無記, 忿·恨·覆·惱·慳·嫉, 與害·無慚·無愧, 如是九種, 唯不善性. 此中無慚[62]·無愧, 論其自性, 遍行一切不善心中, 若說增用, 愧通一切, 慚未必通.
>
> [H1, 791a12~16; O 12,13~15]

해이함(放逸)[63] 등 열 가지와 기만(誑)·'부정직한 왜곡'(諂)·교만(憍)은 오직 '해로운 것'(不善)과 '진리를 덮어 가리지만 세력이 미세하여 이롭지도 않고 해롭지도 않은 특성'(有覆無記性)에 통하고, 분노(忿)·원한(恨)·'잘못을 감춤'(覆)·분통(惱)·인색(慳)·질투(嫉)·잔혹함(害)·'스스로 자신의 허물을 부끄러워함이 없는 마음'(無慚)·'타인에 대해 자신의 허물을 부끄러워함이 없는 마음'(無愧)과 같은 아홉 종류는 오직 '해로운 특성'(不善性)이다. 이 가운데 '스스로 자신의 허물을 부끄러워함이 없음'(無慚)과 '타인에 대해 자신의 허물을 부끄러워함이 없음'(無愧)은, 그 특성(自性)으로 말하자면 모든 '해로운 마음'(不善心)에서 두루 작용하고, 만일 그 '작용의 차이'(增用)를 따진다면 '타인에 대해 자신의 허물을 부끄러워함'(愧)은 모든 것에 통하지만 '스스로 자신의 허물을 부끄러워함'(慚)은 반드시 [모든 것에] 통하는 것은 아니다.

---

62 원본에는 '慙'이나, 諺註에 '慚'으로 되어 있다. '慚'으로 교감한다. 이하에 나오는 '無慚'의 경우도 동일하다.

63 방일放逸: 20가지 수번뇌隨煩惱 중 하나이다. 『성유식론成唯識論』 권6에서는 "云何放逸? 於染淨品不能防修, 縱蕩爲性."(T31, p.34b17~18)이라고 하여 염정품染淨品을 닦지 못하여 염품染品에 방종·방탕한 것이라고 설명한다. 이러한 개념을 반영하여 '해이함'으로 번역하였다.

如『瑜伽』說, “無慚·無愧, 通[64]與一切不善相應.” 又上[65]文言, “慚現前時, 必愧現前, 若愧現前, 不必有慚.” 例如四無色蘊, 自性必俱, 論其用增, 次第現前故, 亦說言, “從此初心, 生後三心.” 此二生起道理亦爾.

[H1, 791a17~22; O 12,15~13,3]

[이것은] 『유가사지론』에서 [다음과 같이] 설명한 것과 같다. “‘스스로 자신의 허물을 부끄러워함이 없음’(無慚)과 ‘타인에 대해 자신의 허물을 부끄러워함이 없음’(無愧)은 모든 ‘해로운 것’(不善)과 상응한다.”[66] 또 그 위의 글에서는 [다음과 같이] 말한다. “‘스스로 자신의 허물을 부끄러워함’(慚)이 나타날 때에는 반드시 ‘타인에 대해 자신의 허물을 부끄러워함’(愧)이 나타나지만, ‘타인에 대해 자신의 허물을 부끄러워함’(愧)이 나타나는 경우에 반드시 ‘스스로 자신의 허물을 부끄러워함(慚)이 있는 것은 아니다.”[67] 예컨대 [색온色蘊을 제외한] ‘네 가지 정신적인 요소들’(四無色蘊)이 그 특성은 반드시 함께 작용하지만 그 ‘작용의 차이’(用增)로 따진다면 순서대로 나타나는 것과 같은 것이니, 또한 [『섭대승론석攝大乘論釋』에서도] “이 처음의 마음현상(감수작용/受蘊)으로부터 뒤의 세 가지 마음현상(특징·차이의 지각들/想蘊, 의지작용/行蘊, 의식작용/識蘊)이 [순서대로 따라] 일어난다.”[68]라고 말한다. [‘스스로 자신의 허물을 부끄러워함’(慚)

64 橫超本과 한불전에는 ‘通’이 있지만 『유가사지론』 원문에는 없으므로 ‘通’을 삭제한다.

65 橫超本의 교감주에 따르면, ‘上’은 원본에 없던 것을 보완하여 넣은 것이라 한다.

66 『유가사지론』 권55(T30, 604a25~26). “當知無慚無愧, 與一切不善相應.”

67 『유가사지론』 권53(T30, 590a4~5). “若有慚正現前, 必亦有愧, 非有愧者, 必定有慚.” 같은 맥락으로 둔륜遁倫의 유가론기에는 다음과 같은 내용이 나온다. 『유가론기瑜伽論記』 권14(T42, 617c29~618a2). “測云. 隨護支慚愧二法有具不具, 故從他受. 若有慚者, 必有愧故自受, 若有愧者, 未必有慚. 是故此人不能自受.”

68 『섭대승론석攝大乘論釋』 권2(T31, 167b3). “從此初心, 生後三心故.”

과 '타인에 대해 자신의 허물을 부끄러워함'(愧)의] 이 두 가지가 일어나는 도리도 마찬가지이다.

餘隨煩惱生起道理, 如論廣說, 彼言, "隨煩惱者, 略由四相差別建立, … 謂無慚·無愧, 亦通一切不善心起.

[H1, 791a22~24; O 13,3~4]

이 외의 나머지 '[근본이 되는 번뇌를] 따라 일어나는 번뇌'(隨煩惱)가 일어나는 도리는 『유가사지론』에서 자세하게 설명한 것과 같으니, 『유가사지론』은 [다음과 같이] 말한다. "'[근본이 되는 번뇌를] 따라 일어나는 번뇌'(隨煩惱)는 대략 '네 가지 양상의 차이'(四相差別) 때문에 수립된다. … ⅰ) '스스로 자신의 허물을 부끄러워함이 없음'(無慚)과 '타인에 대해 자신의 허물을 부끄러워함이 없음'(無愧)은 또한 모든 '해로운 마음'(不善心)과 통하면서 일어난다.

[69]放逸·掉擧·惛[70]沉·不信·懈怠·耶[71]欲·勝解[72]·妄念[73]·散亂·不正知, 此十[74]通一切染汚心起, 通一切當[75]三界所繫.

[H1, 791a24~b3; O 13,4~5]

---

69 『유가사지론』 원문에는 '放逸' 앞에 '隨煩惱'가 있으나 원효가 인용하면서 생략하였다.

70 원본에는 '恨'으로 되어 있는데, 傍註에 따라 '惛'으로 교감한다.

71 橫超本에 따르면, 원본에는 '耶'이지만 '邪'로 교감한다고 밝혔다. 이에 따라 '邪'로 교감한다.

72 『유가사지론』 원문에는 '邪勝解'로 되어 있다. '邪勝解'로 교감하여 번역한다.

73 『유가사지론』 원문에는 '邪念'으로 되어 있다.

74 『유가사지론』 원문에 의거하여 '十'과 '通' 사이에 '隨煩惱'를 보완하여 넣는다.

75 橫超本의 교감에 따르면 원본에는 '當'으로 되어 있지만, 『유가사지론』 원문에 의거하여 '處'로 교감한다고 하였다. 원문에 따라 번역한다.

ii) 해이함(放逸)·들뜸(掉擧)·혼미함(惛沈)·불신(不信)·태만(懈怠)·'잘못된 욕구'(邪欲)·'잘못된 확신'(邪勝解)·'[마음과 이해를] 잘못 간직해 감'(妄念)[76]·흐트러짐(散亂)·'잘못된 견해'(不正知)의 이 열 가지 '[근본이 되는 번뇌를] 따라 일어나는 번뇌'(隨煩惱)는 모든 '오염된 마음'(染汚心)에 통하면서 일어나며, 모든 곳에 통하여 '['욕망 세계'(欲界)·'유형 세계'(色界)·'무형 세계'(無色界), 이] 세 가지 세계'(三界)에 매여 있다.

忿·恨·覆·惱[77]·疾[78]·慳·誑·諂·憍·害, 此十[79]各別不善心起. 若一生時, 必無第二. 如是十種, 皆欲界繫, 除誑諂憍. 由誑及諂, 至初靜慮, 憍通三界.

[H1, 791b3~6; O 13,5~7]

iii) 분노(忿)·원한(恨)·'잘못을 감춤'(覆)·분통(惱)·질투(嫉)·인색(慳)·기만(誑)·'부정직한 왜곡'(諂)·교만(憍)·잔혹함(害)의 이 열 가지 '[근본이 되는 번뇌를] 따라 일어나는 번뇌'(隨煩惱)는 각각 별개의 '해로운 마음'(不善心)에서 일어난다. 만약 [이 중에] 하나가 일어날 때 반드시

76 망념妄念의 번역: 망념妄念/사념邪念은 팔정도 정념正念을 장애하는 것을 속성으로 갖는 번뇌를 지칭한다. 본 원효전서 번역에는 정념을 '[빠져들지 않는 마음'(止)과 이해(觀)를] 진리답게 간직해 감'이라 번역하고 있는데, 이에 의거하여 이 망념을 '[마음과 이해를] 잘못 간직해 감'이라 번역한다. '정념'에 대한 번역에 대해서는 이미 출간한 『대승기신론소별기』의 '정념진여법正念眞如法'에 관한 역주 등 이미 제시한 관련 역주들을 참고할 수 있다.

77 원본에는 '惚'으로 나오지만, 傍註의 기록과 『유가사지론』의 원문에 의거하여 '惱'로 교감하였다.

78 한불전에는 '疾'로 되어 있지만, 『유가사지론』 원문에 따라 '嫉'로 교감하여 번역한다.

79 원본에는 '十'만 있지만, 『유가사지론』 원문에 의거하여 '十隨煩惱'로 교감하여 번역한다.

다른 것[이 일어나는 것]은 없다. 이와 같은 열 가지[의 번뇌]는 모두 '욕망의 세계'(欲界)에 매여 있지만 기만(誑)·'부정직한 왜곡'(諂)·교만(憍)은 제외된다. 기만(誑)과 '부정직한 왜곡'(諂)은 ['욕망의 세계'(欲界)를 넘어선 네 가지 선정 가운데] '첫 번째 선정'(初靜慮)에까지 이르고 있고, 교만(憍)은 ['욕망 세계'(欲界)·'유형 세계'(色界)·'무형 세계'(無色界), 이] 세 가지 세계'(三界)에 통하기 때문이다.

此幷前二, 若在上地, 唯無記性. 尋·伺·惡作·睡眠, 此四[80]通三性心,[81] 非一切處,[82] 非一切時.

[H1, 791b6~8; O 13,7~8]

이 [교만(憍)]과 앞의 [기만(誑) 및 '부정직한 왜곡'(諂)의] 두 가지가 '높은 세계'(上地)[인 '유형의 세계'(色界)와 '무형의 세계'(無色界)]에 있을 경우에는 오직 '이롭지도 않고 해롭지도 않은 특성'(無記性)이다.

ⅳ) 탐구(尋)·음미(伺)·회한(惡作)·무기력(睡眠) 이 네 가지 '[근본이 되는 번뇌를] 따라 일어나는 번뇌'(隨煩惱)는 ['이로운 것'(善), '해로운 것'(不善), '이롭지도 않고 해롭지도 않은 것'(無記)의] '세 가지 특성의 마음'(三性心)에 [모두] 통하지만, 모든 곳에서 일어나는 것도 아니고 모든 때에 일어나는 것도 아니다.

若有極久尋求伺[83]察, 便令身疲念失, 心亦勞損, 是故尋·伺名隨煩

80 원본에는 없지만 『유가사지론』 원문에 의거하여 '四' 뒤에 '隨煩惱'를 넣어 교감한다.
81 『유가사지론』 원문에는 '三性心'이 '善不善無記心起'로 되어 있다.
82 橫超本에 따르면, 원본에는 없지만 '心'과 '非' 사이에 '非一切處' 네 글자를 집어넣었다고 한다. 『유가사지론』 원문에 나오는 대로 교감한 것이다.
83 橫超本의 교감주에 따르면, 원본에는 '同'이지만, 傍註에는 '伺'로 되어 있다고 한

惱. 此二乃至初靜慮地, 惡作・睡眠, 唯在欲界”故. 煩惱障相, 略說如是.

[H1, 791b8~12; O 13,8~9]

만일 매우 오랫동안 탐구(尋求)하고 음미(伺察)하는 경우라면 곧 몸을 피로하게 하고 생각을 잘못하게 하여 마음도 힘들게 하고 손상시키니, 이런 까닭에 탐구(尋)와 음미(伺)를 '[근본이 되는 번뇌를] 따라 일어나는 번뇌'(隨煩惱)라고 한다. ['탐구'와 '음미'] 이 두 가지는 ['욕망의 세계'(欲界)를 넘어선 네 가지 선정 가운데] 첫 번째 선정에까지 이르고, 회환(惡作)과 무기력(睡眠)은 오직 '욕망의 세계'(欲界)에만 있다."[84]

'번뇌로 인한 장애'(煩惱障)의 특성(相)을 대략 설명하면 이와 같다.

3) '여덟 가지 식'(八識)에 의해 '대상에 대한 이해를 가로막는 장애'(所知障)의 본연(體)[이 지닌 특성]을 구분함

(1) 구분하는 관점(別門)

所知障體, 其相云何? 或有說者. 法執無明, 唯在第六第七二識, 不

다. 『유가사지론』 원문에 따라 '伺'로 교감한다.

84 이상 원효가 인용한 『유가사지론』의 원문은 아래와 같다. 밑줄 친 부분은 인용문과 차이가 있는 부분이다. 『유가사지론』 권58(T30, 622b23~c8). "云何名隨煩惱, 略由四相差別建立, 一通一切不善心起, 二通一切染污心起, 三於各別不善心起, 四善不善無記心起, 非一切處非一切時. 謂無慚無愧, 名通一切不善心起. 隨煩惱 放逸・掉擧・惛沈・不信・懈怠・邪欲・邪勝解・邪念・散亂・不正知, 此十隨煩惱通一切染污心起, 通一切處三界所繫. 忿・恨・覆・惱・嫉・慳・誑・諂・憍・害, 此十隨煩惱各別不善心起. 若一生時, 必無第二. 如是十種, 皆欲界繫, 除誑諂憍, 由誑及諂, 至初靜慮, 憍通三界. 此并前二, 若在上地, 唯無記性. 尋・伺・惡作・睡眠, 此四隨煩惱通善不善無記心起, 非一切處, 非一切時. 若有極久尋求伺察, 便令身疲念失, 心亦勞損, 是故尋伺名隨煩惱. 此二乃至初靜慮地, 惡作 睡眠, 唯在欲界."

通餘識, 推求性故. 法愛恚等, 非見所攝, 不推求者, 亦通五識. 如『攝論』說, "能遍計心, 唯意識故."

[H1, 791b12~16; O 13,10~11]

'대상에 대한 이해를 가로막는 장애'(所知障)의 본연(體)은 그 특성(相)이 어떠한가? 어떤 사람은 [다음과 같이] 설명한다:

'모든 현상에 불변·독자의 본질/실체가 있다는 집착의 근본무지'(法執無明)[85]는 오직 [제6]의식과 [제7]말나식 [이] 두 가지 식識에만 있고 나머지의 식('다섯 가지 식'과 아뢰야식)과는 통하지 않으니,[86] '추리·판단하는 특성'(推求性)[을 갖기] 때문이다. '현상에 대한 애착'(法愛)과 분노(恚) 등은 견해(見)에 속하는 것이 아니니, [이와 같이] '추리·판단하지 않는 것'(不推求)은 또한 [눈에 상응하는 인식, 귀에 상응하는 인식, 코에 상응하는 인식, 혀에 상응하는 인식, 몸에 상응하는 인식의] '다섯 가지 식'(五識)에 통한다. [이것은] 『섭대승론攝大乘論』에서 "'추리하고 판단할 수 있는 마음'(能

85 법집무명法執無明: 『이장의』에서 설명하는 근본무지의 정의는 다음과 같다. "根本無明, 正迷諸法無所得性, 能障俗智旡所不得, 由不了義, 故名智碍.(H1, 790a5; O10,3.) "근본무지(根本無明)가 모든 현상에는 얻을 수 있는 '불변·독자의 본질'(性)이 없다는 사실에 완전히 미혹하게 하여 '세속에 대한 지혜'(俗智)의 '[사실 그대로] 얻지 못함이 없음'을 가로막으니, '[온전하게] 알지 못하게 하는 면모'(不了義) 때문에 '지혜를 가로막는 장애'(智碍)라고 부른다." 그러므로 '법집무명'이라는 복합어를 '법집의 무명'으로 번역하였다.

86 법집法執과 아뢰야식의 상통 문제: 호법護法은 팔식에 법집이 없다고 하는 입장인데 비해, 안혜安慧는 팔식에 법집이 없다는 입장이다. 원효는 『이장의』에서 '별문別門의 측면에서는 소지장이 팔식과 통하지 않고 통문通門의 측면에서는 소지장이 팔식에 통한다'고 설명한다. 이와 관련하여 안성두는, "적어도 『이장의』가 659년 번역, 편집된 『성유식론成唯識論』을 전혀 언급하고 있지 않다는 점에서 이런 정보가 '호법-안혜'의 대립을 전제하고 제시되었다고 보기는 어려울 것이다. 오히려 이 논점은 원효 자신이 초기 유식 문헌의 정밀한 독해로부터 나온 교리상의 모순의 해결책인 것이라고 보는 것이 타당할 것이다"라는 관점을 제시한다.(안성두, 『이장의』, 동국대출판부, 2019. 역주38.)

遍計心)은 오직 의식意識뿐이다."[87]라고 말한 것과 같다.

一切不通阿賴耶識, 如『瑜伽』說, "阿賴耶識, 不與煩惱而共相應故." 若此識中有法執者, 成法我見, 有無明等不應, 唯與五法相應. 又若此識有法執者, 無所熏故, 應念念失, 不須對治, 卽成太[88]過. 又法空觀初現前時, 此識應斷. 障治相違, 不俱行故.

[H1, 791b16~22; O 13,11~14]

일체[의 번뇌]는 아뢰야식과 통하지 않으니, 『유가사지론』에서 "아뢰야식은 번뇌와 상응하지 않는다."[89]라고 말한 것과 같다. 만일 이 [아뢰야]식 중에 '모든 현상에 불변·독자의 본질/실체가 있다고 하는 집착'(法執)이 있다면 [아뢰야식 안에] '현상에 변하지 않는 실체가 있다는 견해'(法我見)[라는 번뇌]를 성립시키게 되며, [법집法執은 아뢰야식의] 근본무지(無明) 등과 상응하지 않고 오직 '다섯 부류의 마음 대상들'(五法)[90]하고만 상응하게 된다.[91] 또한 이 [아뢰야]식에 '모든 현상에 불변·독자의

---

87 『불지경론佛地經論』 권7(T26, 323c5~6). "攝大乘說, 能遍計心, 唯是意識. 故知五識不緣遍計所執自性." "『섭대승론 攝大乘論』에서는 다음과 같이 설명한다. '추리하고 판단하는 마음의 주체(能遍計)는 오직 의식(意識)뿐이다. 그러므로 '다섯 가지 인식'(五識)은 추리와 판단에 의해 집착된 마음(遍計所執)의 본성을 조건으로 삼지 않는다."; 『攝大乘論本』 卷中 「所知相分」(T32, 139b11~12). "何者能遍計, 何者所遍計, 何者遍計所執自性? 當知意識是能遍計, 有分別故." 추리하고 판단하는 마음의 주체(能遍計)는 무엇이고 추리하고 판단하는 마음의 대상은 무엇이며 무엇을 추리와 판단에 의해 집착된 마음(遍計所執)의 본성이라 하는가? [우선] 의식이 추리하고 판단하는 마음의 주체라고 알아야 한다. [의식에는] 분별작용이 있기 때문이다."

88 橫超本에는 '太'로 나오지만, '大'로 교감한다고 되어 있다. 은정희본도 이를 따르고 있다. 그러나 번역에는 영향을 끼치지 않으므로 교감하지 않고 그대로 둔다.

89 『유가사지론』 권63(T30, 651c15). "復次, 阿賴耶識, 無有煩惱而共相應."

90 오법五法: 다섯 가지의 변행심소遍行心所를 말한다. 앞의 '5종심법五種心法' 역주 참조.

본질/실체가 있다고 하는 집착'(法執)이 있다면, '[아뢰야식에 의해] 거듭 영향을 받게 되는 [법집의 번뇌]'(所熏)가 없기 때문에 [그 번뇌들은] 순간순간 소멸되어 버리므로 [번뇌를] 치유할 필요가 없게 되니, 곧 큰 과오를 이루게 된다. 또한 '모든 현상에 불변·독자의 본질/실체가 없다고 하는 이해'(法空觀)가 처음 나타날 때 이 [아뢰야]식은 단절되어야만 한다. [번뇌의] 장애와 [그 장애의] 치유는 서로 반대되는 것이어서 함께 작용하지 않기 때문이다.

若爾, 所餘有漏種子, 應無所依, 所修功德, 應無熏習. 無所[92]熏故, 亦不可言熏習, 鏡智非無記故, 猶未得故. 故知法執不通此識. 於三[93]性中, 唯在不善有覆無記, 雖復不染二乘聖道, 而有染覆菩薩道故. 由是義故, 亦名有覆, 亦名無覆, 一體二名, 所望別故.

[H1, 791b22~c5; O 13,14~14,3]

만일 그렇다면 나머지 '번뇌가 스며들게 하는 종자'(有漏種子)[94]는 의

---

91 안성두는 "有無明等不應, 唯與五法相應."을 "有無明等, 不應唯與五法相應."으로 읽어 "만일 이 (아뢰야)식 중에 법집이 있다면 법아견을 이루어 무명 등을 갖게 될 것으로, (그렇다면) 오직 (변행심소의) 5종의 법과 상응하는 것이 아니어야 할 것이다."라고 번역한다.(안성두, p.49.) 그런데 이 문장은 〈만약 아뢰야식 안에 법집이 있다면 법아견이라는 번뇌가 아뢰야식 안에 있게 되어 '아뢰야식은 모든 번뇌와 상응하지 않는다'는 것과 모순이 된다. 또 '법집무명法執無明'이라는 말처럼 법집은 무명과 상응하는 것인데, 법집이 아뢰야식 안에 있다면 법집이 아뢰야식의 무명과는 상응하지 않고 오직 다섯 가지 변행심소遍行心所하고만 상응하는 것이 된다.〉는 의미로 보인다. 따라서 본 번역에서는 "有無明等不應, 唯與五法相應."으로 읽어 번역한다.

92 橫超本의 교감주에는 원본에 없는 '所'를 집어넣었다고 하였다. 이 교감에 의거하여 번역한다.

93 橫超本의 교감에 따르면, 원본에는 '二'이나 '三'으로 교감하였다고 한다.

94 유루有漏(sāsrava): 번뇌가 흘러들어오는 현상을 말한다. 『열반경』 권22에서 "三

지하는 곳이 없게 될 것이고, 닦은 '이로운 능력'(功德)도 [번뇌 치유의] 영향력[을 미칠 곳]이 없을 것이다. [번뇌 치유의] 영향력을 미칠 곳이 없기 때문에 또한 '거듭 익힘'(熏習)을 말할 수도 없으니, [번뇌 치유를 위한 '거듭 익힘'(熏習)이 필요한 것은] '거울로 비추는 것처럼 [현상세계를] 온전하게 드러내는 지혜'(大圓鏡智)[95]는 [번뇌에 속하는] '이롭지도 않고 해롭지도 않은 것'(無記)이 아니기 때문이며, 아직 얻지 못한 것이기 때문이다. 그러므로 '모든 현상에 불변 · 독자의 본질/실체가 있다고 하는 집착'(法執)은 이 [아뢰야]식과 통하지 않음을 알 수 있다. ['모든 현상에 불변 · 독자의 본질/실체가 있다고 하는 집착'(法執)은] '['이로운 것'(善), '해로운 것'(不善), '이롭지도 않고 해롭지도 않은 것'(無記)의] 세 가지 특성'(三性) 중에서는 오직 '해로운 것'(不善)과 '진리를 덮어 가리지만 세력이 미세하여 이롭지도 않고 해롭지도 않은 것'(有覆無記)에만 있으니, 비록 다시 '[성문과 연각] 두 부류의 성스러운 수행'(二乘聖道)을 오염시키지 않지만 '보살의 수행'(菩薩道)은 오염시키고 덮어 가리기 때문이다. 이와 같은 의미 때문

漏者, 欲界一切煩惱除無明是名欲漏, 色無色界一切煩惱除無明是名有漏, 三界無明名無明漏, 如來永斷是故非漏"(T12, p.495b27~29)라고 하는 것에 따르면, 3루三漏는 무명無明을 제외한 욕계欲界의 모든 번뇌인 욕루欲漏, 무명無明을 제외한 색계色界와 무색계無色界의 모든 번뇌인 유루有漏, 그리고 삼계三界의 무명無明인 무명루無明漏를 말한다. 3루三漏의 범어인 traya āsravāḥ에서 āsrava는 물길이 흘러내려가도록 열려 있는 문(a door opening into water and allowing the stream to descend through it)을 말한다. Monier Williams Sanskrit-English Dictionary, p.162 참조.

95 대원경지大圓鏡智(ādarśajñāna): 제8아뢰야식이 무명에서 벗어남으로써 생겨나는 지혜이다. 이 지혜는 마치 크고 온전한 거울에 모든 대상이 그대로 나타나는 것과 같다고 한다. 따라서 '거울로 비추는 것처럼 [현상세계를] 온전하게 드러내는 지혜'로 번역하였다. 『대승본생심지관경大乘本生心地觀經』 권2(T3, 298c10~16). "一大圓鏡智, 轉異熟識得此智慧, 如大圓鏡現諸色像. 如是如來鏡智之中, 能現衆生諸善惡業, 以是因緣, 此智名爲大圓鏡智. 依大悲故恒緣衆生, 依大智故常如法性, 雙觀眞俗無有間斷, 常能執持無漏根身, 一切功德爲所依止."

에 ['이롭지도 않고 해롭지도 않은 것'(無記)을] '진리를 덮어 가림'(有覆)이라고도 하고 '진리를 덮어 가림이 없음'(無覆)이라고도 하니, 본연(體)은 하나이지만 명칭이 둘인 것은 상대하는 것이 다르기 때문이다.

不通四種一向無覆無記心中. 於轉識中, 異熟果者, 與異熟識, 性類同故, 分別力劣, 不能執故, 威儀等心, 不堅執故, 非普遍故.

[H1, 791c5~8; O 14,3~4]

['모든 현상에 불변·독자의 본질/실체가 있다고 하는 집착'(法執)은] 네 종류의 오로지 '진리를 덮어 가리지 않아 이롭지도 않고 해롭지도 않은 마음'(無覆無記心)[96]에는 통하지 않는다.[97] '[불변·독자의 실체로 간주되는 주

96 무기無記: 무기無記는 모든 현상을 선善·불선不善·무기無記의 3성三性으로 나눈 것 중의 하나로, '이롭지도 않고 해롭지도 않은'(非善非不善) 모든 현상을 말한다. 무기는 유부무기有覆無記(不淨無記)와 무부무기無覆無記(淨無記)로 나뉘는데, 양자 모두 선善이나 불선不善의 이숙과異熟果를 내지 못한다는 점에서 무기無記이지만, 유부무기有覆無記는 그 면모가 오염되어 있어 성도聖道를 덮고 심성心性을 가리는 데 반해 무부무기無覆無記는 면모가 청정하여 성도聖道를 덮거나 심성心性을 가리지 않는다. 4종무기오음四種無記五陰은 이 무부무기無覆無記의 네 가지 항목을 말한다. ① 이숙무기異熟無記(異熟生心, 報生心)는 전세前世의 업인業因에 의해 초래된 심신心身의 과보이고, ② 위의무기威儀無記(威儀路無記)는 행行·주住·좌坐·와臥의 자세와 동작이나 이 동작들을 반연하는 마음이며, ③ 공교무기工巧無記(工巧處無記)는 공작工作·회화繪畵·시가詩歌 등 몸과 말의 교묘함이나 이 교묘함을 반연하는 마음이고, ④ 통과무기通果無記(變化無記)는 선정禪定에 들어 신통자재神通自在의 변화變化를 일으키는 마음이다. 『佛光大辭典』, pp.2460, 5107~5108 참조. 바수반두婆藪盤豆의 『아비달마구사석론阿毘達磨俱舍釋論』 권5에서는 "欲界無覆無記心分爲四. 一果報生心, 二作威儀心, 三工巧處心, 四變化心"(T29, p.196b27~29)이라고 하여 욕계欲界의 네 가지 무부무기심無覆無記心을 제시한다. 혜원慧遠의 『대승의장大乘義章』 권8에서는 "就三性分別五陰. 言三性者, 所謂善惡無記性也. 依如毘曇, 陰別有九, 相從爲三. 所言九者, 一生得善陰, 二方便善陰, 三無漏善陰, 四不善五陰, 五穢汚五陰, 六報生五陰, 七威儀五陰, 八工巧五陰, 九變化五陰"(T44n1851_p0623c06~11)이라고 하여 선善·불선不善·무기無記의 3성三

관으로] 바뀌어 가는 식'(轉識)[98][인 아뢰야식]에서의 '다르게 무르익어 간

性으로 오음五陰을 구별한 아홉 가지의 오음五陰을 나열하는데, 선오음善五陰으로 ① 생득선음生得善陰, ② 방편선음方便善陰, ③ 무루선음無漏善陰의 세 가지, 불선오음不善五陰으로 ④ 불선오음不善五陰 한 가지, 유부무기오음有覆無記五陰으로 ⑤ 예오오음穢汚五陰 한 가지, 무부무기오음無覆無記五陰으로 ⑥ 보생오음報生五陰, ⑦ 위의오음威儀五陰, ⑧ 공교오음工巧五陰, ⑨ 변화오음變化五陰의 네 가지를 제시한다. 한편 『아비달마구사론』 권4에서는 "欲界無記有覆心者, 謂與薩迦耶見及邊執見相應, 此中見不增"(T29, p.20c6~8)이라고 하여, 유부무기有覆無記는 살가야견薩迦耶見(身見)이나 변집견邊執見과 상응하지만 그 견해들을 증폭시키지는 못한다고 설명한다.

97 여기서는 법집이 아뢰야식에 있을 수 없는 이유로, 아뢰야식(이숙식)은 무부무기심無覆無記心인데 법집은 무부무기심無覆無記心에 통하지 않는다는 것을 들고 있다.

98 전식轉識: 원효에 의하면 전식轉識은 제8아뢰야식과 제7말나식의 두 가지 의미가 있다. "〈이 의意에는〉(此意) 이하는 두 번째로 '자세히 밝힘'(廣明)이다. 여기에는 두 가지가 있으니, '총괄적으로 나타냄'(總標)과 '하나씩 해석함'(別釋)이다. '하나씩 해석함'(別釋)에서 말한 〈근본무지의 힘〉(無明力)이라는 것은 ['[근본무지에 따라 처음] 움직이는 식'(業識)이] 의거하는 '[원인으로서의] 조건'(緣)을 거론한 것이다. 〈깨닫지 못하는 마음이 움직인다〉(不覺心動)는 것은 그 ['업식業識'이라는 말의] '업'의 뜻을 해석한 것이니, '움직임을 일으킴'(起動)이라는 뜻이 '업業'[이라는 말]의 뜻이기 때문이다.'[불변 · 독자의 실체로 간주되는 주관으로] 바뀌어 가는 식'(轉識)[을 해석하는 곳]에서 〈'움직여진 [깨닫지 못하는] 마음'(動心)에 의거한 '[불변 · 독자의 실체로 간주되는] 주관[이 자리 잡는] 양상'(能見相)이기 때문이다〉(依於動心能見相故)라고 말한 것은, 앞의 '[근본무지에 따라 처음] 움직이는 식'(業識)의 움직임에 의거하여 바뀌어 가서 '[불변 · 독자의 실체로 간주되는] 주관[이 자리 잡는] 양상'(能見之相)을 이루는 것이다. <u>그런데</u> '[불변 · 독자의 실체로 간주되는 주관으로] <u>바뀌어 가는 식</u>'<u>에는 두 가지가 있다. 만약 근본무지</u>(無明)<u>에 의해 움직여져 바뀌어 가서 주관</u>(能見)<u>을 이루는 것이라면 이</u> ['[불변 · 독자의 실체로 간주되는 주관으로] 바뀌어 가는 식']<u>은 '근본적인 식'</u>(本識)[인 아뢰야식]<u>에 있고, 만약 그것이 대상</u>(境界)<u>에 의해 움직여져 바뀌어 가서 주관을 이루는 것이라면 이</u> ['[불변 · 독자의 실체로 간주되는 주관으로] 바뀌어 가는 식']<u>은 '제7</u>[말나]<u>식</u>'(七識)<u>을 일컫는다.</u> 여기서의 '[불변 · 독자의 실체로 간주하는 주관으로] 바뀌어 가는 양상'(轉相)은 [근본무지에 의해 움직여져 바뀌어 가서 주관을 이루는] 앞의 측면(義)에 의거한 것이다."("此意"以下, 第二廣明. 於中有二, 總標別釋. 別釋中言"無明力"者, 擧所依緣. "不覺心動"者, 釋其業義, 起動之義是業義故. 轉識

[식識의] 결과'(異熟果)[로서의 무부무기심無覆無記心(異熟無記心, 異熟生心, 報生心)]은 '다르게 변해 가는 식[으로서의 아뢰야식]'(異熟識)[99]과 그 성질과 종류가 같기 때문이고, [무부무기심無覆無記心은] 분별력이 약하여 집착할 수 없기 때문이며, '자제나 동작'(威儀) 등[과 관련된 무부무기無覆無記(威儀無記)]의 마음은 집착을 세우지 않기 때문이고, [무부무기심無覆無記心은 제7·제6식들에] 두루 통하는 것이 아니기 때문이다.

又亦不通一切善心, 與無明等, 性相違故, 必與無癡善根俱故. 如『瑜伽』說, "無明有二, 一者不善, 二者無記. 又有二種, 一有染汚, 二不染汚, 不言有善故." 設使法空觀前方便道中, 有法執者, 卽應人空觀前方便道中, 亦起人執, 而於此中, 旣無此事, 故知於彼亦無法執也.

[H1, 791c8~15; O 14,4~7]

또한 ['모든 현상에 불변·독자의 본질/실체가 있다고 하는 집착'(法執)은] 모든 '이로운 마음'(善心)과 통하지 않으니, [모든 '이로운 마음'(善心)은] 근본무지(無明) 등과는 성질이 서로 다르기 때문이고 반드시 '어리석음이 없는 마음'(無癡)[100]이라는 '이로운 능력'(善根)과 함께하기 때문이다. [이것은] 『유가사지론』에서 [다음과 같이] 말한 것과 같다. "근본무지에는 두 가지가 있으니, 첫째는 '해로운 것'(不善)이고 둘째는 '이롭지도 않고 해롭지도 않은 것'(無記)이다. [근본무지에는] 또한 두 종류가 있으니, 첫째

中言"依於動心能見相故"者, 依前業識之動, 轉成能見之相. 然轉識有二. 若就無明所動轉成能見者, 是在本識, 如其境界所動轉成能見者, 是謂七識. 此中轉相, 約初義也.) (『대승기신론소』(1-715a15~23.) 여기서의 전식轉識은 아뢰야식의 의미이다.

99 이숙식(異熟識, vipākavijñāna): 아뢰야식의 별칭이다.

100 유식의 오위백법에서 심소유법 중 11가지 선법에 속한다. AS.(1947, 16, 1H1, 12); amohaḥ katamaḥ / vipākato vā āgamato vā'dhigamato vā jñānaṃ pratisaṃkhyā / duścaritāpravṛttisanniśrayadānakarmakaḥ //.

는 '[번뇌에] 물든 것'(有染汚)이고 둘째는 '[번뇌에] 물들지 않은 것'(不染汚)인데, [물들지 않은 경우에도 근본무지에] '이로운 것'(善)이 있다고는 말하지 않는다."[101]

만약 '모든 현상에 불변·독자의 본질/실체가 없다고 하는 이해'(法空觀) 이전의 '[해탈에 이르는] 수단과 방법이 되는 수행'(方便道)[102] 중에 '모

---

101 『불지경론佛地經論』 권7(T26, 323b12~14). "瑜伽師地說, 諸無明但有二種, 一者不善, 二者無記. 復有二種, 一者染汚, 二不染汚, 不言有善." 『불지경론』에서는 이 인용문의 출처를 '瑜伽師地'라고 하였지만, 정작 『유가사지론』에는 이 구절이 보이지 않는다. 그리고 인용문의 마지막에 있는 '不言有善'은 『불지경론』의 주장이다.(은정희 46, n.29 재인용.)

102 방편도方便道: 해탈하는 수행과정을 가행도加行道·무간도無間道·해탈도解脫道·승진도勝進道의 네 단계로 구분하는데, 첫 번째인 가행도가 방편도이다. 이승二乘의 견도見道 수행에서 방편도는 '사성제의 이치를 확실하게 판단하는 이로운 능력'(順決擇分善根)인 난煖·정頂·인忍·세제일世第一의 사선근四善根 수행에 해당하고, 무간도는 사선근四善根 중에서 견도의 해탈도解脫道에 들어가기 직전인 세제일법무간정위世第一法無間定位에 해당한다. 이승 견도의 방편도에 견주어 보면, 대승 견도의 방편도는 십주十住·십행十行·십회향十迴向이라는 지전地前의 삼현위三賢位가 될 것이며, 무간도는 이 삼현위 중에서 견도의 해탈도에 들어가기 직전인 십회향무간정위十迴向無間定位가 될 것으로 보인다. 『아비달마구사론』 권25에서는 "加行道者, 謂從此後無間道生. 無間道者, 謂此能斷所應斷障. 解脫道者, 謂已解脫所應斷障最初所生. 勝進道者, 謂三餘道"(T29, 132a8~11)라고 설명한다. 이에 따르면 가행도는 무간도가 생겨나기 전에 아직 번뇌를 끊지 못한 상태에서 번뇌의 장애를 끊기 위해 수행하는 과정이고, 무간도는 가행도가 완성되어 끊어야 할 번뇌의 장애를 끊은 것이며, 해탈도는 끊어야 할 번뇌의 장애에서 이미 해탈한 것이 처음으로 생겨난 것이고, 승진도는 여타의 세 가지 도道인 가행도·무간도·해탈도가 다시 펼쳐지는 것이다. 원효는 『이장의』에서 이 수행 과정의 구분 방식을 자량도資糧道·가행도·무간도·해탈도·승진도의 5도五道로 세분하여 견도見道의 과정에 적용하는데, 다음과 같다. "資糧道者, 謂諸凡夫所有尸羅守護根門等, 乃至勤修止觀, 正知而住, 諸如是等解脫分善根, 爲資糧道. 方便道者, 所有資糧, 皆是方便. 復有方便, 非資糧道, 所謂順決擇分善根. 無間道者, 謂方便道最後刹那, 世第一法無間定位, 由此道力, 從此無間, 必能永斷惑種子故. 解脫道者, 謂正通達見道自性, 以此見道自性解脫, 證斷煩惱之解脫. 勝進道者, 謂後得智具知名義, 勝前智故, 爲進後位, 起加行故."(H1, 802c7~17.) 이에 따르면 자량도資糧道는 4선근四善根 이

든 현상에 불변·독자의 본질/실체가 있다고 하는 집착'(法執)이 있다면, 곧 '자아에 불변·독자의 본질/실체가 없다고 하는 이해'(人空觀) 이전의 '[해탈에 이르는] 수단과 방법이 되는 수행'(方便道) 중에도 '자아에 불변·독자의 본질/실체가 있다고 하는 집착'(人執)을 일으켜야 하겠지만, 이 ['자아에 불변·독자의 본질/실체가 없다고 하는 이해'(人空觀) 이전의 '수단과 방법이 되는 수행'(方便道)] 중에는 이미 그런 일이 없기 때문에 저 ['모든 현상에 불변·독자의 본질/실체가 없다고 하는 이해'(法空觀) 이전의 '수단과 방법이 되는 수행'(方便道)] 가운데에도 또한 '모든 현상에 불변·독자의 본질/실체가 있다고 하는 집착'(法執)이 없다는 것을 알 수 있다.

(2) [법집法執이 여덟 가지 식에 모두] 통하는 것으로 보는 관점(通門)

或有說者. 法執分別, 遍通八識, 未達法空故, 取相分別故. 如『深

전의 해탈분선근解脫分善根을 닦는 것이고, 방편도는 난煖·정頂·인忍·세제일법世第一法의 4선근 수행을 가리키는 순결택분선근順決擇分善根을 닦는 것이며, 무간도는 방편도의 최후 찰나인 세제일법世第一法을 닦는 것이고, 해탈도는 견도見道의 본연(自性)에 통달한 것이며, 승진도는 다음 단계인 수도修道로 나아가기 위해 가행도를 일으킨 것이다. 견도를 기준으로 삼을 때의 무간도가 지전地前 수행의 최후찰나인 세제일법이 되는 것과 같이 구경도究竟道를 기준으로 삼을 때의 무간도는 수도의 최후찰나인 금강유정金剛喩定이 되는데, 같은 책에서는 이 금강유정에 관해 다음과 같이 다각도로 설명하기도 한다. "當知最後金剛喩定, 若望修道所斷, 一向是解脫道, 若望非二所斷, 一向爲無間道. 又復金剛以還, 乃至初地, 皆爲究竟道之方便道."(H1, 805a8~12.) 이에 따르면 초지初地 이후 수도위修道位의 관점에서 보면 금강유정은 보살 십지十地의 과정이 완성된 단계이므로 한결같이 해탈도이지만, 견소단見所斷과 수소단修所斷의 과정이 아닌 구경도의 관점에서 보면 금강유정은 아래 단계인 수도위의 최후찰나에 해당하므로 한결같이 무간도이고, 금강유정金剛喩定 이전에서 십지의 초지까지는 자연히 무간도보다 더 아래 단계인 방편도가 된다. 4도四道 또는 5도五道라는 수행 과정의 분류 방식에서는 구체적인 수행 단계들 중에서 어느 단계를 기준으로 삼느냐에 따라 각각의 수행 과정에 해당하는 실제 항목들이 유동적으로 바뀔 수 있음을 알 수 있다.

蜜[103]經』言, "微細隨眠者, 謂八地已上. 從此以去, 一切煩惱不復現行, 唯有所知障, 爲依止故." 此明八地已上, 唯所知障現行. 不可說此轉識所起, 不與隨眠作依止故. 當知, 是說阿賴[104]耶識微細所知障, 現行不絶.

[H1, 791c15~22; O 14,7~11]

어떤 사람은 [다음과 같이] 설명한다:

'모든 현상에 불변·독자의 본질/실체가 있다고 하는 집착의 분별'(法執分別)은 여덟 가지 식에 두루 통하니, 아직 '모든 현상에 불변·독자의 본질/실체는 없다'(法空)[는 이해에] 도달하지 못했기에 '차이/특성을 [사실과 다르게] 취하여 분별'(取相分別)[105]하기 때문이다. [이것은] 『해심밀경解深蜜經』에서 [다음과 같이] 말한 것과 같다. "미세한 '잠재적인 번뇌'(隨眠)는 [보살의 수행단계 중] 8지 이상[106]에 있는 [번뇌]를 말한다. 이 [8지] 이상에서는 모든 번뇌가 다시는 '드러난 채 작용'(現行)하지 않고, 오직 '대상에 대한 이해를 가로막는 장애'(所知障)만 있어서 ['모든 현상에 불변·독자의 본질/실체가 있다는 집착으로 분별'(法執分別)하는] 의지처가 되기 때문이다."[107]

---

103 橫超本의 교감에 따르면, 원본에는 '蜜'이지만 '密'로 고친다고 하였다. 경의 제목에 따라 '密'로 교감한다.

104 橫超本의 교감에 따르면, 원본에는 '瀨'이나 '賴'로 바로잡는다고 밝혔다.

105 『현양성교론』 권1(T31, 481a26~29). "想者, 謂名句文身熏習爲緣, 從阿賴耶識種子所生. 依心所起與心俱轉, 相應取相爲體, 發言議爲業. 如經說有六想身. 又說如其所想而起言議."

106 팔지八地: 『화엄경』에서 말하는 보살의 52가지 수행단계 중 41에서 50까지를 십지十地라고 한다. 보살은 이 경지에 이르렀을 때 번뇌가 없는 지혜로 중생을 구제하는 성자가 된다. 이 중에서 8지는 '부동지不動地'라고 하는데, '대상의 차이에 대한 집착이 없는'(無相) 지혜가 일어나 번뇌가 없어지는 단계라고 할 수 있다.

107 『해심밀경解深蜜經』 권4(T16, 707c18~19). "微細隨眠, 謂於第八地已上. 從此已去,

이것은 [보살의 수행단계 중] 8지 이상에서는 오직 '대상에 대한 이해를 가로막는 장애'(所知障)만이 드러나 작용한다는 것을 밝힌 것이다. 이 ['대상에 대한 이해를 가로막는 장애'(所知障)]는 '바뀌어 가는 식'(轉識)[108]이 일으킨 것이라 말할 수 없으니, [이 '바뀌어 가는 식'(轉識)은] '잠재적인 번뇌'(隨眠)에게 의지처가 되지 않기 때문이다. 이것은 아뢰야식의 미세한 '대상에 대한 이해를 가로막는 장애'(所知障)가 드러나 작용하면서 끊어지지 않음을 말한 것임을 알아야 한다.

又『中邊論』說, "塵根我及識, 本識生似彼. 但[109]識有無彼, 彼無故識無. …[110] 但[111]識有者, 但亂識有,[112] 無彼者, 謂無四物."

[H1, 791c22~792a2; O 14,11~12]

또한 『중변분별론中邊分別論』에서는, "인식대상(塵)과 감관기능(根)과 자아(我)와 의식(識)(이 그것인데), '근본이 되는 식[인 제8아뢰야식]'(本識)은 그것들과 비슷하게 생겨난다.[113] 단지 [분별하는] 식識이 있을 뿐 그것

一切煩惱, 不復現行, 唯有所知障, 爲依止故."

108 이때의 전식轉識은 제8아뢰야식이 아니라 '제7말나식' 혹은 '7가지 식으로 바뀌어 가며 일어나는 식'(七轉識)을 의미하는 것으로 보인다. 앞의 '전식轉識' 역주 참조.

109 원본에는 '亂'으로 나오는데 『중변분별론』의 원문에 따라 '但'으로 교감한다.

110 원효가 생략한 문장은 다음과 같다. "似塵者, 謂本識顯現相似色等. 似根者, 謂識似五根於自他相續中顯現. 似我者, 謂識與我見無明等相應故. 似識者, 謂六種識. 本識者, 謂阿黎耶識. 生似彼者, 謂似塵等四物."

111 원본에는 '亂'으로 나오는데 橫超本에서 『중변분별론』의 원문에 따라 '但'으로 교감한다고 하였다. 이를 따른다.

112 『중변분별론』 원문에는 '謂但有亂識'으로 되어 있다.

113 『섭대승론석』에 의하면 의타기성에 기반해서 변화해 나가는 분별이 허망분별이다. 이 허망분별에는 네 종류가 있는데, 진塵과 유사한 식, 근根과 유사한 식, 자아(我)와 유사한 식, 식識과 유사한 식이 그것이다. 『섭대승론석攝大乘論釋』 권5(T31, 181c24~182a1). "論曰. 依他性爲相, 虛妄分別即得顯現. 釋曰. 欲顯虛妄分

(실체인 인식대상 · 감관기능 · 자아 · 의식)은 없으며, 그것이 없기 때문에 [분별하는] 식識도 [실체가] 없다. … '단지 식識이 있을 뿐'[이라고 한 것]은 단지 '어지럽게 분별하는 식識'(亂識)이 있을 뿐'[이라는 말]이고, '저것이 없다'는 것은 [인식대상, 감관기능, 자아, 의식의] 네 가지가 없다는 것을 말한다."[114]라고 말하였다.

別. 但以依他性爲體相, 亂識及亂識變異, 即是虛妄分別. 分別即是亂識, 虛妄即是亂識變異. 虛妄分別, 若廣說有十一種識. 若略說有四種識. 一似塵識, 二似根識, 三似我識, 四似識識. 一切三界中所有虛妄分別, 不出此義, 由如此識即得顯現."

114 『중변분별론中邊分別論』 권상(T32, 451b7~13). "塵根我及識, 木識生似彼. 但識有無彼, 彼無故識無. (似塵者, 謂本識顯現相似色等. 似根者, 謂識似五根於自他相續中顯現. 似我者, 謂識與我見無明等相應故. 似識者, 謂六種識. 本識者, 謂阿黎耶識. 生似彼者, 謂似塵等四物.) 但識有者, <u>謂但有亂識</u>, 無彼者, 謂無四物."(은정희 2004,48, n.32: 본문에 나오는 '저와 같은 것[似彼]'에 대해서 『중변분별론』(『대정장』 제31책, 451면 중단 9~11행)에서는 다음과 같이 설명한다. "진과 유사한 것이란 본식이 현현하여 색 등과 서로 비슷한 것을 말하며, 근과 유사한 것이란 식이 오근과 유사하여 자타상속 중에서 현현하는 것을 말한다. 아와 유사한 것이란 식이 아견무명 등과 상응함을 말하며, 식과 유사한 것이란 육식을 말한다.") 〈산스크리트본의 해당 내용: *MAV(MAVBh)*, pp.18-19; **arthasattvātmavijñaptipratibhāsaṃ prajāyate | vijñānaṃ nāsti cāsyārthaḥ tadabhāvāt tad apy asat ||1.3||** tatrārthapratibhāsaṃ yad rūpadibhāvena pratibhāsate | sattvapratibhāsaṃ yat pañcendriyatvena svaparasantānayor ātmapratibhāsaṃ kliṣṭaṃ mana ātmamohādisamprayogāt | vijñaptipratibhāsaṃ ṣaḍ vijñānāni | nāsti cāsyārtha iti | arthasattvapratibhāsasyānākāratvāt | ātmavijñaptipratibhāsasya ca vitathapratibhāsatvāt | tadabhāvāt tad apy asad iti yat tadgrāhyaṃ rūpādi pañcendriyaṃ manaḥ ṣaḍvijñānasaṃjñakaṃ caturvidhaṃ tasya grāhyasyārthasyābhāvāt tad api grāhakaṃ vijñānam asat || **abhūtaparikalpatvaṃ siddham asya bhavaty ataḥ | na tathā sarvathābhāvāt** (||1.4abc|) yasmān <u>na tathāsya bhāvo</u> yathā pratibhāsa utpadyate na ca <u>sarvathābhāvo</u> bhrāntimātrasyotpādāt |; **"식은 사물 · 중생 · 자아 · 표상의 모습을 지닌 채 일어난다. 그것의 대상(artha)은 존재하지 않는다. 그 [대상]이 존재하지 않기 때문에 그것 또한 실재하지 않는 것이다.**"(1.3) 이 [게송]중에서 '사물(artha)의 모습을 지니고'라는 것은 색 등의 것(bhāva)으로 나타난다는 것이다. '중생(sattva)의 모습을 지니고'라는 것은 자신과 타인의 상 속에서 다섯 감각기관의 상태로 [나타난다]는 것이다. '자아의 모습을

卽下文言, "此亂識云何名虛妄? 由境不實故, 由體散亂." 然此識中想數爲首, 取相分別, 卽不了達無相眞如, 故名法執, 亦名無明. 非推求性計度實有故, 無惠等餘心數法.

[H1, 792a2~6; O 14,12~14]

[그리고 이어지는 『중변분별론』의] 바로 아래 문장에서는, "이 '어지럽게 분별하는 식'(亂識)은 어째서 허망하다고 하는가? 인식영역(境)이 [실체로서] 실재하지 않기 때문이고, 자체(體)가 어지럽기 때문이다."[115]라고

지닌 것'은 자아에 대한 환상(어리석음)과 결합하기 때문에 염오된 의(意, manas)이다. '표상(vijñapti)의 모습을 지닌 것'은 여섯 식(識)들이다. '그것의 대상(artha)은 존재하지 않는다'라는 것은 사물과 중생의 모습을 지닌 것은 그 행상(인식의 내용, ākāra)이 없는 것이기 때문에, 그리고 자아와 표상의 모습을 지닌 것은 잘못 나타난 것이기 때문에 [존재하지 않는다.] '그 [대상]이 존재하지 않기 때문에 그것 또한 실재하지 않는 것이다'라는 것은 '식의 인식대상(所取)은 색 등의 [사물]·다섯 감각기관·의·여섯 식이라 불리는 것'이라는 4종류이다. 그 인식대상(所取) 즉 대상(artha)이 존재하지 않기 때문에, 그것 즉 인식주체(能取) 또한 실재하지 않는다'라는 것이다. "이러한 점 때문에 이것이 허망분별이라는 것(존재하지 않는 것을 존재한다고 분별하는 것)이 성립한다. [그렇지만] 그와 같이 완전히 비존재한다는 방식은 아니다." 왜냐하면 이것은 잘못 나타남(사현)이 생기하는 방식으로 존재하는 것도 아니기 때문에 [허망분별이라는 것이 성립한다.] 그렇지만 완전히 비존재하는 것은 아니다. 왜냐하면 다름 아닌 혼란(bhrānti)이 일어나기 때문에.〉 여기서 인용된 『유가사지론』은 중간에 생략된 부분이 있어 대응되는 산스크리크본의 내용을 대조하기가 곤란하므로 전문을 그대로 옮겨 내용을 비교·대조할 수 있도록 하였다.

115 『중변분별론』 권상(T32, 451b14~23). "(何以故, 似塵似根非實形識故. 似我似識顯現不如境故. 彼無故識無者, 謂塵旣是無識亦是無. 是識所取四種境界, 謂塵根我及識所攝, 實無體相. 所取旣無, 能取亂識亦復是無. 如是說體相已, 今當顯名義. 故說偈言. 亂識虛妄性, 由此義得成, 非實有無故, 滅彼故解脫. 亂識虛妄性由此義得成者, 謂一切世間但唯亂識.) 此亂識云何名虛妄? 由境不實故, 由體散亂故." 괄호 안은 원효가 생략한 문장이다. 〈산스크리트본의 해당 내용: MAV(MAVBh)., p.19. yasmān na tathāsya bhāvo yathā pratibhāsa utpadyate na ca sarvathābhāvo

하였다. 그런데 이 식識에서는 '지각된 무수한 인상들'(想數)을 우두머리로 삼아 '차이/특성을 [사실과 다르게] 취하여 분별'(取相分別)하여 곧 '[왜곡된] 차이(相)가 없는 참 그대로'(無相眞如)를 분명하게 이해하지 못하니, 따라서 '모든 현상에 불변 · 독자의 본질/실체가 있다고 하는 집착'(法執)이라 하고 '근본무지'(無明)라고도 한다. [이와 같은 '모든 현상에 불변 · 독자의 본질/실체가 있다고 하는 집착'(法執)'은] '추리 · 판단의 특성'(推求性)으로 '실체로서 있는 것'(實有)이라고 헤아리는 것이 아니기 때문에, [대상에 대한] 간택작용(慧)[116] 등 다른 마음작용(心數法)[117]에는 없다.

又此妄想最極微細, 唯與大圓鏡智相違, 是故不妨諸轉識智. 由是義故, 亦能受熏, 是無記故, 非極香臭之所記故. 如人衣等, 仙卽覺臭, 而亦能受[118]香臭所熏, 非極臭故. 此識亦爾, 如『攝論』言, "無記者, 是不可記極香臭義故."

[H1, 792a6~12; O 14,14~15,2]

---

bhrāntimātrasyotpādāt |; 왜냐하면 이것은 잘못 나타남(사현)이 생기하는 방식으로 존재하는 것도 아니기 때문에 [허망분별이라는 것이 성립한다.] 그렇지만 완전히 비존재하는 것은 아니다. 왜냐하면 다름 아닌 혼란(bhrānti)이 일어나기 때문에.〉 한역본과 산스크리트본의 내용이 정확히 일치하지 않는다.

116 혜慧: 논리적인 타당성의 여부와 관계없이 인식대상을 선택하여 결정하는 것을 말한다. 『현양성교론』 권1(T31, 481b18~21). "慧者, 謂即於所觀境簡擇爲體. 如理 · 不如理 · 非如理 · 非不如理, 悟入所知爲業." '각각의 대상에 대해 생기는 다섯 가지 마음작용'(五別境心所) 중 '선택과 결정'(勝解)을 말한다.

117 심수법心數法: '각각의 대상에 대해 생기는 다섯 가지 마음작용'(五別境心所)을 말한다. 유식유가행파와 법상종에 따르면, 욕구(欲) · '선택과 결정'(勝解) · '선택한 것을 잊지 않음'(念) · '의심을 끊는 지혜를 생겨나게 하는 선정'(定) · '선정에서 발생하는 사실 그대로 이해하는 지혜'(慧)가 그것이다.

118 원본에는 '愛'로 나오지만, 傍註에 의거하여 '受'로 교감한다고 橫超本에서 밝히고 있다. 이를 따른다.

또한 이 ['모든 현상에 불변 · 독자의 본질/실체가 있다고 하는 집착'(法執)이 행하는] 망상[분별]은 가장 미세하여 오직 [아뢰야식이 근본무지를 떨쳐 내어 구현된] '거울로 비추는 것처럼 [현상세계를] 온전하게 드러내는 지혜'(大圓鏡智)하고만 서로 어긋나니, 그렇기 때문에 모든 [제7식, 제6식, 전前오식에서] '식을 바꾸어 만들어 가는 지혜'(轉識智)[119]를 방해하지는 않는다. 이러한 뜻 때문에 [아뢰야식은] 또한 [수행에 의한] '거듭 익힘'(熏習)을 수용할 수 있는 것이니, [아뢰야식은] '이롭지도 않고 해롭지도 않은 것'(無記)이기 때문이며, [다른 냄새가 배어들 수 없는] 진한 향취가 배어 있는 것이 아니기 때문이다. 마치 사람의 옷이, 신선이라면 냄새를 맡을 수 있지만 또한 [그 옷이] 향취가 배어드는 것을 받아들일 수 있는 것과 같으니, [그 향취가 아직] 진한 향취가 아니기 때문이다. 이 [아뢰야]식 또한 이

119 전식지轉識智: 사지四智 가운데 대원경지를 제외한 평등성지平等性智 · 묘관찰지妙觀察智 · 성소작지成所作智를 말한다. 유식학에서는 '부처 경지'(佛果)에서 성취하는 '네 가지 지혜'(四智)를 말하는데, '번뇌가 스며듦이 있는'(有漏) 제8식, 제7식, 제6식과 전前5식이 각각 '번뇌가 스며듦이 없는 지혜'(無漏智)인 대원경지大圓鏡智, 평등성지平等性智, 묘관찰지妙觀察智, 성소작지成所作智로 바뀐다고 한다. 이것을 '식識을 바꾸어 지혜를 얻음'(轉識得智)이라 한다. 『성유식론成唯識論』 권10에서 "云何四智相應心品"(T31, p.56a12)이라고 하는 것 이하에서는 대원경지大圓鏡智, 평등성지平等性智, 묘관찰지妙觀察智, 성소작지成所作智의 4지四智를 밝히면서 "此轉有漏八七六五識相應品, 如次而得, 智雖非識而依識轉識爲主故說轉識得."(T31, p.56b2~4)이라고 하여, 4지四智는 유루有漏의 여덟 가지 의식현상에 의거하면서도 그것들을 무루無漏의 지혜현상으로 바꾸어 얻는 것이라고 설명한다. 이 사지四智 개념은 『해심밀경解深密經』이나 『섭대승론攝大乘論』 등에서는 나타나지 않고, 『대승장엄경론大乘莊嚴經論』 권3(T31, 606c23~607a2)에서 사지四智의 설명이 나오는데, 이 네 가지 지혜를 제8식에서 전5식에 이르기까지 각각을 대응시켜 전식득지轉識得智를 설하는 이론적 체계는 『성유식론成唯識論』 권8(T31, 56a12~ 26)과 『불지경론佛地經論』 권3(T26, 302c1~11) 등에서 자세한 설명을 찾아볼 수 있다. 이 원효전서 번역에서는 네 가지 지혜를 '거울로 비추는 것처럼 [현상세계를] 온전하게 드러내는 지혜'(大圓鏡智) · '[불변 · 독자의 본질/실체라는 생각으로 비교하지 않아] 평등하게 보는 지혜'(平等性智) · '사실 그대로 이해하는 지혜'(妙觀察智) · '[중생들이 열반에 이르도록 성숙시키는] 일을 이루어 가는 지혜'(成所作智)라고 번역하고 있다.

와 같으니, 『섭대승론석攝大乘論釋』에서 "'이롭지도 않고 해롭지도 않은 것'(無記)이란 진한 향취가 배어 있을 수 없다는 뜻이다."[120]라고 말한 것과 같다.

又復此識[121]雖無所熏, 而自前後相生相續, 未得對治, 終無斷絶. 旣無隔滅, 何得熏習? 若無所熏卽有失者, 種子無熏,[122] 應念念失. 而此種子雖無所熏, 前後相續, 無隔絶故, 雖念念滅, 非念念失. 此識法執, 當知亦爾. 由此道理, 故無過失. 但無一切煩惱障故, 說言不與煩惱相應, 不言不與所知障俱. 是故此文亦無相違.

[H1, 792a12~20; O 15,2~6]

또한 이 [아뢰야]식은 비록 '거듭 익힌 [특정한] 것'(所熏)은 없으나 스스로 전후[의 찰나]에 서로 생겨나 이어 가니, [아뢰야식의 미세번뇌를] 치유하지 못하면 끝내 단절되지 않는다. [그런데] 단절되거나 소멸하지 않는다면 어떻게 '거듭 익힘'(熏習)을 수용할 수 있는가? [해명한다.] 만약 '거듭 익힌 [특정한] 것'(所熏)이 없기에 ['거듭 익힘'(熏習)이] 유실되는 것이라면, [아뢰야식 안의] 종자種子에도 '거듭 익힌 [특정한] 것'(所熏)[123]이 없으니 [종자에서도 '거듭 익힘'(熏習)이] 매 순간 유실되어야 할 것이다. 그러나 이 종자는 비록 '거듭 익힌 [특정한] 것'(所熏)은 없어도 전후[의 찰나]에 서로 이어 가며 단절되지 않기 때문에, 비록 [종자의 개별 현상은] 매 순간 [서로 이어 가면서] 소멸하지만 ['거듭 익힘'(熏習)이] 매 순간 유실되는 것은 아니다. 이 [아뢰야]식 안에 있는 '모든 현상에 불변 · 독자의 본질/실체가 있

120 『섭대승론석攝大乘論釋』 권2(T31, 329c17~18). "言無記者, 是不可記極香臭義."

121 橫超本의 교감에 따르면, 원본에는 '此識此識'으로 중복되어 있고 두 번째 '此識'에는 지운 표시가 있다고 한다.

122 '無熏'은 '無所熏'의 오기로 보인다.

123 '無熏'을 '無所熏'의 오기로 보고 번역한다.

다고 하는 집착'(法執)도 이와 같다는 것을 알아야 한다. 이와 같은 도리이기 때문에 오류(過失)가 없다. [아뢰야식에는] 다만 모든 '번뇌로 인한 장애'(煩惱障)가 없기 때문에 〈번뇌와 상응하지 않는다.〉라고 말하였지 〈'대상에 대한 이해를 가로막는 장애'(所知障)와 함께 하지 않는다.〉고는 말하지 않았다. 그러므로 이 문장[124]에도 모순(相違)이 없다.

阿賴耶識尙有妄想, 何況五識而無法執? 如『涅槃經』言, "如是五識, 雖非一念, 然是有漏, 復是顚倒. 增諸漏故, 名爲有漏, 體非眞實, 着相[125]故倒." 是知五識亦有倒執. 然此五識唯着五塵, 不能遍計, 亦不取名, 故說遍計唯是意識. 若依此文, 證五識中無法執者, 卽成末那[126]亦無法執. 故知此文於彼非證. 又所知障, 亦通三性.

[H1, 792a20~b4; O 15,6~10]

아뢰야식에도 오히려 [분별]망상이 있는데, 어찌 하물며 [눈에 상응하는 인식, 귀에 상응하는 인식, 코에 상응하는 인식, 혀에 상응하는 인식, 몸에 상응하는 인식의] '다섯 가지 식'(五識)이면서 '모든 현상에 불변 · 독자의 본질/실체가 있다고 하는 집착'(法執)이 없겠는가? [이것은] 『열반경涅槃經』에서 [다음과 같이] 말한 것과 같다. "이와 같은 다섯 가지 식은 비록 '[분별하는] 첫 생각'(一念)은 아니지만 '번뇌가 스며듦이 있는 것'(有漏)이며 또한 '[진실과는] 거꾸로 됨'(顚倒)이다. 모든 번뇌를 늘리기 때문에 '번뇌가 흘러들어 옴이 있는 것'(有漏)이라고 하였고 본연(體)이 참되지 않고 [분별]망상(想)에 집착하기 때문에 '[진실과는] 거꾸로 됨'(倒)이[라고 하였]

124 앞의 '구분하는 관점'(別門)에서 언급한 『유가사지론』T30, 651c15)의 "아뢰야식은 번뇌와 상응하지 않는다."(阿賴耶識, 無有煩惱而共相應.)라는 문장을 지칭하는 것으로 보인다.

125 『열반경涅槃經』의 원문에는 '想'으로 되어 있다. '想'으로 교감하여 번역한다.

126 橫超本에 따르면, 원본에는 '那' 앞에 '末'이 탈락된 것으로 보인다고 하였다.

다."[127]

그러므로 [눈에 상응하는 인식, 귀에 상응하는 인식, 코에 상응하는 인식, 혀에 상응하는 인식, 몸에 상응하는 인식의] '다섯 가지 식'(五識)에도 '[진실과는] 거꾸로 된 집착'(倒執)이 있다는 것을 알아야 한다. 그러나 이 [눈에 상응하는 인식, 귀에 상응하는 인식, 코에 상응하는 인식, 혀에 상응하는 인식, 몸에 상응하는 인식의] '다섯 가지 식'(五識)은 오직 [다섯 가지 감관능력에 상응하는] '다섯 가지 감관대상'(五塵)에만 집착할 뿐 '추리하거나 판단'(遍計)할 수 없으며 '정신적 대상'(名)[128]을 취하지도 않는다. 그러므로 [앞에서 언급한 『섭대승론攝大乘論』에서] "'추리하거나 판단하는 것'(遍計)은 오직 의식意識뿐이다."라고 말한 것이다.

만일 ["'추리 · 판단하는 분별'(遍計)은 오직 의식 뿐"이라고 하는] 이 문장에 의해 [눈에 상응하는 인식, 귀에 상응하는 인식, 코에 상응하는 인식, 혀에 상응하는 인식, 몸에 상응하는 인식의] '다섯 가지 식'(五識) 중에 '모든 현상에 불변 · 독자의 본질/실체가 있다고 하는 집착'(法執)이 없다는 것을 입증하려 한다면, 제7말나식에도 '모든 현상에 불변 · 독자의 본질/실체가 있다고 하는 집착'(法執)이 없다는 것이 성립하게 되어 버리고 말 것이다. 그러므로 이 문장은 [5식에 '모든 현상에 불변 · 독자의 본질/실체가 있다고 하는 집착'(法執)이 없다는] 그것을 입증하는 것이 아니라는 것을 알아야 한다. 그리고 '대상에 대한 이해를 가로막는 장애'(所知障)는 또한 ['이

---

127 『대반열반경大般涅槃經』 권38(T12, 587a12~14). "善男子! 衆生五識, 雖非一念, 然是有漏. 復是顚倒, 增諸漏故, 名爲有漏, 體非眞實, 著想故倒."

128 명名: 인간의 몸에서 발생하는 모든 현상은 크게 '무형적 현상'(名, nāma)과 '유형적 현상'(色, rūpa)으로 구분된다. 전자는 정신적 현상이고 후자는 물질적 현상이다. 인간 존재를 구성하는 요소들을 다섯 가지 범주로 구분하여 설명하는 것이 오온五蘊인데, 오온五蘊 가운데 '느낌의 다발'(受蘊) · '지각의 다발'(想蘊) · '의도의 다발'(行蘊) · '의식의 다발'(識蘊)은 '무형적 현상'(名, nāma)에, '신체의 다발'(色蘊)은 '유형적 현상'(色, rūpa)에 해당한다. 무형의 정신적 현상을 '명名'이라 지칭하는 것에는 인간의 정신적 경험은 언어와 연관되어 있다는 통찰이 담겨 있다.

로운 것'(善), '해로운 것'(不善), '이롭지도 않고 해롭지도 않은 것'(無記)의] 세 가지 특성과 통하는 것이다.

乃至二[129]乘人空無漏, 亦未能免[130]法執分別. 所以者何?

[H1, 792b4~6; O 15,10]

'[성문과 연각] 두 부류 수행자'(二乘)가 '자아에 불변 · 독자의 본질/실체가 없음'(人空)[을 알아] '번뇌가 스며듦이 없는 경지'(無漏)에 이르러도 아직 '모든 현상에 불변 · 독자의 본질/실체가 있다고 하는 집착의 분별'(法執分別)을 면하지는 못한다. 그 까닭은 무엇인가?

如彼見道, 雖離一切方便道中意言分別, 於苦等諦, 離諸名言, 超過影像, 現量智生, 由是證入人空眞如, 而卽此時, 雖不取名, 猶於苦事, 取苦等相. 此邊未達法空眞如, 倒於法我常樂等德. 例如五識雖無一切名言分別, 證色等塵, 現量知見, 而乖無相, 着相故倒. 當知此中道理亦爾.

[H1, 792b6~12; O 15,10~14]

그 [이승二乘]의 '[진리다운] 이해를 밝혀 가는 수행'(見道)[131] [132][의 단계에

---

129 원본에는 '三'이고, 傍註에 '二'로 되어 있다고 한다. '二'로 교감한다.

130 원본에는 '勉'인데, 傍註에서 '免'이라 한 것에 따라 '免'으로 교감한다.

131 견도見道(darśanamārga): 붓다의 법설을 조직화하는 교학체계에서는 해탈을 성취하는 수행과정을 크게 견도見道와 수도修道로 구분한다. 『아비달마대비바사론阿毘達磨大毗婆沙論』 권51에서는 견도見道와 수도修道의 특징을 구분하면서 "見道是猛利道, 暫現在前一時能斷九品煩惱. 修道是不猛利道, 數數修習久時方斷九品煩惱"(T27, p.267a28~b1)라고 하여, 견도見道의 수행은 4념주四念住와 4선근四善根의 수행을 통해 벼려진 맹리도猛利道이어서 갑자기 나타나 일시에 9품번뇌九品煩惱를 끊는 반면, 수도修道의 수행은 불맹리도不猛利道이어서 자주 수습하여 오랜

서]는 비록 모든 '[해탈에 이르는] 수단과 방법이 되는 수행'(方便道)에서의

시간이 지나야 9품번뇌九品煩惱를 끊게 된다고 설명한다. 이러한 견·수도 수행의 특징과 관련하여 권오민은 "견도에 의해 이지적 번뇌가 모두 끊어졌으므로 이제 남은 것은 정의적인 번뇌 즉 탐·진·만과 이와 상응하는 무명이다. 그런데 정의적인 번뇌는 선천적이고도 본능적인 것이기 때문에 그 성질이 무디면서도 무거워 이지적인 관찰이나 판단에 의해 즉각적으로 끊어지지 않는다. 그것은 선정을 통해 4제의 진리성을 반복적으로 관찰함으로써 점진적으로 끊어진다."(같은 책, p.254)라고 설명한다. 『불지경론佛地經論』 권6에서는 "初地已上菩薩復有三種. 一初發心, 謂在初地, 已入見道正性離生, 眞無漏心創現行故. 二已修行, 謂上六地, 已得修道, 進修行故. 三不退轉, 謂上三地, 修道已滿, 離諸功用無加行道, 任運現前一切煩惱畢竟不起, 念念勝進無退轉故."(T26, 321b29~c1)라고 하는데, 대승의 10지十地 수행을 초발심初發心(초지)·이수행已修行(제2~7지)·불퇴전不退轉(제8~10지)의 세 가지로 나누면서 초지初地는 견도정성리생見道正性離生에 들어가 진무루심眞無漏心을 비로소 현행시키는 것이라고 한다. 『유가사지론』 권29의 아래 내용에서는 "彼於爾時, 最初獲得七覺支, 故名初有學. 見聖諦迹已永斷滅, 見道所斷一切煩惱, 唯餘修道所斷煩惱, 爲斷彼故, 修習三蘊所攝八支聖道."(T30, 445a7~10)라고 하여 7각지와 견도見道의 관계뿐 아니라 8정도와 수도修道의 관계에 관해서도 논의하는데, 수행자가 최초로 7각지를 획득한 것을 '최초의 유학'(初有學)이라 부르고, 이 초유학初有學이 견도에서 4성제四聖諦의 자취까지 이해하여 견도소단見道所斷의 모든 번뇌를 끊으며, 나머지 수도소단修道所斷의 번뇌를 끊기 위해서는 8정도를 닦는다고 설명한다.

132 견도見道와 수도修道의 번역: 현상의 인과적 연속에 대한 불교적 통찰에 따르면, '무지에 의한 사유'(분별)와 그에 따른 번뇌는 선천적인 것과 후천적인 것이 모두 결합되어 있다. 이러한 통찰은 수행론과 직결된다. 선천적 유형과 후천적 유형의 결합이라는 사실을 이해해야 무지와 번뇌의 치유 방법이 제대로 마련되기 때문이다. 『유가사지론』이 설하는 분별기分別起와 임운기任運起의 구분은 이러한 통찰의 산물이다. 후천적으로 생겨난 '사실대로 이해하지 못하는 분별에 따른 발생'을 분별기分別起라 하고, 선천적으로 지닌 근본무지의 경향성에 의해 생겨나는 분별과 번뇌를 임운기任運起 혹은 구생기俱生起라 부른다. '자아에 대한 잘못된 견해'(我見)의 발생도 후천적인 분별기와 선천적인 임운기(구생기)의 두 가지로 구분된다. 후천적인 분별과 번뇌는 그 양상과 정도가 뚜렷하고 강하지만 '사실대로의 이해'(正見)를 수립하면 치유되기에, 분별기分別起의 치유를 견소단見所斷(이해에 의한 제거) 혹은 견도소단見道所斷(사실에 맞는 이해를 수립하는 수행방법에 의한 제거)이라 부른다. 이에 비해 선천적인 분별과 번뇌는 그 양상과 정도가 미세하고 은밀하지만 잠재적 경향성이기 때문에 '이해의 수립'만으로는 온전한 치유가

'언어적 개념에 의한 분별'(意言分別)[133]을 벗어나 '[근본무지에 따라 일어나

어렵다. 따라서 임운기任運起 혹은 구생기俱生起는 '사실대로 보는 이해에 의거한 지속적 수행'(修道)으로 치유해야 한다. 이것을 수소단修所斷(사실대로의 이해에 의거한 수행에 의한 제거) 혹은 수도소단修道所斷(사실대로의 이해에 의거하여 지속하는 수행방법에 의한 제거)이라 부른다. 지적知的 이해의 힘이 무지의 분별·번뇌를 제거하는 측면을 중시하는 것이 견도見道인데, '언어능력에 의한 이해'라는 인간 특유의 면모를 반영한 수행론이다. 그러나 선천적이고 잠재적인 무지의 분별과 번뇌는 단지 지적 이해능력의 확보만으로 치유되지 않는다. 붓다가 설한 정학定學은 무지의 분별·번뇌가 지닌 이 심층적 측면에 대한 수행론적 대응으로 보인다. 이런 관점에 의거하여 견도見道를 '[진리다운] 이해를 밝혀 가는 수행'으로, 수도修道를 '[선정을 토대로 이해를] 거듭 익혀 가는 수행'으로 번역하였다. 한편 견도와 수도의 문제는 교학의 발달사에서 견수이혹見修二惑, 즉 견도와 수도에서 끊어지는 번뇌의 문제로 거론된다. 견혹은 견도소단번뇌見道所斷煩惱·미리혹迷理惑이라고도 한다. 『아비달마구사론』 권19에 따르면 번뇌는 탐貪·진瞋·만慢·무명無明(치癡)·의疑·견見의 육수면六隨眠, 또는 육수면六隨眠 중에서 견見의 작용이 다섯 가지로 달라진 것인 유신견有身見·변집견邊執見·사견邪見·견취見取·계금취戒禁取를 합한 십수면十隨眠으로 나눌 수 있다. 이 중 진瞋과 의疑 및 견見의 다섯 가지 작용인 유신견有身見·변집견邊執見·사견邪見·견취見取·계금취戒禁取의 일곱 가지가 견도見道에서 완전히 끊어지는 번뇌이다. 수혹修惑은 수소단번뇌修所斷煩惱로서 『아비달마구사론』에서는 탐貪·진瞋·만慢·무명無明의 네 가지(욕계 기준)를 꼽는 반면, 『유가사지론』에서는 이 네 가지 번뇌에 유신견有身見·변집견邊執見을 추가한다. 이 점과 관련하여 『성유식론成唯識論』 권6의 번뇌에 관련된 다음과 같은 대목이 주목된다. "十煩惱中, 六通俱生及分別起, 任運思察俱得生故. 疑後三見唯分別起, 要由惡友或邪教力, 自審思察方得生故."(T31, 32a5~7.) 이에 따르면 탐貪·진瞋·만慢·무명無明·유신견有身見·변집견邊執見의 여섯 가지 번뇌는 구생기俱生起와 분별기分別起 번뇌에 모두 통하지만, 의疑·사견邪見·견취見取·계금취戒禁取의 네 가지 번뇌는 오직 분별기分別起 번뇌이다. 여섯 가지 번뇌는 구생기俱生起와 분별기分別起 번뇌에 모두 통하기 때문에 『유가사지론』에서는 이 여섯 가지 번뇌를 견혹見惑과 수혹修惑에 모두 포함시키고, 네 가지 번뇌는 오직 분별기分別起 번뇌이기 때문에 견혹見惑에만 포함시키는 것으로 볼 수 있다. 견도見道에서는 분별기分別起 번뇌에만 속하는 의疑·사견邪見·견취見取·계금취戒禁取의 네 가지 번뇌가 모두 끊기고, 수도修道에서는 구생기俱生起 번뇌에도 통하는 탐貪·진瞋·만慢·무명無明·유신견有身見·변집견邊執見이 끊어진다는 것이다.

133 의언분별意言分別: 언어적 개념에 의하여 탐구(尋)하고 음미(伺)하면서 분별하는

는] 모든 것은 괴로움이라는 진리'(苦諦) 등에 대해 모든 '언어[에 의한 분별]'(名言[分別])을 떠나고 [보이는] 영상을 넘어서서 '사실 그대로 아는 지혜'(現量智)[134]가 일어남으로써 '자아에 불변·독자의 본질/실체가 없는 참 그대로'(人空眞如)를 증득하더라도, 그래서 이때에 비록 ['괴로움에 대한 진리'(苦諦) 등에 대해] 언어(名)[에 의한 분별]을 취하지 않는다고 해도, 여전히 '괴로움이라는 현상'(苦事)에 대해 '괴로움이라는 특징/차이'(苦相) 등을 [불변·독자의 본질/실체로서] 취한다. 이 경우는 아직 '모든 현상에 불변·독자의 본질/실체가 없는 참 그대로'(法空眞如)를 통달하지 못

작용을 말한다.

134 현량現量과 현량지現量智: 지식의 연원이나 지식의 진위를 판정하는 표준인 비량比量·성언량聖言量·현량現量의 삼량三量 중 하나이다. 양量의 범어인 'pramāṇa'는 척도(measure), 기준(standard) 등의 뜻이다. ① 비량比量의 범어는 'anumāna-pramāṇa'이다. 'anumāna'는 주어진 전제들로부터 결론을 추론하는 행위(the act of inferring or drawing a conclusion from given premises)라는 뜻으로서 이미 알고 있는 원인(因)을 가지고 아직 알지 못하는 명제(宗)를 추론하여 증명하는 것을 말한다. ② 성언량聖言量(聖教量)의 범어는 'āgama-pramāṇa'이다. 'āgama'는 전통적 교리(a traditional doctrine), 성전聖典(sacred work) 등의 뜻으로서 스스로 존중하는 성전聖典이나 성인聖人의 가르침을 지식의 연원으로 삼는 것을 말한다. ③ 현량現量의 범어는 'pratyakṣa-pramāṇa'이다. 'pratyakṣa'는 눈앞에 있음(present before the eyes), 지각할 수 있음(perceptible) 등의 뜻으로서 다섯 가지 감각기관의 능력으로 외계의 현상을 직접 지각하여 지식의 연원을 구성하거나 그 진위를 판정하는 것을 말한다. 『불광대사전』, pp.633, 1481, 5582 및 Sanskrit English Dictionary, pp.36, 129, 674, 685 참조. 현량現量은 '언어에 의거하여 사실 그대로를 왜곡하는 분별'(名言分別)이 아니라 '사실 그대로를 직접 아는 것'인데, 디그나가(Dignaga)의 인식논리학에 의하면, 현량은 일체의 언어개념을 벗어난 실재를 직접 지각하는 것이라 한다. 그러나 인간의 그 어떤 인식과 경험도 언어와 무관한 것은 없다. 따라서 현량은 '언어 자체의 부정'이 아니라 '언어에 의한 인식적 오염을 극복한 새로운 언어적 인지능력'으로 보아야 할 것이다. 이런 의미에서 '현량現量'을 '사실 그대로 앎', '현량지現量智'를 '사실 그대로 아는 지혜'라고 번역해 본다. '사실 그대로, 있는 그대로'에 대한 전통교학의 시선을 비판적으로 성찰하면서 새로운 관점을 제시하는 논의는 박태원의 『원효의 통섭철학 — 치유철학으로서의 독법』(세창출판사, 2021)을 참고할 수 있다.

하여 〈현상(法)의 '[사실 그대로인] 참된 자기'(我) · '늘 [사실 그대로] 한결 같음'(常) · '[사실 그대로의] 즐거움'(樂)[· '[사실 그대로의] 청정함(淨)'] 등의 이로움(德)〉(法我常樂等德)에서 전도된다. 예를 들면 [눈 · 귀 · 코 · 혀 · 몸에서 생겨나는 안식 · 이식 · 비식 · 설식 · 신식의] '다섯 가지 식'(五識)에 비록 모든 '언어에 의한 분별'(名言分別)[135]이 없어서 형색(色) 등의 '감관대상'(塵)을 '['언어에 의한 분별'(名言分別)의 왜곡 없이] 곧바로 알아'(證) '사실 그대로 앎'(現量知)이 드러난다고 해도 [모든 현상에] '[불변 · 독자의 본질/실체로 차별된] 차이가 없음'(無相)과는 어긋나 [현상의] 차이/특성(相)에 집착하기 때문에 [차이/특성의 사실 그대로에는] 전도되는 것과 같다. 여기에서의 도리도 마찬가지임을 알아야 한다.

如『瑜伽』說, "見道智行,[136] 遠離衆相. 爾時聖智, 雖緣於苦, 然於苦

---

135 명언분별名言分別: 언어에 의거하여 '사실 그대로'를 왜곡하는 분별작용을 가리킨다. 『섭대승론攝大乘論』에 의하면, 아뢰야식에 포함된 종자(=훈습熏習)는 명언훈습名言熏習, 아견훈습我見熏習, 유지훈습有支熏習의 세 가지로 구분된다. 이를 삼종훈습三種熏習이라 부른다. 명언훈습名言熏習은 '명칭과 언어에 의해 거듭 영향을 주는 것'이고, 아견훈습我見熏習은 '나에 대한 집착으로 거듭 영향을 주는 것'이며, 유지훈습有支熏習은 '십이연기의 하나하나의 항목으로 거듭 영향을 주는 것'이다. 아견훈습의 경우, '선천적으로 갖고 태어나는 아집'(俱生我執)은 제6의식과 제7말나식과 상응하고, 아라한과 8지(八地) 이상의 보살, 여래를 제외하고는 모두 이 아집에 거듭 영향을 받는다. 그리고 제6의식에 한정되는 분별아집分別我執은 보통의 중생들에게 일어난다. 또한 『성유식론成唯識論』(T31, 43b3~5)은 명언名言을 표의명언表義名言과 현경명언顯境名言의 두 가지로 구분한다.(名言有二. 一表義名言, 卽能詮義音聲差別, 二顯境名言, 卽能了境心心所法.) 표의명언은 뜻을 드러내는 음성(名 · 句 · 文)의 차이들이고, 현경명언은 대상을 식별하는 마음(心)과 마음현상(心所)이라는 것이다. 모든 마음작용은 언어와 연관되어 있으며, 그 언어적 요인에 의거하여 '거듭되는 영향력'(熏習)이 형성된다. 그리고 이 영향력이 아뢰야식/아뢰야식을 훈습熏習하게 되므로 종자라고 표현한다.

136 『유가사지론』의 원문에는 '見道者所有智行'으로 되어 있다. 이에 따라 교감하여 번역한다.

事, 不起分別, 謂此爲苦, 取相而轉. 餘諦亦爾.[137] 先[138]世俗智所觀諦中, 一切相想, 皆得解脫, 絶戲論智, 但於其義, 緣眞如理, 離相而轉." 此文顯其不取名言, 通達人空眞如理義.

[H1, 792b12~19; O 15,14~16,2]

[이것은] 『유가사지론』에서 [다음과 같이] 말한 것과 같다. "'[진리다운] 이해를 밝혀 가는 수행'(見道)을 하는 자의 인식작용(智行)[139]은 갖가지 [대상의] 차이/특성(相)에서 멀리 벗어나 있다. 이때의 '성스러운 인식'(聖智)은 비록 괴로움을 대상으로 만나도 괴로운 일에 대해 분별을 일으키지는 않지만, '이것은 괴로움이다'라고 하면서 [괴로움의] '차이/특성을 붙들면서'(取相) [그 인식을] 굴려 간다. ['근본무지(無明)에 따라 일어나는 괴로움이라는 진리'(苦諦)뿐만 아니라] 나머지 [괴로움의 원인, 괴로움의 소멸, 괴로움을 소멸시키는 방법의] 진리에 대해서도 또한 이와 같다. 그때에 곧 이전의 '세속적 인식'(世俗智)이 이해한 [고집멸도苦集滅道의 네 가지] 진리에 대한 '차이/특성에 관한 모든 분별관념'(一切相想)으로부터 다 풀려나, '확산된 분별'(戲論)[140]을 끊어 버린 인식(智)이 다만 그 측면(義)에서

---

137 이 '餘諦亦爾'는 원문의 '如於苦諦, 於集滅道, 亦復如是.'를 원효가 축약하여 인용한 것이다.

138 『유가사지론』의 원문에는 '先' 앞에 '爾時即於'가 있다. 원문에 따라 추가하여 번역한다.

139 여기서의 '智'(gocara)는 '지혜'보다는 '인식의 영역'을 의미한다. 그런 의미에서 '智'를 '인식'으로 번역한다.

140 희론戲論(papañca): 경험세계에 존재하지 않는 '동일 · 불변 · 독자의 본질이나 실체'가 실제로 있을 것이라는 착각을 그 핵심내용으로 하는 근본무지에 의거한 판단과 평가인 분별의 확산을 의미한다. 분별망상은 희론의 전형이다. 희론은 '사실 그대로'의 온전한 경험을 왜곡시키는 인식적 장애인데, 초기경전인 『맛지마니까야』의 「꿀과자 경」(Madhupiṇḍikasutta, MN. I .108)은 탐 · 진 · 치라는 왜곡된 세계경험이 오온/육근의 지각경험에서 '느낌 → 지각 → 사유 → 희론(papañca) → 희론에 오염된 지각과 관념(papañca-saññā-saṅkhā)'이라는 조건인과적/연기적

'참 그대로의 이치'(眞如理)에 의거하여 차이/특성[에 관한 분별]을 벗어나 펼쳐진다."[141]

[『유가사지론』의] 이 문장은, 그 ['이해를 밝혀 가는 수행'(見道)을 하는 자]가 '언어[에 의한 분별]'(名言[分別])을 취하지 않아 '자아에 불변 · 독자의 본질/실체가 없다'(人空)는 '참 그대로의 이치'(眞如理)에 통달했다는 뜻을 드러낸 것이다.

『寶性論』云, "爲對治此四種顚倒故, 有四種非顚倒法.[142] 謂於色等無常事中, 無常等想.[143] …[144] 如是四種顚倒對治, 若依法身,[145] 復是顚

연쇄를 통해 발생한다는 것을 설하고 있다. 박태원(『원효의 통섭철학 ―치유철학으로서의 독법』)에 의하면, "분별(分別, kalpanā)은 개념에 의한 사유행위를 지칭한다. 인간의 모든 경험과 인식은 어떤 방식으로든 개념에 연루되어 있다. 따라서 '분별'은 '조건적'으로 이해되어야 한다. 붓다는 '분별의 발생조건'을 통찰하여, '사실 그대로를 가리고 오염시키는 무지 · 망상의 분별'과 '사실 그대로를 드러내는 지혜로운 분별'을 구분하여 다룬 것이다. 전자는 해롭기에 치유의 대상이고, 후자는 이롭기에 계발과 실천의 대상이다. '무분별'은 '사실 그대로를 가리고 오염시키는 무지 · 망상의 분별'을 비판하기 위해 채택된 용어이지 개념적 사유 자체의 전면적 부정이 아니다. 그런 의미에서 무분별은 '사실 그대로를 드러내어 이롭게 하는 지혜로운 분별'의 다른 이름이다. 특징 · 차이들을 탐욕 · 분노 · 무지의 발생조건으로 처리하는 것이 '무지 · 망상의 분별'이다. 이런 분별이 발생하여 확산되는 사태를, 붓다의 법설에서는 '분별망상' 혹은 '희론(戱論, papañca)이라 부른다."(pp.420-437.)

141 『유가사지론』 권58(T30, 625a1~6). "答昇. <u>見道者所有智行</u>, 遠離衆相. 爾時聖智雖緣於苦, 然於苦事, 不起分別. 謂此爲苦, 取相而轉. <u>如於苦諦, 於集滅道, 亦復如是. 爾時即於</u>, 先世俗智所觀諦中, 一切想相, 皆得解脫, 絶戱論智. 但於其義, 緣眞如理, 離相而轉." 밑줄 친 원문이 원효가 인용한 내용과 다른 부분이다.

142 이 '有四種非顚倒法' 다음에 『보성론』 원문의 '應知何等爲四'가 생략되었다.

143 '無常等想'은 원효가 축약한 구절이고, 원문은 '生無常想苦想等無我想不淨想等'이다.

144 중략한 내용은 '是名四種不顚倒對治應知. 偈言修行對治法故'이다. 본문 번역에서는 괄호 안에 넣었다.

145 '若依法身'의 원문은 '依如來法身'이다.

倒.” 此文顯其雖證人空故成無倒, 而迷法空, 此邊成倒.

[H1, 792b19~23; O 16,2~4]

[그러나] 『보성론寶性論』에서는 [다음과 같이] 말한다. “이 네 가지의 ‘거꾸로 됨’(顚倒)을 치유하기 위해 네 가지 ‘거꾸로 되지 않은 것’을 세운다. ‘색깔이나 모양 있는 것’(色) 등 영원불변하지 않은 것들에 대해 ‘영원불변하는 것이 아니다’(無常)라는 등으로 생각(想)하는 것이 그것이다. … 이와 같은 ‘네 가지 거꾸로 됨에 대한 치유’(四種顚倒對治)는, 만일 ‘진리의 몸’(法身)에 의거해 본다면 다시 [그것이] 거꾸로 된 것이 된다.”[146]

[『보성론』의] 이 문장은, 그 [‘[진리다운] 이해를 밝혀 가는 수행’(見道)을 하는 자]가 비록 ‘자아에 불변 · 독자의 본질/실체가 없음’(人空)을 증득했기 때문에 ‘거꾸로 됨이 없음’을 이루었지만, ‘모든 현상에 불변 · 독자의 본질/실체가 없음’(法空)에 대해서는 미혹하여 이 측면(邊)에서는 ‘거꾸로 되었음’을 나타낸 것이다.

---

146 『구경일승보성론究竟一乘寶性論』 권3(T31, 829b20~25). “爲對治此四種顚倒故. 有四種非顚倒法, 應知. 何等爲四? 謂於色等無常事中, 生無常想 · 苦想 · 無我想 · 不淨想等.” (是名四種不顚倒對治應知. 偈言修行對治法故.) 如是四種顚倒對治, 依如來法身, 復是顚倒應知.” 밑줄 친 부분이 원문과 다른 내용이고, 괄호 안은 원효가 생략한 구절을 가리킨다. 〈산스크리트본의 해당 내용: RGV., p.30. etadviparyayeṇa caturvidha evāviparyāso veditavyaḥ | katamaś caturvidhaḥ | yā tasminn eva rūpādike vastuny anityasaṃjñā | duḥkhasaṃjñā | anātmasaṃjñā | aśubhasaṃjñā | ayam ucyate caturvidhaviparyāsaviparyayaḥ | sa khalv eṣa niyādilakṣaṇaṃ tathāgatadharmakāyam adhikṛtyeha viparyāso 'bhipreto … |; (안성두 번역, 『보성론』, p.282.) 이것(즉 4종의 전도)의 반대로서 4종의 비전도가 알려져야만 한다. 4종이란 무엇인가? 바로 그 색 등의 사태에 대해 무상하다는 생각, 고통이라는 생각, 무아라는 생각, 부정이라는 생각이 4종 전도의 반대라고 설해진다. 실로 상주 등으로 특징지어지는 여래의 법신을 주제로 해서 이 [4종의 비전도]가 여기에서 전도라고 의도되었다.〉

又復法空觀前方便道中, 亦有法執. 卽加行智, 未達法空, 分別取相, 說名無明, 亦名法執. 唯一惠[147]數, 亦解亦執, 此中無別無明等數, 不同一向迷亂法執. 是故無有無癡善根與癡數等俱起過失.

[H1, 792b23~c5; O 16,4~6]

또한 '모든 현상에 불변 · 독자의 본질/실체가 없다고 하는 이해'(法空觀) 이전의 '[해탈에 이르는] 수단과 방법이 되는 수행'(方便道) 중에도 '모든 현상에 불변 · 독자의 본질/실체가 있다고 하는 집착'(法執)이 있다. 즉 ['수단과 방법이 되는 수행'(方便道)에서의] '[사성제에 대한] 탐구와 음미의 향상'(加行智)[148]은 아직 '모든 현상에 불변 · 독자의 본질/실체가 없다'(法空)[는 이해]를 통달하지 못하여 '분별로써 [현상의] 차이/특성을 [사실과 다르게] 취하니'(分別取相), 근본무지(無明)라 부르며 '모든 현상에 불변 · 독자의 본질/실체가 있다고 하는 집착'(法執)이라고도 부른다. 오직 하나의 '헤아리는 작용'(慧數)[149]이 이해하기도 하고 집착하기도 하여 이

147 橫超本과 한불전 모두 '惠'로 나오지만, '慧'로 교감하여 번역한다.

148 가행지加行智: 가행도加行道 · 무간도無間道 · 해탈도解脫道 · 승진도勝進道의 네 단계 가운데 방편도方便道인 가행도에서 성취하는 지혜. 견도見道 수행에서 방편도는 '사성제의 이치를 확실하게 판단하는 이로운 능력'(順決擇分善根)인 난煖 · 정頂 · 인忍 · 세제일世第一의 사선근四善根 수행이라는 점을 고려하여 '가행지加行智'를 '[사성제에 대한] 탐구와 음미의 향상'이라 번역하였다.

149 혜수慧數: 혜수慧數는 아비달마의 심소법心所法 체계에서 의식의 모든 순간에 나타나는 보편적 정신적 작용인 심대지법心大地法에 속한다. 심대지법心大地法은 10가지로서, 受 · 想 · 思 · 觸 · 欲 · 慧 · 念 · 作意 · 勝解 · 三摩地이다. 무착의 『현양성교론』 권1에서 "慧者, 謂卽於所觀境簡擇爲體, 如理不如理非如理非不如理悟入所知爲業."(T31, 481b18~21)이라거나 『아비달마구사론』 권4에서 "慧謂於法能有簡擇."(T29, 19a20)이라고 하는 것에 따르면, 혜수慧數는 소관경所觀境, 즉 법法에 대해 취사선택(簡擇)하는 작용을 말한다. 『기신론소』 권1에서 원효는 지상智相을 설명하면서 혜수慧數에 대해 "初言智相者, 是第七識麁中之始. 始有慧數分別我塵, 故名智相. 如『夫人經』言, 〈於此六識及心法智, 此七法刹那不住.〉 此言心法智者, 慧數之

중에 별도의 근본무지(無明) 등의 헤아림(數)은 없으니, ['헤아리는 작용'(慧數)은] 한결같이 '미혹하여 어지러운'(迷亂) '모든 현상에 불변 · 독자의 본질/실체가 있다고 하는 집착'(法執)과는 같지 않다. 그렇기 때문에 '어리석음이 없는 이로운 능력'(無癡善根)이 '어리석은 헤아림'(癡數) 등과 함께 일어나는 오류(過失)는 없다.

如『對法論[150]』云, "迷亂者, 謂能所取執. 不迷亂者, 謂出世智及受[151]後所得.[152] 迷亂不迷亂者, 謂隨順出世智所有聞惠等諸善根,[153] 分別所知境故, 隨順無分別智故."

[H1, 792c5~9; O 16,6~8]

[이것은] 『대승아비달마잡집론』에서 [다음과 같이] 말한 것과 같다. "'미혹하여 어지러움'(迷亂)이란 주관과 객관에 대한 집착을 말한다. '미혹하여 어지럽지 않음'(不迷亂)이란 '세속에서 풀려나는 지혜'(出世智)와 [그 지혜로 인해] '후에 얻은 [이로운] 것'(後所得[善法])[154]을 받은 것이다. '미혹

謂也. 若在善道, 分別可愛法, 計我我所, 在惡道時, 分別不愛法, 計我我所, 故言依於境界, 心起分別愛與不愛故也."(T44, 212c2~7)라고 하여, 선지善地와 악도惡道에서 경계境界에 의거하여 제7말나식의 마음이 애愛와 불애不愛를 분별하는 작용이라고 설명한다.

150 橫超本의 교감에 따르면 원본에는 '輪'으로 되어 있지만, '論'으로 바로잡는다고 하였다.

151 橫超本에 따르면, 원본의 '受'는 傍註를 참고하여 '及受'로 교감한다고 하였다.

152 이 구절은 원문의 '不迷亂者, 謂無分別智, 不迷亂等流者, 謂聖道後所得善法'을 원효가 축약시켜 변형한 것이다.

153 '根'은 『대승아비달마잡집론』 원문에는 '法'으로 나온다. 교감하여 번역한다.

154 여기서 '후소득後所得'은, 근본지根本智인 무분별지無分別智를 성취한 이후에 그 무분별의 능력으로 다시 세간을 진리답게 이해하는 후득지後得智를 지칭하는 것이 아니라, 단지 출세지出世智로 인해 얻게 되는 '이로운 것'(善法)을 지칭하는 것으로 보인다. 『대승아비달마잡집론』 원문의 해당 구절은 '不迷亂者, 謂無分別智,

하여 어지럽기도 하고 그렇지 않기도 함'(迷亂不迷亂)이란 '세속에서 풀려나는 지혜'(出世智)에 수순하여 지니게 된 '들어서 얻은 지혜'(聞慧, śrutamayī prajñā) 등의 모든 '이로운 것'(善法)을 일컬으니, [이 '이로운 것'(善法)들은] 인식대상(所知境)을 분별하기도 하고 '분별하지 않는 지혜'(無分別智)를 따르기도 하기 때문이다."[155]

『瑜伽論』云, "依空勤[156]修念住菩薩, 略論[157]六種妄想縛中, 令心解

不迷亂等流者, 謂聖道後所得善法'이기 때문이다.

155 『대승아비달마잡집론』 권14(T31, 764a6~14). "(所知境者, 略有六種. 一迷亂, 二迷亂所依, 三不迷亂所依, 四迷亂不迷亂, 五不迷亂, 六不迷亂等流.) 迷亂者, 謂能取所取執. 迷亂所依者, 謂聖智所行唯有行相, 虛妄分別爲體, 由有此故, 一切愚夫, 迷亂執轉. 不迷亂所依者, 謂眞如, 是無分別智所依處故. 迷亂不迷亂者, 謂隨順出世智, 所有聞慧等諸善法, 分別所知境故, 隨順無分別智故. (不迷亂者, 謂無分別智. 不迷亂等流者, 謂聖道後所得善法)." 〈산스크리트본의 해당 내용: *ASBh.* p.136. jñeyaṃ ṣaḍvidhaṃ - bhrāntir yāvad abhrāntiniṣyandaś ca | tatra bhrāntir grāhyagrāhakābhiniveśaḥ | bhrāntyāśrayo yasminn āryajñānagocare saṃskāranimittamātre 'bhūtaparikalpātmake sati bālānāṃ so 'bhiniveśaḥ pravartate | abhrāntyāśrayas tathatā, nirvikalpasya jñānasya tadadhiṣṭhānatvāt | bhrāntyabhrānti(r) lokottarajñānānukūlāḥ śrutamayyādayaḥ kuśalā dharmāḥ, jñeyavikalpanān nirvikalpajñānānukūlyāc ca | abhrāntir nirvikalpajñānam | abhrāntiniṣyanda āryamārgapṛṣṭhalabdhāḥ kuśalā dharmāḥ ||; 인식해야 하는 대상(所知)은 미란(迷亂, bhrānti)부터 불미란등류(不迷亂等流, abhrāntiniṣyanda)까지의 6종류이다. 그 [6종류의 인식해야만 하는 것] 중에서 '미란'은 주관과 객관에 대한 집착이다. '미란의 소의'(所依)는 [다음과 같다:] 오직 조건지어진 것들(行)의 특징만으로 이루어진 성자들의 지혜의 경계에 대하여 (즉 소의), '존재하지 않는 것을 [존재한다고] 인식하는 분별'(허망분별)을 본질로 하는 것이 있을 때, 어리석은 자들에게는 그러한 집착(즉 미란)이 발생한다. '불미란의 소의'는 진여인데, 왜냐하면 무분별지는 그 [진여]를 토대로 하기 때문이다. '미란이면서 불미란'이라는 것은 출세간지에 적절한(순응하는), 배움(聞) 등으로부터 일어난 선법들인데, 인식해야 하는 대상을 분별하기 때문에 [미란이고,] 무분별지에 적절하기 때문에 [불미란이다.] 불미란이란 무분별지이다. '불미란(즉 무분별지)으로부터 흘러나온 것(等流)'이란 성자들의 길(聖道) 이후에 획득하는 선법들이다.〉

脫,[158] 何等爲六?[159] 所謂於身乃至於法, 發起內想, 是初想縛, 卽於此中,[160] 發起外想, 是二想縛,[161] 起內外想, 是三想縛, 若於十方[162]諸有情界, 願令解脫, 修習念住, 此中諸想, 是四想縛, 若由此故, 於身心[163]境, 修[164]觀而住, 此中諸想, 是五想身[165]縛, 卽於身心, 修觀住者,[166] 此中諸想, 是六想縛."

[H1, 792c9~17; O 16,8~12]

『유가사지론』에서는 [다음과 같이] 말한다. "'불변·독자의 본질/실체가 없다'(空)[는 관점]에 의거하여 '[네 가지를 토대로 '[빠져들지 않아] 그치는 마음국면'(止)과 '[진리다운] 이해'(觀)를 수립하여] 간직해 가는 수행'([四]念住, [四]念處)[167]을 열심히 닦는 보살은 대략 여섯 가지 '분별망상의 속박'(妄

156 원본은 '懃'이지만 『대승아비달마잡집론』 원문에 의거하여 '勤'으로 교감한다. 橫超本에서도 傍註에 의거하여 '勤'으로 교감한다고 되어 있다.

157 '論'은 『대승아비달마잡집론』 원문에는 '於'이다. '於'로 교감하여 번역한다.

158 '令心解脫'은 원문에는 '當令其心速得解脫'로 나온다.

159 '何等爲六'은 원문에는 '云何名爲六種想縛'으로 되어 있다.

160 '卽於此中'은 원문에는 '卽於是中'으로 되어 있다.

161 '是二想縛'은 원문에는 '是第二想縛, 卽於是中'으로 '卽於是中'이 있다. 이하의 원문에서도 '第二想'에서 '第六想'까지 모두 '第'가 있다.

162 '若於十方'은 원문에는 '無數無量'이 뒤에 있는데 인용문에는 빠져 있다.

163 '心'은 원문에는 '等'이다. 원문에 따라 교감하여 번역한다.

164 '修'는 원문에는 '心循'이다. 교감하여 번역한다.

165 원문에는 '身'이 없다. 오기로 보인다.

166 『유가사지론』 원문인 '卽於身等, 循觀住者'의 오기이다. 여기서는 원문에 따라 번역한다.

167 염주念住: 사념처四念處, 사념주四念住라고도 한다. 『구사론』 권23에서는 "如何修習四念住耶 °謂以自共相觀身受心法"(T29, p.118c21~22)이라고 하여 사념주四念住는 신身·수受·심心·법法의 네 가지 대상을 관찰하는 것이라고 설명한다. 그런데 염처念處수행에 대한 전통교학의 평가와 이해는 나름대로의 해석학적 유형일 뿐, 염처 수행 본래의 의미와는 구별할 필요가 있다. 정념(samma-sati)의 염念(sati)은 언어학적으로 '기억, 잊지 않음, 간직함'을 의미한다. 그리고 마치 '기억하

想縛)에서 마음을 풀려나게 하니, 어떤 것이 여섯 가지인가? 이른바 '몸 현상'(身) 및 [·'느낌 현상'(受)·'마음 현상'(心)]·'법칙/이법 현상'(法)에서, '[자기에게 속하는] 내부의 것들에 대한 분별'(內想)을 일으키는 것이 '첫 번째 분별망상의 속박'(初想縛)이고, 이들 [네 가지 범주의 현상들]에서 '[자기 밖에 속하는] 외부의 것들에 대한 분별'(外想)을 일으키는 것이 '두 번째 분별망상의 속박'(二想縛)이며, '[자기에게 속하기도 하고 자기 밖에 속하기도 하는] 안팎의 것들에 대한 분별'(內外想)을 일으키는 것이 '세 번째 분별망상의 속박'(三想縛)이고, 시방세계 모든 중생계의[의 속박]에서 해탈하고자 '[네 가지를 토대로 '[빠져들지 않아] 그치는 마음국면'(止)과 '[진리다운] 이해'(觀)를 수립하여] 간직해 가는 수행'(念住)을 닦을 경우 여기서의 '모든 분별'(諸想)이 '네 번째 분별망상의 속박'(四想縛)이며, 이로 인해 '몸의 대상'(身境) 등에 대해[168] 마음이 [그들에 대해] '거듭 좇아가면서 이해'(循觀)[169]하며 자리 잡으려 [수행]하는 경우 여기서의 모든 분별이 '다

듯 잊지 않고 간직해야 할 내용'은 '몸 현상'(身)·'느낌 현상'(受)·'마음 현상'(心)·'법칙/이법 현상'(法)을 '마치 괄호 치고 보듯이, 붙들지 않고 알아차리며 보는 것'(正知, sampajānāti)이다. 그리고 이러한 정념 수행의 초점과 핵심은 '지각에서 경험되는 현상들을 무지로 왜곡/오염시키지 않는 마음과 이해'를 수립하여 유지하는 것이다. 그리고 그 마음과 이해의 핵심 내용은 그침(止)과 이해(觀)이다. 이런 의미에서 '사념처四念處'를 '네 가지를 토대로 ['[빠져들지 않아] 그치는 마음국면'(止)과 '[진리다운] 이해'(觀)를 수립하여] 간직해 가는 수행'이라 번역하였다. 정념 수행의 내용과 의미에 대해서는 교학과 불교학에서 다양한 이해가 제시되고 있지만, 붓다 법설의 내용을 고려할 때 이렇게 이해해 볼 수 있다. 사념처四念處는 심신心身의 모든 현상을 신身·수受·심心·법法의 네 가지로 분류하고 그것들을 대상으로 삼아 '분별에 빠져들지 않는 그침의 마음국면'(止)과 '사실대로 이해함'(觀)의 능력을 정지(正知, sampajānāti)로써 계발하여 잊지 않고 간수해 가는 수행이라 할 수 있다. 박태원의 『원효의 통섭철학 —치유철학으로서의 독법』 참조.

168 『유가사지론』 원문은 '於身等境, 心循觀而住'이다. 원효가 잘못 기재한 것인지, 아니면 후인의 필사 과정에서 발생한 오기인지는 확정할 수 없으나, 원문에 따라야 의미가 통하게 되므로 여기서는 원문인 '於身等境, 心循觀而住'에 따라 번역한다.

섯 번째 분별망상의 속박'(五想縛)이고, 몸 등 [네 가지 범주의] 현상들에 대해 '거듭 좇아가면서 이해'(循觀)하며 자리 잡으려는 경우 여기서의 모든 분별이 '여섯 번째 분별망상의 속박'(六想縛)이다."[170]

---

169 순관循觀: 『아비달마대비바사론阿毘達磨大毗婆沙論』 권187에서는 "有一趣道能令有情清淨超滅憂苦, 謂四念住. 何等爲四? 謂於身循身觀念住, 乃至於法循法觀念住."(T27, p.936c16~19)라고 하여 4념주四念住 각각을 ① 어신순신관념주於身循身觀念住(身念住), ② 어수순수관념주於受循受觀念住(受念住), ③ 어심순심관념주於心循心觀念住(心念住), ④ 어법순법관념주於法循法觀念住라고 설명한다. 신념주身念住의 내용이 순신관循身觀이고, 수념주受念住의 내용이 순수관循受觀이며, 심념주心念住의 내용이 순심관循心觀이고, 법념주法念住의 내용이 순법관循法觀이라는 것이다. 『아비달마집이문족론阿毘達磨集異門足論』 권6에서는 "身念住云何? 答十有色處及法處所攝色, 是名身念住. 受念住云何? 答六受身, 謂眼觸所生受, 乃至意觸所生受, 是名受念住. 心念住云何? 答六識身, 謂眼識乃至意識, 是名心念住. 法念住云何? 答受蘊所不攝無色法處, 是名法念住."(T26, p.391b23~28)라고 하여 각 염주念住에서 순관循觀하는 대상을 알려 주는데, 이에 따르면 순신관循身觀의 대상은 10색처十色處(안 · 이 · 비 · 설 · 신 · 색 · 성 · 향 · 미 · 촉)와 법처소섭색法處所攝色이고, 순수관循受觀의 대상은 안촉소생수眼觸所生受 · 이촉소생수耳觸所生受 · 비촉소생수鼻觸所生受 · 설촉소생수舌觸所生受 · 신촉소생수身觸所生受 · 의촉소생수意觸所生受라는 6수신六受身이며, 순심관循心觀의 대상은 안식 · 이식 · 비식 · 설식 · 신식 · 의식이라는 6식신六識身이고, 순법관循法觀의 대상은 수온受蘊에 속하지 않으면서 색色이 아닌 법처法處이다. 대승 논서인 『유가사지론』 권28에서 "略說身相有三十五, 謂內身外身, 根所攝身非根所攝身, 有情數身非有情數身, 麁重俱行身輕安俱行身, 能造身所造身, 名身色身, 那落迦身傍生身, 祖父國身人身天身, 有識身無識身, 中身表身, 變異身不變異身, 女身男身半擇迦身, 親友身非親友身, 中庸身劣身, 中身妙身, 幼身少身老身, 如是名爲身相差別. 住循身觀略有三種, 謂依身增上聞思修慧. 由此慧故於一切身一切相, 正觀察正推求."(T30, p.440a14~23)라고 하는 것에 따르면, 신상身相에는 내신內身으로부터 노신老身에 이르는 35가지 양상이 있어서 이 다양한 몸의 양상에 의거하는 문聞 · 사思 · 수修 3혜三慧로 몸의 양상들을 관찰하는 것이 순신관循身觀이다. 따라서 순관循觀을 '거듭 좇아가면서 이해함'이라 번역하였다.

170 『유가사지론』 권75(T30, 713a3~11). "依空勤修念住菩薩, 略於六種妄想縛中, 當令其心速得解脫, 云何名爲六種想縛? 所謂於身乃至於法發起內想, 是初想縛, 於是中發起外想, 是第二想縛 卽於是中起內外想, 是第三想縛, 若於十方無數無量諸有情界願令解脫修習念住, 此中諸想是第四想縛, 卽若由此故, 於身等境心循觀而住, 此中諸想是第五

依此等文, 當知未入眞觀已還一切心中, 不無妄想, 皆有迷亂, 迷亂妄想, 何非法執? 若言入[171]空觀前方便道中, 無人執故, 亦於法空觀前方便道中, 無法執者, 他亦我觀前方便道中, 不取我故, 卽於無相前方便道中, 亦不取相. 此不類者, 彼亦非類. 由是道理, 故無過失.

[H1, 792c17~24; O 16,12~15]

이러한 글들에 의하여 '참된 이해수행'(眞觀)[172]에 아직 들어가지 못한 모든 마음에는 망상이 없지 않아 모두 '미혹하여 어지러움'(迷亂)이 있음을 알아야 하니, '미혹하여 어지러운 망상'(迷亂妄想)이 어찌 '모든 현상에 불변 · 독자의 본질/실체가 있다고 하는 집착'(法執)이 아니겠는가? 만일 '자아에 불변 · 독자의 본질/실체가 없다는 이해'(人空觀) 이전의 '수단과 방법이 되는 수행'(方便道)에서 '자아에 불변 · 독자의 본질/실체가 있다고 하는 집착'(人執)이 없기 때문에 '모든 현상에 불변 · 독자의 본질/실체가 없다고 하는 이해'(法空觀) 이전의 '수단과 방법이 되는 수행'(方便道) 중에도 '모든 현상에 불변 · 독자의 본질/실체가 있다

想縛, 卽於身等循觀住者, 此中諸想是第六想縛."

171 '入'은 '人'의 오기로 보인다. 橫超本에서도 '入'으로 교감하였다.

172 진관眞觀: 원효는 보살의 수행단계에서 특히 십지十地의 초지初地에 특별한 의미를 부여하고 있다. 원효는 '[사실대로] 이해하는 수행'(觀行)을 크게 두 유형으로 분류한다. 하나는 방편관方便觀(수단이 되는 이해수행)이고, 다른 하나는 정관正觀(온전한 이해수행)이다. 자리행과 이타행을 하나로 결합시킬 수 있는 관행이면 '온전한 이해수행'(正觀)이며, 그렇지 못하면 그런 경지에 접근하기 위해 '수단이 되는 이해수행'(方便觀)이라 구분하기도 한다. 정관은 진관眞觀(참된 이해수행)이라고도 하는데 진여문眞如門에 들어가게 되는 것은 정관에 의해서이다. 방편관은 자아를 포함한 대상들(所取)에 대한 실체관념(相)의 제거를 겨냥하는 것이고, 정관은 대상들에 대한 실체관념뿐 아니라 '실체관념을 제거하는 마음(能取) 자체에 대한 실체관념'마저 제거하는 것이다. 또한 정관正觀/진관眞觀은 지止와 관觀을 하나의 지평에서 융합적으로 펼쳐 가는 수행이다. 여기서는 진관眞觀을 법집法執과 대비시켜 거론하고 있다.

고 하는 집착'(法執)이 없다고 말한다면, 그것은 또한 '자아에 대한 이해수행'(我觀) 이전의 '수단과 방법이 되는 수행'(方便道)에서 [불변·독자의] 자아(我)를 취하지 않기 때문에 곧 '[현상의] 차이/특성에는 불변·독자의 본질/실체가 없다는 이해수행'(無相[觀]) 이전의 '수단과 방법이 되는 수행'(方便道)에서도 [현상의] '차이/특성을 [사실과 다르게] 취하지 않는다'(不取相)는 것이다. [그러나] 전자(此)는 ['참된 이해수행'(眞觀) 이전의 마음에 법집法執이 있다는 것과] 같은 종류가 아닌 것이고, 후자(彼) 역시 같은 종류가 아니다. 이러한 도리로 말미암아 ['모든 현상에 불변·독자의 본질/실체가 없다고 하는 이해'(法空觀) 이전의 '수단과 방법이 되는 수행'(方便道) 중에는 '모든 현상에 불변·독자의 본질/실체가 있다고 하는 집착'(法執)이 있다는 주장에] 오류가 없다.

(3) 두 가지 관점을 통섭通攝함

或有說者, 二師所說, 皆有道理. 所以然者, 若依別門麤相道理, 初師所說,[173] 亦有道理, 於其通門, 巨[174]細道理,[175] 後師所說, 亦有道理. 由有如是二種理門, 諸文相違, 皆得善通. 設使將彼別相法執無明, 通置八識及三性者, 不應道理, 故有過失. 縱令此通相法執, 局在二識, 不通善者, 不應道理, 亦乖聖言. 二師所說, 旣不如是, 是故二說, 皆有道理.

[H1, 792c24~793a9; O 17,1~5]

어떤 사람은[176] [다음과 같이] 말한다:

---

173 橫超本의 교감주에 따르면, '所' 바로 뒤에 원본에 없던 '說' 한 글자를 보충했다고 한다.

174 원본에는 '臣'이고 傍註에는 '巨'로 되어 있다. 橫超本과 같이 '巨'로 교감한다.

175 '巨細道理'는 '細相道理'의 오기로 보인다.

176 원효의 관점으로 보인다. 원효의 통섭적 화쟁은 조건인과의 계열에 따른 관점이

두 부류의 논사들이 설한 것에는 모두 [타당한] 도리가 있다. 그 이유는 [다음과 같다.] 만일 '구분하는 관점'(別門)의 '뚜렷한 양상[을 주목하는] 도리'(麤相道理)에 의거한다면 첫 번째 논사의 설명에도 도리가 있고, [법집法執이 여덟 가지 식에 모두] '통하는 것으로 보는 관점'(通門)의 '미세한 양상[을 주목하는] 도리'(細相道理)에 의거한다면 두 번째 논사의 설명에도 도리가 있다. 이와 같은 '[각자 나름의] 도리를 지닌 두 가지 관점'(二種理門)이 있기 때문에 모든 글의 차이가 다 잘 통할 수 있다. 만일 저 〈구분되는 양상인 '모든 현상에 불변 · 독자의 본질/실체가 있다는 집착의 근본무지'〉(別相法執無明)를 '여덟 가지 식'(八識)과 ['이로운 것'(善), '해로운 것'(不善), '이롭지도 않고 해롭지도 않은 것'(無記)의] '세 가지 특성'(三性) 모두에 적용시킨다면, 이치에 맞지 않기 때문에 오류가 있게 된다. 또 만일 이 〈통하는 양상인 '모든 현상에 불변 · 독자의 본질/실체가 있다고 하는 집착'〉(通相法執)을 [제6의식과 제7말나식의] 두 가지 식識에 국한하고 '이로운 것'(善)에 통하지 않는다고 한다면, 이치에 맞지 않고 또한 '붓다의 가르침'(聖言)에도 어긋난다. 두 부류의 논사가 설명한 것은 이미 이와 같지 않으니, 그러므로 두 종류의 설명에는 모두 [타당한] 도리가 있다.

나 맥락의 차이를 식별하는 '문門의 구분'에 의해 이루어지는데, 여기서도 그 한 전형을 목격하게 된다. '문門 구분'에 의한 원효의 화쟁철학에 대해서는 박태원의 『원효의 화쟁철학』(세창출판사, 2017)을 참고할 수 있다.

3. '현재 작용하고 있는 번뇌'(纏)와 '잠재적인 번뇌'(隨眠)에 의하여 두 가지 장애의 본연[이 지닌 특성]을 밝힘

1) '번뇌로 인한 장애'(煩惱障)의 경우

三約纏及隨眠, 以明二障體者. 本隨二惑[177]現起之時, 繫縛義重, 說名爲纏, 纏所熏發種類, 隨逐[178]冥伏不覺, 故名隨眠. 隨眠與纏, 皆是障體. 如『瑜伽』說, "本隨二惑, 略二緣故, 染惱有情, 一由纏故, 二由[179]隨眠故. 現行現起煩惱名纏, 卽此種子, 未斷未害, 名曰隨眠, 亦名麤重. 又不覺位, 名[180]曰隨眠, 若在覺位, 說名爲纏"故.

[H1, 793a9~17; O 17,6~9]

['여덟 가지 식'(八識)과 '세 가지 특성'(三性)에 의거해서 두 가지 장애의 본연이 지닌 특성을 구분한 것에 이어] 세 번째는 '현재 작용하고 있는 번뇌'(纏)와 '잠재적인 번뇌'(隨眠)에 의하여 두 가지 장애의 본연[이 지닌 특성]을 밝히는 것이다. '[모든 번뇌의] 근원이 되는 번뇌'(本惑)와 '[근본이 되는 번뇌를] 따라 일어나는 번뇌'(隨惑) [이] 두 가지 번뇌가 나타나 일어날 때, '얽혀 묶이는 측면'(繫縛義)이 크면 '현재 작용하고 있는 번뇌'(纏)라고 말하고, '현재 작용하고 있는 번뇌'(纏)가 거듭 영향을 끼쳐 발생하는 종자

177 원본에는 '或'이지만 傍註의 '惑'에 의거하여 '惑'으로 교감한다고 하였다. 이를 따른다. 본혹本惑은 근본번뇌를, 수혹隨惑은 근본번뇌를 따라 일어나는 수번뇌를 말한다.

178 橫超本에 따르면, 원본에는 '遂'로 나오는데 '逐'으로 교감한다고 하였다. 이를 따른다.

179 원문에는 '由'가 없다.

180 橫超本의 교감에 따르면, 원본에는 '名'이 없지만, '名'을 넣었다고 하였다. 『유가사지론』 원문에도 '名曰'로 되어 있다.

들이 [중생의 마음을] 따라다니며 조용히 잠복해 있어 알아차리지 못하기 때문에 '잠재적인 번뇌'(隨眠)라고 한다. '잠재적인 번뇌'(隨眠)와 '현재 작용하고 있는 번뇌'(纏)는 모두 [두 가지] 장애의 본연(體)[이 지닌 특성]이다.

[이것은] 『유가사지론』에서 [다음과 같이] 말한 것과 같다. "[모든 번뇌의] 근원이 되는 번뇌(本惑)와 '[근본이 되는 번뇌를] 따라 일어나는 번뇌'(隨惑)[이] 두 가지 번뇌는 대략 두 가지 조건(緣) 때문에 중생을 오염시키고 괴롭게 하니, 첫 번째는 '현재 작용하고 있는 번뇌'(纏) 때문이고 두 번째는 '잠재적인 번뇌'(隨眠) 때문이다. '현재 작용하고 현재 일어나는 번뇌'(現行現起煩惱)를 '현재 작용하고 있는 번뇌'(纏)라고 하며, 바로 이 ['현재 작용하고 있는 번뇌'(纏)의] 종자가 아직 끊어지지도 않고 손상 받지도 않은 것은 '잠재적인 번뇌'(隨眠)라고 하고 '거칠고 무거운 잠재적 번뇌'[181](麤重)라고도 한다. 또한 알아차릴 수 없는 [번뇌의] 상태를 '잠재적인 번뇌'(隨眠)라고 하고, 알아차릴 수 있는 [번뇌의] 상태일 경우라면 '현재 작용하고 있는 번뇌'(纏)라고 말한다."[182]

隨眠之內, 亦有二種, 一卽種子, 二是麤重. 隨一品纏, 熏發此二, 其相云何?

[H1, 793a17~19; O 17,9~10]

---

181 '麤重'을 '거칠고 무거운 잠재적 번뇌'로 번역한다. 아래 인용되는 『유가사지론』권64(T30, 657a19~23)의 내용을 참조하면, 번뇌로 나타나려면 구체적 특징이 세밀해져야 하는데 아직 그런 상태가 아니라는 의미에서 '거칠다'(麤)는 것이고, 또 번뇌로 나타나려면 유연하게 변할 수 있어야 하는데 그렇지 못하여 '무겁다'(重)는 것이다.

182 『유가사지론』 권58(T30, 623a20~24). "本隨二惑, 略二緣故染惱有情, 一由纏故, 二隨眠故. 現行現起煩惱名纏, 卽此種子未斷未害, 名曰隨眠亦名麤重. 又不覺位名曰隨眠, 若在覺位說名爲纏."

'잠재적인 번뇌'(隨眠) 안에 또한 두 종류가 있으니, 첫 번째는 '[번뇌의] 종자'(種子)이고 두 번째는 '거칠고 무거운 잠재적 번뇌'(麤重)이다. 한 종류의 '현재 작용하고 있는 번뇌'(纏)를 따라 이 두 가지를 '거듭된 영향력으로 발생시키니'(熏發), 그 [두 가지의] 특성(相)은 어떠한가?

染所重[183]發, 不發調柔性, 無堪能性, 在異熟識, 而非能生現纏之能, 此謂麤重, 不名種子. 又彼識中, 染所重[184]發, 成自類性故, 能生現行, 說名種子, 卽不調柔, 亦[185]名麤重.

[H1, 793a19~23; O 17,10~12]

오염에 의해 거듭 영향을 받아 발생하지만 유연성(調柔性)을 내지 못하고 '감당하는 활동성'(堪能性)이 없으면, '다르게 무르익어 가는 식識'(異熟識/아뢰야식)에 있지만 '현재 작용하고 있는 번뇌'(纏)의 능력을 일으킬 수 있는 것이 아니니, 이것은 '거칠고 무거운 잠재적 번뇌'(麤重)라고 하지 '[번뇌의] 종자'(種子)라고 하지는 않는다. 또한 이 [아뢰야]식識 중에 오염에 의해 거듭 영향을 받아 발생하지만 '자기 정체성'(自類性)을 갖추기 때문에 [그 번뇌의] 현재작용을 일으킬 수 있는 것을 '[번뇌의] 종자'(種子)라고 부르는데, [이 경우 만약] 유연성이 없다면 또한 '거칠고 무거운 잠재적 번뇌'(麤重)라고 한다.

如『瑜伽』說, "云何麤重相? 謂若略說, 無所堪能不調柔相, 是麤重相. 此相有五, 一現重相, 二剛强相, 三障碍相, 四怯劣相, 五不自在

183 문맥에 따르면 '重'은 '熏'의 오기로 보인다. 橫超本에서도 '熏'으로 보았다.

184 위 교감주와 마찬가지로 '熏'으로 교감한다.

185 원본에 '之'로 되어 있는 것을 傍註에 의거하여 '亦'으로 교감하였다고 한다. 이를 따른다.

相[186]轉無堪能相. 由有此相, 煩[187]雜染品, 違淸淨品." 是說麤重隨眠, 而非種子隨眠.

[H1, 793a23~b4; O 17,12~15]

[이것은] 『유가사지론』에서 [다음과 같이] 말한 것과 같다. "무엇을 '거칠고 무거운 잠재적 번뇌'(麤重)의 특성이라고 하는가? 요약하여 말한다면, 감당해 내는 활동성이 없고 유연하지 못한 특성이 '거칠고 무거운 잠재적 번뇌'(麤重)의 특성이다. 이 특성에는 다섯 가지가 있으니, 첫 번째는 '무거움을 드러내는 특성'(現重相)이고, 두 번째는 '딱딱하고 강함이라는 특성'(剛强相)이며, 세 번째는 '장애하는 특성'(障碍相)이고, 네 번째는 '소극적인 특성'(怯劣相)이며, 다섯 번째는 '자유롭게 변하지 못해 감당할 수 있는 활동성이 없는 특성'(不自在轉無堪能相)이다. 이와 같은 특성이 있기 때문에 '[번뇌에 의해] 오염된 쪽'(雜染品)을 따르고 '청정한 쪽'(淸淨品)과는 어긋나게 된다."[188]

이것은 '거칠고 무거운 잠재적인 번뇌'(麤重隨眠)를 말한 것이지 '종자인 잠재적인 번뇌'(種子隨眠)를 말한 것이 아니다.

又彼論言, "於自體中所有種子, 若煩惱品所攝, 名爲麤重, 亦名隨眠. 若異熟品所攝及餘無記品所攝, 唯名麤重, 不名隨眠. 若信等善法品所攝種子, 不名麤重, 亦非隨眠." 此說種子隨眠, 亦卽是麤重義.

[H1, 793b4~10; O 17,15~18,2]

---

186 『유가사지론』에는 '相'이 없다. 원문에 따라 '五不自在轉無堪能相'으로 교감하여 번역한다.

187 '煩'은 『유가사지론』 원문에 의거하여 '順'으로 교감한다.

188 『유가사지론』 권64(T30, 657a19~23). "云何麤重相? 謂若略說無所堪能不調柔相. 是麤重相, 此無堪能不調柔相. 復有五相, 一現重相, 二剛强相, 三障礙相, 四怯劣相, 五不自在轉無堪能相. 由有此相順雜染品, 違淸淨品."

또 그 『유가사지론』에서는 [다음과 같이] 말한다. "[아뢰야식] 자신 안에 갖고 있는 종자들이 만약 '번뇌의 영역'(煩惱品)에 포섭되면 '거칠고 무거운 잠재적 번뇌'(麤重)라고 부르며 또한 '잠재적인 번뇌'(隨眠)라고도 한다. 만약 [아뢰야식 안의 종자들이] '다르게 무르익어 가는 영역'(異熟品) 및 기타 '이로운 것도 이롭지 않은 것도 아닌 영역'(無記品)에 포섭되면, 오직 '거칠고 무거운 잠재적 번뇌'(麤重)라고만 부르지 '잠재적인 번뇌'(隨眠)라고는 부르지 않는다. 만약 믿음(信) 등의 '이로운 현상의 영역'(善法品)에 포섭되는 종자라면, '거칠고 무거운 잠재적 번뇌'(麤重)라 부르지 않고 '잠재적인 번뇌'(隨眠)도 아니다."[189]

여기서 말하는 '종자인 잠재적인 번뇌'(種子隨眠)는 또한 바로 '거칠고 무거운 잠재적 번뇌'(麤重)의 의미이다.

又彼論云, "世間靜處,[190] 但能漸捨彼品麤重, 不拔種子. 無漏靜慮, 二種俱捨."

[H1, 793b10~11; O 18,2~3]

---

189 『유가사지론』 권2(T30, 284c3~7). "於諸自體中所有種子, 若煩惱品所攝, 名爲麤重亦名隨眠. 若異熟品所攝, 及餘無記品所攝, 唯名麤重不名隨眠. 若信等善法品所攝種子, 不名麤重, 亦非隨眠." 〈산스크리트본의 해당 내용: YBh(YoBh)., p.26.; teṣu punar ātmabhāveṣu yāni bījāni kleśapakṣyāṇi tatra dauṣṭhulyānuśayasaṃjñā | yāni ca punar vipākapakṣyāṇi tadanyāvyākṛtapakṣyāṇi ca teṣu dauṣṭhulyasaṃjña eva na anuśayasaṃjñā | yāni punaḥ śraddhādikuśaladharmapakṣyāṇi bījāni teṣu na eva anuśayasaṃjñā dauṣṭhulyasaṃjñā |; 나아가 그 신체에 번뇌에 속하는 종자가 있을 경우 그것을 추중과 수면이라 한다. 또 나아가 이숙에 속하는 [종자]와 그 밖에 중립적인 것에 속하는 그 [종자]들에 대해서는 추중이라고만 하고 수면이라고 하지 않는다. 나아가 믿음 등 선한 심리현상에 속하는 종자에 대해서는 추중이라고도 수면이라고도 하지 않는다.〉

190 원문에 의거하여 '處'를 '慮'로 교감한다.

또한 저 『유가사지론』에서는 [다음과 같이] 말한다. "'[번뇌가 있는] 세간적 선정'(世間靜慮)은 단지 저 [번뇌] 영역(品)의 '거칠고 무거운 잠재적 번뇌'(麤重)를 점차적으로 버릴 수 있을 뿐 [번뇌의] 종자를 뽑지는 못한다. [반면에] '번뇌가 없는 선정'(無漏靜慮)은 ['거칠고 무거운 잠재적 번뇌'(麤重)와 '번뇌의 종자'(種子)] 두 종류를 모두 뽑아 버린다."[191]

此文並說二種隨眠. 此二和合, 能作障碍, 故此二種, 俱爲障體. 又種子內, 亦有二種, 謂本性界及習成種子. 此二和合, 能生現纏, 故二種子, 皆是障體.

[H1, 793b12~15; O 18,3~5]

이 [『유가사지론』의] 문장은 ['거칠고 무거운 잠재적 번뇌'(麤重)와 '번뇌의 종자'(種子)] 두 가지의 '잠재적인 번뇌'(隨眠)를 모두 설명한 것이다. 이 두 가지가 화합해서 장애를 만들 수 있으니, 따라서 이 두 가지가 함께 '장애의 본연'(障體)[이 지닌 특성]이 된다. 또한 [번뇌의] 종자種子 안에도 두 종류가 있으니, '본래적인 영역'(本性界)[에 속하는 종자]와 '거듭 익혀 형성되는 종자'(習成種子)가 그것이다. 이 두 가지가 화합하여 '현재 작용하고 있는 번뇌'(現纏)를 일으킬 수 있으니, 따라서 두 가지 종자가 모두 장애의 본연이 지닌 특성]이 된다.

---

191 『유가사지론』 권11(T30, 331b7~9). "世間靜慮, 但能漸捨彼品麤重, 不拔種子. 若異此者, 種永拔故, 後不應生. 無漏靜慮, 二種俱捨." 〈산스크리트본의 해당 내용: YBh(YoBh)., p.26.; tatra laukikena dhyānena tatpakṣyaṃ dauṣṭhulyaṃ prajahāti, na tu bījasthānam asyoddharati. tadanyathā hi taduddhārād āyatyām anutpattir evāsya syāt. anāsraveṇa punas tad ubhayaṃ prajahāti.; 세간의 정려는 다만 그 (번뇌)에 속하는 추중만을 점차 제거할 뿐 종자를 뿌리 뽑지는 못한다. 만약 이와 다르다면 종자를 영원히 뿌리 뽑으므로 이후에 다시 (추중이) 발생하지 말아야 한다. (그러나 종자를 뿌리 뽑지 못하므로 추중이 발생한다.) 무루의 정려는 두 가지를 모두 제거한다.〉

如『瑜伽』說, “卽於如是後有意中, 有無明種及無明界. 此二種子所隨逐意所緣法界, 彼由宿世依惡說法及毗那耶所生分別薩迦耶見, 以爲依止, 集成今界. 卽由此界增上力故, 發起俱生薩迦耶見, 於善說法毗那耶中, 亦復現行, 能爲障碍”故.

[H1, 793b15~21; O 18,5~8]

[이것은] 『유가사지론』에서 [다음과 같이] 말한 것과 같다. “바로 이와 같은 ‘다음 생을 받기 위한 존재’(後有)의 의意 중에는 ‘근본무지의 종자’(無明種)와 ‘근본무지의 영역’(無明界)이 있다. 이 두 가지 종자가 따라붙는 의意가 관계 맺는 현상세계(法界)는, 이전 생으로부터 해로운 설법과 계율에 의해 생겨난 〈분별에 의해 일어나는 ‘자아에 관한 [잘못된] 견해〉(分別薩迦耶見)를 의지하기 때문에 지금의 세계를 이룬 것이다. 그리고 바로 이 세계의 ‘[번뇌를] 증장시키는 힘’(增上力) 때문에 〈선천적으로 갖추어져 일어나는 ‘자아에 관한 [잘못된] 견해’〉(俱生薩迦耶見)를 발생시키니, 이로운 설법과 계율 중에도 다시 나타나 작용하여 장애가 될 수 있다.”[192]

2) ‘대상에 대한 이해를 가로막는 장애’(所知障)의 경우

如煩惱障有纏隨眠, 所知障中, 亦有二種種子, 是卽性緣性分別, 是故亦爲所知障. 如『顯揚[193]論』云, “復次於依他起自體中, 有[194]二種遍

192 『유가사지론』 권87(T30, 788a24~29). “卽於如是後有意中, 有無明種及無明界. 是二種子所隨逐意所緣法界, 彼由宿世依惡說法及毘奈耶所生分別薩迦耶見以爲依止, 集成今界. 卽由此界增上力故, 發起俱生薩迦耶見, 於善說法毘奈耶中, 亦復現行能爲障礙.”

193 橫超本에 따르면 원본에는 ‘楊’이지만 ‘揚’으로 교감한 것이다.

194 橫超本에 따르면 ‘有’는 원본에는 없는 것을 집어넣은 것이다.

計所執自體分別, 謂隨緣[195]覺及隨眠[196]數習習氣隨眠."

[H1, 793b22~c2; O 18,9~11]

'번뇌로 인한 장애'(煩惱障)에 '현재 작용하고 있는 번뇌'(纏)와 '잠재적인 번뇌'(隨眠)가 있는 것과 마찬가지로, '대상에 대한 이해를 가로막는 장애'(所知障) 중에도 두 가지 종자가 있어 이것[197]이 바로 〈'다른 것에 의존하여 일어난 것'([依他起]性)을 대상으로 삼아〉(性緣) 〈'다른 것에 의존하여 일어난 것'([依他起]性)을 분별하니〉(性分別),[198] 따라서 [이 분별이] 또한 '대상에 대한 이해를 가로막는 장애'(所知障)가 된다.

[이것은] 『현양성교론』에서 [다음과 같이] 말한 것과 같다. "또한 '다른 것에 의존해서 일어난 [그] 자체'(依他起自體)[199]에 대해서는 '[사실과 다르

195 『현양성교론』의 원문에 의거하여 '緣'을 '勝'으로 교감한다.

196 『현양성교론』의 원문에는 '眠'이 없지만 橫超本과 한불전에는 '眠'이 들어가 있다. 『현양성교론』 원문에 따라 '眠'을 삭제하고 번역한다.

197 두 가지 종자를 지칭하는 것으로 보인다.

198 이어지는 『현양성교론』의 인용구를 감안할 때 '性'은 '依他起性'을 줄인 말로 보인다. 또한 인용한 『현양성교론』의 내용으로 볼 때 '性緣性分別'은 묶어서 '性을 緣하여 性을 分別한다'는 의미로 보는 것이 적절해 보인다.

199 삼성三性과 삼무성三無性: 삼성三性은 유식학파에서 말하는 변계소집성遍計所執性(分別性)·의타기성依他起性·원성실성圓成實性(眞實性)으로서, 변계소집성은 망념으로 두루 분별하고 거기에 집착하는 것이고, 의타기성은 다른 것에 의존하여 발생하는 것이며, 원성실성은 참됨이 완전하게 이루어진 면모를 말한다. 이 삼성三性의 있음(有)에 대해 이 삼성三性의 공의空義를 설명하는 것이 삼무성三無性인데, 상무성相無性(lakṣaṇa-niḥsvabhāvatā)·생무성生無性(utpatti-niḥsvabhāvatā)·승의무성勝義無性(paramārtha-niḥsvabhāvatā)을 말한다. 변계소집성遍計所執性(分別性)·의타기성依他起性·원성실성圓成實性(眞實性)에는 모두 불변·독자의 본질이 없다는 뜻이다. 삼무자성三無自性이라고도 한다. 삼성三性에 대해서는 유식학파의 근본경전인 『해심밀경解深密經』 권2의 제4 「일체법상품一切法相品」에서 다음과 같이 서술하고 있다. "謂諸法相略有三種, 何等爲三? 一者, 遍計所執相; 二者, 依他起相; 三者, 圓成實相. 云何諸法遍計所執相? 謂一切法名假安立自性差別, 乃至爲令隨起言說. 云何諸法依他起相? 謂一切法緣生自性, 則此有故彼有, 此生故彼生, 謂無

게] 두루 분별하고 집착하는'(遍計所執) 두 가지의 ['다른 것에 의존해서 일어나는'(依他起)] 자체에 대한 분별이 있으니, '뚜렷한 [일상적] 지각'(勝覺)을 따르는 것과 '자주 익힌 누적된 경향성'(數習習氣)으로 생겨난 '잠재적인 번뇌'(隨眠)를 따르는 것이다."[200]

明緣行, 乃至招集純大苦蘊. 云何諸法圓成實相? 謂一切法平等眞如. 於此眞如, 諸菩薩衆勇猛精進爲因緣故, 如理作意, 無倒思惟爲因緣故, 乃能通達. 於此通達, 漸漸修集, 乃至無上正等菩提方證圓滿"(T16, 693a16~25). 그리고 삼무성에 대한 이해는 『해심밀경』 권2의 제5 「무자성상품無自性相品」에서 제시되고 있는데, 곧 변계소집성(分別性)・의타기성・원성실성(眞實性) 세 가지에 순서대로 상무자성相無自性・생무자성生無自性・승의무자성勝義無自性을 대입하여 모두 각자의 본질이 없다는 뜻을 설명하고 있다. 이러한 관점은 『유가사지론』 권13(T30, 345c1~c3), 『성유식론成唯識論』 권9(T31, 48a9~15.), 『현양성교론』 권16(T31, 557b17~23), 『대승아비달마집론大乘阿毘達磨集論』 권6(T31, 687c29~ 688a4)으로 계승되고 있다. 『성유식론』 권9에서 삼무성三無性에 관해 설명하는 내용은 다음과 같다. "云何依此而立彼三? 謂依此初遍計所執, 立相無性. 由此體相畢竟非有, 如空華故. 依次依他, 立生無性. 此如幻事, 託衆緣生. 無如妄執, 自然性故. 假說無性, 非性全無. 依後圓成實, 立勝義無性. 謂即勝義, 由遠離前遍計所執我法性故. 假說無性, 非性全無. 如太虛空雖遍衆色, 而是衆色無性所顯."(T31, 48a9~16.) 이에 따르면 먼저 상무성은 변계소집성에 의거해 성립하는데, 변계소집성의 체상體相이 필경 실체로서의 있음(有)이 아닌 것이 마치 공화空華와 같기 때문이다. 다음으로 생무성은 의타기성에 의거하여 성립하는데, 의타기성은 환사幻事와 같이 중연衆緣에 의탁하여 생겨나는 것이어서 마치 망집妄執에 자연성自然性이 없는 것과 같기 때문이다. 그런데 의타기성은 '실체가 없는 것'(無性)이라고 '언어를 빌려 말하지만'(假說), 그렇다고 아무것도 없는 전무全無는 아니다. 마지막으로 승의무성은 원성실성에 의거하여 성립하는데, 승의勝義라는 것은 앞의 변계소집성으로서의 아성我性과 법성法性에서 멀리 벗어난 것이기 때문이다. 그런데 원성실성도 '실체가 없는 것'(無性)이라고 '언어를 빌려 말하지만'(假說), 그렇다고 아무것도 없는 전무全無는 아니다. 마치 크나큰 허공虛空이 비록 모든 '유형적인 것들'(色)에 두루 펼쳐져 있지만 이 모든 '유형적인 것들'(色)에 나타나는 허공의 실체는 없는 것과 같다. 이러한 설명에 따르면, 3무성은 3성의 뜻이 무자성에 있고 동시에 그 무자성無自性의 뜻이 단견斷見에 떨어지는 것도 아님을 알리는 데 핵심이 있는 것으로 보인다.

200 『현양성교론』 권6(T31, 508b4~5). "復次於依他起自體中, 有二種遍計所執自體分別, 謂隨勝覺及隨數習習氣隨眠."

『莊嚴論』云, "意言與習光, 名義互光起, 非眞分別故, 是名分別相." 釋曰, "此偈顯分別相, 有其三種. 一有覺分別相, 二無覺分別相, 三[201] 相因[202]分別相. 意言者謂義想,[203] 義[204]卽想境, 想卽心數. 由此想於義, 能如是如是起意言解, 此是有覺分別相. 習光者, 習謂意言種子, 光謂從種子直起義光. 未能如是如是起意言解, 此是無覺分別相. 互光起者, 謂依名起義光, 依義起名光. 境界非眞, 唯是分別相, 此是相內[205] 分別相"故.

[H1, 793c2~13; O 18,11~19,1]

『대승장엄경론大乘莊嚴經論』에서는 [게송으로 다음과 같이] 말한다. "'언어적 개념'(意言)과 '누적된 경향성이 드러나는 것'(習光), 명칭(名)과 대상(義)은 서로 비추어 일어나니, '참된 분별'(眞分別)이 아니기 때문에 '[사실과 다르게] 분별한 차이'(分別相)라고 한다."

[『대승장엄경론大乘莊嚴經論』에서는 이 게송을] 풀이하여 다음과 같이 말한다. "이 게송은 '[사실과 다르게] 분별한 차이'(分別相)를 나타낸 것이니, [분별상分別相에는] 세 가지가 있다. 첫 번째는 '알아차릴 수 있는 [사실과 다르게] 분별한 차이'(有覺分別相)이고, 두 번째는 '알아차릴 수 없는 [사실과 다르게] 분별한 차이'(無覺分別相)이며, 세 번째는 '서로 원인이 되는 [사실과 다르게] 분별한 차이'(相因分別相)이다. '언어적 개념'(意言)이라는 것은 '대상에 대한 관념'(義想)이니, 대상(義)은 바로 '관념의 영역'(想境)

201 원본에는 '別'자가 지워지고 '三'이 씌어 있다고 한다.
202 한불전 교감주에는 "'因'은 '內'가 아닌가 의심스럽다"라고 하였지만, 『대승장엄경론』 원문에 의거하면 '因'이다.
203 원본에는 '義惣想'이라고 씌어 있고, '惣'자 밑에 삭제 표시가 있다고 하였다.
204 橫超本에는 傍註에 '我'자가 쓰여 있다고 밝혔다.
205 원문에 의거하여 '因'으로 교감한다.

이고, 관념(想)은 바로 마음작용(心數)이다. 이 관념(想)으로 인해 대상(義)에 대해 이러이러하다는 '언어적 개념에 따른 이해'(意言解)를 일으킬 수 있는 것이니, 이것이 '알아차릴 수 있는 [사실과 다르게] 분별한 차이'(有覺分別相)이다. '누적된 경향성이 드러나는 것'(習光)이란, '누적된 경향성'(習)은 '언어적 개념의 종자'(意言種子)이고 '드러나는 것'(光)은 [그 언어적 개념의] 종자를 따라 곧바로 대상이 드러나는 것이다. [이 '누적된 경향성이 드러나는 것'(習光)은] 아직 이러이러하다는 언어적 개념에 따른 이해'(意言解)를 일으킬 수는 없으니, 이것이 '알아차릴 수 없는 [사실과 다르게] 분별한 차이'(無覺分別相)이다. [『대승장엄경론』 게송에서 명칭(名)과 대상(義)이] '서로 비추어 일어난다'고 한 것은, 명칭(名)에 의거해서 대상(義)이 일어나 드러나고 대상(義)에 의거해서 명칭(名)이 일어나 드러난다는 것이다. [따라서] 대상세계(境界)는 진실한 것이 아니고 오직 '[사실과 다르게] 분별한 차이'(分別相)일 뿐이니, 이것이 '서로 원인이 되는 [사실과 다르게] 분별한 차이'(相因分別相)이다."[206]

---

206 『대승장엄경론大乘莊嚴經論』 권5(T31, 613c14~25). "意言與習光, 名義互光起, 非眞分別故, 是名分別相. 釋曰: 能相略說有三種, 謂分別相, 依他相, 眞實相. 此偈顯示分別相. 此相復有三種, 一有覺分別相, 二無覺分別相, 三相因分別相. 意言者謂義想, 義卽想境, 義卽心數, 由此想於義, 能如是如是起意言解, 此是無覺分別相. 習光者, 習謂意言種子, 光謂從彼種子直起義光. 未能如是如是起意言解, 此是無覺分別相. 名義互光起者, 謂依義起名光, 境界非眞, 唯是分別世間, 所謂若名若義, 此是相因分別相." 밑줄 친 부분은 원효가 인용하면서 생략하였거나 원문과 달라진 내용이다. 〈산스크리트본의 해당 내용: MSA., p.64.; yathājalpārthasaṃjñāyā nimittaṃ tasya vāsanā | tasmād apy arthavikhyānaṃ parikalpitalakṣaṇaṃ || 38 || lakṣaṇaṃ samāsena trividhaṃ parikalpitādilakṣaṇaṃ | tatra parikalpitalakṣaṇaṃ trividhaṃ yathājalpārthasaṃjñāyā nimittaṃ tasya jalpasya vāsanā tasmāc ca vāsanādyo 'rthaḥ khyāti avyavahārakuśalānāṃ vināpi yathājalpārthasaṃjñayā | tatra yathā 'bhilāpamarthasaṃjñācaitasikī yathājalpārthasṃjñā | tasyā yadālambanaṃ tannimittam evaṃ yac ca parikalpyate yataś ca kāraṇād vāsanatas tadubhayaṃ parikalpitalakṣaṇamatrābhipretaṃ |; 언어(로 표현하는) 대로 대상이 있다는 관념(想)의 (내적) 심상(相)과, 그 (관념)의 잠재력(習氣)과 그

依此等文，當知現行種子皆是分別，爲所知障體．餘義差別，准[207]前可知．

[H1, 793c13~15; O 19,1~2]

이러한 [『현양성교론』과 『대승장엄경론大乘莊嚴經論』의] 문장에 의하여 '나타나 작용하는 [번뇌]'(現行)와 '[번뇌의] 종자'(種子)는 모두 [사실과 다른] 분별이고 [이 분별이] '대상에 대한 이해를 가로막는 장애'(所知障)의 본연[이 지닌 특성]이 된다는 것을 알아야 한다. 나머지 [언급하지 않은] 의미들의 차이는 앞[의 설명]에 준하면 알 수 있을 것이다.

4. '곧바로 일어나는 장애'(正障)와 '누적된 경향성'(習氣)에 의하여 두 가지 장애의 본연[이 지닌 특성]을 구분함

1) '곧바로 일어나는 장애'(正障)와 '누적된 경향성'(習氣)

四就正習，簡障體者．如上所說，二障體性，直碍聖道，名爲正障，由前數習，滅後有氣髣髴相似，故名習氣．然此習氣，總說有二，謂別習

것으로부터 대상이 있는 것처럼 나타나는 것이 분별상(分別相, parikalpitalakṣaṇa=변계소집상)이다. ||38|| 요약하면 특징[相]은 세 가지다. 변계소집상 등이다. 그중에서 변계소집상은 세 가지다. **언어(로 말해지는)대로 대상**[이 있다는] **관념[想]의 (내적) 심상(相)**과, 그 언어가 (남긴) **잠재력(習氣)**과, 관습적 언어에 능숙하지 않은 사람에게도 언어(로 말해지는) 대로 대상[이 있다는] 관념이 없이도 **그것으로부터** 곧 잠재력으로부터 **대상이 나타나는 것**이다. 그중에서 **언어(로 말해지는)대로 대상이 있다는 관념**이란 언어표현(에 대응하는) 인식대상이 있다는 관념으로서의 심소(想心所)다. 그 (관념)의 인식대상이 그 (관념)의 **심상(相)**이다. 이와 같이 변계소집되는 주체와 그것을 원인으로 곧 잠재력으로부터 (변계소집되는 대상) 그 양자가 변계소집상일 뿐이라고 의도되었다.〉

207 橫超本에 따르면, 원본에는 '唯'인데 傍註의 '准'에 의거하여 교감한다고 하였다.

氣及通習氣.[208]

[H1, 793c15~18; O 19,3~4]

네 번째는 '곧바로 일어나는 장애'(正障)와 '누적된 경향성'(習氣)에 의거하여 [두 가지] 장애의 본연[이 지닌 특성]을 구분하는 것이다. 위에서 설명한 것처럼 두 가지 장애의 '본연이 지닌 특성'(體性)이 곧바로 '성스러운 [깨달음의] 길'(聖道)을 장애하는 것을 '곧바로 일어나는 장애'(正障)[209]라고 하고, 이전에 자주 [반복적으로] 익혔기에 ['곧바로 일어나는 장애'(正障)가] 없어진 뒤에도 [그 장애와] 비슷한 기운이 남아 있으므로 '누적된 경향성'(習氣)이라고 한다. 그런데 이 '누적된 경향성'(習氣)을 총괄적으로 설명하면 두 가지가 있으니, '개별적인 누적된 경향성'(別習氣)과 '공통적인 누적된 경향성'(通習氣)이 그것이다.

2) '누적된 경향성'(習氣)의 구분

(1) '개별적인 누적된 경향성'(別習氣)

別習氣者, 唯於煩惱障有, 於所知障卽無. 是別習氣, 亦有現行及其種子, 其相云何? 且如有一生高貴家, 庭[210]歷多生, 長習憍慢, 憍慢心中, 數習奴婢名言, 於中取相分別. 所熏種子, 卽有二義, 謂生慢使及生取相. 此人修道, 得聖果後, 生慢使邊, 種子被斷, 生取相邊, 非其所斷. 故此種子能生現行, 無慢心中, 輒言奴婢. 如是等名慢使習氣, 餘

208 원본에는 없지만 '習' 뒤의 '氣'자는 橫超本에서 교감한 것이다. 이를 따라 번역한다.

209 앞에서는 '正使'라 하였다.

210 橫超本은 '庭'을 '逕'으로 교감하였다. 문맥에 따라 '逕'으로 교감하여 번역한다.

惑[211]習氣，皆亦如是．此等煩惱[212]障之習氣，不入煩惱障中所攝，以非能障[213]二乘道故．

[H1, 793c18~794a6; O 19,5~10]

‘개별적인 누적된 경향성’(別習氣)은 오직 ‘번뇌로 인한 장애’(煩惱障)에만 있고 ‘대상에 대한 이해를 가로막는 장애’(所知障)에는 없다. 이 ‘개별적인 누적된 경향성’(別習氣)에도 ‘나타나 작용하고 있는 것’(現行)과 종자種子가 있으니, 그 [각각의] 특성은 어떠한가? 예컨대, 어떤 사람이 고귀한 집안에 태어났는데 [그는] 여러 생을 거치면서 오랫동안 교만을 익혔기에 교만한 마음에서 ‘노비’라고 하는 명칭을 반복적으로 익혀 [그 말] 속에서 [노비라는] ‘차이를 취하여 [사실과 다르게] 분별’(取相分別)하는 경우와 같다. [이 경우 그에게] 거듭 배어든 종자에는 곧 두 가지 면모(義)가 있으니, 〈‘교만이라는 번뇌’(慢使)를 일으키는 것〉과 〈‘차이를 [사실과 다르게] 취함’(取相)을 일으키는 것〉이 그것이다. 이 사람이 수행하여 성스러운 수행의 결과를 얻은 후에, 〈‘교만이라는 번뇌’(慢使)를 일으키는 측면〉(生慢使邊)에서는 [그] 종자가 끊어지지만 〈‘차이를 [사실과 다르게] 취함’(取相)을 일으키는 측면〉(生取相邊)에서는 그 [종자]가 끊어지지 않는다. 그러므로 이 종자가 능히 나타나 작용하여, 교만한 마음이 없는 중에도 문득 ‘노비’라고 말하는 것이다. 이와 같은 것들을 ‘교만이라는 번뇌의 누적된 경향성’(慢使習氣)이라고 하니, 그 외 번뇌(惑)들의 ‘누적

---

211 원본에는 ‘或’이지만 傍註에 따라 ‘惑’으로 교감한다고 橫超本에서 밝혔다. 이에 의거하여 번역한다.

212 橫超本의 교감에 따르면, 원본에는 ‘性’인데, 傍註에 적힌 ‘惱’로 본다고 하였다. ‘煩惱’가 맞으므로 이를 따랐다.

213 橫超本의 교감주에 따르면, 이 ‘障’ 뒤의 ‘二僧道故’부터 다음 단락의 처음인 ‘取相分別, 迷法空理, 是故正爲所知障’ 부분까지 총 19자는 원본에는 없고 보완해 넣은 것이라고 한다. 이를 따라 번역한다.

된 경향성'(習氣) 또한 모두 이와 같다. 이러한 '번뇌로 인한 장애'(煩惱障)의 '누적된 경향성'(習氣)은 '번뇌로 인한 장애'(煩惱障) 안에 포함되지 않으니, '[가르침을 들어서 혼자 깨달으려는 수행자'(성문승)과 '연기의 이치로 혼자 깨달으려는 수행자'(연각승), 이] 두 부류 수행'(二乘道)을 장애할 수 있는 것이 아니기 때문이다.

取相分別, 迷法空理, 是故正爲所知障體. 如『瑜伽』說, "又說阿羅漢, 或因習起,[214] 無染汚心, 騫脣露齒, 逼[215]爾而笑."[216] 『智度論』說, "起儛等事, 是愛習氣, 河[217]水神等, 是慢習氣." 如是等文, 明別習氣.

[H1, 794a6~11; O 19,10~12]

[대상의] '차이/특성을 [사실과 다르게] 취하여 분별하는 것'(取相分別)은 '모든 현상에 불변·독자의 본질/실체가 없다는 도리'(法空理)에 미혹한 것이니, 그렇기 때문에 바로 '대상에 대한 이해를 가로막는 장애'(所知障)의 본연[이 지닌 특성]이 된다.

[이것은] 『유가사지론』에서 [다음과 같이] 말한 것과 같다. "'[소승에서] 더 이상 배울 것이 없는 경지에 도달한 수행자'(阿羅漢)는 혹 '누적된 경향성'(習氣)으로 인해, [비록] 오염된 마음이 없다고 해도 입술을 이지러뜨려 이빨을 드러내며 좋아서 웃었다." [또한] 『대지도론大智度論』에는,

---

214 '起'는 원문에 따라 '氣'로 교감한다.

215 '逼'은 원문에 따라 '逌'로 고쳐 번역한다.

216 『유가사지론』 권79(T30, 738b27~c2). "又阿羅漢, <u>或於一時, 遊阿練若大樹林中, 迷失道路, 惑入空宅, 揚聲大叫呼噪遠聞</u>. 或<u>復</u>因<u>於</u>習氣<u>過失</u>, 無染汚心, 騫脣露齒, 逌爾而笑. <u>如是等類 諸阿羅漢所有暴音</u>." 밑줄 친 부분은 원문을 인용하면서 원효가 생략한 내용이다.

217 橫超本에 따르면, '河'는 원본에 '呵'로 되어 있다고 하였다. 문맥에 따라 '呵'로 보고 번역한다.

"일어나 춤추는 것 등의 일은 '애착의 누적된 경향성'(愛習氣)이고, 물의 신을 꾸짖는 것 등은 '교만의 누적된 경향성'(慢習氣)이다."[218]라고 하였다. 이와 같은 [『유가사지론』과 『대지도론』의] 문장은 [번뇌의] '개별적인 누적된 경향성'(別習氣)을 밝힌 것이다.

(2) '공통적인 누적된 경향성'(通習氣)

所言通習氣者, 謂二障中皆有殘氣. 無有現行, 亦非種子, 唯彼氣類, 無堪能性故. 此習氣但名麤[219]重, 其想[220]云何? 如煩惱品所攝麤重, 對治未生, 其勢增强, 無漏道生, 種子滅時, 彼品麤重皆悉輕微之時, 非彼品攝, 依異熟識, 隨逐[221]不離, 故名異熟識品之麤重. 又此麤重, 漏水[222]之遺氣, 而非是漏水. 故亦說名有染[223]麤重. 猶如子思[224]父之遺

---

218 『대지도론大智度論』 권42(T25, 367c29~368a6). "如摩訶迦葉聞菩薩伎樂, 於坐處不能自安, 諸菩薩問言, '汝頭陀第一, 何故欲起似舞?' 迦葉答言, '我於人天五欲中永離不動, 此是大菩薩福德業因緣變化力, 我未能忍.' 如須彌山王, 四面風起, 皆能堪忍, 若隨嵐風至, 不能自安, 聲聞辟支佛習氣, 於菩薩爲煩惱"; 『대지도론』 권84(T25, 649c15~17). "又如畢陵伽婆蹉阿羅漢 五百世生婆羅門中習輕蔑心故 雖得阿羅漢猶語恒水神言小婢止流 恒神瞋恚詣佛陳訴 佛敎懺悔猶稱小婢 如是等身口業煩惱習氣二乘不盡."

219 '麁'는 '麤'의 이체자이므로 모두 '麤'로 변경한다. 이후 이체자를 정자로 변경한 경우 교정부호는 생략한다.

220 橫超本, 한불전은 모두 '想'으로 보았으나, '相'으로 교감하여 번역한다. 은정희본 역시 '相'으로 교감하고 있다.

221 원본에는 '遂'이지만, '逐'으로 교감한다고 橫超本에서 밝히고 있다. 이를 따른다.

222 원본에는 '染'으로 되어 있고, 傍註에 '漏'로 쓰여 있다고 밝혔다. 한불전에서는 '漏水'로 교감하고 있다. 문맥에 따라 '漏'로 교감하여 번역한다. 바로 뒤의 '漏水'도 동일하다.

223 원본에는 '漏'로 되어 있고, 傍註에는 '染'으로 쓰여 있다. 橫超本은 '漏'로 교감하였다. 여기서는 '漏'로 보고 번역한다.

224 원본에는 '恩'인데, 傍註에는 '思'로 되어 있다고 한다. '思'로 교감한 橫超本에 따라 번역한다.

體, 但是有父, 非卽是父. 有染[225]之義, 當知亦爾. 如『瑜伽』說, "問, 諸煩惱品所有麤重, 阿羅漢等, 永斷無餘, 復有何品麤重, 彼所未斷, 由斷此故, 說名如來永斷習氣? 答, 異熟品麤重, 阿羅漢等, 所未能斷, 唯有如來名究竟斷." 又下文言, "復次略有二種麤重, 一染麤重, 二有染麤重. 染麤重者, 阿羅漢等, 煩惱斷時,[226] 悉皆永斷,[227] 此謂有隨眠[228]者有識身中, 不安隱性, 無堪能性. 有染麤重者, 隨眠斷時, 從染所生, 染所熏發, 本所得性, 不安隱性, 苦依附性, 與彼相似無堪能性, 皆得微薄. 又此有染麤重, 名煩惱習氣, 羅漢獨覺所未能斷, 唯有如來能究竟斷故."

[H1, 794a11~b10; O 19,13~20,8]

[번뇌의] '공통적인 누적된 경향성'(通習氣)이라 하는 것은, ['번뇌로 인한 장애'(煩惱障)와 '대상에 대한 이해를 가로막는 장애'(所知障), 이] 두 가지 장애 안에 모두 '남겨진 [누적된] 경향성'(殘氣)이 있는 것을 말한다. '나타나 작용함'(現行)도 없고 종자도 아니며 오직 저 '경향성의 종류'(氣類)일 뿐이니, [번뇌의 속성을] '감당하는 활동성'(堪能性)이 없기 때문이다. 이러한 '누적된 경향성'(習氣)을 단지 '거칠고 무거운 잠재적 번뇌'(麤重)라 부르니,[229] 그 특성(相)은 어떠한가?

---

225 원본에는 '染'이고, 傍註에 '漏'로 쓰여 있다고 한다. '漏'로 교감하여 번역한다. 이하 『유가사지론』 원문에 나오는 '染'도 모두 '漏'로 고쳐 번역한다.

226 원본에는 '特'이지만, 원문에 의거하여 '時'로 교감한다.

227 橫超本과 한불전에는 아무런 언급이 없지만, 『유가사지론』 원문에 '斷'은 '離'로 되어 있다.

228 橫超本에 따르면 원본에는 '眼'이지만, 傍註에 쓰여 있는 '眠'에 따라 '眠'으로 교감한다고 하였다. 원문의 '眠'에 따른다.

229 "隨眠之內, 亦有二種, 一卽種子, 二是麤重. 隨一品纏熏發此二, 其相云何? <u>染所熏發, 不發調柔性, 無堪能性, 在異熟識, 而非能生現纏之能, 此謂麤重, 不名種子. 又彼識中, 染所熏發, 成自類性故, 能生現行, 說名種子, 卽不調柔, 亦名麤重</u>."(H1, 793a17.) 밑

'번뇌로 인한 장애'(煩惱障)의 영역에 포함되는 '거칠고 무거운 잠재적 번뇌'(麤重)라면, 아직 [그것에 대한] 치유 수행이 일어나지 않았을 때는 그 세력이 늘어나 강해지다가, '[번뇌가] 흘러들어오는 경향성이 없는 수행'(無漏道)이 생겨나 [번뇌의] 종자가 사라지면서 그 ['번뇌로 인한 장애'(煩惱障)의] 영역[에 포함되는] '거칠고 무거운 잠재적 번뇌'(麤重)가 모두 다 경미해질 때에는 ['거칠고 무거운 잠재적 번뇌'(麤重)는] [더 이상] 저 ['번뇌로 인한 장애'(煩惱障)의] 영역에 포함되지 않고 '다르게 무르익어 가는 식'(異熟識)[으로서의 아뢰야식]에 의지하여 [그 식識을] 쫓아다니며 떨어지지 않으니, 그러므로 '다르게 무르익어 가는 식'(異熟識)의 영역에 있는 '거칠고 무거운 잠재적 번뇌'(麤重)라고 한다.

또한 이 '거칠고 무거운 잠재적 번뇌'(麤重)는 번뇌의 '남아 있는 경향성'(遺氣)이지 번뇌는 아니다. 그러므로 '번뇌가 스며듦이 있는 거칠고 무거운 잠재적 번뇌'(有漏麤重)라고도 부른다. 마치 아들이 아버지의 시신을 생각할 때 단지 아버지[라는 생각]이 있는 것이지 [그 시신이] 바로 아버지인 것은 아닌 것과 같다. '번뇌가 스며듦이 있다'(有漏)는 의미도 마찬가지라고 알아야 한다.

[이것은] 『유가사지론』에서 [다음과 같이] 설명한 것과 같다. "묻는다. 모든 번뇌의 영역에 있는 '거칠고 무거운 잠재적 번뇌'(麤重)를 아라한阿羅漢 등이 영원히 끊어 남김이 없는데, 다시 어떤 종류의 '거칠고 무거

줄 부분을 번역하면 " … 오염에 의해 거듭 영향을 받아 발생하지만 유연성(調柔性)을 내지 못하고 '감당하는 활동성'(堪能性)이 없으면, '다르게 무르익어 가는 식識'(異熟識/아뢰야식)에 있지만 '현재 작용하고 있는 번뇌'(纏)의 능력을 일으킬 수 있는 것이 아니니, 이것은 '거칠고 무거운 잠재적 번뇌'(麤重)라고 하지 '[번뇌의] 종자'(種子)라고 하지는 않는다. 또한 이 [아뢰야]식識 중에 오염에 의해 거듭 영향을 받아 발생하지만 '자기 정체성'(自類性)을 갖추기 때문에 [그 번뇌의] 현재작용을 일으킬 수 있는 것을 '[번뇌의] 종자'(種子)라고 부르는데, [이 경우 만약] 유연성이 없다면 또한 '거칠고 무거운 잠재적 번뇌'(麤重)라고 한다."

운 잠재적 번뇌'(麤重)가 있어 그 아직 끊지 못한 것을 [여래가] 끊기 때문에 〈여래는 '[번뇌의] 누적된 경향성'(習氣)을 영원히 끊는다.〉고 말하는가? 답한다. '다르게 무르익어 가는 식'(異熟識)[으로서의 아뢰야식]의 영역에 있는 '거칠고 무거운 잠재적 번뇌'(麤重)는 아라한 등은 아직 끊을 수 없는 것이고, 오직 여래라야 완전히 끊었다고 부른다."[230]

또 [이 『유가사지론』의] 아래 문장에서는 [다음과 같이] 말한다. "또한 대략 두 가지의 '거칠고 무거운 잠재적 번뇌'(麤重)가 있으니, 첫 번째는 '번뇌로 나타나는 거칠고 무거운 잠재적 번뇌'(漏麤重)이고, 두 번째는 '번뇌가 스며드는 경향성이 있는 거칠고 무거운 잠재적 번뇌'(有漏麤重)이다. '번뇌로 나타나는 거칠고 무거운 잠재적 번뇌'(漏麤重)란 아라한 등이 번뇌를 끊을 때 모두 다 영원히 끊어지는 것이니, 이것은 [아직] '잠재적인 번뇌'(隨眠)를 가진 사람의 '식識을 지닌 신체'(有識身)에서의 '편안하지 못함'(不安隱性)과 [번뇌의 속성을] '감당하는 활동성이 없음'(無堪能性)을 일컫는다. '번뇌가 스며드는 경향성이 있는 거칠고 무거운 잠재적 번뇌'(有漏麤重)란, '잠재적인 번뇌'(隨眠)를 끊었을 때라도 '번뇌가 흘러들어오는 경향성'(漏)을 따라 생겨나고 '번뇌가 흘러들어오는 경향성'(漏)에 의해 '영향 받아 일어나는'(熏發) 것이니, '[번뇌의] 본래 지닌 특성'(本所得性)·'편안하지 못함'(不安隱性)·'괴로움에 붙어 있음'(苦依附性)·〈저 ['번뇌로 나타나는 거칠고 무거운 잠재적 번뇌'(漏麤重)]와 비슷한 '감당하는 활동성이 없음'〉(與彼相似無堪能性)이 모두 미약하고 희박해진다. 또한 이 '번뇌가 스며드는 경향성이 있는 거칠고 무거운 잠재적 번뇌'(有漏麤重)는 '번뇌의 누적된 경향성'(煩惱習氣)이라고도 부르니, 아라

---

230 『유가사지론』 권57(T30, 619b23~26). "問, 諸煩惱品所有麤重, 阿羅漢等, 永斷無餘, 復有何品麤重, 阿羅漢等所未能斷, 由斷此故, 說名如來永斷習氣? 答, 異熟品麤重, 阿羅漢等, 所未能斷, 唯有如來, 名究竟斷." 밑줄 친 곳은 원효가 인용한 내용과 차이가 있는 부분이다.

한과 '연기를 이해하여 혼자 깨달으려는 수행자'(獨覺)는 아직 끊을 수 없는 것이고 오직 여래라야 완전히 끊을 수 있기 때문이다."[231]

(3) '대상에 대한 이해를 가로막는 장애'(所知障)의 '누적된 경향성'(習氣)

如說煩惱習氣性相, 所知障氣, 當知亦爾. 故此習氣, 通於二障. 如『對法論』云, "如來永斷一切煩惱障所知[232]障及彼習氣.[233]"『寶性論』云, "不淨者, 一切凡夫, 有煩惱障故, 有垢者, 以諸聲[234]聞辟支佛等, 有知障故, 有點[235]者, 以諸菩薩摩訶薩等, 依彼二種習氣障故." 以此等文, 當知二障皆有習氣, 一切菩薩, 所未能斷故. 此習氣非二障攝, 別爲第三名習氣障. 若就性類相似之義, 亦名最極微細二障. 如『深蟄[236]經』說十一障中言, "於如來地, 對治極微細㝡[237]極微細煩惱障及所知障故." 又復此二障氣, 種子斷時, 方有習氣, 未斷已前, 無微薄故. 種斷無間, 方有微薄, 故名爲無間生習氣. 如前所說別習氣者, 煩惱種

---

231 『유가사지론』 권58(T30, 625b16~25). "復次略有二種麁重, 一漏麁重, 二有漏麁重. 漏麁重者, 阿羅漢等, 修道所斷, 煩惱斷時, 皆悉永離. 此謂有隨眠者有識身中, 不安隱性, 無堪能性. 有漏麁重者, 隨眠斷時, 從漏所生, 漏所熏發, 本所得性, 不安隱性, 苦依附性, 與彼相似無堪能性, 皆得微薄. 又此有漏麁重, 名煩惱習, 阿羅漢獨覺所未能斷, 唯有如來能究竟斷, 是故說彼名永斷習氣不共佛法, 是名煩惱雜染, 由五種相差別建立." 밑줄 친 곳은 인용문과 다르거나 생략된 부분이다.

232 원본에는 '如'이지만, 橫超本은 傍註에 의거하여 '知'로 교감하였다. 『대법론對法論』 원문도 '知'이다.

233 원문에는 '習氣'가 '餘習'으로 되어 있다.

234 橫超本의 교감에는 원본의 글자가 식별하기 어렵기 때문에 傍註에 '聲'이라 쓰여 있는 것에 근거했다고 적었다.

235 원본에 '點'으로 되어 있는데, 橫超本에서는 '黠'로 교감하였다. 그러나 『보성론』 원문에는 '點'이므로 '點'으로 번역한다.

236 橫超本 교감주에 따르면, 원본에는 '蜜'이지만 '密'로 고친 것이다. 또 한불전에는 '蟄'으로 나온다. 경명에 의거하여 '密'로 교감한다.

237 '㝡'를 원문에 의거하여 '最'로 교감한다.

子未斷已前, 已有習氣, 是故說名前生習氣. 如『瑜伽』說, "隨眠者, 有二種, 謂可害及非可害. … 習氣者, 亦有二種, 謂無間生習氣及前生習氣"故.

[H1, 794b10~c4; O 20,8~21,2]

번뇌[로 인한 장애]의 '누적된 경향성'(習氣)의 '본연이 지닌 특성'(性相)을 설명한 것과 마찬가지로, '대상에 대한 이해를 가로막는 장애'(所知障)의 '누적된 경향성'([習]氣)[의 본연이 지닌 특성] 또한 그러함을 알아야 한다. 그러므로 이 '누적된 경향성'(習氣)은 두 가지 장애에 [공통으로] 통한다.

[이것은] 『대승아비달마잡집론』에서 "여래는 모든 '번뇌로 인한 장애'(煩惱障)와 '대상에 대한 이해를 가로막는 장애'(所知障) 및 그 [두 가지 번뇌]의 '누적된 경향성'(習氣)을 영원히 끊어 [없앤]다."[238]라고 하였고, 『구경일승보성론究竟一乘寶性論』에서 '깨끗하지 않다'(不淨)는 것은 모든 범부에게 '번뇌로 인한 장애'(煩惱障)가 있기 때문이고, '때가 있다'(有垢)는 것은 모든 '가르침을 들어서 혼자 깨달으려는 수행자'(聲聞)와 '연기를 이해하여 혼자 깨달으려는 수행자'(辟支佛) 등에게 '올바른 이해를 가로막는 장애'(知障)가 있기 때문이며, '얼룩이 있다'(有點)는 것은 보살 등이 저 두 가지 '누적된 경향성의 장애'(習氣障)에 의거하기 때문이다."[239]

---

238 『대승아비달마잡집론』 권1(T31, 694c9~10). "顯果義, 謂永斷一切煩惱障所知障及彼餘習." 〈산스크리트본의 해당 내용: 상응하는 범어 없음. Tatia 편집본의 내용은 『대승아비달마잡집론』(ASBh.) 695a01에 상응하는 내용으로부터 시작.〉

239 『구경일승보성론究竟一乘寶性論』 권2(T31, 823b8~11). "不淨者, 以諸凡夫煩惱障故. 有垢者, 以諸聲聞辟支佛等, 有知障故. 有點者, 以諸菩薩摩訶薩等, 依彼二種習氣障故." 〈산스크리트본의 해당 내용: RGV, p.10; aśuddhaṃ kleśāvaraṇena bālapṛthagjanānām | avimalaṃ jñeyāvaraṇena śrāvakapratyekabuddhānām | sāṅganaṃ tadubhayānyatamaviśiṣṭatayā bodhisattvānām |; [즉] 어리석은 범부들에 대해서는 [그들이 지닌] 번뇌장 때문에 부정(不淨)을, 성문과 벽지불에 대해서

라고 말한 것과 같다.

이와 같은 문장들에 의해 ['번뇌로 인한 장애'와 '올바른 이해를 가로막는 장애'의] 두 가지 장애에는 모두 '누적된 경향성'(習氣)이 있고 [이는] 모든 보살이 아직 끊지 못한 것임을 알아야 한다. 이 '누적된 경향성'(習氣)은 두 가지 장애에 포함되지 않기에 별도로 제3의 것으로 하여 '누적된 경향성의 장애'(習氣障)라 부른다. 만일 '[두 가지 장애와] 성질의 종류가 서로 비슷한 측면'(性類相似之義)에 의거한다면, '가장 미세한 두 가지 장애'(最極微細二障)라고도 부른다. [이것은] 『해심밀경解深密經』에서 11가지 장애를 설명하는 가운데 "'여래의 경지'(如來地)에서 매우 미세하고 가장 미세한 '번뇌로 인한 장애'(煩惱障)와 '대상에 대한 이해를 가로막는 장애'(所知障)를 치유하는 것이다."[240]라고 말한 것과 같다.

또한 이 '두 가지 장애의 누적된 경향성'(二障氣)은 [번뇌의] 종자가 끊어질 때에야 비로소 '누적된 경향성'(習氣)이 있는 것이니, [번뇌의] 종자가 아직 끊어지기 이전에는 ['누적된 경향성'(習氣)의] [그] 미세하고 희박함이 없기 때문이다. [번뇌의] 종자가 끊어짐과 동시에 비로소 [그] 미세하고 희박한 [기운이] 있게 되니, 그러므로 '[번뇌의 종자가 끊어짐과] 동시에 생겨나는 누적된 경향성'(無間生習氣)이라 부른다. 앞에서 설명한 '개별적인 누적된 경향성'(別習氣) 같은 것은 번뇌의 종자가 아직 끊어지기 이전에 이미 '누적된 경향성'(習氣)이 있으니, 이 때문에 '[번뇌의 종자가 아직 끊어지기] 이전에 생겨난 누적된 경향성'(前生習氣)이라고 한다.

[이것은] 『유가사지론』에서 "'잠재적인 번뇌'(隨眠)에는 두 종류가 있으니 해칠 수 있는 것과 해칠 수 없는 것이 그것이다. …[241] '누적된 경향

는 [그들이 지닌] 소지장 때문에 더러움을 떠나지 못함을, 보살들에 대해서는 그들이 그 둘 중 어떠한 것보다도 뛰어나다는 점을 전제한 후에 오점을 [보는 것이다].〉

240 『해심밀경解深密經』 권3(T16, 702a10~11). "於如來地, 對治極微細最極微細煩惱障及所知障."

241 생략된 부분은 "生者, 亦略有二種, 謂無暇生習氣及有暇生."이다.

성'(習氣)에도 두 종류가 있으니 '[번뇌의 종자가 끊어짐과] 동시에 생겨나는 누적된 경향성'(無間生習氣)과 '[번뇌의 종자가 아직 끊어지기] 이전에 생겨난 누적된 경향성'(前生習氣)이 그것이다."[242]라고 말한 것과 같다.

5. '모든 현상의 다섯 가지 분류'(五法)에 의거하여 [두 가지] 장애의 본연[이 지닌 특성]을 정함

五約五法, 定障體者. 何謂五法? 一心法, 二心所有法, 三色法, 四心不想[243]應行法, 五無爲法.

[H1, 794c4~7; O 21,3~4]

다섯 번째는 '모든 현상의 다섯 가지 분류'(五法)에 의거해서 [두 가지] 장애의 본연[이 지닌 특성]을 정하는 것이다. 무엇을 '모든 현상의 다섯 가지 분류'(五法)라고 하는가? 첫째는 '마음'(心法),[244] 둘째는 '마음작용'(心所有法),[245] 셋째는 '마음의 대상'(色法),[246] 넷째는 '마음과 상응하지 않는 것'(心不相應行法), 다섯째는 '[근본무지를 조건으로 하는] 형성이 없는 것'(無爲法)이다.

如前所說, 二障現行, 直是心所有法所攝, 論其眷屬, 心法·色法·心不想[247]應行法. 亦相應行法, 亦相從攝. 二隨眠中, 種子隨眠,[248] 其

---

242 『유가사지론』 권64(T30, 656a27~b1). "隨眠者, 亦略有二種, 謂可害及非可害. (生者, 亦略有二種, 謂無暇生習氣及有暇生.) 習氣者, 亦有二種, 謂無間生習氣及前生習氣."

243 橫超本에 따르면, 원본에는 '想'으로 되어 있지만 '相'으로 교감한 것이다. '心不相應行法'의 명칭에 의거해서 '相'으로 교감한다.

244 전오식, 의식, 말나식, 아뢰야식을 말한다.

245 근본번뇌와 근본번뇌를 따라 일어나는 번뇌 등 51가지 마음의 작용을 말한다.

246 다섯 가지 감관대상과 감관작용, 의식 및 의근의 대상을 말한다.

現行, 二法所攝, 以是性緣性分別故. 前生習氣現行種子, 亦是心心所有法所攝.

[H1, 794c7~12; O 21,4~6]

앞에서 설명한 것처럼 [두 가지] 장애의 '나타나 작용함'(現行)은 곧바로 '마음작용'(心所有法)에 포함되고, 그 권속을 거론하자면 '마음'(心法)·'마음의 대상'(色法)·'마음과 상응하지 않는 것'(心不相應行法)들이다. [그 외에 두 가지 장애의 '나타나 작용함'(現行)과] 상응하는 것들도 또한 서로 따르면서 [권속들에] 포함된다. 두 가지 '잠재적인 번뇌'(隨眠)[249] 중에서 '종자인 잠재적 번뇌'(種子隨眠)는 그 '나타나 작용함'(現行)이 ['마음'(心法)과 '마음작용'(心所有法)의] 두 가지 현상에 포함되니, ['마음'(心法)과 '마음작용'(心所有法)은] <'다른 것에 의존하여 일어난 것'([依他起]性)을 대상으로 삼아>(性緣) <'다른 것에 의존하여 일어난 것'([依他起]性)을 분별하는 것>(性分別)이기 때문이다. '[번뇌의 종자가 아직 끊어지기] 이전에 생겨난 누적된 경향성'(前生習氣)의 '나타나 작용함'(現行)과 [번뇌의] 종자도 또한 '마음'(心法)과 '마음작용'(心所有法)에 포함된다.

一切麤重隨眠, 及無間生習氣, 唯是不相應法攝, 以非性相應故. 卄[250]四種不相應內, 是異生種類所攝, 以下[251]堪能諸聖法故. 然異生

247 위와 동일한 경우이므로 '想'을 '相'으로 교감한다.

248 원본에는 '眠隨'이고 '二'를 집어넣은 부호가 있다고 橫超本에서 밝히고 있다. 교감하지 않고 '隨眠'으로 번역한다.

249 '거칠고 무거운 잠재적인 번뇌'(麤重隨眠)와 '종자인 잠재적 번뇌'(種子隨眠)를 말한다.

250 원본에 의거하여 橫超本·한불전·은정희본 모두 '二十'의 古字인 '卄'으로 표기하였다.

251 '下'는 원본에는 '不'이라고 하였다. 橫超本의 교감에 의거하여 '不'로 보고 번역한다.

性, 有麤有細. 麤者, 見斷煩惱未斷之時, 所有麤重, 不堪聖法, 此時假立異生. 所言細者, 金剛以還[252]一切麤重, 隨其所對, 不堪聖法, 故通名異生性.

[H1, 794c12~19; O 21,6~10]

모든 '거칠고 무거운 잠재적인 번뇌'(麤重隨眠)와 '[번뇌의 종자가 끊어짐과] 동시에 생겨나는 누적된 경향성'(無間生習氣)은 오직 '마음과 상응하지 않는 것'(心不相應行法)에만 포함되니, [마음의] 특성과 상응하는 것이 아니기 때문이다. 또 [이것들은] 24 종류의 '마음과 상응하지 않는 것'(心不相應行法) 중에 '[성자와] 다르게 되는 근원'(異生性)[253]의 종류에 포함되니, 모든 성스러운 진리[254]를 감당할 수 없기 때문이다.

그런데 '[성자와] 다르게 되는 근원'(異生性)에는 '거친 것'(麤)과 '미세한 것'(細)이 있다. '거친 것'[이라는 것]은, <'[진리다운] 이해를 밝혀 가는 수행'(見道)에서 끊는 번뇌>(見斷煩惱)를 아직 끊지 못했을 때 가지고 있는 '거칠고 무거운 [잠재적인 번뇌]'(麤重[隨眠])가 성스러운 진리를 감당하지 못하는 것이니, 이 경우에 '[성자와] 다르게 된다'(異生)는 명칭을 [그 명칭에 해당하는 실체를 설정하지 않고] 세운다. '미세한 것'이라 말한 것은, 금강삼매(金剛)[255] 이전의 모든 '거칠고 무거운 [잠재적인 번뇌]'(麤重[隨眠])는

252 橫超本의 교감주에 따르면, 원본에는 없지만 '還'을 보완해 넣은 것이다.

253 이생성異生性(pṛthag-janatva): 성법(聖法: 성자의 법 또는 성스러운 법, 즉 성지聖智, 무루지無漏智 또는 무루혜無漏慧)을 획득하지 못한 상태 또는 이러한 상태를 일으키는 힘 또는 법칙을 말한다. 구역舊譯에서는 범부성凡夫性이라고 한다.

254 『아비달마구사론阿毘達磨俱舍論』 권26(T29, 134b24~25). "慧有二種, 有漏無漏, 唯無漏慧立以聖名." "지혜에는 두 종류가 있으니 번뇌가 스며드는 것과 스며들지 않는 것이 그것이다. 오직 번뇌가 스며들지 않는 지혜에만 '성聖'이라는 명칭을 부여한다."

255 보살이 궁극적인 깨달음의 경지에 이르기 전 마지막 단계의 선정수행으로 금강과 같이 모든 번뇌를 끊어 없애는 선정을 말한다.

그 대상을 따라 성스러운 진리를 감당하지 못하니, 따라서 '[성자와] 다르게 되는 근원'(異生性)이라고 통칭한다.

雖有此二, 而於論中, 但約麤相, 立異生性. 例如四相有麤[256]有細, 細在刹那, 麤在相續,[257] 而於論中, 唯立麤相. 如『對法論』云, "當知依相續位, 建立生等, 非約刹那故." 異生性中, 麤細亦爾, 故知麤重異生性所攝. 上來五重, 合爲第一, 依顯了門, 出障體竟.

[H1, 794c19~795a2; O 21,10~13]

비록 ['[성자와] 다르게 되는 근원'(異生性)에 '거친 것'(麤)과 '미세한 것'(細)] 이 두 가지가 있지만, 논서에서는 단지 '거친 양상'(麤相)에만 의거하여 '[성자와] 다르게 되는 근원'(異生性)을 수립하였다. 예를 들면 [발생(生) · 유지(住) · 변화(異) · 소멸(滅)이라는] '네 가지 양상'(四相)에는 거친 것과 미세한 것이 있으니, 미세한 것은 찰나에 있고 거친 것은 연속(相續)에 있는데, 논서에서는 오직 거친 양상만을 세우는 것과 같다. [이것은] 『대승아비달마잡집론』에서 "[인과적으로] '서로 이어지는 상태'(相續位)에 의거하여 발생(生) 등[의 네 가지 양상(四相)]을 수립하는 것이지 찰나[의 상태]에 의거하는 것은 아니라는 것을 알아야 한다."[258]라고 한 것과 같다. '[성자와] 다르게 되는 근원'(異生性) 중의 '거친 것'과 '미세한 것'도 마찬

256 橫超本의 교감에 따르면, 원본에는 없지만 '有麤' 두 글자를 보완해 넣은 것이다.

257 원본에는 '績'이지만 傍註에 '續'으로 적힌 것에 따라 교감한 것이다. 문맥으로는 '相續'이 맞으므로 '續'으로 보고 번역한다.

258 『대승아비달마잡집론』 권2(T31, 700b29~c1). "當知, 此中依相續位, 建立生等 不依刹那." 〈산스크리트본의 해당 내용: ASBh., p.10, ete ca jātyādayo na pratikṣaṇaṃ veditavyāḥ kiṃ tarhi prabandhāvasthāsv iti |; 그리고 '생生으로 시작하는 것들[즉, 생 · 노(jarā) · 사(maraṇa)]은 각각의 찰나마다'라고 알아서는 안 되고, 상속의 상태들에 대한 것이라고 [알아야만 한다.]〉

가지이다. 그러므로 '거칠고 무거운 [잠재적인 번뇌]'(麤重[隨眠])는 '[성자와] 다르게 되는 근원'(異生性)에 포함된다는 것을 알 수 있다.

지금까지 말한 다섯 가지를 합하여 첫 번째[259]가 되니, '현상으로 드러나는 측면'(顯了門)에 의거해서 '[두 가지] 장애의 본연[이 지닌 특성]을 드러냄'(出障體)을 마친다.

---

259 전체목차의 〈제2편 두 가지 장애의 본연(體)[이 지닌 특성]을 드러냄〉(第二出體) 중 〈제1장 '현상으로 드러나는 측면'(顯了門)에 의거하여 두 가지 장애의 본연(體)[이 지닌 특성]을 드러냄〉의 다섯 가지 세부 분류를 합하면 제2편의 제1장인 〈'현상으로 드러나는 측면'(顯了門)에 의거하여 두 가지 장애의 본연(體)[이 지닌 특성]을 드러냄〉이 된다는 의미임.

제2장 ‘현상으로 드러나지 않는 측면’(隱密門)에 의거하여 두 가지 장애의 본연[이 지닌 특성]을 드러냄

二依隱蜜[260]門, 出二障體者. 六種染心, 是煩惱碍體, 根本無明, 是智碍體.

[H1, 795a2~4; O 21,14]

두 번째는 ‘현상으로 드러나지 않은 측면’(隱密門)에 의거하여 ‘두 가지 장애의 본연’(二障體)[이 지닌 특성]을 드러내는 것이다. ‘여섯 가지 오염된 마음’(六種染心)은 ‘번뇌로 인한 장애’(煩惱碍)의 본연[이 지닌 특성]이고, ‘근원적인 무지’(根本無明)는 ‘지혜를 가로막는 장애’(智碍)의 본연[이 지닌 특성]이다.

1. ‘번뇌로 인한 장애’(煩惱碍)의 본연[이 지닌 특성] –‘여섯 가지 오염된 마음’(六種染心)

言六染者, 一執相應染, 二不斷相[261]應染, 三分別智相應染, 四現色不相應染, 五能見心不相應染, 六根本業不相應染. 此中初二, 在於六識, 第三一染, 在第七識, 後之三染, 倶在第八識. 於中委曲, 具如『起信論記』中說, 此不重顯. 此煩惱碍六染之中, 已攝前門二障皆盡.

[H1, 795a4~11; O 21,14~22,3]

260 원본에는 ‘蜜’이지만 橫超本에서는 ‘密’로 교감하고 있다.
261 원본에는 ‘想’인데 ‘相’으로 교감한 것이다.

여섯 가지 오염[된 마음]이란, 첫째 '집착에 서로 응하는 오염[된 마음]'(執相應染), 둘째 '[집착이] 끊어지지 않는 것에 서로 응하는 오염[된 마음]'(不斷相應染), 셋째 '[근본무지에 따라] 분별하는 이해에 서로 응하는 오염[된 마음]'(分別智相應染), 넷째 '[식이] 나타낸 유형적인 대상에 [의식 차원에서는] 서로 응하지 않는 오염[된 마음]'(現色不相應染), 다섯째 '주관이 된 마음에 [의식 차원에서는] 서로 응하지 않는 오염[된 마음]'(能見心不相應染), 여섯째 '[근본무지에 의한] 애초의 움직임에 [의식 차원에서는] 서로 응하지 않는 오염[된 마음]'(根本業不相應染)을 말한다. 이 중에 처음 '[집착에 서로 응하는 오염[된 마음]'(執相應染)과 '[집착이] 끊어지지 않는 것에 서로 응하는 오염[된 마음]'(不斷相應染)의] 두 가지는 [전5식과 제6]의식에 있고, ['[근본무지에 따라] 분별하는 이해에 서로 응하는 오염[된 마음]'(分別智相應染)인] 세 번째의 한 오염은 제7말나식에 있으며, 뒤의 세 가지 오염은 모두 제8[아뢰야]식에 있다. 이에 관한 자세한 것은 모두 『기신론별기』[262]에서 설명한 것과 같으니, 여기에서 거듭 밝히지는 않는다. 이 '번뇌로 인한 장애'(煩惱碍)의 여섯 가지 오염[된 마음] 가운데는 이미 앞[에서 언급한 '현상으로 드러나는 측면'(顯了門)의 '번뇌로 인한 장애'(煩惱障)와 '대상에 대한 이해를 가로막는 장애'(所知障)의] 두 가지 장애가 모두 남김없이 포함된다.

2. '지혜를 가로막는 장애'(智碍)의 본연[이 지닌 특성] —'근원적인 무지'(根本無明)

根本無明者, 彼六染心所依根本, 寂[263]極微細冥[264]闇不覺. 內迷自性

262 『별기』(H1, 692c7~693a20; T44, 237a4~29).

263 앞에서 밝힌 것처럼 '寂'를 '最'로 교감한다.

264 '冥'은 원본에 '寘'로 되어 있는데 '冥'으로 고친다고 橫超本의 교감주에 쓰여 있다.

一如平等，未能外向[265]取差別相．故無能取所別[266]異，乃至與眞明，其相太近．故此無明，於彼最遠，如下沙彌與和上坐近也．於生死中，無有一法，細於無明而作其本．唯此爲无，[267] 忽然始起，是故說名無始無明．

[H1, 795a11~18; O 22,3~6]

'근원적인 무지'(根本無明)는 저 여섯 가지 오염된 마음이 의지하는 근본이니, 가장 미세하게 어두운 '깨닫지 못함'(不覺)이다. 안으로는 '[모든 현상의] 본연은 사실 그대로와 하나가 되어 평등함'(自性一如平等)[이라는 것]에 미혹하지만, 아직 밖으로는 '[근본무지에 의해] 차별된 차이/특성'(差別相)을 취하지 않는다. 그렇기 때문에 '취하는 자'(能取)와 '취해진 것'(所取)의 구분이 없고, '참된 밝음'(眞明)과 그 양상이 매우 비슷하기까지 하다. 그러므로 이 '근원적인 무지'(根本無明)는 저 ['참된 밝음'(眞明)]에서 가장 먼 것이니, 마치 [계를 받아야 하는 가장] 낮은 [지위의 수행자인] 사미沙彌가 [계를 주는 가장 높은 지위의] 스승(和上)과 가까이 앉아 있는 것과 같다. [근본무지에 따라] 태어나고 죽는 [현상] 가운데 어떤 것도 '근원적인 무지'(根本無明)보다 미세해서 그 근본이 되는 것은 없다. 오직 이 [근원적인 무지]만이 근원이 되어 홀연히 처음 일어나니, 이 때문에 '시작을 알 수 없는 근원적인 무지'(無始無明)라고 부른다.[268]

如『本業經』言，"其住地[269]前，便無法起，故名無始無明住地．"『起信

---

265 橫超本의 교감주에 따르면, 원본의 '外向'을 '向外'로 고친다고 하였으나, 번역에는 영향을 끼치지 않으므로 교감하지 않고 그대로 두었다.

266 橫超本의 교감주에서는 원본의 '別'이 '取'의 오기로 보인다고 하였다. '取'로 교감하여 번역한다.

267 '无'는 橫超本에서 '元'으로 보고 있다. 문맥에 따라 '元'으로 보고 번역한다.

268 『대승기신론』(T32, 577c5~7); "以不達一法界故，心不相應，忽然念起，名爲無明."

論』云, "以不達一法界故, 心不相應, 忽然起念, 名爲無明"故. 此言無前及忽起者, 非是竪望時節前後, 唯是橫論細麤緣起. 如是無明, 雖非與異熟識相應, 而爲作本, 和合不離, 故依此識, 方說其相. 由是攝在梨耶識位. 如彼論云, "以依阿利耶識, 說有無明, 不覺而起"故. 是謂隱密門中智碍體相. 出體分竟.

[H1, 795a18~b3; O 22,6~10]

[이것은] 『보살영락본업경菩薩瓔珞本業經』에서 "그 〈네 가지 '토대가 되는 번뇌'〉(四住地)[270][271] 이전에는 다시 어떤 [무지의] '현상'(法)도 일어

---

269 『본업경』 원문에 따라 '住地'를 '四住地'로 교감하여 번역한다.

270 사주지四住地: 생득주지生得住地(見一處住地)와 작득作得의 삼주지三住地(欲界住地·色界住地·無色界住地, 有愛數住地)를 합한 것으로 통상무명通相無明 혹은 통상무명주지通相無明住地라고 부른다. 별상무명別相無明 혹은 별상무명주지別相無明住地는 생득주지인 견일처주지見一處住地만을 특칭한다.

271 사주지四住地와 오주지번뇌五住地煩惱: '주지住地'란 의지처나 토대라는 의미이다. 따라서 '주지번뇌住地煩惱'란 '토대가 되는 번뇌'이다. 이 토대 번뇌를 생득주지生得住地(見一處住地)와 작득作得의 삼주지三住地(欲界住地·色界住地·無色界住地, 有愛數住地)를 합한 것이 사주지四住地이고, 그 특징에 따라 다시 다섯 종류로 구분한 것이 5주지번뇌(五住地煩惱)이다. 5주지혹(五住地惑)이나 5주지번뇌(五住地煩惱), 또는 줄여서 5주지(五住地)라고도 한다. 견見·사思·무명無明의 번뇌에는 견일처주지見一處住地·욕애주지欲愛住地·색애주지色愛住地·유애주지有愛住地·무명주지無明住地의 다섯 가지 구별이 있어 5주지혹(五住地惑)이라 부른다. 『승만경勝鬘經』에 나온다. 이 '다섯 가지 번뇌'(五種惑)가 모든 번뇌의 의지처가 되고 또한 번뇌를 일으킬 수 있기 때문에 '주지住地'라고 부른다. 『대승의장大乘義章』권5에서는 다음과 같이 해석한다. ① 견일처주지見一處住地는 신견身見 등 삼계三界의 견혹見惑이며 견도見道에 들어갈 때 일처一處에서 함께 끊어진다. ② 욕애주지欲愛住地는 욕계의 번뇌 가운데 견見과 무명無明을 제외하고, 외부대상에 대한 다섯 가지 욕망(色·聲·香·味·觸 욕망)에 집착하는 번뇌이다. ③ 색애주지色愛住地는 색계의 번뇌 가운데 견見과 무명無明을 제외하고, 외부대상에 대한 다섯 가지 욕망은 버렸지만 자기 색신色身에 탐착하는 번뇌이다. ④ 유애주지有愛住地는 무색계의 번뇌 가운데 견見과 무명無明을 제외하고, '색신에 대한 탐착'(色貪)에서는 벗어났지만 자기에 애착하는 번뇌이다. ⑤ 무명주지無明住地는 삼계의

남이 없기 때문에 〈시작을 알 수 없는 '삼계의 근본무명'〉(無始無明住地)[272]이라고 부른다."[273]라고 말하고, 『대승기신론』에서 "'하나처럼 통

모든 무명이다. 무명은 '무지로 어두운 마음'(癡闇之心)이어서 그 바탕에 '지혜의 밝음'(慧明)이 없으니, 이것이 모든 번뇌의 근본이 된다. 유식종에서는 오주지혹五住地惑 가운데 앞의 사종주지혹四種住地惑은 번뇌장의 종자가 되고 뒤의 한 가지(무명주지)는 소지장의 종자가 된다고 주장한다. 『불광대사전』, p.1091. 『대승의장』의 해석에 의거하여 견일처주지見一處住地는 '견도見道의 일처一處에서 함께 끊어지는 삼계의 견혹見惑', 욕애주지欲愛住地는 '욕망세계(欲界)에서 오욕五欲에 집착하는 번뇌', 색애주지色愛住地는 '유형세계(色界)에서 자기 색신色身에 탐착하는 번뇌', 유애주지有愛住地는 '무형세계(無色界)에서 자기에 애착하는 번뇌', 무명주지無明住地는 '삼계의 근본무명'으로 번역한다. 또 주지住地는 '[번뇌들의] 토대' 혹은 '토대가 되는 번뇌', 주지번뇌住地煩惱는 '토대가 되는 번뇌'로 번역한다. 견일처주지見一處住地의 의미에 대해 원효는 "言生得者, 不覺一如, 忽然而生, 其前無始, 故言生得. 其所迷處, 旣是一如, 不同作得迷三有處, 故言一處. 一處一相, 平等平等, 無有能見所見差別, 於此不覺, 故名爲見. 如其覺者, 卽無見故. 是故名見一處住地."(H1, 801a15~20)라고 하여 '見'과 '一處'의 의미를 해석하고 있다.

272 무명주지無明住地(avidyāvāsabhūmi): 원효는 2종번뇌(二種煩惱, 住地煩惱와 起煩惱)와 관련하여 주지번뇌住地煩惱의 내용을 설명하기 위해 『승만경』의 다음과 같은 문장을 경증으로 삼는다. "住地有四種, 何等爲四? 一見一處住地, 二欲愛住地, 三色愛住地, 四有愛住地. 此四種住地, 生一切起煩惱."(H1, 801c2~6; T12, 220a3~5) 기번뇌를 생겨나게 하는 무명주지는 네 종류가 있는데, 견일처주지見一處住地(生得住地)·욕애주지欲愛住地(欲界住地)·색애주지色愛住地(色界住地)·유애주지有愛住地(無色界住地)가 그것이라는 내용이다. 이에 따라 원효는 무명주지의 내용에 관해 "論其差別, 略開爲二. 一者生得住地, 或名見一處住地 二者作得住地, 或名有愛數住地."(H1, 801a13~15)라고 하여 생득주지生得住地(見一處住地)와 작득주지作得住地(有愛數住地)로 구분하고, 작득주지에 대해서는 "作得住地者, 謂依生得住地, 起三有心"(H1, 801a21~22)이라고 하여 생득주지에 의거하여 일으킨 삼유심三有心에 따라 작득주지作得住地(有愛數住地)를 다시 욕계주지欲界住地·색계주지色界住地·무색계주지無色界住地로 삼분한다. 그런데 원효는 무명주지를 다시 통상通相과 별상別相으로 나누어 "四種住地通名無明, 是爲通相無明住地, … 其有愛數三所不攝, 直迷一處生得住地, 還受無明住地名者, 是爲別相無明住地"(H1, 801c14~ 18)라고 한다. 통상무명通相無明은 생득주지와 작득의 삼주지三住地를 합한 사주지四住地를 통틀어 부르는 것이고, 별상무명別相無明은 작득의 삼주지와 구분하여 생득주지만을 특칭하는 것이다. 무명주지의 통상과 별상을 구분하는 까닭에 관해서

하는 [차이들의] 현상세계'(一法界)를 통달하지 못하기 때문에 마음이 ['하나처럼 통하는 [차이들의] 현상세계'(一法界)와] 서로 응하지 못하여 홀연히 ['하나처럼 통하는 [차이들의] 현상세계'(一法界)를 제대로 이해하지 못하는] 생각(念)이 일어나는 것을 근본무지(無明)라고 부른다."[274]라고 말한 것과 같다.

여기서 말하는 [『보살영락본업경』의] 〈이전에는 [어떤 [무지의] '현상'(法)도 일어남이] 없다〉(無前)는 것과 [『대승기신론』의] 〈홀연히 일어난다〉(忽起)는 것은, 시간의 전후를 [통시적通時的인] 수직으로 조망하는 것이 아니라 오직 [근본무지에 해당하는] '미세한 양상'(細)과 [여섯 가지 오염된 마음에 해당하는] '뚜렷한 양상'(麤)의 연기緣起를 [공시적共時的인] 수평으로 논

는 "何以要須總別合立者? 爲顯能起三愛力異, 而其闇相無麤細故"(H1, 801c 23~802a1)라고 하여, '[욕망세계 · 유형세계 · 무형세계, 이] 세 가지 세계에 대한 애착'(三愛)을 일으킬 수 있는 힘은 [각각] 다르면서도 그 [힘인 근본무지(無明)의] 어두운 특성에는 '뚜렷함과 미세함'(麤細)이 없다는 것을 나타내려 하기 때문이라고 한다. 또한 "通相無明住地力內, 別取有愛數四住地, 比於有愛所不攝別相無明住地力者, 雖復同是心不相應, 而無明住地其力最大"(802a16~19)라고 하는데, 통상의 사주지에 포함되는 것으로 따로 취해지는 유애수사주지有愛數四住地를, 유애수사주지에 포함되지 않는 별상무명주지인 생득주지의 힘과 비교하자면, 생득주지인 무명주지의 힘이 가장 크기 때문이라 설명한다. 나아가 "所以然者, 其有愛數四種住地, 皆是作得, 所迷狹小, 由是小智之所能滅, 無明住地, 體是生得, 所迷一處, 廣大無邊, 一切小智所不能斷, 大圓鏡智方得除滅"(802a19~23)이라고 하여, 통상의 무명주지를 포함하는 유애수사주지는 모두 작득作得이어서 소지小智에 의해서도 사라질 수 있지만, 별상의 무명주지는 생득生得이어서 대원경지大圓鏡智에 의해서만 사라질 수 있다고 설명한다. 통상으로서의 무명주지는 작득의 삼주지三住地와 같이 소지小智에 의해서도 사라질 수 있으므로 유애수사주지에 포함되지만, 별상으로서의 무명주지는 소지小智에 의해 사라질 수 없으므로 유애수사주지에 포함되지 않는 것이다. 본문의 무명주지는 별상의 생득무명주지에 해당할 것으로 보인다.

273 『보살영락본업경菩薩瓔珞本業經』 권하(T24, 1022a7~8). "其四住地前 更無法起故, 故名無始無明住地"; 『기신론소』(H1, 716c2~12). "如『本業經』言, '四住地前 更無法起故, 名無始無明住地'. 是明其前無別爲始, 唯此爲本."

274 『대승기신론』(T32, 577c5~7). "以不達一法界故, 心不相應, 忽然念起, 名爲無明."

한 것이다.[275] 이와 같이 '근원적인 무지'(根本無明)는 비록 '다르게 무르익어 가는 식'(異熟識)[인 제8아뢰야식]과 상응하는 것이 아니면서도 ['다르게 무르익어 가는 식'(異熟識)의] 근본이 되어 ['다르게 무르익어 가는 식'(異熟識)과] 화합하여 떨어지지 않으니, 그러므로 이 '[다르게 무르익어 가는] 식'(異熟識)에 의거해야 비로소 그 [근본무지(無明)의] 양상(相)을 설명할 수 있다. 이 때문에 [근본무지(無明)를] 아뢰야식阿利耶識의 지위에 포함시켰다. 저 『대승기신론』에서 "아뢰야식阿利耶識에 의거하여 '근원적인 무지'(無明)가 있다고 말하니, '깨닫지 못하여'(不覺) ['능히 봄'(能見)[인 주관]과 '능히 나타냄'(能現)[인 대상]을 일으켜 [그 주관과 대상을 불변 · 독자의 실체로 간주하고] [그] 대상(境界)을 붙들어 '[그 대상에 대한] 분별'(念)을] 일으키며 ['서로 이어 가니'(相續), 그러므로 '의意'라고 말한다.]"[276]라고 말한 것과 같다.

이것이 '현상으로 드러나지 않는 측면'(隱密門)에서의 '지혜를 가로막는 장애'(智碍)의 '본연이 지닌 특성'(體相)이다.

'[두 가지 장애의] 본연[이 지닌 특성]을 나타내는 부분'(出體分)을 마친다.

---

275 원효의 저술 순서는 ① 『기신론별기』 – ② 『이장의』 – ③ 『기신론소』이므로 『이장의』는 『기신론별기』를 『기신론소』는 『이장의』를 인용하거나 참조하는 방식을 취한다. 『기신론소』(H1, 716c2~12). "是明其前無別爲始, 唯此爲本. 故言"無始", 猶是此論"忽然"義也. 此約細麤相依之門說爲無前. 亦言"忽然起", 非約時節以說忽然起. 此無明相, 如『二障章』廣分別也."

276 『대승기신론』(T32, 577b3~); 『회본』(H1, 759a19~). "復次生滅因緣者, 所謂衆生依心, 意意識轉故. 此義云何? <u>以依阿梨耶識, 說有無明, 不覺而起</u>, 能見能現, 能取境界, 起念相續, 故說爲意."

제3편

두 가지 장애의 작용능력(功能)

次第三明障功能者. 亦有二門.

[H1, 795b4; O 22,11]

다음은 세 번째로 '[두 가지의] 장애의 작용능력'(障功能)을 밝히는 것이다. 여기에도 ['현상으로 드러나는 측면'(顯了門)과 '현상으로 드러나지 않는 측면'(隱密門)의] 두 가지 측면이 있다.

제1장 '현상으로 드러나는 측면'(顯了門)에서의 두 가지 장애의 '작용을 일으키는 능력'(發業功能)

1. '번뇌로 인한 장애'(煩惱障)의 '작용을 일으키는 능력'(發業功能)

顯了門中煩惱障能, 略有二種, 謂能發業及能結生.

[H1, 795b4; O 22,11]

'현상으로 드러나는 측면'(顯了門)에서 '번뇌로 인한 장애'(煩惱障)의 능력(功能)에는 대략 두 종류가 있으니, '작용을 일으키는 능력'(能發業)[1]과 '[윤회하는 다음] 삶에 맺게 하는 능력'(能結生)[2]이 그것이다.

1) 작용을 일으키는 능력(能發業)

發業之能, 亦有二種, 先發引業, 後發生業. 通而論之, 一切煩惱, 皆發引業, 亦發生業. 於中別取其最勝者, 無明能發引業, 愛取能發生業. 如『瑜伽』說, "十二支中, 二業所攝, …[3] 三煩惱攝, …[4] 又二業中, 初是引業, …[5] 後是生業, …[6] 三煩惱中, 一能發起引業, …[7] 二能發起生業,

---

1 '후천적으로 일어나는 번뇌'(분별기)를 일으킬 수 있는 능력을 말한다.

2 죽은 직후에 다음 생에 대한 애착을 일으켜 모태에 깃들 수 있는 능력을 말한다.

3 원문의 '謂行及有'를 생략함.

4 원문의 '謂無明愛取. 當知所餘皆事所攝'을 생략함.

5 원문의 '所攝謂行'을 생략함.

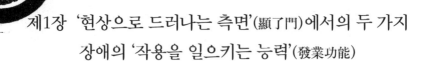

…[8]"故. 此中發引業者, 發現起業, 發生業者, 發種子業. 由能熏發先行種子, 令成能生轉爲有故.

[H1, 795b4~15; O 22,11~23,2]

'작용을 일으키는 능력'(發業之能)에도 두 종류가 있으니, 먼저 '끌어오는 작용'(引業)[9]을 일으키고 뒤이어 '[특정한 결과를] 생겨나게 하는 작용'(生業)[10]을 일으킨다. 통틀어 논한다면, 모든 번뇌가 다 '끌어오는 작용'(引業)을 일으키고 또한 '[특정한 결과를] 생겨나게 하는 작용'(生業)도 일으킨다. 이 가운데서 그 [세력이] 가장 강한 것을 구분하여 취한다면, '근원적인 무지'(無明)가 '끌어오는 작용'(引業)을 일으키고, 갈애(愛)와

6 원문의 '所攝謂有'를 생략함.

7 원문의 '謂無明'을 생략함.

8 원문의 '謂愛取'를 생략함.

9 인업引業: '다르게 무르익어 가는 식'(異熟識)의 잠재인상과 등류(等類, niṣyanda)의 잠재인상이 점점 강력해짐으로써 그 '다르게 무르익어 가는 식'(異熟識)의 잠재인상에 기반해서 그와 유사한 '집단의 동류성'(衆同分)을 끌어오는 것(引業, karmākṣepa)이다. 참고로 '집단의 동류성'(衆同分)은 심불상응행법이다. (Vasubandhu: Trimsikavijnaptikarika, with Sthiramati's Trimsikavijnaptibhasya. ad k.1d, "pariṇāmaprabheda" 부분 참조.) 아비달마에서 '집단의 동류성'(衆同分)이란 생生을 말한다.(Pr 258 AKBh4 ad k.95a 참조.) 말하자면 인간이 같은 종류인 인간으로 태어나는 성질, 가축이 같은 종류인 가축으로 태어나는 성질 등이다. 예를 들면 인간으로 태어난 경우 그곳에 아뢰야식의 번뇌종자가 뿌려져 결과로 나타나는 것을 말한다. 원효의 설명에 따르면 〈선행先行하는 종자에 영향력을 미쳐 작동시키는 것〉이 인업이다. 인업引業과 생업生業이라는 개념에서 '업業'은 '행위'보다는 '작용'의 의미로 보는 것이 적절해 보인다. 따라서 인업引業은 '끌어오는 작용', 생업生業은 '[특정한 결과를] 생겨나게 하는 작용'이라 번역해 본다.

10 생업生業: '집단의 동류성'(衆同分)에 아뢰야식의 종자가 영향을 끼쳐 그 결과(種子業)를 나타내는 것이다. 12연기의 12지 중에 유有가 생업生業에 해당되고 애愛와 취取의 두 번뇌가 생업을 일으킨다. 원효의 설명에 따르면 〈인업에 의해 '종자의 행위'(種子業)를 생겨나게 하고 그 종자의 행위를 변화시켜 특정한 '존재 양상'(有)이 되게 하는 것〉이 생업이다.

[갈애에 의한] 집착(取)이 '[특정한 결과를] 생겨나게 하는 작용'(生業)을 일으킨다.

[이것은] 『유가사지론』에서 [다음과 같이] 말한 것과 같다. "[인과관계에 있는] 12가지 항목 중에 두 가지는 행위(業)에 포함되니 ['의도적 형성'(行)과 '존재 양상'(有)을 말하고], 세 가지는 번뇌에 포함되니 ['근원적인 무지'(無明)와 갈애(愛)와 집착'(取)을 말한다. 나머지 것들은 모두 현상(事)에 포함된다고 알아야 한다.] 또 두 가지 행위(業) 가운데 전자는 '끌어오는 작용'(引業)[에 포함되니 '의도적 형성'(行)을 말하고], 후자는 '[특정한 결과를] 생겨나게 하는 작용'(生業)[에 포함되니 '존재 양상'(有)[11]을 말한다.] 세 가지 번뇌

---

11 십이연기의 유有: 십이연기의 유有는 아함경에서는 욕유欲有 · 색유色有 · 무색유無色有의 삼유로 나누어 설명하고 아비달마에서는 업유業有(karmabhava)로 설명한다. 삼계오온으로 존재하는 모든 것으로 보는 견해는 연기지의 한 부분으로는 지나치게 범위가 넓으므로 이후 업유의 의미가 강조되었다. 업유는 과거의 선악업이기 때문에 이로부터 금세의 생이 있다고 이해된다. 그러나 유有에 관한 아비달마 등의 이해와 니까야/아함이 전하는 12연기 법설에서의 의미는 구별해서 접근할 필요가 있다. 니까야/아함에서의 12연기를 반드시 삼세에 걸친 윤회현상에 배대시킬 이유는 없다. 아비달마의 12연기 이해인 삼세양중인과적 해설을 지지할 수 있는 근거는 니까야/아함에서 극히 일부에 불과하다. 붓다 법설은 시종일관 '지금 여기의 삶에서 확인되는 경험적 사태'에 집중하고 있다는 점을 고려할 때, 12연기도 현재적 삶을 연기적으로 이해하기 위해 선택된 조건인과 연쇄로 접근해 볼 필요가 있다. 명색名色부터 유有까지의 조건인과 연쇄를 현재의 오온에서 작동하는 현상으로 보는 것은 전혀 문제가 없다. 다만 '무명無明-행行-식識'의 조건인과를 과거 생에 배대시켜야 하는가의 문제는 논란의 여지가 많다. 니까야/아함에서 식識을 금생의 초기조건으로 삼아 말하는 경우는 극히 일부에 불과하다. 게다가 현재에 작동하는 오온에 행온行蘊과 식온識蘊이 포함되어 있고, 오온은 현재의 인간 존재를 설명하는 일관된 법설이다. 그리고 중생이 경험하는 현재의 오취온五取蘊이 무명을 조건으로 삼는다는 점, 그리고 그 무명은 현재에도 여러 방식과 형태로 작동한다고 보는 것이 합리적이다. 따라서 무명無明부터 유有까지는 전부 현재의 오온에서 일어나는 조건인과 현상으로 보아도 무방하다. 문제는 '생生-노사老死'의 부분이다. 이 부분을 '태어나 늙고 죽어 가는 현상'으로 보면서 현재 삶에 배대하면 그 이전의 조건인과 연쇄가 모두 전생의 것이 되어 수행의 근거가 사라진다. 따라서 미래의 생에 배대하는 것이 전통적 관점인데, 붓다의 현재적

중에 하나는 '끌어오는 작용'(引業)을 일으키니 ['근원적인 무지'(無明)를 말하고], 다른 하나는 '[특정한 결과를] 생겨나게 하는 작용'(生業)을 일으키니 [갈애(愛)와 집착(取)을 말한다]."[12]

이 중에서 '끌어오는 작용'(引業)을 일으킨다는 것은 ['근원적인 무지'(無明)가] '현재 일어나는 행위'(現起業)를 일으키는 것이고, '[특정한 결과를] 생겨나게 하는 작용'(生業)을 일으킨다는 것은 [갈애(愛)와 집착'(取)이] '종자의 행위'(種子業)를 일으키는 것이다. 선행先行하는 종자에 영향력을 미쳐 [그것을] 작동시킴으로써(引業) [종자의 행위를] 생겨나게 하고(生業) [그것을] 변화시켜 [특정한] '존재 양상'(有)이 되게 하기 때문이다.

引業能發, 卽有二種, 發罪業時, 現縛能發, 福不動業, 隨眠能發. 發

시선과 경험주의적 태도를 고려하면 이것 역시 어색하다. 현재 삶에서 가장 현저한 현상이고 또 현재 경험하는 고통 범주인데, 이것을 미래 생으로 넘겨 버리는 것이 붓다 12연기 법설의 취지라고 보는 것은 너무 부자연스럽다. 현재의 고통 현상에서 출발하는 것이 붓다의 법설이기 때문이다. 또한 '생生-노사老死'는 〈살아 있음 · 늙어 감 · 죽음이라는 현상에 대한 인간의 고통 경험이 어떤 조건들에 의해 발생한 것인가?〉를 주목하라고 하는 연기적/조건인과적 용어이다. '생生-노사老死'로 지칭되는 현상 자체를 문제 삼아 그것에서 초월하라는 것이 아니라, '생生-노사老死'를 고통으로 경험하지 않을 수 있는 새로운 조건의 선택을 주목하라는 것이 12연기의 취지로 보인다. 12연기의 모든 항목은 '무조건적 개념'이 아닌 '조건적 개념'이라는 점을 유념해야 한다. 12연기 법설을 현재적 삶에 초점을 맞추어 현재적 조건인과로 처리할 수 있는 새로운 독법이 필요하고 또 가능하다. 이 새로운 독법은 오히려 니까야/아함에서 전하는 다양한 12연기 법설로부터 견실한 논거들을 풍부하게 확보할 수 있다. '욕유, 색유, 무색유'의 내용을 지닌 유有의 번역어로서, 삶(生)이라는 고유성을 지닌 구체적인 현상의 발생조건이라는 점에서 '존재 양상'이라고 번역해 본다.

12 『유가사지론』 권56(T30, 612b6~10). "復次十二支中, 二業所攝, 謂行及有, 三煩惱攝, 謂無明愛取, 當知所餘皆事所攝. 又二業中, 初是引業所攝謂行, 後是生業所攝謂有, 三煩惱中, 一能發起引業, 謂無明, 二能發起生業, 謂爲愛取." 밑줄 친 부분을 생략하고 인용하였다.

生業時, 罪福不動, 皆有現行, 愛取能發. 又發引業中, 俱生煩惱, 發別報業, 唯分別起, 隨其所應, 能發三種總報引業. 所以然者, 若達三界皆苦, 亦知生苦之因, 自然不作苦因之業. 由是道理, 若有不了苦因, 無明其勢能發牽生之業. 又復若解無我自他平等, 何由强作自受報業? 是故不了無我, 無明其勢能發引總報業. 由是義故, 修道[13]所斷迷事煩惱, 不能發起總報引業.

[H1, 795b15~c2; O 23,2~7]

'끌어오는 작용'(引業)을 일으키는 데에는 두 가지가 있으니, '해로운 행위'(罪業)를 일으킬 때에는 '현재 나타나는 번뇌'(現縛)[14]가 일으키고 ['욕망 세계'(欲界)에서의] '이로운 행위'(福業)[15]와 ['유형 세계'(色界)·'무형 세계'(無色界)에서의] '원인과 결과가 다르지 않은 이로운 행위'(不動業)[16]는 '잠재적인 번뇌'(隨眠)가 일으킨다. [특정한 결과를] 생겨나게 하는 작용'(生業)을 일으킬 때에는 '해로운 행위'(罪業)·'이로운 행위'(福業)·'원인과 결과가 다르지 않은 이로운 행위'(不動業)가 모두 나타나니, 갈애(愛)와 [갈애에 의한] 집착(取)이 [그것들을] 일으킨다.

또한 '끌어오는 작용'(引業)을 일으키는 중에는, '선천적으로 일어나는

---

13 원본에는 '通'이나 橫超本에서는 傍註에 있는 '道'를 따라 교감하였다. '道'로 교감하여 번역한다.

14 박縛: 번뇌의 다른 이름이다. 번뇌가 사람을 옭아매어 열반을 얻지 못하게 하기 때문에 붙여진 명칭이다.

15 복업福業: 『유가사지론』권9(T30, 319c)에 따르면, 업은 그 특성에 따라 세 가지로 구분된다. 복업福業·비복업非福業(죄업罪業)·부동업不動業이 그것인데, 복업福業은 욕계의 선업善業, 비복업非福業(죄업罪業)은 욕계의 불선업不善業, 부동업不動業은 색계·무색계의 선업善業을 말한다.

16 부동업不動業: 색계와 무색계에서 행위와 행위에 의한 결과가 다르지 않기 때문에 부동업不動業이라 한다. 반면에 욕계의 행위는 조건에 따라 다른 결과가 나타날 수 있기 때문에 동업動業이라 한다.

번뇌'(俱生煩惱)는 '[세세한] 개별적인 과보'(別報業)[17][18]를 일으키고, 오직 '후천적으로 분별에 의해 일어나는 번뇌'(分別起煩惱)만이 그 [번뇌]가 응하는 것에 따라 ['해로운 행위'(罪業) · '이로운 행위'(福業) · '원인과 결과가 다르지 않은 이로운 행위'(不動業), 이] 세 가지의 '공통적인 과보를 끌어오는 작용'(總報引業)[19]을 일으킨다. 그 까닭은 [다음과 같다.] 만일 ['욕망 세계'(欲界) · '유형 세계'(色界) · '무형 세계'(無色界), 이] 세 유형의 세계가 다 괴로움이라는 것을 통찰하고 또한 괴로움을 일으키는 원인을 안다면, 자연히 괴로움의 원인이 되는 행위를 하지 않을 것이다. 이러한 도리 때문에 만일 괴로움의 원인을 명확하게 알지 못한다면, '근원적인 무지'(無明)가 그 세력으로 '[괴로움에 속박된] 삶을 끌어오는 작용'(牽生之業)을 일으키는 것이다. 또한 만일 〈'[불변 · 독자의] 자아가 없어'(無我) '나와 남이 [다른 실체가 아니라서] 평등함'(自他平等)〉을 이해한다면, 무엇 때문에 '스스로 과보를 받는 행위'(自受報業)를 억지로 하겠는가? 그러므로 '[불변 · 독자의] 자아가 없음'(無我)을 분명하게 알지 못하면, '근원적인 무지'(無明)가 그 세력으로 '공통적인 과보를 끌어오는 작용'(引總報業)을 일으키는 것이다. 이러한 뜻으로 말미암아 ['선천적으로 일어나는 번뇌'(俱生煩惱)인] 〈'[선정을 토대로 이해를] 거듭 익혀 가는 수행'(修道)에서 끊어지는 '현상에 미혹된 번뇌'(迷事煩惱)〉는 '공통적인 과보를 끌어오는 작용'(總報引業)을 일으킬 수 없다.

---

17 별보別報와 총보總報: 별보는 개별적인 과보, 총보는 공통적인 과보를 말한다.

18 별보업別報業: 만업滿業이라고도 한다. 인간다운 행위를 하면 다음 생에 인간으로 태어나게 하고, 짐승 같은 행위를 하면 다음 생에 짐승으로 태어나게 하는 등의 강력한 작용을 인업引業이라고 하는데, 별보업別報業(만업滿業)은 바로 그 인업에 의해 태어난 인간이나 짐승 등의 개별적이고 세부적인 내용을 일컫는다.

19 총보인업總報引業: 총보업總報業이라고도 한다. 공통적인 과보를 이끌어 내는 행위이다.

若依是義, 倶生我見相應無明, 亦迷無我自他平等, 實能發起引生之業. 但得見道後, 離其助伴, 勢力微故, 不能發耳. 如『瑜伽』說, "問, 何因緣故, 福不動業,[20] 由正思擇[21]功力而起, 仍說用無明爲緣耶? 答, 由不了世俗苦因爲緣, 發非福行,[22] 由不了勝義苦因爲緣, 生福不動業故.[23]" 此明由迷惡趣苦苦之因緣, 以此無明能發罪業, 故言不了世俗苦因, 由迷善趣行苦之因, 以此無明能發善業, 故言不了勝義苦因.

[H1, 795c2~12; O 23,7~12]

만일 이와 같은 뜻에 의한다면, 〈선천적으로 일어나는 '나에 대한 [잘못된] 견해'(我見)와 상응하는 '근원적인 무지'(無明)〉도 〈'[불변 · 독자의] 자아가 없어'(無我) '나와 남이 [다른 실체가 아니라서] 평등함'(自他平等)〉에 미혹하여 실제로는 '[괴로움에 속박된] 삶을 끌어오는 작용'(引生之業)를 일으킬 수 있다. 다만 '[진리다운] 이해를 밝혀 가는 수행'(見道)을 완수한 후에는 그 ['근원적인 무지'(無明)가] 힘을 보태면서 수반하는 것을 떨쳐 내어 [그] 세력이 미약하기 때문에 [〈'[선정을 토대로 이해를] 거듭 익혀 가는 수행'(修道)에서 끊어지는 '현상에 미혹된 번뇌'(迷事煩惱)〉는 '공통적인 과보를 끌어오는 작용'(總報引業)을] 일으킬 수 없을 뿐이다.

[이것은] 『유가사지론』에서 [다음과 같이] 말한 것과 같다. "묻는다. '이로운 행위'(福行)와 '원인과 결과가 다르지 않은 이로운 행위'(不動行)는 '제대로 보는 사유로써 선택하는 능력'(正思擇功力)에 의해 일어남에도 불구하고 어떤 인연 때문에 여전히 '근원적인 무지'(無明)를 조건으로

---

20 원문은 '福行不動行'이다. 원문에 따라 번역한다.

21 원문은 '簡擇'이다.

22 원본과 원문 모두 '行'인데, 橫超本과 은정희본은 '業'의 오기로 본다. 여기서는 원문에 따라 '行'으로 번역한다.

23 원문은 '生福及不動行'이다.

삼는다고 말하는가? 답한다. '세속적인 차원에서의 괴로움의 원인'(世俗苦因)을 분명하게 알지 못하는 것을 조건으로 삼아 '이롭지 않은 행위'(非福業)를 일으키고, '궁극적인 차원에서의 괴로움의 원인'(勝義苦因)을 분명하게 알지 못하는 것을 조건으로 삼아 '이로운 행위'(福行)와 '원인과 결과가 다르지 않은 이로운 행위'(不動行)를 일으키기 때문이다."[24]

이것은 〈[지옥地獄 · 아귀餓鬼 · 축생畜生의] '나쁜 세계'(惡趣)[에서 경험하는] '환경적 조건으로 인한 괴로움'(苦苦)의 원인과 조건〉(惡趣苦苦之因緣)에 미혹하기 때문에 이 '근원적인 무지'(無明)가 '해로운 행위'(罪業)를 일으키니, 그러므로 〈'세속적인 차원에서의 괴로움의 원인'(世俗苦因)을 분명하게 알지 못한다〉라고 말하고, 〈[천天 · 인人 · 아수라阿修羅의] '좋은 세계'(善趣)[에서 경험하는] '[근본무지를 조건으로 하는] 형성으로 인한 괴로움'(行苦)[25]의 원인〉(善趣行苦之因)에 미혹하여 이 '근원적인 무지'(無明)

---

24 『유가사지론』 권10(T30, 325a7~10). "問, 何因緣故, 福行不動行, 由正簡擇功力而起, 仍說用無明爲緣耶? 答, 由不了達世俗苦因爲緣, 起非福行, 由不了勝義苦因爲緣, 生福及不動行. (是故…)" 〈산스크리트본의 해당 내용: YBh(YoBh)., p.216; kena kāraṇena puṇyāneñjyāḥ saṃskārā〈ḥ〉 pratisaṃkhyāya=m=anukṛtā avidyāpratyayā ity ucyante | sānketika〈ṃ〉 duḥkhahetum ajānānasya tatpratyayā apuṇyāḥ | pāramārthikaṃ duḥkhahetum ajānānasya tatpratyayāḥ puṇyāneñjyāḥ | tasmāt te apy avidyāpratyayā ucyante ||; 무엇 때문에 간택하고서 생겨난, 복과 부동의 성향(行)들이 무명을 조건으로 삼는다고 가르치는가? 관습적인 '고통의 원인'을 알지 못하는 자에게는 그것(=무명)을 조건으로 삼아 비복[의 행]이 있다. 궁극적인 '고통의 원인'을 알지 못하는 자에게는 그것을 조건으로 삼아 복과 부동[의 행]이 있다. 그러므로 그 [간택하고서 생겨난, 복과 부동의 성향(行)]들 역시 무명을 조건으로 삼는다고 가르친다.〉

25 삼고三苦: '세 가지 괴로움'(三苦)이란 니까야에 따르면, '환경적 조건으로 인한 괴로움'(苦苦, dukkha dukkhatā), '[근본무지를 조건으로 하는] 형성으로 인한 괴로움'(行苦, saṅkhāra dukkhatā), '소멸로 인한 괴로움'(壞苦, vipariṇāma dukkhatā)을 가리킨다. 『대보적경』, 『대반열반경』의 서술에서 확인할 수 있듯이 '세 가지 괴로움'(三苦)에 대한 인식은 초기경전 및 아비달마 논서뿐만 아니라 대승경전에서도 계승되고 있음을 확인할 수 있다. 『대보적경大寶積經』(T11, p.569c21~22)

가 '이로운 행위'(善業)를 일으키기 때문에 〈'궁극적인 차원에서의 괴로움의 원인'(勝義苦因)을 분명하게 알지 못한다.〉라고 말한다는 것을 밝힌 것이다.

『對法論』云, "愚有二種,[26] 一異熟愚, 二眞實義愚. 由異熟愚故, 發不善行,[27] 由眞實義愚故, 發福不動行. 初者是染汚性,[28] 無明合時, 心[29]不容受信解異熟行相正見故. 後者,[30] 眞實義卽四諦,[31] 於彼愚故, 未見諦者, 雖起善心, 由彼隨眠所隨縛故, 亦名愚癡. 由彼勢力, 於三界苦, 不如實知, 便能發起後有因性福不動行, 非已見諦者, 能發此業, 無眞實義愚故. 是故彼業說因此生."

[H1, 795c12~22; O 23,12~24,2]

『대승아비달마잡집론』에서 [다음과 같이] 말한 것과 같다. "어리석음에는 두 종류가 있으니, 첫째는 '다르게 무르익어 감에 대해 모르는 어리석음'(異熟愚)이고, 둘째는 '[네 가지 성스러운] 진리에 대해 모르는 어리석음'(眞實義愚)이다. '다르게 무르익어 감에 대해 모르는 어리석음'(異熟愚) 때문에 이롭지 않은 행위를 일으키고, '[네 가지 성스러운] 진리에 대해 모르는 어리석음'(眞實義愚) 때문에 '이로운 행위'(福行)와 '원인과 결과가 다르지 않은 이로운 행위'(不動行)를 일으킨다. 전자(異熟愚)는 오

"復次諸天子! 依不放逸住者得離三苦. 何等爲三? 所謂行苦・苦苦・壞苦."; 『대반열반경大般涅槃經』(T12, p.439c15~16) "善男子! 苦受者名爲三苦, 所謂苦苦・行苦・壞苦."

26 원문은 '答有二種愚'다.

27 원문은 '發非福行'이다.

28 원문은 '由異熟愚發非福行者, 由彼一向是染汚性'이다.

29 원문은 '必'이다.

30 원문은 '由眞實義愚發福不動行者'이다.

31 원문은 '四聖諦'다.

염된 것이니, 근본무지(無明)와 결합할 때에는 〈'다르게 무르익어 가는 작용양상'(異熟行相)을 믿고 이해하는 '바른 견해'(正見)〉(信解異熟行相正見)를 마음이 받아들이지 않기 때문이다. 후자(眞實義愚)에서 '진실한 대상'(眞實義)이란 바로 '네 가지 성스러운 진리'(四諦)이니, 그 ['네 가지 성스러운 진리']에 대해 어리석기에 아직 '[네 가지] 성스러운 진리'를 이해하지 못하는 자는 비록 '이로운 마음'(善心)을 일으킨다 해도 저 '잠재적인 번뇌'(隨眠)에 묶여 있기 때문에 또한 어리석음이라 부른다. 그 [잠재적인 번뇌의] 세력으로 인해 ['욕망 세계'(欲界) · '유형 세계'(色界) · '무형 세계'(無色界), 이] 세 유형의 세계[에서 일어나는] 괴로움에 대하여 사실대로 알지 못하여 곧 〈다음 존재의 원인이 되는 '이로운 행위'(福行)와 '원인과 결과가 다르지 않은 이로운 행위'(不動行)〉(後有因性福不動行)를 일으킬 수 있는 것이지, 이미 '[네 가지] 성스러운 진리'를 이해한 자가 이 [다음 생의 원인이 되는 '이로운 행위'(福行)와 '원인과 결과가 다르지 않은 이로운 행위'(不動行)]를 일으키는 것이 아니니, [이미 사성제를 이해한 자는] '[네 가지 성스러운] 진리에 대해 모르는 어리석음'(眞實義愚)이 없기 때문이다. 그러므로 저 행위(福業과 不動業)는 이 ['[네 가지 성스러운] 진리에 대해 모르는 어리석음'(眞實義愚)] 때문에 생겼다고 말했다."[32]

---

32 『대승아비달마잡집론』 권7(T31, 728c9~18). "答有二種愚, 一異熟愚, 二眞實義愚. 由異熟愚故, 發非福行, 由眞實義愚故, 發福及不動行. 由異熟愚發非福行者, 由彼一向是染汚性. 無明合時, 必不容受信解異熟行相正見故, 由眞實義愚發福不動行者, 眞實義即四聖諦, 於彼愚癡名眞實義愚. 未見諦者, 雖起善心, 由彼隨眠所隨縛故, 亦名愚癡. 由彼勢力, 於三界苦, 不如實知, 便能發起後有因性福不動行, 非已見諦者, 能發此業, 無眞實義愚故. 是故彼業說因此生." 〈산스크리트본의 해당 내용: (출전1) AS., pp.54-55; dvividhaḥ saṃmūḍhaḥ | phalavipākasaṃmūḍhaḥ tattvārthasaṃmūḍhaś ca | phalavipākasaṃmūḍhasyāpuṇyāḥ saṃskārāḥ | tattvārthasaṃmūḍhasya puṇyāniṃjyāḥ saṃskārāḥ |; 어리석음은 두 종류이다. [즉, 원인과] 다른 결과의 산출(異熟)에 대한 어리석음과 실재(tattvārtha)에 대한 어리석음이 [그 둘이다. 원인과] 다른 결과의 산출(異熟)에 대한 어리석음은 비복(非福)의 형성력들과 연결

是意欲明發業無明, 皆是正迷四眞諦義, 亦悉不了異熟因果. 但發善業時, 雖未通達四諦道理, 而能信解異熟因果, 故於此時, 無明隨眠. 設其不了異熟因[33]義, 發罪業時, 非直不了四諦道理, 亦無信解異熟因果, 故於此時, 無明別名異熟愚也.

[H1, 795c22~796a4; O 24,2~5]

이 [글의] 뜻은, 〈행위를 일으키는 '근원적인 무지'〉(發業無明)는 모두 '네 가지 성스러운 진리의 뜻'(四眞諦義)에 바로 미혹한 것이며 또한 모두 '다르게 무르익어 가는 원인과 결과의 관계'(異熟因果)를 분명히 알지

되고, 실재에 대한 어리석음은 복(福)과 부동(不動)의 형성력들과 연결된다. (출전2) ASBh., p.66, phalavipākasaṃmūḍhasyāpuṇyāḥ saṃskārāḥ saṃbhavanti, teṣām ekāntakliṣṭatvenāvidyāsāṃnidhye sati phalavipākābhisaṃpratyayākārāyāḥ samyagdṛṣṭer anavakāśāt | tattvārthasaṃmūḍhasya puṇyāniṃjyās tattvārtha ucyate catvāryāryasatyāni | tatra saṃmohaḥ kuśalacittānām apy adṛṣṭasatyānām anuśayato 'nubuddho bhavati yadvaśena te duḥkhatas traidhātukasya yathābhūtam aparijñānāt punarbhavahetubhūtān puṇyānijyasaṃskārān utthāpayanti | na tv evaṃ dṛṣṭasatyās tattvārthasaṃmohābhāvāt | atas te taddhetukā ity ucyante ||; [원인과] '다른 결과의 산출'(異熟)에 대해 어리석은 자에게는 비복非福의 형성력들이 일어난다. 왜냐하면 그 [비복의 형성력]들은 완전히 염오된 것이기 때문에, 무명이 나타날 때 [원인과] 다른 결과의 산출에 대해 완전하게 확신하는 모습을 지닌 '바른 견해'(正見)에게 여지를 주지 않기 때문이다. 실재에 대해 어리석은 자에게는 복福과 부동不動의 형성력들이 일어난다. 성자들의 네 가지 진리가 실재라고 말해졌다. 그 [성자들의 네 가지 진리]에 대한 어리석음은 비록 [열반에] '유익한 마음'(善心)이 있다고 할지라도 아직 [성자들의 네 가지 진리]를 보지 못한 자들에게는 잠재세력에 의해 결박되게 된다. 그 [잠재세력]의 힘에 의해 그 [어리석은 자]들은 삼계에 속한 것에 대해 '괴롭다'라고 여실하게 알지 못하기 때문에 다시 태어남(再生)의 원인으로 작용하는 복福과 부동不動의 형성력들을 발생하게 한다. 그렇지만 [성자들의 네 가지] 진리를 이미 본 사람들은 그와 같지 않다. 왜냐하면 [그들에게는] 실재에 대한 어리석음이 없기 때문이다. 이 점 때문에 그 [복과 부동의 형성력]들은 그것을 원인으로 한다고 말해진다.〉

33 '因'은 '因果'의 오기로 보인다. '因果'로 교감하여 번역한다.

못하는 것임을 밝히고자 한 것이다. 다만 '이로운 행위'(善業)를 일으킬 때는, 비록 아직 '네 가지 성스러운 진리'(四諦)의 이치에 통달하지 못했을지라도 '다르게 무르익어 가는 원인과 결과의 관계'(異熟因果)를 믿고 이해할 수 있기 때문에, 이때에 '근원적인 무지'(無明)는 '잠재적인 번뇌'(隨眠)이다. 만일 '다르게 무르익어 가는 원인과 결과의 관계'(異熟因果)의 뜻을 분명하게 알지 못하여 '해로운 행위'(罪業)를 일으킬 때라면, '네 가지 성스러운 진리'(四諦)의 이치를 분명하게 알지 못한 것일 뿐 아니라 또한 '다르게 무르익어 가는 원인과 결과의 관계'(異熟因果)도 믿고 이해하지 못한 것이니, 그러므로 이때에는 별도로 '근원적인 무지'(無明)를 '다르게 무르익어 감에 대해 모르는 어리석음'(異熟愚)이라고 부르는 것이다.

2) [윤회하는 다음] 삶에 맺게 하는 작용능력(能結生)

(1) [윤회하는 다음] 삶에 맺어지는(結生) 시기

次明結生相續力者. 所結之生, 不出二種. 一者正生, 二者[34]方便生. 結正生時, 亦有二種, 生有色界, 中有時結, 生無色界, 死有時結. 二[35]結方便生, 唯在死有. 然臨死有心, 有其三位, 謂前三性心位, 其次染汚心位, 寅[36]後異熱心位. 此中初二, 是心[37]意識, 最後一心, 是異熟識. 又三性位, 非結生時, 後之二心, 是結生位. 又後二中, 初是現纒結生

34 '二者'가 橫超本에는 '二'로 되어 있다.

35 橫超本의 교감주에 따르면, 원본의 '時'를 傍註에 있는 '二'에 의거하여 '二'로 고친 것이다.

36 '寅'는 원본에 '最'로 나온다.

37 橫超本의 교감주에 따르면 '心'은 원본에 '花'이지만 '意'의 오기誤記인 듯하다며 '意'로 교감하였다. 여기서도 '意'로 보고 번역한다.

之位, 後是隨眠結生位也.

[H1, 796a4~13; O 24,6~10]

다음으로 '[윤회하는 다음] 삶에 맺어져 이어지게 하는 힘'(結生相續力)을 밝힌다. [윤회하는 다음 존재에] 맺어지는 삶은 두 종류를 벗어나지 않는다. 첫 번째는 '제대로의 삶'(正生)이고, 두 번째는 '임시방편인 삶'(方便生)이다. '제대로의 삶'(正生)에 맺어지는 시기에는 또한 두 가지가 있으니, ['욕망 세계'(欲界)와 '유형 세계'(色界), 이 두 가지] '형색이 있는 세계'(有色界)에 태어날 경우에는 [죽음과 태어남의] '중간 존재'(中有)[38]의 시기에 맺어지고, '무형의 세계'(無色界)에 태어날 때에는 '죽는 순간의 존재'(死有)[39] 시기에 맺어진다. 두 번째인 '임시방편인 삶에 맺어지는 것'(結方便生)은 오직 '죽는 순간의 존재'(死有) [시기]에만 있다. 그런데 '죽는 순간의 존재'(死有)에 임한 마음에는 '세 가지 단계'(三位)가 있으니, 먼저는 ['이로운 것'(善), '해가 되는 것'(不善), '이롭지도 않고 해가 되지도 않는 것'(無記)의] '세 가지 특성을 갖는 마음단계'(三性心位)이고, 그다음은 '오염된 마음단계'(染汚心位)이며, 마지막은 '다르게 무르익어 가는 마음단계'(異熟心位)이다. 이 가운데 ['세 가지 특성을 갖는 마음단계'(三性心位)와 '오염된 마음단계'(染汚心位), 이] 처음 두 가지는 [제7]말나식(意)과 [제6]의식(意識)이고, 마지막 '한 [종류의] 마음'(一心)은 '다르게 무르익어 가는 식'(異熟識)[인 제8아뢰야식]이다. 또한 ['이로운 것'(善), '해가 되는 것'(不善),

---

38 중유中有(antarābhava): 사람이 윤회하면서 죽고 태어나는 과정에서 죽음과 태어남의 사이에 존재하는 식(識身)을 말한다.

39 사유死有(maraṇabhava): 인간이 태어나서 죽고 다시 태어나는 한 사이클의 윤회 과정을 설명하는 '네 단계의 존재'(四有, catvāro bhavāḥ) 중 죽는 순간의 단계를 말한다. '네 단계의 존재'(四有)는 다음과 같다. ① '죽는 순간의 존재'(死有, maraṇabhava), ② '[죽음과 태어남의] 중간 존재'(中有, antarābhava), ③ '태어나는 순간의 존재'(生有, upapattibhava), ④ '태어나서 죽기까지의 존재'(本有, pūrvakālabhava).

‘이롭지도 않고 해가 되지도 않는 것’(無記)의] ‘세 가지 특성을 갖는 [마음]단계(三性[心]位)는 ’삶에 맺어지는 때‘(結生時)가 아니고, 뒤의 [‘오염된 마음’(染汚心)과 ‘다르게 무르익어 가는 식’(異熟識), 이] 두 가지 마음이 ‘삶에 맺어지는 단계’(結生位)이다. 또한 뒤의 두 가지 중에 처음[인 ‘오염된 마음’(染汚心)]은 ‘현재 작용하고 있는 번뇌’(現纏)로 삶에 맺어지는 단계이고, 다음[인 ‘다르게 무르익어 가는 식’(異熟識)]은 ‘잠재적인 번뇌’(隨眠)로 삶에 맺어지는 단계이다.

如『瑜伽』說, “又欲界沒, 生上地時, 欲界善心無記心無間, 上地染汚心生. 以一切結生相續, 皆染汚心, 方得成故. 又從上地沒, 生下地時, 從一切上地善心染汚心無記心, 唯有下地染汚心生.” 又下文言, “臨命終時, 最後念心, 必是異熟法, 結生相續無間之心, 亦是異熟,”故. 若論中有最後念心, 必是染汚, 從此已前, 卽無定位. 結生時卽,[40] 略說如是.

[H1, 796a13~22; O 24,10~14]

[이것은] 『유가사지론』에서 [다음과 같이] 말한 것과 같다. “또한 ‘욕망 세계’(欲界)에서 죽어서 ‘더 수준 높은 세계’(上地)[인 ‘유형 세계’(色界)와 ‘무형 세계’(無色界)]에 태어날 때에, ‘욕망 세계’(欲界)의 ‘이로운 마음’(善心)과 ‘이롭지도 않고 해가 되지도 않는 마음’(無記心)에 곧바로 잇따라 [‘욕망 세계’(欲界)보다] ‘더 수준 높은 세계’[인 ‘유형 세계’(色界)와 ‘무형 세계’(無色界)]의 ‘오염된 마음’(染汚心)이 생긴다. 모든 ‘[윤회하는 다음] 삶에 맺어져 이어지는 것’(結生相續)은 다 ‘오염된 마음’(染汚心)이어야 이루어지기 있기 때문이다. 또한 ‘더 수준 높은 세계’(上地)[인 ‘유형 세계’(色界)와 ‘무형

40 橫超本은 ‘卽’을 ‘節’로 교감하였다. ‘節’로 보고 번역한다.

세계'(無色界)]에서 죽어서 [그보다] '더 수준 낮은 세계'(下地)[인 '욕망 세계'(欲界)]에 태어날 때에는 '더 수준 높은 세계'(上地)의 모든 '이로운 마음'(善心)과 '오염된 마음'(染汚心) 및 '이롭지도 않고 해가 되지도 않는 마음'(無記心)으로부터 오직 [그보다] '더 수준 낮은 세계(下地)의 '오염된 마음'(染汚心)만이 일어난다."[41]

또한 아래 문장에서는 "죽음에 임했을 때에 마지막 마음은 반드시 '다르게 무르익어 가는 것'(異熟法)이고, '[윤회하는 다음] 삶에 맺어져 이어지는 것에 곧바로 잇따르는 마음'(結生相續無間之心) 역시 '다르게 무르익는 것이다'(異熟)."[42]라고 말한다. 만일 [죽음과 태어남의] '중간 존재'(中有)의 마지막 마음을 논한다면 반드시 오염된 것이고, 이 이전에는 ['이로운 마음'(善心)과 '오염된 마음'(染汚心), '이롭지도 않고 해가 되지도 않는 마음'(無記心) 등의] 정해진 단계가 없다.

[윤회하는 다음] 삶에 맺어지는 시기에 관해 대략 설명하면 이와 같다.

(2) '[윤회하는 다음] 삶에 맺어짐'(結生)의 '공통적 양상'(通相)과 '개별적 양상'(別相)

此中何等煩惱, 能結生者? 通相而言, 自他[43]所有一切煩惱, 皆能結生, 論最勝者, 唯由俱生無記我愛, 結生相續. 如『瑜伽』說, "問, 於彼

41 『유가사지론』 권69(T30, 684b10~18). "又欲界沒生上地時, 欲界善心無記心無間, 上地染汚心生. 謂生初靜慮乃至有頂, 以一切處結生相續 皆染汚心, 方得或故, 如是應知, 往上地生諸識決定 於自所行生起差別. 又諸異生退先所得世間靜慮無色定時, 由染汚心現前故退, 此下地染汚心, 從上地善心染汚心無間生. 又從上地沒生下地時, 從一切上地善心染汚心無記心無間, 唯有下地染汚心生."

42 『유가사지론』 권66(T30, 664c19~20). "又臨終時最後念心是異熟法, 若結生相續無間之心亦是異熟."

43 橫超本은 '他'를 '地'로 교감하고 있다. 여기서도 '地'로 교감하여 번역한다.

彼地，結生相續彼彼身中，當言全界一切煩惱，皆結生耶，爲不全耶? 答，當言全非不全. 何以故? 若未離欲，於此生處，方得受生，非離欲故. 又未離欲者，諸煩惱品所有麤重，隨結[44]自身，亦能爲彼異身生因故. … 又將受生時，於自體上，貪愛現行，於男於女，若愛若恚，亦互現行." 乃至廣說. 此文，就其通相說也.

[H1, 796a22~b9; O 24,14~25,4]

이 가운데 어떤 번뇌가 [윤회하는 다음] 삶에 맺어지는 것인가? '공통적 양상'(通相)으로 말하면 자기 영역에서 가지고 있는 모든 번뇌가 다 [윤회하는 다음] 삶에 맺어지고, [이 중에서] 가장 세력이 강성한 것을 논하면 오직 〈선천적으로 갖추어져 일어나면서 이로운 속성도 아니고 해로운 속성도 아닌 '나에 대한 애착'〉(俱生無記我愛)으로부터 [윤회하는 다음] 삶에 맺어져 이어진다.

『유가사지론』에서는 "묻는다. 각각의 영역에서 [윤회하는 다음] 삶에 맺어져 각각의 몸으로 이어지는 것에서 모든 세계의 모든 번뇌가 다 [윤회하는 다음] 삶에 맺어지는 것이라고 해야 하는가, 모든 것[이 그런 것]은 아니라고 해야 하는가? 답한다. 마땅히 모든 세계의 모든 번뇌가 그런 것이라 해야지 모든 것[이 그런 것]은 아니라고 해서는 안 된다. 무엇 때문인가? 만일 〈아직 욕망세계(欲界)의 '[선정을 토대로 이해를] 거듭 익혀가는 수행에서 끊어지는 번뇌'(修惑)에서 떠나지 못한 자〉[45](未離欲[者])

44 원본에는 '結'로 나오지만, 『유가사지론』 원문에 의거하여 '縛'으로 교감한다.

45 미리욕자未離欲者와 이리욕자已離欲者: 미리욕자未離欲者는 '아직 욕계欲界의 수혹修惑을 끊지 못한 자', 이리욕자已離欲者는 '이미 욕계欲界의 수혹修惑을 끊은 자'를 말한다. 수혹修惑은 수소단번뇌修所斷煩惱로서 『아비달마구사론』에서는 탐貪·진瞋·만慢·무명無明의 네 가지(욕계 기준)를 꼽는 반면, 『유가사지론』에서는 이 네 가지 번뇌에 유신견有身見·변집견邊執見을 추가한다. 이 점과 관련하여 『성유식론成唯識論』 권6의 번뇌에 관련된 다음과 같은 대목이 주목된다. "十煩惱

라면 자기가 태어난 세계에서 [또 다른] 삶을 받게 되니, 〈욕망세계(欲界)의 '[선정을 토대로 이해를] 거듭 익혀 가는 수행에서 끊어지는 번뇌'(修惑)〉를 떨쳐 버리지 못하였기 때문이다. 또한 〈아직 욕망세계(欲界)의 '[선정을 토대로 이해를] 거듭 익혀 가는 수행에서 끊어지는 번뇌'(修惑)에서 떠나지 못한 자〉(未離欲者)는 모든 번뇌의 영역이 가지고 있는 '거칠고 무거운 잠재적 번뇌'(麤重)가 자기 몸을 따라 옭아매어 역시 저 다른 몸으로 태어나는 원인이 될 수 있기 때문이다. … 또한 장차 [다음] 삶을 받게 될 때에 자기 자신에 대해 탐욕과 애착이 나타나고, 남자나 여자에 대해서 애착하거나 성내는 마음도 번갈아 나타난다."[46]라면서 자세히 설한다. [『유가사지론』의] 이 구절은 그 [번뇌가 [윤회하는 다음] 삶에 맺어지는 것의] '공통적 양상'(通相)에 의거하여 설명한 것이다.

中, 六通俱生及分別起, 任運思察俱得生故. 疑後三見唯分別起, 要由惡友或邪教力, 自審思察方得生故."(T31, 32a5~7) 이에 따르면 탐貪·진瞋·만慢·무명無明·유신견有身見·변집견邊執見의 여섯 가지 번뇌는 구생기俱生起와 분별기分別起 번뇌에 모두 통하지만, 의疑·사견邪見·견취見取·계금취戒禁取의 네 가지 번뇌는 오직 분별기分別起 번뇌이다. 여섯 가지 번뇌는 구생기俱生起와 분별기分別起 번뇌에 모두 통하기 때문에 『유가사지론』에서는 이 여섯 가지 번뇌를 견혹見惑과 수혹修惑에 모두 포함시키고, 네 가지 번뇌는 오직 분별기分別起 번뇌이기 때문에 견혹見惑에만 포함시키는 것으로 볼 수 있다. 견도見道에서는 분별기分別起 번뇌에만 속하는 의疑·사견邪見·견취見取·계금취戒禁取의 네 가지 번뇌가 모두 끊기고, 수도修道에서는 구생기俱生起 번뇌에도 통하는 탐貪·진瞋·만慢·무명無明·유신견有身見·변집견邊執見이 끊어진다는 것이다. 아직 욕망세계(欲界)의 탐욕을 다 떨쳐 버리지 못한 자를 말한다. 견혹은 견도소단번뇌見道所斷煩惱·미리혹迷理惑이라고도 한다. 견혹과 수혹에 관해서는 앞서의 '분별기分別起와 임운기任運起' 역주를 참조할 수 있다.

46 『유가사지론』 권59(T30, 629c9~16). "問, 於彼彼界結生相續彼彼身中, 當言全界一切煩惱, 皆結生耶, 爲不全耶? 答, 當言全非不全. 何以故? 若未離欲, 於自生處, 方得受生, 非離欲故. 又未離欲者, 諸煩惱品所有麤重, 隨縛自身, 亦能爲彼異身生因. <u>由是因緣, 當知一切煩惱, 皆結生相續</u>. 又將受生時, 於自體上, 貪愛現行, 於男於女, 若愛若恚, 亦互現行." 밑줄 친 곳은 인용하면서 생략된 부분이다.

又彼論言, "云何生? 謂我愛無間已生故, 乃至卽於此生處, 中有異熟無間得生." 『對法論』云, "相續力者, 有九種, 命終心, 與自體愛相應,[47] 於三界中, 各各命相續. … 此自體愛, 唯此俱生, 不了所緣境, 有覆無記性攝. 而能了別我自體, 生差別境界. 由是勢力, 諸異生輩, 令無間後有相續." 如此等文, 就別相說.

[H1, 796b9~17; O 25,4~8]

또한 저 『유가사지론』에서는 "무엇을 태어남(生)이라고 하는가? '자아에 대한 애착'(我愛)에 곧바로 잇따라 태어나기 때문이고, … 이 태어나는 곳에서 [죽음과 태어남의] '중간 존재'(中有)의 '다르게 무르익어 감'(異熟)이 곧이어 잇따라 태어난다."[48]라고 말한다. [그리고] 『대승아비달마잡집론』에서는 [다음과 같이] 말했다. "'이어 가게 하는 힘'(相續力)에는 아홉 가지가 있으니, '수명이 다했을 때 일어나는 마음'(命終心)은 '자기 자신에 대한 애착'(自體愛)과 상응하여 '['욕망 세계'(欲界)·'유형 세계'(色界)·'무형 세계'(無色界), 이] 세 가지 세계'(三界) 중에 [다시 태어나] 각각 수명을 이어 나간다. … 이 자기 자신에 대한 애착은 오로지 선천적으로

47 원본에는 '想慮'로 나오는데, 傍註에 있는 '相應'으로 교감하였다고 橫超本에서는 밝혔다. '相應'으로 보고 번역한다.

48 『유가사지론』 권1(T30, 282a13~16). "云何生? 由我愛無間已生故, <u>無始樂著戲論因已熏習故, 淨不淨業因已熏習故, 彼所依體由二種因增上力故</u>. 從自種子, 卽於是處中, 有異熟無間得生." 밑줄 친 곳은 인용하면서 생략된 부분이다. 〈산스크리트본의 해당 내용: YBh(YoBh)., pp.18-19; anantarasamutpannatvāc ca tasya ātmabhāvasnehasya pūrvaprapañcābhiratihetuparibhāvitatvāc ca śubhāśubhakarmaparibhāvitatvāc ca tasyāśrayasya taddhetudvayam adhipatiṃ kṛtvā svabījād antarābhavasya taddeśanirantarasya prādurbhāvo bhavati |; 그 신체를 애착한 직후에 발생하기 때문에, 전생에 희론을 즐긴 것이 원인으로 축적되었기 때문에, 청정하고 부정한 업이 축적되었기 때문에, 그 소의가 그 두 가지를 주된 원인으로 하여 자신의 종자로부터 그 중음이 있는 그 장소 직후에 재생이 있다.〉

갖추어져 일어나는 것으로, 인식대상을 명료하게 식별하지 못하고, '진리를 덮어 가리지만 세력이 미세하여 이롭지도 않고 해롭지도 않은 특성'(有覆無記性)에 포함된다. 그러나 〈'나'라는 자기 자신〉(我自體)은 명료하게 식별하여 [자기와 자기 아닌 것을] 차별하는 분별을 일으킨다. 이 세력으로 말미암아 모든 범부중생들(異生輩)들이 '곧바로 잇따르는 다음 [생生의] 존재'(無間後有)로 하여금 [삶을] 이어 나가게 한다."[49] 이러한

---

49 『대승아비달마잡집론』 권5(T31, 714b27~c7). "相續力者有九種, 命終心與自體愛相應, 於三界中各令欲色無色界生相續. 謂從欲界沒還生欲界者, 即以欲界自體愛相應命終心結生相續, 若生色無色界者, 即以色無色界自體愛相應命終心結生相續, 如是從色無色界沒, 若卽生彼若生餘處, 有六種心, 如其所應盡當知. 又此自體愛唯是俱生, 不了所緣境, 有覆無記性攝. 而能分別我自體, 生差別境界. 由此勢力, 諸異生輩, 令無間有相續." 밑줄 친 곳은 인용하면서 생략된 부분이다. 〈산스크리트본의 해당 내용: ASBh., p.39, pratisaṃdhibalena nava maraṇacittāny ātmabhāvatṛṣṇāsaṃprayuktāni triṣu dhātuṣu pratyekaṃ kāmarūpārūpyāvacarāṇi | tatra kāmadhātoś cyutvā kāmadhātāv eva pratisaṃdhiṃ badhnataḥ kāmāvacaram ātmabhāvatṛṣṇāsaṃprayuktaṃ maraṇacittaṃ veditavyam | rūpārūpyadhātvoḥ pratisaṃdhiṃ badhnato rūpārūpyāvacaram | tathā rūpārūpyadhātubhyāṃ cyutvā tatra vānyatra votpadyamānasya ṣaṭ cittāni yojayitavyāni | sā punar ātmabhāvatṛṣṇā sahajānirūpitālaṃbanā nivṛtāvyākṛtā ca | ātmabhāvajātiś cāsyāḥ prakārāparicchedenālaṃbanaṃ veditavyam | tadvaśenā[na]ntaraṃ pṛthagjanānām antarābhavapratisaṃdhiḥ |; 죽음의 마음은 결생結生의 힘에 의해서 아홉 [종류]가 되는데, 이들은 신체에 대한 갈애와 결합하며, 삼계에서 각각 욕망과 형태와 형태 없음을 그 영역으로 하며(혹은 ~에 속하며) 신체에 대한 갈애와 결합한다. 그중에서 욕계에서 죽은 후에 바로 그 욕계에서 생을 결합하고 있는 자에게는 욕망을 영역으로 하고 신체에 대한 갈애와 연결된 죽음의 마음이 있다고 알아야 한다. [욕계에서 죽고 나서] 색계와 무색계에서 생을 결합하고 있는 자에게는 형태와 형태 없음을 영역으로 하[고 신체에 대한 갈애와 연결된 죽음의 마음이 있다고 알아야 한다.] 동일한 방식으로 색계와 무색계로부터 죽은 후에 그곳 혹은 다른 곳에서 태어나고 있는 사람에게 여섯 마음들을 이치에 맞게 연결해야 할 것이다. 그런데 신체에 대한 갈애는 선천적이고, 인식대상을 확정되지 못하게 하는 것이고, [번뇌에 의해] 덮이지만 [선과 불선 중 어느 하나로] 결정할 수 없는 것이다. 신체의 군(群, jāti)이라는 것은 이 [군(群)]을 나누지 않았다는 점에서 인식대상이라고 알아야 한다. 그 [갈애]의 힘에 의하여 범부들은 곧바로 [죽음과 재

글들은 [번뇌가 [윤회하는 다음] 삶에 맺어지는 것의] '개별적 양상'(別相)에 의거하여 설명한 것이다.

所以未捨上地法時, 能起下地結生惑者, 此有二義. 一若在上地, 上地業盡, 臨命終時, 生處法爾必定, 先退彼境地功德, 是故此時能起下結. 猶如生無想天臨命終時, 生處法爾必定, 先退其無想事, 然後命終, 此亦如是故.

[H1, 796b17~22; O 25,8~11]

'['욕망 세계'(欲界)보다] 수준이 높은 ['유형 세계'(色界)와 '무형 세계'(無色界)의] 세계'(上地)[에 태어나는] 이법[의 수준]을 아직 버리지 못했을 때에 '['유형 세계'(色界)와 '무형 세계'(無色界)보다] 수준이 낮은 [욕망의] 세계'(下地)에 삶을 맺는 번뇌(惑)를 일으킬 수 있는 이유에는 두 가지 의미가 있다.

첫 번째, 만일 '['욕망 세계'(欲界)보다] 수준이 높은 ['유형 세계'(色界)와 '무형 세계'(無色界)의] 세계'(上地)에 있으면서 수준이 높은 세계[에 나게 한] 업력이 다하여 목숨이 끊어질 때는 태어날 곳이 저절로 반드시 정해져서 먼저 그 [수준이 높은] 경지[에 이를 수 있었던] 능력에서 물러나게 되니, 그렇기 때문에 이때에 [그보다 수준이] 낮은 [욕망의] 세계에 [삶을] 맺게 된다. 마치 '지각/생각이 멎은 세계'(無想天)[50]에 태어나 수명이 다했을 때

생 사이의] 중간적 존재로 결생하게 된다.〉

50 무상천無想天: 무상유정천無想有情天(asaṃjñisattva), 무상계無想界, 무상처無想處라고도 하는데. 설일체유부와 경량부의 색계17천(色界十七天) 체계에서는 12번째인 광과천廣果天 안에 존재하는 경지이고 광과천은 색계 사선천四禪天 중의 세 번째 하늘세계이다. 또한 상좌부와 대승불교의 색계18천(色界十八天) 체계에서는 광과천 위에 있는 13번째 하늘세계이다. 설일체유부와 유가행파에 의하면 이번 생에 무상정無想定을 수행함으로써 다음 생에 태어나는 경지를 말한다. 『현양성

에는 태어날 곳이 저절로 반드시 정해져서 먼저 그 '지각/생각이 멎은 경지'(無想事)[51]에서 물러난 뒤에 목숨이 끊어지는 것과 같으니, 이 ['수준이 낮은 세계'(下地)에 다음 삶을 맺게 되는] 것도 이와 같은 것이다.

二凡夫生上, 非斷[52]我見, 由此未斷[53]我見力故, 將生下時, 能起我愛. 如說, "依世間道, 乃至能離無所有處所有貪欲, 於諸下地, 其煩惱心得解脫, 而未能脫薩迦耶見. 由此見故, 於下上地所有諸行和雜自體, 不觀差別, 惣[54]計爲我, 或計爲我所. 由是因緣, 雖昇有頂, 而後退

교론顯揚聖教論』 권1(T31, 484b09~11)에 의하면 〈'지각/생각이 없는 세계'(無想天)란 먼저 이 세상에서 '지각/생각을 없애는 선정'(無想定)을 닦아 완성하면 이로 인해 후에 '지각/생각이 없는 세계'(無想有情天處)에 태어나 항상 있는 것이 아닌 모든 마음과 그로 인해 발생하는 마음작용이 소멸하는 것〉을 말한다.("無想天者, 謂先於此間得無想定, 由此後生無想有情天處, 不恒現行諸心心法滅性.") 또 〈'지각/생각을 없애는 선정'(無想定)이란 색계의 삼선천三禪天 중 세 번째인 '두루 청정한 세계'(遍淨天)까지의 탐욕은 버렸지만 그보다 위에 있는 세계의 탐욕은 아직 버리지 못한 자가 마음을 집중해서 '항상 있는 것이 아닌 마음과 그로 인해 발생하는 마음작용을 소멸하는 것'을 말한다.〉고도 한다.(Abhidharmasamuccaya ed. by Gokhale, 1947, 18, 23~25 참조.)

51 무상사無想事: 무상천과 같은 의미로 전생의 무상정無想定을 원인으로 현생에 무상천에 태어나 얻어지는 경지를 말한다. 아비달마와 유가행파의 체계에서는 심불상응행법의 하나로 다루어진다. 무상과無想果, 무상이숙無想異熟이라고도 한다. '지각/생각이 없는 세계'(無想有情天)에 태어난 자가 '항상 있는 것이 아닌 마음'(전前 육식)과 그로 인해 발생하는 마음작용의 모든 현상을 소멸하는 것을 말한다. (Abhidharmasamuccaya ed. by Gokhale, 1947, 18, 27-28 참조.) 『아비달마품류족론阿毘達磨品類足論』 권1(T26, 694a22~23)에서는 "'지각/생각이 없는 경지'(無想事)란 무엇인가? 지각/생각이 없는 세계'(無想有情天)에 태어나 마음과 그로 인해 발생하는 마음작용이 소멸한 것을 말한다."(無想事云何. 謂生無想有情天中心心所滅.)라고 하였다.

52 橫超本은 '伏'으로 교감하고 있다. '伏'으로 번역한다. 이어지는 구절에 나오는 '未斷'의 '斷'도 '伏'으로 교감하여 번역한다.

53 '未伏'으로 교감하여 번역한다.

54 '惣'은 '總'의 이체자이기에 교감하지 않는다. 이하에 나오는 경우에 다시 언급하지

還故.” 由是二義, 離先所伏修斷煩惱, 死臨時, 堪能還起.

[H1, 796b22~c7; O 25,11~15]

두 번째, '보통 사람'(凡夫)이 '['욕망 세계'(欲界)보다] 수준이 높은 ['유형 세계'(色界)와 '무형 세계'(無色界)의] 세계'(上地)에 태어나 '자아에 관한 [잘못된] 견해'(我見)를 조복하지 못하면, 아직 조복하지 못한 이 '자아에 관한 [잘못된] 견해'(我見)의 [잠재적인] 힘으로 인해 장차 '['유형 세계'(色界)와 '무형 세계'(無色界)보다] 수준이 낮은 [욕망의] 세계'(下地)에 태어날 때에 '자아에 대한 애착'(我愛)을 일으킬 수 있다.

[이것은] [『유가사지론』에서 다음과 같이] 말한 것과 같다. "'세간의 수행법'(世間道)에 의거하여 '그 어떤 것에 의거하지도 않고 제한되지도 않는 세계'(無所有處)[55]에서 지니고 있는 탐욕을 버릴 수 있는 데까지는 모든 '['유형 세계'(色界)와 '무형 세계'(無色界)보다] 수준이 낮은 [욕망의] 세계'(下地)에서 그 '번뇌의 마음'(煩惱心)으로부터 풀려날 수 있지만, 아직 '자아에 관한 [잘못된] 견해'(薩迦耶見)로부터 벗어나지는 못한다. 이 ['자아'에 관한 잘못된] 견해로 말미암아 '['유형 세계'(色界)와 '무형 세계'(無色界)보다]

않는다.

55 무소유처無所有處: 초기불교에서 아비달마 시대를 거치면서 갖가지 선정법의 체계적 분류가 시도되는데, '욕망 세계'(欲界), '유형 세계'(色界), '무형 세계'(無色界)의 각 영역에 갖가지 선정법을 배당하는 것도 그 하나이다. 특히 사선四禪은 '유형 세계'(色界) 선정법으로, 사무색정四無色定은 '무형 세계'(無色界) 선정법으로 배속시킨다. 이때 사무색정은 '허공처럼 한계가 없어지는 세계[에 태어나는 선정]'(空無邊處[定]), '[허공에 한계가 없는 것처럼] 의식의 면모에도 한계가 없어지는 세계[에 태어나는 선정]'(識無邊處[定]), '[허공이나 의식 등 존재하는] 그 어떤 것에 의거하지도 않고 제한되지도 않는 세계[에 태어나는 선정]'(無所有處[定]), '지각도 아니고 지각 아닌 것도 아닌 세계[에 태어나는 선정]'(非想非非想處[定])의 넷을 가리킨다. 다시 말해 사무색정의 각 단계를 성취한 사람이 태어나게 되는 곳을 각각 공무변처空無邊處, 식무변처識無邊處, 무소유처無所有處, 비상비비상처非想非非想處라 한다.

수준이 낮은 [욕망의] 세계'(下地)와 '['욕망 세계'(欲界)보다] 수준이 높은 ['유형 세계'(色界)와 '무형 세계'(無色界)의] 세계'(上地)에 있는 '[근본무지를 조건으로 삼는] 모든 현상이 뒤섞여 있는 자기'(諸行和雜自體)에서 [현상들의] 차이를 보지 못하고 몽땅 '나'(我)라고 여기거나 '나의 것'(我所)이라고 여긴다. 이와 같은 원인과 조건 때문에 비록 '['무형 세계'(無色界)의] 가장 높은 세계'(有頂天)[56]에 오르더라도 다시 퇴행하여 [그보다 수준이 낮은 세계로] 되돌아간다."[57]

이와 같은 두 가지 뜻으로 인해, 앞서 조복시킨 〈'[선정을 토대로 이해를] 거듭 익혀 가는 수행'(修道)에서 끊는 번뇌〉에서 벗어났으면서도 죽음에 이르렀을 때 [번뇌의] '감당하는 활동성'(堪能)이 다시 일어난다.

由是言之, 結三界生, 正是修道所斷煩惱, 發總報業, 正是見道所斷煩惱, 相從而說, 通發通結. 如『攝論』云, "若無下[58]無明, 諸行不生, 若

56 유정천有頂天: 색구경천色究竟天이라고도 한다. '무형 세계'(無色界)를 구성하는 네 가지 하늘 가운데 최상위에 있는 세계를 가리킨다. 유정천有頂天의 산스크리트는 'akaniṣṭha'로서 '가장 높은 곳'이라는 뜻이므로, 유정천有頂天은 무색계천 가운데 가장 위에 있는 비상비비상처非想非非想處를 의미한다.

57 "如說依世間道 … 而後退還故."까지는 유가사지론의 다음 글을 인용한 것이다. 『유가사지론』 권88(T30, 794c3~8). "依世間道, 乃至能離無所有處所有貪欲, 於諸下地, 其餘煩惱心得解脫, 而未能脫薩迦耶見, 由此見故, 於下上地所有諸行和雜自體, 不觀差別, 總計爲我, 或計我所. 由此因緣, 雖昇有頂, 而復退還." 밑줄친 부분만 원효가 '後'로 바꾸어 표기했을 뿐이다.

58 『섭대승론석』 원문에는 '若無下無明'이 '若無苦下無明'으로 되어 있다. 그리고 『국역일체경國譯一切經』은 '苦'를 연자衍字로 추정한다. 은정희는 이 추정을 수용하여 '若無下無明'을 "만일 아래(견소단 분별기)의 무명이 없으면"이라 번역하고 있고, 안성두는 '苦'가 있는 문장으로 보아 "고제에 속한 무명"이라 번역한다. 그런데 이 『섭대승론석』 인용구 바로 앞의 언급이나 앞서 거론한 내용(H1, 795b15~c2)을 감안하면, 원효는 이 『섭대승론석』 구절을 〈견도에서 끊어지는 '후천적으로 분별에 의해 일어나는 번뇌'(分別起煩惱)와 수도에서 끊어지는 '선천적으로 일어나는 번뇌'(俱生煩惱)의 대비〉를 위해 인용하는 것으로 보인다. '견도에서 끊어지

無修道無明,[59] 諸行不熟."者. 是明分別我見相應無明, 能發總報引業, 境界□□□□[60]悲[61]無明, 能所[62]彼業, 令成生業.

[H1, 796c7~13; O 25,15~26,3]

이로써 말하자면 '['욕망 세계'(欲界)·'유형 세계'(色界)·'무형 세계'(無色界), 이] 세 가지 세계'(三界)에서의 [윤회하는] 삶에 맺게 하는 것은 바로 '[선정을 토대로 이해를] 거듭 익혀 가는 수행'(修道)에서 끊어지는 번뇌이고, '공통적인 과보를 끌어오는 작용'(總報業)을 일으키는 것은 바로 '[진리다운] 이해를 밝혀 가는 수행'(見道)에서 끊어지는 번뇌이지만, 서로

는 번뇌'는 세 가지의 '공통적인 과보를 끌어오는 행위'(總報業)를 일으키는 것이기 때문에 모든 현상을 일으키는 것이고, '수도에서 끊어지는 번뇌'는 삼계三界에서 윤회하는 삶에 맺게 하는 것이기 때문에 '다르게 무르익어 가게 하는 것'(異熟)이다. 이 두 종류의 번뇌가 없다면, '[근무지에 따르는] 모든 현상을 일으키는 일'도 없고 '다르게 무르익어 가는 일'도 없을 것이라는 의미를 드러내려는 것으로 보인다. 원효가 보았던 『섭대승론석』 판본에는 '若無下無明'으로 되어 있었을 가능성도 있다. 또한 '若無苦下無明'으로 되어 있는 것을 원효가 '苦'를 삭제하고 '若無下無明'으로 인용했을 가능성도 있고, 아니면 '若無苦下無明'으로 인용했는데 후대의 필사과정에서 '苦'가 빠졌을 가능성도 있다. 이 다양한 가능성 가운데, 원효가 보았던 『섭대승론석』 판본에는 '若無下無明'이었을 가능성을 더 주목하고 싶다.

59 원문에는 '若行已生, 無修道無明'이라고 되어 있다.

60 한불전에서는 '□□□□'에 들어갈 네 글자를 알아보기 어렵다고 하였으나, 橫超本에는 '境界愛相'으로 추정하고 있고 은정희는 이에 따르고 있다. 이와는 달리 안성두는 '境界□□□□悲無明'을 '境界愛相應無明'으로 교감하여 "경계에 대한 애착과 상응하는 무명이 저 (총보로서의) 인업을 조력하여 생업을 성취시킨다."라고 번역하고 있다. 전후 의미맥락으로 볼 때 안성두의 교감이 더 적절해 보인다. 여기서도 "是明分別我見相應無明, 能發總報引業, 境界愛相應無明, 能助彼業, 令成生業."으로 교감하여 번역한다.

61 橫超本 교감에 따르면, 원본의 補記에는 '悲'이지만, '非'로 고친다고 하였다. 그러나 안성두의 교감에 따라 '境界□□□□悲無明'을 '境界愛相應無明'으로 교감한다.

62 橫超本 교감에 따르면, 원본의 補記에 '能所造'로 되어 있는데, '所'자는 剩字로 의심된다고 하였다. 여기서는 '能助'로 보고 번역하였다.

연관시켜 말하자면 [두 번뇌가] 모두 ['공통적인 과보를 끌어오는 작용'(總報業)을] 일으키고 [삼계三界에서의 윤회하는 삶에] 맺게 한다.

[이것은] 『섭대승론석攝大乘論釋』에서 "만일 아래 [단계인 '[진리다운] 이해를 밝혀 가는 수행'(見道)에서 끊어지는] [후천적으로 분별에 의해 일어나는] 근본무지가 없다면 [근본무지에 따르는] 모든 현상은 일어나지 않고, 만일 '[선정을 토대로 이해를] 거듭 익혀 가는 수행'(修道)[에서 끊어지는][선천적으로 일어나는] 근본무지가 없다면 [근본무지에 따르는] 모든 현상은 [다르게] 무르익어 가지 않는다."[63]라고 말한 것과 같다.

이것은, 〈분별에 의해 일어나는 '자아에 관한 [잘못된] 견해'(我見)와 상응하는 근본무지〉(分別我見相應無明)가 '공통적인 과보를 끌어오는 작용'(總報引業)을 일으키고 〈'대상에 대한 애착에 상응하는 근본무지'(境界愛相應無明)가 저 '공통적인 과보를 끌어오는 작용'(總報引業)을 도와 '[특정한 결과를] 생겨나게 하는 작용'(生業)을 이룬다는 것을 밝힌 것이다.

『佛性論』云, "福[64]不動業增長家因者, 思惟能成業, 見諦能得果."者, 是明由境界愛, 增長引業, 令成生業, 故名成業, 非能始發引業, 故不言能發業, 由我愛力, 業能得果, 故言見諦能得果也.

[H1, 796c13~18; O 26,3~5]

[또] 『불성론佛性論』에서 "'이로운 행위'(福業)와 '원인과 결과가 다르지 않은 이로운 행위'(不動業)가 증장하는 원인은, [하나는][65] 사유思惟가

63 『섭대승론석攝大乘論釋』 권2(T31, 167b28~c1). "若無苦下無明, 諸行不生, 若行已生, 無修道無明, 諸行不熟." 『국역일체경國譯一切經』은 원문의 '苦'를 衍字로 추정한다.

64 원문에는 '福'이 없다.

65 원문은 "一思惟能成業 二見諦能得果"이다. 인용문에서는 '一'과 '二'가 빠져 있다.

작용(業)[66]을 이루[기 때문이]고 [다른 하나는] '[진리다운] 이해를 밝혀 가는 수행'(見諦)[67]이 결과를 얻[기 때문]이다."[68]라고 말한 것은 [다음과 같은 뜻을] 밝히는 것이다. '대상에 대한 애착'(境界愛)으로 인해 '끌어오는 작용'(引業)을 증장시켜 '[특정한 결과를] 생겨나게 하는 작용'(生業)을 이루게 하기 때문에 〈작용을 이룬다〉(成業)라고 하였으니, '끌어오는 작용'(引業)을 비로소 일으키는 것은 아니기 때문에 〈작용을 일으킨다〉(能發業)라고 하지 않았고, '나에 대해 애착하는 힘'(我愛力)으로 인해 작용(業)이 결과를 얻을 수 있기 때문에 〈'[진리다운] 이해를 밝혀 가는 수행'(見諦)이 결과를 얻는다〉(見諦能得果)라고 한 것이다.

彼論者意, 境界愛等, 迷五塵事, 故名思惟, 我愛是乖無我道理, 故名見諦. 而是我愛非分別起, 是故還爲修道所斷. 由是道理, 故不相違.

[H1, 796c18~21; O 26,5~7]

이 『불성론』의 의미는 [다음과 같다].[69] '대상에 대한 애착'(境界愛) 등으로 '다섯 가지 감관대상의 현상'(五塵事)에 미혹되기 때문에 〈사유思惟〉라고 하였고, '나에 대한 애착'(我愛)은 '[불변 · 독자의] 자아가 없다'(無我)는 도리에 어긋난 것이기 때문에 〈[진리다운] 이해를 밝혀 가는 수행〉(見諦)이라고 한 것이다. 그런데 이 '나에 대한 애착'(我愛)은 분별에 의해 [후천적으로] 일어나는 것이 아니기 때문에 도리어 '[선정을 토대로 이해를] 거듭 익혀 가는 수행'(修道)에서 끊어진다. 이러한 도리이기 때문에 [『섭대승론석攝大乘論釋』과 『불성론佛性論』의 말은] 서로 모순되지 않는다.

---

66 이때의 '업業'은 '작용'으로 번역하는 것이 적절해 보인다.

67 견제見諦는 견도見道를 의미한다.

68 『불성론佛性論』 권4(T31, 806c29~807a1). "不動業增長家因者, 一思惟能成業, 二見諦能得果."

69 뮬러는 '彼論者, 意境界愛等'으로 해석하였다.

(3) 범부중생(異生)·이승二乘·보살菩薩에 따른 '[윤회하는 다음] 삶에 맺어짐'(結生)의 구분

又於此中, 約人分別者, 一切異生, 纏及隨眠, 皆是結生, 若諸菩薩, 纏及隨眠, 並非結生. 二乘聖人, 卽當分別, 何者? 依通相門, 一切聖人, 唯有隨眠, 結生相續,[70] 以諸聖人, 將受生時, 於男[71]女中, 無愛恚[72]等故. 別[73]相門, 初二果中, 俱生我愛亦有現行, 唯第三果, 不起此結, 直由隨眠結生, 我愛結生, 迷[74]聖意故, 無漏道力, 漸增盛故.

[H1, 796c21~797a6; O 26,7~11]

또한 이 [번뇌들로 인해 윤회하는 삶(生)에 맺어지는 것]에 대해 사람[의 수준차이]에 의거해서 구분하면 [다음과 같다.] 모든 범부중생(異生)의 경우에는 '현재 작용하고 있는 번뇌'(纏)와 '잠재적인 번뇌'(隨眠)가 다 [윤회하는 다음] 삶에 맺게 하지만, 모든 보살菩薩의 경우에는 '현재 작용하고 있는 번뇌'(纏)와 '잠재적인 번뇌'(隨眠) 모두 [윤회하는 다음] 삶에 맺게 하지 않는다. [또 '가르침을 들어서 혼자 깨달으려는 수행자'(聲聞乘)와 '연기를 이해하여 혼자 깨달으려는 수행자'(緣覺乘), 이] 두 종류의 고귀한 수행자[의 경우]라면 [그 차이를 상세하게] 구별해야 하니, 어째서인가?

'공통적 양상의 측면'(通相門)에 의거한다면, [이 두 종류의] 모든 고귀한 수행자는 오직 '잠재적인 번뇌'(隨眠)만 있어서 [이 번뇌가 윤회하는 다

---

70 원본에는 '結'이나 橫超本에서 교감한 '續'을 따른다.

71 橫超本의 교감주에 따르면, 원본에는 '界'이지만, 傍註에 있는 '男'으로 고친다고 하였다. 이에 따라 번역한다.

72 橫超本의 교감주에 따르면, 원본에는 '悉'이지만, 傍註에 있는 '恚'로 고친다고 하였다. '恚'로 보고 번역한다.

73 '別相門' 앞에 '依'자가 빠진 것으로 보인다.

74 橫超本과 은정희본 모두 '違'로 교감하고 있다. '違'로 보고 번역한다.

음] 삶에 맺게 하여 이어지게 한다. [이 두 종류의] 모든 고귀한 수행자는 [다음] 삶을 받을 때에 남자와 여자 중 [어느 한쪽 성에 대해] 애착과 분노 등이 없기 때문이다. '개별적 양상의 측면'(別相門)에 의거한다면, [성문과 연각 수행자가 성취하는 '네 가지 결실'(四果) 가운데] 처음 두 가지 결실[75] [인 예류과預流果와 일래과一來果]에서는 〈선천적으로 갖추어져 일어나는 '나에 대한 애착'〉(俱生我愛)이 나타나 작용하기도 하지만, 오직 세 번째 결실[인 불환과不還果]에서는 이 [선천적으로 일어나는 '나에 대한 애착'으로 다음 삶에] 맺어지는 일이 일어나지 않으며 다만 '잠재적인 번뇌'(隨眠)로 인해 [윤회하는 다음] 삶에 맺어지니, '나에 대한 애착'(我愛)으로 [윤회하는 다음] 삶에 맺어지는 것은 고귀한 [진리의] 뜻에 어긋나기 때문이며, '번뇌가 흘러들어 오는 경향성이 없는 수행의 힘'(無漏道力)이 점차 커지고 강성해지기 때문이다.

如『瑜伽』說, "結生相續, 略有[76]七種. 一纏及隨眠結生相續, 謂諸異生. 二唯隨眠結生相續, 謂見聖迹. 三正知入胎, 謂轉輪王. 四正知入住, 謂獨覺. 五於一切位, 不失正念, 謂諸菩薩.[77] 六業所引發結生相

75 성문승과 연각승이 수행하여 얻는 네 단계의 수행 결과(四果) 중 첫 번째와 두 번째를 말한다. 네 단계의 수행결과는 다음과 같다. 첫 번째 예류과(預流果, srotāpanna-phala)는 견도에서 처음으로 사성제를 알고 예류에 들어간다. 두 번째 일래과(一來果, sakṛdāgāmi-phala)는 욕계 9품의 번뇌 중 처음부터 6품까지를 끊은 단계이다. 세 번째 불환과(不還果, anāgāmi-phala)는 일래과를 증득한 뒤 욕계 9품의 나머지 번뇌인 3품을 다 끊은 경지이다. 이 단계에서 비로소 다시는 욕계에 태어나지 않는 경지에 이른다. 네 번째 아라한과(arhat)는 불환과에 이어 색계와 무색계의 모든 번뇌를 끊고 열반에 들어 다시는 윤회하지 않는 경지이다.

76 橫超本의 교감주에 따르면, '有'는 원본에 없는데 보완해 넣은 글자라고 한다. 『유가사지론』 원문에도 '略有七種'이다.

77 '謂諸菩薩' 이하인 '六業所引發結生相續, 謂除諸菩薩. 七智力所發結生相續, 謂諸菩薩.'의 27자는 원본에 없는 것을 보완해 넣은 것이라고 한다. 『유가사지론』 원문에 의거한 것이므로 이에 따라 번역한다.

續, 謂除諸菩薩. 七智力所發結生相續, 謂諸菩薩." 此說隨眠結生, 謂見聖迹, 是約通相結生門說.

[H1, 797a6~14; O 26,11~14]

[이것은] 『유가사지론』에서 [다음과 같이] 설한 것과 같다. "[윤회하는 다음] 삶에 맺어져 이어 가는 경우에는 대략 일곱 가지가 있다. 첫째는 '현재 작용하고 있는 번뇌'(纏)와 '잠재적인 번뇌'(隨眠)로써 [다음] 삶에 맺어져 이어 가는 것으로, 모든 범부중생(異生)[의 경우]이다. 둘째는 오직 '잠재적인 번뇌'(隨眠)로써 [다음] 삶에 맺어져 이어 가는 것으로, 고귀한 [진리의] 행적에 눈 뜬 [수행자의 경우]이다. 셋째는 '바른 앎'(正知)으로써 [다음 삶의] 모태에 들어가는 것으로, 전륜성왕(轉輪王)[78][의 경우]이다. 넷째는 '바른 앎'(正知)으로써 [다음의 삶의 모태에] 들어가 머무는 것으로, '연기緣起를 이해하여 혼자 깨달으려는 수행자'(獨覺)[의 경우]이다. 다섯째는 모든 상태에서 '바른 잊지 않음'(正念)[79]을 잃지 않는 것으로, 모든

78 인도의 이상적인 왕의 상징. 하늘로부터 받은 진리(법)의 수레바퀴를 굴려 이상적인 나라를 건설하므로 전륜성왕이라 한다.

79 정념正念: 정념(samma-sati)의 염念(sati)은 언어학적으로 '기억, 잊지 않음, 간직함'을 의미한다. 그리고 마치 '기억하듯 잊지 않고 간직해야 할 내용'은 〈'몸 현상'(身)·'느낌 현상'(受)·'마음 현상'(心)·'법칙/이법 현상'(法)을 '마치 괄호 치고 보듯이, 붙들지 않고 알아차리며 보는 것'(sampajānāti)〉이다. 그리고 이러한 정념 수행의 초점과 핵심은 '지각에서 경험되는 현상들을 무지로 왜곡/오염시키지 않는 이해와 마음'을 수립하여 유지하는 것이다. 정념 수행의 내용과 의미에 대해서는 교학과 불교학에서 다양한 이해가 제시되고 있지만, 붓다 법설의 전체 내용을 고려할 때 이렇게 이해하는 것이 적절해 보인다. 그런데 흥미롭게도, 대승불교의 핵심에 대한 압축적 종합을 시도하면서 7세기경 동북아시아에 등장하여 원효의 시선을 사로잡은 『대승기신론』에서 정념의 대상을 '참 그대로인 현상'(眞如法)으로 설정하는 이해가 등장하고 있다. '진여眞如(tathatā)'를 궁극실재나 존재로 이해하는 존재론적 시선들이 난무하고 있지만, 적어도 원효는 진여를 '현상의 온전한 양상'으로 보고 있다. 그리고 그런 이해가 타당하다고 본다. 풀어서 말하면 원효는, '이해와 마음'을 조건으로 삼는 지각경험의 장場에서, 〈본질이나 실체관념

보살[의 경우]이다. 여섯째는 [근본무지에 매인] 행위(業)에 이끌려 발생한 '[다음] 삶에 맺어져 이어 감'(結生相續)으로, 보살을 제외한 [경우]이다. 일곱째는 지혜의 힘에 의해 발생한 '[다음] 삶에 맺어져 이어 감'으로, 모든 보살[의 경우]이다."[80]

여기에서 〈[오직] '잠재적인 번뇌'(隨眠)로써 [다음] 삶에 맺어지는 것은 고귀한 [진리의] 행적에 눈뜬 [수행자의 경우]이다〉라고 말한 것은, '공통적 양상에 의해 [다음] 삶에 맺어지는 측면'(通相結生門)에 의거하여 말한 것이다.

『對法論』云, "未離欲聖者亦爾, 乃至未至不明了想位, 其中能起此愛, 然能了別, 以對治力所損伏故. 已離欲聖者, 對治力强故, 雖未永斷, 然卽此愛不復現行, 由隨眠力, 令生相續." 此約別相結生門也.

[H1, 797a14~19; O 26,14~27,2]

[한편] 『대승아비달마잡집론』에서는 [다음과 같이] 말한다. "〈아직 욕망세계(欲界)의 '[선정을 토대로 이해를] 거듭 익혀 가는 수행에서 끊어지는 번뇌'(修惑)에서 떠나지 못한 성자〉(未離欲聖者)도 그러하니, [죽을 때] 아

을 설정하는 근본무지에 의해 굴절 내지 오염되지 않은 변화 · 관계 · 차이의 현상들〉을 '진여眞如'로 보고 있다. 그리고 원효는 그 경험국면을 지칭하기 위해 '心眞如, 一心, 本覺' 등의 긍정형 기호들을 적극적으로 채택한다. 이러한 원효의 진여관眞如觀은 지각현상을 '사실 그대로' 만나야 근원적 문제해결이 이루어진다는 붓다 법설의 핵심을 연속적으로 계승하는 것이다. 또한 〈왜곡되고 오염된 차이경험들을 치유하여 차이들을 제자리에 세우고 제대로 관계 맺어야 한다〉고 하는, 경험주의적 보편지성 계보의 핵심부에 자리하는 보편통찰이기도 하다.

80 『유가사지론』 권59(T30, 629c20~26). "復次結生相續, 略有七種. 一纏及隨眠結生相續, 謂諸異生. 二唯隨眠結生相續, 謂見聖迹. 三正知入胎結生相續, 謂轉輪王. 四正知入住結生相續, 謂諸獨覺. 五於一切位, 不失正念結生相續, 謂諸菩薩. 六業所引發結生相續, 謂除菩薩結生相續. 七智所引發結生相續, 謂諸菩薩."

직 '[그 번뇌에 대한] 생각(想)이 뚜렷하지 않은 상태'(不明了想位)에 이르지 않는 한 그 상태에서는 이 [번뇌의] 갈애를 일으키지만, [그 번뇌를] 분명하게 알고서 [그 번뇌의 갈애를] 다스리는 힘으로 줄이고 제어하는 것이다. 〈이미 욕망세계(欲界)의 '[선정을 토대로 이해를] 거듭 익혀 가는 수행에서 끊어지는 번뇌'(修惑)에서 벗어난 성자〉(已離欲聖者)는 [그 번뇌의 갈애를] 다스리는 힘이 강하기 때문에, 비록 아직 [그 번뇌의 갈애를] 영원히 끊어 버리지는 못하였다고 해도 이 [번뇌의] 갈애가 다시 나타나 작용하지는 않고 [오직] '잠재적인 번뇌'(隨眠)의 힘에 의해 [다시] 태어나 [삶을] 이어 가게 한다."[81] 이것은 '개별적 양상에 의해 [다음] 삶에 맺어지는 측면'(別相結生門)에 의거한 것이다.

3) 제7말나식과 상응하는 네 가지 번뇌와 '작용을 일으켜 [윤회하는 다음] 삶에 맺어짐'(發業結生)

上來所說發業結生, 是說六識所起煩惱. 若論[82]末那相應四惑, 一切

81 『대승아비달마잡집론』 권4(T31, 714c7~11). "未離欲聖者, 亦爾. 臨命終時, 乃至未至不明了想位, 其中能起此愛現行. 然能了別, 以對治力之所攝伏. 已離欲聖者, 對治力强故, 雖未永斷, 然此愛不復現行. 彼由隨眠勢力, 令生相續." 〈산스크리트본의 해당 내용: ASBh., p.39; āryāṇām apy avītarāgāṇāṃ maraṇakāle yāvad aspaṣṭasaṃjñāvasthāṃ na gacchati tāvad asau tṛṣṇā samudācarati | te tv enāṃ paricchidya pratipakṣeṇābhinigṛhṇanti | vītarāgāṇāṃ tv āryāṇāṃ pratipakṣasya balīyastvān naivāsau samudācaraty aprahīṇāpi satī | tadanuśayavaśena tu teṣāṃ pratisaṃdhiḥ |; 아직 탐욕을 떠나지 못한 성자들도 또한 죽음의 시간에 분명하지 않은 통각(인식, saṃjñā)의 상태에 도달하지 않는 한 [그들에게는] 이러한 갈애가 작동(現行)한다. 그렇지만 그들은 이 [갈애]를 잘 구별하고서 대치(해독제 pratipakṣa)를 가지고 제어한다. 그렇지만 탐욕을 이미 떠난 성자들의 경우는 대치가 강력하기 때문에, 비록 [갈애가] 끊어지지 않았다고 할지라도 결코 이 [갈애]는 작동하지 않는다. 그렇지만 그들에게는 그 [갈애]의 잠세력의 힘 때문에 결생(=재생)이 있게 된다.〉

位中, 恒有現行, 通能作本, 發業結生. 如是發業結生之義, 三種緣生門中, 在愛非愛及與愛[83]用二緣生門, 三種熏習之中, 唯在有分[84]及與我見[85]二熏習門. 是謂煩惱障功能也.

[H1, 797a19~b1; O 27,3~6]

지금까지 설명한 '작용을 일으켜 [윤회하는 다음] 삶에 맺어짐'(發業結生)은, 제6의식(六識)이 일으킨 번뇌를 말한다. 만약 [제7]말나식과 상응하는 '네 가지 근본번뇌'(四惑)[인 '자아에 대한 무지'(我癡) · '자아에 대한 [잘못된] 견해'(我見) · '비교를 통한 자기규정'(我慢) · '자아에 대한 애착'(我愛)]에 대해 말한다면, [그것들은] 모든 [마음] 상태에서 항상 나타나 작용하면서 언제나 [번뇌의] 근본을 이루어 '작용을 일으켜 [윤회하는 다음] 삶에 맺어지게 한다'(發業結生). 이와 같은 '작용을 일으켜 [윤회하는 다음] 삶에 맺어지는 면모'(發業結生之義)는, '세 가지 반연으로 생겨나는 측면'(三種緣生門)[86] 가운데서는 '좋아함과 좋아하지 않음[에 대한 분별이라는 반연]'([分別]愛非愛[緣])과 '[육식六識이 대상을 다르게] 수용[하는 분별이라는 반연]'([分

82 원본에는 '論'이지만, 傍註에 있는 '說'로 교감하였다고 橫超本에서 밝혔다. '說'로 보고 번역한다.

83 '愛'는 橫超本과 은정희본 모두 '受'로 교감하고 있다. '受'로 교감하여 번역한다.

84 '有分'은 '有支'이다.

85 삼종훈습은 명언습기名言習氣 · 아집습기我執習氣 · 유지습기有支習氣를 말하므로 '我見'은 '자아에 대한 잘못된 견해에 집착하는 것'이라는 의미로 사용한 용어로 보인다. '我執'의 오기일 수도 있다.

86 삼종연생三種緣生: 분별자성연생分別自性緣生 · 분별애비애연생分別愛非愛緣生 · 분별수용연생分別受用緣生의 세 가지를 말한다. 분별자성연생分別自性緣生은 아뢰야식에 의거한 '본연(自性)에 대한 분별'을 반연으로 하여 생겨나는 현상, 분별애비애연생分別愛非愛緣生은 12연기에서의 '좋아함과 좋아하지 않음에 대한 분별'을 반연으로 하여 생겨나는 현상, 분별수용연생分別受用緣生은 육식六識이 대상에 대해 괴로움(苦) · 즐거움(樂) · '괴로운 것도 아니고 즐거운 것도 아님'(捨)이라고 수용하는 분별을 반연으로 하여 생겨나는 현상이다.

別]受用[緣])이라는 '두 가지 반연으로 생겨나는 측면'(二緣生門)에 해당하고, '세 가지 거듭 영향을 주는 [측면]'(三種熏習[門])[87] 가운데서는 오직 '[12연기] 각각의 항목[이 거듭 영향을 주는 것](有支[熏習])과 '자아에 대한 [잘못된] 견해[에 대한 집착이 거듭 영향을 주는 것]'(我見[我執熏習])이라는 '두 가지 거듭 영향을 주는 측면'(二熏習門)에 해당한다. 이러한 것을 '번뇌로 인한 장애'(煩惱障)의 작용능력(功能)이라 한다.

2. '대상에 대한 이해를 가로막는 장애'(所知障)의 '작용을 일으키는 능력'(發業功能)

所知障者, 於三界中, 無有發業結生功能, 非迷四諦人空理故. 然此別有二種功能, 何等爲二? 一者, 分別諸法自性差別故, 能熏成十八界, 由是辨生諸法體相, 此是因緣之功能也. 三種緣生中, 自性緣生, 三種熏習中, 言說熏習. 二者, 此所知障分別自他違順等相, 能生見慢貪瞋等事, 此是增上緣功能也. 依顯了門, 釋障能竟.

[H1, 797b1~10; O 27,6~10]

'대상에 대한 이해를 가로막는 장애'(所知障)는 '['욕망 세계'(欲界) · '유형 세계'(色界) · '무형 세계'(無色界), 이] 세 가지 세계'(三界)에서 '작용을 일으

87 삼종훈습三種熏習: 『섭대승론』에서 말하는 명언습기名言習氣, 아집습기我執習氣, 유지습기有支習氣의 삼종습기(三種習氣)를 지칭한다. 첫째는 '명칭과 언어에 의해 거듭 영향을 주는 종자'(名言習氣)이고 둘째는 '나에 대한 집착으로 거듭 영향을 주는 종자'(我執習氣)이며 셋째는 '십이연기의 하나하나의 항목으로 거듭 영향을 주는 종자'(有支習氣)를 말한다. 두 번째의 경우, '선천적으로 갖고 태어나는 아집'(俱生我執)은 제6식과 제7식과 상응하고 아라한과 8지 이상의 보살, 여래를 제외하고는 모두 이 아집에 거듭 영향을 받는다. 제6의식에 한정되는 분별아집分別我執은 보통의 중생들에게 일어난다.

켜 [윤회하는 다음] 삶에 맺게 하는 능력'(發業結生功能)이 없으니, '네 가지 고귀한 진리'(四諦)가 설하는 '자아에 불변·독자의 본질/실체가 없다'(人空)는 이치에 미혹한 것이 아니기 때문이다. 그러나 이 ['대상에 대한 이해를 가로막는 장애'(所知障)]에는 또 다른 두 가지 능력이 있으니, 무엇이 두 가지인가?

첫 번째는, 모든 현상의 '본연의 차이'(自性差別)들을 [사실과 다르게] 분별하기 때문에 거듭 영향을 끼쳐 '18가지로 분류한 모든 경험세계'(十八界)를 이룰 수 있고, 이로 인해 '모든 현상의 본연이 지닌 특성'(諸法體相)을 [사실과 다르게] 판별해 내니, 이것은 '원인과 조건이 되는 능력'(因緣之功能)이다. '세 가지 반연으로 생겨나는 것'(三種緣生) 가운데서는 '[아뢰야식에 의거한] 본연(自性)[에 대한 분별]을 반연으로 하여 생겨나는 것'(自性緣生)[에 해당하고], '세 가지 거듭 영향을 주는 것'(三種熏習) 가운데서는 '명칭과 언어에 의해 거듭 영향을 주는 것'(言說熏習, 名言熏習)[에 해당하는 것]이다. 두 번째는, 이 '대상에 대한 이해를 가로막는 장애'(所知障)가 자신(自)과 타인(他), '어긋나는 것'(違)과 '일치하는 것'(順) 등의 차이(相)를 [사실과 다르게] 분별하여 '잘못된 견해'(見)·교만(慢)·탐욕(貪)·성냄(瞋) 등을 일으킬 수 있으니, 이것은 '증폭시키는 반연이 되는 능력'(增上緣功能)[88]이다.

---

88 증상연增上緣(adhipati-pratyaya): 증상增上의 범어인 aupacayika 또는 adhipati 중에서 aupacayika는 upacaya의 형용사형인데, upacaya는 축적·다량·향상시킴·증진·번영(accumulation, quantity, elevation, increase, prosperity) 등의 뜻이다.(Sanskrit English Dictionary, p.197 참조.) 증상연增上緣은 소승 아비달마阿毘達磨에서 제시하는 4연四緣 중 하나이기도 하다. 다른 존재가 발생하는 데 간접적인 원인으로서 조력하거나 장애가 되지 않는 조건이다. 다른 존재의 발생을 돕는 조건은 여력증상연與力增上緣, 다른 존재의 발생을 적어도 방해하지 않는 조건은 부장증상연不障增上緣으로 불린다. 이처럼 모든 존재는 어느 하나의 존재가 발생하는 것과 관련할 때 증상연增上緣이 된다. 나머지 세 가지 조건 중에서 ① '원인이 되는 조건'(因緣, hetu-pratyaya)이란 것은 모든 유위법有爲法들이 만들어

'현상으로 드러나는 측면'(顯了門)에 의거하여 [두 가지] 장애의 능력을 해석하는 것을 마친다.

지는 직접적인 원인을 가리키고, ② '틈새 없이 앞의 마음이 뒤의 마음을 발생시키는 것'(等無間緣, 次第緣, samanantara-pratyaya)이란 앞 순간의 마음이 다른 것의 개입이 없이 뒤 순간의 마음을 발생시키는 조건이 되는 것을 가리키며, ③ '반연하는 대상'(所緣緣, 緣緣, ālambana-pratyaya)이란 것은 마음이 생겨나는 데 조건이 되는 대상을 가리킨다. 이 세 가지 조건 이외의 모든 간접적인 원인이 증상연增上緣이다.

제2장 '현상으로 드러나지 않는 측면'(隱密門)에서의 두 가지 장애의 '작용을 일으키는 능력'(發業功能)

隱密[89]門內二碍能者, 此中亦有發業結生. 言發業者, 無明住地發無漏業, 能受界外變易生死. 此是無作四諦道理. 如前[90]說顯了門者, 直是有作四諦門也.

[H1, 797b10~14; O 27,11~12]

'현상으로 드러나지 않는 측면'(隱密門)에서의 '두 가지 장애'(二碍)의 능력에도 '작용을 일으켜 [윤회하는 다음] 삶에 맺게 함'(發業結生)이 있다. ['현상으로 드러나지 않는 측면'(隱密門)에서] '작용을 일으킨다'(發業)라고 말하는 것은, '삼계의 근본무명'(無明住地)에서 '번뇌가 스며듦이 없는 행위'(無漏業)를 일으켜 '['욕망 세계'(欲界) · '유형 세계'(色界) · '무형 세계'(無色界), 이] 세 가지 세계'(三界)에 속하지 않는 '[모습과 수명에 제한이 없는] 변하는 몸을 얻은 생사'(變易生死)[91]를 [과보로] 받을 수 있는 것이다. 이것

89 橫超本에 따르면, 원본에는 '蜜'로 나오는 것을 '密'로 교감한 것이다. 이하에 동일한 경우가 나올 때는 다시 언급하지 않는다.

90 한불전에는 '前'만 있지만, 橫超本과 은정희본에는 '前所'로 나온다.

91 변역생사變易生死와 분단생사分段生死: 근본무지(無明)에 매여 삶과 죽음의 인과적 전개를 지속하는 현상인 '생사生死'를 두 가지로 구분한다. 분단생사分段生死(유위생사有爲生死)와 변역생사變易生死(무위생사無爲生死)가 그것인데, 이종생사二種生死라고도 한다. 분단생사分段生死(유위생사有爲生死)는 삼계三界 내의 생사生死로서 육도六道에 윤회하는 중생의 과보가 달라 모습과 수명에 각각 다른 분한이 있는 생사生死이다. 중생이 일정한 수명과 형상을 가지고 다양한 세계에 태어나고 죽는 윤회이다. 이에 비해 변역생사變易生死(무위생사無爲生死)는 아라한

은 '[생사와 열반을 나누어] 짓는 바가 없는 네 가지 고귀한 진리'(無作四諦)[92]의 도리이다. 앞에서 말한 '현상으로 드러나는 측면'(顯了門)[에서의

등 삼승의 성인이, '번뇌가 스며듦이 없는 행위'(無漏業)를 원인(因)으로 하고, '삼계의 근본무명'(無明住地)을 조건(緣)으로 삼아, '세 종류의 모든 세계'(三界)에 속하는 것이 아닌 수승하고 미묘한 과보신果報身을 얻는 생사生死를 말한다. '중생을 향해 번뇌가 없이 일으키는 연민의 원력'(無漏의 비원력悲願力)에 따라 원래의 분단신分段身을 바꾸어 모습과 수명에 제한이 없는 변역신變易身을 얻은 생사生死이기 때문에 변역생사變易生死라고 한다. 『보살영락본업경菩薩瓔珞本業經』 권1에서는 변역생사變易生死와 관련하여 "唯有無明習在, 以大願力故變化生"(T24, p.1016c20~21)이라고 하여 8지地 보살 이상에서는 무명습無明習이 있지만 대원력大願力 때문에 변화생變化生(變易生死)을 받는다고 하고, 원효의 『본업경소本業經疏』에서는 이 대목에 대해 "以是法執無明力故, 發無漏業, 受變易報"(H1, p.503a 22~23)라고 하여 법집무명력法執無明力 때문에 무루업無漏業을 일으켜 변역생사變易生死의 과보를 받는다고 설명한다.

92 무작사제無作四諦와 유작사제有作四諦: 구역舊譯 경론에서는 유작有作·무작無有, 신역新譯 경론에서는 안립安立·비안립非安立이라는 대칭어를 사용한다. 정영사 혜원은 사제四諦를 유작有作·무작無有·유량有量·무량無量의 네 가지로 구분하면서, 소승의 사제는 유작有作·유량有量이고 대승의 사제는 무작無有·무량無量이라고 한다. 또 천태종 지의智顗는 생멸生滅·무생無生·무량無量·무작無作의 사종사제四種四諦를 구분한다. 『유마경현소維摩經玄疏』 권3(T38, 534b3~5)의 "一明所詮四諦理者, 有四種四諦. 一生滅四諦, 二無生四諦, 三無量四諦, 四無作四諦."라고 한 서술에서 생멸生滅, 무생無生, 무량無量, 무작無作의 네 가지가 사종사제임을 알 수 있다. 『불광대사전』(p.5087)의 설명에 따르면 이 무작사제無作四諦는 원교圓教에 속하는 설로서 미오迷悟 그 자체가 실상實相이라는 주장을 내세운다는 것이다. 곧 대승의 보살은 제법諸法을 온전하게 관觀하여 현상 그대로가 진리로서 조작되는 경우가 없다는 점을 중시하고 있다는 것이다. 이는 사제四諦가 미혹과 깨달음의 인과관계를 나타내지만, 현상 그 자체가 서로 대립되는 것이 아니라 중도中道의 실상實相을 그대로 드러낸 설명이라는 것이다. 이에 대한 자세한 설명은 『마하지관』에서 살펴볼 수 있다. 『마하지관摩訶止觀』 권3(T46, 28b15~24). "次明四諦離合者, 前三諦二諦一諦皆豎辯, 四諦則橫論, 則有四種四諦, 謂生滅無生滅無量無作等. 生滅四諦即是橫開三藏二諦也. 無生四諦即是橫開通教二諦也. 無量四諦即是橫開別教二諦也. 無作四諦即是橫開圓教一實諦也. 今將中觀論, 合此四番四諦, 論云因緣所生法者, 即生滅四諦也. 我說即是空, 即無生四諦也. 亦爲是假名, 即無量四諦也. 亦名中道義, 即無作四諦也."

'두 가지 장애'(二碍)의 작용능력]과 같은 것은 바로 '[생사와 열반을 나누어] 짓는 바가 있는 네 가지 고귀한 진리의 측면'(有作四諦門)이다.

如『夫人經』言, "又如四[93]取緣, 有漏業因, 而生三有, 如是無明住地緣, 無漏業因, 生阿羅漢·辟支佛·大力菩薩三種意生身"故. 總說雖然, 於中分別者, 此中所發無漏業者, 方便道中道分善根, 不爲三漏所發所潤, 不愛[94]三有, 故名無漏.

[H1, 797b14~20; O 27,12~15]

[이것은] 『부인경夫人經』[95]에서 "또한 [십이연기의 12항목 중] 집착(取)을 조건으로 삼고 '번뇌가 스며듦이 있는 행위'(有漏業)를 원인으로 하여 '['욕망 세계'(欲界)·'유형 세계'(色界)·'무형 세계'(無色界), 이] 세 가지 세계'(三有)를 [만들어] 내는 것과 같이, '삼계의 근본무명'(無明住地)을 조건으로 삼고 '번뇌가 스며듦이 없는 행위'(無漏業)를 원인으로 하여 '더 이상 배울 것이 없는 경지에 도달한 수행자'(阿羅漢)·'연기를 이해하여 혼자 깨달으려는 수행자'(辟支佛)·'[자유자재한] 큰 힘을 갖춘 보살'(大力菩薩) [이] 세 종류의 '뜻으로 태어나는 몸'(意生身)[96]을 [만들어] 낸다."[97]라고 말

93 『승만경』 원문에는 '四'가 없다. 여기에서도 내용상 '四'를 생략하고 해석한다.

94 원본에는 '愛'이지만 '受'로 의심된다며 横超本에서는 '受'로 교감하였다. '受'로 보고 번역한다.

95 『승만사자후일승대방편방광경勝鬘獅子吼一乘大方便方廣經』을 지칭한다. 줄여서 『승만경』이라 부른다.

96 의생신意生身: 의성신意性身, 의성신意成身, 의성색신意成色身이라고도 하는데, 부모가 낳은 몸이 아니라 깨달은 보살이 중생을 구제하기 위해 의意에 의거하여 화생化生한 몸이라고 일반적으로 설명된다.(『불광대사전』, p.5445 참조.) 『능가아발다라보경楞伽阿跋多羅寶經』 권2에서 "意生身者, 譬如意去, 迅疾無礙, 故名意生. 譬如意去, 石壁無礙, 於彼異方無量由延, 因先所見, 憶念不忘, 自心流注不絕, 於身無障礙生. 大慧! 如是意生身, 得一時俱. 菩薩摩訶薩意生身, 如幻三昧力自在神通, 妙

한 것과 같은 것이다.

총괄적으로 설명하면 이와 같지만, 그 가운데서 [다시] 세부적으로 분별한다면 [다음과 같다.] 여기서 일으킨 '번뇌가 스며듦이 없는 행위'(無漏業)는 '[해탈에 이르는] 수단과 방법이 되는 수행'(方便道) 가운데의 '출세간 과보를 얻게 하는 수행에 속하는 이로운 능력'(道分善根)이니, '['욕망세계의 번뇌'(欲漏) · '유형세계와 무형세계의 번뇌'(有漏) · '세 가지 세계에 공통하는 번뇌'(無明漏), 이] 세 종류의 번뇌에 의해 일으켜지거나 증장되지 않아 '['욕망 세계'(欲界) · '유형 세계'(色界) · '무형 세계'(無色界), 이] 세 가지 세계'(三有)를 받지 않기 때문에 '번뇌가 스며듦이 없다'(無漏)고 한 것이다.

當知集諦有其二種, 謂有漏集諦, 無漏集諦, 所生苦諦, 亦有二種, 謂有爲苦諦, 無爲苦諦. 如『寶[98]性論』云, "何名爲世間? 以三界相似鏡像法故. 此明何義? 依無漏界[99]中有三種意生身. 應知彼目[100]無漏善根所作, 名爲世間, 以離有漏諸業煩惱所作法故, 亦名涅槃. 依此

相莊嚴, 聖種類身, 一時俱生. 猶如意生, 無有障礙, 隨所憶念本願境界, 爲成熟衆生, 得自覺聖智善樂."(T16, 489c19~26)이라고 하는 것에 따르면, 몸에서 일어나는 생각(意)이 빠르고 걸림이 없어서 석벽石壁에도 걸림 없이 무량한 거리를 움직이는 것처럼 보살의 의생신意生身은 일체법을 무상한 것으로 보는 여환삼매如幻三昧의 자재신통自在神通으로 묘상장엄妙相莊嚴된 성종류신聖種類身으로서 일시에 구생俱生하며, 본원경계本願境界에 대한 억념憶念에 따라 중생을 성숙시키기 위해 성지聖智의 선락善樂을 얻은 것이라고 설명한다. 『대보적경大寶積經』 권87에서는 "隨意生身, 於一切衆生平等示現."(T11, 498c3~4)이라고 하여, 모든 중생에게 평등하게 나타내 보여 주는 것이라고 설명하기도 한다.

97 『승만사자후일승대방편방광경勝鬘師子吼一乘大方便方廣經』 권1(T12, 220a16~18). "又如取緣, 有漏業因, 而生三有, 如是無明住地緣, 無漏業因, 生阿羅漢 · 辟支佛 · 大力菩薩三種意生身."

98 원본에는 '實'이지만 傍註에 적힌 '寶'에 의거하여 '寶'로 고친다고 하였다.

99 원문에 의거하여 '無漏界'를 '無漏法界'로 교감하여 번역한다.

100 '目'은 『보성론』 원문에 의거하여 '因'으로 교감한다.

義故,『勝鬘經』言,〈有有爲世間, 有無爲世間, 有有爲涅槃, 有無爲涅槃故.〉[101]"

[H1, 797b20~c4; O 27,15~28,4]

'괴로움의 원인'(集諦)에는 두 가지가 있으니 〈번뇌가 스며듦이 있는 '괴로움의 원인'〉(有漏集諦)과 〈번뇌가 스며듦이 없는 '괴로움의 원인'〉(無漏集諦)이 그것이고, '생겨난 괴로움'(所生苦諦)에도 두 가지가 있으니 '번뇌가 있는 행위에 의한 괴로움'(有爲苦諦)과 '번뇌가 없는 행위에 의한 괴로움'(無爲苦諦)이 그것이라는 것을 알아야 한다.

[이것은]『구경일승보성론究竟一乘寶性論』에서 [다음과 같이] 말한 것과 같다. "어째서 세간世間이라고 부르는가? '['욕망 세계'(欲界)·'유형 세계'(色界)·'무형 세계'(無色界), 이] 세 가지 세계'(三界)와 비슷한 '거울에 비친 영상과도 같은 현상'(鏡像法)이기 때문이다. 이것은 어떤 뜻을 밝힌 것인가? '번뇌가 스며듦이 없는 세계'(無漏法界)에 의거하는 것 가운데 세 종류의 '뜻으로 태어나는 몸'(意生身)이 있다는 것이다. 저 [세 종류의 '뜻으로 태어나는 몸'(意生身)]은 '번뇌가 스며듦이 없는 이로운 능력'(無漏善根)이 지은 것이기 때문에 세간世間이라고 하고, '번뇌가 스며듦이 있는 모든 행위'(有漏諸業)와 번뇌가 지은 것들에서 벗어났기 때문에 또한 열반涅槃이라고 한다는 것을 알아야 한다. 이와 같은 뜻에 의거하기 때문에『승만경勝鬘經』에서는 〈'번뇌가 있는 행위로 짓는 세간'(有爲世間)도 있고, '번뇌가 없는 행위로 짓는 세간'(無爲世間)도 있으며, '번뇌가 있는 행위에 의한 열반'(有爲涅槃)도 있고, '번뇌가 없는 행위에 의한 열반'(無爲涅槃)도 있다.〉고 한 것이다."[102]

---

101 『보성론』에서 인용한『승만경』의 해당 내용은 발견되지 않지만, 다음이 참고가 된다.『승만사자후일승대방편방광경勝鬘師子吼一乘大方便方廣經』 권1(T12, 221b25~26). "有有爲生死無爲生死, 涅槃亦如是."

1. '두 가지 장애'(二碍)의 '작용을 일으킴'(發業)

能發業中, 亦有二種. 一無明住地, 能發引業, 二愛取習氣, 能發生業. 無明住地, 所以能發引生死業者, 由此無明, 迷自心性本無起動終無變異. 緣此勢力, 堪能發起滅意生身變易生死業. 菩薩見道, 永離能所, 隨分通達本無起動, 是故雖有無明, 而不成感生之業. 由此勢力, 其後所起方便道等, 亦應不成引總報之業. 例如二乘見道已後, 雖有俱生我見無明, 而不得成總報之業. 當知此中道理亦爾.

[H1, 797c4~14; O 28,4~9]

['현상으로 드러나지 않는 측면'(隱密門)에서의 두 가지 장애의] '작용을 일으키는 능력'(能發業)에도 두 가지가 있다. 첫 번째는 '삼계의 근본무명'(無明住地)에서 [근본무지(無明)가] '끌어오는 작용'(引業)을 일으키는 것이고, 두 번째는 '갈애와 집착의 누적된 경향성'(愛取習氣)이 '[특정한 결과를] 생

---

102 『구경일승보성론究竟一乘寶性論』 권3(T31, 834b24~c1). "又復云何名爲世間? 以三界相似鏡像法故. 此明何義? 依無漏法界中有三種意生身, 應知彼因無漏善根所作, 名爲世間, 以離有漏諸業煩惱所作世間法故, 亦名涅槃. 依此義故, 聖者『勝鬘經』言, '世尊! 有有爲世間, 有無爲世間. 世尊! 有有爲涅槃, 有無爲涅槃故." 〈산스크리트본의 해당 내용: RGV., p.50; saṃsāraḥ punar iha traidhātukapratibimbakam anāsravadhātau manomayaṃ kāyatrayam abhipretam | tad dhy anāsravakuśalamūlābhisaṃskṛtatvāt saṃsāraḥ | sāsravakarmakleśānabhisaṃskṛtatvān nirvāṇam api tat | yad adhikṛtyāha | tasmād bhagavann asti saṃskṛto 'py asaṃskṛto 'pi saṃsāraḥ | asti saṃskṛtam apy asaṃskṛtam api nirvāṇam iti |; (안성두, 『보성론』 번역, pp. 309-310.) 또한 여기(즉 인용된 경전)에서 윤회는 삼계에 속하는 영상을 가진, 무루의 영역에 있어서 마음으로 이루어진 삼신三身이라고 함축적으로 의도되었다. 실로 그것은 무루의 선근에 의해 형성되었기 때문에 윤회이다. 유루의 업과 번뇌에 의해 형성되지 않기 때문에 그것은 또한 열반이다. 그것에 관해 [승만경에서] 다음과 같이 설한다. "세존이시여! 그러므로 윤회는 유위로서도 있고 무위로서도 있는 것입니다. 열반은 유위로서도 있고 무위로서도 있는 것입니다."라고.〉

겨나게 하는 작용'(生業)을 일으키는 것이다.

'삼계의 근본무명'(無明住地)에서 [윤회하는] 삶과 죽음을 끌어오는 작용을 일으키는 까닭은, 이 근본무지(無明)로 말미암아 〈'자기 마음의 본연'(自心性)에는 '본래 [특정한 것이] 일어나 움직임이 없고'(本無起動) '끝내 [특정한 것이] 변하여 달라짐이 없음'(終無變異)〉을 모르기 때문이다. 이 [근본무지의] 세력을 조건(緣)으로 삼아 '뜻으로 태어나는 몸'(意生身)의 '[모습과 수명에 제한이 없는] 변하는 삶과 죽음'(變易生死)을 일으키거나 소멸하는 작용을 일으킬 수 있다. 보살은 '[진리다운] 이해를 밝혀 가는 수행'(見道)에서 주관인식(能)과 객관인식(所)[에 대한 분별]에서 완전히 벗어나 '[자기 마음의 본연(性)에는] 본래 [특정한 것이] 일어나 움직임이 없다'(本無起動)는 것을 능력껏 통달하니, 이런 까닭에 비록 근본무지(無明)가 있어도 '[윤회하는] 삶에 감응하는 작용'(感生之業)을 이루지는 않는다. [보살의] 이러한 ['[진리다운] 이해를 밝혀 가는 수행'(見道)의] 세력으로 인해, 그 후에 일어나는 '[해탈에 이르는] 수단과 방법이 되는 수행'(方便道) 등에서도 응당 '공통적인 과보를 끌어오는 작용'(總報引業)을 이루지 않는다. 예를 들면 '[성문과 연각] 두 부류 수행자'(二乘)에게는 '[진리다운] 이해를 밝혀 가는 수행'(見道) 이후에 비록 〈선천적으로 갖추어져 일어나는 '자아에 관한 [잘못된] 견해'의 근본무지〉(俱生我見無明)가 있지만 '공통적인 과보를 끌어오는 작용'(總報業)을 이루지는 않는 것과 같다. 여기에서의 이치도 그러함을 알아야 한다.

所以人執習氣法執分別, 不能發此無漏業者, 若於三乘,[103] 不無此義, 但其菩薩方便道中, 爲對治彼, 修無漏業, 障治相違, 故不能發. 例如欲界人我執等, 終不能發彼不動業, 障治相違故. 此亦如是故. 無明

103 橫超本의 교감주에서 '三乘'은 '二乘'의 오기인 것 같다고 했는데, 문맥으로 보면 '三乘'으로 보는 것이 더 적절하므로 '三乘'으로 번역한다.

住地非無漏業所能伏滅, 是故能發. 如是無明通發三乘無漏引業故, 唯說此爲發業也.

[H1, 797c14~22; O 28,9~13]

['현상으로 드러나는 측면'(顯了門)에서의 두 가지 장애인] '자아에 불변·독자의 본질/실체가 있다고 하는 집착의 누적된 경향성'(人執習氣)과 '모든 현상에 불변·독자의 본질/실체가 있다는 집착의 분별'(法執分別)이 이 '번뇌가 스며듦이 없는 행위'(無漏業)를 일으킬 수 없는 까닭은 [다음과 같은 이유 때문이다.] ['가르침을 들어서 혼자 깨달으려는 수행자'(聲聞乘)·'연기를 이해하여 혼자 깨달으려는 수행자'(緣覺乘)·대승보살, 이] '세 부류의 수행자'(三乘)에게 이 ['번뇌가 스며듦이 없는 행위'(無漏業)를 일으키는] 뜻이 없지는 않으나, 단지 그 [삼승三乘 가운데] 보살의 '[해탈에 이르는] 수단과 방법이 되는 수행'(方便道) 중에서 그 [두 가지 장애]를 치유하기 위해 '번뇌가 스며듦이 없는 행위'(無漏業)를 닦으니, [두 가지] 장애와 [두 가지 장애를] 치유[하는 무루업無漏業]이 서로 충돌하기 때문에 [보살의 '수단과 방법이 되는 수행'(方便道)에서는 '자아에 불변·독자의 본질/실체가 있다고 하는 집착의 누적된 경향성'(人執習氣)과 '모든 현상에 불변·독자의 본질/실체가 있다는 집착의 분별'(法執分別)이] '번뇌가 스며듦이 없는 행위'(無漏業)를 일으킬 수 없는 것이다. 예를 들면 '욕망 세계에 속한 사람'(欲界人)은 '자아에 불변·독자의 본질/실체가 있다고 하는 집착'(我執) 등으로 끝내 저 '원인과 결과가 다르지 않은 이로운 행위'(不動業)를 일으킬 수 없으니, 장애와 [그 장애의] 치유가 서로 충돌하는 것이기 때문이다. 이것도 [앞서의 경우와] 마찬가지인 것이다. [그런데] ['현상으로 드러나지 않는 측면'(隱密門)에서의] '삼계의 근본무명'(無明住地)은 '번뇌가 스며듦이 없는 행위'(無漏業)에 의해 제압되거나 소멸되는 것이 아니기 때문에 ['번뇌가 스며듦이 없는 행위'(無漏業)를] 일으킬 수 있다. 이와 같이 근본무지(無明)는 [성문승聲聞乘과 연각승緣覺乘과 보살, 이] '세 부류 수행자'(三乘)의 '번뇌가 스며듦이

없이 끌어오는 작용'(無漏引業)을 두루 일으키기 때문에 오직 〈이 [근본무지]가 '작용을 일으킴'(發業)이 된다〉고 말하는 것이다.

> 發生業時, 唯能閏發能取種子, 令成能與, 非發現起無漏之業. 由是義故, 愛[104]取習氣妄想分別, 能發生業. 如『智度論』說, "阿毗跋致菩薩, 習氣力故, 受法性生身", 是顯發生業義. 『寶性論』云, "緣相者, 謂無明住地, 與行作緣, 如無明緣行, 此亦如是故", 此明發引業義. 又彼論云, "緣[105]彼無明住地緣, 緣[106]細想戲論習, … 因無漏業, 生於意□,[107]"[108] 是文俱顯二種支業.
>
> [H1, 797c22~798a7; O 28,13~29,2]

'[특정한 결과를] 생겨나게 하는 작용'(生業)을 일으킬 때에는 오직 감관능력(能取種子)[109]을 활성화하여 일으켜 '[특정한 결과를] 부여하는 능력'

104 원본에는 '受'이나 '愛'로 교감한다고 하였다. 문맥으로 보아도 '愛'가 적절하다.

105 원문(『보성론』)에 따라 '緣'을 '依'로 교감한다.

106 원문(『보성론』)에 따라 '緣'을 '以'로 교감한다.

107 橫超本의 교감주에 따르면, 원본에는 '法'인데, 傍註에 의거하여 '陰'으로 교감한다고 밝혔다. 한불전 교감주에는 "한 글자가 확실하지 않다"('口及其傍註一字未審')라고 하였으나, 원문(『보성론』)에 따라 '陰'으로 번역한다. '意陰'은 '意生身'을 지칭하는 것으로 보인다.

108 이 문장은 『보성론』의 글을 축약하여 인용한 것으로 보인다. 『구경일승보성론究竟一乘寶性論』 권3(T31, 830b15~18). "又卽依彼無明住地緣, 以細想戲論習, 未得永滅, 是故未得究竟, 無爲我波羅蜜. 又卽緣依彼無明住地, 有細相戲論集, 因無漏業, 生於意陰, 未得永滅."

109 능취종자能取種子: 유식사상은 범주를 의미하는 계界를 종자種子라는 말로 지칭하기도 한다. 그리하여 눈, 귀, 코, 혀, 몸, 마음(意)의 여섯 가지 감관능력을 능취종자能取種子(六內界에 해당), 형색, 소리, 냄새 등 각 감관능력의 대상들을 소취종자所取種子(六外界에 해당), 감관능력과 감관대상 및 의근意根의 결합에서 발생하는 안식眼識 등의 지각현상을 취종자取種子(六識界에 해당)라 부른다. 『중변분별론』 권1(T31, 457a11~13). "復有別攝名界. 界名顯何義. 顯種子義. 能取種子者 名

(能與)을 이루게 할 뿐이지, 현재 일어나는 '번뇌가 흘러들어 오는 경향성이 없는 행위'(無漏之業)를 일으키는 것이 아니다. 이러한 뜻이기 때문에 '갈애와 집착의 누적된 경향성'(愛取習氣)과 '잘못된 생각으로 짓는 분별'(妄想分別)이 '[특정한 결과를] 생겨나게 하는 작용'(生業)을 일으킬 수 있는 것이다.

[이것은] 『대지도론大智度論』에서 "'한번 도달한 곳에서 다시 퇴보하지 않는 경지'(阿毗跋致, 不退轉)[110]의 보살은 '누적된 경향성의 힘'(習氣力) 때문에 '진리 면모는 얻었지만 아직 [모습과 수명에 제한이 없는] 변하는 삶과 죽음의 몸'(法性生身)[111]을 받는다."[112]라고 한 것과 같으니, 이것은 '[특정한 결과를] 생겨나게 하는 작용'(生業)을 일으키는 뜻을 나타낸 것이다.

[또한] 『보성론寶性論』에서는 "〈['진리 몸'(法身)의 능력을 완전히 성취하는 것을 방해하는] '조건[이 되는] 양상'〉(緣相)[113]이란 것은 '삼계의 근본무명'

眼等諸界, 所取種子者 色等諸界. 取種子者 識等諸界"; 『변중변론辯中邊論』 권2(T31, 470b15~17). "論曰. 能取種子義, 謂眼等六内界. 所取種子義, 謂色等六外界. 彼取種子義, 謂眼識等六識界."

110 아비발치阿毗跋致: 'avinivartika'의 음사어. 불퇴不退·불퇴전不退轉·불퇴위不退位라고 한역되었다. 이미 도달한 수행 경지에서 다시는 퇴보하는 일이 없어 언젠가 반드시 부처가 되는 경지를 말한다. 아비달마 유부有部에서는 사선근위四善根位 중에서 다시는 악취惡趣에 떨어지지 않는 인위忍位, 대승에서는 십주十住의 제7주第七住나 十地의 초지初地 또는 팔지八地가 이에 해당한다.

111 법성생신法性生身: 보살이 무생법인無生法忍을 증득하여 모든 번뇌가 없어져 이승二乘이 증득하는 것을 취하지는 않지만 아직 성불하지는 않았으므로 그 중간에 받는 몸을 또한 '법성생신'이라고 한다. 『법화현론法華玄論』 권8에서는 보살의 두 가지 몸 중에 육신을 분단생사分段生死에, 법성생신을 변역생사變易生死에 배대한다.(『불광대사전』, p.3359 참조.)

112 『대지도론大智度論』 권27(T25, 263c6). "無生忍法, 卽是阿鞞跋致地." 또한 『대지도론』 권27(T25, 261c22~24). "菩薩得無生法忍, 煩惱已盡, 習氣未除故, 因習氣受及法性生身, 能自在化生."

113 연상緣相: 『보성론』에 따르면, 성문·벽지불·대력보살大力菩薩이 여래법신의 공덕을 완전히 증득하는 데 장애가 되는 네 가지가 있다. 연상緣相·인상因相·

(無明住地)을 말하니, '의도적 형성'(行)에게 조건(緣)이 되는 것이다. 마치 근본무지(無明)가 '의도적 형성'(行)의 조건이 되는 것과 같이, 이것 또한 마찬가지이기 때문이다."[114]라고 하였으니, 이것은 '끌어오는 작용'(引業)을 일으키는 뜻을 밝힌 것이다. 또한 그 『보성론』에서는 "저 '삼계의 근본무명'(無明住地)이라는 조건(緣)에 의거하여 '미세한 [대상적 특징에 대한] 지각의 분별 확산의 경향성'(細想戲論習)이 있어 … '번뇌가 스며듦이 없는 행위'(無漏業)를 원인으로 '[모태에서 태어나지(胎生) 않고] 뜻으로 태어나는 몸'(意陰, 意生身)을 생겨나게 한다."[115]라고 하였으니, 이 문장은 [십이연기의] 두 가지 요소[인 근본무지(無明)와 '의도적 형성'(行)]의 작용(業)을 함께 나타낸 것이다.

생상生相·괴상壞相이 그것인데, 연상緣相은 바로 무명주지無明住地이다.

114 『구경일승보성론究竟一乘寶性論』 권3(T31, 830b3~5). "緣相者, 謂無明住地, 卽此無明住地行作緣. 如無明緣行, 無明住地緣, 亦如是故." 〈산스크리트본의 해당 내용: RGV., p.32; tatra pratyayalakṣaṇam avidyāvāsabhūmir avidyeva saṃskārāṇām |; 그중에서 조건의 특징(|정의)은 '무명이 거주하는 땅'(無明住地)이라는 것이다. 마치 [12지 연기에서] 제행의 [조건]이 무명인 것과 같다.〉

115 『구경일승보성론究竟一乘寶性論』 권3(T31, 830b15~18). "又卽依彼無明住地緣, 以細想戲論習, 未得永滅, 是故未得究竟, 無爲我波羅蜜. 又卽緣依彼無明住地, 有細相戲論集, 因無漏業, 生於意陰, 未得永滅." 〈산스크리트본의 해당 내용: RGV., p.33; tām eva cāvidyāvāsabhūmiṃ pratītya sūkṣmanimittaprapañcasamudācārayogād atyantam anabhisaṃskāram ātmapāramitāṃ nādhigacchanti | tāṃ cāvidyāvāsabhūmim avidyāvāsabhūmipratyayaṃ ca sūkṣmanimittaprapañcasamudācārasamutthāpitam anāsravaṃ karma pratītya manomayaskandhasamudāyāt tannirodham atyantasukhapāramitāṃ nādhigacchanti |; (안성두 역, 『보성론』, p.286.) 바로 그 무명주지를 조건으로 삼아 미세한 대상적 특징(nimitta)의 다양함(prapañca, 戲論)이 현기하기 때문에 궁극적으로 작의적 노력을 여읜 자아의 완성(我바라밀)을 증득하지 못한다. 또 무명주지와 무명주지를 조건으로 삼는 미세한 대상적 특징의 다양함의 현기에 의해 발생된 무루업을 조건으로 삼아 마음으로 이루어진 온蘊들이 생겨나기 때문에 궁극적인 즐거움의 완성(樂바라밀)을 증득하지 못한다.〉

2. '두 가지 장애'(二碍)의 '[윤회하는 다음] 삶에 맺어져 이어지게 하는 힘'(結生相續力)

次明結生相續力者. 羅漢獨覺, 受彼生時, 我愛習氣, 此中結生, 及發生業. 是煩惱碍功能, 此等皆在六染中故. 發引業者, 是智碍力, 無明住地, 非六染故. 又此智碍, 別有二種殊勝功能. 一此無明動其[116]如, 流轉生死. 如經言, "卽此法界, 說名衆生", 論云, "自性淸淨心, 因無明風動故." 二此無明能熏眞如, 變生一切諸識等法. 如經言, "不思議熏, 不思議變, 是現識因", 論云, "眞如淨法, 實無於染. 但以無明而熏習故, 卽有染相"故. 由有如是二種力故, 能作二種生死依止. 如『經』言, "此三地彼三種意生身生, 及無漏業生, 皆依無明住地, 有緣非無緣"故. 當知無明其力殊勝, 如偈中說, "一切說[117]諸法中, 槃[118]若最爲勝, 能至無所爲, 而無[119]不爲, 而無不爲故. 一切生死中, 無明力最大, 能動一法界, 遍生三生[120]死故." 上來, 二門明障功[121]能竟.

[H1, 798a7~b1; O 29,3~11]

---

116 橫超本에 따르면, 원본에는 '其'이지만, '眞'으로 교감한다고 하였다. '眞'으로 보고 번역한다.

117 橫超本의 교감주에 따르면, 원본에는 '一切說諸法'으로 되어 있지만 '說'자를 삭제한다고 하였다. 여기서도 '一切諸法'으로 보고 번역한다.

118 '槃'은 '般'으로 교감한다.

119 橫超本에서는 '所'를 넣어 '無所'로 교감하고 있다. 그런데 '而無不爲' 이 네 글자는 『이장의』 필사 과정의 오기로 인해 불필요하게 추가된 것으로 보인다. 곧이어 '而無不爲故'가 나온다는 점과 다섯 글자씩으로 이루어진 4구게의 형식이라는 점을 고려할 때 생략하는 것이 적절하다. 여기서는 '能至無所爲, 而無不爲故.'로 교감하여 번역한다.

120 橫超本 교감주에 따르면 원본에는 없지만 '三生' 두 글자를 보완해 넣었다고 밝혔다. 그러나 다섯 글자씩으로 이루어진 4구게라는 점을 고려할 때 '三'은 빼고 '生' 한 글자만 추가하는 것이 좋을 것이다. 여기서는 '遍生生死故'로 교감하여 번역한다.

121 橫超本에는 '功'자가 없지만, 여기서는 한불전에서 교감한 것처럼 '功'자를 넣어 번역한다.

다음은 ['두 가지 장애'(二碍)의] '[윤회하는 다음] 삶에 맺어져 이어지게 하는 힘'(結生相續力)을 밝힌 것이다. '[소승에서] 더 이상 배울 것이 없는 경지에 도달한 수행자'(阿羅漢)와 '연기를 이해하여 혼자 깨달으려는 수행자'(獨覺)는 그[다음] 삶을 받을 때, '나에 대한 애착의 누적된 경향성'(我愛習氣)이 이 과정에서 [윤회하는 다음] 삶에 맺어지게 하고 '[특정한 결과를] 생겨나게 하는 작용'(生業)을 일으킨다. 이것은 ['현상으로 드러나지 않는 측면'(隱密門)에서의] '번뇌로 인한 장애'(煩惱碍)의 작용능력(功能)이니, 이러한 것들은 모두 '여섯 가지 오염[된 마음]'(六染[心]) 가운데 있기 때문이다.[122] '끌어오는 작용'(引業)을 일으키는 것은 '지혜를 가로막는 장애'(智碍)의 힘이니, '삼계의 근본무명'(無明住地)이지 '여섯 가지 오염[된 마음]'(六染[心])[의 단계]는 아니기 때문이다.

또한 이 '지혜를 가로막는 장애'(智碍)에는 또 다른 두 종류의 뛰어난 작용능력이 있다. 첫 번째는 이 근본무지(無明)가 '참 그대로'(眞如)[의 지평]을 움직여 '[근본무지에 매인] 삶과 죽음'(生死)[의 윤회 속]에 흘러가게 하는 것이다. [이것은] 『부증불감경不增不減經』에서 "바로 이 현상계(法界)를 중생이라고 한다."[123]라고 하고, 『대승기신론』에서 "'본연이 온전한 마음'(自性淸淨心)이 근본무지의 바람으로 인해 움직이기 때문이다."[124]라고 한 것과 같다.

두 번째는 이 근본무지(無明)가 '참 그대로'(眞如)[의 지평]에 거듭 영향을 끼쳐 모든 식識 등의 현상(法)을 변화시켜 일으키는 것이다. [이것은]

---

122 앞서 거론한 "두 번째는 '현상으로 드러나지 않은 측면'(隱密門)에 의거하여 '두 가지 장애의 본연'(二障體)[이 지닌 특성]을 드러내는 것이다. '여섯 가지 오염된 마음'(六種染心)은 '번뇌로 인한 장애'(煩惱碍)의 본연[이 지닌 특성]이고, '근원적인 무지'(根本無明)는 '지혜를 가로막는 장애'(智碍)의 본연[이 지닌 특성]이다."(二依隱密門, 出二障體者. 六種染心, 是煩惱碍體, 根本無明, 是智碍體. H1, 795a2~4) 참조.

123 『부증불감경不增不減經』 권1(T16, 467c11~12), "不可思議, 淸淨法界, 說名衆生."

124 『대승기신론』 권1(T32, 576c13~14). "如是衆生自性淸淨心, 因無明風動."

『능가아발다라보경楞伽阿跋多羅寶經』에서 "'생각으로 헤아리지 못할 거듭된 영향'(不思議熏)과 '생각으로 헤아리지 못할 변화'(不思議變)가 '[불변·독자의 실체로 간주되는 대상을] 나타내는 식'(現識)의 원인이다."[125]라고 하고, 『대승기신론』에서는 "'참 그대로인 온전한 현상'(眞如淨法)에는 실제로는 '[근본무지에 따르는] 오염'(染)이 없지만 단지 근본무지(無明)로써 거듭 영향을 끼치기 때문에 '오염된 양상'(染相)이 있다."[126]라고 한 것과 같다.

['지혜를 가로막는 장애'(智碍)에는] 이와 같은 두 종류의 힘이 있기 때문에 두 종류의 [윤회하는] '삶과 죽음의 의지'(生死依止)가 될 수 있다. [이것은] 『승만사자후일승대방편방광경』에서 "'['욕망 세계'(欲界)·'유형 세계'(色界)·'무형 세계'(無色界), 이] 세 가지 세계'(三地) 및 저 세 종류의 '뜻으로 태어나는 몸'(意生身)이 생기는 것과 '번뇌가 스며듦이 없는 행위'(無漏業)가 생기는 것은 모두 '삼계의 근본무명'(無明住地)에 의한 것이니, [근본무지(無明)라는] 조건(緣)이 있는 것이지 조건(緣)이 없는 것이 아니다."[127]라고 한 것과 같다.

근본무지(無明)는 그 힘이 특히 강하다는 것을 알아야 하니, [『승만사자후일승대방편방광경』의] 게송에서 다음과 같이 말한 것과 같다. "'모든 현상'(一切諸法) 가운데 반야般若[의 지혜]가 가장 뛰어나니, '하는 것이 없으면서도 하지 않음이 없는 경지'(無所爲而無不爲)에 이를 수 있기 때문

---

125 『능가아발다라보경楞伽阿跋多羅寶經』 권1(T16, 483a19~20). "不思議薰及不思議變, 是現識因." 〈산스크리트본의 해당 내용: LAS., p.37; tatra khyātivijñānaṃ mahāmate 'cintyavāsanāpariṇāmahetukaṃ; 그중에서 대혜여, 현식은 불가사의한 훈습과 전변을 원인으로 하는 것이다.〉

126 『대승기신론大乘起信論』 권1(T32, 578a19~20). "眞如淨法實無於染, 但以無明而熏習故, 則有染相."

127 『승만사자후일승대방편방광경勝鬘師子吼一乘大方便方廣經』 권1(T12, 220a18~19). "此三地彼三種意生身生, 及無漏業生, 依無明住地, 有緣非無緣."

이다. '[윤회하는] 삶과 죽음의 모든 현상'(一切生死) 가운데 '근본무지의 힘'(無明力)이 가장 크니, '하나처럼 통하는 [차이들의] 현상세계'(一法界)[128]를 동요시켜 [윤회하는] 삶과 죽음을 두루 일으키기 때문이다."[129]

---

128 일법계一法界: 『대승기신론』의 "心眞如者, 卽是一法界大總相法門體"(T32, 576a8)라는 구절에서도 등장하는 '一法界'는, '참 그대로의 지평과 만나는 마음국면'(心眞如)에서 대하는 현상세계(法界)를 지시하려는 용어로 보인다. 그리고 일상 인식이 마주하는 현상세계와 다른 점을 나타내는 기호가 '一'이다. '참 그대로의 지평과 만나는 마음국면'(心眞如)에서는 모든 존재와 현상을 본질적으로 격리시키는 '불변의 독자적 본질이나 실체'를 설정하는 환각이 사라진 인식적 지평이다. 따라서 '一'은 수량으로서의 '하나'를 지시하는 것이 아니라, '본질/실체 환각으로 인한 격리'가 해체되어 모든 현상들이 마치 '하나처럼 서로 통하고 만나는 지평에 대한 인지적 경험'을 지시하는 것으로 보인다. 이런 이해를 반영하여 '一法界'를 '하나처럼 통하는 [차이들의] 현상세계'라고 번역하였다. '법계法界'는 산스크리트어인 'dharma-dhatū'(팔리어 dhamma-dhatū)의 번역어이다. 『불교어대사전』의 설명에 따르면, 'dhatū'는 동사어근 √dhā(두다)에서 유래한 남성명사로서 원래는 요소의 뜻이었지만 불교에서는 계界 또는 성性의 의미가 추가되었다고 한다. 니까야/아함에서 법계는 18계界의 하나로서 '의意-법法'의 관계에 의해 형성되는 현상세계의 영역을 가리키는 개념이다. 인간의 감관능력을 조건으로 경험되는 현상세계가 법계인 것이다. 『불광대사전』의 설명에 따르면, 『구사론』 권1(T29, 3c28~4a1)에서는 "受領納隨觸, 想取像爲體, 四餘名行蘊, 如是受等三及無表無爲, 名法處法界"라고 하여 수상행受想行 등 3온과 무표색無表色, 무위법無爲法을 법계라 하였다. 대승불교에서는 법계의 뜻이 확대되어 사물의 근원, 법의 근원, 우주의 존재, 진리 그 자체 등을 의미하는 말로도 쓰이게 되었다. 특히 화엄종에서는 '현실의 있는 그대로의 세계'(事)와 '그 세계가 그렇게 있도록 해 주는 것'(理)의 두 가지가 하나로 연결되어 있는 본연을 표현하는 말로 쓰인다. 『불교어대사전』(p.1249)의 설명에 따르면, 법法은 성性의 뜻으로서 법성法性과 같은 뜻이고, 계界는 분分의 뜻으로서 법성의 발로인 세계 자체이기 때문에, 법계는 한편으로는 세계·우주와 같은 뜻이고 다른 한편으로는 진여眞如·법성과 동의어가 되는 것이다. 그런데 법계를 '진리'라는 의미의 '법성法性'으로 간주하는 시선에는 '현상세계와 진리를 하나로 결합시켜 이해하려는 관점'이 반영되고 있는 것으로 보인다. 붓다의 법설은 인간의 감관능력으로 경험 가능한 현상들(法)을 벗어나지 않는다. 처음부터 끝까지 그 현상들에서 '궁극적 자유와 평안'(해탈, 열반)을 성취하는 길을 말한다. 그런 점에서 붓다의 법설은 '사실 그대로의 진리에 상응하는 현상세계'의 구현을 목표로 한다고 말할 수 있다. 따라서 근본무지에 의한 왜곡과 오염에서

이상으로 ['현상으로 드러나는 측면'(顯了門)과 '현상으로 드러나지 않는 측면'(隱密門), 이] '두 가지 측면'(二門)으로 [두 가지 장애의] 작용능력(功能)을 밝히는 것을 마친다.

벗어난 세계를 '진리가 드러난 온전한 현상세계'로 설명하려는 관점은 붓다의 법설과 맞닿아 있다. 흥미롭게도 원효의 저술에서 목격되는 '법계法界'의 용법에도 '현상세계'와 '진리세계'의 두 의미가 결합되어 있다. 문장 맥락에 따라 '현상세계'와 '진리세계'라는 번역어를 선택할 수 있는데, 어떤 경우에도 그 이면에는 '사실 그대로의 진리에 상응하는 현상세계' '현상세계와 진리가 하나로 만나는 지평'을 겨냥하는 원효의 안목이 작동하고 있다.

129 현재의 대장경에 실린 『승만경』 판본에서는 이 인용문과 일치하는 게송을 찾을 수 없다.

제4편

'여러 방식(門)으로 [번뇌의 종류를] 서로 포섭하는 것'(諸門相攝)을 밝힘

次第四明諸門相攝者. 諸惑差別, 乃有多種, 今撮其要, 略攝六門. 一一百二十八種煩惱, 二百四惑, 三九十八使, 四八種妄想, 五三種煩惱, 六二種煩惱.

[H1, 798b2~5; O 29,12~14]

다음은 네 번째로 '여러 방식(門)으로 [번뇌의 종류를] 서로 포섭하는 것'(諸門相攝)을 밝히는 것이다. 모든 번뇌(惑)의 차이에는 많은 종류가 있지만, 이제 그 요지를 추려 대략 '여섯 가지 방식'(六門)에 포섭한다. 첫 번째 [방식은] 128종류의 번뇌煩惱, 두 번째 [방식은] 104번뇌(惑), 세 번째 [방식은] 98번뇌(使), 네 번째 [방식은] 8종류의 망상妄想, 다섯 번째 [방식은] 3종류의 번뇌煩惱, 여섯 번째 [방식은] 2종류의 번뇌煩惱[를 각각 포섭한다.]

제1장 128종 번뇌로 묶는 방식

初言一百二十八煩惱者, 謂迷四諦分別起, 通取三界有百二十八種. 如『瑜伽論』「本地分」說, "於欲界苦集諦, 及彼欲界增上滅道諦, 具有十種煩惱迷執. 於色界苦集諦, 及彼增上滅道諦, 除瞋有餘. 如於色界, 無色界亦爾. 於欲界對治修中, 有六迷執, 除邪見, 見取, 戒禁取, 疑. 色無色界, 有五迷執, 於上六中, 各除瞋故." 此十煩惱, 於四諦境, 云何各[1]別起迷執者? 隨其根本, 有四別故. 是義云何? 此十煩惱, 總有三分, 謂倒本倒體及倒等流. 倒根本者, 所謂無明, 倒體者, 謂薩迦耶見, 邊見一分, 見取, 或[2]取, 及貪, 言倒等流者, 除前之餘.

[H1, 798b6~19; O 29,15~30,6]

처음에 말한 128번뇌란 것은 '네 가지 진리'(四諦)에 미혹하여 '분별해서 일어난 것'(分別起)을 일컬으니, ['욕망 세계'(欲界)·'유형 세계'(色界)·'무형 세계'(無色界), 이] 세 가지 세계[의 것]을 모두 취하여 128종류가 있다.

[이것은] 『유가사지론』 「본지분本地分」에서 [다음과 같이] 말한 것과 같다. "'욕망 세계'(欲界)의 '괴로움에 관한 진리'(苦諦)와 '괴로움의 원인에 관한 진리'(集諦) 및 그 '욕망 세계'(欲界)를 넘어서는 '괴로움의 소멸에 관한 진리'(滅諦)와 '괴로움의 소멸로 나아가는 길에 관한 진리'(道諦)에

---

1 원본에는 '各'인데, 橫超本에서는 '分'으로 교감하였다. 교감에 따른다.

2 원본에는 '或'이지만, 橫超本에는 '戒'로 교감하였다. 『유가사지론』 원문에 따라 '戒禁取'로 교감하여 번역한다.

대하여, 모두 [각각] 열 가지 '번뇌의 미혹한 집착'(煩惱迷執)이 있다. '유형 세계'(色界)의 '괴로움에 관한 진리'(苦諦)와 '괴로움의 원인에 관한 진리'(集諦) 및 그 '유형 세계'(色界)를 넘어서는 '괴로움의 소멸에 관한 진리'(滅諦)와 '괴로움의 소멸로 나아가는 길에 관한 진리'(道諦)에 대하여서는, 분노(瞋)를 제외한 나머지 ['번뇌의 미혹한 집착'(煩惱迷執)]들이 있다. '유형 세계'(色界)에서와 마찬가지로 '무형 세계'(無色界)에서도 그러하다. '욕망 세계'(欲界)에서 [번뇌에] 대치하여 닦는 것 가운데 여섯 가지 '미혹한 집착'(迷執)이 있으니, [열 가지 번뇌 중] '잘못된 견해'(邪見), '견해에 대한 집착'(見取), '지키거나 피해야 할 것에 대한 집착'(戒禁取), 회의(疑)를 제외한 [나머지 여섯 가지 번뇌를 말한]다. '유형 세계'(色界)와 '무형 세계'(無色界)[에서 대치하여 닦는 것 가운데]에는 다섯 가지 '미혹한 집착'(迷執)이 있으니, 위에서 말한 ['욕망 세계'(欲界)에서의] 여섯 가지 [번뇌] 중에서 각각 분노(瞋)를 제외하기 때문이다."[3]

---

3 『유가사지론』 권8(T30, 313b21~27). "此中於欲界苦集諦, 及於欲界增上滅道諦, 具有十煩惱迷執. 於色界苦集諦, 及於彼增上滅道諦, 除瞋有餘煩惱迷執. 如於色界, 於無色界亦爾. 於欲界對治修中, 有六煩惱迷執, 謂除邪見·見取·戒禁取·疑. 於色界對治修中, 有五煩惱迷執, 謂於上六中除瞋." 〈산스크리트본의 해당 내용: YBh(YoBh)., p.162; tatra kāma avacare duḥkhasatye samudayasatye kāma avacara adhipateye nirodhasatye mārgasatye sarve daśakleśā vipratipannāḥ । rūpa avacare duḥkhasatye samudayasatye tadā adhipateye nirodhasatye mārgasatye pratighavarjās ta eva daśa kleśā vipratipannāḥ । yathā rūpa avacara evam ārūpya avacare ।। kāma avacarapratipakṣe bhāvanāyāṃ ṣaṭ kleśā vipratipannā mithyādṛṣṭiṃ dṛṣṭi-parāmarśaṃ śīlavrataparāmarśaṃ vicikitsāṃ ca sthāpayitvā ।। rūpa avacarapratipakṣe bhāvanāyāṃ pañca kleśā vipratipannā ebhya eva ṣaḍbhyaḥ pratighaṃ sthāpayitvā ।।; 그중에서 욕계에서 작용하는 고제와 집제에 대해, [그리고] 욕계에서 작용하는 지배적인 멸제와 도제에 대해 모두 열 가지 번뇌라는 혼란이 있다. 색계에서 작용하는 고제와 집제에 대해, [그리고] 그때 지배적인 멸제와 도제에 대해서는 분노를 제외하고, 바로 그 열 가지 번뇌라는 혼란이 있다. 색계에서 작용하는 [여러 제에 대해서]와 마찬가지로 무색계에서 작용하는 [여러 제에 대해서도 그와 같은 혼란이 있다.] 욕계

이 열 가지 번뇌[4]는 '네 가지 진리'(四諦) [각각의] 범주에 대해 어떻게 분별하여 '미혹한 집착'(迷執)을 일으키는가?[5] 그 [분별의] 근본에 따라 네 가지 [진리 각각에 해당하는] 구분이 있기 때문이다. 이 뜻은 무엇인가? 이 열 가지 번뇌는 총괄적으로 세 가지 구분이 있으니, '근본에 전도된 것'(倒本), '바탕에 전도된 것'(倒體), [근본(本) 및 바탕(體)과] '유사한 성질의 흐름에 전도된 것'(倒等流)이 [그것이]다. '근본에 전도된 것'(倒本)이란 근본무지(無明)를 말하고, '바탕에 전도된 것'(倒體)이란 '자아에 관한 [잘못된] 견해'(薩迦耶見), '치우친 견해'(邊見)의 일부분과 '견해에 대한 집착'(見取), '지키거나 피해야 할 것에 대한 집착'(戒禁取) 및 탐욕(貪)을 말하며, '유사한 성질의 흐름에 전도된 것'(倒等流)이란 앞의 것을 제외한 나머지이다.[6]

倒本無明, 亦有二種, 謂相應及獨行. 獨行無明者, 謂'無貪等諸煩惱纏, 但於苦等諸諦境中, 由不如理作意力故',[7] 諸不如實簡擇覆障闇昧

에서 작용하는 대치수에 대해서는 사견과 견취견과 계금취견과 의심을 제외한 여섯 가지 번뇌라는 혼란이 있다. 색계에서 작용하는 대치수에 대해서는 바로 그 여섯 가지 중 분노를 제외한 다섯 가지 번뇌라는 혼란이 있다.〉

4 열 가지 번뇌(十煩惱): 근본번뇌根本煩惱(산스크리트 mūla-kleśa): 탐貪 · 진瞋 · 치癡(無明) · 만慢 · 견見(惡見) · 의疑의 6가지 근본번뇌 가운데 견見(惡見, 不正見)에는 다시 유신견有身見(살가야견薩迦耶見) · 변집견邊執見 · 사견邪見 · 견취見取 · 계금취戒禁取의 다섯 가지(五見)가 있으므로 모두 열 가지가 된다. 자세한 것은 앞서의 '근본번뇌' 역주 참조.

5 오쵸(橫超)는 "云何分別? 起迷執者."로 읽고, 은정희는 "云何分別起迷執者?"로 읽고 있다. "云何分別起迷執者?"로 읽는 것이 적절해 보인다.

6 원효는 『유가사지론』의 다음 구절에 의거하여 설명한 것으로 보인다. 『유가사지론』 권8(T30, 314b12~16). "當知煩惱略有三種. 或有煩惱, 是倒根本. 或有煩惱, 是顚倒體. 或有煩惱, 是倒等流. 倒根本者, 謂無明. 顚倒體者, 謂薩迦耶, 邊執見一分, 見取戒禁取及貪. 倒等流者, 謂邪見邊執見一分, 恚慢及疑."

7 원효가 유가사지론의 다음 문장을 전부 인용구문으로 처리하지는 않았지만 밑줄친 부분만을 직접인용해서 유가사지론과 같은 맥락으로 설명하고 있다. 『유가사

心法，如是名爲獨行無明．中，[8] 若由不正作意，推求苦諦，不如實知，覆障闇昧．依無明，計受者等，隨是我見，具起餘惑，如是十種，皆迷苦諦．若推求集諦，不如實知，依此爲本，計作者等，如是十種，皆迷集諦．此二直迷因緣依處故，非生彼滅道畏．又若由不如理作意，推求滅諦，不如實知，依此無明，計淸淨我，以此爲先，具起餘惑，如苦諦是十種，悉迷滅諦．推求諦，[9] 不如實知，[10] 依此卽計知者見者， 此等十種，是迷道諦．此二無明所起煩惱，還於滅道，生怖畏想．如其本不推求諦理，直緣五蘊，而計我等，如是一切，皆迷苦諦．由是義故，於四諦下，各有十種煩惱迷執．

[H1, 798b19~c14; O 30,6~14]

'근본에 전도된 것'(倒本)인 근본무지(無明)에도 두 종류가 있으니, [여섯 가지 근본번뇌[11]와] '상응[하는 근본무지]'(相應[無明])와 '독자적으로 작용[하는 근본무지]'(獨行[無明])가 그것이다.[12]

지론』 권58 「섭결택분攝決擇分」(T30, 622a10~16). "又此無明總有二種. 一煩惱相應無明, 二獨行無明. 非無愚癡而起諸惑, 是故貪等餘惑相應所有無明, 名煩惱相應無明. 若無貪等諸煩惱纏, 但於苦等諸諦境中, 由不如理作意力故, 鈍慧士夫補特伽羅, 諸不如實簡擇覆障纏裹闇昧等心所性, 名獨行無明."

8 橫超本 교감주에는 '中' 앞에 '於'가 탈락된 것으로 보인다고 하였다. 교감에 따른다.

9 橫超本과 한불전 주석에는 '諦' 앞에 '道'가 누락됐을 가능성을 제기하고 있다. 문맥으로도 '道諦'가 맞으므로 '道諦'로 교감한다.

10 橫超本의 교감주에는 '實' 뒤에 '知'가 누락됐을 가능성을 제기하고 있다. '不如實知'로 교감하여 번역한다.

11 여섯 가지 근본번뇌: 탐貪 · 진瞋 · 치癡(無明) · 만慢 · 견見(惡見) · 의疑의 6가지를 말한다. 상세한 것은 앞서의 '근본번뇌' 역주 참조.

12 독행무명獨行無明과 상응무명相應無明: 독행무명獨行無明은 근본무지(無明)가 다른 번뇌들과 상응하지 않고 홀로 일어나는 경우로서 독두무명獨頭無明, 불공무명不共無明이라고도 한다. 이와는 달리 상응무명相應無明은 근본무지(無明)가 다른 번뇌들과 상응하면서 일어나는 경우로서 공무명共無明이라고도 한다.

'독자적으로 작용하는 근본무지'(獨行無明)란 것은, 탐욕 등 모든 번뇌의 얽힘은 없으나 단지 '괴로움[에 관한 진리]'(苦諦) 등 '네 가지 진리'(四諦)의 모든 범주에 대해 '진리에 맞지 않게 생각을 일으키는 힘'(不如理作意力) 때문에 '사실 그대로 식별하지 못하여'(不如實簡擇) 덮이고 가려 어둡고 몽매한 모든 마음현상이니, 이와 같은 것을 '독자적으로 작용하는 근본무지'(獨行無明)라고 한다.

이 ['독자적으로 작용하는 근본무지'(獨行無明)] 속에서, 만일 '진리답지 않은 생각을 일으켜서'(不正作意) '괴로움에 관한 진리'(苦諦)를 추구한다면, '사실 그대로 알지 못하여'(不如實知) [고통에 관한 진리가] 덮이고 가려 어둡게 된다. [그리고 이와 같은] 근본무지(無明)에 의거하여 '[괴로움을] 받는 자'(受者) 등을 [실체로서 있다고] 헤아리고 이 '자아에 관한 [잘못된] 견해'(我見)를 따라 나머지 [아홉 가지] 번뇌를 모두 일으키니, 이와 같은 열 가지[의 번뇌]는 모두 '괴로움에 관한 진리'(苦諦)에 미혹한 것이다.

[또] 만일 ['진리답지 않은 생각을 일으켜서'(不正作意)] '괴로움의 원인에 관한 진리'(集諦)를 추구한다면, 사실 그대로 알지 못하여 ['고통의 원인에 관한 진리'(集諦)가 덮이고 가려 어둡게 되고] 이 [근본무지(無明)]를 근본으로 삼아 '[괴로움을] 짓는 자'(作者) 등을 [실체로서 있다고] 헤아리니, 이와 같은 열 가지[의 번뇌]는 모두 '괴로움의 원인에 관한 진리'(集諦)에 미혹한 것이다. 이 ['독자적으로 작용하는 근본무지'(獨行無明)의] 두 가지 경우는 단지 [열 가지 번뇌의] 원인과 조건 및 의지처에 대해 미혹한 것이기 때문에, 그 [괴로움의] 소멸(滅)과 [괴로움을 소멸시키는] 길(道)에 대한 두려움을 일으키는 것은 아니다.

또한 만일 '진리에 맞지 않게 생각을 일으켜서'(不如理作意) '괴로움의 소멸에 관한 진리'(滅諦)를 추구한다면, 사실 그대로 알지 못하여 ['고통의 소멸에 관한 진리'(滅諦)가 덮이고 가려 어둡게 되고], 이 근본무지(無明)에 의거하여 '[괴로움이 소멸된] 청정한 자아'(淸淨我)를 [실체로서 있다고] 헤아리고 이 ['자아에 관한 잘못된 견해'(我見)]를 앞세워 나머지 [아홉 가지]

번뇌를 모두 일으키니, '괴로움에 관한 진리'(苦諦)[의 경우]와 마찬가지로 이 열 가지 번뇌는 모두 '괴로움의 소멸에 관한 진리'(滅諦)에 미혹한 것이다.

[또한 만일 '진리에 맞지 않게 생각을 일으켜서'(不如理作意)] '괴로움의 소멸로 나아가는 길에 관한 진리'(道諦)를 추구한다면, 사실 그대로 알지 못하여 ['고통의 소멸로 나아가는 길에 관한 진리'(道諦)가 덮이고 가려 어둡게 되고], 이 [근본무지(無明)]에 의거하여 곧 ['괴로움의 소멸로 나아가는 길에 관한 진리'(道諦)를] '아는 자'(知者)와 '보는 자'(見者)를 [실체로서 있다고] 헤아리니, 이와 같은 열 가지[의 번뇌]는 '괴로움의 소멸로 나아가는 길에 관한 진리'(道諦)에 미혹한 것이다. ['독자적으로 작용하는 근본무지'(獨行無明)의] 이 두 가지 경우의 근본무지(無明)에 의해 일어난 번뇌는 도리어 '괴로움의 소멸에 관한 진리'(滅諦)와 '괴로움의 소멸로 나아가는 길에 관한 진리'(道諦)에 대해 무서워하고 두려워하는 생각을 일으킨다.

만약 그 근본이 [네 가지] 진리의 이치를 추구하지 않고 단지 '[자아를 구성하는 요소들의] 다섯 가지 더미'(五蘊)에 반연하여 '나' 등을 [실체로서 있다고] 헤아린 것이라면, 이와 같은 모든 것은 다 '괴로움에 관한 진리'(苦諦)에 미혹한 것이다. 이와 같은 뜻으로 인해 '네 가지 진리'(四諦)에 각각 열 가지 번뇌의 미혹된 집착이 있다.

如『瑜伽』說, "卽此一切迷苦執[13]者, 是迷彼因緣所依處行, 卽此一切迷滅道者, 是迷彼怖畏生行." 『對法論』云, "又十煩惱, 皆迷苦集, 起諸邪行, 是彼因緣所依處故. 所以者何? 苦集二諦, 皆是十種煩惱因緣及所依處, 是故一切迷此因緣依處, 起諸邪行. 又十煩惱, 皆迷滅道, 起諸邪行, 由此能生彼怖畏故. 所以者何? 由煩惱力, 樂着生死, 於淸淨

13 한불전의 '執'은 橫超本에서는 '集'으로 되어 있다. 문맥상 '集'이 적절하므로 '集'으로 교감한다.

法, 起懸崖[14]想, 生大怖畏. 又諸外道, 於滅道諦, 妄起種種顚倒分別, 是故十惑, 皆迷滅道, 起諸邪行."

[H1, 798c14~799a1; O 30,14~31,5]

[이것은] 『유가사지론』에서 [다음과 같이] 말한 것과 같다. "이 모든 괴로움(苦)과 '괴로움의 원인'(集)에 미혹한 것은 저 [열 가지 번뇌의] 원인과 조건 및 의지처에 미혹한 작용이고, 이 모든 '괴로움의 소멸'(滅)과 '괴로움의 소멸로 나아가는 길'(道)에 미혹한 것은 저 ['괴로움의 소멸'과 '괴로움을 소멸시키는 수행 길'에 대한] 공포와 두려움에 미혹하여 일으키는 작용이다."[15]

또한 『대승아비달마잡집론』에서는 [다음과 같이] 말한다. "또한 열 가지 번뇌는 모두 '괴로움과 [그] 괴로움의 원인'(苦集)에 미혹하여 온갖 '잘못된 작용'(邪行)을 일으키니, ['괴로움'과 '괴로움의 원인'은] 그 [열 가지 번뇌의] 원인과 조건 및 의지처이기 때문이다. 그 이유는 무엇인가? '괴로움'(苦)과 '괴로움의 원인'(集)이라는 두 가지 진리는 모두 열 가지 번뇌의 원인과 조건 및 의지처이니, 이런 까닭에 일체[의 번뇌]는 이 [열 가지 번뇌의] 원인과 조건 및 의지처에 미혹하여 온갖 잘못된 작용을 일으키는 것이다. 또 열 가지 번뇌는 모두 '괴로움의 소멸'(滅)과 '괴로움의 소멸로 나아가는 길'(道)에 미혹하여 온갖 '잘못된 작용'(邪行)을 일으키니, 이로 말미암아 저 ['괴로움의 소멸'과 '괴로움을 소멸시키는 수행 길'에 대한] 공포와 두려움을 일으키는 것이다. 그 이유는 무엇인가? 번뇌의 힘으로 인해 삶과 죽음[의 윤회]에 집착하는 것을 즐겨 [번뇌에 물들지 않은] '온

---

14 橫超本의 교감주에 따르면, 원본에는 '岸'으로 되어 있는데 『대법론』에 의거하여 '崖'로 고친 것이다.

15 『유가사지론』 권59(T30, 627c5~7). "卽此一切迷苦集諦者, 是迷彼因緣所依處行. 卽此一切迷滅道諦者, 是迷彼怖畏生行."

전한 진리'(淸淨法)에 대해서는 낭떠러지에 매달린 [것 같은] 생각을 일으켜 큰 공포와 두려움을 일으키기 때문이다. 또한 모든 '[불교와는] 다른 가르침'(外道)에서는 '괴로움의 소멸'(滅)과 '괴로움의 소멸로 나아가는 길'(道)에 관한 진리에 대해 갖가지 '[진실을] 왜곡하는 분별'(顚倒分別)을 허망하게 일으키니, 이 때문에 열 가지 번뇌(惑)가 모두 '괴로움의 소멸'(滅)과 '괴로움의 소멸로 나아가는 길'(道)에 미혹하여 온갖 잘못된 작용을 일으킨다."[16][17]

---

16 『대승아비달마잡집론』 권7(T31, 726a1~8). "又十煩惱, 皆迷苦集, 起諸邪行, 是彼因緣所依處故. 所以者何? 苦集二諦, 皆是十種煩惱因緣. 又爲依處, 是故一切, 迷此因緣依處, 起諸邪行. 又十煩惱, 皆迷滅道, 諸起邪行, 由此能生彼怖畏故. 所以者何? 由煩惱力, 樂著生死, 於淸淨法, 起懸崖想, 生大怖畏. 又諸外道, 於滅道諦, 妄起種種顚倒分別, 是故十惑, 皆迷滅道, 起諸邪行." 〈산스크리트본의 해당 내용: (출전1) AS(ASp)., p.51. ① daśa kleśā duḥkhe samudaye ca vipratipannāḥ | tannidānapadasthānataḥ | ② punaḥ daśa kleśā nirodhe mārge ca vipratipannāḥ | tais tatrotrāsasaṃjananataḥ || (출전2) ASBh., p.60, ③ te duḥkhasamudayayor daśāpi kleśā nidānaṃ bhavanti | tau ca teṣāṃ padasthānam | atas te tannidānapadasthānato vipratipannā ity ucyante | ④ nirodhe mārge cottrāsasaṃjananato vipratipannāḥ kleśavaśāt saṃsāre 'bhiratasya vyavadānataḥ prapātasaṃjñātrāsād viparītakalpanataś ca nirodhe mārge ca vipratipannā draṣṭavyāḥ, tīrthyair anyathā parikalpya tatra [vi]pratipatteḥ ||; 『잡집론』 ① "열 가지는 괴로움[이라는 진리]와 괴로움의 일어남[이라는 진리에 대해] 잘못된(반대되는) 견해이다. 왜냐하면 [열 가지 번뇌는] 그 [고제와 집제의] 원인이자(tannidāna) [고제와 집제를] 토대(주원인, padasthāna는 직역하자면, 발자국)로 하기 때문이다."(※『잡집론』의 복합어 이해방식을 따른다. 『잡집론』 산스크리트에 따르면, 10가지 번뇌 = 고제와 집제의 nidāna (원인); 고제와 집제 = 10가지 번뇌의 padasthāna (토대|주원인)이다.); 『잡집론』 ② "열 가지 번뇌는 또한 [괴로움의] 소멸[이라는 진리]와 [괴로움의 소멸로 가는] 길[이라는 진리]에 대한 잘못된(반대되는) 견해이다. 왜냐하면 그 [열 가지 번뇌] 때문에 그 [멸제와 집제]에 대해 두려움을 일으키기 때문이다;" 『잡집론』 ③ 괴로움[이라는 진리]와 괴로움의 일어남[이라는 진리]에게는 그러한 총 열 가지 번뇌가 원인(nidāna)이 되고, 그 둘(=고제와 집제)은 그것들의(=총 열가지 번뇌들의) 토대이다. 이러한 점으로부터 그 [열가지 번뇌]는 그 [고제와 집제]의 원인이자 [그 고제와 집제를] 토대(주원인)으

若迷此起邪行, 卽見此所斷故. 又若由不如理作意, 推求眞如佛性等理, 不如實知, 卽謗大乘. 如是邪見, 是分別起, 咸[18]無間苦, 而非正迷

로 하기 때문에, 그 [열 가지 번뇌]는 '잘못된(반대되는) 견해'라고 가르쳐진다; 『잡집론』 ④ [『집론』에서] "[괴로움의] 소멸[이라는 진리]와 [괴로움의 소멸로 가는] 길[이라는 진리]에 대하여 두려움을 일으키기 때문에, [열 가지 번뇌는 이 둘에 대한] 잘못된(반대되는) 견해이다."고 말한 것은 다음과 같이 이해해야 한다. [즉] '번뇌들의 힘으로 인해 윤회를 기꺼워하는 사람은 청정함에 대해서 '절벽으로부터 떨어지고 있다.'고 생각하는 두려움과 왜곡(顚倒)된 생각(分別, kalpana)을 가지기 때문에, [열 가지 번뇌는 또한 괴로움의] 소멸[이라는 진리]와 [괴로움의 소멸로 가는] 길[이라는 진리]에 대한 잘못된(반대되는) 견해이다'라고. 왜냐하면 [불교] 밖의 사람들은 [이 두 진리를] 다른 방식으로 잘못 생각하고서 그 [집제와 멸제에] 대해 잘못된 견해를 일으키기 때문이다.

17 한역과 산스크리트본의 내용상의 차이 문제: 『대승아비달마잡집론』의 이 구절에 대한 한역과 현존 산스크리트본의 해당 구절은 그 의미가 일치하지 않는데, 한역이 오히려 내용상 타당해 보인다. 『유가사지론』의 인용 구절들에서도 비슷한 문제점이 자주 목격된다. 산스크리트 원전에 대한 텍스트 비판, 역경가들의 해석학적 선택 및 번역론 등 여러 문제와 관련되는 연구과제이다. 인도 원전을 중시하는 학인들은 한역과 산스크리트본 사이에 상이한 내용이 목격될 때 산스크리트본 내용의 문헌학적/교학적 우위를 당연시하는 경향이 있다. 그러나 '번역을 통한 변용'은 단순히 오역의 문제로 처리할 수 없는 복잡한 문제를 안고 있다. 단지 언어학적 관점에서 타당성 여하를 다루면, '번역을 통한 해석학적 선택과 사상의 변용 및 발전' 문제를 놓치기 쉽다. 한역과 산스크리트본의 차이는 단순히 언어학적으로 처리할 수 있는 문제도 있지만, 언어학적 오역조차도 그 해석학적 의미는 간단하지가 않다. 또 한역을 통한 해석학적 선택에 의해 새로운 교학적 변용이 발생한 경우, 그 변용은 단순한 오해나 왜곡이 아니라 새롭고 더 가치 있는 해석학적 발전일 수도 있다. '번역 과정에서 발생하는 창발과 그 의미'가 간과되거나 부당하게 처리되어서는 안 된다. 원효가 즐겨 구사하는 '일심一心'이라는 기호의 의미와 가치도 이런 문제들을 충분히 고려하면서 탐구해야 한다. 원효가 인용하는 한역 경론의 번역을 현존 산스크리트본의 해당 내용으로 대체하는 방식의 번역은 이런 중요한 문제들을 삭제해 버리는 것이어서 바람직하지 않다. 본 번역에서는 현존 산스크리트본의 해당 내용을 참고하면서도 원효가 의거했던 한역 경론의 내용에 충실한 번역을 원칙으로 한다. 원효의 사유는 한역 경론에 의거하기 때문이고, 그것이 원효사상의 결함이나 가치 훼손의 근거가 될 수는 없기 때문이다.

18 橫超本에 '成'으로 되어 있다. 한불전의 주석에서는 "'咸'이 '惑'자가 아닌지 의심스

安立四諦，而不可說二乘不斷墮[19]惡趣因，無餘斷故．所以能斷此邪見者，二乘無漏諦現觀智，亦觀非安立諦境故．故此邪見相從入於迷四諦攝，以四諦門空無我理，與其佛性無二別故，必由我見謗大乘故．

[H1, 799a1~10; O 31,5~9]

만일 이 [네 가지 진리(四諦)]에 미혹하여 [번뇌의] '잘못된 작용'(邪行)을 일으킨 것이라면, 곧 이 [네 가지 진리(四諦)]를 '[제대로] 이해하는 것'(見)이 [잘못된 작용들이] 끊어지는 까닭[이 된다]. 또 만약 '진리에 맞지 않게 생각을 일으켜'(不如理作意) [그 생각에 의거하여] '참 그대로'(眞如), '부처 면모'(佛性) 등의 이치를 추구하여 [진여眞如나 불성佛性의 이치를] '사실 그대로'(如實) 알지 못한다면 곧 대승大乘을 비방하는 것이 된다.

이와 같은 '잘못된 견해'(邪見)는 '분별하여 일어난 것'(分別起)이며 끊임없는 괴로움을 만들어 내지만 '[세속과 진여의 차별을] 규정하는 네 가지 진리'(安立四諦)에 온통 미혹한 것은 아니며, 또한 '[성문과 연각] 두 부류 수행자'(二乘)가 [지옥地獄·아귀餓鬼·축생畜生의] 나쁜 세계(惡趣)에 떨어지는 원인을 끊지 못했다고도 말할 수 없으니 [그런 원인은] 남김없이 끊었기 때문이다. 이 '잘못된 견해'(邪見)를 끊을 수 있는 까닭은 '[성문과 연각] 두 부류 수행자'(二乘)의 〈번뇌가 스며듦이 없는 '[사성제의] 진리를 이해하는 지혜'〉(無漏諦現觀智)[20] 역시 '[세속과 진여의 차별을] 규정하

렵다."라고 하였으나, 문맥으로는 '成'이 적절하므로 '成'으로 교감한다.

19 원본에는 '隨'인데, '墮'로 교감한 것이다. 橫超本과 한불전, 은정희본 모두 '墮'로 보았다.

20 무루제현관지無漏諦現觀智: 『구사론俱舍論』 권23에 따르면 현관現觀(abhisamaya)은 견도見道의 단계에서 무루지無漏智로써 사제四諦를 이해하는 것인데 성제현관聖諦現觀이라 부르며 견현관見現觀·연현관緣現觀·사현관事現觀의 3종이 있다. 또 『성유식론成唯識論』권9, 『유가사지론』 권71, 『현양성교론』 권17 등에 따르면, 현관現觀은 유루有漏·무루無漏의 지혜로써 현전現前하는 대상을 명료하게 이해하는 것인데 총 6종의 현관現觀을 설명하고 있다. 사현관思現觀·신현관信現

지 않는 진리의 경지'(非安立諦境)를 이해하기 때문이다.

그러므로 이 '잘못된 견해'(邪見)는 [이와 같은 측면들이] 서로 맞물리며 '네 가지 진리에 미혹함'(迷四諦)에 포함되니, '네 가지 진리의 측면'(四諦門)에서의 '불변 · 독자의 본질/실체가 없음'(空)과 '[불변 · 독자의] 자아가 없음'(無我)의 도리는 저 [대승이 설하는] '부처 면모'(佛性)와 다름이 없기 때문이며, [또한] 반드시 [고집멸도 네 가지 진리 각각에 '나'를 설정하는] '자아에 대한 [잘못된] 견해'(我見) 때문에 대승을 비방하게 되기 때문이다.

又此門中, 所以二見亦有但[21]生, 二[22]見及疑唯分別起者, 以彼二見, 內計自體, 恒時數習, 是故亦有任[23]運[24]現行, 三見及疑, 推求道理, 不如實知, 不正計度, 非數數起, 故無俱生. 雖於諸事, 任運起疑,[25] 不染汚故, 非惑性攝. 故修斷惑, 唯有六種. 此等皆說六識所起. 若論末那相應四惑, 相從通入修斷四中. 是謂一百二十八煩惱也.

[H1, 799a10~18; O 31,9~13]

또한 이 [128가지 번뇌로 묶는] 방식에서 ['나에 관한 잘못된 견해'(薩迦耶

觀 · 계현관戒現觀 · 현관지제현관現觀智諦現觀 · 현관변지제현관現觀邊智諦現觀 · 구경현관究竟現觀이 그것이다. 『불광대사전』, p.4731 참조. 무루제현관지無漏諦現觀智는 네 번째인 현관지제현관現觀智諦現觀에 해당한다.

21 橫超本에서는 원본의 '但'을 '俱'로 고친다고 하였다. 이에 따른다.

22 원본과 한불전에는 '二'로 나오지만, 橫超本에서는 '三'으로 고친다고 하였다. '三'으로 교감한다.

23 橫超本의 교감주에 따르면, 원본에는 '住'로 나오지만, '任'으로 고친다고 하였다. '任'으로 보고 번역한다.

24 橫超本의 교감주에 따르면, 원본에는 '通'이지만, 傍註에 있는 '運'에 의거하여 '運'으로 교감하였다. '運'으로 보고 번역한다.

25 '疑'는 없어야 뜻이 통한다. 여기서는 잘못 추가된 글자로 보고 번역한다.

見)와 '항상 있다거나 아무것도 없다는 치우친 견해'(邊見), 이] 두 가지 [잘못된] 견해에는 ['분별해서 일어나는 것'(分別起)만 아니라] '[선천적으로] 갖추어져 일어나는 것'(俱生起)도 있지만, ['잘못된 견해'(邪見) · '견해에 대한 집착'(見取) · '지키거나 피해야 할 것에 대한 집착'(戒禁取), 이] 세 가지 [잘못된] 견해와 '[사성제에 대한] 의심'(疑)이 오직 '분별을 통해 일어나는 것'(分別起)인 이유는 [다음과 같다.] 저 ['나에 관한 잘못된 견해'(薩迦耶見)와 '항상 있다거나 아무것도 없다는 치우친 견해'(邊見), 이] 두 가지 [잘못된] 견해는 안으로 [불변의 실체인] '자기 바탕'(自體)을 [있다고] 헤아리고 [그런 견해를] 항상 자주 익히기 때문에 '[선천적으로] 갖추어져 일어나 작용함'(任運現行)도 있지만, ['잘못된 견해'(邪見) · '견해에 대한 집착'(見取) · '지키거나 피해야 할 것에 대한 집착'(戒禁取), 이] 세 가지 [잘못된] 견해와 의심(疑)은 ['네 가지 진리'(四諦)의] 도리를 추구함에 있어 사실대로 알지 못하고 올바로 헤아리지 못해도 수시로 일어나는 것은 아니므로 '[선천적으로] 갖추어져 일어나는 것'(俱生[起])은 없다. ['잘못된 견해'(邪見) · '견해에 대한 집착'(見取) · '지키거나 피해야 할 것에 대한 집착'(戒禁取) · 의심(疑)은] 비록 모든 일에 대하여 아무 때나 일어나지만 [선천적으로] 오염된 것이 아니기 때문에 ['선정을 토대로 이해를 거듭 익혀 가는 수행'(修道)의 단계에서 끊어지는] 번뇌(修惑)의 성질에 포함되지는 않는다.

그러므로 '[선정을 토대로 이해를] 거듭 익혀 가는 수행'(修道)에서 끊어지는 번뇌에는 [열 가지 중 이 네 가지를 제외하고] 오직 여섯 종류만 있다. 이 ['잘못된 견해'(邪見) · '견해에 대한 집착'(見取) · '지키거나 피해야 할 것에 대한 집착'(戒禁取) · 의심(疑)] 같은 것들은 모두 육식六識에 의해 일어난 것이라고 말한다. 만일 제7말나식과 상응하는 ['자아에 대한 무지'(我癡) · '자아에 대한 잘못된 견해'(我見) · '비교를 통한 자기규정'(我慢) · '자아에 대한 애착'(我愛), 이] '네 가지 근본번뇌'(四惑)를 논하자면, [이들 네 가지는] 서로 맞물리면서 모두 '[선정을 토대로 이해를] 거듭 익혀 가는 수행'(修道)에서 끊어지는 네 가지 [번뇌]에 해당한다. 이것을 128번뇌라고 한다.

제2장 104종 번뇌로 묶는 방식

次明一百四煩惱者. 見道所斷有九十四, 修斷有十, 合爲百四. 如『瑜伽論』「決擇分」說, "云何建立迷斷差別?[26] …[27] 欲界迷苦, 有十煩惱, 迷餘三諦, 各有八種,[28] 除薩迦耶及邊執見. 上界除瞋, 餘如欲界." 修所斷者, 欲界瞋恚, 三界三種, 貪慢無明故. 所以身邊二見但迷苦諦者, 由於此中對治說迷故. 是義云何? 如是二見, 正返[29]苦下無我無常二種行相故. 餘三門所起二見, 皆迷苦諦, 而起邪行, 其餘諸惑, 無如是義. 是故於彼誂[30]境說迷. 所以修斷無二見者, 得見道後, 起此者少, 故於此門, 略而不說. 末那三惑, 雖有名同, 亦不入於修斷三中. 是名一百四種煩惱.

[H1, 799a18~b8; O 31,13~32,5]

다음으로 104번뇌를 밝힌다. '[진리다운] 이해를 밝혀 가는 수행'(見道)에서 끊어지는 것에 94가지가 있고 '[선정을 토대로 이해를] 거듭 익혀 가는 수행'(修道)에서 끊어지는 것에 10가지가 있어 합하여 104가지가

---

26 『유가사지론』 원문은 '云何建立煩惱雜染迷斷差別?'이다. '煩惱雜染'이 생략되어 있다.

27 생략한 부분은 다음과 같다. "當知, 略說有十五種. 謂欲界繫, 見苦集滅道諦所斷及修所斷, 諸漏有五 如欲界繫, 色無色繫, 名五亦爾."

28 '迷餘三諦, 各有八種'은 『유가사지론』 원문에 '迷集有八'이다.

29 원본과 한불전에는 '返'으로 나오지만, 橫超本과 은정희본에서는 '反'으로 보았다. 문맥으로는 '反'이 적절하므로 '反'으로 보고 번역한다.

30 橫超本의 교감에 따르면 '誂'이 원본에는 '詑'로 나오지만 '託'으로 고친다고 하였다.

된다.

[이것은] 『유가사지론』 「섭결택분」에서 [다음과 같이] 말한 것과 같다. “어떻게 [‘번뇌에 물듦’(煩惱雜染)의] 미혹(迷)과 끊음(斷)의 차이를 세우는가? … ‘욕망 세계’(欲界)에서 [네 가지 진리 중에] ‘괴로움에 관한 진리’(苦諦)에 미혹한 것에 10가지 번뇌가 있고, 나머지 세 가지 진리에 미혹한 것에 각각 8가지 [번뇌]가 있으니, [이 각각의 8가지 번뇌는 10가지의 번뇌 중] ‘나에 관한 잘못된 견해’(薩迦耶見)와 ‘[항상 있다거나 아무것도 없다는] 치우친 견해’(邊見)를 제외한다. [욕망의 세계보다] ‘수준이 높은 세계’(上界)[인 ‘유형 세계’(色界) 및 ‘무형 세계’(無色界)]에서는 분노(瞋)를 제외하고 나머지는 ‘욕망 세계’(欲界)[의 경우]와 같다.”[31]

‘[선정을 토대로 이해를] 거듭 익혀 가는 수행’(修道)에서 끊어지는 [번뇌]는, ‘욕망 세계’(欲界)[에서의] 성냄(瞋恚)과 [‘욕망 세계’(欲界) · ‘유형 세계’(色界) · ‘무형 세계’(無色界), 이] 세 가지 세계에서의 세 가지인 탐욕(貪)과 교만(慢)과 근본무지(無明)이다. ‘나에 관한 잘못된 견해’(身見)와 ‘[항상 있다거나 아무것도 없다는] 치우친 견해’(邊見)의 두 가지 견해가 단지 ‘괴로움에 관한 진리’(苦諦)에만 미혹한 것인 이유는, 이 [‘괴로움에 관한 진리’(苦諦)] 가운데서 [그 두 가지 견해를] 치유하면서 [‘괴로움에 관한 진리’(苦諦)에 대한] 미혹함을 말하기 때문이다. 이 뜻은 무엇인가? 이와 같은 [‘나에 관한 잘못된 견해’(身見)와 ‘항상 있다거나 아무것도 없다는 치우친 견해’(邊見), 이] 두 가지 [잘못된] 견해는, 〈괴로움에는 ‘[불변 · 독자의] 자아가 없으며’(無我) ‘변하지 않는 것도 없다’(無常)〉는 [괴로움이 지닌] 두 가지 ‘현상의 특징’(行相)과 정반대가 되기 때문이다.

---

31 『유가사지론』 권58(T30, 623c10~15). “云何建立煩惱雜染迷斷差別? 當知, 略設有十五種, 謂欲界繫, 見苦集滅道諦所斷及修所斷, 諸漏有五, 如欲界繫, 色無色繫, 名五亦爾. 欲界迷苦, 有十煩惱, 迷集有八, 除薩迦耶及邊執見, 如迷集諦滅道亦爾, 上界諸諦, 並除瞋恚, 隨迷次第, 如欲界說.” 밑줄 친 곳은 생략되거나 다른 부분이다.

나머지 ['괴로움의 원인에 관한 진리'(集諦)·'괴로움의 소멸에 관한 진리'(滅諦)·'괴로움의 소멸로 나아가는 길에 관한 진리'(道諦), 이] 세 가지 부문(門)에서 일어나는 ['나에 관한 잘못된 견해'(身見)와 '항상 있다거나 아무것도 없다는 치우친 견해'(邊見), 이] 두 가지 [잘못된] 견해는 모두 '괴로움에 관한 진리'(苦諦)에 미혹하여 '잘못된 작용'(邪行)을 일으킨 것이고, 나머지 모든 번뇌(惑)에는 이와 같은 뜻이 없다. 그러므로 저 ['괴로움에 관한 진리'(苦諦)]에 근거를 두어 미혹함을 말하였다.

'[선정을 토대로 이해를] 거듭 익혀 가는 수행'(修道)에서 끊어지는 것에서 ['나에 관한 잘못된 견해'(身見)와 '항상 있다거나 아무것도 없다는 치우친 견해'(邊見), 이] 두 가지 견해가 없는 이유는, '[진리다운] 이해를 밝혀 가는 수행'(見道)을 마친 후에는 이 [두 가지 견해]를 일으키는 경우가 적기 때문에 이 ['거듭 익혀 가는 수행'(修道)] 측면(門)에서는 생략하여 말하지 않았다. 제7말나식의 세 가지 번뇌(惑)[인 '자아에 대한 무지'(我癡)·'비교를 통한 자기규정'(我慢)·'자아에 대한 애착'(我愛)]은, 비록 명칭은 같지만 역시 '[선정을 토대로 이해를] 거듭 익혀 가는 수행'(修道)에서 끊어지는 [탐욕(貪)·어리석음(癡)·교만(慢)의] 세 가지 중에는 들어가지 않는다. 이것을 104종류의 번뇌라고 한다.

제3장 98종 번뇌로 묶는 방식

三明九十八使門者. 見道所斷有八十八, 修斷有十, 總九十八. 八十八者, 謂於欲界苦下有十, 道下有八, 謂除二見. 餘二諦下, 各有七種, 謂除二見及除戒取. 上二界中, 各除瞋恚, 餘如欲界. 修斷有十,[32] 不異前說, 如『十住毗婆沙論』言, "使所攝名煩惱, 纏所攝名爲垢. 使所攝者, 是十根本, 隨三界見諦思惟所斷分別, 故名九十八使. 非使所攝者, 謂不信等, 亦以三界見諦思惟所斷分別, 有一百九十六種纏垢"故.

[H1, 799b8~18; O 32,6~11]

세 번째로 '98가지 번뇌(使)[로 묶는] 방식'(九十八使門)을 밝힌다. '[진리다운] 이해를 밝혀 가는 수행'(見道)에서 끊어지는 것에 88가지가 있고, '[선정을 토대로 이해를] 거듭 익혀 가는 수행'(修道)에서 끊어지는 것에 10가지가 있어, 모두 98가지가 된다. ['[진리다운] 이해를 밝혀 가는 수행'(見道)에서 끊어지는] 88가지 번뇌란, '욕망 세계'(欲界)의 '괴로움에 관한 진리'(苦諦)에서 [그와 관련하여] 10가지가 있고 '괴로움의 소멸로 나아가는 길에 관한 진리'(道諦)에서 [그와 관련하여] 8가지가 있는 것이 그것이니,

---

32 일본의 『화엄오교장하권지사華嚴五教章下卷指事』에서는 '修斷有十'까지의 구절을 인용하고 있지만 원효의 『이장의』에서 인용했다는 언급은 없다. 『구사론』 19권을 전거로 밝히고 있지만 『구사론』 19권에 같은 내용은 있어도 같은 문장은 보이지 않는다. 『이장의』의 글을 인용하면서 그 내용의 전거를 『구사론』에서 확인하는 것으로 보인다. 『華嚴五教章下卷指事』末(日本國東大寺沙門 壽靈 述)(T72, 270a17~23). "言九十八使者. 見道所斷 有八十八, 修斷有十, 總九十八. 八十八者, 謂於欲界苦下有十, 道下有八, 謂除二見. 餘二諦下, 各有七種, 謂除二見及除戒取. 上二界中, 各除瞋恚, 餘如欲界. 修斷有十, 廣如俱舍論第十九卷說."

[8가지는 10가지 번뇌 중 '나에 관한 잘못된 견해'(身見)와 '항상 있다거나 아무것도 없다는 치우친 견해'(邊見), 이] 두 가지 견해를 제외한 것이다. [그리고] 나머지 ['괴로움의 원인에 관한 진리'(集諦), 괴로움의 소멸에 관한 진리'(滅諦), 이] 두 가지 진리에서 [이와 관련하여] 각각에 7가지가 있는데, ['나에 관한 잘못된 견해'(身見)와 '항상 있다거나 아무것도 없다는 치우친 견해'(邊見), 이] 두 가지 견해를 제외하고 또한 '지키거나 피해야 할 것에 대한 집착'(戒取, 戒禁取)을 제외한 것이다. '수준이 높은 두 가지 세계'(上二界)[인 '유형 세계'(色界)와 '무형 세계'(無色界)] 중에서는 각각 분노(瞋恚)를 제외하고, 나머지는 '욕망 세계'(欲界)[에서의 경우]와 같다. '[선정을 토대로 이해를] 거듭 익혀 가는 수행'(修道)에서 끊어지는 것에 10가지가 있는 것은 앞에서 설명한 것과 다르지 않으니, 『십주비바사론十住毗婆沙論』에서 [다음과 같이] 말한 것과 같다.

"[괴로움을] '짓게 하는 것'(使)에 포함되는 것을 번뇌煩惱라고 하고, [괴로움에] '얽혀들게 하는 것'(纏)에 포함되는 것을 '더러운 때'(垢)라고 한다. '짓게 하는 것'(使)에 포함되는 것은 열 가지 근본번뇌이니, ['욕망 세계'(欲界)·'유형 세계'(色界)·'무형 세계'(無色界), 이] 세 가지 세계'(三界)에서의 '[네 가지] 진리를 이해하는 사유'(見諦思惟)에 의해 끊어지는 것에 따라 구분하기 때문에 98가지 '짓게 하는 것'(使)이라 부른다. '짓게 하는 것'(使)에 포함되지 않는 것은 '믿지 않음'(不信) 등인데, [이것들] 역시 삼계三界에서의 '[네 가지] 진리를 이해하는 사유'(見諦思惟)에 의해 끊어지는 것으로써 구분하여 196가지의 '얽혀들게 하는 더러운 때'(纏垢)가 있다."[33]

33 『십주비바사론十住毘婆沙論』 권16 「호계품護戒品」(T26, 108b28~c6). "煩惱煩惱垢者, 使所攝名爲煩惱, 纏所攝名爲垢, 使所攝煩惱者, 貪瞋慢無明身見邊見見取戒取邪見疑, 是十根本, 隨三界見諦思惟所斷分別故, 名九十八使. 非使所攝者, 不信無慚無愧諂曲戲侮堅執懈怠退沒睡眠佷戾慳嫉憍不忍食不知足, 亦以三界見諦思惟所斷分別故, 有一百九十六纏垢." 밑줄 친 곳은 인용문에서 생략된 부분이다.

於此門中說諸煩惱，我見爲本．由存我見故，遍謗四諦，依四邪見，隨其所應，起餘煩惱．故於四諦，迷執差別．如『廣論』云，"以有我見，故言無諦，彼作是言，我無有苦，卽是謗苦，我無有內，[34] 卽是謗集，我無有滅，卽謗滅諦，我無有對治，卽謗道諦"故．此門意說，凡諸我見，必緣現在自體五蘊，是故無不迷苦諦者，其亦[35]執見，緣所存我，計其斷常，故亦迷苦．是故此二，不通三諦．

[H1, 799b18~c4; O 32,11~15]

이 [98가지 번뇌(使)로 묶는] 방식에서 말한 모든 번뇌는 '나에 관한 [잘못된] 견해'(我見)가 근본이 된다. '나에 관한 [잘못된] 견해'(我見)를 두기 때문에 '네 가지 진리'(四諦)를 두루 비방하고, ['치우친 견해'(邊見) · 잘못된 견해'(邪見) · '견해에 대한 집착'(見取) · '지키거나 피해야 할 것에 대한 집착'(戒禁取), 이] 네 가지 잘못된 견해(邪見)에 의거하면서 그 [네 가지 잘못된 견해]와 상응하는 것을 따라 나머지 번뇌를 일으킨다. 그러므로 '네 가지 진리'(四諦)에 대해 미혹(迷)하고 [그 미혹에] 집착(執)하면서 [미혹으로 네 가지 진리를] 구별(差別)한다.

[이것은] 『아비담비바사론阿毘曇毘婆沙論』에서 [다음과 같이] 말한 것과 같다. "'나에 관한 [잘못된] 견해'(我見)가 있기 때문에 〈'네 가지 진리'(四諦)가 없다〉고 말하는 것이니, 그가 '나에게는 괴로움이 없다'고 말한다면 이는 바로 '괴로움[에 관한 진리]'(苦[諦])를 비방하는 것이고, '나에게는 [괴로움의] 원인이 없다'고 말한다면 이는 바로 '[괴로움의] 원인[에 관한 진리]'(集[諦])를 비방하는 것이며, '나에게는 [괴로움의] 소멸이 없다'고 말한다면 이는 바로 '괴로움의 소멸에 관한 진리'(滅諦)를 비방하는 것이고,

34 橫超本의 교감에 따르면, 원본에는 '內'이지만 '因'으로 고친다고 하였다. 원문에 의거하여 '因'으로 교감한다.

35 橫超本의 교감주는 '亦'를 '邊'으로 교감하고 있다. 이에 따른다.

'나에게는 [괴로움을] 치유[할 방법]이 없다'고 말한다면 바로 '괴로움의 소멸로 나아가는 길에 관한 진리'(道諦)를 비방하는 것이다."[36]

이 [98가지 번뇌(使)로 묶는] 방식의 의미를 설명하자면 [다음과 같다.] 무릇 모든 '나에 관한 [잘못된] 견해'(我見)는 반드시 〈현재 자신의 '[자아를 구성하는 요소들의] 다섯 가지 더미'〉(現在自體五蘊)를 조건으로 삼아 생겨난 것이기 때문에 '괴로움에 관한 진리'(苦諦)에 미혹하지 아니함이 없는 것이며, 저 '[항상 있다거나 아무것도 없다는] 치우침에 집착하는 견해'(邊執見)는 '존재하고 있는 나'(所存我)를 조건으로 삼아 그 [자아의] 없음(斷)과 영원함(常)을 헤아리는 것이기 때문에 역시 '괴로움에 관한 진리'(苦諦)에 미혹한 것이다. 그렇기 때문에 ['나에 관한 잘못된 견해'(我身)와 '항상 있다거나 아무것도 없다는 치우침에 집착하는 견해'(邊執見)] 이 두 가지 [견해]는 ['네 가지 진리'(四諦) 중 '괴로움의 원인에 관한 진리'(集諦)·'괴로움의 소멸에 관한 진리'(滅諦)·'괴로움의 소멸로 나아가는 길에 관한 진리'(道諦), 이] 세 가지 진리에는 통하지 않는다.

所以戒取唯迷苦道者, 凡論戒取, 不出二種. 一獨頭戒取, 緣邪戒事, 計爲因等. 二足上戒取, 緣自邪見, 計爲道等. 獨頭戒取, 是緣苦集, 而於集諦, 非正相返,[37] 於因計因故. 若望苦諦, 卽爲正返, 於果計因故. 是故但爲見苦所斷. 足上戒取, 唯緣道下謗道邪見, 計以爲道, 於餘邪見, 不計爲道. 所以然者, 由求道心, 起見謗道, 求得此見, 還計爲道. 謗餘三諦, 不由求道, 是故彼見不計爲道. 是故戒取不通集滅. 修所斷

---

36 『아비담비바사론阿毘曇毘婆沙論』 권4 「雜犍度世第一品」(T28, 30b26~28). "以有我見, 故言無諦, 彼作是說, 我無有苦, 是則謗苦, 我無有因, <u>是則謗集</u>, <u>我若無滅, 是則謗滅</u>, 若無有<u>滅</u>, <u>則無對治</u>." 밑줄 부분은 원효가 『아비담비바사론』을 인용하면서 마지막 문장을 사제에 대한 설명에 부합하도록 변형한 것이다.

37 원본에는 '返'이지만, 橫超本에서는 '反'으로 교감하였다. 문맥에 따라 '反'으로 보고 번역하였다. 이어지는 문장에 나오는 '正返'의 '返'도 동일하게 교감한다.

中，所以不說俱生二見者，望貪瞋等過患是微細，由是不入煩惱中攝，還屬修道所斷邪智．是謂九十八使門也.[38]

[H1, 799c4~18; O 32,15~33,6]

'지키거나 피해야 할 것에 대한 집착'(戒[禁]取)이 ['네 가지 진리'(四諦) 중에] 오직 '괴로움에 관한 진리'(苦諦)와 '괴로움의 소멸로 나아가는 길에 관한 진리'(道諦)에 미혹한 것인 이유는 [다음과 같다.] 무릇 '지키거나 피해야 할 것에 대한 집착'(戒[禁]取)을 논하자면 두 가지를 벗어나지 않는다. 첫 번째는 '[괴로움의] 잘못된 원인을 지키려는 집착'(獨頭戒取)이니, '삿되게 지키게 하는 일'(邪戒事)을 조건으로 삼아 [그것을 괴로움의] 원인이라고 생각하는 것이다. 두 번째는 '[괴로움을 소멸시키는] 잘못된 방법을 지키려는 집착'(足上戒取)이니, 자신의 '잘못된 견해'(邪見)를 조건으로 삼아 [그것을 괴로움 소멸의] 길이라고 생각하는 것이다.

'[괴로움의] 잘못된 원인을 지키려는 집착'(獨頭戒取)은 '괴로움에 관한 진리'(苦諦)와 '괴로움의 원인에 관한 진리'(集諦)를 조건으로 삼아 [생긴 것이지만] '괴로움의 원인에 관한 진리'(集諦)와 완전히 상반되는 것은 아니니, [괴로움의] 원인에 대해서는 [그것을] 원인이라고 생각하기 때문이다. [반면에] 만약 '괴로움에 관한 진리'(苦諦)를 기준으로 보면 곧 완전히

---

38 일본의 『화엄오교장하권지사華嚴五教章下卷指事』에는 '凡諸我見'부터 '是謂九十八使門也'까지가 인용되어 있다. 『華嚴五教章下卷指事』末(日本國東大寺沙門 壽靈 述)(T72, 270a23~b9). "元曉云. 凡諸我見, 必緣現在自體五蘊, 是故無不迷苦諦者, 其邊執見, 緣所存我, 計其斷常, 故亦迷苦. 是故此二, 不通三諦. 所以戒取唯迷苦道者, 凡論戒取, 不出二種. 一獨頭戒取, 緣邪戒事, 計爲因等. 二足上戒取, 緣自邪見, 計爲道等. 獨頭戒取, 是緣苦集, 而於集諦, 非正相返, 於因計因故. 若望苦諦, 即爲正返, 於果計因故. 是故但爲見苦所斷. 足上戒取, 唯緣道下謗道邪見, 計以爲道, 於餘邪見, 不計爲道. 所以然者, 由求道心, 起見諦道, 求得此見, 還計爲道. 謗餘三諦, 不由求道, 故於彼見不計爲道. 是故戒取不通集滅. 修所斷中, 所以不說俱生二見者, 望貪瞋等過患是微細, 由是不入煩惱中, 還屬修道所斷邪智. 是謂九十八使門也."

반대가 되니, [괴로움인] 결과에 대해 [그것을 괴로움의] 원인이라고 생각하기 때문이다. 따라서 단지 [결과인] 괴로움(苦)을 이해함에 의해 끊어지게 된다.

'[괴로움을 소멸시키는] 잘못된 방법을 지키려는 집착'(足上戒取)은, 오직 '괴로움의 소멸로 나아가는 길에 관한 진리'(道諦)에서 그 길(道)을 비방하는 잘못된 견해를 조건으로 삼아 [그 비방하는 잘못된 견해를] '[올바른] 길'(道)이라고 생각하고, 그 밖의 잘못된 견해들에 대해서는 [그것들을] '[올바른] 길'(道)이라고 생각하지는 않는다. 그 까닭은, '[괴로움을 소멸하는] 길'(道)을 구하는 마음으로 말미암아 [잘못된] 견해를 일으켜 '괴로움의 소멸로 나아가는 길에 관한 진리'(道諦)를 비방하고 이 [잘못된] 견해를 구하여 얻고는 도리어 [그것을] '[괴로움을 소멸하는] 길'(道)이라고 생각하기 때문이다.

나머지 ['괴로움에 관한 진리'(苦諦) · '괴로움의 원인에 관한 진리'(集諦) · '괴로움의 소멸로 나아가는 진리'(滅諦), 이] 세 가지 진리를 비방하는 것은 '[괴로움을 소멸시키는] 길'(道)을 구하는 것에서 비롯된 것이 아니니, 그러므로 저 ['괴로움에 관한 진리'(苦諦) · '괴로움의 원인에 관한 진리'(集諦) · '괴로움의 소멸에 관한 진리'(滅諦)에 관한 잘못된] 견해들을 '[괴로움을 소멸시키는] 길'(道)이라고 생각하지는 않는다. 따라서 '지키거나 피해야 할 것에 대한 집착'(戒[禁]取)은 '괴로움의 원인에 관한 진리'(集諦)와 '괴로움의 소멸에 관한 진리'(滅諦)에는 통하지 않는다. '[선정을 토대로 이해를] 거듭 익혀 가는 수행'(修道)에서 끊어지는 것 중에 '[선천적으로] 갖추어져 일어나는 ['나에 관한 잘못된 견해'(我見)와 '치우친 견해'(邊見), 이] 두 가지 견해'(俱生二見)를 언급하지 않은 이유는, 탐욕(貪)이나 분노(瞋) 등에 비추어 보면 [그 두 가지 견해의] 허물이 미세하니, 이로 인해 [그 두 가지 견해는] 번뇌에 넣어 포함시키지 않고 다시 '[선정을 토대로 이해를] 거듭 익혀 가는 수행'(修道)에서 끊어지는 '잘못된 이해'(邪智)에 배속시킨다. 이것을 '98종 번뇌로 묶는 방식'(九十八使門)이라 한다.

上來三門, 直是顯了門內煩惱障攝. 然此三門, 但隨一相說其邪行迷執差別, 未必一向定爲然也.

[H1, 799c18~20; O 33,6~8]

이상[에서 거론한] [번뇌를 128가지, 104가지, 98가지로 묶는] '세 가지 방식'(三門)은 바로 '현상으로 드러나는 측면'(顯了門) 안의 '번뇌로 인한 장애'(煩惱障)에 포함된다. 그러나 이 '세 가지 방식'(三門)은 단지 '일정한 특징'(一相)에 따라 그 '잘못된 작용의 미혹과 집착의 차이'(邪行迷執差別)를 설명한 것이지, 언제나 반드시 그렇다는 것은 아니다.

제4장 8종 망상으로 묶는 방식

四明八妄想者, 亦名八種分別. 如『顯揚論』云, "頌曰, 分別有八種, 能生於三事. 分別體應知, 三界心心法. 論曰, 八種分別者, 一自性分別, 謂於色等想事, 分別色等所有自性. 二差別分別者,[39] 謂卽於色等想事, 起諸分別, 謂[40]此有色此無色, 有見無見等,[41] 以自性分別, 爲依處故, 分別種種差別之義. 三總執[42]分別, 謂卽於色等想事所立我及有情命者生者等, 假想施說所引分別. 由攝[43]積聚多法, 總執爲目,[44] 分別轉故. 又於舍軍林等想事所立舍等, 假想施設所引尋思. 四我分別, 謂若事有漏有取, 長時數習, 我執所取, 由數習邪執, 自見處事爲緣, 所起虛妄分別. 五我所分別, 謂若事有取, 乃至我所執所取等, 爲所起分別. 六愛分別者,[45] 謂緣淨妙可意事境分別. 七不愛分別,[46] 八愛不愛俱相違分別. 如是略說有二種, 謂分別自體, 及分別所依所緣事. 此中初三分別, 能生分別戲論所依所緣事, 我我所分別, 能生餘見根本身見餘

39 『현양성교론』 원문에는 '者'가 빠져 있다.

40 『현양성교론』 원문에는 '謂'가 빠져 있다. 원문에 따라 해석한다.

41 『현양성교론』 원문은 '此有見此無見, 此有對此無對, 如是等無量差別'이다.

42 橫超本의 교감에 따르면, 원본에는 없는데, '執'자를 보완해 넣었다고 한다. 또 한불전 주석에는 '取'일 가능성도 말하였으나, 『현양성교론』 원문에 '執'이 있으므로 '執'으로 교감한다.

43 橫超本의 교감주에서는 원본에는 '攝'이나 『현양성교론』의 원문 '於'에 의거하여 '於'로 교감한다고 밝혔다. 원문 '於'에 따라 번역한다.

44 한불전의 주석에는 "'目'은 '因'으로 의심된다."라고 하였다. 문맥에 따라 '因'으로 교감하여 번역한다. 橫超本에도 '因'으로 되어 있다.

45 『현양성교론』 원문에는 '者'가 빠져 있다.

46 원문에는 이 구절 뒤에 '謂緣不淨妙可意事境分別'이 있다.

慢根本我慢, 愛不愛俱相違, 如其所應, 生貪瞋癡. 是故如是八種分別, 爲起此三種事." 論說如是.

[H1, 799c20~800a21; O 33,9~34,5]

네 번째로 '여덟 가지 망상'(八妄想)을 밝히니, '여덟 가지 분별'(八種分別)이라고도 한다. 『현양성교론』에서 [다음과 같이] 말한 것과 같다.

"게송으로 말한다. 분별에는 여덟 가지가 있으니, '세 가지 현상'(三事)을 생겨나게 할 수 있다. 분별[의 내용] 자체(體)는 ['욕망 세계'(欲界)·'유형 세계'(色界)·'무형 세계'(無色界), 이] 세 가지 세계에서의 마음(心)과 마음작용(心法)이라는 것을 알아야 한다.

[이 게송에 대해] 논한다. 여덟 가지의 분별이란 [다음과 같다]. 첫 번째는 '본질[로서] 분별[하는 것]'(自性分別)이니, '빛깔이나 형태'(色) 등 '개념적 현상'(想事)들에 대해서 〈'빛깔이나 형태'(色) 등이 지닌 본질(自性)〉을 분별하는 것이다. 두 번째는 '차이[를 본질로써 구별하는] 분별'(差別分別)이니, '빛깔이나 형태'(色) 등 '개념적 현상'(想事)들에 대해서 갖가지 분별을 일으키는 것으로, 〈이것에는 '빛깔이나 형태'(色)가 있고, 이것에는 '빛깔이나 형태'(色)가 없다.〉 〈[이것은] 보이는 것이고, [이것은] 보이지 않는 것이다.〉 등으로 [그러한] 본질(自性)[이 있다는] 분별을 의지처로 삼기 때문에 [본질이 다르다는] 갖가지 차이의 뜻을 분별하는 것이다. 세 번째는 '[많은 것들이 모인 것을] 총괄하여 [단일하다고 여겨] 집착하면서 분별하는 것'(總執分別)이니, '빛깔이나 형태'(色) 등 '개념적 현상'(想事)들에서 수립한 '나'(我) 및 '생명 있는 것'(有情), '수명을 지닌 것'(命者), '살아 있는 것'(生者) 등 '편의상 명칭으로 구별한 것들'(假想施設)에서 이끌어 낸 분별이다. '모으고 쌓아 놓은 많은 것'(積聚多法)을 [단일한 것이라고] 총괄적으로 집착하는 것을 원인으로 삼아 분별이 전개되기 때문이다. 또한 집, 군대, 숲 등의 '개념적 현상'(想事)들에서 수립한 '집' 등의

'편의상 명칭으로 구별한 것들'(假想施設)에서 이끌어 낸 헤아림(尋思)[의 분별]이다. 네 번째는 '나(我)라는 분별'(我分別)이니, 번뇌와 집착으로 대하는 어떤 일을 오랫동안 자주 익혀 [그것이] 〈'나'라는 집착〉(我執)에 의해 취하여지고 [이] 잘못된 집착을 자주 익히기 때문에 '['나'(我)에 대한 잘못된] 견해가 자리 잡는 스스로의 사태'(自見處事)를 조건(緣)으로 삼아 일으키는 '[진실을] 왜곡하는 분별'(虛妄分別)이다. 다섯 번째는 '나의 것이라는 분별'(我所分別)이니, 집착으로 대하는 어떤 일을 [오랫동안 자주 익혀 그것이] '나의 것'(我所)이라는 집착에 의해 취하여지고 [이 잘못된 집착을 자주 익히기 때문에] 일으키게 되는 분별이다. 여섯 번째는 '좋아하는 것에 대한 분별'(愛分別)이니, 청정하고 오묘하다고 생각하는 현상(事)과 대상(境)을 조건(緣)으로 삼아 분별하는 것을 말한다. 일곱 번째는 '좋아하지 않는 것에 대한 분별'(不愛分別)이고, 여덟 번째는 '좋아하는 것도 아니고 좋아하지 않는 것도 아닌 것들에 대한 분별'(愛不愛俱相違分別)이다.

이와 같은 [여덟 가지의 분별]을 요약하면 두 가지이니, '분별[의 내용 그] 자체'(分別自體)와 '분별의 토대와 조건이 되는 것'(分別所依所緣事)이다. 이 [여덟 가지의 분별] 가운데 ['본질[로써] 분별[하는 것]'(自性分別) · '차이[를 본질로써 구별하는] 분별'(差別分別) · '총괄하여 [단일하다고 여겨] 집착하면서 분별하는 것'(總執分別), 이] 처음 세 가지 분별은 '분별 확산'(分別戲論)의 '토대와 조건이 되는 것'(所依所緣事)을 생겨나게 할 수 있고, [네 번째와 다섯 번째인] '나(我)라는 분별'(我分別)과 '나의 것이라는 분별'(我所分別)은 그 밖의 여러 [잘못된] 견해들의 근본인 '불변의 독자적 자아가 있다는 견해'(身見)와 여러 교만(慢)들의 근본인 '비교를 통한 자기규정'(我慢)을 생겨나게 할 수 있으며, [나머지인] '좋아하는 것에 대한 분별'(愛分別)과 '좋아하지 않는 것에 대한 분별'(不愛分別) 및 '좋아하는 것도 아니고 좋아하지 않는 것도 아닌 것들에 대한 분별'(愛不愛俱相違分別)은 [각각] 그 응하는 대상에 따라 ['좋아하는 것에 대한 분별'(愛分別)은] 탐욕(貪),

['좋아하지 않는 것에 대한 분별'(不愛分別)은] 분노(瞋), ['좋아하는 것도 아니고 좋아하지 않는 것도 아닌 것들에 대한 분별'(愛不愛俱相違分別)은] 무지(癡)를 생겨나게 한다.[47] 그러므로 이와 같은 여덟 가지 분별이 [① '분별 확산'(分別戲論)의 '토대와 조건이 되는 것'(所依所緣事)을 생겨나게 하는 것, ② '불변의 독자적 자아가 있다는 견해'(身見)와 '비교를 통한 자기규정'(我慢)을 생겨나게 하는 것, ③ 탐욕과 분노와 무지를 생겨나게 하는 것] 이 세 가지 현상을 일으키게 된다."[48] 『현양성교론』에서 설한 것은 이와 같다.

---

47 이 말은 니까야/아함에서 '좋은 느낌은 탐욕의 조건이 되고, 싫은 느낌은 분노의 조건이 되며, 좋지도 싫지도 않은 느낌은 무지의 조건이 된다'는 법설과 통하는 것이다.

48 『현양성교론』 권16(T31, 558b11~c13). "頌曰. 分別有八種, 能生於三事. 分別體應知, 三界心心法. 論曰. 八種分別者, 能生三事, 何等爲三? 一分別戲論所依緣事, 二見我慢事, 三貪愛等事. 八種分別者, 一自性分別, 謂於色等想事, 分別色等所有自性. 二差別分別, 謂卽於色等想事, 起諸分別, 此有色此無色, 此有見此無見, 此有對此無對, 如是等無量差別, 以自性分別, 爲依處故, 分別種種差別之義. 三總執分別, 謂卽於色等想事所立我及有情命者生者等, 假想施說所引分別. 由於積聚多法, 總執爲因, 分別轉故. 又於舍軍林等及於飮食衣乘等想事所立舍等, 假想施設所引尋思. 四我分別, 謂若事有漏有取, 長時數習, 我執所聚, 由數習邪執, 自見處事爲緣, 所起虛妄分別. 五我所分別, 謂若事有漏有取, 長時數習我所執所聚, 由數習邪執, 自見處事, 爲緣所起虛妄分別. 六愛分別, 謂緣淨妙可意事境分別. 七不愛分別, 謂緣不淨妙可意事境分別. 八愛不愛俱相違分別. 謂緣淨不淨可意不可意俱離事境分別. 如是略說有二種, 謂分別自體, 及分別所依所緣事. 此中自性分別, 差別分別, 總執分別, 此三分別, 能生分別戲論所依事, 分別戲論所緣事, 謂色等想事, 爲依緣故, 名想言說所攝名想言說所顯分別戲論, 卽於此事分別計度無量種種衆多差別, 此中我分別, 我所分別, 此二分別, 能生餘見根本及慢根本身見及能生餘慢根本我慢, 此中愛分別, 不愛分別, 俱相違分別, 知其所應, 生貪瞋癡. 是故如是八種分別, 爲起此三種事." 밑줄 친 곳은 인용문과 차이가 있거나 생략한 부분이다. 〈산스크리트본의 해당 내용: 거의 동일한 내용이 『유가사지론』「보살지」(T30, 489c15-490b1)에 나타나며, 이 「보살지」에 대응하는 산스크리트 문장과 한국어 번역은 다음과 같다.); BoBh., pp.50-52, tasyā eva tathatāyāḥ evam aparijñātatvād bālānāṃ tannidāno 'ṣṭavidho vikalpaḥ pravartate trivastujanakaḥ. sarvasattvabhājanalokānāṃ nirvartakaḥ. tadyathā svabhāvavikalpo viśeṣavikalpaḥ piṇḍagrāhavikalpaḥ aham iti vikalpaḥ mameti

vikalpaḥ priyavikalpaḥ apriyavikalpaḥ tadubbayaviparītaś ca vikalpaḥ. sa punar ayam aṣṭavidho vikalpaḥ katameṣāṃ trayāṇāṃ vastūnāṃ janako bhavati. yaś ca svabhāvavikalpo yaś ca viśeṣavikalpo yaś ca piṇḍagrāhavikalpaḥ itīme trayo vikalpā vikalpaprapaṃcādhiṣṭhānaṃ vikalpaprapaṃc'ālambanaṃ vastu janayanti rūp'ādisaṃjñakaṃ. yad vastv adhiṣṭhāya sa nāmasaṃjñā'bhilāpaparigṛhīto nāmasaṃjñā'bhilāpaparibhāvito vikalpaḥ prapaṃcayaṃs tasminn eva vastuni vicaraty anekavidho bahunānāprakāraḥ. tatra yaś cāham iti vikalpo yaś mameti vikalpaḥ itīmau dvau vikalpau satkāyadṛṣṭiṃ ca tadanyasarvadṛṣṭimūlaṃ mānāmūlāṃ ca asmimānaṃ ca tadanyasarvamānamūlaṃ janayathaḥ. tatra priyavikalpo 'priyavikalpaḥ tadubhayaviparītaś ca vikalpaḥ yathāyogaṃ rāgadveṣamohāṃ janayanti. evam ayam aṣṭavidho vikalpaḥ asya trividhasya vastunaḥ prādurbhāvāya saṃvartate. yad uta vikalpādhiṣṭhānasya prapaṃcavastunaḥ dṛṣṭyasmimānasya rāgadveṣamohānāṃ ca. tatra vikalpaprapaṃcavastvāśrayā satkāyadṛṣṭir asmimānāś ca. satkāyadṛṣṭyasmimān'āśritā rāgadveṣamohāḥ. ebhiś ca tribdir vastubhiḥ sarvalokānāṃ pravṛttipakṣo niravaśeṣaḥ paridīpito bhavati. tatra svabhāvavikalpaḥ katamaḥ. rūp'ādike vastuni rūpam ity evamādir yo vikalpaḥ. ayam ucyate svabhāvavikalpaḥ. viśeṣavikalpaḥ katamaḥ. tasminn eva rūp'ādisaṃjñake vastuny ayaṃ rūpī ayam arūpī ayaṃ sanidarśano 'yam anidarśanaḥ evaṃ sapratigho 'pratighaḥ sāsravo 'nāsravaḥ saṃskṛto 'saṃskṛtaḥ kuśalo 'kuśalo 'vyākṛtaḥ atīto 'nāgataḥ pratyutpanna ity evaṃbhāgīyenāpramāṇena prabhedena yena yā svabhāvavikalpādhiṣṭhānā tadviśiṣṭārthavikalpanā. ayam ucyate viśeṣavikalpaḥ. piṇḍagrāhavikalpaḥ katamaḥ. yas tasminn eva rūp'ādisaṃjñake vastuni ātmasattvajīvajantu-saṃjñāsaṃketopasaṃhitaḥ piṇḍiteṣu bahuṣu dharmeṣu piṇḍagrāhahetukaḥ pravartate gṛhasenāvan'ādiṣu bhojanapānayānaVastr'ādiṣu ca tatsaṃjñāsaṃketopasaṃhitaḥ. ayam ucyate piṇḍagrāhavikalpaḥ. aham iti mameti ca vikalpaḥ katamaḥ. yad vastu s'āsravaṃ sopādānīyaṃ dīrghakālam ātmato vā ātmīyato vā saṃstutam abhiniviṣṭaṃ paricitaṃ tasmād agrāhasaṃstavāt svaṃ dṛṣṭaisthānīyaṃ vastu pratītyotpadyate vitatho vikalpaḥ. ayam ucyate aham iti mameti ca vikalpaḥ. priyavikalpaḥ katamaḥ. yaḥ śubhamanāpavastvālambano vikalpaḥ. apriyavikalpaḥ katamaḥ. yaḥ aśubhāmanāpavastvālambano vikalpaḥ. priyapriyobhayaviparito viakalpaḥ katamaḥ. yaḥ śubhāśubhamanāpāmanāpatadubhayavivarjitavastvālambano

此中前三分別能生所依所緣事者, 是明熏成名言種子, 由是辨生十

vikalpaḥ.; (안성두 역, 『보살지』, 세창출판사, 2015, pp.93-95.) 바로 이 진여가 이와 같이 변지되지 않았기 때문에 어리석은 사람들에게 그것을 원인으로 하는 여덟 가지 분별이 세 가지 사태를 일으키는 것으로 작용한다. 작용하는 그 [여덟 가지 분별]은 모든 유정세간과 기세간을 생성한다. 그것은 자성에 대한 분별, 차이에 대한 분별, 단일자로서 파악하는 분별, '나'라는 분별, '나의 것'이라는 분별, 좋아하는 것에 대한 분별, 좋아하지 않는 것에 대한 분별, 그리고 그 두 가지 모두와 상위한 분별이다. 그러면 이 여덟 가지 분별이 어떻게 이 세 가지 사태를 일으키는가? 자성에 대한 분별과 차이에 대한 분별, 그리고 단일자로서 파악하는 분별이라는 이들 세 가지 분별은 분별과 희론을 의지처로 하고, 분별과 희론을 인식대상으로 하는 사태를 색 등의 개념적인 것으로서 산출한다. 사태에 의지해서 명칭, 개념, 언어에 의해 포함되고, 명칭, 개념, 언어에 의해 훈습된 그 분별은 바로 그 대상에 대해 다양하게 희론(=개념화)하면서, 무수하고 다양한 종류로 사변으로 작용한다. 그 [여덟 가지 분별] 중에서 두 가지 분별, 즉 '나'라는 분별과 '나의 것'이라는 분별은 그 밖의 모든 견의 근원이며 만의 근원인 유신견 및 그 밖의 모든 만의 근원인 아만을 산출한다. 그 [여덟 가지 분별] 중에서 좋아하는 것에 대한 분별, 좋아하지 않는 것에 대한 분별, 그리고 그 두 가지와 상위한 분별은 [각각에] 상응해서 탐 · 진 · 치를 산출한다. 마찬가지로 이 여덟 가지 분별은 이 세 가지 사태, 즉 분별을 의지처로 하는 희론이라는 사태, [유신]견과 아만, 그리고 탐 · 진 · 치의 출현을 위해 작용한다. 그중에서 유신견과 아만은 분별과 희론의 사태를 의지처로 하며, 탐진치는 유신견과 아만에 의지하고 있다. 이 세 가지 사태들에 의해 모든 세간의 유전분이 남김없이 설명되었다. 그 [여덟 가지 분별] 중에서 자성에 대한 분별은 무엇인가? 색 등의 명칭을 가진 사태에 대해 '이것은 색이다'라는 것과 같은 등의 분별이 자성에 대한 분별이라고 설해진다. 차이에 대한 분별은 무엇인가? 바로 이 색 등의 명칭을 가진 사태에 대해 '이것은 물질적인 것이고 이것은 비물질적인 것이며, 이것은 보이는 것이고 이것은 보이지 않는 것이며, 마찬가지로 [이것은] 저항을 가진 것이며 [이것은] 저항이 없는 것이며, 유루와 무루, 유위와 무위, 선과 불선 및 중립적인 것, 과거, 미래, 현재 등의 이러한 종류의 무수한 구별에 의해 자성에 대한 분별을 토대로 하는, 그것과 구별되는 대상에 대해 분별하는 방법이다. 이것을 차이에 대한 분별이라고 말한다. 단일자로서 파악하는 분별은 무엇인가? 바로 이 색 등의 명칭을 가진 사태에 대해 아, 유정, 명, 인이라는 명칭과 표지에 의해 초래된 것이 단일한 많은 법들에 대해 [단일한] 전체로 파악하는 원인으로서 작용한다. 또 한 집, 군대, 숲 등과 음식, 음료, 수레 옷 등에 대해 그것의 명칭과 표지에 의해 초래된 것이다. 이것이 단일자로서 파악하는 분별이라고 말해진다. '나'라는 것과 '나의 것'이라는 분별은 무엇인가? 집착을 일으

二處法. 如『瑜伽』說, "此中所說, 略有二種, 一分別自性, 二分別所依分別所緣事. 如是二事, 無始世[49]來, 展轉爲因, 謂過去世分別爲因, 能生現在分別所依及所緣事, 現在依緣旣得生已, 復能爲因, 生現在世, 由彼依緣所起分別. 於今分別不了知故, 復生當來所依緣事, 彼當生故, 依彼緣彼, 復起分別." 此言所依, 謂內六處, 言所緣者, 是外六處. 此明總攝十八界法, 三種分別重[50]習所生.

[H1, 800a21~b9; O 34,5~10]

이 가운데 〈앞의 ['본질[로써] 분별[하는 것]'(自性分別)·'차이[를 본질로써 구별하는] 분별'(差別分別)·'총괄하여 [단일하다고 여겨] 집착하면서 분별하는 것'(總執分別), 이] 세 가지 분별이 ['분별 확산'(分別戲論)의] '토대와 조건이 되는 것'(所依所緣事)을 생겨나게 할 수 있다〉는 것은, '[현상 구성의] 언어적 요인'(名言種子)을 거듭 익히고 수립하여 그로 인해 '[6가지 감관능력과 6가지 대상의 결합으로 생겨난] 모든 경험세계'(十二處法)를 분명하게 생겨나게 하는 것을 밝히는 것이다.

[이것은] 『유가사지론』에서 [다음과 같이] 말한 것과 같다. "여기서 설명

키는 유루의 대상이 오랫동안 '나 '혹은 '나의 것'으로 찬탄되고 집착되며 모여진다. 그러므로 올바르지 않은 파악을 찬탄하기 때문에 [이들] 견해를 불러일으킬 수 있는 스스로의 사태에 의존한 후에 잘못된 분별이 일어난다. 이것을 '나'라는 분별과 '나의 것'이라는 분별이라고 설명한다. 좋아하는 것에 대한 분별은 무엇인가? 아름다워서 좋아하는 대상을 인식대상으로 하는 분별이다. 좋아하지 않는 것에 대한 분별은 무엇인가? 아름답지 않아서 좋아하지 않는 대상을 인식대상으로 하는 분별이다. 좋아하고 좋아하지 않는, 양자와 다른 분별이란 무엇인가? 아름다워 마음이 끌리고 아름답지 않아 마음이 끌리지 않는, 그 양자를 여읜 사태를 인식대상으로 하는 분별이다.〉

49 원본에는 없지만, 橫超本에서는 '始' 뒤에 '世'를 집어넣어 교감하였는데, 한불전과 은정희본도 동일하다.

50 橫超本의 교감에 따라 '重'을 '熏'으로 교감한다.

한 것은 대략 두 가지가 있으니, 첫 번째는 '분별의 내용 자체'(分別自性)[51]이고 두 번째는 '분별의 토대와 분별의 조건이 되는 것'(分別所依分別所緣事)이다. 이러한 두 가지가 시작을 헤아릴 수 없는 과거로부터 전개되면서 원인(因)이 되니 [다음과 같은 것이다.] 과거세過去世의 분별이 원인이 되어 현재 분별의 '토대와 조건이 되는 것'(所依所緣事)을 생겨나게 하고, 현재 [분별의] '토대와 조건이 되는 것'([所]依[所]緣[事])이 이미 생겨난 후에는 다시 [그 생겨난 것이] 원인이 되어 현재세現在世를 생겨나게 하니, [현재세現在世는] 저 토대와 조건이 되는 것이 일으킨 분별이기 때문이다. [그리고] 지금의 분별에 대해 [제대로] 알지 못하기 때문에 다시 미래[분별]의 '토대와 조건이 되는 것'(所依所緣事)을 생겨나게 하며, [토대와 조건이 되는] 그것이 미래에 생겨나기 때문에 그것에 의지하고 그것을 조건으로 삼아 다시 분별을 일으킨다."[52]

---

51 '分別自性'은 앞서 인용한 『현양성교론』 문장 가운데의 '分別自體'를 의미하는 것으로 보인다.

52 『유가사지론』 권36(T30, 490a22~b1). "此中所說, 略有二種, 一者分別自性, 二者分別所依分別緣事. 如是二種, 無始世來, 應知展轉更互爲因, 謂過去世分別爲因, 能生現在分別所依及所緣事, 現在分別所依緣事既得生已, 復能爲因, 生現在世, 由彼依緣所起分別. 於今分別不了知故, 復生當來所依緣事, 彼當生故, 決定當生, 依彼緣彼, 所起分別." 밑줄 친 곳은 인용문에서 생략되거나 달라진 부분이다. 〈산스크리트본의 해당 내용: BoBh., pp.52-53; tac caitad dvayaṃ bhavati samāsataḥ vikalpaś ca vikalpādhiṣṭhānaṃ ca vikalp'ālambanaṃ vastu. tac caitad ubhayam anādikālikaṃ cānyonyahetukaṃ ca veditavyaṃ. pūrvako vikalpaḥ pratyutpannasya vikalp'ālambanasya vastunaḥ prādurbhāvāyaprattyutpannaṃ punar vikalp'ālambanaṃ vastu prādurbhūtaṃ pratyutpannasya tadālambanasya vikalpasya prādurbhāvāya hetuḥ. tatraitarhi vikalpasyāpraijñānaṃ āyatyāṃ tadālambanasya vastunaḥ prādurbhāvāya. tatsambhavāc ca punar niyataṃ tadadhiṣṭahānasyāpi tadāśritasya vikalpasya prādurbhāvo bhavati.; (안성두 역, 『보살지』, pp.95-96.) 그리고 바로 이것은 간략하게 말하면 분별과 분별을 의지처로 하고 분별을 인식대상으로 하는 사태의 양자로 나누어진다. 그리고 이 양자는 시작이 없고 상호 원인이 되는 것으로 알아야 한다. 첫 번째 분별은 분별을

여기서 '토대(所依)'라고 말한 것은 '여섯 가지 감관능력'(內六處/六根)이고, '조건(所緣)'이라고 말한 것은 '여섯 가지 감관대상'(外六處/六境)이다. 이것은 '[6가지 감관능력과 6가지 감관대상, 그리고 이 둘의 결합으로 생겨난 6가지 경험현상을 모두 합한] 18가지 경험세계'(十八界法)를 모두 아울렀음을 밝힌 것인데, [이 모두는] ['본질[로써] 분별[하는 것]'(自性分別) · '차이[를 본질로써 구별하는] 분별'(差別分別) · '총괄하여 [단일하다고 여겨] 집착하면서 분별하는 것'(總執分別), 이] 세 가지 분별의 '누적된 경향성'(熏習)에 의해 생겨난 것이다.

此中前二分別, 其相可解. 第三中言'我有情等所引分別'者, 此非我見計爲實我, 直是慢[53]緣世流布名, 取其總相, 起諸分別. 是故不入煩惱障攝. 又此三分別, 總攝一切所知障內分別皆盡, 以離此三相外, 更無所分別故. 但爲更顯此所知障生煩惱障增上緣用故, 卽就此三種總分別, 隨其所應, 別立後五. 例如煩惱障中四種我見, 分別俱生總攝一切, 但爲更顯起我慢義故, 卽就此二種我見, 別立自他二緣我見. 當知此中道理亦爾.

[H1, 800b9~20; O 34,10~35,1]

이 가운데 앞의 ['본질[로써] 분별[하는 것]'(自性分別)과 '차이[를 본질로서 구별하는] 분별'(差別分別), 이] 두 가지 분별은 그 양상을 이해할 수 있을 것

인식대상으로 하는 현재의 사태가 일어나기 위한 [원인이며], 또한 분별을 대상으로 하는 이미 출현한 현재의 사태는 그것을 인식대상으로 하는 현재의 분별이 일어나기 위한 원인이다. 그 경우에 있어서 분별을 변지하지 못함이 미래에 그 [분별]을 인식대상으로 하는 사태가 일어나기 위한 [원인이 된다.] 그 [사태]가 일어나기 때문에 계속하여 그 [사태]에 근거하고, 그 [사태]에 의지하는 분별이 확정적으로 일어나게 된다.〉

53 '慢'은 橫超本에서 '漫'으로 교감하고 있다. 이에 따른다.

이다. 세 번째 ['총괄하여 [단일하다고 여겨] 집착하면서 분별하는 것'(總執分別)]에서 말한 〈['개념적 현상'(想事)들에서] 수립한 '나'(我), '중생'(有情) ['수명을 지닌 것'(命者), '살아 있는 것'(生者)] 등 ['편의상 명칭으로 구별한 것들'(假想施設)에서] 이끌어 낸 분별〉[54]이라는 것은, 이 [분별이] '자아에 관한 [잘못된] 견해'(我見)로써 헤아려 ['나'(我), '중생'(有情) 등을] '[본질로서] 실재하는 자아'(實我)라고 여기는 것이 아니라, 단지 세간에서 유포되고 있는 명칭을 무자각하게 조건으로 삼아 그 [명칭으로 지시되는 것들의] '총괄적 특징'(總相)을 취하여 갖가지 분별을 일으키는 것이다. 그렇기 때문에 '번뇌로 인한 장애'(煩惱障)에는 포함되지 않는다.

또한 ['본질[로써] 분별[하는 것]'(自性分別) · '차이[를 본질로써 구별하는] 분별'(差別分別) · '총괄하여 [단일하다고 여겨] 집착하면서 분별하는 것'(總執分別), 이] 세 가지 분별은 '대상에 대한 이해를 가로막는 장애'(所知障)에 속하는 모든 분별을 다 남김없이 포섭(總攝)하니, [분별의] 이 세 가지 양상을 떠나서 그 밖에 다시 ['대상에 대한 이해를 가로막는 장애'(所知障)로서] 분별하는 것은 없기 때문이다. 다만 이 '대상에 대한 이해를 가로막는 장애'(所知障)가 '번뇌로 인한 장애를 만들어 내는 조건으로서의 작용'(煩惱障增上緣用)을 일으킨다는 것을 다시 드러내려고 하기 때문에, 곧 이 세 가지 총괄적인 분별에 의거하여 그 [각 분별에] 상응하는 것을 따라 뒤의 다섯 가지 [분별]을 별도로 수립하였다. 예컨대, '번뇌로 인한 장애'(煩惱障) 가운데의 네 가지 '자아에 관한 [잘못된] 견해'(我見)[55]는 [후천

---

54 앞에서 인용한 『현양성교론』의 "卽於色等想事所立我及有情命者生者等, 假想施說所引分別"을 가리킨다.

55 네 가지 아견我見: 『유가사지론』(T30, 779c10~14)이 설하는 구생아견俱生我見 · 유분별아견有分別我見 · 연자의지아견緣自依止我見 · 연타의지아견緣他依止我見의 네 가지 아견을 말한다. 각각 '선천적 아견'(俱生我見) · '후천적 아견'(有分別我見) · '자기를 조건으로 삼는 아견'(緣自依止我見) · '타인을 조건으로 삼는 아견'(緣他依止我見)을 의미한다. 이 네 가지 아견을 토대로 아만我慢이 발생한다. '후천적

적으로] '분별에 의해 일어나는 번뇌'(分別起)와 [선천적으로] '갖추어져 일어나는 번뇌'(俱生起)를 모두 포섭(總攝)하지만, 단지 아만我慢을 일으키는 뜻을 다시 드러내려고 하기 때문에 곧 이 ['선천적 아견'(俱生我見)과 '후천적 아견'(有分別我見)의] 두 가지 [잘못된] '자아에 관한 견해'(我見)에 의거하여 〈자기와 타인 두 가지를 조건으로 삼는 '자아에 관한 [잘못된] 견해'〉(自他二緣我見)를 별도로 세우는 것과 같다. 여기에서의 [세 가지 총괄적인 분별에 의거하여 그 각 분별에 상응하는 것을 따라 다섯 가지 분별을 별도로 수립하는] 도리도 마찬가지라고 알아야 한다.

由五分別, 生煩惱事, 其相云何? 且如耳識聞說我聲, 次意識起, 尋求我名, 第三心時, 決定了別如是我名自異他事, 此三心位, 爲我分別. 第三心後, 方起染心, 計度分別, 所謂我者是一是常, 作者愛[56]者等, 後恃[57]此我起我慢等. 如於耳識, 餘識亦爾, 如我分別, 我所亦爾. 此謂依二分別, 生見慢事. 愛分別者, 且如眼識緣淨妙色, 次意識生, 尋求妙相, 第三心位, 定知是妙, 便起樂受而未生貪. 此三心位, 名愛分別, 決定心後, 方起染愛. 後[58]二分別, 生瞋癡事, 如其所應, 准[59]此可解. 是謂依三分別, 生貪等事.

[H1, 800b20~c9; O 35,1~7]

아견'(有分別我見)에 의거하여 '자기를 조건으로 삼는 아견'(緣自依止我見)과 '타인을 조건으로 삼는 아견'(緣他依止我見)이 발생하고 다시 이 두 가지 아견에 의거하여 아만이 발생한다고 한다.

56 橫超本의 교감에 따르면, 원본의 '愛'를 '受'로 고친다고 하였다. 내용상 '受'가 적절하므로 '受'로 보고 번역한다.

57 橫超本의 교감에서는 원본의 '恃'를 '時'로 고쳤다. 이를 따른다.

58 '後'는 橫超本에서 '復'로 교감하고 있다. 이에 따른다.

59 원본에는 '唯'이지만 橫超本에서는 '准'으로 교감하고 있다. 이에 따른다.

[여덟 가지 분별 가운데 뒤의] 다섯 가지 분별로 말미암아 번뇌 현상들을 일으키니, 그 [번뇌 현상을 일으키는] 양상은 어떠한가? 예컨대 '귀와 상응하는 식識'(耳識)이 '나'라고 말하는 소리를 들으면, 그다음에는 의식意識이 일어나 '나의 이름'을 떠올리며(尋求), 세 번째 마음단계에서는 〈이러한 나의 이름[에 해당하는 것]은 [그] 자체가 다른 현상과는 [본질적으로] 다르다.〉라고 확정적으로 명료하게 구별하니, 이 세 번째 마음단계가 '나(我)라는 분별'(我分別)이 된다. 세 번째 마음단계 이후에 비로소 '오염시키는 마음'(染心)을 일으켜 [아분별我分別에 의거하여] 헤아려 [다시] 분별하니 이른바 〈'나'라는 것은 동일하고(一), 변치 않으며(常), 짓는 자(作者)이고 받는 자(受者)이다.〉는 등[의 분별이 그것]이며, 그 후에 이 '나'[라는 분별]이 아만我慢 등[의 번뇌들]을 일으킨다. '귀와 상응하는 식識'(耳識)에서[의 경우]와 마찬가지로 나머지 [다섯 가지] 식識[에서 분별로써 번뇌를 일으키는 것]도 그러하며, '나(我)라는 분별'(我分別)[에서의 경우]와 마찬가지로 '나의 것이라는 분별'(我所分別)[에서의 경우]도 그러하다. 이것은 [아분별我分別과 아소분별我所分別, 이] 두 가지 분별에 의거하여 '나에 관한 [잘못된] 견해'(我見)와 '비교를 통해 자기를 규정하는 것'(我慢)[과 같은 번뇌]를 일으키는 것을 말하는 것이다.

[여덟 가지 분별 가운데 여섯 번째인] '좋아하는 것에 대한 분별'(愛分別)이라는 것[의 경우]는, 예컨대 '눈과 상응하는 식識'(眼識)이 '빼어난 모양이나 색깔'(淨妙色)을 만나면, 다음에는 의식意識이 일어나 [그] 빼어난 특징을 주목하며(尋求), 세 번째 마음단계에서는 〈이것은 빼어난 것이다〉라고 확정하여 알고는 곧 '즐거운 느낌'(樂受)을 일으키지만 아직 탐욕을 일으키지는 않는다. 이 세 번째 마음단계를 '좋아하는 것에 대한 분별'(愛分別)이라 부르며, [세 번째 마음단계인] '확정하는 마음'(決定心) 이후에 비로소 '오염시키는 갈애'(染愛)를 일으킨다. [그리고는 탐욕이라는 번뇌를 생겨나게 한다.]

다시 [일곱 번째인 '좋아하지 않는 것에 대한 분별'(不愛分別)과 여덟 번째인

'좋아하는 것도 아니고 좋아하지 않는 것도 아닌 것들에 대한 분별'(愛不愛俱相違分別), 이] 두 가지 분별이 성냄(瞋)과 어리석음(癡)의 번뇌현상을 일으키는 것은 그 [각 분별]이 응하는 것에 따르니,[60] 이에 준하여 생각하면 이해할 수 있을 것이다. 이것은 [애분별愛分別 · 불애분별不愛分別 · 애불애구상위분별愛不愛俱相違分別, 이] 세 가지 분별에 의거하여 탐욕[과 성냄과 어리석음] 등의 번뇌 현상을 일으키는 것을 말하는 것이다.

此中五種分別, 是所知障所生, 二事是煩惱障. 子細而論, 第三心後起煩惱時, 卽有如是五種分別, 所知障性, 作煩惱本, 但約麤相道理, 直說前後相生耳. 由是義故, 八種分別, 悉是正迷第四眞實. 如『古論』云, "如是如實, 凡愚不知, 起八妄想已, 後生三事.", 『新論』中言, "又諸愚夫, 不了眞實, 從此因緣, 八分別轉, 能生三事"故. 如是八種妄想分別, 是顯了門所知障攝.

[H1, 800c9~18; O 35,7~11]

여기에서 [뒤의] 다섯 가지 분별은 '대상에 대한 이해를 가로막는 장애'(所知障)가 일으킨 것이고, ['불변의 독자적 자아가 있다는 견해'(身見) · '비교를 통한 자기규정'(我慢)과 '탐욕 · 성냄 · 어리석음', 이] 두 가지 [번뇌] 현상은 '번뇌로 인한 장애'(煩惱障)이다. 자세하게 논하자면, 세 번째 마음단계 이후 번뇌를 일으킬 때 곧 이와 같은 다섯 가지 분별이 있는데, [이 다섯 가지 분별은] '대상에 대한 이해를 가로막는 장애'(所知障)에 속하는 특성(性)이고 번뇌를 짓는 근본이지만, 단지 '뚜렷한 특징[을 주목하는] 이치'(麤相道理)에 의거하여 곧바로 [분별과 번뇌가] 앞뒤로 이어 일어나는 것을 말했을 뿐이다. 이러한 뜻이기 때문에 여덟 가지 분별은 모두

60 불애분별不愛分別은 '괴로운 느낌'에 응하여 성냄을, 애불애구상위분별愛不愛俱相違分別은 '즐겁지도 괴롭지도 않은 느낌'에 응하여 어리석음을 일으킨다.

[〈'대상에 대한 이해를 가로막는 장애'(所知障)에서 풀려난 지혜가 펼치는 진실〉(所知障淨智所行眞實)인] '네 번째 진실'(第四眞實)[61]에 온통 미혹한 것이다.

[이것은] 『보살지지경菩薩地持經』(『古論』)[62]에서 "이와 같은 '사실 그대로'(如實)를 어리석은 자는 알지 못하여, 여덟 가지 망상을 일으키고 난 후에 ['분별 확산'(分別戱論)의 '토대와 조건이 되는 것'(所依所緣事)을 생겨나게 하는 것, '불변의 독자적 자아가 있다는 견해'(身見)와 '비교를 통한 자기규정'(我慢)을 생겨나게 하는 것, 탐욕과 분노와 무지를 생겨나게 하는 것, 이] '세 가지 현상'(三事)을 일으킨다."[63]라고 말하고, 『유가사지론』(『新論』)에서 "또한 모든 어리석은 자는 진실을 명료하게 알지 못하니, 이런 인연에 따

---

61 네 번째 진실(第四眞實): 네 번째의 진실이란 『유가사지론』에서 설하는 네 종류의 진실(世間極成眞實 · 道理極成眞實 · 煩惱障淨智所行眞實 · 所知障淨智所行眞實) 중 네 번째인 소지장정지소행진실所知障淨智所行眞實을 말한다. 『유가사지론』에서는 이 네 번째 진실을 설명하는 중에 여덟 가지 종류의 분별이 이 네 번째 진실을 알지 못하게 하는 소지장(所知障)에 해당함을 설명하고 있다. 『유가사지론』 권36(T30, 486b12~15). "此眞實義品類, 差別復有四種. 一者, 世間極成眞實, 二者, 道理極成眞實, 三者, 煩惱障淨智所行眞實, 四者, 所知障淨智所行眞實."; 『유가사지론』 권36(T30, 486c16~19). "云何所知障淨智所行眞實? 謂於所知能礙智故, 名所知障. 從所知障得解脫智所行境界. 當知, 是名所知障淨智所行眞實. 此復云何? 謂諸菩薩諸佛世尊, 入法無我."

62 원명은 Bodhisattvabhūmi이다. 원효는 5세기 초 담무참曇無讖의 한역, 『보살지지경菩薩地持經』을 『古論』, 7세기 중반에 현장玄奘이 번역한 『유가사지론』을 『新論』이라고 표현하였다. 담무참曇無讖이 번역한 『보살지지경菩薩地持經』은 『유가사지론』의 본지분本地分과 같은 내용이다.

63 『보살지지경菩薩地持經』 권2(T30, 895b7~8). "如是如實, 凡愚不知, <u>以是因緣</u>起 八<u>種</u>妄想 <u>而</u>生三事." 밑줄친 부분은 인용문과 다른 부분임. 위의 문장은 혜원慧遠의 『대반열반경의기大般涅槃經義記』 권2(T37, 645c12~13)에도 인용되어 있고 특히 원효보다 앞서 혜원慧遠의 『대승의장大乘義章』에는 여러 군데 인용되어 있다. 〈산스크리트본의 해당 내용: BoBh., p.50; tasyā eva tathatāyā evam aparijñātatvād bālānāṃ tannidāno 'ṣṭavidho vikalpaḥ pravartate trivastujanakaḥ(범본의 내용으로는 아래 『유가사지론』과 그 출전이 동일하다.); (안성두 역, 『보살지』, p.93.) 바로 이 진여가 이와 같이 변지되지 않았기 때문에 어리석은 사람들에게 그것을 원인으로 하는 여덟 가지 분별이 세 가지 사태를 일으키는 것으로 작용한다.〉

라 여덟 가지 분별을 전개하여 ['분별 확산'(分別戲論)의 '토대와 조건이 되는 것'(所依所緣事)을 생겨나게 하는 것, '불변의 독자적 자아가 있다는 견해'(身見)와 '비교를 통한 자기규정'(我慢)을 생겨나게 하는 것, 탐욕과 분노와 무지를 생겨나게 하는 것, 이] '세 가지 현상'(三事)을 일으킬 수 있다."[64]라고 말한 것과 같다.

이와 같은 여덟 가지 망상분별은 '현상으로 드러나는 측면'(顯了門)에서의 '올바른 이해를 가로막는 장애'(所知障)에 포섭된다.

---

64 『유가사지론』 권36(T30, 489c9~10). "又諸愚夫, 由於如是所顯眞如不了知故, 從是因緣, 八分別轉, 能生三事." 〈산스크리트본의 해당 내용: BoBh., p.50; tasyā eva tathatāyā evam aparijñātatvād bālānāṃ tannidāno 'ṣṭavidho vikalpaḥ pravartate trivastujanakaḥ; (안성두 역, 『보살지』, p.93.) 바로 이 진여가 이와 같이 변지되지 않았기 때문에 어리석은 사람들에게 그것을 원인으로 하는 여덟 가지 분별이 세 가지 사태를 일으키는 것으로 작용한다.〉

제5장 3종 번뇌로 묶는 방식

五明三種煩惱門者, 謂見道所斷衆, 修道所斷衆, 非二所斷衆. 論其相攝, 卽有二重. 若約二乘明三種者, 煩惱障內分別起者, 是見道所斷, 俱生煩惱是修所斷, 所知障是非二所斷. 若就菩薩明三種者, 此二障中諸分別起, 是見所斷, 任運起中除第八識, 是修所斷. 此前所除微細知障, 又前所斷二障習氣, 及隱密[65]門煩惱碍內根本業染, 及與智碍無明住地, 此等皆是非二所斷, 唯究竟道所能斷故. 此約麤相, 顯其差別. 巨細道理, 後門當說.

[H1, 800c18~801a6; O 35,12~36,2]

다섯 번째로 '세 가지 번뇌[로 묶는] 방식'(三種煩惱門)을 밝히니, 〈'[진리다운] 이해를 밝혀 가는 수행'(見道)에서 끊어지는 것들〉과 〈'[선정을 토대로 이해를] 거듭 익혀 가는 수행'(修道)에서 끊어지는 것들〉, 〈['[진리다운] 이해를 밝혀 가는 수행'(見道)과 '[선정을 토대로 이해를] 거듭 익혀 가는 수행'(修道), 이] 두 가지 [수행]에서 끊어지는 것이 아닌 것들〉이 그것이다. 그 [세 종류의 번뇌가 수행자 유형에 따라] 서로 속하게 되는 것을 논한다면 곧 두 종류가 있다.

만일 '[성문과 연각] 두 부류 수행자'(二乘)에 의거해서 세 가지 [번뇌의 유형]을 밝힌다면 [다음과 같다.] '번뇌로 인한 장애'(煩惱障) 내의 '[후천적으로] 분별에 의해 일어나는 번뇌'(分別起)는 '[진리다운] 이해를 밝혀 가는 수행'(見道)에서 끊어지는 것이고, '선천적으로 갖추어져 일어나는 번

65 원본에는 '蜜'이나 '密'로 교감한 것이다.

뇌'(俱生煩惱)는 '[선정을 토대로 이해를] 거듭 익혀 가는 수행'(修道)에서 끊어지는 것이며, '대상에 대한 이해를 가로막는 장애'(所知障)는 ['[진리다운] 이해를 밝혀 가는 수행'(見道)과 '[선정을 토대로 이해를] 거듭 익혀 가는 수행'(修道), 이] 두 가지 [수행]에서 끊어지는 것이 아니다.

만일 [대승 수행자인] 보살菩薩에 의거해서 세 가지 [번뇌의 유형]을 밝힌다면 [다음과 같다]. ['번뇌로 인한 장애'(煩惱障)와 '대상에 대한 이해를 가로막는 장애'(所知障)] 이 두 가지 장애 중 모든 '[후천적으로] 분별에 의해 일어나는 번뇌'(分別起)는 '[진리다운] 이해를 밝혀 가는 수행'(見道)에서 끊어지고, '[선천적으로 갖추어져] 수시로 일어나는 번뇌'(任運起) 중 제8[아뢰야]식[에서 일어나는 것]을 제외한 것은 '[선정을 토대로 이해를] 거듭 익혀 가는 수행'(修道)에서 끊어진다. [그리고] 이 앞에서 제외했던 〈미세한 '대상에 대한 이해를 가로막는 장애'〉(微細知障)와, 앞[의 '[진리다운] 이해를 밝혀 가는 수행'(見道)과 '[선정을 토대로 이해를] 거듭 익혀 가는 수행'(修道)]에서 끊어진 ['번뇌로 인한 장애'(煩惱障)와 '대상에 대한 이해를 가로막는 장애'(所知障), 이] 두 가지 장애의 〈'누적된 경향성'〉(習氣), '현상으로 드러나지 않는 측면'(隱密門)에서의 〈'번뇌로 인한 장애' 안의 '[근본무지에 의한] 애초의 움직임에 의한 오염[된 마음]'〉(煩惱碍內根本業染)과 〈'지혜를 가로막는 장애'인 '삼계의 근본무명'〉(智碍無明住地). —이것들 모두는 ['[진리다운] 이해를 밝혀 가는 수행'(見道)과 '[선정을 토대로 이해를] 거듭 익혀 가는 수행'(修道), 이] 두 가지 [수행]에서 끊어지는 것이 아니고 오직 '궁극적인 수행'(究竟道)에서만 끊어질 수 있는 것이다.

['세 가지 번뇌로 묶는 방식'(三種煩惱門)인] 이것은 '뚜렷한 특징'(麤相)에 의거하여 그 차이를 나타낸 것이니, 더욱 미세한 [특징에 의거하여 차이를 구분하는] 도리는 뒤[에서 밝히는] 방식(門)에서 설명할 것이다.

제6장 2종 번뇌로 묶는 방식

六明二種煩惱門者, 謂住地煩惱及起煩惱.

[H1, 801a6~8; O 36,3]

여섯 번째로 '두 가지 번뇌[로 묶는] 방식'(二種煩惱門)을 밝히니, '토대가 되는 번뇌'(住地煩惱)와 "['토대가 되는 번뇌'(住地煩惱)를] 따라 일어나는 번뇌'(起煩惱)가 그것이다.

1. "['토대가 되는 번뇌'(住地煩惱)를] 따라 일어나는 번뇌'(起煩惱)

起煩惱者,[66] 謂顯了門所說二障. 諸心相應纏及隨眠, 皆依住地而得生起, 故名起惑. 譬[67]如一切草木及其種子, 皆依大地, 此亦如是故.

[H1, 801a8~11; O 36,3~5]

"['토대가 되는 번뇌'(住地煩惱)를] 따라 일어나는 번뇌'(起煩惱)란, '현상으로 드러나는 측면'(顯了門)에서 말하는 ['번뇌로 인한 장애'(煩惱障)와 '대상에 대한 이해를 가로막는 장애'(所知障), 이] 두 가지 장애를 일컫는 것이다. 마음(心)과 상응하는 모든 '현재 작용하고 있는 번뇌'(纏)와 '잠재하고 있는 번뇌'(隨眠)는 모두 '삼계의 근본무명'([無明]住地)에 의거하여 일

66 橫超本의 교감에 따르면, 원본의 '諸'를 '者'로 고친 것이다.

67 橫超本의 교감에 따르면, 원본의 '辟'을 '譬'로 고친 것이다.

어나니, 그러므로 '['토대가 되는 번뇌'(住地煩惱)를] 따라 일어나는 번뇌'(起惑)라고 하였다. 비유하자면 모든 풀과 나무 및 그 종자가 모두 대지에 의지하는 것과 같으니, 이 [['토대가 되는 번뇌'(住地煩惱)를] 따라 일어나는 번뇌'(起煩惱)] 또한 이와 같은 것이다.

2. '토대가 되는 번뇌'(住地煩惱)

> 住地煩惱者, 總卽唯一無明住地, 其相如前出體分說. 論其差別, 略開爲二. 一者生得住地, 或名見一處住地. 二者作得住地, 或名有愛數住地.
>
> [H1, 801a11~15; O 36,5~7]

'토대가 되는 번뇌'(住地煩惱)[68]란, 총괄해서 말하자면 단 하나의 '삼계의 근본무명'(無明住地)이니, 그 양상은 앞의 '[두 가지 장애의] 본연[이 지닌 특성]을 나타내는 부분'(出體分)에서 설명한 것과 같다. 그 ['토대가 되는 번뇌'(住地煩惱)의 세부] 차이를 구별하여 논하면, 대략적으로 펼쳐 두 가

68 주지번뇌住地煩惱의 구분: 원효는 2종번뇌(二種煩惱, 住地煩惱와 起煩惱)와 관련하여 주지번뇌住地煩惱의 내용을 설명하기 위해 『승만경』의 다음과 같은 문장을 경증으로 삼는다. "住地有四種, 何等爲四? 一見一處住地, 二欲愛住地, 三色愛住地, 四有愛住地. 此四種住地, 生一切起煩惱."(H1, 801c2~6; T12, 220a3~5.) 이에 따르면 기번뇌를 생겨나게 하는 주지번뇌에는 네 종류가 있는데, 견일처주지見一處住地(生得住地)·욕애주지欲愛住地(欲界住地)·색애주지色愛住地(色界住地)·유애주지有愛住地(無色界住地)가 그것이다. 이에 따라 원효는 주지번뇌의 차이에 관해 "論其差別, 略開爲二. 一者生得住地, 或名見一處住地 二者作得住地, 或名有愛數住地."(H1, 801a13~15)라고 하여 생득주지生得住地(見一處住地)와 작득주지作得住地(有愛數住地)로 구분한다. 그리고 작득주지에 대해 "作得住地者, 謂依生得住地, 起三有心"(H1, 801a21~22)이라고 한다. 생득주지에 의거하여 일으킨 삼유심三有心에 따라 작득주지作得住地(有愛數住地)는 다시 욕계주지欲界住地·색계주지色界住地·무색계주지無色界住地로 삼분된다는 것이다.

지가 된다. 첫 번째는 〈선천적으로 갖추어진 '토대가 되는 번뇌'〉(生得住地)이니, '견도見道의 일처一處에서 함께 끊어지는 삼계의 견혹見惑'(見一處住地)이라고도 한다. 두 번째는 〈후천적으로 만들어진 '토대가 되는 번뇌'〉(作得住地)이니, '욕망세계 · 유형세계 · 무형세계에 대한 애착의 토대가 되는 번뇌'(有愛數住地)라고도 한다.

1) 〈선천적으로 갖추어진 '토대가 되는 번뇌'〉(生得住地)

言生得者, 不覺一如, 忽然而生, 其前無始, 故言生得. 其所迷處, 旣是一如, 不同作得迷三有處, 故言一處. 一處一相, 平等平等, 無有能見所見差別, 於此不覺, 故名爲見. 如其覺者, 卽無見故. 是故名見一處住地.

[H1, 801a15~20; O 36,7~9]

〈선천적으로 갖추어졌다〉(生得)라고 말하는 것은, '하나처럼 통하여 같아진 지평'(一如)[69]을 깨닫지 못하여 문득 생겨나고 그 이전에는 시작

69 '일여一如'의 번역: 불변 · 독자의 본질이나 실체는 명사적 부동不動의 사태일 수밖에 없다. 그러나 그 어떤 유형의 불변 · 독자의 본질/실체도 모두 무지의 허구적 산물로 간주하는 것이 원효철학이다. 원효의 이러한 관점은 붓다 및 불교철학의 핵심 통찰이기도 하다. 만약 원효가 구사하는 '일심一心' · '일여一如'의 '일一'을 부동의 실재를 지시하는 수사로 읽는다면 원효가 구사하는 일심이나 일여는 불변의 궁극실재가 되고, 원효철학은 불변 · 독자의 궁극실재에 관한 신비주의 철학이 되어 불교 내부의 변형 아트만 사상이 되고 만다. 그러나 '일심一心' · '일여一如' 등의 기호가 채택되는 문장의 의미맥락은 철저히 비非본질 · 비非실체의 연기적 통찰을 펼치고 있다. 따라서 '일심一心' · '일여一如' 등의 용어에서 원효가 채택하는 '一'이라는 기호는 대부분 동사적 역동의 국면을 지시한다. '일여一如'를 '하나처럼 통하여 같아진 지평'이라 번역한 이유이다. 같은 이유로 '일처一處'는 '하나처럼 통하는 세계', '일상一相'은 '하나처럼 통하는 양상'으로 번역하였다. '진여眞如(tathatā)'라는 용어 역시 한자어 그대로 '진여'로 번역하면 '궁극적 실재에 관한 명

됨이 없으므로 〈선천적으로 갖추어졌다〉(生得)라고 한다. [〈'선천적으로 갖추어진 '토대가 되는 번뇌'〉(生得住地)인] 그것이 미혹한 세계(處)는 본래 '하나처럼 통하여 같아진 지평'(一如)이니, '후천적으로 만들어진 [토대가 되는 번뇌]'(作得[住地])가 '욕계欲界 · 색계色界 · 무색계無色界의 세계'(三有處)에 미혹한 것과 같지 않으므로 '하나처럼 통하는 세계'(一處)라고 하였다. '하나처럼 통하는 세계'(一處)는 '하나처럼 통하는 양상'(一相)이라서 평등하고도 평등하여 '보는 자'(能見)와 '보여진 것'(所見)의 차이가 [불변 · 독자의 본질/실체로서] 없는데, 이것을 깨닫지 못하기 때문에 '[본질로서의 차이들을] 봄'(見)이라고 하였다. 만약 그것을 깨닫는 사람이라면 곧 '[본질로서의 차이들을] 봄'(見)이 없기 때문이다. 그러므로 '견도見道의 일처一處에서 함께 끊어지는 삼계의 견혹見惑'(見一處住地)이라고 하였다.

2) 〈후천적으로 만들어진 '토대가 되는 번뇌'〉(作得住地)

言作得住地者, 謂依生得住地, 起三有心, 不了彼境卽是如如, 是能

사적 지칭'으로 이해되기 쉬워 마찬가지 문제가 발생한다. 이런 문제를 해결하기 위해 본 번역에서는 '진여眞如'를 '참 그대로'나 '사실 그대로'로 번역한다. 이때 '참'이나 '사실'이라는 용어로 지시하려는 것은 본체나 순수실재와 같은 존재론적 대상이 아니다. '차이들을 무지에 의해 희론적으로 굴절시키지 않고 만나는 국면이나 지평', 혹은 '희론적으로 왜곡되지 않은 채 차이들이 그대로 드러나는 국면이나 지평'을 반영한 번역이다. 이러한 '참 그대로'나 '사실 그대로'의 지평은 '변화 · 관계 · 차이를 품은 역동적 사태'를 지시한다. 앞서 '정념正念'의 역주에서도 밝혔듯이, 『대승기신론』에서는 정념의 대상을 '참 그대로인 현상'(眞如法)으로 설정하는 이해가 등장하고 있다. '진여眞如'를 궁극실재나 존재로 이해하는 존재론적 시선들이 난무하고 있지만, 적어도 원효는 진여를 '현상의 온전한 양상'으로 보고 있다. 다시 말해 원효는, 〈본질이나 실체관념을 설정하는 근본무지에 의해 굴절 내지 오염되지 않은 변화 · 관계 · 차이의 현상들〉을 '진여眞如'로 보고 있다. 그리고 원효는 그 경험국면을 지칭하기 위해 '心眞如, 一心, 本覺' 등의 긍정형 기호들을 적극적으로 채택한다.

起三有煩惱. 此卽由起彼心不了彼境, 非任自迷, 故言作得. 由與有愛同迷境故, 入有愛數中所攝, 是故亦名爲有愛數住地.

[H1, 801a21~b1; O 36,9~12]

〈후천적으로 만들어진 '토대가 되는 번뇌'〉(作得住地)라고 말하는 것은, 〈선천적으로 갖추어진 '토대가 되는 번뇌'〉(生得住地)에 의거하여 '욕망세계 · 유형세계 · 무형세계에 대한 [애착의] 마음'(三有心)을 일으켜 저 [욕계 · 색계 · 무색계의] 세계가 바로 '[하나처럼 통하여] 같고 같은 지평'(如如)이라는 것을 깨닫지 못하는 것을 말하니, 이것이 '욕망세계 · 유형세계 · 무형세계의 번뇌'(三有煩惱)를 일으킬 수 있다. 이것은 곧 저 [욕계 · 색계 · 무색계에 대해 미혹한] 마음을 일으켰기에 그 [욕계 · 색계 · 무색계의] 세계(境)를 [제대로] 깨닫지 못하는 것이지 저절로 스스로 미혹한 것은 아니니, 그러므로 〈후천적으로 만들어진다〉(作得)라고 말한다. '욕망세계 · 유형세계 · 무형세계에 대한 애착'(有愛)[70]과 미혹의 대상을 같이하기 때문에 [이 〈후천적으로 만들어진 '토대가 되는 번뇌'〉(作得住地)는] '욕망세계 · 유형세계 · 무형세계에 대한 애착의 번뇌'(有愛數) 가운데 포섭되니, 이런 까닭에 '욕망세계 · 유형세계 · 무형세계에 대한 애착의 토대가 되는 번뇌'(有愛數住地)라고도 한다.

又此作得住地, 起三有愛. 是故分作三種住地, 謂欲界住地, 色界住地, 無色界住地. 或名欲愛住地, 乃至有愛住地. 彼一生得, 此三作得,

70 유애有愛의 두 가지 용법: 작득주지와 관련하여 '유애有愛'라는 말은 두 가지로 사용되고 있다. 하나는 '욕계 · 색계 · 무색계 삼유三有에 대한 애착'(三有愛)라는 의미이다. 다른 하나는 욕계주지와 색계주지와 무색계주지를 각각 욕애주지欲愛住地, 색애주지色愛住地, 유애주지有愛住地라고도 부르는데, 이때 '유애주지有愛住地'의 '유애有愛'는 무색계無色界를 지칭한다. 여기서는 '욕계 · 색계 · 무색계 삼유三有에 대한 애착'(三有愛)이라는 의미로 사용되는 것으로 보인다.

合說卽有四種住地. 然此作得三種住地, 其不覺相, 與本生得, 等無麤細, 由是義故, 總說四種, 名爲無始無明住地. 又此四種, 皆非相應, 不同起惑刹那相應. 是故通名心不相應無明住地. 喩如夜闇遍一天下, 於中有起三重樹者, 樹內之闇, 爲樹所攝, 是故別名三樹之闇, 然此三樹內所有闇相, 與天下闇, 等無差別故, 還通名爲一夜闇. 當知此中道理亦爾.

[H1, 801b1~14; O 36,12~37,3]

또 이 〈후천적으로 만들어진 '토대가 되는 번뇌'〉(作得住地)는 '[욕망세계 · 유형세계 · 무형세계, 이] 세 가지 세계에 대한 애착'(三有愛)을 일으킨다. 그렇기 때문에 세 종류의 '토대가 되는 번뇌'(住地)로 나누어지니, '욕망세계(欲界)에서 오욕五欲에 집착하는 번뇌'(欲界住地), '유형세계(色界)에서 자기 색신色身에 탐착하는 번뇌'(色界住地), '무형세계(無色界)에서 자기에 애착하는 번뇌'(無色界住地)가 그것이다. 혹은 [각각] 욕애주지欲愛住地, [색애주지色愛住地),] 유애주지有愛住地라고도 한다. 저 한 가지의 '선천적으로 갖추어진 것'(生得)과 이 세 가지 '후천적으로 만들어진 것'(作得)을 합하여 말하면 곧 〈네 가지 '토대가 되는 번뇌'〉(四種住地)가 있게 된다.

그러나 이 〈후천적으로 만들어진 세 가지 '토대가 되는 번뇌'〉(作得三種住地)는 그 '깨닫지 못하는 양상'(不覺相)[71]이 '본래 선천적으로 갖추어진 것'(本生得)과 같아 '뚜렷한 [양상]'(麤)과 '미세한 [양상]'(細)[의 구별]이 없으니, 이와 같은 뜻으로 인해 네 가지 ['토대가 되는 번뇌'(住地)]를 총괄하여 '시작을 알 수 없는 삼계의 근본무명'(無始無明住地)이라고 부른다.

---

71 불각상不覺相: 『대승기신론』을 배경으로 한 개념이다. 『대승기신론』에서는 본각本覺과 시각始覺 및 불각不覺의 상호연관을 통해 깨달음의 종합체계를 수립하고 있다.

또 이 [‘토대가 되는 번뇌’(住地)] 네 가지는 모두 상응하는 것이 아니니, ‘[‘토대가 되는 번뇌’(住地煩惱)를] 따라 일어나는 번뇌’(起惑)가 찰나[의 마음]에 [다른 번뇌와] 상응하는 것과는 같지 않다. 그러므로 통칭하여 〈[다른 번뇌의] 마음과 상응하지 않는 ‘삼계의 근본무명’〉(心不相應無明住地)이라 부른다. 비유하자면, 밤의 어둠이 온 천하에 가득하고 그 속에 세 겹으로 된 정자를 세우면, [각각의] 정자 안의 어둠은 [각각의] 정자에 포함되기 때문에 ‘세 정자의 [서로 다른 세] 어둠’으로 각기 달리 부르지만, 이 세 정자 안에 있는 어둠의 특성은 천하의 어둠과 같아 차이가 없기 때문에 다시 통틀어 ‘온 밤의 어둠’이라고 하는 것과 같다. 여기에서의 이치도 또한 마찬가지라는 것을 알아야 한다.

如『本業經』言, “一切衆生識, 始起一相住於緣. (順第一義諦起名善,) 皆[72]第一義諦起故[73]名惑, 是爲住地, 名生得惑. 因此住, 起一切惑, 從一切法緣生, 名作得惑.[74] 起欲界惑, 名欲界住地, 起色界惑, 名色界住地, 起心惑故, 名無色界住地. 以此四住地, 起一切煩惱故, 爲始起四住地, 其四住地前, 便無法起,[75] 故名無始無明住地. 金剛智知此始起一相有終, 而不知其始前有法無法, 云何而得知生得一住地作得三住地? 佛[76]知始終.”『勝鬘經』言, “煩惱有二種, 謂住地煩惱及起煩惱. 住地有四種, 何等爲四? 一見一處住地, 二欲愛住地, 三色愛住地, 四有

---

72 ‘皆’는 横超本에 ‘背’로 되어 있다. 『본업경』 원문에 따라 ‘背’로 교감하여 번역한다.
73 『본업경』 원문에는 ‘故’가 없다. 삭제하고 번역한다.
74 밑줄 친 ‘是爲住地, 名生得惑. 因此住, 起一切惑, 從一切法緣生, 名作得惑.’은 『본업경』 원문 ‘以此二爲住地故, 名生得善生得惑, 因此二善惑爲本, 起後一切善惑. 從一切法緣, 生善惑名, 作以得善, 作以得惑, 而心非善惑. 從二得名故, 善惑二心’을 변형시켜 인용한 것이다.
75 『본업경』 원문에는 ‘故’가 추가되어 있다.
76 『본업경』 원문에는 ‘佛’ 앞에 ‘唯’가 있다.

愛住地. 此四種住地, 生一切起煩惱, 起煩惱者, 刹那心刹那相應. 世尊, 心不相應, 無始[77]無明住地."

[H1, 801b14~c6; O 37,3~10]

[이것은] 『본업경』에서 [다음과 같이] 말한 것과 같다. "모든 중생의 식識이 '[근본무지(無明)의] 첫 양상'(一相)을 처음 일으키고는 [관련된] 조건(緣)에 머무니, ('궁극적 관점'(第一義諦)[78]에 따라서 생겨나는 것을 이로움(善)이라 부르고) '궁극적 관점'(第一義諦)을 등지고 생겨나는 것을 번뇌(惑)라고 부르는데, 이것이 '토대가 되는 번뇌'(住地)가 되고 '선천적으로 갖추어진 번뇌'(生得惑)라고 부른다. 이 '[번뇌들의] 토대'(住[地])로 인해 모든 번뇌(惑)를 일으키니, 모든 현상조건(法緣)을 따라 생겨나는 것을 '후천적으로 만들어진 번뇌'(作得惑)라고 부른다. [그리고] '욕망세계의 번뇌'(欲界惑)를 일으키는 것을 〈욕망세계(欲界)에서 오욕五欲에 집착하는 번뇌〉(欲界住地)라 부르고, '유형세계의 번뇌'(色界惑)를 일으키는 것을

77 橫超本의 교감주에 따르면, 원본에는 없지만 '始'와 '明' 사이에 '無'자를 보완해 넣었다고 하였다. 원문에도 '無明住地'로 나온다.

78 제일의제第一義諦: 모든 현상을 사실 그대로 보기 위한 '세 가지 관점/진리'(三諦) 가운데 하나이다. 천태종天台宗에서는 모든 현상의 '사실 그대로의 모습'을 제법실상諸法實相이라고 부르는데, 이것을 제대로 이해하기 위해서 거쳐야 될 단계적인 과정을 세 가지 관점으로 설정하고 있다. 첫 번째는 공제空諦이니, 현상에 불변 · 독자의 본질/실체가 없음을 이해하는 관점을 확보하는 단계이다. '없다'는 측면을 이해하는 것이므로 무제無諦라고도 한다. 두 번째는 가제假諦이니, 모든 현상들에는 불변 · 독자의 본질/실체가 없지만 그 현상은 여러 조건(因緣)들이 결합되어 일정한 기간 동안 존속하는 현상이기도 하다는 것이다. 이것은 '있다'는 측면을 이해하는 것이므로 유제有諦라고도 한다. 세 번째는 중제中諦이니, 본연적 측면에 치우쳐 불변 · 독자의 본질/실체가 없다고 보는 관점에만 빠지거나, 눈에 보이는 현상적 측면에 치우쳐 조건에 따라 있다고 보는 관점에만 빠지는 경우가 없도록, 균형 잡힌 관점을 유지하는 단계를 의미한다. 이것은 상대적 측면에 치우치지 않는다는 점에서 중中이지만, 사실을 사실 그대로 이해할 수 있는 궁극적인 단계라는 점에서 제일의제第一義諦라고도 부른다.

〈유형세계(色界)에서 자기 색신色身에 탐착하는 번뇌〉(色界住地)라고 부르며, '마음의 번뇌'(心惑)를 일으키기 때문에 〈무형세계(無色界)에서 자기에 애착하는 번뇌〉(無色界住地)라고 부른다. [생득주지生得住地 · 욕계주지欲界住地 · 색계주지色界住地 · 무색계주지無色界住地] 이 〈네 가지 '토대가 되는 번뇌'〉(四住地)로써 모든 번뇌를 일으키기 때문에 〈처음 일어난 네 가지 '토대가 되는 번뇌'〉(始起四住地) 라 하고, 그 〈네 가지 '토대가 되는 번뇌'〉(四住地) 이전에는 다시 어떤 [무지의] 현상도 일어남이 없기 때문에 〈시작을 알 수 없는 '삼계의 근본무명'〉(無始無明住地)이라고 부른다. '금강석과도 같은 지혜'(金剛智)[79]는 이 처음 일어난 '[근본무지(無明)의] 첫 양상'(一相)에 끝이 있다는 것을 알지만 그 ['[근본무지(無明)의] 첫 양상'(一相)] 시작 이전에는 어떤 현상이 있는지 없는지 알지 못하니, 어떻게 〈선천적으로 갖추어진 하나의 '토대가 되는 번뇌'〉(生得一住地)와 〈후천적으로 만들어진 세 가지 '토대가 되는 번뇌'〉(作得三住地)를 알 수 있겠는가? (오직) 부처님만이 [그] 시작을 알고 [그] 끝을 알 수 있다."[80]

---

79 금강지金剛智; 원효는 『금강삼매경론金剛三昧經論』에서 '금강지의 지위'(金剛智地)에 대해 "金剛智地者, 謂等覺位"(H1, p.632c20~21)라고 하여 계위상 불지佛地인 묘각지妙覺地 직전의 등각지等覺地라고 말한다. 같은 곳에서는 이어서 "若對生得無明住地, 即金剛心爲無間道, 妙覺初心爲解脫道, 無間道時與無明俱, 解脫道起方能正斷."(H1, pp.632c24~633a2)이라고 금강유정金剛喩定(금강심金剛心)에 대해 부연하는데, 가장 미세한 번뇌인 생득무명주지生得無明住地에 대해서는 금강유정金剛喩定이 해탈도解脫道 직전의 무간도無間道이어서 무명無明과 함께 있기 때문에 아직 생득무명주지生得無明住地를 끊어야 하는 수행의 과정에 해당하고, 해탈도解脫道인 묘각지妙覺地에 이르러서야 생득무명주지生得無明住地를 완전히 끊는다고 설명한다.

80 『보살영락본업경』 권2 제7「대중수학품大衆受學品」(T24, 1021c28~1022a10). "(以智知) 一切衆生識, 始起一相住於緣. (順第一義諦起名善,) 背第一義諦起名惑, 以此二爲住地故, 名生得善生得惑, 因此二善惑爲本, 起後一切善惑. 從一切法緣, 生善惑名, 作以得善, 作以得惑, 而心非善惑. 從二得名故, 善惑二心. 起欲界惑, 名欲界住地, 起色界惑, 名色界住地, 起心惑故, 名無色界住地. 以此四住地, 起一切煩惱故, 爲始起四住地, 其四住地前, 更無法起故, 故名無始無明住地. 金剛智知此始起一相有終, 而不知其始前

[또한] 『승만경』에서 [다음과 같이] 말한 것과 같다. “번뇌에 두 가지가 있으니, ‘토대가 되는 번뇌’(住地煩惱)와 ‘[토대가 되는 번뇌’(住地煩惱)를] 따라 일어나는 번뇌’(起煩惱)가 그것입니다. ‘토대가 되는 번뇌’(住地)에는 네 가지가 있으니, 무엇이 네 가지입니까? 첫 번째는 ‘견도見道의 일처一處에서 함께 끊어지는 삼계의 견혹見惑’(見一處住地)이고, 두 번째는 ‘욕망세계(欲界)에서 오욕五欲에 집착하는 번뇌’(欲愛住地)이며, 세 번째는 ‘유형세계(色界)에서 자기 색신色身에 탐착하는 번뇌’(色愛住地)이고, 네 번째는 ‘무형세계(無色界)에서 자기에 애착하는 번뇌’(有愛住地)입니다. 이 〈네 가지 ‘토대가 되는 번뇌’〉(四種住地)가 온갖 ‘[토대가 되는 번뇌’(住地煩惱)를] 따라 일어나는 번뇌’(起煩惱)를 일으키니, ‘[토대가 되는 번뇌’(住地煩惱)를] 따라 일어나는 번뇌’(起煩惱)는 찰나의 마음에 [다른 번뇌들과] 찰나에 상응합니다. 부처님이시여, [다른 번뇌의] 마음과 상응하지 않는 것은 〈시작을 알 수 없는 ‘삼계의 근본무명’〉(無始無明住地)입니다.”[81]

當知此中別卽唯有四種住地, 總卽唯一無明住地. 四外無一故, 唯言‘住地有四種’, 四卽是一故, 言‘心不相應, 無明住地.’[82] 如其總別合數, 卽有五種住地, 是卽無明. 無明有通有別, 如多羅有其通別. 十二部經,

---

有法無法, 云何而得知生得一住地作得三住地? (唯)佛知始知終.” 괄호 부분은 생략된 내용이고 밑줄 부분은 ‘是爲住地, 名生得惑. 因此住, 起一切惑, 從一切法緣生, 名作得惑.’으로 문장을 바꾸고 있다. 바뀐 문장은 그에 따라 번역한다. 또한 앞부분에서 생략된 ‘以智知’는 원효의 의도를 고려하여 번역에 반영하지 않고 인용문대로 번역한다.

81 『승만사자후일승대방편방광경』 권1(T12, 220a2~7). “煩惱有二種, 何等爲二? 謂住地煩惱及起煩惱. 住地有四種, 何等爲四? 謂見一處住地, 欲愛住地, 色愛住地, 有愛住地. 此四種住地, 生一切起煩惱, 起起煩惱起者, 刹那心刹那相應. 世尊, 心不相應, 無始無明住地.”

82 앞서 인용한 『승만경』 원문은 ‘無始無明住地’이다. 교감하여 번역한다.

通名多羅，是爲通相，餘十一部之所不攝，直說蘊界處等法門，名修多羅，是爲別相．無明亦爾．四種住地通名無明，是爲通相無明住地，如上二經之所說故．其有愛數三所不攝，直迷一處生得住地，還愛[83]無明住地名者，是爲別相無明住地，如『經』言，"無明住地，其力最大，… 唯佛[84]菩提智所能斷故．" 又直就有愛數所攝中，總別合數，立四住地，謂別三愛數住地，及總無明住地．如『經』言，"非聲聞緣覺，不斷無明住地．" 又言，"阿[85]羅漢辟支佛，斷有愛數四住地故．"

[H1, 801c6~23; O 37,10~38,3]

이 가운데 개별적으로 구분하면 오직 〈네 가지 '토대가 되는 번뇌'〉(四種住地)가 있고, 총괄적으로 묶으면 오직 〈하나의 '삼계의 근본무명'〉(一無明住地)이라는 것을 알아야 한다. [『승만경』에서는] 네 가지 외에 하나가 없기 때문에 오직 〈'토대가 되는 번뇌'(住地)에는 네 가지가 있다〉(住地有四種)라고 말하였고, 네 가지가 곧 하나이기 때문에 〈[다른 번뇌의] 마음과 상응하지 않는 것은, 시작을 알 수 없는 '삼계의 근본무명'이다〉(心不相應, 無始無明住地)라고 말한 것이다. 만일 '총괄적 유형'과 '개별적 유형'의 수를 합하면 곧 다섯 가지의 '토대가 되는 번뇌'(住地)가 있게 되니, 이 [모든] 것이 바로 근본무지(無明)이다.

[이와 같이] 근본무지(無明)에는 '통합적인 유형'(通)과 '개별적인 유형'(別)이 있으니, 경전에 '통합적 유형'(通)과 '개별적 유형'(別)이 있는 것과도 같다. '12가지로 분류된 경전 서술형식'(十二部經)을 통틀어 [수]다라([修]多羅)라고 한 것은 '통합적 유형'(通相)이고, [12 가지 가운데] 나머지

83 원본과 한불전에는 '愛'로 나오지만, 橫超本은 '受'로 교감하였다. '受'로 보고 번역한다.

84 『승만경』 원문에는 '佛'이 '如來'로 되어 있다.

85 橫超本의 교감주에 따르면, 원본에는 '何'인데 '阿'로 고친 것이다.

11가지에 포함되지 않는 [한 가지로서] '[자아를 이루고 있는 요소들의 다섯 가지] 더미'([五]蘊) · '[18가지로 분류한] 모든 경험세계'([18]界) · '[12가지로 분류한] 모든 경험세계'([12]處) 등의 법문을 직접 설하는 것을 수다라修多羅(sūtra, 經)라고 한 것은 '개별적 유형'(別相)이다. 근본무지(無明)도 마찬가지이다.

〈네 가지 '토대가 되는 번뇌'〉(四種住地)를 통틀어 근본무지(無明)라고 한 것은 〈통합적 유형의 '삼계의 근본무명'〉(通相無明住地)이니, 위의 [『본업경』과 『승만경』] 두 경經이 설한 것과 같은 것이다. [그리고] 그 '욕망세계 · 유형세계 · 무형세계에 대한 애착의 번뇌'(有愛數) [이] 세 가지에 포함되지 않는 것으로서 단지 '하나처럼 통하는 세계'(一處)에 미혹한 〈선천적으로 갖추어진 '토대가 되는 번뇌'〉(生得住地)[86]가 다시 '삼계의 근본무명'(無明住地)이라는 명칭을 받는 것은 〈개별적 유형의 '삼계의 근본무명'〉(別相無明住地)이니, 『승만경』에서 "'삼계의 근본무명'(無明住地)은 그 힘이 가장 커서 … 오직 붓다의 '깨달은 지혜'(菩提智)만이 끊을 수 있는 것이다."[87]라고 한 것과 같다.

또한 단지 '욕망세계 · 유형세계 · 무형세계에 대한 애착의 번뇌'(有愛數)에 포함되는 것에 의거해서 총괄적인 것과 개별적인 것의 수를 합하여 〈네 가지 '토대가 되는 번뇌'〉(四住地)를 세우니, 〈개별적인 세 가지 '욕망세계 · 유형세계 · 무형세계에 대한 애착의 토대가 되는 번뇌'〉(別三愛數住地)와 〈총괄적인 '삼계의 근본무명'〉(總無明住地)이 그것이다. [이것은] 『[승만]경[소]』에서 "'가르침을 들어서 혼자 깨달으려는 수행자'

86 견일처주지見一處住地를 말한다.

87 『승만사자후일승대방편방광경』 권1 제5 「일승장一乘章」(T12, 220a9~15). "世尊! 如是無明住地力, 於有愛數四住地, 無明住地, 其力最大. (譬如惡魔波旬, 於他化自在天, 色力壽命眷屬衆具自在殊勝, 如是無明住地力, 於有愛數四住地, 其力最勝, 恒沙等數上煩惱依, 亦令四種煩惱久住, 阿羅漢 · 辟支佛智所不能斷,) 唯如來菩提智之所能斷." 밑줄 친 곳은 원효가 인용한 경문이고, 괄호 안의 내용은 생략된 부분이다.

(聲聞)와 '연기를 이해하여 혼자 깨달으려는 수행자'(緣覺)가 아니면 '삼계의 근본무명'(無明住地)을 끊을 수 없다."[88]라고 하고, 또한 [『승만경』에서] "'더 이상 배울 것이 없는 경지에 도달한 수행자'(阿羅漢)와 '연기를 이해하여 혼자 깨달으려는 수행자'(辟支佛)는 '욕망세계·유형세계·무형세계에 대한 애착의 네 가지 토대'(有愛數四住地)를 끊는다."[89]라고 한 것과 같다.

何以要須總別合立者? 爲顯能起三愛力異, 而其闇相無麤細故. 當知經中直言四住地者, 是說唯別四種住地, 一切住地, 皆入四中. 四中更言有愛數四住地者, 是謂總別合立四種, 其見一處住地, 不入此四中. 四有二種, 應如是知. 又復於一無明住地, 所以通別立二種者, 爲顯其力勝中最勝故. 是義云何? 如四住地中所有攝持一切上心所依種子, 以此種子比其通相無明住地者, 種子雖多, 其力微劣, 無明唯一, 而力殊勝. 所以然者, 一切種子, 唯能各各生自上心, 於餘無力, 其一住地, 通持一切上心種子, 是故殊勝. 猶如一切草木種子, 比一大地力, 此亦如是故. 如經言, "此四住地力中, 一切上心煩惱依種, 比無明住地, 等[90]數譬[91]喩所不能及."[92]故. 更就如是通相無明住地力內, 別取有愛數四住地, 比於有愛所不攝別相無明住地力者, 雖復同是心不相應,

88 『승만사자후일승대방편방광경』 권1 제6 「무변성제장無邊聖諦章」(T12, 221a24~25). "世尊! 非聲聞·緣覺不斷無明住地, 初聖諦智是第一義智"; 『승만경소勝鬘經疏』 권1(T85, 273b23). "非聲聞緣覺, 不斷無明住地之."

89 『승만사자후일승대방편방광경』 권1 제5 「일승장一乘章」(T12, 220a23-24). "阿羅漢·辟支佛, 斷四種住地."

90 '等'은 『승만경』 원문에 따라 '算'으로 교감하여 번역한다.

91 원본에는 '辟'이지만, '譬'로 교감한다고 橫超本에서 밝히고 있다. 『승만경』 원문에도 '譬'이다.

92 『승만사자후일승대방편방광경』, 권1 제5 「일승장一乘章」(T12, 220a6~8). "世尊! 此四住地力, 一切上煩惱依種, 此無明住地, 算數譬喩所不能及."

而無明住地其力最大. 所以然者, 其有愛數四種住地, 皆是作得, 所迷狹小, 由是小智之所能滅, 無明住地, 體是生得, 所迷一處, 廣大無邊, 一切小智所不能斷, 大圓鏡智方得除滅. 故此無明, 其力最大. 喻如舍內之闇, 一燈所滅, 遍天下闇, 非燈所遣, 唯日輪出, 方能除滅. 當知此中無明亦爾. 如經言, "如是無明住地力, 於有愛數四住, 其力最大[93] … 阿羅漢辟支佛智所不能斷, 唯佛[94]如來菩提智之所能斷"故. 是謂住地及起二種煩惱差別.

[H1, 801c23~802b6; O 38,3~39,3]

무엇 때문에 반드시 '총괄적 유형(總)'과 '개별적 유형'(別)을 모두 세워야만 하는가? '[욕망세계 · 유형세계 · 무형세계, 이] 세 가지 세계에 대한 애착'(三愛)을 일으킬 수 있는 힘은 [각각] 다르면서도 그 [힘인 근본무지(無明)의] 어두운 특성에는 '뚜렷함과 미세함'(麤細)이 없다는 것을 나타내려 하기 때문이다.

『[승만]경』에서 단지 〈네 가지 '토대가 되는 번뇌'〉(四住地)라고 말한 것은 오직 〈개별적 유형의 네 가지 '토대가 되는 번뇌'〉(別四種住地)를 말한 것임을 알아야 하니, 모든 '토대가 되는 번뇌'(住地)는 다 [이] 네 가지 가운데 들어간다. [『승만경』에서] 네 가지 중에서 다시 '욕망세계 · 유형세계 · 무형세계에 대한 애착의 네 가지 토대'(有愛數四住地)를 말한 것은 '총괄적 유형'(總)과 '개별적 유형'(別)을 합하여 네 가지를 세운 것이니, 저 '견도見道의 일처一處에서 함께 끊어지는 삼계의 견혹見惑'(見一處住地)은 이 네 가지에 들어가지 않는다. 네 가지 ['토대가 되는 번뇌']에는 [이처럼] 두 종류가 있으니 이와 같이 알아야 한다.

또한 다시 하나의 '삼계의 근본무명'(無明住地)에서 '통합적 유형'(通)

93 『승만경』의 해당 원문에는 '其力最大'가 '其力最勝'으로 되어 있다.
94 『승만경』의 해당 원문에는 '佛'이 없다.

과 '개별적 유형'(別)으로 두 가지를 세운 까닭은, 그 힘이 '뛰어난 중에서도 가장 뛰어남'(勝中最勝)을 나타내려 하기 때문이다. 이 뜻은 무엇인가? 만일 〈네 가지 '토대가 되는 번뇌'〉(四住地) 중에 포섭되어 있는 모든 〈'얽어매는 근본무지'(上心)[95]가 의지하는 종자〉(上心所依種子)를 저 〈통합적 유형의 '삼계의 근본무명'〉(通相無明住地)에 비교한다면, ['얽어매는 근본무지'(上心)가 의지하는] 종자는 비록 [수가] 많아도 그 힘은 미약하고, 근본무지(無明)는 오직 하나뿐이지만 힘은 매우 강성하다.

그 이유는 [다음과 같다.] 모든 종자는 오직 각각 자신의 '얽어매는 근본무지'(上心)만을 일으킬 수 있고 그 이외의 것에 대해서는 힘이 없지만, 저 〈하나의 '삼계의 근본무명'〉(一[無明]住地)은 모든 '얽어매는 근본무지'(上心)의 종자를 통틀어 지니니, 이 때문에 [그 힘이] 강성하다. 마치 모든 초목草木의 종자를 온 대지의 힘에 비교하는 것과 같으니, 이것 또한 이와 같다. [이것은] 『승만경』에서 "이 〈네 가지 '토대가 되는 번뇌'〉(四住地)의 힘 가운데 모든 〈'얽어매는 근본무지'(上心)의 번뇌가 의지하

95 상심上心: 법상종에서는 무명을 수면무명隨眠無明·· 전무명纏無明 · 상응무명相應無明 · 불공무명不共無明의 네 가지로 구분하는데 사종무명四種無明이라 한다. 상심上心은 두 번째인 전무명纏無明에 해당한다. 수면무명隨眠無明을 구역舊譯에서는 순면順眠 · 사使라고 하는데, 무명번뇌가 오랜 기간 유정을 따라다니면서 제8 아뢰야식 중에 면복眠伏되어 있는 것이다. 전무명纏無明을 구역에서는 '기처起處 · 박縛 · 상심上心'이라 하고 신역新譯에서는 '전박纏縛'이라고 하는데, 무명이 유정의 심성을 얽어매어 생사의 고통세계를 벗어나지 못하게 하는 것이다. 상응무명相應無明은 근본번뇌인 탐 · 진 · 치 등에 상응하여 함께 일어나는 무명인데, 불공무명不共無明과 상대하여 공무명共無明이라고도 한다. 불공무명不共無明을 구역에서는 독불공獨不共 · 독두무명獨頭無明이라고 하는데, 홀로 작용하면서 일어난다는 점에서 식識과 경境이 상응해서 일어나는 상응무명과 다르다. 『분별연기초승법문경分別緣起初勝法門經』 권하卷下, 『유가사지론』 권58, 『성유식론成唯識論』 권5, 『법화현찬法華玄贊』 권7, 『성유식론술기成唯識論述記』 권5말末, 『성유식론요의등成唯識論了義燈』 권6말末, 『잡집론술기雜集論述記』 권3卷三, 『종경록宗鏡錄』 권74 등에서 거론되고 있다. 『불광대사전』, p.1815 참조.

는 종자〉[의 힘]을 '삼계의 근본무명'(無明住地)[의 힘]과 비교한다면, 숫자를 헤아리는 비유로는 미치지 못한다."라고 말한 것과 같다.

다시 이와 같은 〈통합적 유형의 '삼계의 근본무명'〉(通相無明住地)의 힘 안에서, '욕망세계 · 유형세계 · 무형세계에 대한 애착의 네 가지 토대'(有愛數四住地)[인 욕계주지欲界住地 · 색계주지色界住地 · 무색계주지無色界住地와 총무명주지總無明住地]를 개별적으로 취해, [그 힘을] '욕망세계 · 유형세계 · 무형세계에 대한 애착'(有愛)에 포함되지 않는 〈개별적 유형의 '삼계의 근본무명'〉(別相無明住地)[인 견일처주지見一處住地/생득주지生得住地]의 힘과 비교한다면, 비록 [두 가지 모두] 동일하게 '[다른 번뇌의] 마음과 상응하지 않는 것'이기는 해도 '[개별적 유형의] 삼계의 근본무명'([別相]無明住地)[인 견일처주지見一處住地/생득주지生得住地]가 그 힘이 가장 크다.

그 이유는 [다음과 같다.] 저 '욕망세계 · 유형세계 · 무형세계에 대한 애착의 네 가지 토대'(有愛數四住地)는 모두 [후천적으로] '만들어진 것'(作得)이고 미혹된 것[의 범위]가 협소하며, 그렇기 때문에 작은 지혜가 없앨 수 있는 것이지만, '삼계의 근본무명'(無明住地)[인 견일처주지見一處住地/생득주지生得住地]는 [그] 본연(體)[이 지닌 특성]이 '선천적으로 갖추어진 것'(生得)이고, 미혹된 것[의 범위]가 '하나처럼 통하는 세계'(一處)여서 광대하고 끝이 없어 모든 작은 지혜가 끊을 수 없는 것이어서, '[아뢰야식을 치유하여 성취하는] 거울로 비추는 것처럼 [현상세계를] 온전하게 드러내는 지혜'(大圓鏡智)라야 비로소 없앨 수 있다. 그러므로 이 [견일처주지見一處住地/생득주지生得住地로서의] 근본무지(無明)가 그 힘이 가장 크다. 비유하자면 집안의 어둠은 등불 하나로도 없어지는 것이지만 천하에 가득한 어둠은 등불에 의해 없어지는 것이 아니고 오직 태양이 나타나야 비로소 없앨 수 있는 것과 같다. 이 가운데의 [견일처주지見一處住地/생득주지生得住地로서의] 근본무지(無明)도 마찬가지라는 것을 알아야 한다.

[이것은] [『승만]경』에서 "이와 같은 '삼계의 근본무명'(無明住地)의 힘은 '욕망세계 · 유형세계 · 무형세계에 대한 애착의 네 가지 토대'(有愛數四

住地)보다 그 힘이 가장 크니 … '더 이상 배울 것이 없는 경지에 도달한 수행자'(阿羅漢)와 '연기를 이해하여 혼자 깨달으려는 수행자'(辟支佛)의 지혜로는 끊을 수 없고 오직 (부처님)[96]여래의 깨달은 지혜만이 끊을 수 있는 것이다."[97]라고 말한 것과 같다.

이[상의 내용]이 '토대가 되는 번뇌'(住地[煩惱])와 '['토대가 되는 번뇌'(住地煩惱)를] 따라 일어나는 [번뇌]'(起[煩惱])라는 두 가지 번뇌의 차이이다.

此二之中, 起煩惱者, 顯了門內二障所攝, 及隱密門煩惱碍攝. 住地煩惱者, 顯了門中, 不顯此惑, 唯隱密門智碍所攝. 摠[98]而言之, 略有六句. 或有煩惱門, 唯煩惱[99]所攝,_或有惑門, 唯所知障所攝, 或有惑門, 通二障所攝. 此三種門, 己如前說. 或有惑門, 唯顯了門中, 二障所攝, 非習氣攝, 如三住所斷六種麤重等. 或有惑門, 通二障正及習氣攝, 謂十一地所斷十一種障門等. 或有惑門, 二障正習及二碍攝, 謂二十二愚癡, 及十一種麤重等. 此餘一切諸煩惱門, 隨其所應, 總[100]攝應知, 當知[101]如是二障二碍, 總攝一切惑門旣盡. 諸門相攝分竟.

[H1, 802b6~19; O 39,3~10]

96 『승만경』의 해당 원문에는 '佛'이 없다.

97 『승만경勝鬘經』 권1 제5 「일승장一乘章」(T12, 220a9~15). 앞의 각주 참조. "世尊! 如是無明住地力, 於有愛數四住地, 無明住地, 其力最大. 譬如惡魔波旬, 於他化自在天, 色力壽命眷屬衆具自在殊勝, 如是無明住地力, 於有愛數四住地, 其力最勝, 恒沙等數上煩惱依, 亦令四種煩惱久住, 阿羅漢辟支佛智所不能斷 唯如來菩提智之所能斷."

98 원본과 橫超本에는 '揔'으로 나오지만, 한불전 '摠'의 이체자이므로 이후 '摠'이나 '總'으로 통일한다. 이하에 나오는 경우도 동일하다.

99 '煩惱'는 '煩惱障'으로 보인다. '障'이 빠진 듯하다.

100 橫超本의 교감주에 따르면, 원본에는 '想'이지만 '揔'으로 고친 것이다. 한불전 교감주에서도 "'想'은 '揔'이 아닌지 의심스럽다."라고 하였다.

101 '當知'는 橫超本 교감주에서 보완해 넣은 것이다.

[주지번뇌住地煩惱와 기번뇌起煩惱] 이 두 가지 중에 '['토대가 되는 번뇌'(住地煩惱)를] 따라 일어나는 번뇌'(起煩惱)는, '현상으로 드러나는 측면'(顯了門) 안의 ['번뇌로 인한 장애'(煩惱障)와 '대상에 대한 이해를 가로막는 장애'(所知障), 이] 두 가지 장애에 포섭되고, [또한] '현상으로 드러나지 않는 측면'(隱密門)의 '번뇌로 인한 장애'(煩惱碍)에 포함된다. [반면에] '토대가 되는 번뇌'(住地煩惱)는 '현상으로 드러나는 측면'(顯了門) 중에서는 이 번뇌(惑)를 드러내지 못하고, 오직 '현상으로 드러나지 않는 측면'(隱密門)의 '지혜를 가로막는 장애'(智碍)에 포섭된다.

총괄하여 말하자면 대략 '여섯 가지의 설명'(六句)이 있게 된다. ① '번뇌의 유형'(煩惱門)에 속하는 어떤 것은 오직 '번뇌로 인한 장애'(煩惱障)에 포섭되고, ② '미혹의 유형'(惑門)에 속하는 어떤 것은 오직 '대상에 대한 이해를 가로막는 장애'(所知障)에만 포섭되며, ③ [또] '미혹의 유형'(惑門)에 속하는 어떤 것은 통틀어서 ['번뇌로 인한 장애'(煩惱障)와 '대상에 대한 이해를 가로막는 장애'(所知障), 이] 두 가지 장애에 포섭된다. 이 세 가지 유형(門)에 대해서는 이미 앞에서 설명한 것과 같다. ④ [그리고] '미혹의 유형'(惑門)에 속하는 어떤 것은 오직 '현상으로 드러나는 측면'(顯了門)에서의 ['번뇌로 인한 장애'(煩惱障)와 '대상에 대한 이해를 가로막는 장애'(所知障), 이] 두 가지 장애에 포섭되지만 '누적된 경향성'(習氣)에는 포섭되지 않으니, ['지극한 기쁨을 누리는 경지'(極歡喜住) · '힘쓸 필요도 없고 작용할 필요도 없으며 개념분별도 없는 경지'(無加行無功用無相住) · '최상의 완성된 보살의 경지'(最上成滿菩薩住), 이] '세 가지 경지'(三住)에서 끊어지는 [번뇌장과 소지장 각각의 '표층의 거칠고 무거운 잠재적 번뇌'(皮麤重) · '중간층의 거칠고 무거운 잠재적 번뇌'(膚麤重) · '심층의 거칠고 무거운 잠재적 번뇌'(骨麤重), 이들] 여섯 가지의 '거칠고 무거운 잠재적 번뇌'(麤重)[102]와 같은 것들이

102 여섯 가지 추중麤重: 『유가사지론』 권48(T30, 562a28~b14)에 의하면, 번뇌장과 소지장 각각의 세 가지 추중麤重(피추중皮麤重 · 부추중膚麤重 · 골추중骨麤重)은

[그것이]다. ⑤ [또] '미혹의 유형'(惑門)에 속하는 어떤 것은 통틀어 ['현상으로 드러나는 측면'(顯了門)에서의] 두 가지 장애의 '곧바로 일어나는 장애'(正障)와 '누적된 경향성'(習氣)[103]에 포섭되니, [보살 수행의] '11가지 단계'(十一地)에서 끊는 '11가지 장애의 유형'(十一種障門)[104]등이 그것이다. ⑥ [또] '미혹의 유형'(惑門)에 속하는 어떤 것은 ['현상으로 드러나는 측면'(顯了門)에서의] 두 가지 장애의 '곧바로 일어나는 장애'(正障)와 '누적된 경향성'(習氣) 및 ['현상으로 드러나지 않는 측면'(隱密門)에서의] 두 가지 장애[인 '번뇌로 인한 장애'(煩惱碍)와 '지혜를 가로막는 장애'(智碍)]에 [모두] 포섭되니, '22가지 우치'(二十二愚癡)와 '11가지 거칠고 무거운 잠재적 번뇌'

각각 삼주三住(극환희주極歡喜住・무가행무공용무상주無加行無功用無相住・최상성만보살주最上成滿菩薩住)에서 끊을 수 있다. 그리하여 삼주三住에서 끊어지는 번뇌장과 소지장 각각의 세 가지 추중麤重을 합하여 '여섯 가지 추중麤重'이 된다. 극환희주極歡喜住에서는 피추중皮麤重, 무가행무공용무상주無加行無功用無相住에서는 부추중膚麤重, 최상성만보살주最上成滿菩薩住에서는 골추중骨麤重이 각각 끊어진다. 이와 관련하여 이어지는『이장의』제5편 '[두 가지 장애를] 다스려 끊음을 밝힘(明治斷)'에서 더욱 상세한 설명이 펼쳐진다. 관련『유가사지론』의 인용문 번역은 그곳에서 행한다.

103 정장正障과 습기習氣: 앞서의 설명을 참조. "네 번째는 '곧바로 일어나는 장애'(正障)와 '누적된 경향성'(習氣)에 의거하여 [두 가지] 장애의 본연[이 지닌 특성]을 구분하는 것이다. 위에서 설명한 것처럼 두 가지 장애의 '본연이 지닌 특성'(體性)이 곧바로 '성스러운 [깨달음의] 길'(聖道)을 장애하는 것을 '곧바로 일어나는 장애'(正障)라고 하고, 이전에 자주 [반복적으로] 익혔기에 ['곧바로 일어나는 장애'(正障)가] 없어진 뒤에도 [그 장애와] 비슷한 기운이 남아 있으므로 '누적된 경향성'(習氣)이라고 한다. 그런데 이 '누적된 경향성'(習氣)을 총괄적으로 설명하면 두 가지가 있으니, '개별적인 누적된 경향성'(別習氣)과 '공통적인 누적된 경향성'(通習氣)이 그것이다."(四就正習, 簡障體者. 如上所說, 二障體性, 直碍聖道, 名爲正障, 由前數習, 滅後有氣髣髴相似, 故名習氣. 然此習氣, 總說有二, 謂別習氣及通習氣. H1, 793c15~18; O 19,3.)

104 [보살 수행의] '11가지 단계'(十一地)에서 끊는 11가지 '장애의 유형'(障門): 보살수행의 11단계(초지初地에서 십지十地까지의 열 단계와 여래지如來地/등각지等覺地) 각각에서 하나씩 모두 11가지의 '장애의 유형'(障門)을 끊는다. 구체적 내용은 아래 '22종 우치愚癡'에 대한 설명을 참조.

(十一種麤重)[105] 등이 그것이다.

---

105 22종 우치愚癡와 11종 추중麤重: 보살수행 11단계의 각 단계에 두 가지의 우치愚癡가 있어 총 22종 우치가 되고, 각 단계마다 그 우치의 추중麤重을 대치하므로 총 11종 추중이 된다. 초지에서는 '자아(補特伽羅) 및 현상(法)에 집착하는 우치'(執著補特伽羅及法愚癡/執著我法愚)와 '나쁜 세상에서 오염시키는 우치'(惡趣雜染愚癡) 및 그 추중을 대치한다. 제2지에서는 '미세한 잘못을 범하는 우치'(微細悞犯愚癡)와 '갖가지 행위의 인과적 전개에 대한 우치'(種種業趣愚癡) 및 그 추중을 대치한다. 제3지에서는 '욕탐의 우치'(欲貪愚癡)와 '다라니를 제대로 듣고 지니는 것에 대한 우치'(圓滿聞持陀羅尼愚癡) 및 그 추중을 대치한다. 제4지에서는 '선정수행의 한결같은 상태에 대한 애착의 우치'(等至愛愚癡)와 '현상에 대한 애착의 우치'(法愛愚癡) 및 그 추중을 대치한다. 제5지에서는 '오로지 생사를 버리려고만 생각하는 우치'(一向作意棄背生起愚癡/純作意背生死愚)와 '오로지 열반으로만 나아가려고 생각하는 우치'(一向作意趣向涅槃愚癡/純作意向涅槃愚) 및 그 추중을 대치한다. 제6지에서는 '의도에 따라 일어난 현재 현상들의 전개를 잘못 이해하는 우치'(現前觀察諸行流轉愚癡/現觀察行流轉愚)와 '차이 관념이 자주 현행하는 우치'(相多現行愚癡) 및 그 추중을 대치한다. 제7지에서는 '차이에 대한 미세한 관념이 현행하는 우치'(微細相現行愚癡/細相現行愚)와 '오로지 차이가 없다는 생각만을 지어 방편으로 하는 우치'(一向無相作意方便愚癡/純作意求無相愚) 및 그 추중을 대치한다. 제8지에서는 '차이가 없다는 생각에서 작용을 일으키는 우치'(於無相作功用愚癡)와 '차이 관념에서의 자유에 대한 우치'(於相自在愚癡) 및 그 추중을 대치한다. 제9지에서는 '무량한 설법과 무량한 명칭과 문구 및 그에 따르는 지혜와 언설능력에서의 다라니의 자재함에 대한 우치'(於無量所說法無量名句字後後慧辯陀羅尼自在愚癡)와 '언설능력의 자재함에 대한 우치'(辯才自在愚癡) 및 그 추중을 대치한다. 제10에서는 '위대한 신통에 대한 우치'(大神通愚癡)와 '미세한 비밀에 깨달아 들어감에 대한 우치'(悟入微細祕密愚癡) 및 그 추중을 대치한다. 제11지인 여래지에서는 '알게 된 모든 경지에 대해 극히 미세하게 집착하는 우치'(於一切所知境界極微細著愚癡/於一切所知境極微細著愚)와 '극히 미세하게 장애하는 우치'(極微細礙愚癡) 및 그 추중을 대치한다. 이 가운데 '자아(補特伽羅) 및 현상(法)에 집착하는 우치'(執著補特伽羅及法愚癡/執著我法愚)와 '나쁜 세상에서 오염시키는 우치'(惡趣雜染愚癡)의 계열은 초지에서 끊어지는 '장애의 유형'(障門)이고, '미세한 잘못을 범하는 우치'(微細悞犯愚癡)와 '갖가지 행위의 인과적 전개에 대한 우치'(種種業趣愚癡)의 계열은 제2지에서 끊어지는 '장애의 유형'(障門)이다. 마찬가지로 '욕탐의 우치'(欲貪愚癡)와 '다라니를 제대로 듣고 지니는 것에 대한 우치'(圓滿聞持陀羅尼愚癡)의 계열, '선정수행의 한결같은 상태에 대한 애착의 우치'(等至愛愚癡)와 '현상에 대한 애착의 우치'(法愛愚癡)의 계열, '오로지 생사를 버리려고만 생각하는

이 외의 나머지 모든 '번뇌의 유형'(煩惱門)은 그것이 상응하는 것을 따라 [이 여섯 가지에] 모두 포섭된다는 것을 알아야 하니, 이와 같이 ['현상으로 드러나는 측면'(顯了門)에서의] '두 가지 장애'(二障)와 ['현상으로 드러나지 않는 측면'(隱密門)에서의] '두 가지 장애'(二碍)는 모든 '미혹의 유형'(惑門)을 남김없이 총괄하여 포섭하고 있다는 것을 알아야 한다.

'여러 방식(門)으로 [번뇌의 종류를] 서로 포섭하는 부분'(諸門相攝分)을 마친다.

우치'(一向作意棄背生起愚癡/純作意背生死愚)와 '오로지 열반으로만 나아가려고 생각하는 우치'(一向作意趣向涅槃愚癡/純作意向涅槃愚)의 계열, '의도에 따라 일어난 현재 현상들의 전개를 잘못 이해하는 우치'(現前觀察諸行流轉愚癡/現觀察行流轉愚)와 '차이 관념이 자주 현행하는 우치'(相多現行愚癡)의 계열, '차이에 대한 미세한 관념이 현행하는 우치'(微細相現行愚癡/細相現行愚)와 '오로지 차이가 없다는 생각만을 지어 방편으로 하는 우치'(一向無相作意方便愚癡/純作意求無相愚)의 계열, '차이가 없다는 생각에서 작용을 일으키는 우치'(於無相作功用愚癡)와 '차이 관념에서의 자유에 대한 우치'(於相自在愚癡)의 계열, '무량한 설법과 무량한 명칭과 문구 및 그에 따르는 지혜와 언설능력에서의 다라니의 자재함에 대한 우치'(於無量所說法無量名句字後後慧辯陀羅尼自在愚癡)와 '언설능력의 자재함에 대한 우치'(辯才自在愚癡)의 계열, '위대한 신통에 대한 우치'(大神通愚癡)와 '미세한 비밀에 깨달아 들어감에 대한 우치'(悟入微細祕密愚癡)의 계열은 각각 제3지부터 제10지에서 끊어지는 '장애의 유형'(障門)이다. 그리고 '알게 된 모든 경지에 대해 극히 미세하게 집착하는 우치'(於一切所知境界極微細著愚癡/於一切所知境極微細著愚)와 '극히 미세하게 장애하는 우치'(極微細礙愚癡)의 계열은 제10지가 완성되는 금강유정金剛喩定의 현전 이전 단계에서 끊어지는 '장애의 유형'(障門)이다. 관련 내용은 『해심밀경』, 『성유식론』 권9, 『유가사지론』 권78 등에 나온다. 『불광대사전』 p.171 참조.

제5편

[두 가지 장애를] '다스려 끊음'(治斷)을 밝힘

제1장 '['토대가 되는 번뇌'(住地煩惱)를] 따라 일어나는 번뇌'(起惑)의 다스림(對治)과 끊음(斷)

第五明治斷者, 略有四重. 一簡能治, 二定所斷, 三明治斷差別, 四辨治斷階位.

[H1, 802b19~22; O 39,11~12]

다섯 번째로 [두 가지 장애를] '다스려 끊음'(治斷)을 밝힌 것에는 대략 네 가지가 있다. 첫 번째는 '다스리는 수행'(能治)을 구분하였고, 두 번째는 '끊는 대상'(所斷)을 정하였으며, 세 번째는 '다스려 끊는 [방법의] 차이'(治斷差別)를 밝혔고, 네 번째는 [수행자의 유형에 따른] '다스려 끊는 수준의 차이'(治斷階位)를 판별하였다.

1. '다스리는 수행'(能治)의 구분

簡能治者, 能治之道, 總說有二, 謂世間道, 及出世間道. 世間道義, 如常可解. 出世間道者, 有其二[1]種, 謂見道修道乃[2]究竟道. 此三道內, 有五四三, 如其次第, 差別應知.

[H1, 802b22~c2; O 39,13~15]

---

1 '二'는 横超本에 '三'으로 나온다. 문맥에 따라 '三'으로 교감하여 번역한다.

2 원본과 한불전에는 '乃'로 나오지만, 横超本에는 '及'으로 되어 있다. '及'으로 보고 번역한다.

[번뇌를] '다스리는 수행'(能治)을 구분한다는 것은 [다음과 같다.] 다스리는 수행을 총괄적으로 설명하면 두 가지가 있으니, '세속의 [경지에 속하게 되는] 수행'(世間道)과 '세속을 넘어선 [경지에 속하게 되는] 수행'(出世間道)[3]이 그것이다. '세속의 [경지에 속하게 되는] 수행'(世間道)의 뜻은 통상적인 것이어서 [쉽게] 이해할 수 있을 것이다. '세속을 넘어선 [경지에 속하게 되는] 수행'(出世間道)에는 세 가지가 있으니, '[진리다운] 이해를 밝혀 가는 수행'(見道), '[선정을 토대로 이해를] 거듭 익혀 가는 수행'(修道), '궁극적인 수행'(究竟道)이 그것이다. 이 세 가지의 수행 안에 [다시] ['[진리다운] 이해를 밝혀 가는 수행'(見道)] 다섯 가지, ['[선정을 토대로 이해를] 거듭 익혀 가는 수행'(修道)] 네 가지, ['궁극적인 수행'(究竟道)] 세 가지가 있으니, 그 순서대로 차이를 알아야 한다.

見道五者, 一資粮[4]道, 二方便道, 三無間道, 四解脫道, 五[5]勝進道. 修道四者, 除資糧道, 有餘四種, 先已積集二資糧故. 究竟道三者, 除勝進道, 有餘三種, 無上菩提, 無所進故. 初五之中, 資糧道者, 謂諸凡

3 세간도世間道와 출세간도出世間道: 세간도世間道는 세속도世俗道·유루도有漏道·유루로有漏路라고도 하는데, '번뇌가 스며듦이 있는'(有漏) 범주에서의 수행으로 인간이나 천상세계의 과보를 받을 수 있게 하는 수행이다. 유식종에서는 세간도가 아직 '번뇌가 스며듦이 있는'(有漏) 수행이므로 번뇌를 종자 수준에서 끊지는 못하고 다만 번뇌의 나타남과 작용을 억누르는 수행이라는 뜻에서 복도伏道라고 한다. 이에 비해 출세간도出世間道는 무루도無漏道·성도聖道라고도 하는데, 번뇌를 종자 수준까지 끊고 열반을 성취하게 하는 수행으로 사성제에서는 도제인 팔정도가 그것이다. 유식종에서는 출세간도가 번뇌의 종자마저 끊어 '번뇌가 스며듦이 없는'(無漏) 경지에 이르게 한다는 의미에서 단도斷道라고 하며, 또한 번뇌의 나타남과 작용을 억누르는 역할도 한다는 점에서는 복도伏道라 하기도 한다. 이 출세간도로써 번뇌를 다스리게 되므로 대치도對治道 또는 능치도能治道라고도 한다.

4 한불전과 横超本의 '粮'은 '糧'과 같은 글자이므로 이하에서는 '糧'으로 표기한다.

5 横超本의 교감에 따르면, '五'는 원본에 없지만 보완해 넣은 것이다.

夫所有尸羅守護根門等，乃至懃[6]修止觀，正知而住，諸如是等解脫分善根，爲資糧道．方便道者，所有資糧，皆是方便．復有方便，非資糧道，所謂順決擇分善根．無間道者，謂方便道最後刹那，世第一法無間定位，由此道力，從此無間，必能永斷惑種子故．解脫道者，謂正通達見道自性，以此見道自性解脫，證斷煩惱之解脫．勝進道者，謂後得智具知名義，勝前智故，爲進後位，起迦[7]行故．總相雖然，於中分別者，此中餘四種道，具如『一道章』說，今且說其第四一種．

[H1, 802c2~19; O 39,15~40,8]

'[진리다운] 이해를 밝혀 가는 수행'(見道)의 다섯 가지[8 9]는, 첫 번째는

---

6 한불전에는 '懃'으로 되어 있고, 橫超本에는 '勤'으로 나오지만, 같은 뜻으로 쓰이므로 이후에는 '勤'으로 표기한다.

7 橫超本에서는 원본의 '迦'를 '加'로 고친다고 하였다. 한불전의 주석에도 "'迦'는 '加'로 의심된다."라고 하였다. 이를 따라 '加'로 교감한다.

8 견도見道의 다섯 가지: 번뇌를 끊어 깨달음을 증득하는 단도斷道의 과정을 가행도加行道·무간도無間道·해탈도解脫道·승진도勝進道의 네 단계로 구분하는데, 원효는 이 수행 과정의 구분 방식을 자량도資糧道·가행도·무간도·해탈도·승진도의 5도五道로 세분하여 견도見道의 과정에 적용한다. 원효에 따르면, 자량도資糧道는 4선근四善根 이전의 해탈분선근解脫分善根을 닦는 것이고, 방편도인 가행도는 난煖·정頂·인忍·세제일법世第一法의 4선근 수행을 가리키는 순결택분선근順決擇分善根을 닦는 것이며, 무간도는 방편도의 최후 찰나인 세제일법世第一法을 닦는 것이고, 해탈도는 견도見道의 본연(自性)에 통달한 것이며, 승진도는 다음 단계인 수도修道로 나아가기 위해 가행도를 일으킨 것이다.

9 견도見道 이전의 수행: 원효는 『중변분별론소中邊分別論疏』 권3에서 "凡夫位，若約二乘，從停心觀，至世第一法，若就菩薩，十信以上，盡十廻向．隨順見道故，隨不倒，未離見惑故，言有倒"(H1, 832b14~17)라고 하여, 이승二乘에 의거하면 ① 오정심관五停心觀부터, ② 별상념처別相念處, ③ 총상념처總相念處, ④ 난법煖法, ⑤ 정법頂法, ⑥ 인법忍法 및 ⑦ 세제일법世第一法까지의 칠방편도七方便道가, 대승大乘 보살에 의거하면 십신十信부터 십주十住·십행十行·십회향十廻向의 삼현위三賢位까지가 범부위凡夫位에 속한다고 한다. 이 범부위는 견도 이전의 수행 단계로 견도를 지향하여 따르기 때문에 '뒤바뀌지 않음에 따르는'(隨不倒) 단계이지만 아직

'[깨달음의] 기초를 마련하는 수행'(資糧道)이고, 두 번째는 '[해탈에 이르는] 수단과 방법이 되는 수행'(方便道)이며, 세 번째는 '[번뇌가] 끼어들지 못하게 하는 수행'(無間道)이고, 네 번째는 '[번뇌에서] 풀려나는 수행'(解脫道)이며, 다섯째는 '이전보다 뛰어난 경지로 나아가는 수행'(勝進道)이다.

'[선정을 토대로 이해를] 거듭 익혀 가는 수행'(修道)의 네 가지는 ['[진리다운] 이해를 밝혀 가는 수행'(見道)의 다섯 가지 중] '[깨달음의] 기초를 마련하는 수행'(資糧道)을 제외한 나머지 네 가지이니, 앞서 이미 ['[선정을 토대로 이해를] 거듭 익혀 가는 수행'(修道)을 할 수 있는 복과 지혜] 두 가지 기초(資糧)를 쌓아 두었기 때문이다.

'궁극적인 수행'(究竟道)의 세 가지는 ['[선정을 토대로 이해를] 거듭 익혀 가는 수행'(修道)의 네 가지 중] '이전보다 뛰어난 경지로 나아가는 수행'(勝進道)을 제외한 나머지 세 가지이니, '가장 높은 깨달음'(無上菩提)은 더 나아갈 곳이 없기 때문이다.

처음 ['[진리다운] 이해를 밝혀 가는 수행'(見道)의] 다섯 가지 중에 '[깨달음의] 기초를 마련하는 수행'(資糧道)이란, 모든 범부중생이 [자신이] 지니는 윤리적 규범으로 여섯 감관들을 보호하여 '그침 수행'(止)과 '이해 수행'(觀)을 부지런히 닦는 데까지 이르러 '진리다운 앎'(正知)에 안착하는 것을 일컬으니, 이와 같은 '해탈에 기여하는 이로운 능력'(解脫分善根)들 모두가 '[깨달음의] 기초를 마련하는 수행'(資糧道)이 된다.

'[해탈에 이르는] 수단과 방법이 되는 수행'(方便道)이란, 소유한 기초(資

견혹見惑에서 벗어나지는 못했기 때문에 '뒤바뀜이 있는'(有倒) 단계이기도 하다. 대승 보살수행의 52계위 가운데 견도見道인 십지十地의 초지初地에 들어가기 이전까지의 수행은 제11~제40위에 해당하고, 이 단계에 속하는 보살을 뭉뚱그려 지전보살地前菩薩이라고도 부른다. '십주十住・십행十行・십회향十廻向의 세 가지 보살의 경지'(三賢位)에 해당하는 서른 가지 마음 수준을 30심(三十心)이라 한다.

糧)는 모두 '수단과 방법'(方便)이지만 어떤 '수단과 방법'은 '[깨달음의] 기초를 마련하는 수행'(資糧道)[에 속하는 것]이 아니니 이른바 '[사성제의 이치를] 확실하게 판단하는 이로운 능력'(順決擇分善根)이 [그것]이다.

'[번뇌가] 끼어들지 못하게 하는 수행'(無間道)이란, '[해탈에 이르는] 수단과 방법이 되는 수행'(方便道) [단계의] 마지막 순간(刹那)[에 해당하는] 〈'[견도見道 이전의 단계에서] 가장 뛰어난 수준의 능력'(世第一法)[10]으로 [번뇌가] 끼어들지 못하게 하는 삼매 경지〉(世第一法無間定位)를 말하니, 이 수행의 힘으로 말미암아 이로부터 번뇌가 끼어들 틈이 없이 반드시 번뇌(惑)의 종자를 영원히 끊을 수 있기 때문이다.

'[번뇌에서] 풀려나는 수행'(解脫道)이란 '[진리다운] 이해를 밝혀 가는 수행'(見道)의 특징(自性)을 제대로 통달하여 이 '[진리다운] 이해를 밝혀 가는 수행의 특징'(見道自性)으로써 '[번뇌에서] 풀려나는 것'(解脫)을 말하니, 번뇌를 끊은 해탈을 증득하는 것이다.

'이전보다 뛰어난 경지로 나아가는 수행'(勝進道)이란, '[번뇌에서 풀려난] 후에 체득하는 지혜'(後得智)는 언어(名)와 '[언어의] 뜻'(義)을 낱낱이 알기에 [번뇌에서 풀려나기] 이전의 지혜보다 뛰어나므로 다음 단계[인 '[선정을 토대로 이해를] 거듭 익혀 가는 수행단계'(修道位)]로 나아가기 위해 더욱 수행을 더하는 것이다.

['[진리다운] 이해를 밝혀 가는 수행'(見道) 다섯 가지 단계의] '총괄적인 모습'(總相)은 비록 이와 같지만, 이 가운데서 [다시 각각의 내용을] 자세하게 분석하자면, 이 중 ['[깨달음의] 기초를 마련하는 수행'(資糧道)을 제외한] 나머지 네 가지 수행은 그 자세한 내용이 『일도장一道章』[11]에서 설명한 것과

---

10 세제일법世第一法: 견도見道에 도달하기 이전에 수행으로 성취하는 '네 가지 이로운 능력'(四善根, 난煖 · 정頂 · 인忍 · 세제일법世第一法) 가운데 가장 수준이 높은 능력.

11 『일도장一道章』: 원효저술로 알려진 『일도장一道章』과 『기신론일도장起信論一道章』은 모두 현존하지 않는다.

같고 지금은 그 ['[진리다운] 이해를 밝혀 가는 수행'(見道) 다섯 가지 단계의] 네 번째[인 '[번뇌에서] 풀려나는 수행'(解脫道)] 한 가지를 설명하겠다.

1) '[진리다운] 이해를 밝혀 가는 수행'(見道)을 수립하는 두 가지 도리

立此見道, 有二道理, 一者安立聖教道理, 二者內證勝義道理.

이 '[진리다운] 이해를 밝혀 가는 수행'(見道)을 세우는 데에 두 가지 도리가 있으니, 첫 번째는 〈'성스러운 교법'(聖教)을 건립하는 도리〉(安立聖教道理)이고 두 번째는 〈'궁극적인 진리'(勝義)를 내면으로 증득하는 도리〉(內證勝義道理)이다.

(1) '성스러운 교법'(聖教)을 건립하는 도리

初門之中, 先明二乘, 後說菩薩. 就二乘人入見道時, 說十六心, 次第而轉, 漸斷上下八諦下惑. 如「聲聞地決擇」中言, "若[12]法智品見道, 對治欲界見所斷法,[13] 若[14]類智品見道, 對治色無色界見所斷法故." 所以安立十六心者, 由此見道, 能生出觀十六行相差別世智. 是故因中說其果相. 若論菩薩入見道時, 有三種心, 次第而起. 初觀人空, 對治人執, 次觀法空, 對治法執, 第三心時, 總觀二空, 證斷二執. 如『瑜伽』說, "從順決擇分邊際善根無間, 有初內遣有情假法緣心生, 能除

12 원본과 橫超本에서는 '苦'로 되어 있고, 한불전에서는 '若'으로 나온다. 『유가사지론』 원문에 의거하여 '若'으로 교감한다.

13 한불전과 橫超本에 모두 '法'으로 나오지만, 『유가사지론』 원문에 따라 '惑'으로 교감하여 번역한다.

14 橫超本의 교감에 따르면, 원본에는 '若'이지만 '苦'로 고친다고 하였다. 『유가사지론』 원문에 의거하여 '若'으로 번역한다.

耎[15]品見道所斷煩惱麤重. 從此無間, 第二內遣諸法假法緣心生, 能除[16]中品見斷麤重.[17] 從此無間, 第三遍遣一切有情諸法假法緣心生, 能除一切見斷麤重故."[18] 所以安立此三心者, 由方便道, 次第別修, 由是加行, 得入見道. 是故果中說其因相. 是謂安立聖教道理, 建立見道差別相也.

[H1, 802c19~803a17; O 40,8~41,3]

처음 ['성스러운 교법'(聖教)을 건립하는 도리의] 측면에서는, 먼저 '[성문과 연각] 두 부류 수행자'(二乘)[의 수행에서 견도 수립의 근거]를 밝히고, 뒤에 보살[의 수행에서 견도 수립의 근거]를 설명한다.

'[성문과 연각] 두 부류 수행자'(二乘人)가 '[진리다운] 이해를 밝혀 가는 수행'(見道)에 들어가는 때에서는 '16가지 지혜'(十六心)[19]를 설하니, [16

---

15 원본과 한불전에는 '耎'이지만, 橫超本에서는 '輭'으로 나오고, 『유가사지론』 원문에는 '耎'으로 되어 있다. 서로 통용되는 한자이다.

16 橫超本의 교감에 따르면, 원본은 '降'이지만 '除'로 교감한 것이다. 『유가사지론』 원문에 의거하여 '除'로 교감한다.

17 『유가사지론』 원문은 '見道所斷煩惱麤重'으로 되어 있다.

18 『유가사지론』 원문은 '見道斷所煩惱麤重'으로 되어 있다.

19 16심(十六心): 견도見道에서 고·집·멸·도 사제의 '16가지 특징'(十六行相)을 관찰하여 16가지로 깨달은 마음을 말한다. 원효에 의하면, 이 16심이 견도가 수립되는 교설적 근거의 하나라는 것이다. 부파불교와 대승불교의 번뇌론과 수행론에 따르면, 견도見道에서 끊어지는 모든 견혹見惑은 무루지無漏智가 최초로 나타나는 순간, 정확히 말하면 16심, 즉 8인(八忍)·8지(八智)의 16찰나 동안에 한꺼번에 끊어진다고 한다. 고성제에 대해서는 고법지인苦法智忍과 고법지苦法智 그리고 고류지인苦類智忍과 고류지苦類智의 네 가지 마음이 성립하고, 나머지 집·멸·도성제에 대해서도 각각 네 가지 마음이 성립하므로 모두 16가지가 된다. 8인(八忍)은 사제를 바로 알아 욕계·색계·무색계의 번뇌를 끊는 지혜이다. 즉 욕계의 고법지인苦法智忍·집법지인集法智忍·멸법지인滅法智忍·도법지인(道法智忍), 색계와 무색계의 고류지인苦類智忍·집류지인集類智忍·멸류지인滅類智忍·도류지인道類智忍을 말한다. 8지(八智)란 욕계·색계·무색계에서 사제를 체득한

가지 지혜가] 순서대로 작용하여 위 세계[인 유형세계(色界)·무형세계(無色界)에 관한 '네 가지 진리'(四諦)]와 아래 세계[인 욕망세계(欲界)에 관한 '네 가지 진리'(四諦)를 합하여 모두] '여덟 가지 진리'(八諦) 아래서 [다스려지는] 번뇌들을 점차로 끊는다. [이것은] 『유가사지론』「섭결택분攝決擇分 성문지聲聞地」에서 [다음과 같이] 말한 것과 같다. "〈욕망세계(欲界)에 관한 '네 가지 진리'(四諦)를 이해하는 지혜단계〉(法智品)의 '[진리다운] 이해를 밝혀 가는 수행'(見道)이라면 욕망세계(欲界)의 '이해(見)에 의해 끊어지는 [번뇌] 현상'을 다스려 치유하고, 〈유형세계(色界)·무형세계(無色界)에 관한 '네 가지 진리'(四諦)를 이해하는 지혜단계〉(類智品)의 '[진리다운] 이해를 밝혀 가는 수행'(見道)이라면 유형세계·무형세계의 '이해(見)에 의해 끊어지는 [번뇌] 현상'을 다스려 치유한다."[20]

'16가지 지혜'(十六心)를 세운 까닭은, 이 '[진리다운] 이해를 밝혀 가는 수행'(見道)으로 인해 ['네 가지 진리'(四諦)가 지닌] '도리의 16가지 특징'(十六行相)[21]들의 차이를 관찰하는 세속의 지혜를 일으킬 수 있기 때문이

지혜이다. 즉 욕계의 고법지苦法智·집법지集法智·멸법지滅法智·도법지道法智, 색계와 무색계의 고류지苦類智·집류지集類智·멸류지滅類智·도류지道類智를 말한다. 경량부에서는 마지막 도류지를 수도修道로 분류하여 15심을 견도로 본다. 『구사론』 권23에서는 "如無間道解脫道故, 此忍無間即緣欲苦有法智生, 名苦法智."(T29, 121b15~16)라고 하므로 고법지인과 고법지는 무간도와 해탈도의 관계로서 욕계의 고苦에 대해 발생하는 두 가지 지혜의 마음이고, 이어서 "如是復於法智無間總緣餘界苦聖諦境, 有類智忍生, 名苦類智忍. 此忍無間即緣此境有類智生, 名苦類智."(T29, 121b18~21)라고 하므로 고류지인과 고류지 역시 무간도와 해탈도의 관계로서 색계와 무색계(餘界)의 고성제에 대해 발생하는 두 가지 지혜의 마음인 것으로 보인다.

20 『유가사지론』 권69(T30, 683b15~16). "若法智品見道, 對治欲界見所斷惑, 若類智品見道 對治色無色界見所斷惑."

21 16행상(十六行相); 『아비달마구사론』 권23에서는 "居緣總雜法念住中, 總觀所緣身等四境修四行相, 所謂非常苦空非我, 修此觀已, 生何善根?"(T29, p.119b1~3)이라고

다. 그렇기 때문에 원인(因)[인 '[진리다운] 이해를 밝혀 가는 수행'(見道)]에서 '결과의 양상'(果相)[인 '16가지 지혜'(十六心)]를 말하였다.

만일 보살이 '[진리다운] 이해를 밝혀 가는 수행'(見道)에 들어가는 때를 논한다면, 세 종류의 마음이 있어 순서대로 일어난다. 처음[에 일어나는 마음]에서는 '자아에 불변·독자의 본질/실체가 없음'(人空)을 이해하여 '자아에 불변·독자의 본질/실체가 있다고 하는 집착'(人執)을 다스려 치유하고, 다음[에 일어나는 마음]에서는 '모든 현상에 불변·독자의 본질/실체가 없다는 것'(法空)을 이해하여 '모든 현상에 불변·독자의 본질/실체가 있다고 하는 집착'(法執)을 다스려 치유하며, 세 번째[에 일

하여, 4념주四念住 수행의 마지막 단계인 총잡법념주總雜法念住에서 신身·수受·심心·법法의 4경四境에 대해 비상非常·고苦·공空·비아非我의 4행상四行相을 총관總觀하는 총상념주總相念住의 관觀 수행에 관한 설명을 마치고 나서 곧바로 4선근四善根이 어떻게 생겨나는지에 관해 논의하기 시작한다. 그리고 난법煖法에 관해 "從此念住後, 有順決擇分初善根生, 名爲煖法. 此法如煖立煖法名, 是能燒惑薪聖道火前相, 如火前相故名爲煖. 此煖善根分位長故, 能具觀察四聖諦境, 及能具修十六行相. 觀苦聖諦修四行相, 一非常二苦三空四非我. 觀集聖諦修四行相, 一因二集三生四緣. 觀滅聖諦修四行相, 一滅二靜三妙四離. 觀道聖諦修四行相, 一道二如三行四出."(T29, p.119b11~19)이라고 하는데, 순해탈분順解脫分에 해당하는 4념주四念住 수행으로부터 순결택분順決擇分의 첫 번째 선근善根이 일어난 것이 난법煖法이고, 따뜻함(煖)이라는 명칭이 붙여진 것은 번뇌라는 땔감(惑薪)을 태우는 성도聖道의 불길(聖道火)이 일어나기 이전의 양상(前相)이기 때문이라 한다. 또 이 난선근煖善根의 단계는 길기 때문에 4성제四聖諦와 그에 부속하는 16행상十六行相을 구관具觀·구수具修할 수 있는데, 4제四諦의 16행상十六行相이라는 것은 고성제苦聖諦의 비상非常·고苦·공空·비아非我, 집성제集聖諦의 인因·집集·생生·연緣, 멸성제滅聖諦의 멸滅·정靜·묘妙·이離, 도성제道聖諦의 도道·여如·행行·출出이다. 이어 정법頂法에 관해 "此煖善根下中上品漸次增長至成滿時有善根生, 名爲頂法. 此轉勝故更立異名. 動善根中此法最勝, 如人頂故名爲頂法. 或由此是進退兩際如山頂故, 說名爲頂. 此亦如煖具觀四諦, 及能具修十六行相."(T29, p.119b20~24)이라고 하여, 그 수행의 내용은 난법煖法과 같이 4제四諦의 16행상十六行相을 구관具觀·구수具修하는 것이라고 한다.

어나는] 마음일 때는 ['자아에 불변 · 독자의 본질/실체가 없음'(人空)과 '모든 현상에 불변 · 독자의 본질/실체가 없음'(法空), 이] '두 가지 실체 없음'(二空)을 총괄적으로 이해하여 ['자아에 불변 · 독자의 본질/실체가 있다고 하는 집착'(人執)과 '모든 현상에 불변 · 독자의 본질/실체가 있다고 하는 집착'(法執), 이] '두 가지 집착'(二執)을 끊는 것을 증득한다.

[이것은] 『유가사지론』에서 [다음과 같이] 말한 것과 같다. "'[사성제의 이치를] 확실하게 판단하는 마지막 단계의 이로운 능력'(順決擇分邊際善根)으로부터 '번뇌가 끼어들지 못하고 잇따라'(無間), 처음으로 '중생[의 자아를 구성하는] 실체 없는 현상조건들'(有情假法緣)[에 독자적 실체가 있다고 하는 번뇌]를 안에서 버리는 마음이 생겨나 '[진리다운] 이해를 밝혀 가는 수행'(見道)에서 끊어지는 번뇌의 〈약한 정도의 '거칠고 무거운 잠재적인 것들'(麤重)〉을 제거할 수 있다. [또] 이로부터 번뇌가 끼어들지 못하고 잇따라 두 번째로 '모든 존재[를 구성하는] 실체 없는 현상조건들'(諸法假法緣)[에 독자적 실체가 있다고 하는 번뇌]를 안에서 버리는 마음이 생겨나 '[진리다운] 이해를 밝혀 가는 수행'(見道)에서 끊어지는 번뇌의 〈중간 정도의 '거칠고 무거운 잠재적인 것들'(麤重)〉을 제거할 수 있다. [또] 이로부터 번뇌가 끼어들지 못하고 잇따라 세 번째로 '모든 중생[의 자아]와 존재[를 구성하는] 실체 없는 현상조건들'(一切有情諸法假法緣)[에 독자적 실체가 있다고 하는 번뇌]를 두루 버리는 마음이 생겨나 '[진리다운] 이해를 밝혀 가는 수행'〉(一切見道)에서 끊어지는 번뇌의 〈모든 '거칠고 무거운 잠재적인 것들'(麤重)〉을 제거할 수 있다."[22]

이 세 가지 마음을 세운 까닭은, '[해탈에 이르는] 수단과 방법이 되는

22 『유가사지론』 권55(T30, 605c18~24). "從世間順決擇分邊際善根無間, 有初內遣有情假法緣心生, 能除耎軟品見道所斷煩惱麤重. 從此無間, 第二內遣諸法假法緣心生, 能除中品見道所斷煩惱麤重. 從此無間, 第三遍遣一切有情諸法假法緣心生, 能除一切見道所斷煩惱麤重." 밑줄 친 곳은 인용문에서 빠진 부분이다.

수행'(方便道)에 의해 [이 세 가지 마음을] 순서대로 각각 수행하고 이 '[이승二乘의 16심心에] 추가하는 [대승의] 수행'(加行)에 의해 '[진리다운] 이해를 밝혀 가는 수행'(見道)에 들어가기 때문이다. 따라서 결과(果)[인 '[진리다운] 이해를 밝혀 가는 수행'(見道)]에서 '[그 결과의] 원인이 되는 양상'(因相)[인 세 가지 마음]을 말하였다.

이것을 〈'성스러운 교법'(聖教)을 건립하는 도리〉(安立聖教道理)로써 '[진리다운] 이해를 밝혀 가는 수행'(見道)를 건립하는 [두 가지] 차별 양상이라 한다.

(2) '궁극적인 진리'(勝義)를 내면으로 증득하는 도리

次明內證勝義道理者. 三乘聖人入見道時, 唯有一心, 內證眞如, 無有十六及三差別. 言一心者, 入觀之內, 唯有一品, 前後相似無差別, 故說名一心, 非約刹那, 名爲一心. 如『夫人經』言, "聲聞緣覺, 初觀聖諦, 以一智斷諸住地, 一智四斷.", 『深密經』言, "一切聲聞獨覺菩薩, 皆共此一妙淸淨道, 皆同此一究竟淸淨"故. 又『顯揚[23]論』云, "除衆生執現起纒故, 覺法實性, 永斷法執. 法執斷時, 當知亦[24]斷衆生執隨眠.", 『瑜伽論』中, 亦同此說. 依此等文, 當知菩薩一時頓證二空眞如, 頓斷二執種子隨眠.

[H1, 803a18~b6; O 41,3~9]

다음은 ['진리다운 이해를 밝혀 가는 수행'(見道)을 성립시키는 두 가지 도리

---

23 橫超本의 교감에 따르면, 원본에는 '揭'인데 傍註의 '揚'에 의거하여 교감한 것이다.

24 橫超本의 교감에 따르면, 원본에는 '赤'인데 '亦'으로 교감한 것이다. 『현양성교론』의 원문에도 '亦'으로 나온다.

중 두 번째인] 〈'궁극적인 진리(勝義)를 내면으로 증득하는 도리〉(內證勝義道理)를 밝힌다. '[가르침을 들어서 혼자 깨달으려는 수행자'(聲聞)·'혼자 힘으로 연기를 이해하여 깨달으려는 수행자'(緣覺)·보살, 이] 세 부류의 성인'(三乘聖人)은 '[진리다운] 이해를 밝혀 가는 수행'(見道)에 들어갈 때 오직 '한 [종류의] 마음'(一心)만 있어 내면으로 '참 그대로[의 지평]'(眞如)을 증득하니, [이 경우에는 두 가지 도리 중 첫 번째인 〈'성스러운 교법'(聖敎)을 건립하는 도리〉에서 말하는 성문과 연각의] 16가지 [지혜(十六心)]와 [보살의 '자아에 불변·독자의 본질/실체가 없다는 것'(人空)의 통찰과 '모든 현상에 불변·독자의 본질/실체가 없다는 것'(法空)의 통찰 및 두 가지에 대한 총괄적인 통찰, 이] 세 가지의 차이가 없다. '한 [종류의] 마음'(一心)이라 말하는 것은, [견도見道에서] 이해(觀) 안으로 들어가는 [마음에는] 오직 한 종류(品)만 있어서 [이해 안으로 들어가기] 전前[의 마음]과 [들어간] 후後[의 마음이] 서로 비슷하여 차이가 없기 때문에 '한 [종류의] 마음'(一心)이라고 말하는 것이지, 찰나에 의거하여 [찰나에 불과한] '한 [종류의] 마음'(一心)이라고 한 것은 아니다.

[이것은] 『부인경夫人經』에서 "'가르침을 들어서 혼자 깨달으려는 수행자'(聲聞)와 '연기를 이해하여 혼자 깨달으려는 수행자'(緣覺)가 처음 '네 가지 고귀한 진리'(四聖諦)를 이해(觀)하여 하나의 지혜로써 모든 '토대가 되는 번뇌'(住地)를 끊으니, 하나의 지혜로써 네 가지 [토대가 되는 번뇌]를 끊는다."[25]라고 하고, 『해심밀경』에서 "모든 '가르침을 들어서 혼자 깨달으려는 수행자'(聲聞)와 '연기를 이해하여 혼자 깨달으려는 수행자'(獨覺/緣覺), 보살菩薩은 다 이 '하나의 미묘하고 온전한 수행'(一妙淸淨道)을 공유하고 모두 이 '하나의 궁극적인 온전함'(一究竟淸淨)을 같이 한다."[26]고 한 것과 같다.

---

25 『승만사자후일승대방편방광경勝鬘師子吼一乘大方便方廣經』 권1(T12, 221a20~22). "世尊! 聲聞緣覺, 初觀聖諦, 以一智斷諸住地, 以一智四斷, 知功德作證亦善此四法義."

또한 『현양성교론』에서는 "중생에 대한 집착에서 일어나는 '현재 작용하고 있는 번뇌'(纏)를 없애려고 현상(法)의 '사실 그대로의 면모'(實性)를 깨달아 '모든 현상에 불변·독자의 본질/실체가 있다고 하는 집착'(法執)을 영원히 끊으니, '모든 현상에 불변·독자의 본질/실체가 있다고 하는 집착'(法執)이 끊어질 때 또한 중생에 대한 집착[에서 일어나는] '잠재하고 있는 번뇌'(隨眠)도 끊는다는 것을 알아야 한다."[27]고 말하는데, 『유가사지론』[에서의 설명도] 이러한 설명과 같다.

이와 같은 글들에 의거하여, 보살은 ['자아에 불변·독자의 본질/실체가 없다는 것'(人空)과 '모든 현상에 불변·독자의 본질/실체가 없다는 것'(法空), 이] '두 가지 실체 없음의 [이해가 드러내는] 참 그대로'(二空眞如)를 일시에 '한꺼번에 증득'(頓證)하여, '['자아에 불변·독자의 본질/실체가 있다고 하는 집착'(人執)과 '모든 현상에 불변·독자의 본질/실체가 있다고 하는 집착'(法執), 이] 두 가지 집착의 종자'(二執種子)와 '잠재하고 있는 번뇌'(隨眠)를 '한꺼번에 끊는다'(頓斷)는 것을 알아야 한다.

① '[진리다운] 이해를 밝혀 가는 수행'(見道)에 관한 소승과 대승의 차이

若皆一心並證眞如, 三乘見道有何異者? 二乘唯觀安立門內所顯眞如, 眞如[28]差別, 如從竹[29]管以見空色. 菩薩遍依安立非安立諦法門, 通

26 『해심밀경解深密經』 권2(T16, 695a17~19). "一切聲聞獨覺菩薩, 皆共此一妙淸淨道, 皆同此一究竟淸淨."

27 『현양성교론』 권16 제7 「성공품成空品」(T31, 559c4~6). "除衆生執現起纏故, 覺法實性, 覺法性故, 法執永斷. 法執斷時, 當知亦斷衆生執隨眠." 밑줄 친 곳은 인용문에서 생략된 부분이다.

28 원본에는 '乘'인데, 橫超本과 한불전 모두 '如'로 교감하였다. 이를 따른다.

29 '竹'은 橫超本에 傍註에 훼손된 흔적이 있다고 했으나 문맥에 따라 '竹'으로 보았다.

觀眞如自性差別, 如有淸淨天眼通者, 遍都見內外空色. 是故同見眞如而有差別. 如『瑜伽』說, “云何聲聞乘相應作意修? 謂 … 由安立諦作意門, 內觀眞如, 緣有異[30]有分別法爲境. … 云何大乘相應作意修? 謂 … 由安立非安立諦作意門, 內觀眞如, 緣無異[31]無分別法爲境.” 等, 乃至廣說. 又下文言, “略說法界, 有二種相, 一差別相, 二者自相. 差別相者, 謂常住相及寂靜相. 常住相者, 謂本來無生法性, 及無盡法性, 寂靜相者, 謂煩惱垢離繫法性. 言自相者, 謂於相名分別眞如正智所攝一切法中, 由遍計所執自性故, 自性不成實法無我性. 此中聲聞, 由差別相, 通達法界, 不由自相以通達彼. 何以故? 由無沒相及安隱相, 於法界中, 得寂[32]靜相, 於一切行, 一向發起厭背之想. … 若諸菩薩, 俱由二相, 通達法界, 入於菩薩正性離生已, 當安住緣於法界自相作意. 何以故? 由於法界, 緣差別相, 當作意時, 速趣涅槃故, 於阿[33]菩提,[34] 非正方便.” 故. 是謂大小見道差別.

[H1, 803b6~c7; O 41,9~42,6]

만일 [성문, 연각, 보살] 모두가 '한 [종류의] 마음'(一心)으로써 다같이 '참 그대로[인 지평]'(眞如)을 증득한다면, [성문 · 연각 · 보살, 이] '세 부류 수행자'(三乘)의 '[진리다운] 이해를 밝혀 가는 수행'(見道)에는 어떤 차이가 있겠는가? '[성문과 연각] 두 부류 수행자'(二乘)는 오직 '[세속과 진여의 차별을] 규정하는 방식'(安立門) 안에서 드러난 '참 그대로[인 지평]'(眞如)을 이해(觀)하니, [세속과 진여의 차별에 따르기 때문에] '참 그대로[인 지평]'(眞如)

30 '異'는『유가사지론』원문에 의거하여 '量'으로 교감한다.

31 위 각주와 마찬가지로 '異'는 '量'으로 교감한다.

32 橫超本의 교감주에 따르면, 원본에는 '家'이지만 '寂'으로 교감한 것이다.『유가사지론』원문에도 '寂'이다.

33 橫超本의 교감주에서는 원본에 없는 '阿'자를 보완해 넣었다고 밝혔다.

34 한불전에는 누락되었으나, 橫超本에는 '菩提' 앞에 '耨'자가 있다.

과 차이나는 것이 마치 대나무 대롱을 통해 허공 모양을 보는 것과도 같다. [이에 비해] 보살은 '[세속과 진여의 차별을] 규정하는 진리에 대한 가르침'(安立諦法門)과 '[세속과 진여의 차별을] 규정하지 않는 진리에 대한 가르침'(非安立諦法門)에 두루 의거하여 '참 그대로인 본연'(眞如自性)에 대한 [이승과 보살의] 차이를 '통틀어 이해'(通觀)하니, 마치 온전한 천안통天眼通을 가진 사람이 [대나무 대롱] 안과 밖의 허공 모양을 두루 다 보는 것과 같다. 그러므로 [성문, 연각, 보살이 모두] 똑같이 '참 그대로[인 지평]'(眞如)을 보지만 [내용으로는] 차이가 있다.

[이것은] 『유가사지론』에서, "무엇이 '가르침을 들어서 혼자 깨달으려는 수행자'(聲聞乘)에 해당하는 '마음을 일으켜 행하는 수행(作意修)인가? … 〈'[세속과 진여의 차별을] 규정하는 진리에 대해 마음을 일으키는 방식〉(安立諦作意門)에 의거하여 [마음] 안으로 '참 그대로[인 지평]'(眞如)을 이해(觀)하고는 한정되고 구분되는 각각의 현상에 대하여 [그것들을 인식의] 대상(境)으로 삼는 것이다. … 무엇이 대승大乘에 해당하는 '마음을 일으켜 행하는 수행'(作意修)인가? … 〈'[세속과 진여의 차별을] 규정하는 진리'와 '규정하지 않는 진리'에 대해 [모두] 마음을 일으키는 방식〉(安立非安立諦作意門)에 의거하여, [마음] 안으로 '참 그대로[인 지평]'(眞如)을 이해(觀)하고는 한정이 없고 구분되지 않는 각각의 현상에 대하여 [그것들을 인식의] 대상(境)으로 삼는 것이다."[35] 등으로 자세하게 설한 것과 같다.

---

35 『유가사지론』 권67 「攝結擇分」(T30, 668c4~14). "云何聲聞乘相應作意修? 謂(如有一是聲聞住聲聞法性, 或未發入正性離生, 或已證入正性離生, 不觀他利益事, 唯觀自離益事.) 由安立諦作意門, 內觀眞如, 緣有量有分別法爲境. (爲盡貪愛, 由厭離欲解脫行相修習作義, 是名聲聞乘相應作意修.) 云何大乘相應作意修? 謂(如有一是菩薩住菩薩法性, 或未發入正性離生, 或已證入正性離生, 觀自觀他利益事.) 由安立非安立諦作意門, 內觀眞如, 緣無異量無分別法爲境." 밑줄 친 곳은 인용한 부분이고, 괄호 안은 본문에서 '…'에 해당하는 내용이다.

또한 [그] 아래의 글에서는 [다음과 같이] 말하였다.

"현상세계(法界)를 대략적으로 설명하면 두 가지 면모(相)가 있으니, 첫 번째는 '[다른 것과] 차이를 보여 주는 면모'(差別相)이고 두 번째는 '자기 [고유의] 면모'(自相)이다. '[다른 것과] 차이를 보여 주는 면모'(差別相)란 '항상 머무는 면모'(常住相)와 '고요한 면모'(寂靜相)를 말한다. '항상 머무는 면모'(常住相)란 '본래부터 [불변 · 독자의 실체가] 생겨남이 없는 면모'(本來無生法性)와 '다하여 끝남이 없는 면모'(無盡法性)를 말하고, '그쳐 고요한 면모'(寂靜相)란 '번뇌의 더러움에 매인 것으로부터 풀려난 면모'(煩惱垢離繫法性)를 말한다. '자기 [고유의] 면모'(自相)라고 말한 것은, 차이(相) · 명칭(名) · 분별(分別) · '참 그대로'(眞如) · '온전한 지혜'(正智)[36]에 포섭되는 모든 현상에서, [그것이] '두루 분별하고 집착하여 지어낸 자기면모'(遍計所執自性)이기 때문에 자기면모(自性)가 실체(實)를 이루지 않는 '모든 현상에 불변 · 독자의 본질/실체가 없는 면모'(法無我性)라는 것을 일컫는다.

이 ['[다른 것과] 차이를 보여 주는 면모'(差別相)와 '자기 [고유의] 면모'

36 상相 · 명名 · 분별分別 · 진여眞如 · 정지正智의 오사五事: 유식학에서는 현상에서 발견되는 다섯 가지 면모를 오사五事라고 하는데, '특징적인 차이'(相, nimitta), 명칭(名, nāman), 분별작용(vikalpa), '참 그대로'(眞如, tathatā), '온전한 지혜'(正智, samyag-jñāna)가 그것이다. 『유가사지론』 권72(T30, 696a1~17). "云何五事? 一相, 二名, 三分別, 四眞如, 五正智. 何等爲相? 謂若略說所有言談安足處事. 何等爲名? 謂即於相所有增語. 何等爲分別? 謂三界行中所有心心所. 何等爲眞如? 謂法無我所顯聖智所行非一切言談安足處事. 何等爲正智? 謂略有二種, 一唯出世間正智, 二世間出世間正智. 何等名爲唯出世間正智? 謂由此故聲聞獨覺諸菩薩等通達眞如. 又由此故彼諸菩薩於五明處善修方便, 多住如是一切遍行眞如智故, 速證圓滿所知障淨. 何等名爲世間出世間正智? 謂聲聞獨覺以初正智通達眞如已. 由此後所得世間出世間正智, 於諸安立諦中, 令心厭怖三界過患愛味三界寂靜. 又由多分安住此故, 速證圓滿煩惱障淨. 又即此智未曾得義名出世間, 緣言說相爲境界義亦名世間. 是故說爲世間出世間."

(自相)] 가운데 '가르침을 들어서 혼자 깨달으려는 수행자'(聲聞)는 '[다른 것과] 차이를 보여 주는 면모'(差別相)에 의해 현상세계(法界)를 통달하지 '자기 [고유의] 면모'(自相)에 의해 현상세계를 통달하는 것이 아니다. 어째서인가? [불변 · 독자의 실체가 없어] '사라지는 것이 없는 면모'(無沒相)와 [번뇌의 속박에서 풀려나] '편안한 면모'(安隱相)에 의해 현상세계(法界)에서 '그쳐 고요한 면모'(寂靜相)를 얻고는 모든 작용(行)에 대해 한결같이 '싫어하여 등지려는 생각'(厭背之想)을 일으키기 때문이다. … 보살들이라면 ['[다른 것과] 차이를 보여 주는 면모'(差別相)와 '자기 [고유의] 면모'(自相), 이] 두 가지 면모 모두에 의해 현상세계(法界)를 통달하여 보살의 ['진리다운 이해를 밝혀 가는 수행'(見道)인] '온전한 면모에 눈떠 번뇌에서 벗어남'(正性離生)[37]에 들어가서는 '현상세계의 자기 [고유의] 면모'(法界自相)에 대해 마음을 일으키는 [경지에] 안착하게 된다. 어째서인가? [성문聲聞처럼] 현상세계(法界)에 대해 '[다른 것과] 차이를 보여 주는 면모'(差別相)를 대상으로 마음을 일으킬 때는 [현상세계를 떠난] 열반[의 경지]로 속히 나아가려고 하니, [이러한 것은] 최고의 깨달음에 대해서는 바른 방편이 아니기 때문이다."[38]

---

37 정성리생正性離生: 견도見道의 별명別名으로 법성法性 · 법상法相家의 용어이다. 성성리생聖性離生이라고도 한다. 견도에 들어 성도聖道와 열반涅槃의 정성正性을 얻어 번뇌에서 떠나는 것이다. 『대비바사론大毘婆沙論』에 의하면 정성正性은 곧 열반 및 성도聖道를 말하는데 그 성性이 정순正純하기 때문이다. 또 생生은 번뇌의 이명異名인데, 선근善根이 미숙未熟하여 중생으로 하여금 생사의 고해에 윤회하게 하는 것을 일컫는다. 『불광대사전』, p.1991 참조.

38 『유가사지론』 79 「섭결택분攝決擇分」(T30, 738a19~b11). "答. 略說法界, 有二種相, 一者差別相, 二者自相. 差別相者, 謂常住相及寂靜相. 常住相者, 謂本來無生法性, 及無盡法性, 寂靜相者, 謂煩惱苦離繫法性. 言自相者, 謂於相名分別眞如正智所攝一切法中, 由遍計所執自性故, 自性不成實法無我性. 此中聲聞, 由差別相, 通達法界, 入正性離生, 不由自相以通達彼. 故, 由無沒相及安隱相, 於法界中, 得寂靜想, 於一切行, 一向發起厭背之想. … 若諸菩薩, 俱由二相, 通達法界, 入於菩薩正性離生入離生已, 多安住緣於法界自相作意. 何以故? 由於法界, 緣差別相, 多作意時, 速趣涅槃故, 多住彼於阿

이것을 대승과 소승의 '[진리다운] 이해를 밝혀 가는 수행'(見道)의 차이라고 한다.

又三乘人入見道時, 末那相應平等智生, 隨其所應, 緣平等性, 與意識智同所緣轉. 所以然者, 無漏意識, 必有無漏不共所依故. 如『顯揚論』云, "意者, 謂從阿賴耶識種子所生, 還緣彼識, 我癡·我愛·我我所執·我慢相應. 或翻彼相應, 於一切時, 持[39]擧爲行, 或平等爲行, 與彼俱轉, 了別爲性. 如薄伽梵說, 內意處不懷,[40] 外法處現前, 及彼所生作意正起, 如是所生意識得生"故. 『瑜伽論』說, "問[41]彼末那, 於一切時, 思量爲性, 相續而轉, 如世尊說, 出世末那, 云何建立? 答, 名假施說, 不必如義. 又對治彼, 遠離顚倒, 正思量故. 卽此末那, 任持意識, 令分別轉, 是故說爲意識所依."

[H1, 803c7~22; O 42,6~42,13]

또한 '['가르침을 들어서 혼자 깨달으려는 수행자'(聲聞乘)·'연기를 이해하여 혼자 깨달으려는 수행자'(緣覺乘)·보살, 이] 세 부류의 수행자'(三乘人)가 '[진리다운] 이해를 밝혀 가는 수행'(見道)에 들어갈 때는 제7말나식末那識과 상응하는 '[불변·독자의 본질/실체라는 생각으로 비교하지 않아] 평등하게 보는 지혜'(平等[性]智)가 생겨나 그것이 응하는 것을 따르니, '평등한 면모'(平等性)를 조건으로 삼아 '[지각된 차이를] 사실 그대로 이해하는 지혜'(意識智, 妙觀察智)[42]와 [그] 대상(所緣)을 같이하면서 굴러간다. 그 이

耨多羅三藐三菩提, 非正方便." 밑줄 친 곳은 인용에서 빠졌거나 달라진 내용을 가리키고, '…' 부분은 "又復不能於彼相等~而不入已精勤修習"(738a28~b6)이다.

39 '持'는 『현양성교론』 원문에 '恃'이다. '恃'로 교감하여 번역한다.

40 '懷'는 원문에 '壞'로 나온다. '壞'로 교감하여 번역한다.

41 '問' 뒤에 '若'이 빠져 있는데, 원문에 의거하여 '若'자를 넣어 번역한다.

42 평등성지平等性智와 묘관찰지妙觀察智: 앞의 '전식지轉識智' 역주의 사지四智에 관

유는, '번뇌가 스며듦이 없는 의식'(無漏意識)[43]은 반드시 번뇌가 없는 '인식의 근거를 함께하지 않는 의지처'(不共所依)[44]가 있어야 하기 때문이다.

[이것은] 『현양성교론』에서 [다음과 같이] 말한 것과 같다. "말나식(意)은 아뢰야식阿賴耶識의 종자로부터 생겨나지만 다시 그 [아뢰야]식을 대상으로 삼아 '나에 대한 무지'(我癡)·'나에 대한 애착'(我愛)·〈'나'와 '나의 것'에 대한 집착〉(我我所執)·'비교를 통한 자기규정'(我慢)에 상응[하면서 변]한다. 혹은 거꾸로 저 [이미 나타난 네 가지 번뇌(我癡, 我愛, 我我所執, 我慢)]에 [다시] 상응하여 모든 때에 [자기를] 높다고 여기는 것을 행위로 삼거나 혹은 [남과] 같다고 여기는 것을 행위로 삼으면서 그 [네 가지 번뇌]들과 함께 변해 가며 [자아를] '뚜렷하게 변별하는 것'(了別)을 특성(性)으로 삼는다. 세존(薄伽梵)께서 〈안의 '의식을 일으키는 능력'(意處)이 망가지지 않아야 밖의 '의식의 대상'(法處)이 나타나게 되고, 또 거기에서 생겨난 '[대상에 대해] 주의를 기울임'(作意)이 제대로 일어나니, 이와 같이 하여 '생겨난 의식'이 발생하게 된다.〉라고 말한 것과 같다."[45]

한 설명 참조.

43 무루의식無漏意識: 유식학에서는 '부처 경지'(佛果)에서 성취하는 '네 가지 지혜'(四智)를 말하는데, '번뇌가 스며듦이 있는'(有漏) 제8식, 제7식, 제6식과 전前5식이 각각 '번뇌가 스며듦이 없는 지혜'(無漏智)인 대원경지大圓鏡智, 평등성지平等性智, 묘관찰지妙觀察智, 성소작지成所作智로 바뀐다고 한다. 무루의식無漏意識은 유루의식有漏意識이 묘관찰지妙觀察智로 바뀐 것이다.

44 불공소의不共所依: 『유가사지론석瑜伽師地論釋』 권1에서 "言五識身相應地者, 謂眼等根, 是眼等識, 不共所依, 眼等不爲餘識依故."(T30, p885c5~7)라고 하는 것에 따르면, 안근眼根과 안식眼識이 상응하고 내지 의근意根과 의식意識이 상응하는 관계하에서 안식眼識의 소의所依가 안근眼根이 되는데, 불공소의不共所依란 안식眼識의 소의所依인 안근眼根이 다른 이식耳識 내지 의식意識의 소의가 되지 않는 것을 말한다. 제7말나식末那識이 제6의식意識에 대해 불공소의不共所依가 되면서, 아울러 불공소의不共所依의 관계에 있는 제7말나식末那識과 제6의식意識이 6경境 중의 법경法境을 똑같이 반연한다는 것이다.

[또한] 『유가사지론』은 [다음과 같이] 말한다. "묻는다. 만일 그 말나식이 언제나 '[자아를] 생각하고 헤아리는 것'(思量)을 특성으로 하면서 서로 이어 가며 변화해 간다면, 세존이 말씀하신 '세간을 넘어선 [경지의] 말나식'(出世末那)과 같은 것은 어떻게 성립하겠는가? 답한다. '명칭은 방편으로 시설된 것'(名假施說)이지 반드시 대상(義) 그대로인 것은 아니다. 또한 그 [말나식]을 치유하여 [자아와 관련된 번뇌에] '빠져드는 것'(顚倒)에서 멀리 떠나 [말나식이 자아를] '사실대로 생각하고 헤아리게'(正思量) 하려는 것이기 때문이다. 바로 이러한 말나식이 [제6]의식意識으로 하여금 분별하면서 바뀌어 가게 하니, 이런 까닭에 의식의 의지처(所依)가 된다고 말한 것이다."[46]

此問意言, 如上施設末那相云, 此意恒與四惑相應, 於一切時, 思量爲性, 是卽出世末那不可建立. 以一切時, 思量我故. 答意有二種. 初者, 且約世間施設名義, 說一切時思量爲性, 就其實義, 非一切時思量我塵. 是故名假施設, 未必一切皆如實義. 後意者, 又此末那, 有顚倒時, 思量我塵, 離顚倒時, 思量無我, 恒與意識, 共境而轉, 故說意識不共所依. 是故雖一切時思量爲性, 不廢[47]建立出世末那也.

[H1, 803c22~804a8; O 42,13~43,3]

---

45 『현양성교론』 권1 제1「섭사품攝事品」(T31, 480c23~27). "意者, 謂從阿賴耶識種子所生, 還緣彼識, 我癡・我愛・我我所執・我慢相應. 或翻彼相應, 於一切時, 恃擧爲行, 或平等爲行, 與彼俱轉, 了別爲性. 如薄伽梵說. 內意處不壞, 外法處現前, 及彼所生作意正起, 如是所生意識得生."

46 『유가사지론』 권63 「섭결택분」(T31, 651b29~c4). "問. 若彼末那, 於一切時, 思量爲性, 相續而轉, 如世尊說, 出世末那, 云何建立? 答. 名假施說, 不必如義. 又對治彼, 遠離顚倒, 正思量故. 卽此末那, 任持意識, 令分別轉, 是故說爲意識所依."

47 橫超本에서는 원본에 '癈'로 되어 있는 것을 '廢'로 고친다고 하였다.

이 [『유가사지론』에서의] 질문의 뜻은 [다음과 같이] 말하는 것이다: 〈만약 위와 같이 말나식의 특성을 설명한다면, 이 말나식(意)은 항상 ['나에 대한 무지'(我癡) · '나에 대한 애착'(我愛) · 〈'나'와 '나의 것'에 대한 집착(我我所執)〉 · '비교를 통한 자기규정'(我慢), 이] 네 가지 번뇌와 상응하면서 언제나 '[자아를] 생각하고 헤아리는 것'(思量)을 특성으로 하니, 그렇다면 '세간을 넘어선 [경지의] 말나식'(出世末那)은 성립할 수 없다. 왜냐하면 언제나 자아(我)를 생각하고 헤아리기 때문이다.〉

[이 질문에 대한 『유가사지론』에서의] 대답의 뜻에는 두 가지가 있다. 첫 번째는 [다음과 같다]. 우선 '세간에서 [통용되는] 방편으로 세운 명칭과 [그] 의미'(世間施設名義)에 의거하여 〈[말나식은] 언제나 [자아를] 생각하고 헤아리는 것을 특성으로 삼는다.〉라고 말하였지만, 그 실제의 의미에 의거한다면 언제나 '자아라는 대상'(我塵)을 [사실과 다르게] 생각하고 헤아리는 것은 아니다. 그렇기 때문에 〈명칭은 방편으로 시설된 것이지 모두가 다 반드시 실제의 대상과 같지는 않다.〉[라고 한 것이다].

[『유가사지론』에서의 대답 가운데 두 번째인] 뒤의 [대답의] 의미는 [다음과 같다.] 또한 이 말나식에 [자아와 관련된 번뇌에] 빠져듦(顚倒)이 있을 때에는 '자아라는 대상'(我塵)을 [사실과 다르게] 생각하고 헤아리지만, [자아와 관련된 번뇌에] 빠져듦(顚倒)에서 떠날 때에는 '[불변 · 독자의] 자아가 없음'(無我)을 생각하고 헤아리면서 항상 [제6]의식과 대상(境)[인 법경法境]을 함께(共) [반연]하면서 변해 가니, 따라서 〈의식의 '인식의 근거를 함께하지 않는 의지처'〉(意識不共所依)라고 말한 것이다. 그러므로 비록 [말나식은] 언제나 '생각하고 헤아리는 것'(思量)을 특성으로 삼지만, [그렇다고] '세간을 넘어선 [경지의] 말나식'(出世末那)을 건립하는 것을 폐기하지는 않는다.

所以末那, 不修方便, 直由他修, 忽離顚倒者, 不共依故, 自性淨故. 如異熟識, 不修方便, 而由意識聖道勢力, 彼異熟識, 忽離種子, 由諸轉識通所依故. 末那亦爾, 不修方便, 而由意識無漏道力, 忽離相應四種煩惱, 以是意識不共依故. 又末那自性, 本來淸淨, 唯由相應, 旦[48]被染耳. 故離倒時, 卽正思量. 如「思所成此[49]」頌曰. "染汚意恒時, 諸惑俱生我,[50] 若解脫諸惑, 非先亦非後. 非彼法生已後, 淨異而生, 彼先無染汚, 說解脫諸惑. 其有染汚者, 畢竟性淸淨."等, 下卽釋言, "又解[51]所[52]說解脫之相, 謂非卽彼生已後方淸淨, 別有所餘淸淨意生, 卽彼先來無染汚故, 說爲解脫." 乃至廣說. 依此等文, 當知出世意識必有出世末那.

[H1, 804a8~24; O 43,3~10]

말나식이 [자기의 수행] 방편을 닦지 않고 단지 [제6의식意識의 수행인] 다른 [식識의] 수행에 의해 문득 [자아와 관련된 번뇌에] 빠져듦(顚倒)에서 떠날 수 있는 까닭은, [말나식이 의식의] '인식의 근거를 함께하지 않는 의지'(不共依)이기 때문이며, [또] [말나식의] 본연(自性)이 온전(淨)하기 때문이다. [이것은] 마치 [제8 아뢰야식인] '다르게 무르익어 가는 식'(異熟識)이 [자기의 수행] 방편을 닦지 않고 의식意識[으로 익힌] '해탈 수행'(聖道)의 힘에 의해 그 '다르게 무르익어 가는 식'(異熟識)이 문득 [번뇌의] 종자를 여의는 것과 같으니, ['다르게 무르익어 가는 식'(異熟識)은] 모든 '[7가지 식識으로] 바뀌어 가는 식識'(轉識)의 '공통적인 의지처'(通所依)이기 때문이다. 말나식도 그러하여, [자기의 수행] 방편을 닦지 않고서도 의식[으로 익힌] '[번뇌가] 스며들지 않게 하는 수행'(無漏道)의 힘으로 인해 [말나식에] 상

48 한불전에서는 '旦'이지만 橫超本에서는 '且'로 되어 있다. '且'로 보고 번역한다.

49 '此'는 橫超本에 '地'로 나온다. 단원의 명칭에 따라 '地'로 교감한다.

50 '我'는 『유가사지론』 원문에 의거하여 '滅'로 교감한다.

51 '解'는 『유가사지론』 원문에 따라 '顯'으로 교감한다.

52 橫超本의 교감에 따르면, 원본에는 없지만 '所'를 보완해 넣었다고 하였다. 원문에도 '所'가 있다.

응하는 '네 가지 번뇌'(我癡, 我愛, 我我所執, 我慢)에서 문득 떠나니, 이 [말나식]은 의식의 '인식의 근거를 함께하지 않는 의지'(不共依)이기 때문이다. 또한 말나식의 본연(自性)은 본래 온전(淸淨)하지만 오직 [네 가지 번뇌(我癡, 我愛, 我我所執, 我慢)에] 상응함으로 말미암아 물들여진 것일 뿐이다. 따라서 [말나식이 네 가지 번뇌에] 빠져듦(顚倒)에서 벗어날 때에는 곧 [자아에 대해] '사실대로 생각하고 헤아리게'(正思量) 된다.

[이것은] [『유가사지론』] 「사소성지思所成地」의 게송에서 "'[번뇌에] 더렵혀진 말나식'(染汚意)은 언제나 모든 번뇌(惑)와 함께 생겨나고 사라지니, 만약 모든 번뇌에서 풀려난다면 ['번뇌에 더렵혀진 말나식'(染汚意)이 온전해지는 것은 '모든 번뇌'(諸惑)에서 풀려나는 것보다] 먼저도 아니고 나중도 아니다. [모든 번뇌(惑)에서 풀려나는] 그런 현상이 다 일어난 뒤에야 [말나식의] 온전함(淨)이 ['번뇌에 더렵혀진 말나식'(染汚意)과는] 다른(異) 것으로서 생겨나는 것이 아니라, 그 [번뇌에서 풀려나는 현상] 이전에 [본래부터 번뇌에] 더렵혀짐(染汚)이 없는 것을 '모든 번뇌에서 풀려난다'고 말한다. [번뇌에] 더렵혀짐(染汚)이 있는 그 [말나식]은 궁극적으로 [그] 본연(性)이 온전(淸淨)하다."[53] 등으로 말하고, 곧이어 [이 게송의 뜻을] 해석하여 "또

---

53 『유가사지론』 권16(T30, 364a6~10). "染汚意恒時, 諸惑俱生滅, 若解脫諸惑, 非先亦非後. 非彼法生已, 後淨異而生, 彼先無染汚, 說解脫諸衆惑. 其有染汚者, 畢竟性淸淨." 〈산스크리트본의 해당 내용: Ālayavijñāna, p.232; sahotpannaniruddhaṃ hi kleśaiḥ kliṣṭaṃ manaḥ sadā । kleśebhyas tasya nirmokṣo na bhūto na bhaviṣyati ।। 39 ।। na tad utpadyate paścāc chuddham anyat tu jāyate । tac ca pūrvam asaṃkliṣṭaṃ kleśebhyo muktam ucyate ।। 40 ।। yat kliṣṭaṃ tad ihātyantāc chuddhaṃ prakṛtibhāsvaram ।; 염오된 마음(manas)은 항상 번뇌들과 함께 일어나고 소멸한다. 그 [마음]이 번뇌들로부터 해탈된다는 것은 이전에는 없을 것이고 이후에도 없을 것이다. ।।39।। 그 [마음]이 나중에 청정한 것으로서 발생하지 않는다. 오히려 [염오된 마음과는] 다른 [청정한 마음]이 생긴다. 그리고 그 [청정한 마음]은 이전에 염오된 것이 아니며, 번뇌들로부터 해탈이라고 한다. ।।40।। 이 [불교 내]에서 염오된 그 [마음]은 궁극적으로 [염오된 것이고], 청정한 것은 본성상 빛나는 것이다.〉

한 [게송에서] 설해진 '[번뇌에서] 풀려나는 양상'(解脫之相)을 드러낸 것은 [다음과 같은 의미이다.] [모든 번뇌(惑)에서 풀려나는] 그[런 현상]이 다 일어난 뒤에야 [말나식이] 온전(淸淨)해져서 별도로 있는 ['번뇌에 더렵혀진 말나식'(染汚意)과는] 다른 '온전한 말나식'(淸淨意)이 생기는 것이 아니라, [모든 번뇌(惑)에서 풀려나는] 그[러한 현상] 이전부터 본래 [번뇌에] 더렵혀짐(染汚)이 없기 때문에 '[번뇌에서] 풀려난다'고 한다."[54] 등으로 자세히 말한 것과 같다. 이러한 구절들에 의거하여, '세간을 넘어선 [경지의] 의식'(出世意識)에는 반드시 '세간을 넘어선 [경지의] 말나식'(出世末那)이 있다는 것을 알아야 한다.

摠[55]相雖然, 於中分別者, 菩薩見道, 證二空故, 末那二執, 悉不現行, 卽與二空平等智俱. 二乘見道, 但證人空, 末那法執, 猶得現行, 唯與人空平等智俱. 如意識中, 證人空邊, 成無漏智, 取苦相邊, 卽是法執. 唯一惠數, 亦智亦執, 而不相妨, 所望別故. 平等性智, 當知亦爾. 見道差別, 其相如是.

[H1, 804a24~b7; O 43,10~14]

['[진리다운 이해를] 밝혀 가는 수행'(見道)의] 총괄적인 양상은 비록 이와

54 『유가사지론瑜伽師地論』 권16(T30, 365b28~c1). "又顯所說解脫之相, 謂非卽彼生已後方淸淨, 別有所餘淸淨意生, 卽彼先來無染汚故說爲解脫." 〈산스크리트본의 해당 내용: Ālayavijñāna, p.232; yadā tarhi **muktam ucyate** | tat saṃdarśayati — **na** tad eva **paścāc chuddham utpadyate**, **'nyat tu** śuddhaṃ mano **jāyate** | **tac ca pūrvam** ev**āsaṃkliṣṭa**tvān **muktam** ity **ucyate** |; 그 경우 **해탈이라고 한다**는 것을 설명한다. — **바로 그 [마음]이 나중에 청정한 것으로서 발생하지 않는다. 오히려 [염오된 마음과는] 다른** 청정한 마음이 생긴다. **그리고** 바로 **그 [청정한 마음]은** 바로 **이전에 염오된 것이 아니**기 때문에, **해탈이라고 한다.**〉

55 '摠'은 橫超本에 '惣'으로 나오지만, 앞의 각주에서 밝힌 것처럼 모두 '總'과 통하는 글자이므로 교감하지 않고 그대로 둔다.

같지만, 그 가운데 [다시] 구분하면 [다음과 같다.]

보살의 '[진리다운] 이해를 밝혀 가는 수행'(見道)은 ['자아에 불변·독자의 본질/실체가 없음'(人空)과 '모든 현상에 불변·독자의 본질/실체가 없음'(法空), 이] '두 가지 실체 없음'(二空)[에 대한 이해]를 증득하기 때문에, 말나식의 '['자아에 불변·독자의 본질/실체가 있다고 하는 집착'(人執)과 '모든 현상에 불변·독자의 본질/실체가 있다고 하는 집착'(法執), 이] 두 가지 집착'(二執)이 모두 현재에 작용하지 않아 곧 '두 가지 실체 없음'(二空)[에 대한 이해]에 상응하는 '[불변·독자의 본질/실체라는 생각으로 비교하지 않아] 평등하게 보는 지혜'(平等智)를 갖추게 된다.

[이에 비해] '[성문과 연각] 두 부류 수행자'(二乘)의 '[진리다운] 이해를 밝혀 가는 수행'(見道)은 단지 '자아에 불변·독자의 본질/실체가 없다'(人空)[는 이해]만을 증득하므로, 말나식의 [두 가지 집착 가운데] '모든 현상에 불변·독자의 본질/실체가 있다고 하는 집착'(法執)이 여전히 현재에 작용하여 오직 '자아에 불변·독자의 본질/실체가 없다'(人空)[는 이해에 상응하는] '[불변·독자의 본질/실체라는 생각으로 비교하지 않아] 평등하게 보는 지혜'(平等智)만을 갖추게 된다. 마치 [제6] 의식意識에서 '자아에 불변·독자의 본질/실체는 없다'(人空)는 측면[의 이해]를 증득하여 '[불변/독자의 자아관념에 의거하는] 번뇌가 스며들지 않게 하는 지혜'(無漏智)를 이루지만 [현상의] '괴로운 양상'(苦相)이라는 측면에 집착하여 [그것이] 곧 '모든 현상에 불변·독자의 본질/실체가 있다고 하는 집착'(法執)이 [되는 것과] 같다.

오직 하나의 '헤아리는 작용'(慧數)이 지혜이기도 하고 집착이기도 하면서 서로 방해하지 않으니, 향하는 곳이 [각자] 다르기 때문이다. '평등하게 보는 지혜'(平等性智)도 이와 같다는 것을 알아야 한다. [보살과 이승이 닦는] '[진리다운] 이해를 밝혀 가는 수행'(見道)의 차이는 그 양상이 이와 같다.

② '[진리다운] 이해를 밝혀 가는 수행'(見道)의 '다섯 가지 수행'(五種道)에 의한 번뇌의 치유

> 此二識智及五種道, 何者能治, 誰不能斷者? 如是二智, 皆能對治煩惱麤重, 性相違故, 同一品故.
>
> [H1, 804b7~9; O 43,14~15]

[말나식의 '[불변 · 독자의 본질/실체라는 생각으로 비교하지 않아] 평등하게 보는 지혜'(平等性智)와 의식의 '사실 그대로 이해하는 지혜'(妙觀察智)] 이 '두 가지 식(識)의 지혜'(二識智)[56]와 ['[깨달음의] 기초를 마련하는 수행'(資糧道) · '[해탈에 이르는] 수단과 방법이 되는 수행'(方便道) · '[번뇌가] 끼어들지 못하게 하는 수행'(無間道) · '[번뇌에서] 풀려나는 수행'(解脫道) · '이전보다 뛰어난 경지로 나아가는 수행'(勝進道), 이] '다섯 가지 수행'(五種道)은, 어떤 것이 [번뇌를] 치유할 수 있는 것이며, 어떤 것이 [번뇌를] 끊지 못하는 것인가?

이와 같은 [말나식의 '[불변 · 독자의 본질/실체라는 생각으로 비교하지 않아] 평등하게 보는 지혜'(平等性智)와 의식의 '사실 그대로 이해하는 지혜'(妙觀察智), 이] 두 가지 지혜는 모두 '번뇌'와 '거칠고 무거운 잠재적 번뇌'(麤重)를 다스려 치유할 수 있으니, [지혜와 번뇌는] 특성(性)이 서로 다르기 때문이며, [지혜와 번뇌 모두 마음작용이라는 점에서] 같은 부류(品)이기 때문이다.

> 又五種道, 亦悉能治, 所以然者, 由資糧道, 厭患對治, 漸損煩惱種子勢力, 至方便道, 隨分漸捨彼品麤重, 由無間道, 能令無間永滅種子. 故是二道爲斷對治. 由解脫道, 能轉煩惱, 解脫之得故, 爲轉[57]對治, 由

56 앞서의 '전식지轉識智'에 관한 역주 참조.

57 『유가사지론』의 설명에 따르면 한불전과 橫超本의 '轉'은 '持'가 되어야 하므로 '持'

勝進道, 令遠煩惱, 解脫之得, 故爲轉對治. 由勝進道, 令遠煩惱,[58] 成熟得故, 遠分對治. 如『對法論』云, "斷對治者, 謂方便道及無間道, 由彼能斷諸煩惱故." 乃至廣說. 由如是等五道二智衆緣和合, 方得永離見惑隨眠. 故說諸緣皆是能治, 離衆緣外, 無能斷者故.

[H1, 804b9~20; O 43,15~44,6]

또한 '다섯 가지 수행'(五種道)으로도 모두 ['번뇌'와 '번뇌의 거칠고 무거운 종자들'을] 다스려 치유할 수 있으니, 그 이유는 [다음과 같다.] [먼저] '[깨달음의] 기초를 마련하는 수행'(資糧道)에 의해 '[번뇌의] 고통을 싫어함'(厭患)으로써 [번뇌에] 대처하여 번뇌 종자의 세력을 점차 줄이고, [그런 다음] '[해탈에 이르는] 수단과 방법이 되는 수행'(方便道)에 이르러 그와 같은 부류의 '거칠고 무거운 잠재적 번뇌'(麤重)를 역량 따라 점차 버리며, [이어] '[번뇌가] 끼어들지 못하게 하는 수행'(無間道)에 의해 [번뇌가] 끼어들 틈이 없이 [번뇌의] 종자를 영원히 없앤다. 따라서 ['[해탈에 이르는] 수단과 방법이 되는 수행'(方便道)과 '[번뇌가] 끼어들지 못하게 하는 수행'(無間道)] 이 두 가지 수행은 '[번뇌를] 끊어 내는 치유법'(斷對治)이 된다. '[번뇌에서] 풀려나는 수행'(解脫道)에 의해서는 번뇌를 [깨달음으로] 전환시켜 해탈을 얻기 때문에 '[번뇌의 소멸상태를] 유지해 가는 치유법'(持對治)이 되고, '이전보다 뛰어난 경지로 나아가는 수행'(勝進道)에 의해서는 [소멸된] 번뇌를 [완전하게] 멀어지게 하여 [완전히] 무르익기 때문에 '[번뇌에서] 완전하게 멀어지는 치유법'(遠分對治)이 된다.[59] [이것은] 『대승아비달마

로 교감하여 번역한다. 『유가사지론』 권67(T30, 669a12~21) 참고.

58 橫超本의 교감주에 따르면, 원본에는 '解脫之得, 故爲轉對治. 由勝進道, 令遠煩惱'의 17글자에 삭제 표시가 있다고 하였다. 그러나 내용으로 볼 때 이 삭제표시는 인정하기 어렵다는 의견도 남겨 놓았다. '轉'을 '持'로 고친 17글자를 포함시켜 번역한다.

59 사종대치四種對治: 번뇌를 치유하는 방법을 그 단계별 특성에 따라 염환대치厭患

잡집론』에서 "'[번뇌를] 끊어 내는 치유법'(斷對治)이란 '[해탈에 이르는] 수단과 방법이 되는 수행'(方便道)과 '[번뇌가] 끼어들지 못하게 하는 수행'(無間道)을 말하니, 그것에 의해 모든 번뇌를 끊을 수 있기 때문이다."[60] 라고 하면서 자세하게 설명한 것과 같다.

이와 같은 [자량도資糧道 · 방편도方便道 · 무간도無間道 · 해탈도解脫道 · 승진도勝進道, 이] '다섯 가지 수행'(五道)과 [말나식의 '[불변 · 독자의 본질/실체라는 생각으로 비교하지 않아] 평등하게 보는 지혜'(平等性智)와 의식의 '사실 그대로 이해하는 지혜'(妙觀察智), 이] '두 가지 지혜'(二智)의 여러 조건이 화합함으로써 비로소 '[진리다운] 이해를 밝혀 가는 수행에서 끊는 번뇌와 잠재적인 번뇌'(見惑隨眠)로부터 영원히 벗어나게 된다. 그러므로 [다섯 가지 수행과 두 가지 지혜의] 모든 조건이 다 ['번뇌'와 '번뇌의 거칠고 무거운 종자'를] 치유할 수 있는 것이라고 말한 것이니, [다섯 가지 수행과 두 가지 지혜의] 모든 조건을 떠나서는 [번뇌를] 끊을 수 있는 것이 없기 때문이다.

對治 · 단대치斷對治 · 지대치持對治 · 원분대치遠分對治의 네 가지로 구분한 것이다. 『구사론』 권21, 『아비달마잡집론』 권9 등에 의하면, 염환대치厭患對治는 염괴대치厭壞對治 혹은 복대치伏對治라고도 하는데, 중생이 욕망세계(欲界)의 생사고통과 번뇌의 원인에 대해 깊이 혐오하는 마음을 일으켜 성도聖道를 닦아 생사고통과 번뇌의 원인을 치유하는 것이다. 또 단대치斷對治는 일체 번뇌와 번뇌에 미혹된 행위가 생사의 고통을 초래한다는 것을 분명히 알아 무간도無間道를 닦아 미혹한 행위를 끊어 없애는 것이고, 지대치持對治는 무간도 이후 해탈도解脫道에 들어가 번뇌가 끊어진 상태를 유지시켜 가는 것이며, 원분대치遠分對治는 해탈도 이후 승진도勝進道에 들어가 끊은 번뇌로 하여금 영원히 떠나도록 하는 것이다. 『불광대사전』, p.1819 참조.

60 『대승아비달마잡집론』 권9(T31, 738b3~4). "斷對治者, 謂方便及無間道, 由彼能斷諸煩惱故." 〈산스크리트본의 해당 내용: ASBh., p.83; prahāṇapratipakṣaḥ prayogānantaryamārgāḥ, taiḥ kleśaprahāṇāt |; '끊음으로 [번뇌를] 치유(對治)하는 것'이란 준비 수행 단계(加行道 prayogamārga)와 무간도(번뇌를 곧바로 끊는 길)이다. 왜냐하면 이들에 의하여 번뇌들을 끊을 수 있기 때문이다.〉

然更就諸緣，求其能治，終無有一正能斷者，何以故？如前三道，不離相縛隨眠所逐[61]故，不能斷，第四一道，自性解脫，無所斷故，亦[62]能治．呪[63]勝進道而有所斷？如是推求，斷不可得，以一切法，無作用故．尙不自住，呪滅他故？雖無能斷，而非不斷，由前中後衆緣和合故．如『十地論』云，"此智盡漏，爲初智斷，爲中爲後．非初智斷亦非中後．… 如燈炎非初非中後，前中後取故."

[H1, 804b20~c6; O 44,6~10]

그러나 다시 [다섯 가지 수행과 두 가지 지혜의] 모든 조건에서 그 [번뇌를] 다스릴 수 있는 것을 찾아보아도 [번뇌를] 온전히 끊을 수 있는 하나의 것은 끝내 있지 않으니, 어째서인가? [다섯 가지 수행 중] 앞의 ['[깨달음의] 기초를 마련하는 수행'(資糧道) · '[해탈에 이르는] 수단과 방법이 되는 수행'(方便道) · '[번뇌가] 끼어들지 못하게 하는 수행'(無間道), 이] 세 가지는 '[분별한 대상의] 차이에 얽매임'(相縛)[64]과 '잠재적인 번뇌'(隨眠)를 따르는 것에서 벗어나지 못하기 때문에 [번뇌를 완전히] 끊지 못하고, 네 번째의 한 수행

61 橫超本의 교감에 따르면, 원본에는 '遂'이지만, '逐'으로 교감한 것이다.

62 한불전에는 '亦' 뒤에 '非'가 없지만 橫超本에는 '亦非'로 나온다. 문맥에 적절하므로 '亦非'로 교감하여 번역한다.

63 橫超本의 교감에 따르면, 원본에는 '呪'이지만, '況'으로 교감한 것이다. '況'으로 보고 번역한다. 다음 문장에 나오는 '呪滅他故'의 '呪'도 '況'으로 교감한다.

64 상박相縛과 추중박麤重縛: 상박相縛과 추중박麤重縛에 대해 원효는 다음과 같이 해설한다(『금강삼매경론』, H1, 612c21~613a6). "〈이 결박〉(斯縛)이라는 것은, [인집人執과 법집法執을] 하나씩 말하면, '자아에 대한 집착'(人執)은 '거칠고 무거운 [번뇌에 얽매이는] 결박'(麁重縛)이고 '현상에 대한 집착'(法執)은 '[불변 · 독자의 본질/실체로 차별된] 차이에 의해 얽매이는 결박'(相縛)이다. 통틀어 말하면 [인집人執과 법집法執, 이] 두 가지 집착에는 '거칠고 무거운 [번뇌에 얽매이는] 결박'(麁重縛)과 '[불변 · 독자의 본질/실체로 차별된] 차이에 의해 얽매이는 결박'(相縛)이 모두 있다."(言"斯縛"者, 別而言之, 人執是麁重縛, 法執是相縛. 通而說之, 二執皆有, 麁重相縛.)

[인 '[번뇌에서] 풀려나는 수행'(解脫道)]은 '본연으로서의 해탈'(自性解脫)이어서 '끊어야 할 것'이 없기 때문에 [이 해탈도解脫道] 역시 [번뇌를] 끊을 수 있는 것이 아니다. 하물며 '이전보다 뛰어난 경지로 나아가는 수행'(勝進道)에서 '끊어야 할 것'이 있겠는가? 이와 같이 따져 본다면 '[번뇌를] 끊는 [특정한] 것'(斷)은 얻을 수 없는 것이니, [다섯 가지 수행과 두 가지 지혜를 비롯한] 모든 현상은 [독자적으로] 작용함이 없기 때문이다. [다섯 가지 수행은] 오히려 자신이 [독자적으로] 머물지 않는데 하물며 다른 것을 없앨 수 있겠는가?

[그러나] 비록 [번뇌를] 끊을 수 있는 [특정한] 수행은 없지만 [번뇌를] 끊지 않는 것은 아니니, 앞[의 자량도資糧道·방편도方便道·무간도無間道]와 중간[의 해탈도解脫道]와 뒤[의 승진도勝進道]의 여러 조건들이 화합하기 때문이다. [이것은] 『십지경론十地經論』에서 [다음과 같이] 말한 것과 같다. "이 지혜가 번뇌를 다 없애니, 처음의 지혜에 의해 끊어지고 중간의 지혜에서 끊어지며 뒤의 지혜에 의해서 끊어진다. [그러나 번뇌는] 처음의 지혜가 끊는 것도 아니고 중간이나 뒤[의 지혜가 끊는 것]도 아니다. … 마치 등의 불꽃은 처음[의 등의 불꽃만이 등의 불꽃이] 아니고 중간이나 뒤[의 등의 불꽃만이 등의 불꽃인 것도] 아니니, [등의 불꽃이라는 것은] 앞과 중간 및 뒤[의 등의 불꽃 모두]를 취하기 때문이다."[65]

其實雖然, 於諸緣中 拔其最勝, 與斷功者, 唯解脫道, 說名正斷. 如『瑜伽』說, "問. 此諸現觀, 能爲煩惱斷對治者, 爲生己[66]作斷對治耶, 爲未生耶? 答. 此非未生. 雖言己[67]生, 而非後時. 當知煩惱斷時, 對治

---

65 『십지경론十地經論』 권2 「초환희지初歡喜地」(T26, 133a28~b2). "此智盡漏, 爲初智斷, 爲中爲後. 非初智斷亦非中後. (偈言, 非初非中後故, 云何斷?) 如燈焰非唯初中後, 前中後取故." 괄호 안의 원문은 인용문에서 생략한 것으로 본문의 … 에 들어가는 내용이다.

66 '己'는 『유가사지론』 원문에는 '已'로 나온다. '已'로 교감하여 번역한다.

生時，平等平等，卽於爾時，假施設言，對治生已，諸煩惱斷.” 又下文言，“若觀品所攝無漏聖道,[68] 見斷眠[69]隨逐生者，應不得名對治體性.” 是明見道自性解脫故，爲正斷對治體性.

[H1, 804c6~15; O 44,10~15]

그 [번뇌를 끊는] 실제가 비록 그러하지만 모든 [번뇌를 끊는] 조건들 중에 가장 뛰어난 것을 뽑아 [번뇌를] 끊는 능력을 부여한다면, 오직 '[번뇌에서] 풀려나는 수행'(解脫道)만이 '온전히 끊는 것'(正斷)이라고 말할 수 있다.

[이것은] 『유가사지론』에서 [다음과 같이] 말한 것과 같다. "묻는다. 이 모든 '[사성제에 대해] 이해함'(現觀)[70]이 '번뇌를 끊어내는 치유법'(煩惱斷對治)이 될 수 있다는 것은, [[사성제에 대해] 이해함'(現觀)이] 생기고 나서 '[번뇌를] 끊어내는 치유법'(斷對治)이 되는 것인가, [[사성제에 대해] 이해함'(現觀)이] 아직 생기기 전에 ['번뇌를 끊어내는 치유법'(斷對治)이] 되는 것인가? 답한다. 이 ['번뇌를 끊어내는 치유법'(斷對治)이 되는] 것은 [[사성제에 대해] 이해함'(現觀)이] 아직 생겨나지 않은 [때에 그런 것이] 아니다. [그러나] 비록 ['번뇌를 끊어내는 치유법'(斷對治)이 되는 것이] 이미 [[사성제에 대해] 이해함'(現觀)이] 생겨나고서 [그런 것이라] 말하지만, [[사성제에 대해] 이해함'(現觀)이] 생겨난 다음[에 '번뇌를 끊어내는 치유법'(斷對治)이 되는 것]은 아니다. 번뇌가 끊어지는 때와 '[번뇌를 끊어내는] 치유법'([斷]對治)이 생기는 때는 동시적(平等平等)인 것이니, 그러한 때에 대하여 방편으로 언어를 세워 '[번뇌를 끊어내는] 치유법(對治)이 생겨나고서 모든 번뇌가 끊어진

67 이 '已'도 원문에 '已'로 나온다.

68 '無漏聖道'는 『유가사지론』 원문에 '諸智'로 되어 있다.

69 '見斷眠'은 원문에 '見斷隨眠'으로 나온다.

70 현관現觀: 견도見道에서 여실하게 성취하는 사성제四聖諦에 관한 이해를 말한다. 상세한 내용은 앞서의 '현관現觀' 역주 참조.

다'고 하는 것임을 알아야 한다."[71] 또한 [『유가사지론』] 아래의 문장에서는 [다음과 같이] 말한다. "만일 '이해수행의 부류'(觀品)에 포함되는 '번뇌가 스며듦이 없게 하는 성스러운 수행'(無漏聖道)이, '[진리다운] 이해를 밝혀 가는 수행'(見道)에서 끊는 '잠재하고 있는 번뇌'(隨眠)에 뒤따라 일어나는 것이라고 한다면, ['번뇌가 스며듦이 없게 하는 성스러운 수행'(無漏聖道)은] '번뇌를 끊어내는 치유법의 본연'(對治體性)이라고 할 수 없다."[72]

[『유가사지론』의] 이 [문장들]은 '[진리다운] 이해를 밝혀 가는 수행'(見道)이 '본연으로서의 해탈'(自性解脫)이기 때문에 '[번뇌를] 온전히 끊어 내는 치유법의 본연'(正斷對治體性)이 된다는 것을 밝히고 있다.

2) '[선정을 토대로 이해를] 거듭 익혀 가는 수행'(修道)

修道位中, 四種道相, 大分同前, 准之可解. 於中差別者, 方便道易得成熟, 不如前時順決擇分長時懃修方入正觀. 由前已得聖道, 乘此勢力, 進入其次增品道故. 又無間道與解脫道, 未必如前一向別異, 如將入八地無相觀前, 無間道心, 非解脫道, 十地終心金剛喩定, 唯解脫道, 非無間道. 此二中間, 所有諸心, 望前爲解脫道, 望後作旡間道. 七地己[73]還修道位中, 隨其增微, 分有此義. 如『論』說言, "刹那刹那, 能懷[74]麤重依法故."

[H1, 804c15~805a3; O 45,1~6]

71 『유가사지론』 권71(T30, 691c13~17). "問. 此諸現觀, 能爲煩惱斷對治者, 爲生已作斷對治耶, 爲未生耶? 答. 此非未生. 雖言已生, 而非後時. 當知煩惱斷時, 對治生時, 平等平等, 卽於爾時, 假施設說, 對治生已, 諸煩惱斷."

72 『유가사지론』 권58 「섭결택분攝決擇分」(T30, 625a20~22). "若言觀品所攝諸智, 見斷隨眠隨逐生者, 應不得名對治體性." 밑줄 친 곳은 인용문과 차이가 있는 부분이다.

73 '己'는 橫超本에 '已'로 되어 있다. '已'로 보고 번역한다.

74 '懷'는 橫超本에 '壞'로 나온다. '壞'로 보고 번역한다.

'[선정을 토대로 이해를] 거듭 익혀 가는 수행'(修道)의 단계 중에 '네 가지 수행'(四種道)[75]의 특징(相)은 대부분 앞[의 '[진리다운] 이해를 밝혀 가는 수행'(見道)의 단계에서 설명한 것]과 같으니, 그것에 의거해 보면 이해할 수 있을 것이다. 그 가운데 차이가 나는 것은 [다음과 같다.]

[수도修道에서는] '[해탈에 이르는] 수단과 방법이 되는 수행'(方便道)이 쉽게 무르익을 수 있으니, 이전의 [견도見道일] 때 '[사제四諦의 이치를] 확실하게 판단한 것에 따라 [견도見道에 오르는] 과정'(順決擇分)[76]을 오랫동안 부지런히 익혀야 비로소 [견도見道의] '바른 이해'(正觀)에 들어가는 것과는 같지 않다. 앞서 [견도見道에서] 이미 ['번뇌가 스며듦이 없게 하는'(無漏)] '성스러운 수행'(聖道)을 얻고서 이 [수행의] 세력에 올라타 그다음의 '더 뛰어난 종류의 수행'(增品道)으로 진입하기 때문이다.

또 '[번뇌가] 끼어들지 못하게 하는 수행'(無間道)과 '[번뇌에서] 풀려나는 수행'(解脫道)은 앞서의 [견도見道에서] 한결같이 구별되던 것과는 같지 않으니, 만일 '[보살 수행의 '열 가지 [본격적인] 단계'(十地) 가운데] 여덟 번째 단계'(八地)의 '[불변 · 독자의 본질/실체로 차별된] 차이가 없음에 대한 이해'(無相觀)에 들어가기 이전[의 마음]이라면 '[번뇌가] 끼어들지 못하게 하는 수행'(無間道)의 마음이지 '[번뇌에서] 풀려나는 수행'(解脫道)[의 마음]이 아니며, '[보살 수행의 '열 가지 [본격적인] 단계'(十地) 가운데] 열 번째 단계'(十地)의 '최종 마음'(終心)인 '금강석처럼 굳건한 선정'(金剛喩定)[77][의 마

75 사종도四種道: '진리다운 이해를 밝혀 가는 수행'(見道)의 '다섯 가지 수행'(五種道) 중 '[깨달음의] 기초를 마련하는 수행'(資糧道)을 제외한 나머지 네 가지 수행. 즉 '[해탈에 이르는] 수단과 방법이 되는 수행'(方便道), '[번뇌가] 끼어들지 못하게 하는 수행'(無間道), '[번뇌에서] 풀려나는 수행'(解脫道), '이전보다 뛰어난 경지로 나아가는 수행'(勝進道)을 말한다.

76 순결택분順決擇分: 앞서의 '방편도方便道' 역주의 내용 참조.

77 금강유정金剛喩定: 금강정金剛定, 금강삼매金剛三昧, 금강심金剛心이라고도 한다. 성문승에서 금강유정은 번뇌를 끊는 수행 중 마지막 단계인 무간도無間道에서 발생하는 선정으로서, 금강유정으로 인해 발생하는 지혜가 '진지盡智'이며 이 진지

음]은 오직 '[번뇌에서] 풀려나는 수행'(解脫道)[의 마음]이지 '[번뇌가] 끼어들지 못하게 하는 수행'(無間道)[의 마음]이 아니다. 이 [팔지八地와 십지十地] 두 가지 [수행단계의] 중간에 있는 모든 마음은, 앞[의 수행단계인 팔지八地]를 기준 삼아 본다면 '[번뇌에서] 풀려나는 수행'(解脫道)이 되고, 뒤[의 수행단계인 십지十地)]를 기준 삼아 본다면 '[번뇌가] 끼어들지 못하게 하는 수행'(無間道)이 된다. '[보살 수행의 '열 가지 [본격적인] 단계'(十地) 가운데] 일곱 번째 단계'(七地) 이후의 '[선정을 토대로 이해를] 거듭 익혀 가는 수행'(修道)의 단계에서는 그 [수행단계가] 미세함을 더함에 따라 이러한 뜻을 나누어 지닌다. [이것은] 『섭대승론』에서 "찰나찰나[의 매 순간]마다 〈'번뇌로 인한 장애'(煩惱障)와 '대상에 대한 이해를 가로막는 장애'(所知障)의 의지처인 훈습종자〉(麤重依法)[78]를 파괴할 수 있다."[79]라고 한 것

로 인해 무학의 아라한과가 이루어진다. 『아비달마구사론』 권24(T29, 126c23~26). "金剛喩定是斷惑中最後無間道所生. 盡智是斷惑中最後解脫道. 由此解脫道與諸漏盡得最初俱生故名盡智. 如是盡智至已生時便成無學阿羅漢果." 삼승의 수행에서는 최후의 선정으로서 일반적으로 52위 중 묘각위妙覺位 이전의 등각위等覺位에 해당하는데, 이 선정으로 인해 가장 미세한 번뇌가 끊어져 가장 높은 지위인 불과佛果를 얻는다. 『성유식론』 권10(T31, 54c13~15). "由三大劫阿僧企耶修習無邊難行勝行, 金剛喩定現在前時永斷本來一切麤重, 頓證佛果, 圓滿轉依." 원효의 『금강삼매경론』에서는 "若對生得無明住地, 即金剛心爲無間道, 妙覺初心爲解脫道. 無間道時與無明俱, 解脫道起方能正斷."(H1, pp.632c24~633a2)이라고 하여, 가장 미세한 번뇌인 생득무명주지生得無明住地에 대해서는 이 금강심金剛心(금강유정金剛喩定)이 해탈도解脫道 직전의 무간도無間道이어서 무명無明과 함께 있기 때문에 아직 생득무명주지生得無明住地를 끊어야 하는 수행의 과정에 해당하고, 해탈도解脫道인 묘각지妙覺地에 이르러서야 생득무명주지生得無明住地를 완전히 끊는다고 설명한다.

78 '추중의법麤重依法'은 『섭대승론석攝大乘論釋』(T31, 225a 20~21)의 "惑障爲麤, 智障爲重, 本識中一切不淨品熏習種子, 爲此二障依法."이라는 해석에 따라 번역하였다.

79 『섭대승론攝大乘論』 권하(T31, 126b13). "一刹那刹那, 能壞一切麤重依法故"; 『섭대승론석攝大乘論釋』(T31, 225a 20~21). "惑障爲麤, 智障爲重, 本識中一切不淨品熏習種子, 爲此二障依法." 〈산스크리트본의 해당 내용: (*동일한 문장이 『잡집론』에서 『아비달마집론』을 인용한 문장에 있다.) AS(ASp)., p.85; pratikṣaṇaṃ

과 같다.

3) '궁극적인 수행'(究竟道)[80]

(1) '[해탈에 이르는] 수단과 방법이 되는 수행'(方便道)과 '[번뇌가] 끼어들지 못하게 하는 수행'(無間道)

究竟道中方便道者, 於第十地勝進分中, 爲欲拔除根本無明, 仍不出觀, 進修方便. 方便[81]成滿, 最後一念, 是無間道. 如『對法論』云, "究竟道者, 謂金剛喩定. 此定有二種, 謂方便道攝及無間道攝." 故. 當知最後金剛喩定, 若望修道所斷, 一向是解脫道, 若望非二所斷, 一向爲無間道. 又復金剛以還, 乃至初地, 皆爲究竟道之方便道, 勝解行地所有善根, 皆此究竟之資糧道. 例如第十廻向勝進分中, 別修見道之近方便. 通而說之, 世第一法以還, 乃至十解初心, 皆爲見諦之方便道, 十信位中所修善根, 亦是見諦之資糧道. 於究竟道, 當知亦爾.

[H1, 805a3~17; O 45,6~12]

'궁극적인 수행'(究竟道)에서의 '[해탈에 이르는] 수단과 방법이 되는 수행'(方便道)은, '[보살 수행의 '열 가지 [본격적인] 단계'(十地) 가운데] 열 번째 단계'(第十地)에서의 '이전보다 뛰어난 경지로 나아가는 부분'(勝進分)에

---

sarvadauṣṭhulyāśrayaṃ drāvayati |; [방광에서 법(가르침)의 삼매에 대해 능숙한 보살을 알 수 있는 5가지 원인(動因) 중 첫 번째는 다음과 같다] 매 찰나마다 추중의 의지처(麤重)를 용해(소멸)시킨다는 [원인에 의해서.]〉

80 '궁극적인 수행'(究竟道)에는 '[선정을 토대로 이해를] 거듭 익혀 가는 수행'(修道)의 네 가지 중 '이전보다 뛰어난 경지로 나아가는 수행'(勝進道)을 제외한 나머지 세 가지(방편도, 무간도, 해탈도)가 해당된다.

81 橫超本의 교감에 따르면, 이 '方便'은 원본에 없고 보완해 넣은 것이다.

서 근본무지(根本無明)를 뿌리 뽑고자 이해(觀)에서 나오지 않은 채 방편으로 나아가 익히는 것이다. [그리고] 방편을 완성시킨 '마지막 한 생각'(最後一念)[에서의 수행]이 '[번뇌가] 끼어들지 못하게 하는 수행'(無間道)이다. [이것은] 『대승아비달마잡집론』에서 "'궁극적인 수행'(究竟道)이란 '금강석처럼 굳건한 선정'(金剛喩定)을 말한다. … 이 선정에는 두 종류가 있으니, '[해탈에 이르는] 수단과 방법이 되는 수행'(方便道)에 포함되는 것과 '[번뇌가] 끼어들지 못하게 하는 수행'(無間道)에 포함되는 것을 말한다."[82]라고 한 것과 같다.

마지막 단계의 '금강석처럼 굳건한 선정'(金剛喩定)은, 만약 '[선정을 토대로 이해를] 거듭 익혀 가는 수행'(修道)에서 끊어지는 [번뇌를] 기준으로 본다면 한결같이 '[번뇌에서] 풀려나는 수행'(解脫道)이고, 만약 ['진리다운 이해를 밝혀 가는 수행'(見道)과 '선정을 토대로 이해를 거듭 익혀 가는 수행'(修道)의] 두 가지 [수행으]로는 끊어지지 않는 [번뇌를] 기준으로 본다면 한결같이 '[번뇌가] 끼어들지 못하게 하는 수행'(無間道)이 된다는 것을 알

82 『대승아비달마잡집론』 권10(T31, 742a13~b27). "究竟道者, 謂依金剛喩定, … 此復略有二種, 謂方便道攝無間道攝." 밑줄 친 '復略'은 인용문에서 생략되었다. 또 원문 끝의 '無間道攝' 앞에는 '及'이 없는데, 인용문에서는 삽입되어 있다. 〈산스크리트본의 해당 내용: (정확히는 『잡집론』의 『집론』을 인용한 것으로, 대응하는 산스크리트는 『잡집론』에는 없고, 『집론』에만 존재한다.) AS(AS[P])., p.76; niṣṭhāmārgaḥ katamaḥ | vajropamaḥ samadhiḥ | sarvadauṣṭhulyānāṃ pratipraśrabdheḥ sarvasaṃyogānāṃ prahāṇāt sarvavisaṃyogānām adhigamāc ca | … vajropamaḥ samādhiḥ katamaḥ | bhāvanāmārgagatasya taduttaraṃ saṃyojanaprahāṇamārgavasthāyāṃ yaḥ samādhiḥ prayogamārgasaṃgraho vā ānantaryamārgasaṃgraho vā |; '궁극적인 길'(究竟道)이란 무엇인가? '금강석과 같은 삼매'이다. 왜냐하면 [이 삼매는] ① 모든 추중을 멈추게 하기 때문에, ② 모든 속박(結)을 끊기 때문에, 그리고 ③ 모든 속박으로부터 벗어남을 증득하기 때문이다. … '금강석과 같은 삼매'란 무엇인가? 수도에 있는 사람이 그 [수도]의 결과로 속박을 끊어내는 길의 상태에 있을 때 일어나는 삼매로서, 준비 수행 단계(加行道)를 지칭하거나 무간도(無間道)를 지칭하는 것이다.〉

아야 한다.[83]

금강[석처럼 굳건한 선정](金剛[喩定]) 이하부터 [보살수행의 '열 가지 [본격적인] 단계'(十地)의] '처음 단계'(初地)까지는 모두 '궁극적인 수행'(究竟道)에서 [행하는] '[해탈에 이르는] 수단과 방법이 되는 수행'(方便道)이고, '뛰어난 이해를 수행하는 경지'(勝解行地)[84]에 있는 '이로운 능력'(善根)은 모

---

83 즉, 금강유정은 수도의 측면에서 보면 마지막 수행단계가 되어 해탈도가 되고 구경도의 측면에서 보면 해탈도 이전의 무간도가 된다. 견도와 수도 두 가지 수행에서 끊어지지 않는 번뇌는 구경도에서 끊는다. 이와 관련해서는 앞서 나왔던 논의(H1, 800c18~801a6)를 참조할 수 있다. "이 앞에서 제외했던 〈미세한 '대상에 대한 이해를 가로막는 장애'〉(微細知障)와, 앞[의 견도見道와 수도修道]에서 끊어진 ['번뇌로 인한 장애'(煩惱障)와 '대상에 대한 이해를 가로막는 장애'(所知障), 이] 두 가지 장애의 〈'누적된 경향성'〉(習氣), '현상으로 드러나지 않는 측면'(隱密門)에서의 〈'번뇌로 인한 장애' 안의 '[근본무지에 의한] 애초의 움직임에 의한 오염[된 마음]'〉(煩惱碍內根本業染)과 〈'지혜를 가로막는 장애'인 '삼계의 근본무명'〉(智碍無明住地). ― 이것들 모두는 [견도見道와 수도修道, 이] 두 가지 [수행]에서 끊어지는 것이 아니고 오직 '궁극적인 수행'(究竟道)에서만 끊어질 수 있는 것이다. ['세 가지 번뇌로 묶는 방식'(三種煩惱門)인] 이것은 '뚜렷한 특징'(麤相)에 의거하여 그 차이를 나타낸 것이니, 더욱 미세한 [특징에 의거하여 차이를 구분하는] 도리는 뒤[에서 밝히는] 방식(門)에서 설명할 것이다."(此前所除微細知障, 又前所斷二障習氣, 及隱密門煩惱碍內根本業染, 及與智碍無明住地, 此等皆是非二所斷, 唯究竟道所能斷故. 此約麤相, 顯其差別. 巨細道理, 後門當說.)

84 승해행지勝解行地: 『유가사지론』에서 제시하는 보살의 수행 계위인 13주住 체계를 일곱 가지 단계로 재편성한 것이 7지地인데, 승해행지勝解行地는 7지 가운데 두 번째이다. 보살의 수행 계위에 관한 7지와 13주와 10지의 체계를 도표화하면 다음과 같다. 이 도표를 통해 알 수 있듯이 10지地 체계에서의 십주十住·십행十行·십회향十廻向이 승해행지勝解行地에 해당한다.

7地	① 種性地	② 勝解行地	③ 淨勝意樂地	④ 行正行地						⑤ 決定地	⑥ 決定行地	⑦ 到究竟地	
13住	① 種性住	② 勝解行住	③ 極歡喜住	④ 增上戒住	⑤ 增上心住	⑥ 覺分相應增上慧住	⑦ 諸諦相應增上慧住	⑧ 緣起流轉止息相應增上慧住	⑨ 有加行有功用無相住	⑩ 無加行無功用無相住	⑪ 無礙解住	⑫ 最上成滿菩薩住	⑬ 如來住

두 이 [방편도方便道를 위한] 최종적인 '[깨달음의] 기초를 마련하는 수행'(資糧道)이다. 예를 들면 '[수행으로 성취한 모든 것을 중생들에게 돌리는 행위의 열 가지 단계'(十廻向)의] 열 번째 단계(第十廻向)의 '이전보다 뛰어난 경지로 나아가는 부분'(勝進分)에서 '[진리다운] 이해를 밝혀 가는 수행'(見道)으로 나아가는 '가까워지는 방편 [수행]'(近方便)을 별도로 닦는 것과 같다. 통틀어 말하자면, '[견도見道 이전의 단계에서] 가장 뛰어난 수준의 수행'(世第一法)[85] 이하의 단계에서부터 '열 가지 이해의 단계'(十解/十住)의 '첫 단계의 마음'(初心)까지는 모두 '견도見道에서 터득하는 진리'(見諦)를 위한 '수단과 방법이 되는 수행'(方便道)이 되고, '열 가지 믿음의 단계'(十信位)에서 닦은 '이로운 능력'(善根)도 또한 '견도見道에서 터득하는 진리'(見諦)를 위한 '기초를 마련하는 수행'(資糧道)이 된다. '궁극적인 수행'(究竟道)에서도 그러하다는 것을 알아야 한다.

10地	十信	十住·十行·十迴向	① 歡喜地	② 離垢地	③ 發光地	④ 焰慧地	⑤ 難勝地	⑥ 現前地	⑦ 遠行地	⑧ 不動地	⑨ 善慧地	⑩ 法雲地	等覺地

85 세제일법世第一法과 사선근四善根: 견도見道에 도달하기 이전에 수행으로 성취하는 '네 가지 이로운 능력'(四善根: 난煖·정頂·인忍·세제일법世第一法) 가운데 가장 수준이 높은 능력이다. 사선근四善根은 설일체유부說一切有部에서 제시한 개념으로, '[4제四諦에 관한 이해를] 착수하는 수행'(煖法), '[4제四諦에 관한 이해가] 탁월해진 수행'(頂法), '[4제四諦의 도리를] 감당해 내는 수행'(忍法), '[견도 이전의 단계에서] 가장 뛰어난 수준의 수행'(世第一法)을 가리킨다. 그런데 이 사선근의 '法'은 문맥에 따라 두 가지로 번역할 필요가 있다. 하나는 '수행'이고 다른 하나는 '현상'이다. 그래서 본 번역에서는 4선근四善根의 번역어를 다음과 같은 두 가지 가운데 하나를 문맥에 따라 선택하고 있다. 즉, 난법煖法은 '[4제四諦에 관한 이해를] 착수하는 수행'/'[4제四諦에 관한 이해를] 착수하는 현상', 정법頂法은 '[4제四諦에 관한 이해가] 탁월해진 수행'/'[4제四諦에 관한 이해가] 탁월해진 현상', 인법忍法은 '[4제四諦의 도리를] 감당해 내는 수행'/'[4제四諦의 도리를] 감당해 내는 현상', 세제일법世第一法은 '[견도見道 이전의 단계에서] 가장 뛰어난 수준의 수행'/'[견도見道 이전의 단계에서] 가장 뛰어난 수준의 현상'의 어느 하나를 선택한다.

(2) '[번뇌에서] 풀려나는 수행'(解脫道)

究竟道中解脫道者, 佛地所得大圓鏡智, 以爲其體. 如『經』云, "無碍道中行, 名爲菩薩, 解脫道中離一切障, 兮[86]曰如來"故. 此二道位, 有等不等, 何者? 若望修道所斷煩惱, 金剛心位, 已得解脫, 於此智斷, 佛不能過, 故名等覺及無垢地. 如『經』言, "行過十地, 解與佛同,"故. 若望非二所斷, 無明此時未離, 但是信解, 未能證見. 雖得照寂, 而非寂照, 是故但名菩薩, 未名覺者. 如『經』言, "習忍至金剛[87]三昧,[88] 以無相[89]信,[90] 照第一義諦, 不名爲見, 所謂見者, 是薩般若故".

[H1, 805a17~b5; O 45,13~46,3]

'궁극적인 수행'(究竟道)에서의 '[번뇌에서] 풀려나는 수행'(解脫道)은, '부처님의 경지'(佛地)에서 증득하는 '[아뢰야식을 치유하여 성취하는] 거울로 비추는 것처럼 [현상세계를] 온전하게 드러내는 지혜'(大圓鏡智)를 그 바탕으로 삼는다. [이것은] 『마하반야바라밀경』에서 "'[번뇌에] 걸림이 없게 하는 수행'(無碍道)[91] 속에서 행하는 자를 보살菩薩이라고 하고, '[번뇌에서] 풀려나는 수행'(解脫道) 속에서 모든 [번뇌의] 장애로부터 벗어난 자를 여래如來라고 부른다."[92]라고 말한 것과 같다.

---

86 '兮'는 橫超本에서 '號'로 교감하였다. 『마하반야바라밀경摩訶般若波羅蜜經』의 해당 원문은 '是名爲佛'이라서 일치하지는 않지만, 뜻으로는 '號'로 보는 것이 적절하다.

87 '金剛'은 『불설인왕반야바라밀경』 원문에서 '頂'으로 나온다.

88 원문은 '三昧, 皆名爲伏一切煩惱'이므로 '皆名爲伏一切煩惱' 부분이 생략되었다.

89 원본에는 '楯'이지만 傍註에 있는 '相'에 의거하여 교감한 것이다. 원문에도 '相'이다.

90 '信' 다음에 원문의 '滅一切煩惱, 生解脫智' 부분이 누락되었다.

91 무간도無間道를 말한다.

92 『마하반야바라밀경』 권26(T8, 411b25~27). "若菩薩摩訶薩, 無礙道中行, 是名菩薩, 解脫道中無一切闇蔽, 是名爲佛." 〈산스크리트본의 해당 내용: Aṣṭādaśasāhasrikā Prajñāpāramitā, pp.116-117; evam eva subhūte bodhisattvo mahāsattva

이 ['궁극적인 수행'(究竟道)에서의 '[번뇌가] 끼어들지 못하게 하는 수행'(無間道)과 '[번뇌에서] 풀려나는 수행'(解脫道)] 두 가지 수행의 단계에는 같은 점과 같지 않은 점이 있으니, 무엇인가? 만약 '[선정을 토대로 이해를] 거듭 익혀 가는 수행'(修道)에서 끊어지는 번뇌를 기준으로 본다면, '금강[석처럼 굳건한] 마음'(金剛心)[93]의 단계에서 이미 [번뇌로부터] 풀려나고 이 [금강석처럼 굳건한 마음의 단계]에서 지혜가 끊는 것을 부처님[이 끊은 것]이 넘지 않으니, 그러므로 ['금강석처럼 굳건한 마음의 단계'(金剛心位)를] '[차이들을] 평등하게 볼 수 있는 깨달음[의 경지]'(等覺[位])[94]나 '번뇌가 없어진

ānantaryamārge pratipannakas tathāgatas punar arhan samyaksaṃbuddhaḥ sarvadharmeṣv anandhakāratā prāpta[ḥ]; 수부띠여! 바로 동일한 방식으로 보살마하살은 무간도에 근접한 자이지만, 아라한이자 정등각자인 여래는 모든 다르마들에 대한 어둠이 없는 상태를 획득하신 분이다.〉

93 금강심金剛心: '금강석처럼 굳센 선정'(金剛喩定)을 지칭하며 '금강정金剛定' '금강삼매金剛三昧'라고도 한다. 성문승聲聞乘에서 금강유정은 번뇌를 끊는 수행 중 마지막 단계인 무간도無間道에서 발생하는 선정으로서, 금강유정으로 인해 발생하는 지혜가 '진지盡智'이며 이 진지로 인해 무학의 아라한과가 이루어진다. 『아비달마구사론』 권24(T29, 126c23~26). "金剛喩定是斷惑中最後無間道所生, 盡智是斷惑中最後解脫道. 由此解脫道與諸漏盡, 得最初俱生, 故名盡智. 如是盡智至已生時, 便成無學阿羅漢果." 삼승三乘의 수행 중 최후의 선정으로서 일반적으로는 52위 중 묘각위妙覺位 이전의 등각위等覺位에 해당하는데, 이 선정으로 인해 가장 미세한 번뇌가 끊어져 가장 높은 지위인 불과佛果를 얻는다. 『성유식론』 권10(T31, 54c13~15). "由三大劫阿僧企耶修習無邊難行勝行, 金剛喩定現在前時, 永斷本來一切麤重, 頓證佛果, 圓滿轉依." 원효는 『금강삼매경론』에서 "若對生得無明住地, 即金剛心爲無間道, 妙覺初心爲解脫道, 無間道時與無明俱, 解脫道起方能正斷."(H1, pp.632 c24~633a2)이라고 하여, 가장 미세한 번뇌인 생득무명주지生得無明住地에 대해서는 이 금강심金剛心(금강유정金剛喩定)이 해탈도解脫道 직전의 무간도無間道이어서 무명無明과 함께 있기 때문에 아직 생득무명주지生得無明住地를 끊어야 하는 수행의 과정에 해당하고, 해탈도解脫道인 묘각지妙覺地에 이르러서야 생득무명주지生得無明住地를 완전히 끊는다고 설명한다.

94 등각等覺의 번역: 원효의 관점에 따르면, 보살 수행의 52단계(52位)에서 십지十地 이전인 십신十信·십주十住·십행十行·십회향十廻向 단계에서의 관행은 모두 방편관에 속하고, 십지 초지初地부터의 관행은 정관에 해당한다. 그에 의하면, 자

경지'(無垢地)[95]라고 한다. [이것은] 『보살영락본업경』에서 "수행이 '[초지

리행과 이타행이 하나로 결합되는 분기점은 십지의 초지이며, 십지부터는 자리행과 이타행이 근원에서 하나로 결합하는 경지가 펼쳐지게 되고, 등각等覺과 묘각妙覺에 이르러 그 완벽한 경지가 된다. 또 십지의 초지初地 이상의 지평을 여는 정관正觀의 핵심을 원효는 유식관唯識觀으로 본다. 정관이 작동하는 초지 이상의 경지에서 현상과 존재의 사실 그대로인 진여공성眞如空性에 직접 접속하게 되고, 그때 '['사실 그대로'를] 비로소 깨달은' 시각始覺을 증득하여 본각本覺[인 '사실 그대로 앎']과 상통하게 되어 '시각이 곧 본각'이라는 일각一覺의 지평에 올라선다. 이후의 과제는 본각과의 상통 정도를 확장해 가는 것이다. 초지에서 위로 올라갈수록 상통의 원만성이 확대되다가, 등각等覺 경지에서 성취하게 되는 금강삼매에 의거하여 마침내 묘각妙覺 지평이 열려 시각과 본각이 완전하게 하나가 된다. 등각等覺을 "行過十地, 解與佛同"이라고 설명하는 『보살영락본업경』의 이해(T24, 1018b2)에 따른다면, '등각等覺'의 한글 번역은 '이해가 부처와 같아진 깨달음[의 경지]' 정도가 무난할 것이다. 그러나 이러한 번역어는 등각等覺의 구체적 특징에 관한 정보를 제공하지 못한다. '부처와 같은 이해'가 구체적으로 어떤 특징적 내용을 염두에 두고 있는 것인지 알려 주지 않는다. 번역자의 이해를 명확하게 반영하려는 해석학적 번역을 추구할 때는 이런 모호한 번역어에 그칠 수가 없다. 십지의 초지初地 이상에서 직접 접속하게 된 '진여공성眞如空性'이라는 지평은 무지가 차이현상들에 덧씌우던 불변·독자의 본질/실체/본질이 해체된 '사실 그대로의 지평'이다. 이러한 의미를 고려할 때 '등각等覺'은, '차이들의 실체적/본질적 차별화를 만들어 내던 무지'에 매이지 않고 '차이들을 무실체/무본질의 지평 위에서 실체적/본질적 차별 없이 만날 수 있는 능력이 고도화된 경지'로 풀이해 볼 수 있다. 이런 이해를 반영하여 '등각等覺'을 '[차이들을] 평등하게 볼 수 있는 깨달음'이라고 번역하였다. '등각等覺'의 의미를 이렇게 이해한다면, 등각等覺 이후에 등장하는 묘각妙覺은 '[차이들을] 사실대로 함께 만날 수 있는 깨달음'이라고 번역할 수 있을 것이다. 불교문헌에서 '묘妙'라는 개념을 사용할 때는 '실체적/본질적 구분이 해체되어 차이들이 동거/동행하는 지평'을 지시하기 때문이다. '묘妙'라는 한자어 자체도 '경계가 확정되지 않는 상태'를 지시하는 것이다. 『금강삼매경론』에서는 등각과 묘각에 관련된 내용이 자주 등장하는데, '등각等覺'과 '묘각妙覺'을 각각 '[차이들을] 평등하게 볼 수 있는 깨달음' 및 '[차이들을] 사실대로 함께 만날 수 있는 깨달음'으로 번역하는 것을 지지해 줄 수 있는 내용들이 등장한다.

95 『보살영락본업경』(T24, 1010b24-27)에서는 등각을 무구지無垢地라고 한다. "佛念吾等建立大志, 乃悉現我諸佛世界所有好惡殊勝之土, 佛所遊居闡隆導化, 光明神足教誨我等開示我意, 佛本業瓔珞十住十行十向十地無垢地妙覺地."

初地부터 십지十地까지의] 열 가지 [본격적인] 단계'(十地)[96]를 넘어서며 이

---

96 십지十地: 보살이 수행의 단계를 구분하는 52위位 중, 제41위로부터 제50위까지의 계위階位이다. 환희지歡喜地·이구지離垢地·발광지發光地·염혜지焰慧地·난승지難勝地·현전지現前智·원행지遠行智·부동지不動地·선혜지善慧地·법운지法雲地가 그것이다. 『대승기신론』(T32, 577c7~15)은 육종염심六種染心을 이 십지와 연관시켜 설명하고 있다. "'오염된 마음'(染心)에는 여섯 가지가 있으니, 무엇이 여섯 가지인가? 첫 번째는 '집착에 서로 응하는 오염[된 마음]'(執相應染)이니, [이 오염된 마음은] '[가르침을] 들어서 [혼자] 부처가 되려는 수행자'(聲聞)와 '연기의 이치를 깨달아 [혼자] 부처가 되려는 수행자'(緣覺)의 해탈 및 [대승의] '[진리에 대한] 믿음과 서로 응하는 경지'(信相應地)에 의거하여 멀리 벗어나는 것이다. 두 번째는 '[집착이] 끊어지지 않는 것에 서로 응하는 오염[된 마음]'(不斷相應染)이니, '[진리에 대한] 믿음과 서로 응하는 경지'(信相應地)에 의거하여 '수행의 수단과 방법'(方便)을 익히고 배워서 [이 오염된 마음을] 점점 버려 나가다가 ['[보살수행의] 열 가지 [본격적인] 단계'(十地) 가운데 '첫 번째 단계'(初地, 歡喜地)인] '온전한 마음의 경지'(淨心地)를 성취하여 궁극적으로 벗어날 수 있는 것이다. 세 번째는 '[근본무지에 따라] 분별하는 이해에 서로 응하는 오염[된 마음]'(分別智相應染)이니, ['[보살수행의] 열 가지 [본격적인] 단계'(十地)의 '두 번째 단계'(第二地, 離垢地)인] '윤리적 행위능력을 두루 갖춘 경지'(具戒地)에 의거하여 [이 오염된 마음에서] 점점 벗어나다가 '[십지의 '일곱 번째 단계'(第七地, 遠行地)인] '[불변·독자의 본질/실체로 차별된] 차이가 없이 방편을 쓸 수 있는 경지'(無相方便地)에 이르러 궁극적으로 벗어나는 것이다. 네 번째는 '[식識이] 나타낸 유형적인 대상에 [의식 차원에서는] 서로 응하지 않는 오염[된 마음]'(現色不相應染)이니, [십지의 '여덟 번째 단계'(第八地, 不動地)인] '유형적인 것으로부터 자유로운 경지'(色自在地)에 의거하여 [이 오염된 마음에서] 벗어날 수 있는 것이다. 다섯 번째는 '주관이 된 마음에 [의식 차원에서는] 서로 응하지 않는 오염[된 마음]'(能見心不相應染)이니, [십지의 '아홉 번째 단계'(第九地, 善彗地)인] '마음에서 자유로운 경지'(心自在地)에 의거하여 [이 오염된 마음에서] 벗어날 수 있는 것이다. 여섯 번째는 '[근본무지에 의한] 애초의 움직임에 [의식 차원에서는] 서로 응하지 않는 오염[된 마음]'(根本業不相應染)이니, [십지의 '열 번째 단계'(第十地, 法雲地)인] '보살의 수행단계를 모두 마친 경지'(菩薩盡地)에 의거하여 '여래의 경지'(如來地)에 들어가면 [이 오염된 마음에서] 벗어날 수 있는 것이다."(染心者有六種, 云何爲六? 一者, 執相應染, 依二乘解脫及信相應地遠離故. 二者, 不斷相應染. 依信相應地修學方便, 漸漸能捨, 得淨心地究竟離故. 三者, 分別智相應染. 依具戒地漸離, 乃至無相方便地究竟離故. 四者, 現色不相應染. 依色自在地能離故. 五者, 能見心不相應染. 依心自在地能離故. 六者, 根本業不相應染. 依菩薩盡地, 得入如來地能離故.) 원효의 관점에 따르면, 보살 수행의

해가 부처님과 같아진다."[97]라고 한 것과 같다.

만일 ['[진리다운] 이해를 밝혀 가는 수행'(見道)과 '[선정을 토대로 이해를] 거듭 익혀 가는 수행'(修道), 이] 두 가지 [수행]에 의해 끊어지지 않는 [번뇌를][98] 기준으로 본다면, 근본무지(無明)가 이때에는 아직 떨어지지 않았으니, 단지 '믿고 이해'(信解)할 뿐이지 아직 '증득하여 [있는 그대로] 봄'

52단계(52位)에서 십지十地 이전인 십신十信·십주十住·십행十行·십회향十廻向 단계에서의 관행觀行은 모두 방편관方便觀에 속하고, 십지 초지初地부터의 관행은 정관正觀에 해당한다. 그에 의하면, 자리행과 이타행이 하나로 결합되는 분기점은 십지의 초지이며, 십지부터는 자리행과 이타행이 근원에서 하나로 결합하는 경지가 펼쳐지게 되고, 등각等覺과 묘각妙覺에 이르러 그 완벽한 경지가 된다. 또 십지의 초지初地 이상의 지평을 여는 정관正觀의 핵심을 원효는 유식관唯識觀으로 본다. 정관이 작동하는 초지 이상의 경지에서 현상과 존재의 사실 그대로인 진여공성眞如空性에 직접 접속하게 되고, 그때 '['사실 그대로'를] 비로소 깨달은' 시각始覺을 증득하여 본각本覺[인 '사실 그대로 앎']과 상통하게 되어 '시각이 곧 본각'이라는 일각一覺의 지평에 올라선다. 이후의 과제는 본각과의 상통 정도를 확장해 가는 것이다. 초지에서 위로 올라갈수록 상통의 원만성이 확대되다가, 등각等覺 경지에서 성취하게 되는 금강삼매에 의거하여 마침내 묘각妙覺 지평이 열려 시각과 본각이 완전하게 하나가 된다. 이러한 이해를 반영하여 본 번역에서는 '십지十地'를 '[보살수행의] 열 가지 [본격적인] 단계'로 번역한다.

97 『보살영락본업경』 권하卷下 「석의품釋義品」(T24, 1018b2). "行過十地, 解與佛同."

98 관련된 앞서의 내용(H1, 800c18~801a6). "이 앞에서 제외했던 〈미세한 '대상에 대한 이해를 가로막는 장애'〉(微細知障)와, 앞[의 견도見道와 수도修道]에서 끊어진 ['번뇌로 인한 장애'(煩惱障)와 '대상에 대한 이해를 가로막는 장애'(所知障), 이] 두 가지 장애의 〈'누적된 경향성'〉(習氣), '현상으로 드러나지 않는 측면'(隱密門)에서의 〈'번뇌로 인한 장애' 안의 '[근본무지에 의한] 애초의 움직임에 의한 오염[된 마음]'〉(煩惱碍內根本業染)과 〈'지혜를 가로막는 장애'인 '근본무지가 다른 번뇌들의 토대가 되는 단계'〉(智碍無明住地). ―이것들 모두는 [견도見道와 수도修道, 이] 두 가지 [수행]에서 끊어지는 것이 아니고 오직 '궁극적인 수행'(究竟道)에서만 끊어질 수 있는 것이다. ['세 가지 번뇌로 묶는 방식'(三種煩惱門)인] 이것은 '뚜렷한 특징'(麤相)에 의거하여 그 차이를 나타낸 것이니, 더욱 미세한 [특징에 의거하여 차이를 구분하는] 도리는 뒤[에서 밝히는] 방식(門)에서 설명할 것이다." (此前所除微細知障, 又前所斷二障習氣, 及隱密門煩惱碍內根本業染, 及與智碍無明住地, 此等皆是非二所斷, 唯究竟道所能斷故. 此約麤相, 顯其差別. 巨細道理, 後門當說.)

(證見)은 아니다. [이때는] 비록 '[사실 그대로] 이해하여 [분별의 왜곡과 동요를] 그침'(照寂)[99]을 성취하기는 했지만 '[분별의 왜곡과 동요를] 그쳐 [사실 그대로] 이해함'(寂照)은 아니니, 그러므로 다만 '보살'이라고만 부르지

---

99 조적照寂과 적조寂照: 보살의 지위에서 체득하는 '여섯 가지 지혜'(六慧: 聞慧, 思慧, 修慧, 無相慧, 照寂慧, 寂照慧)에서 지혜(慧) 유형으로 등장하는 개념들이다. 육혜六慧라는 용어는 대소승의 경론에서 폭넓게 나타나지만 조적혜照寂慧와 적조혜寂照慧가 포함되는 지혜로 나타나는 것은 『본업경』에서만 확인할 수 있다. 이 점은 원측圓測의 『인왕경소仁王經疏』와 천태天台의 『인왕호국반야경소仁王護國般若經疏』, 법장法藏의 『화엄경탐현기華嚴經探玄記』 등의 몇몇 주석서에서만 거론되고 있을 뿐이어서 매우 제한적으로 다뤄지고 있음을 확인할 수 있다. 원효는 이 육혜六慧에 주목하여 『대승기신론소』와 『금강삼매경론』 등에서 경전의 본문을 해석하는 데 적극 활용하고 있다. '여섯 가지 지혜'(六慧)의 내용은 '들어서 얻는 지혜'(聞慧), '사유하여 얻는 지혜'(思慧), '닦아서 얻는 지혜'(修慧), '[불변·독자의 본질/실체로 차별된] 차이가 없음을 아는 지혜'(無相慧), '[사실 그대로] 이해하여 [분별의 왜곡과 동요를] 그치게 하는 지혜'(照寂慧), '[분별의 왜곡과 동요를] 그쳐 [사실 그대로] 이해할 수 있는 지혜'(寂照慧)로 구성되어 있다. 『본업경』의 내용은 다음과 같다. 『보살영락본업경』 권1(T24, 1012b29~c1). "復名六慧, 聞慧, 思慧, 修慧, 無相慧, 照寂慧, 寂照慧." 『본업경소』에서 원효는, 『보살영락본업경』의 경문에 나오는 적조照寂와 조적照寂의 뜻에 대해 "〈'[분별의 왜곡과 동요를] 그쳐 [사실 그대로] 이해하는 것'(寂照)과 '[사실 그대로] 이해하여 [분별의 왜곡과 동요를] 그치는 것'(照寂)의 뜻은 또 어떤 것입니까?〉(寂照照寂之義, 復云何?)라는 것은, '[분별의 왜곡과 동요를] 그쳐 [사실 그대로] 이해할 수 있는 지혜'(寂照慧)는 무엇에 의거해 일어나고 '[사실 그대로] 이해하여 [분별의 왜곡과 동요를] 그치게 하는 지혜'(照寂慧)는 무엇에 의거해 일어나는가 하는 것이니, 이것은 '처음 [지혜]와 나중 [지혜]의 두 가지 지혜'(初後二智)를 통틀어 물은 것이다."(H1, 508c4~5)라고 주석한다. 또 『금강삼매경론』에서는 "또한 이 지혜의 작용은, '[차이들을] 평등하게 볼 수 있는 깨달음의 경지'(等覺位)에 있을 때는 '[사실 그대로] 이해하여 [분별의 왜곡과 동요를] 그치게 하는 지혜'(照寂慧)라고 부르니 '[근본무지에 따라] 생겨나고 사라지는 동요 양상'(生滅之動相)에서 아직 벗어나지 못했기 때문이고, '[차이들을] 사실대로 함께 만날 수 있는 깨달음의 경지'(妙覺位)에 이를 때는 '[분별의 왜곡과 동요를] 그쳐 [사실 그대로] 이해할 수 있는 지혜'(寂照慧)라고 부르니 이미 제9식識의 '궁극적인 평온'(究竟靜)으로 돌아갔기 때문이다."(H1, 657b18~21)라고 하여 등각等覺과 묘각妙覺의 경지에 조적혜照寂慧와 적조혜寂照慧를 각각 배속하고 있다.

아직 '깨달은 자'(覺者)라고 부르지는 않는다. [이것은] 『불설인왕반야바라밀경』에서 "'[번뇌를 억누르는 것을] 거듭 익히는 수행'(習忍)(십주十住 수행)[100]으로부터 '금강[석처럼 굳건한] 삼매'(金剛三昧)[101]에 이르기까지 '[불

100 습인習忍: 『인왕경』 권1에 따르면 "諸菩薩摩訶薩依五忍法以爲修行, 所謂伏忍信忍順忍無生忍, 一一皆上中下, 於寂滅忍而有上下"(T8, 836b14~16)라고 하여, 보살은 복인伏忍 · 신인信忍 · 순인順忍 · 무생인無生忍 · 적멸인寂滅忍의 오인법五忍法에 의거하여 수행하며 앞의 네 가지는 각각 상 · 중 · 하의 3단계로 다시 나뉘고 마지막의 적멸인은 상 · 하의 2단계로 나뉘어 모두 14가지의 단계가 있다고 한다. 여기서 습인習忍(습종성習種性)은 "初伏忍位, 起習種性, 修十住行"(T8, 836b17)이라고 하여 오인五忍 중의 첫 번째인 복인伏忍의 하품下品으로서 십주十住를 닦는 것을 말한다. 이하의 설명(T8, 836b17~836c23)을 참조하여 보살이 수행하는 오인법五忍法의 14가지 단계(菩薩本所修行五忍法中十四忍: T8-837a3~4)를 정리해 보면 다음과 같다.

오인법 五忍法	오인법의 삼품三品과 이품二品	수행 계위	해당 경문
복인伏忍	하: 습종성習種性	십주十住	初伏忍位, 起習種性, 修十住行.
	중: 성종성性種性	십행十行	性種性菩薩修行十種波羅蜜多.
	상: 도종성道種性	십회향十迴向	道種性菩薩修十迴向, 起十忍心.
신인信忍	하	초지 환희지歡喜地	信忍菩薩, 謂歡喜地離垢地發光地.
	중	이지 이구지離垢地	
	상	삼지 발광지發光地	
순인順忍	하	사지 염혜지焰慧地	順忍菩薩, 謂焰慧地難勝地現前地.
	중	오지 난승지難勝地	
	상	육지 현전지現前地	
무생인無 生忍	하	칠지 원행지遠行地	無生忍菩薩, 謂遠行地不動地善慧地.
	중	팔지 부동지不動地	
	상	구지 선혜지善慧地	

변 · 독자의 본질/실체로 차별된] 차이가 없다는 믿음'(無相信)으로 '궁극적인 진리'(第一義諦)를 이해(照)하지만 '[있는 그대로] 봄'(見)[의 경지]라고 하지는 않으니, 이른바 '[있는 그대로] 봄'(見)[의 경지]라는 것은 [부처 경지에서] '모든 [것을 사실 그대로 만나게 하는] 지혜'(薩般若)[102]이기 때문이다."[103]

적멸인寂滅忍	하: 금강유정주하인 金剛喩定住下忍	십지 보살법운지菩薩法雲地	寂滅忍者, 佛與菩薩同依此忍, 金剛喩定住下忍位名爲菩薩, 至於上忍名一切智. 觀勝義諦, 斷無明相, 是爲等覺; 一相無相平等無二, 爲第十一一切智地.
	상: 금강유정주상인 金剛喩定住上忍	십일지 등각일체지지等覺一切智地	

이에 따라 '습인으로부터 금강삼매에 이르기까지'(從習忍至金剛三昧)라는 것은, 습종성(습인)인 십주에서 도종성道種性인 십회향까지의 지전보살地前菩薩로부터, 견도위見道位의 초지보살初地菩薩을 거쳐, 수도위修道位의 제10지인 보살법운지菩薩法雲地가 완성되어, 금강유정주상인金剛喩定住上忍이자 제11지인 등각일체지지等覺一切智地에 처음으로 입문했을 때까지를 가리키는 것으로 보인다.

101 금강삼매金剛三昧: 금강金剛, 금강유정金剛喩定, 금강심金剛心, 금강정金剛定이라고도 불린다. 자세한 내용은 앞서의 '금강심金剛心' 역주 참조.

102 살반야薩般若: '살반야薩般若/살바야薩婆若'는 산스크리트어 'sarva-jñā'(팔리어: 'sabba-nāṇa')의 소리를 옮긴 말로서, 뜻으로 풀면 '모든 [것을 사실 그대로 만나게 하는] 지혜(一切智)'이다. 원효는 『대승기신론소별기』에서 『인왕반야경』의 구절(始從伏忍至頂三昧, 照第一義諦不名爲見, 所謂見者, 是薩婆若故.)을 인용하여 이 '모든 [것을 사실 그대로 만나게 하는] 지혜'(薩婆若)를 거론한 적이 있다. 원효는 『대승기신론』에서 "이런 까닭에 모든 중생을 '깨달았다'(覺)고 부르지 못하니, 본래부터 '[근본무지에 따라 분별하는] 생각'(念)들이 서로 꼬리를 물고 이어져 아직 그 생각에서 떠난 적이 없기 때문에 '시작을 말할 수 없는 근본무지'(無始無明)라 말한다. 만일 '분별하는 생각이 없어짐'(無念)을 체득한 자라면 곧 '[근본무지에 따라 분별하는] 마음양상'(心相)의 '생겨나고 머무르며 달라지고 사라짐'(生住異滅)을 안다. '분별하는 생각이 없는 경지'(無念)와 같아졌기 때문에 [이럴 때] 실제로는 '비로소 깨달아 감'(始覺)의 [내용들에] 차이가 없으니, '[분별망상의] 네 가지 양상'(四相)이 동시에 있어도 모두 스스로 존립할 수 없으며 본래 평등하고 동일한 깨달음(覺)이기 때문이다."〈『기신론소』(H1, 710b20~c12); 『별기』(H1, 686c5~c14); 『회본』(H1, 752b18~c10); 是故一切衆生不名爲覺, 以從本來念念相續, 未曾離念故說無始無明. 若得無念者, 則知心相生住異滅. 以無念等故, 而實無有始覺之異, 以

라고 말한 것과 같다.

當知菩薩未成佛時, 依十八空七種眞如, 唯由是門, 照第一義諦, 未能離令[104]寂照獨空, 出無明聲,[105] 了達一如. 唯佛如來大圓鏡智, 直達獨空, 體一法界, 二諦之外, 獨在無二. 例如世第一法以前, 未能離相通達法空, 故有能取所取[106]二相, 若得見道無分別智, 通達二空, 永離能所, 二相之外, 獨在無二, 是故說名佛見淸淨. 當知此中少分相似, 依此義故.

[H1, 805b5~13; O 46,3~7]

보살이 아직 부처가 되지 않았을 때에는 '열여덟 가지의 불변 · 독자의 실체 없음'(十八空)[107]과 '일곱 가지 참 그대로'(七種眞如)[108]에 의지하

四相俱時而有, 皆無自立, 本來平等, 同一覺故.〉라고 한 구절을 설명하면서 『인왕반야경』의 구절을 인용하였다.

103 『불설인왕반야바라밀경佛說仁王般若波羅蜜經』 권하卷下 「수지품受持品」(T8, 832b6~9). "從習忍至頂三昧, 皆名爲伏一切煩惱, 而無相信, 滅一切煩惱, 生解脫智, 照第一義諦, 不名爲見, 所謂見者, 是薩婆若." 밑줄 친 곳은 인용문에서 생략되었거나 달라진 부분이다.

104 橫超本의 교감에 따르면, 원본에는 '苓'이지만, 傍註의 '令'에 의거하여 '令'으로 교감한 것이다. 이를 따른다.

105 橫超本 교감에는 원본의 '聲'을 '瞉'으로 고쳤다고 하였다. 또 '翳'일 가능성도 말하고 있다.

106 橫超本의 교감에 따르면, '取'는 원본에 없지만 보완해 넣은 것이다.

107 18공空: 불변 · 독자의 실체가 없다는 통찰을 18가지 측면에서 거론하는 것으로 다음의 18가지 공을 말한다. ① 육근의 공인 내공內空, ② 육경의 공인 외공外空, ③ 인아人我도 법아法我도 없다는 내외공內外空, ④ 내외공 또한 공이라는 공공空空, ⑤ 4대(四大)도 공이라는 대공大空, ⑥ 궁극적인 진리도 공이라는 제일의공第一義空, ⑦ 유위가 공이라는 유위공有爲空, ⑧ 무위가 공이라는 무위공無爲空, ⑨ 절대부정의 공인 필경공畢竟空, ⑩ 태초가 없다는 무시공無始空, ⑪ 모든 현상은 흩어져 실체가 없다는 산공散空, ⑫ 본연의 공인 성공性空, ⑬ 독자상獨自相의

여 오직 이 방식(門)으로만 '궁극적인 진리'(第一義諦)를 비추어, 아직 '오로지 공함'(獨空)[109]을 '[분별의 왜곡과 동요를] 그치고 [사실 그대로] 이해함'(寂照)으로써 근본무지의 가리움에서 벗어나 '하나처럼 통하는 사실 그대로'(一如)를 이해하는 [수준]을 벗어나지는 못한다는 것을 알아야 한

공인 자상공自相空, ⑭ 모든 현상이 공하다는 제법공諸法空, ⑮ 모든 것은 얻을 수 없는 것이라는 불가득공不可得空, ⑯ 소멸한 것은 공이라는 무법공無法空, ⑰ 모든 존재하는 현상은 공이라는 유법공有法空, ⑱ 무법과 유법이 다 공이라는 무법유법공無法有法空. (『대품반야경大品般若經』 3, 『대집경大集經』 54 등 참조.)

108 7종진여(七種眞如): '참 그대로' 혹은 '사실 그대로'의 지평을 일곱 가지 측면에서 거론하는 것이다. ① 생멸, 변화하는 것들의 '참 그대로'인 유전진여流轉眞如, ② 인무아, 법무아의 '참 그대로'인 실상진여實相眞如, ③ 모든 것은 오직 식의 작용이라는 '참 그대로'인 유식진여唯識眞如, ④ 고제苦諦의 '참 그대로'인 안립진여安立眞如, ⑤ 집제集諦의 '참 그대로'인 사행진여邪行眞如, ⑥ 멸제滅諦의 '참 그대로'인 청정진여淸淨眞如, ⑦ 도제道諦의 '참 그대로'인 정행진여正行眞如가 그것이다.

109 독공獨空: 『대품반야경大品般若經』에 나오는 개념으로 일공一空이라고도 한다. 모든 현상(法)은 천차만별이나 모두 연緣을 따르는 것이어서 결국 불변 · 독자의 본질이나 실체가 없다. 이 공空의 이치는 유일무이唯一無二한 것이므로 독공獨空 또는 일공一空이라 한다. 『불광대사전』, p.6267 참조. 『대지도론』 권70에서는 독공獨空을 18가지 공空의 개념과 대비하여 설명한다. "問曰, 云何是獨空? 答曰, 十八空皆因緣相待; 如內空因內法故名內空, 若無內法, 則無內空; 十八空皆爾. 是獨空無因無待, 故名獨空. 復次, 獨空者, 如虛空 · 如 · 法性 · 實際 · 涅槃."(T25, 551a2~6)이라고 하여, 18공空 중의 하나인 내공內空의 경우 내법內法의 있음(有)을 원인으로 삼아 공空으로서 성립하는 것인 반면, 독공은 그 유有와 공空의 인연상대因緣相待가 끊어진 것으로서 허공虛空, 법성法性, 실제實際, 열반涅槃 등과 같은 위상의 개념이라고 한다. 말하자면 독공은 '비유비공非有非空의 무이無二' 지평을 가리키는 것으로 이해할 수 있다. 『보살영락본업경』 권1에서는 불지佛地인 묘각지妙覺地에 대해 "佛子, 第四十二地名寂滅心, 妙覺地. … 二諦之外獨在無二."(T24, 1015c9~15)라 한다. 원효는 『본업경소本業經疏』 권2에서 이 '독재무이獨在無二'에 대해 "是第三諦, 無比無對, 名無二諦, 名無盡諦, 故言獨在無二. 如『華嚴』言, 由信解力故, 知非得無盡諦智故."(X39, 242c17~19)라고 하여, 유有인 속제俗諦와 공空인 진제眞諦를 넘어선 이 제삼제第三諦는 무비무대無比無對이어서 무이제無二諦(두 가지가 없는 진리) 또는 무진제無盡諦(무한한 진리)라 부른다고 설명한다. 독공의 개념과 상통하는 것으로 보인다.

다. 오직 부처님 · 여래의 [아뢰야식을 치유하여 성취하는] '거울로 비추는 것처럼 [현상세계를] 온전하게 드러내는 지혜'(大圓鏡智)라야 '오로지 공함'(獨空)을 곧바로 통달하고 '하나처럼 통하는 [차이들의] 현상세계'(一法界)[110]를 체득하여 '['세속적 관점'(俗諦)과 '진리적 관점'(眞諦), 이] 두 가지 관점'(二諦)[의 구별]을 넘어서 오로지 '둘[로 나누어 분별함]이 없는 경지'(無二)에 자리 잡는다.

예를 들어 '[견도見道 이전의 단계에서] 가장 뛰어난 수준의 수행'(世第一法) 이전에는 아직 '[불변 · 독자의 본질/실체로 차별된] 차이'(相)를 떠나 '모든 현상에 불변 · 독자의 본질/실체가 없음'(法空)을 통달할 수 없기 때문에 '취하는 자'(能取)과 '취해진 것'(所取)이라는 두 가지 '[불변 · 독자의 본질/실체로 차별된] 차이'(相)가 있지만, 만약 '[진리다운] 이해를 밝혀 가는 수행'(見道)에서의 '[불변 · 독자의 본질/실체로 보는 생각으로] 분별함이 없는 지혜'(無分別智)를 얻으면 '['자아에 불변 · 독자의 본질/실체가 없음'(人空)과 '모든 현상에 불변 · 독자의 본질/실체가 없음'(法空), 이] 두 가지 실체 없음'(二空)을 통달하여 '[취하는] 주관'(能[取])과 '[취해지는] 객관'(所[取])[이라는 분별]을 완전히 떠나 [주관(能)과 객관(所)이라는] 두 가지 '[불변 · 독자의 본질/실체로 차별된] 차이'(相)[에 대한 분별]을 넘어서 오로지 '둘[로 나누어 분별함]이 없는 경지'(無二)에 자리 잡으니, 이 때문에 '부처님 지혜의 온전함'(佛見淸淨)이라고 부르는 것과도 같다. 이 [구경도究竟道에서의 해탈도解脫道] 중에 부분적으로 서로 비슷한 것은 이 [견도見道의] 뜻에 의거하였다는 것을 알아야 한다.

『瑜伽論』說, "問, 一切安住到究竟地菩薩智如來智等, 云何差別? 答, 如明眼人, 隔於輕聲[111]覩衆色像, 到究竟地菩薩妙智, 於一切境,

110 '일법계一法界'의 의미와 번역에 대해서는 앞의 역주 참조.

111 橫超本의 교감에 따르면, '聲'은 글자를 판독하기 어려워 『유가사지론』 원문에 의

當知亦爾, 如明眼人, 無所障隔, 覩衆色像, 如來妙智, 於一切境, 當知亦爾. 如盡[112]事業, 圓布衆采, 唯後妙色, 未淨修治, 已淨修治, 菩薩如來二智亦爾. 如明眼人, 微闇見色, 離闇見色, 二智亦爾. 如遠見色, 如近見色, 輕瞖眼觀, 極淨眼觀, 二智差別, 當知亦爾."

[H1, 805b13~23; O 46,7~12]

『유가사지론』에서는 [다음과 같이] 설한다. "묻는다. '궁극적인 경지'(究竟地)에 도달하여 안주하는 모든 '보살의 지혜'(菩薩智)와 '여래의 지혜'(如來智)는 어떻게 다른가? 답한다. ①[113] 마치 눈 밝은 사람이 얇은 명주를 사이에 두고 여러 '색깔과 모양'(色像)을 보는 것처럼 '궁극적인 경지'(究竟地)에 도달한 보살의 '[차이를] 사실 그대로 이해하는 지혜'(妙[觀察]智)도 모든 대상에 대해 또한 그렇다는 것을 알아야 하며, 마치 눈 밝은 사람이 가려지는 것이 없이 여러 '색깔과 모양'을 보는 것처럼 여래의 '[차이를] 사실 그대로 이해하는 지혜'(妙[觀察]智)도 모든 대상에 대해 또한 그렇다는 것을 알아야 한다. ② [또한] 마치 그림 그리는 일에서, 여러 색을 두루 칠하고 오직 마지막의 오묘한 색만을 아직 깨끗하게 칠하지 못한 것이나 [그것마저] 이미 깨끗하게 칠한 것[이 서로 다른 것]처럼, 보살과 여래의 두 지혜도 마찬가지이다. ③ [또한] 마치 눈 밝은 사람이 약간 어두운 곳에서 '색깔과 모양'을 보는 것이나 어두운 곳을 벗어나 '색깔과 모양'을 보는 것[이 서로 다른 것]처럼, [보살과 여래의] 두 지혜도 그러하다. ④ [또한] 마치 멀리서 '색깔과 모양'을 보는 것이나 가까이서 '색깔과 모양'을 보는 것[이 서로 다른 것]처럼, ⑤ [또] 가볍게 가린 눈으로

거하여 '縠'으로 교감했다고 한다.

112 원본과 한불전에는 '盡'이나, 원문에 의거하여 '畵'로 교감한다.

113 번호는 원문에 없지만 이어지는 글에서 '다섯 가지 비유의 차이'를 거론하고 있으므로 그 내용에 맞추어 ①에서 ⑤까지 구분하여 표기하였다.

보는 것이나 [가린 것이 없어] 매우 맑은 눈으로 보는 것[이 서로 다른 것]처럼, [보살과 여래의] 두 지혜의 차이도 그러하다고 알아야 한다."[114]

---

114 『유가사지론瑜伽師地論』 권50(T30, 574b19~c5). "問, 一切安住到究竟地菩薩智等・如來智等, 云何應知此二差別? 答, 如明眼人, 隔於輕縠覩衆色像, 一切安住到究竟地菩薩妙智, 於一切境, 當知亦爾. 如明眼人, 無所障隔, 覩衆色像, 如來妙智, 於一切境, 當知亦爾. 如畫事業, 圓布衆彩, 唯後妙色, 未淨修治, 到究竟地菩薩妙智, 當知亦爾. 如畫事業, 圓布衆彩, 唯後妙色, 已淨修治, 如來妙智, 當知亦爾. 如明眼人, 於微闇中, 覩見衆色, 到究竟地菩薩妙智, 當知亦爾. 如明眼人, 離一切闇, 覩見衆色, 如來妙智, 當知亦爾. 如明眼人, 遠覩衆色, 到究竟地菩薩妙智, 當知亦爾. 如明眼人, 近覩衆色, 如來妙智, 當知亦爾. 如輕醫(翳)眼, 觀視衆色, 到究竟地菩薩妙智, 當知亦爾. 如極淨眼觀視衆色, 如來妙智, 當知亦爾." 밑줄 친 곳은 인용문에서 생략되었거나 축약된 부분을 가리킨다. 〈산스크리트본의 해당 내용: BoBh., pp.406-407; tatra niṣṭhāgamanabhūmisthitasya ca bodhisattvasya tathāgatasya ca kathaṃ jñanaviśeṣo 'vagaṃtavyo jñānāntaraṃ. iha niṣṭhāgamanabhūmisthitasya bodhisattvasya pelavapaṭāntaritaṃ yathā cakṣuṣmato rūpadarśanam. evaṃ tasya sarvasmiṃ jñeye jñānaṃ veditavyṃ. yathā punar na kenacid antaritam. evaṃ tathāgatasya jñānaṃ draṣṭavyaṃ. tadyathā sarv'ākāraraṃgaparipūrṇaṃ citrakarma paścimayā ca suviśuddhayā raṃgalekhayā apariśodhitam. evaṃ tasya bodhisattvasya jñānaṃ draṣṭavyaṃ. yathā suviśodhitam. evaṃ tathāgatasya jñānaṃ draṣṭavyaṃ. tadyathā cakṣuṣmataḥ puruṣasya mandatamaskaṃ rūpadarśanam. evaṃ bodhisattvasya pūrvavat. yathā sarv'ākārāpagatatamaskam. evaṃ tathāgatasya jñānaṃ draṣṭavyaṃ. tadyathā cakṣuṣmataḥ ārāt rūpadarśanam. evaṃ bodhisattvasya pūrvavat. yathā āsanne. evaṃ tathāgatasya pūrvavat. yathā mṛdutaimirikasya rūpadarśanam. evam bodhisattvasya pūrvavat. yathā suviśuddhacakṣuṣaḥ evaṃ tathāgatasya pūrvavat. yathā garbhagatasy' ātmabhāvaḥ. evaṃ niṣṭhāgamanabhūmisthito bodhisattvo draṣṭavyaḥ. yathopapattibhave jātasy' ātmabhāvaḥ. evaṃ tathāgato draṣṭavyaḥ. yathā 'rhataḥ svapnāṃtaragatasya cittapracāraḥ. tathā niṣṭhāgamanabhūmisthitasya bodhisattvasya draṣṭavyaḥ. yatha tasyaiva prativibuddhasya citta-pracāraḥ. evaṃ tathāgatasya draṣṭavyaḥ. tadyathā pradīpasyāviśuddhasya svabhāvaḥ. tathā niṣṭhāgamanabhūmisthitasya bodhisattvasya jñānasvabhāvo draṣṭavyaḥ. yathā suviśuddhasya pradīpasya svabhāvaḥ. evaṃ tathāgatasya jñānasvabhāvo draṣṭavyaḥ. ato mahaj jñānāntaram ātma-bhāvāntaraṃ ciṃtā'ntaraṃ tathāgataniṣṭhāgamanabhūmisthitabodhisattvayor veditavyaṃ.;

此中五喩, 有何異者? 本識相應微[115]細妄想無明所識, 隔金剛眼, 是故似彼隔於輕聲.[116] 萬行皆修,[117] 三智已得, 而唯未得大圓鏡智, 如來淨治最後妙色. 解脫二障, 故得淨眼, 未離極微無明住地, 是故不異微闇見色. 有惑障習, 而非親[118]障法空觀智, 故如遠見色. 其智障氣, 雖

(안성두 역, 『보살지』, pp.429-430.) [문] 왜 구경으로 가는 지地에 안주하는 보살과 여래에게 지혜의 차이가 이해되어야 하며, 그것은 다른 지혜인가? [답] 여기서 구경으로 가는 지에 안주하는 보살은 얇은 천에 의해 덮여 있다. 마치 [밝은] 눈을 가진 자가 형태를 보듯이 모든 인식대상에 대한 그의 인식도 마찬가지라고 알아야 한다. 또 무엇에 의해서도 덮여 있지 않듯이 여래의 인식도 마찬가지라고 알아야 한다. 예를 들어 모든 종류의 색깔에 의해 채워져 있는 그림 그리는 일이 후에 극히 청정한 색깔을 그림에 의해서 깨끗해지지 않듯이, 그 보살의 지혜도 마찬가지라고 보아야 한다. 극히 깨끗한 [그림 그리는 일]처럼 여래의 지혜도 마찬가지라고 보아야 한다. 모든 측면에서 어둠을 여읜 사람처럼 여래의 지혜도 마찬가지라고 보아야 한다. 예를 들어 [밝은] 눈을 가진 자가 먼 거리에서 형태를 보듯이 보살에게도 앞에서처럼 마찬가지이다. 극히 청정한 눈을 가진 자처럼 여래에게도 앞에서처럼 마찬가지이다. 마치 모태에 들어간 자의 신체와 같이, 구경으로 가는 지에 안주하는 보살도 마찬가지라고 보아야 한다. 마치 재생의 존재영역에 태어난 자의 신체와 같이, 여래는 마찬가지라고 보아야 한다. 마치 다른 꿈속에서 행하는 아라한의 마음작용처럼, 구경으로 가는 지에 안주하는 보살의 [마음작용]도 마찬가지라고 보아야 한다. 마치 깨어난 바로 그 [아라한]의 마음의 작용처럼 여래의 [마음작용도] 마찬가지라고 보아야 한다. 예를 들어 청정하지 않은 등불의 자성처럼, 구경으로 가는 지에 안주하는 보살의 지혜의 자성도 마찬가지라고 보아야 한다. 마치 극히 청정한 등불의 자성처럼, 여래의 지혜의 자성도 마찬가지라고 보아야 한다. 그러므로 여래와 구경으로 가는 지에 안주하는 보살 양자에게 지혜의 차이와 신체의 차이, 그리고 마음의 차이는 크다고 알아야 한다.〉

115 '微'는 橫超本에 '最'로 되어 있다. 문맥으로는 '最'가 적절하므로 '最'로 교감하여 번역한다.

116 한불전에는 '聲'에서 '耳'자 부분에 '衣'가 들어간 글자를 썼으나 편의상 앞에 나온 경우와 동일하게 '聲'으로 넣었다. 그러나 편집자 주에는 글자를 판독하기가 어렵다고 하였고, 橫超本에서도 동일하게 주석하면서 '縠'으로 교감하였다. 橫超本에 따른다.

117 '修'는 橫超本에서 '備'로 교감하고 있다. 문맥을 고려하여 이에 따른다.

118 한불전의 편집자 주에는 "'親'은 '觀'이 아닌지 의심스럽다"라고 하였지만, 문맥으

是微薄, 近弊[119]惠眼, 事同輕翳. 五喩差別, 應如是知. 上來所說, 箇能治竟.

[H1, 805b23~c8; O 46,12~47,1]

이 가운데의 다섯 가지 비유에는 어떤 차이가 있는가? ① '근본이 되는 식[인 제8 아뢰야식]'(本識)이 가장 미세한 망상인 근본무지(無明)와 상응하여 '알게 된 것'(所識)은 '금강[석처럼 굳건한 선정에서 나오는 지혜의] 눈'(金剛眼)을 가로막으니, 이 때문에 [비유하자면] 저 [눈 밝은 이]가 얇은 명주를 사이에 둔 것과 비슷하다. ② [보살은] 온갖 수행을 모두 갖추고 [성소작지成所作智 · 묘관찰지妙觀察智 · 평등성지平等性智, 이] 세 가지 지혜를 이미 얻었으나 오직 [아뢰야식을 치유하여 성취하는] '거울로 비추는 것처럼 [현상세계를] 온전하게 드러내는 지혜'(大圓鏡智)를 아직 얻지 못하는데, 여래는 마지막의 오묘한 색을 깨끗하게 칠하는[는 것처럼 대원경지大圓鏡智도 성취한]다. ③ [보살은 '번뇌로 인한 장애'(煩惱障)와 '대상에 대한 이해를 가로막는 장애'(所知障), 이] 두 가지 장애에서 풀려났기 때문에 '맑은 [지혜의] 눈'(淨眼)을 얻었지만 아직 가장 미세한 '삼계의 근본무명'(無明住地)에서 벗어나지 못하였으니, 이 때문에 약간 어두운 곳에서 '색깔과 모양'을 보는 것과 다르지 않다. [또한 보살은] ④ '미혹으로 인한 장애'(惑障)의 '누적된 경향성'(習)을 지니지만 [이것이] '모든 현상에 불변 · 독자의 본질/실체가 없다고 보는 지혜'(法空觀智)를 직접적으로 가로막지는 않으니, 이 때문에 [눈 밝은 이가] 멀리서 '색깔과 모양'을 보는 것과 같다. ⑤ [또한 보살은] 그 '올바른 지혜를 가로막는 장애'(智障)의 '[잠재적인] 기운'(氣)은 비록 미약하고 엷지만 '지혜의 눈'을 가까이에서 가리니, [그

로는 '親'이 적절하다.

119 橫超本의 교감에 따르면, '弊'는 원본에 '弊'지만, '蔽'로 교감한 것이다. '蔽'로 보고 번역한다.

와 같은] 일이 ['색깔과 모양'을 볼 때 눈을] 가볍게 가린 것과 같다. 다섯 가지 비유의 차이는 이와 같이 알아야 한다.

이상에서 설명한 것으로써 '다스리는 수행'(能治)을 구분하는 것을 마친다.

2. '끊을 대상'(所斷)을 정함을 밝힘

次第二明定所斷者, 略有四句. 一依主伴, 二據起伏, 三約通別, 四就時世. 初依主伴, 定所斷者. 若就生滅門, 明其相應者, 心及心法, 並是所斷, 彼[120]相應縛, 無離別故. 如『無相論』說, "若見諦旡[121]煩惱識及心法, 十六心時,[122] 究竟斷盡"故. 若依是義, 除滅生死心及心法, 更得佛地心及心法. 此中無有得作佛者, 唯有色有蘊,[123] 前滅後生. 依此義故, 佛經中說, "捨無常色, 獲得常色, 受想行識, 亦復如是." 若據相續門, 簡其自性者, 心非惑性, 不在所斷, 雖被他染, 自性淨故. 猶如濁[124]水證[125]自性故. 如『瑜伽』說, "問.[126] 染心生時, 自性染故,[127] 爲相應故, 爲隨眠故? 答. 相應故, 隨眠故, 非自性故. 由彼自性不染汚故, 說心生時自性淸淨故." 又"問. 諸法誰相應, 爲何義故, 建立相應? 答. 他性相

120 원본과 橫超本에는 '被'로 되어 있지만, 한불전의 '彼'가 문맥에는 적절하다.
121 '旡'는 橫超本에 '肉'으로 나온다. 원문에도 판본에 따라 '害'='內' 【宋】, 【元】【明】, 【宮】, '肉' 【知】 등으로 되어 있어 혼선이 있다. 여기서는 '肉'으로 보고 번역한다.
122 '十六心時'는 『전식론』의 원문에 '得出世道十六行'으로 나온다.
123 '色有蘊'은 橫超本에 '五陰'으로 나오는데, 이는 원본의 '色有蘊'을 傍註에 의거하여 교감한 것이다. '五陰'으로 보고 번역한다.
124 橫超本의 교감에 따르면, 원본의 '獨'을 '濁'으로 고친 것이다.
125 '證'은 '澄'의 오기로 보인다. '澄'으로 보고 번역한다.
126 橫超本의 교감에 따르면, 원본의 '間'을 '問'으로 고친 것이다.
127 '染故'는 橫超本과 원문에 '故染'으로 나온다. '故染'으로 번역한다.

應, 非自性. 爲遍了知依自性清淨心, 有染不染法, 若增若滅, 是故建立." 若依此門, 不淨位中, 八識心王, 離諸染數, 終至佛地, 卽與四種淨智相應. 依此義故, 佛經中說, "凡有心者, 當得菩提."[128]

[H1, 805c9~806a8; O 47,2~12]

다음은 두 번째로 〈'끊을 대상'(所斷)을 정함을 밝힌 것〉(明定所斷)이니, 대략 '네 가지 구분'(四句)이 있다. 첫 번째는 '주된 것과 [그에] 동반하는 것'(主伴)을 기준 삼아 [정하는] 것이고, 두 번째는 '[번뇌의] 일어남과 조복'(起伏)을 기준 삼아 [정하는] 것이며, 세 번째는 '공통적인 것과 개별적인 것'(通別)을 기준 삼아 [정하는] 것이고, 네 번째는 시간(時世)을 기준 삼아 [정하는] 것이다.

1) '주된 것과 [그에] 동반하는 것'(主伴)을 기준 삼아 '끊을 대상'을 정함

첫 번째인 '주된 것과 [그에] 동반하는 것'(主伴)을 기준 삼아 '끊을 대상'을 정하는 것[은 다음과 같다.] 만일 '[근본무지에 따라] 생멸하는 측면'(生滅門)에 의거하여 그 '서로 응하는 것'(相應)을 밝힌다면 마음(心)과 '마음의 현상'(心法)이 모두 끊을 대상이니, 저 '[번뇌가 자기와] 서로 응하는 [주관인] 마음(心)과 마음현상(心所)을 묶는 것'(相應縛)[129]에서 풀려나지 않

---

128 '當得菩提'의 원문은 '成阿耨多羅三藐三菩提'이다.

129 상응박相應縛: 모든 번뇌가 그와 동시에 상응하는 마음(心)과 마음현상(心所法)을 속박하여 반연하는 대상에서 자유롭지 못하게 하는 것을 말한다. '상응박相應縛과 소연박所緣縛' 혹은 '능연박能緣縛과 소연박所緣縛'을 대칭시켜 이박二縛이라 한다. '박縛'은 번뇌의 다른 이름이니, 사람을 계박하여 자재하게 못하게 하기 때문이다. ① 상응박과 그 대칭으로서의 소연박 ─모든 번뇌는 마음(心)과 마음현상(心所法) 및 그 대상(所緣境)을 계박하니, 상응박과 소연박의 두 가지로 대별할 수

았기 때문이다. [이것은] [『무상론無相論』의] 『전식론轉識論』에서 "〈'[진리다운] 이해를 밝혀 가는 수행'으로 끊는 '잘못된 이해로 인한 번뇌'〉(見諦肉煩惱)[130]의 마음(識)과 '마음의 현상'(心法)인 경우에는, '16심'(十六心)[의

있다. 그중에서 상응박은 모든 번뇌가 그와 동시에 상응하는 심·심소법을 계박하여 그 대상(所緣境)에 대하여 자재하지 못하게 한다. 그리고 소연박은 번뇌가 대상과 관계 맺을 때 반드시 치성한 독의 세력이 이 대상을 계박하여 자재하지 못하게 하는 것이다. ② 능연박과 그 대칭으로서의 소연박 – '관계 맺게 되는 대상'(所緣之境)이 '관계하는 마음'(能緣之心)에 계박되는 것을 능연박이라고 한다. 그와 반대로 '관계하는 마음'(能緣之心)이 '관계 맺게 되는 대상'(所緣之境)에 구속되어 장애 받는 것을 소연박이라고 한다. 『불광대사전』, p.3251.

130 견제육번뇌見諦肉煩惱: 육번뇌肉煩惱는 견혹見惑을 말한다. 수혹修惑·견혹見惑·무명無明의 세 가지 번뇌장煩惱障을 '세 가지 번뇌'(三煩惱) 혹은 '세 가지 장애'(三障)라고 하는데, 피부(皮)·살(肉)·마음(心)의 세 가지로 비유하여 구별하며, '피皮·부膚·골骨의 세 가지 장애'(作皮膚骨三障)라고도 한다. 피번뇌장皮煩惱障은 수혹修惑을 가리키는데, '다섯 가지 감관능력'(五根)이 그에 상응하는 '다섯 가지 대상'(五塵)에 대하여 일어나는 번뇌이다. 수혹은 피부가 바깥에 있는 것과 같기 때문에 피부로 비유하였다. 육번뇌장肉煩惱障은 견혹見惑을 가리키는데, 견혹은 이론에 대한 착오나 미혹으로 관점에 도달한 것이기에 내심內心의 집착분별에 속한다. 견혹은 살이 피부 안에 있는 것과 같기 때문에 살로 비유하였다. 심번뇌장心煩惱障은 무명無明을 가리키는데, 근본무명은 모든 미망迷妄의 근원이며 이 무명의 미혹은 진眞에 미혹하여 망妄을 좇아 일어나기 때문에 마음으로 비유하였다. 『대승의장大乘義章』 권5 "本復對同一無明立皮膚骨三障, 謂粗品無明浮淺, 爲皮障; 中品無明次深, 爲膚障; 細品無明最深, 爲骨障." 『불광대사전』, p.667 참조. 『섭대승론석』 권4에서는 "壞正理立非理名肉煩惱, 若以此名分別外塵, 起欲瞋等名皮煩惱, 若以此名分別一切世出世法差別, 離前二分別名心煩惱. 是故一切煩惱皆以分別爲體, 障無分別境及無分別智."(T31, 180b4~8)라고 하면서 육번뇌肉煩惱, 피번뇌皮煩惱, 심번뇌心煩惱의 세 가지 번뇌를 거론한다. 이에 따르면 육번뇌는 정리正理를 파괴하고 비리非理를 세우는 것이고, 피번뇌는 외진外塵을 분별하여 욕欲·진瞋 등을 일으키는 것이며, 심번뇌는 앞의 두 가지 번뇌를 넘어 일체의 세·출세간의 차별을 분별하는 것으로서, 육번뇌는 견혹見惑, 피번뇌는 수혹修惑, 심번뇌는 무명혹無明惑이다. 또 피번뇌는 외진에 대한 미혹이기 때문에 피부에 비유되고, 육번뇌는 피번뇌에 비해 사제四諦의 이치와 같은 내면적인 것에 대한 미혹이기 때문에 피부 속의 살에 비유되며, 심번뇌는 가장 중심되는 미혹이기 때문에 심장에 비유된다. 그러므로 견제육번뇌見諦肉煩惱는 견도의 수행 대상인 견혹을

16찰나]에서 완전히 끊어져 소멸한다."[131]라고 설한 것과 같다. 만일 이 뜻에 의거한다면 〈[근본무지에 매여] 생겨나고 사라지는 마음(心)과 '마음의 현상'(心法)〉(生死心及心法)을 없애 버리고 다시 〈'부처 경지'(佛地)의 마음(心)과 '마음의 현상'(心法)〉(佛地心及心法)을 얻는 것이다. 이 과정에서 부처를 [완전히] 이루지 못한 자에게는, 오직 '[자아를 이루고 있는 요소들의] 다섯 가지 더미'(五陰)만이 앞에서는 이전 [찰나]에 소멸하고 이후 [찰나]에 [다시] 생겨난다. 이러한 뜻에 의거하기 때문에 불경(『대반열반경』)에서 "변화하는 '색깔과 모양[을 지닌 것]'(色)을 버리고 변하지 않는 '색깔과 모양[을 지닌 것]'(色)을 얻으니, 느낌(受)·'개념적 지각'(想)·의도(行)·의식작용(識)도 또한 이와 같다."[132]라고 한 것이다.

만일 '서로 이어 가는 측면'(相續門)에 의거하여 그 [마음(心)과 '마음의 현상'(心法)의] '본연인 것'(自性者)을 구분한다면, 마음(心)은 번뇌(惑)의 성질이 아니어서 '끊을 대상'(所斷)에 속하지 않으니, 비록 다른 것에 의해 [번뇌에] 더럽혀지더라도 본연(自性)은 맑기 때문이다. [마음의 본연은] 마치 더러운 물[이 지닌] 맑은 본연과도 같기 때문이다. [이것은] 『유가사지론』에서, "묻는다. [번뇌에] 오염된 마음이 생길 때에는, [마음의] 본연

가리킨다.

131 『전식론轉識論』 권1(T31, 62a18~19). "若見諦害(內·肉)煩惱識及心法, <u>得出世道十六行</u>, 究竟斷盡." 〈산스크리트본의 해당 내용: Triṁś, p.68, 7-8; … arhato na tat | na nirodhasamāpattau mārge lokottare na ca || 7 ||; 그것은 아라한에게는 없고, 멸진정에도 없으며, 출세간에도 없다.〉

132 이 경문은 『열반종요』에서도 인용한 내용이다. 『대반열반경』 권35(T12, 838b16~18). "色是無常, 因滅是色, 獲得解脫常住之色. 受想行識亦是無常, 因滅是識, 獲得解脫常住之識." 원효는 "색色은 무상無常이고 이 색을 멸함으로 인하여 해탈상주解脫常住의 색色을 획득한다."(色是無常, 因滅是色, 獲得解脫常住之色.)라는 『열반경』의 문장을 "捨無常色, 獲得常色."으로 요약하고, 또한 그 아래 "受想行識亦是無常, 因滅是識, 獲得解脫常住之識."이라는 문장을 "受想行識亦復如是."라고 요약하여 인용하는 것으로 보인다.

(自性) 때문에 오염되는 것인가, [번뇌와] '서로 응하는 것'(相應) 때문인가, '잠재적인 번뇌'(隨眠) 때문인가? 답한다. [번뇌와] '서로 응하는 것'(相應) 때문이고 '잠재적인 번뇌'(隨眠) 때문이지 본연(自性) 때문이 아니다. 그 [마음의] 본연(自性)은 [번뇌에] 오염되어 있는 것이 아니기 때문에, [번뇌에 오염된] 마음이 생겨날 때에도 [마음의] 본연(自性)은 청정하다고 말하는 것이다."[133]라고 하고, 또 "묻는다. [번뇌의] 모든 현상은 무엇과 '서로 응하는 것'(相應)이며, 무슨 뜻을 [나타내기] 위하여 '서로 응한다'(相應)[는 말]을 세우는가? 답한다. [번뇌 현상은] '본연이 아닌 것'(他性)과 '서로 응하는 것'(相應)이지 [마음의] 본연(自性)[과 서로 응하는 것]은 아니다. [그리고] '본연이 온전한 마음'(自性淸淨心)을 조건으로 삼아 [번뇌에] '오염된 것'(染法)과 '오염되지 않은 것'(不染法)이 있고 [그 오염이] 늘어나기도 하고 소멸하기도 한다는 것을 두루 명료하게 알게 하고자 하기 때문에 ['서로 응한다'(相應)는 말을] 세운 것이다."[134]라고 말하는 것과 같다.

만약 이 [서로 이어 가는] 측면([相續]門)에 의거한다면, '[번뇌에 오염되어] 깨끗하지 않은 층위'(不淨位)에 있던 [제]8[아뢰야]식識의 '왕 노릇하는 마음'(心王)이 모든 '[번뇌에] 오염된 마음작용'(染[心]數)을 떠나 마침내 '부처 경지'(佛地)에 이르러 곧 '[대원경지大圓鏡智 · 평등성지平等性智 · 묘관찰지妙觀察智 · 성소작지成所作智의] 네 가지 온전한 지혜'(四種淨智)와 '서로 응하게'(相應) 된다. 이러한 뜻에 의거하기 때문에 불경(『대반열반경』)에서는 "무릇 마음을 지닌 것들은 [최고의] 깨달음을 얻게 될 것이다."라고 한 것이다.

---

133 『유가사지론』 권55(T30, 601b19~23). "問, 染心生時, 當言自性故染, 爲相應故, 爲隨眠故? 答, 當言相應故, 隨眠故, 非自性故. 若彼自性是染汚者, 應知貪等畢竟不淨, 若爾大過, 由彼自性不染汚故, 說心生時自性淸淨." 밑줄 친 곳은 인용문에서 생략된 부분이다.

134 『유가사지론』 권56(T30, 608c29~609a2). "問, 諸法誰相應, 爲何義故, 建立相應? 答, 他性相應, 非自性. 爲遍了知依自性淸淨心, 有染不染法, 若增若滅, 是故建立."

2) '[번뇌의] 일어남과 조복'(起伏)을 기준 삼아 '끊을 대상'을 정함

二據起伏定所數[135]者. 通相而說, 纒及隨眠, 皆是所伏, 並爲所斷. 約近而論, 纒是所伏, 而非正斷, 唯其隨眠, 正爲所斷. 如『顯揚論』云. "永害隨眠,[136] 說煩惱斷"故.

[H1, 806a8~12; O 47,12~14]

두 번째인 '[번뇌의] 일어남과 조복'(起伏)을 기준 삼아 '끊을 대상'(所斷)을 정하는 것[은 다음과 같다.] '공통적인 특성'(通相)으로 말하자면, '현재 작용하고 있는 번뇌'(纒)와 '잠재적인 번뇌'(隨眠)는 모두 '조복할 대상'(所伏)인 동시에 '끊을 대상'(所斷)이 된다. [세세한 차이에] 근접하여 말하자면, '현재 작용하고 있는 번뇌'(纒)는 '조복할 대상'(所伏)이지만 '온전하게 끊어지는 것'(正斷)은 아니니, 오직 그 '잠재적인 번뇌'(隨眠)만이 온전히 '끊을 대상'(所斷)이 된다. [이것은] 『현양성교론』에서 "'잠재적인 번뇌'(隨眠)를 영원히 없애는 것을 번뇌의 끊어짐이라 말한다."[137]라고 하는 것과 같다.

3) '공통적인 것과 개별적인 것'(通別)을 기준 삼아 '끊을 대상'을 정함

三約通別定所斷者. 一往而言, 通別二執, 皆是所斷. 窮而說之, 其別相惑, 正是所斷, 亦爲所治. 如斷病本, 亦名治病故. 通相法執, 唯是所治, 而非所斷, 由其亦解亦執,[138] 非一向惑故. 唯修治令得淸淨, 喩

135 '所數'는 橫超本에 '所斷'으로 되어 있다. 맥락상 '所斷'으로 보고 번역한다.

136 『현양성교론』 원문에는 '麤重'으로 되어 있다.

137 『현양성교론』 권3 「섭사품攝事品」(T32, 496b26). "未來現在煩惱可斷, 永害麤重, 說煩惱斷."

138 橫超本의 교감에 따르면, '亦解亦執'은 원본에 '亦解亦解執'으로 나오는데 '解執'의

如治不淨鏡, 令成明淨, 但名治鏡, 不言斷鏡故.

[H1, 806a12~19; O 47,14~48,2]

세 번째인 '공통적인 것과 개별적인 것'(通別)을 기준 삼아 '끊을 대상'을 정하는 것[은 다음과 같다.] 전반적으로 말하자면, '공통적인 [번뇌의] 집착'과 '개별적인 [번뇌의] 집착' [이] 두 가지 [번뇌에 대한] 집착이 모두 '끊을 대상'(所斷)이다. [세세히] 따져 말하자면, 그 '개별적인 양상의 번뇌'(別相惑)가 바로 '끊을 대상'(所斷)이며 또한 '치유해야 할 대상'(所治)이 된다. 마치 병의 근본을 끊는 것을 또한 〈병을 치유한다〉(治病)라고 말하는 것과 같다. [집착의] '공통적인 양상'(通相)인 '모든 현상에 불변·독자의 본질/실체가 있다고 하는 집착'(法執)은 오직 '치유해야 할 대상'(所治)이지 '끊어야 할 대상'(所斷)은 아니니, 그 [법집法執은] 느슨해지기도 하고 집착하기도 하여 한결같은 번뇌(惑)는 아니기 때문이다. ['공통적인 양상'(通相)인 법집法執은] 오직 수행으로 닦아 [그 집착으로 인한 오염을] 청정하게 해야 하니, 비유하자면 깨끗하지 않은 거울을 닦아 밝고 깨끗하게 만드는 것을 다만 〈거울을 닦는다〉(治鏡)고 말하지 〈거울을 끊는다〉(斷鏡)고 말하지는 않는 것과 같다.

4) 시간(時世)을 기준 삼아 끊을 대상을 정함

四就時世定所斷者. 此中先簸三世, 後定所斷. 若欲究竟顯諸三世相, 略以九句, 明其差別. 其九是何? 一過去過去, 二過去未來, 三過去現在, 四未來過去, 五未來現在, 六未來未來, 七現在未來, 八現在過去, 九現在現在. 如『花嚴經』言, "菩薩有十種說三世, 何等爲十? 所謂

'解'자에 삭제표시가 있어서 이를 따른 것이라고 한다.

過去世說過去世, 過去世說未來世, 過去世說現在世, 未來世說過去世, 未來世說現在世, 未來世說無盡世, 現在世說未來世, 現在世說過去世, 現在世說平等, 現在世說三世卽一念. 是謂菩薩十種說三世. 因此十種說三世, 故卽能普說一切三世." 此中第六說無盡者, 爲顯諸法未來未來, 無後邊義, 故名無盡. 第九中言說平等者, 欲明此中現在現在, 望前過去現在, 望後未來現在, 其現起相, 等無差別, 不由今現更增現相, 故約今現, 說其平等.

[H1, 806a19~b13; O 48,2~11]

네 번째인 시간(時世)을 기준 삼아 끊을 대상을 정하는 것[은 다음과 같다.] 여기서는 먼저 [과거, 현재, 미래라는] '세 가지 시간 [구분]'(三世)을 살펴보고, 이후에 끊을 대상을 결정할 것이다.

만일 [과거, 현재, 미래라는] '세 가지 시간 구분'(三世相)을 완전하게 드러내고자 한다면, 대략 아홉 구절로 그 차이를 밝힐 수 있다. 그 아홉 [구절]이란 무엇인가? 첫 번째는 '과거의 과거'(過去過去)이고, 두 번째는 '과거의 미래'(過去未來)이며, 세 번째는 '과거의 현재'(過去現在)이고, 네 번째는 '미래의 과거'(未來過去)이며, 다섯 번째는 '미래의 현재'(未來現在)이고, 여섯 번째는 '미래의 미래'(未來未來)이며, 일곱 번째는 '현재의 미래'(現在未來)이고, 여덟 번째는 '현재의 과거'(現在過去)이고, 아홉 번째는 '현재의 현재'(現在現在)이다.

[이것은] 『화엄경』에서 [다음과 같이] 말한 것과 같다. "보살에게는 '열 가지로 설명하는 [과거, 현재, 미래의] 세 가지 시간 [구분]'(十種說三世)이 있으니, 어떤 것들이 열 가지인가? ① '과거의 시간에서 과거의 시간을 설하고'(過去世說過去世), ② '과거의 시간에서 미래의 시간을 말하며'(過去世說未來世), ③ '과거의 시간에서 현재의 시간을 말하고'(過去世說現在世), ④ '미래의 시간에서 과거의 시간을 말하며'(未來世說過去世), ⑤ '미

래의 시간에서 현재의 시간을 말하고'(未來世說現在世), ⑥ '미래의 시간에서 무한한 시간을 말하며'(未來世說無盡世), ⑦ '현재의 시간에서 미래의 시간을 말하고'(現在世說未來世), ⑧ '현재의 시간에서 과거의 시간을 말하며'(現在世說過去世), ⑨ '현재의 시간에서 평등함을 말하고'(現在世說平等), ⑩ 〈현재의 시간에서 [과거 · 현재 · 미래의] '세 가지 시간 [구분]'(三世)이 바로 한 생각이라고 말하는〉(現在世說三世卽一念) 것이 그것이다. 이것이 보살이 열 가지로 설명하는 [과거, 현재, 미래의] '세 가지 시간 [구분]'(三世)이다. 이 열 가지로 [과거, 현재, 미래의] '세 가지 시간 [구분]'(三世)을 설명하기 때문에 곧 모든 [과거, 현재, 미래의] '세 가지 시간 [구분]'(三世)을 널리 설명할 수 있다."[139]

이 [열 가지] 중에 여섯 번째에서 "무한한"(無盡)이라고 한 것은, 모든 현상의 '미래의 미래'(未來未來)는 이후로 끝이 없다는 것을 드러내기 위한 것이니, 따라서 "무한한"(無盡)이라고 한 것이다. 아홉 번째에서 '평등함'(平等)을 말한 것은, 이 '현재의 현재'(現在現在)에서 [그] 이전을 보면 '과거의 현재'(過去現在)이고 [그] 이후를 보면 '미래의 현재'(未來現在)여서 그 ['현재의 현재'에서 '과거의 현재'와 '미래의 현재'가] '나타나 일어나는 양상'(現起相)이 평등하여 차별이 없다는 것을 밝히려고 한 것이지, '지금의 현재'(今現)에 다시 '현재 양상'(現相)을 더하기 때문에 '지금의 현재'에 의거하여 그 [세 가지 현재의] 평등함을 말하는 것이 아니다.

最後句中言'三世卽一念'者, 此一言內, 略有二義. 一者, 雖於現法, 說有過未世, 然過未[140]不在現過已後, 未來不居未現之前. 但於現在一

---

139 『대방광불화엄경大方廣佛華嚴經』 권37 「離世間品」(T9, 634a27~b5). "佛子! 菩薩摩訶薩, 有十種說三世, 何等爲十? 所謂過去世說過去世, 過去世說未來世, 過去世說現在世, 未來世說過去世, 未來世說現在世, 未來世說無盡世, 現在世說未來世, 現在世說過去世, 現在世說平等, 現在世說三世卽一念. 佛子! 是爲菩薩摩訶十種說三世. 因此十種說三世, 則能普說一切三世." 밑줄 친 곳은 인용문에서 생략된 부분이다.

念之內，望前爲未來，望後爲過去，當其自相，說爲現在．破小乘未現[141]之時，冥在未來，現滅已後，伏居過去，過去是現念之後，未來是現念前，故言說三世唯一念也．二者，如前九句所說三世，總攝一切無邊三世，如是三世，長遠無邊，皆入現在一念之頃．或彼三世卽是一念，故言‘三世卽一念’也．雖長遠劫，卽是一念，而非成短方在[142]一念，雖卽一念，是無量劫，而非刹那究竟長遠．故彼偈言，“無量無數劫，卽是一念頃，亦不令却[143]短，竟究[144]刹那法．” 此意爲破大乘一向執言，未來未有，過去已无[145] 一切刹那是爲短斷，三世劫是爲長，故言說‘三世卽一念’．雖於三世十種而說，論其世別，不出前九，故就此九句，以定所斷．

[H1, 806b13~c9; O 48,11~49,5]

[열 가지] 가운데 마지막 구절에서 “[과거 · 현재 · 미래의] 세 가지 시간 [구분]이 바로 한 생각”(三世卽一念)이라고 말한 것에는, 이 한마디 말에 대략 두 가지 뜻이 있다. 첫 번째 [뜻]은 [다음과 같다.] 비록 ‘현재의 현상’(現法)에 과거와 미래가 있다고 말할지라도, 과거는 현재가 지나간 이후에 있는 것이 아니고 미래는 아직 나타나기 이전에 있는 것이 아니다. 다만 ‘현재의 한 생각’(現在一念) 안에서 앞을 보면 ‘미래’가 되고 뒤를 보면 ‘과거’가 되며, 그 ‘[현재의 한 생각] 자신의 양상’(自相)에 배당시

140 원본에는 ‘未’이지만, 橫超本에서는 ‘去’로 교감하였다. 문맥상 ‘去’가 맞으므로 ‘去’로 교감한다.

141 橫超本의 교감에 따르면, ‘現’은 원본에는 ‘顯’인데, 傍註에 있는 ‘現’으로 교감한 것이다.

142 橫超本의 교감에 따르면, ‘在’는 원본에 나오지만, 傍註에 있는 ‘爲’로 고친 것이다. ‘爲’로 보고 번역한다.

143 ‘却’은 문맥상 ‘劫’이 적절하다. 橫超本에도 ‘劫’으로 나온다.

144 원본에는 ‘竟究’인데, 『화엄경』 원문에 의거하여 ‘究竟’으로 고친 것이라고 橫超本의 교감주에서 밝히고 있다. ‘究竟’으로 교감한다.

145 橫超本의 교감에 따르면, 원본에는 ‘元’이지만 ‘无’로 고친다고 하였다.

킨다면 '현재'가 된다고 말할 뿐이다. [이것은] 소승小乘에서 [주장하는] 〈[현재에] 아직 나타나지 않았을 때에는 미래에 숨어 있고, [현재에] 나타난 것이 소멸한 후에는 과거에 잠복해 있어서, 과거는 '현재의 생각'(現念) 뒤에 있는 것이고 미래는 '현재의 생각'(現念) 앞에 있는 것〉이라는 [견해]를 깨뜨리는 것이니, 그러므로 "[과거 · 현재 · 미래의] 세 가지 시간 [구분]이 오직 한 생각"(三世唯一念)이라고 말한 것이다.

두 번째 [뜻]은 [다음과 같다.] [『화엄경』이 설하는 열 가지 설명 가운데] 앞의 아홉 구절에서 말하는 [과거, 현재, 미래의] '세 가지 시간 [구분]'(三世)은 모든 무한한 '세 가지 시간 [구분]'(三世)을 '총괄적으로 포섭'(總攝)하니, 이와 같은 '세 가지 시간 [구분]'(三世)은 길고 멀어 한계가 없지만 모두가 '현재 한 생각'(現在一念)의 순간에 들어간다. 혹은 그 '세 가지 시간 [구분]'(三世)이 바로 '한 생각'(一念)이기에 "[과거 · 현재 · 미래의] 세 가지 시간 [구분]이 바로 한 생각"(三世卽一念)이라 말하였다. 비록 길고 먼 [무한한] '오랜 시간'(劫)이 바로 '한 생각'(一念)이지만 [이 무한의 긴 시간을] 짧게 만들어서야 비로소 '한 생각'(一念)이 되는 것은 아니며, [또] 비록 바로 '한 생각'(一念)이 '무한히 오랜 시간'(無量劫)이지만 [이 '무한히 오랜 시간'(無量劫)은] 찰나의 [짧은] 시간이 최대로 길고 멀어진 것이 아니다. 그러므로 그 [『대방광불화엄경』] 게송에서는 "'무한한 오랜 시간'(無量無數劫)이 바로 '한 생각의 순간'(一念頃)이니, [그것은] 또한 '오랜 시간'(劫)을 짧게 하여 [한 생각 순간이라는] 궁극의 찰나 현상으로 만드는 것이 아니다."[146]라고 하였다. 이 [게송의] 의도는 대승에서 한결같이 집착하여 말하는 〈미래는 아직 존재하지 않고, 과거는 이미 없어졌으며, 모든 찰나

---

146 『대방광불화엄경』 권33 「普賢菩薩行品」(T9, 610a9~14). "無量無數劫, 解之卽是一念, 知念亦非念, 世間無實念. 不動於本座, 一念遊十方, 無量無邊劫, 當化諸衆生. 不可說諸劫, 卽是一念頃, 亦不令劫短, 究竟刹那法." 원문 가운데 밑줄 친 부분이 원효가 인용한 내용이다.

[의 시간]은 짧게 끊어지는 것이고, [과거, 현재, 미래의] '세 가지의 오랜 시간'(三世劫)은 긴 것이다.〉라는 [견해]를 깨뜨리기 위한 것이니, 그러므로 "[과거 · 현재 · 미래의] 세 가지 시간 [구분]이 바로 한 생각"(三世卽一念)이라고 말한 것이다.

비록 [과거, 현재, 미래의] '세 가지 시간 [구분]'(三世)에 대해 열 가지로 설명하였지만 그 시간의 차이[를 기준으로 시간구분]을 논한다면 앞의 아홉 가지를 벗어나지 않으니, 그러므로 이 아홉 구절에 의거하여 '끊을 대상'을 정한다.

於此九世, 斷何世惑者? 過去三世, 皆非所斷, 治道生時, 皆已滅故. 現在三世, 亦非所斷, 治道現時, 無現惑故. 未來未來, 亦非所治, 斷道生已, 相不改故, 未來過去, 亦非所斷, 斷道生時, 勢不及故. 未來現在, 正爲所斷, 所爲然者, 設於此時, 治道不生, 卽於此時, 隨眠當現. 當現正是未來現在. 由於此念, 治道現前, 於此隨眠當現應成, 而永不成, 說名爲斷. 是故未來現在, 正被所斷, 其餘八世, 非正所斷. 如『顯揚論』云, "未來現在, 煩惱可斷, 永害隨眠,[147] 名煩惱斷"故.

[H1, 806c9~20; O 49,5~10]

이 아홉 가지 시간에서 어떤 시간의 번뇌(惑)를 끊는다는 것인가? '과거의 [과거, 현재, 미래] 세 가지 시간'(過去三世)[에 속하는 번뇌들]은 모두 '끊을 대상'(所斷)이 아니니, [그 번뇌들을] '치유하는 수행'(治道)을 일으킬 때는 모두 이미 소멸하였기 때문이다. '현재의 [과거, 현재, 미래] 세 가지 시간'(現在三世)[에 속하는 번뇌들]도 '끊을 대상'(所斷)이 아니니, [그 번뇌들

147 『현양성교론』 원문에는 '隨眠'이 '麤重'으로 되어 있다.

을] '치유하는 수행'(治道)이 나타날 때는 현재의 번뇌가 [이미] 없기 때문이다. '미래의 미래'(未來未來)[에 속하는 번뇌들]도 '치유할 대상'(所治)이 아니니 '[번뇌를] 끊는 수행'(斷道)을 이미 일으켰을지라도 [그 번뇌들의] 양상(相)을 고칠 수 없기 때문이고, '미래의 과거'(未來過去)[에 속하는 번뇌들]도 '끊을 대상'(所斷)이 아니니 '[그 번뇌들을] 끊는 수행'(斷道)을 일으킬 때는 [이 수행의] 세력이 [그 번뇌들에] 미치지 못하기 때문이다.

'미래의 현재'(未來現在)[에 속하는 번뇌들]이 바로 '끊을 대상'이 되니, 그 이유는 만일 이때에 [그 번뇌들을] '치유하는 수행'(治道)을 일으키지 않으면 곧 이때에 '잠재하고 있는 번뇌'(隨眠)가 나타날 것이기 때문이다. ['잠재하고 있는 번뇌'(隨眠)가] 나타나는 때가 바로 '미래의 현재'(未來現在)이다. 이 ['잠재하고 있는 번뇌'(隨眠)가 나타나는] 생각에서 [그 번뇌들을] '치유하는 수행'(治道)이 나타나면, 이때에는 '잠재하고 있는 번뇌'(隨眠)가 나타나 [번뇌의 내용을] 이루려 하지만 영구히 이루어지지 않으니, [이것을] '[번뇌를] 끊음'이라 부른다. 그러므로 '미래의 현재'(未來現在)[에 속하는 번뇌들]이 바로 '끊어지는 대상'이 되고, 그 나머지 여덟 가지 시간[에 속하는 번뇌들]은 '끊을 대상'이 아니다. 『현양성교론』에서 "'미래의 현재'(未來現在)에서는 번뇌를 끊을 수 있으니, ['미래의 현재'(未來現在)에서] '잠재적인 번뇌'(隨眠)를 영구히 없애는 것을 '번뇌의 끊어짐'이라 한다."[148]라고 한 것과 같다.

雖依此門, 說如是斷, 而求此斷, 亦不可得, 何以故? 治道生時, 望彼隨眠, 未來現在, 爲有爲無? 若猶是有, 卽非所斷, 若已是無, 卽無可斷. 若彼未來現在, 二[149]由斷故後無者, 卽彼未來現在, 未斷之前是有.

---

148 『현양성교론』 권3 「섭사품」(T31, 496b26). "未來現在, 煩惱可斷, 永害麤重, 說煩惱斷."

149 한불전과 橫超本 모두 '二'로 되어 있지만, 문맥으로는 '先'이 적절할 것으로 보고

唯是一念, 未來現在, 先有後無, 不應道理, 一剎那頃, 無前後故. 又卽是一念, 未來現在, 卽有卽無, 亦不應理, 無有一法, 二自性故. 由此道理, 故無可斷. 是卽一切三世, 並非所斷. 但是治道自性解脫, 逕歷三世, 恒離繫縛. 是故得說通斷三世. 如『瑜伽』說, "問. 斷隨眠時, 爲去未來現? 答. 非斷去來今, 然說斷三世." 乃至廣說故. 定所斷竟.

[H1, 806c21~807a11; O 49,10~50,2]

비록 이 [시간을 기준 삼아 끊을 대상을 정하는] 방식(門)에 의거하여 이와 같은 '[번뇌를] 끊음'을 설명하였지만 이 '끊는 [번뇌]'를 구해 보아도 얻을 수가 없으니, 무엇 때문인가?

[그 번뇌들을] '치유하는 수행'(治道)을 일으킬 때 저 '잠재적인 번뇌'(隨眠)를 본다면, '미래의 현재'(未來現在)에 [그 '잠재적인 번뇌'(隨眠)가] 있는 것인가, 없는 것인가? 만일 ['잠재적인 번뇌'(隨眠)가] 여전히 있는 것이라면 끊어진 것이 아니며, 만약 이미 없어진 것이라면 끊을 것이 없게 된다. 만일 그 '미래의 현재'(未來現在)[에 속하는 '잠재적인 번뇌'(隨眠)들]이 앞에서 [이미] 끊어졌기 때문에 뒤에 없는 것이라고 한다면, 곧 그 '미래의 현재'[에 속하는 '잠재적인 번뇌'(隨眠)들]이 아직 끊어지기 이전에는 있는 것이다. [그런데] [과거 · 현재 · 미래에 관한 시간 구분이] 오직 '한 생각'이라서 '미래의 현재'(未來現在)[에 속하는 '잠재적인 번뇌'(隨眠)들]이 앞에는 있다가 뒤에는 없는 것이라면 이치에 맞지 않으니, ['한 생각'(一念)에 해당하는] 한 찰나의 순간에는 전후가 없기 때문이다. 또한 [과거 · 현재 · 미래에 관한 시간 구분이] 바로 '한 생각'(一念)이어서 '미래의 현재'[에 속하는 '잠재적인 번뇌'(隨眠)]는 있는 것이기도 하고 없는 것이기도 하다면 [이] 또한 이치에 맞지 않으니, 한 현상에 [상반된] 두 가지 특징(自性)이 [동시에] 있

'先'으로 교감하여 번역한다.

는 경우는 없기 때문이다. 이러한 도리 때문에 '끊을 수 있는 [번뇌]'가 없게 된다. 그렇다면 모든 [과거, 현재, 미래의] '세 가지 시간'(三世)[에 속하는 번뇌들]은 다 '끊을 대상'이 아니다. 다만 [그 번뇌들을] '치유하는 수행'(治道)은 〈'[불변의] 자기 본질'(自性)[이 없기에 그 본질]에서 자유로운 것〉(自性解脫)이어서 [과거, 현재, 미래의] '세 가지 시간'(三世)을 [걸림 없이] 다니면서 언제나 '[번뇌에] 얽혀 묶임'(繫縛)에서 벗어나 있다. 그러므로 [과거, 현재, 미래의] '세 가지 시간'(三世)[에 속하는 번뇌들]을 통틀어 끊는다고 말할 수 있다.

[이것은] 『유가사지론』에서, "묻는다. '잠재적인 번뇌'(隨眠)를 끊을 때는 과거인가, 미래인가, 현재인가? 답한다. 과거, 미래, 현재에서 끊는 것은 아니지만 [과거, 현재, 미래의] '세 가지 시간'(三世)에서 끊는다고 말한다."[150]라고 말하고 다시 상세하게 설명한 것과 같다.

'끊을 대상'을 정하는 것을 마친다.

3. '다스려 끊는 [방법의] 차이'(治斷差別)를 밝힘

> 三明治斷差別者, 略有三句. 一伏斷差別, 二斷縛差別, 三離繫差別.
> [H1, 807a11~13; O 50,3]

[두 번째인 '끊을 대상'(所斷)에 대한 결정에 이어] 세 번째인 '[번뇌를] 다스려 끊는 [방법의] 차이'(治斷差別)를 밝히는 것에는 대략 '세 가지 구분'(三句)이 있다. 첫 번째는 '억제하는 방법과 끊는 방법의 차이'(伏斷差別)이고, 두 번째는 '[번뇌가 마음과 그 대상을] 묶는 것을 끊는 방법의 차이'(斷

150 『유가사지론』 권58(T30, 623b22~24). "問. 爲斷過去爲隨斷未來爲斷現在? 答. 非斷去來今, 然說斷三世." 밑줄 친 곳은 인용문과 차이가 있는 부분이다.

縛差別)이며, 세 번째는 '[번뇌에] 묶인 것에서 벗어나는 방법의 차이'(離繫差別)이다.

1) '억제하는 방법과 끊는 방법의 차이'(伏斷差別)

(1) '억제하는 방법'(伏)

伏斷差別者, 何謂爲伏? 離諸惑緣, 修其對治, 加惑本上, 令末不起, 損伏之義, 當知亦爾. 損伏差別, 有其三種. 一遠離損伏, 謂如愛[151]持禁戒, 遠離惡緣, 由是勢力, 不起惡故. 二厭惡[152]損伏, 謂以聞思二惠, 知諸欲過, 於彼過患, 修厭逆想, 由是勢力, 不起着[153]故. 三奢摩他損伏, 謂由世間修惠, 欣上厭下, 隨其品別, 修假對治, 隨其所斷, 不現起故. 於中委曲, 如『瑜伽』說.

[H1, 807a13~22; O 50,3~8]

'억제하는 방법과 끊는 방법의 차이'(伏斷差別)라는 것은 [다음과 같다.] 무엇을 '억제[하는 방법]'(伏)[154]이라고 하는가? 모든 번뇌[를 일으키는] 조

151 '愛'는 橫超本에 '受'로 되어 있다. 『유가사지론』 원문에 의거하여 '受'로 교감한다.

152 '惡'은 橫超本에 '患'으로 되어 있다. 『유가사지론』 원문에 의거하여 '患'으로 교감하여 번역한다.

153 '着'은 橫超本에 '著'으로 나온다.

154 복도伏道: 번뇌장(惑障)의 현행을 억제하여 굴복시키는 유루도·무루도의 힘을 지시한다. 이 복도는 유루도·무루도 및 가행지加行智·근본지根本智·후득지後得智에 통한다. 유루도는 상계를 좋아하고 하계를 싫어하는 육행관(六行觀)을 수습함으로써 번뇌를 억제하고, 무루도는 무분별지無分別智로써 정(定)·법(法)·애(愛)와 함께 일어나는 소지장所知障을 끊었을 때 그 세력으로 인해 번뇌장煩惱障이 현행하지 않게 한다. 가행지는 번뇌장과 소지장의 '잠재적 번뇌'(隨眠)를 점차 제압하고, 근본지·후득지는 번뇌장을 한꺼번에 제압한다. 요약하면 가행지와

건들(緣)과 거리를 두고 그 [번뇌발생의 조건들에 대한] 치유법(對治)을 익혀 [그 치유법을] 번뇌[가 발생하는] 근본 [지점]에 적용시켜 말단[의 번뇌들]을 일어나지 않게 하는 것이니, '[번뇌를] 덜어 내고 억제하는 방법'(損伏)의 의미도 그러한 것임을 알아야 한다.

'[번뇌를] 덜어 내고 억제하는 방법의 차이'(損伏差別)에는 세 가지가 있다. 첫 번째는 '[번뇌를 일으키는 조건들에서] 멀리 떠나 [번뇌를] 덜어 내고 억제하는 방법'(遠離損伏)이니, 예컨대 '지키거나 금해야 할 것에 관한 규범'(持禁戒)을 준수하여 [악행을 일으키게 하는] '해로운 조건들'(惡緣)에서 멀리 떠나고 이 힘으로 인해 악행을 일으키지 않는 것과 같은 것이다. 두 번째는 '[번뇌에서 초래하는] 우환을 싫어하여 [번뇌를] 덜어 내고 억제하는 방법'(厭患損伏)이니, '들어서 얻은 지혜'(聞慧)와 '성찰해서 얻은 지혜'(思慧)의 두 가지 지혜로써 모든 탐욕의 허물을 알고 그 허물[에서 초래할] 우환에 대해 '싫어하고 거스르는 생각'(厭逆想)을 익혀 이 힘으로 인해 [번뇌에 대한] 집착을 일으키지 않는 것을 일컫는다. 세 번째는 '선정을 익혀 [번뇌를] 덜어 내고 억제하는 방법'(奢摩他損伏)이니, 세간적인 [선정] 수행과 [그에 의해 얻어진] 지혜로 인해 '수준 높은 세계'(上[界])는 좋아하고 '수준 낮은 세계'(下[界])는 싫어하여 그 [세계의] '수준 차이'(品別)에 따라 '방편이 되는 치유법'(假對治)을 익혀 그 [치유법이] 끊는 것에 따라서 [번뇌를] 일으키지 않는 것을 일컫는다. 이에 대해 자세한 것은 『유

유루도는 '억제하는 도'(伏道)이지 '끊는 도'(斷道)는 아니며, 근본지 · 후득지 · 무루도는 '억제할 수 있는 도'이기도 하고 '끊을 수도 있는 도'이다. 그러나 설일체유부에서는 복도는 오직 세속의 유루도에만 통하고 무루도에는 통하지 않으며, 오직 견도 이전에서만 복도일 수 있다고 한다. 『불광대사전』, p.2164. 유식종에서는, 세간도가 아직 '번뇌가 스며듦이 있는'(有漏) 수행이므로 번뇌를 종자 수준에서 끊지는 못하고 다만 번뇌의 나타남과 작용을 억누르는 수행이라는 뜻에서 복도伏道라고 하며, 출세간도는 번뇌의 종자마저 끊어 '번뇌가 스며듦이 없는'(無漏) 경지에 이르게 한다는 의미에서 단도斷道라 하는 동시에 또한 번뇌의 나타남과 작용을 억누르는 역할도 한다는 점에서는 복도伏道라 하기도 한다.

가사지론』[155]에서 설명한 것과 같다.

(2) '끊는 방법'(斷)

所言斷者, 有三差別, 一者伏斷, 二者永斷, 其第三者, 無餘滅斷. 言伏斷者, 譬如於石所加草根, 更以利鈒,[156] 枰[157]斷其根, 永令不能生其外莖. 根未滅故, 說名爲伏, 根不續故, 亦名爲斷. 如是已離欲人, 入見道時, 斷於欲界修斷種子, 此等一切, 皆名伏[158]斷. 以未滅故, 勢用無續故. 言永斷者, 譬如於火鎗燋麥, 雖由鎗隔, 不失穀相, 而由火勢, 永不成種. 如是金剛以還, 乃至二乘, 斷種子義, 當知亦爾. 由無明隔故, 不失異熟識相, 由無漏勢故, 永不得成種子. 是故此等說名永斷. 如『瑜伽』說, "略有二種於斷作證, 一於種子, 伏斷作證, 二於種子, 永斷作證"故. 然此永斷, 望無餘斷, 但爲永伏, 未成永斷. 所言無餘滅斷者, 如劫盡時, 七日並[159]現, 通然[160]空界, 巨海大地, 散[161]盡無遺, 乃至微

155 『유가사지론』 권51(T30, 583c16~584a2). "復次損伏略有三種, 一遠離損伏, 二厭患損伏, 三奢摩他損伏. 云何遠離損伏? 謂如有一棄捨家法趣於非家, 遠離種種受用欲具, 受持禁戒, 於所受持遠離禁戒, 親近修習若多修習, 由親近修習若多修習相續不斷故, 於諸欲具心不趣入, 心不流散, 心不安住, 心不愛樂, 亦不發起彼增上力緣彼境界所起煩惱, 如是名爲遠離損伏. 云何厭患損伏? 謂如有一或由過患想, 或由不淨想, 或由青瘀等想, 或由隨一如理作意, 如是如是厭患諸欲, 離未離欲然於諸欲修厭逆故, 心不趣入乃至廣說, 如是名爲厭患損伏. 云何三奢摩他損伏? 謂如有一由世間道, 得離欲界欲或離色界欲, 彼由奢摩他任持心相續故, 於欲色中, 心不趣入, 乃至廣說, 如是名爲奢摩他損伏."

156 '鈒'은 원본에는 '鋤'로 나오고, 傍註에 '鈒'으로 되어 있다고 한다. 원본대로 '鋤'로 보고 번역한다.

157 '枰'은 원본에 나오는 것인데, 橫超本에서는 '秤'으로 고친다고 하였다.

158 橫超本의 교감주에 따르면, '名伏'은 원본에는 '伏名'으로 나오지만 글자 순서의 교체 표시가 있다고 한다.

159 橫超本과 은정희본에는 '竝'이고 한불전에는 '並'이나 같은 글자이므로 그대로 둔다. 이하에 동일한 경우가 나오더라도 다시 언급하지 않는다.

160 '然'은 '燃'의 오기로 보인다.

塵，永無餘殘．如是三種無數大劫滿時，四智竝現，圓昭法界，藏識巨海，無明大地，散盡無遺，乃至二障微細殘氣，永滅無餘．是故說名無餘殘[162]斷．是謂三種斷義差別．

[H1, 807a22~b19; O 50,8~51,3]

'끊는 방법'(斷)[163]이라 말한 것에는 세 가지 차이가 있으니, 첫 번째는 '억제하여 끊는 것'(伏斷)이고 두 번째는 '영원히 끊는 것'(永斷)이며 그 세 번째는 '남김없이 끊는 것'(無餘滅斷)이다.

'억제하여 끊는 것'(伏斷)이란, 비유하자면 마치 돌로 눌러놓은 풀뿌리에 다시 날카로운 호미로 그 뿌리를 고르게 끊어 영원히 그 바깥 줄

---

161 橫超本의 교감주에 따르면, 원본에는 '散'이지만 '歇'로 고친다고 하였다. '歇'로 보고 번역한다. 다음 문장에 나오는 '散盡'도 동일하게 '歇盡'으로 교감한다.

162 '殘'은 '滅'의 오기로 보인다.

163 단도斷道: 번뇌장(惑障)을 억제하고 끊어 없애는 수행법을 가리키며, 멸도滅道·대치도對治道라고도 한다. 가행도加行道·무간도無間道·해탈도解脫道·승진도勝進道 중에서 무간도를 단도라고 한다. 『구사론俱舍論』에 의하면 단도는 유루·무루의 무간도를 모두 가리키는데, 그중 견도는 오직 무루이고 수도는 유루·무루에 통한다. 유식종에서는 '단斷'에 세 가지 뜻이 있다고 말한다. 첫 번째는 '상속하지 않는다'(不續)는 뜻으로, 무루도에 의해 그 종자를 끊어 상속하지 않게 하며, 또한 유루도·무루도의 힘에 의해서 그 번뇌의 현행을 억제하여 상속하지 않게 한다. 두 번째는 '제거하고 해를 가한다'(除害)는 뜻으로, 무루도에 의해 번뇌장·소지장의 종자를 끊고 아울러 유루도·무루도의 힘에 의하여 이장의 현행을 장애하여 일어나지 않게 한다. 세 번째는 '일어나지 않게 한다'(不生)는 뜻으로, '본연의 면모'(體性)가 번뇌의 현상을 장애하여 일어나지 않게 한다. 또한 단도와 복도를 구별하자면, 단도는 번뇌장·소지장의 '잠재적 번뇌'(隨眠)를 영구히 끊는 것이므로 유루도 및 가행지는 결코 단도가 아니며, 복도는 번뇌장·소지장의 '잠재적 번뇌'(隨眠)의 세력을 억제하여 이장二障이 현행하지 못하게 하는데 유루도·무루도 및 가행·근본·후득의 세 가지 지혜는 그 응하는 바에 따라 번뇌장을 점차로 억제하거나 혹은 한꺼번에 조복한다. 유식종은, 유루도와 가행지는 복도이지 단도가 될 수 없으며 무루도·근본지·후득지는 복도와 단도가 모두 될 수 있다고 주장하는 것이다. 『불광대사전』, p.6565.

기로 뻗지 못하게 하는 것과 같다. 뿌리가 아직 없어지지 않았기 때문에 '억제한다'(伏)라고 하였고, 뿌리가 [줄기로] 이어지지 않기 때문에 또한 '끊는다'(斷)라고 하였다. 이와 마찬가지로, '이미 욕망세계의 탐욕에서 다 벗어난 수행자'(已離欲人)가 '[진리다운] 이해를 밝혀 가는 수행'(見道)에 들어갔을 때 〈욕망세계에서의 '[선정을 토대로 이해를] 거듭 익혀 가는 수행'〉(欲界修)으로 끊는 [번뇌의] 종자(種子)를 끊는데, 이처럼 [끊는] 모든 것을 다 '억제하여 끊는 것'(伏斷)이라고 한다. [〈욕망세계에서의 '거듭 익혀 가는 수행'(修道)〉으로 끊는 번뇌의 종자(種子)가] 아직 없어지지 않았기 때문이며, [그렇지만 그 종자의] 세력과 작용이 이어지지는 않기 때문이다.

'영원히 끊는 것'(永斷)이란, 비유하자면 마치 불에 달군 솥에 곡식의 종자를 태우는 것과 같으니, 비록 솥이 [곡식의 종자와 불] 사이에 있기 때문에 곡식의 모양을 잃지는 않지만, 불의 세력 때문에 영원히 [곡식의] 종자가 되지는 못한다. 이와 마찬가지로, '금강[석처럼 굳건한] 선정'(金剛喩定) 이전이나 '[성문과 연각] 두 부류 수행자'(二乘)가 [번뇌의] 종자種子를 끊는 의미도 또한 이와 같다는 것을 알아야 한다. 근본무지(無明)가 ['번뇌의 종자'와 '번뇌 없애는 수행'] 사이에 있기 때문에 [번뇌를 일으키는] '다르게 무르익어 가는 식'(異熟識)의 양상을 잃지는 않지만, '번뇌가 스며들지 않는 [수행]'(無漏)의 세력으로 인해 영원히 [번뇌를 일으키는] 종자種子가 되지는 못한다. 그렇기 때문에 이와 같은 것을 '영원히 끊는 것'(永斷)이라고 한다. [이것은] 『유가사지론』에서 "[번뇌를] 끊어 [열반을] 증득하는 것에 대략 두 가지가 있으니, 첫 번째는 [번뇌의] 종자를 '억제하여 끊는 것'(伏斷)으로 [열반을] 증득하는 것이고, 두 번째는 [번뇌의] 종자를 '영원히 끊는 것'(永斷)으로 [열반을] 증득하는 것이다."[164]라고 한 것과 같

164 『유가사지론』 권68(T30, 675b6~7). "復次略有二種於斷作證, 一於種子, 伏斷作證, 二於種子, 永斷作證."

다. 그러나 이 '영원히 끊는 것'(永斷)을 '남김없이 끊는 것'(無餘滅斷)의 관점에서 보면, 단지 '영원히 억제하는 것'(永伏)이지 아직 '영원히 끊는 것'(永斷)이 되지는 못한다.

이른바 '남김없이 끊는 것'(無餘滅斷)이란, 마치 [헤아릴 수 없이] '오랜 시간'(劫)이 다 지났을 때에 일곱 해가 나란히 나타나서 허공세계(空界)를 모두 불사르고 큰 바다와 대지가 다 말라 버려 남아 있는 것이 없으며 미세한 먼지조차도 영원히 남아 있는 것이 없는 것과 같다. 이와 마찬가지로, [번뇌를 끊어 열반을 증득하기 위해 필요한] '세 가지의 헤아릴 수 없이 오랜 시간'(三種無數大劫)[165]이 다 지났을 때 [대원경지大圓鏡智 · 평등성지平等性智 · 묘관찰지妙觀察智 · 성소작지成所作智, 이] '네 가지 지혜'(四智)가 함께 나타나서 '모든 세계'(法界)를 두루 비추어, [모든 것의 종자를] '저장하고 있는 식'(藏識, 阿賴耶識)의 거대한 바다와 근본무지(無明)의 대지가 다 말라 버려 남아 있는 것이 없으며, ['번뇌로 인한 장애'(煩惱障)와 '대상에 대한 이해를 가로막는 장애'(所知障), 이] 두 가지 장애의 미세하게 남아 있는 [잠재적인] 기운조차도 영원히 소멸하여 남아 있는 것이 없게 된다. 그렇기 때문에 '남김없이 끊는 것'(無餘滅斷)이라고 부른다.

이것을 〈'끊는다'(斷)는 의미의 세 가지 차이〉라 부른다.

---

165 삼종무수대겁三種無數大劫: 삼아승기겁三阿僧祇劫을 말한다. 보살의 수행이 완전해져서 불과佛果에 이르기 위해 겪어야 하는 시간을 말한다. 겁劫은 가장 길고 먼 시간의 명칭인데, 대 · 중 · 소 삼겁三劫의 구별이 있다. 세 차례의 아승기대겁阿僧祇大劫을 삼대아승기겁三大阿僧祇劫이라 한다. 삼겁을 가지고 수행의 위차位次에 배대하는 것은 여러 경론의 설명이 일치하지 않는다. 『섭대승론본攝大乘論本』 권하卷下의 설에 의하면, ① 초아승기겁初阿僧祇劫은 지전보살地前菩薩의 계위에 배대되니, 즉 10신 · 10주 · 10행 · 10회향의 40위이다. ② 이아승기겁二阿僧祇劫은 초지에서 제7지까지의 계위에 배대된다. ③ 삼아승기겁三阿僧祇劫은 제8지에서 제10지까지의 계위에 배대된다. 『불광대사전』, p.577.

2) '[번뇌가 마음과 그 대상을] 묶는 것을 끊는 방법의 차이'(斷縛差別)

二明斷縛差別者. 縛有二種, 謂相應縛及所緣縛. 隨起一惑, 卽具二縛, 以此二縛, 縛衆生心. 是義云何? 煩惱與心, 一時相應, 能縛此心, 令不得脫, 故名相應縛, 卽此煩惱, 執所緣境, 能令其心, 隨着所緣, 名所緣縛. 如以一繩, 與牛相應面縛, 其牛令不能脫, 卽以繩端, 緣縛於柱, 能令其牛, 隨着彼柱, 二縛縛心, 當知亦爾.

[H1, 807b19~c4; O 51,3~7]

두 번째인 '[번뇌가 마음과 그 대상을] 묶는 것을 끊는 방법의 차이'(斷縛差別)를 밝히는 것은 [다음과 같다.] '[번뇌가] 묶는 것'(縛)에는 두 종류가 있으니, '[번뇌가 자기와] 서로 응하는 [주관인] 마음(心)과 마음현상(心所)을 묶는 것'(相應縛)과 '[번뇌가] 대상을 묶는 것'(所緣縛)[166]이 그것이다. 하나의 번뇌(惑)가 일어남에 따라 곧 두 가지의 '[번뇌가] 묶는 것'(縛)을 갖추니, 이 두 가지 '[번뇌가] 묶는 것'(縛)으로써 중생의 마음을 결박한다. 이 뜻은 무엇인가?

번뇌가 마음과 동시에 서로 응하여 이 마음을 결박하고 벗어날 수 없게 하기 때문에 '[번뇌가 자기와] 서로 응하는 [주관인] 마음(心)과 마음현상(心所)을 묶는 것'(相應縛)이라 하고, 바로 이 번뇌가 '관계 맺는 대상'(所緣境)에 집착하여 그 [주관인] 마음으로 하여금 '관계 맺는 대상'(所緣)

166 상응박相應縛과 소연박所緣縛: 모든 번뇌는 마음(心)과 마음현상(心所法) 및 그 대상(所緣境)을 계박하니, 상응박과 소연박의 두 가지로 대별할 수 있다. 상응박은 모든 번뇌가 그와 동시에 상응하는 심·심소법을 계박하여 그 대상(所緣境)에 대하여 자재하지 못하게 한다. 그리고 소연박은 번뇌가 대상과 관계 맺을 때 그 대상을 계박하여 자재하지 못하게 하는 것이다. '상응박相應縛과 소연박所緣縛' 및 '능연박能緣縛과 소연박所緣縛'의 차이에 대해서는 앞의 '상응박相應縛' 역주의 설명을 참조.

을 따르면서 달라붙게 하므로 '[번뇌가] 대상을 묶는 것'(所緣縛)이라고 한다. 마치 한 밧줄을 소와 서로 연결하여 [소의] 얼굴을 묶어 그 소를 도망가지 못하게 하고서, 곧 밧줄의 끝을 기둥에 연결하여 묶어 그 소로 하여금 그를 매고 있는 기둥을 따르면서 붙어 있게 하는 것과 같으니, [상응박相應縛과 소연박所緣縛 이] 두 가지 결박이 마음을 결박하는 것도 또한 이와 같다는 것을 알아야 한다.

斷此二縛, 實在一時, 論其義次第, 又有前後. 何者? 問心王, "王今何緣, 於所緣境, 得離着乎?" 心卽答言, "有一惠數, 忽然而至, 斷除與我相應之縛, 故於所緣, 無所着[167]耳. 而不自知彼何所斷." 卽問惠數, "卿有何術, 斷相應縛?" 惠數釋言, "臣無異術, 但性明利, 破遣麤相, 於所緣相, 永離執着, 由是能斷彼相應法." 是卽依惠數言, 先斷所緣縛, 後斷相應縛. 依此義故, 『顯揚論』云, "斷所從者, 謂從所緣境, 斷諸煩[168]惱. 於所緣境, 斷煩惱已, 諸相應法, 亦復隨斷." 若依心王言, 先離相應縛, 後離所縛.[169] 依此義故, 『瑜伽論』說, "復次從相應及所緣故, 煩惱可斷. 所以者何? 對治道生, 煩惱不起, 得無生法, 是故說名斷彼相應. 相應斷已, 不復緣境, 故從所緣, 亦說名斷." 故. 斷二縛義, 應如是知.

[H1, 807c4~21; O 51,7~15]

[상응박相應縛과 소연박所緣縛] 이 두 가지 결박을 끊는 것이 실제로는 동시에 일어나는 것이지만, 그 [두 가지 결박을 끊는] 뜻의 순서를 논하자

167 '着'은 橫超本에 '著'으로 나온다. 이하의 경우도 같다.

168 橫超本의 교감에 따르면, 원본에는 '須'이지만 '煩'으로 고친 것이다.

169 원본과 한불전에는 '所縛'이지만 橫超本은 '所緣縛'으로 교감하였다. 문맥상 '所緣縛'으로 보고 번역한다.

면 또한 앞뒤가 있다. 어떤 것인가?

'마음[의 비유인] 왕'(心王)에게 묻기를 "왕은 지금 무엇을 인연으로 '관계 맺는 대상'(所緣境)에 대해 집착에서 떠났습니까?" '마음[의 비유인 왕]'(心)이 곧바로 대답하기를, "어떤 '헤아리는 작용'(惠數)이 홀연히 나타나 '나와 상응하는 [번뇌의] 결박'을 끊어 없앴으니, 그래서 '관계 맺는 대상'(所緣)에 대해 집착하는 것이 없어졌을 뿐이다. 그러나 그 ['헤아리는 작용'(惠數)]이 어떻게 [번뇌의 결박을] 끊은 것인지는 나도 알지 못하겠다."라고 하였다. [그리고는] 곧바로 '헤아리는 작용'(惠數)에게 묻기를, "그대는 어떤 방법이 있기에 '[번뇌가 자기와] 서로 응하는 [주관인] 마음(心)과 마음현상(心所)을 묶는 것'(相應縛)을 끊었는가?"라고 하였다. '헤아리는 작용'(惠數)이 설명하기를, "저에게 별다른 방법이 있는 것은 아니고, 단지 [제 생각의] 특성(性)이 밝고 예리하여 [대상의] '뚜렷한 특징'(麤相)[에 대한 집착]을 깨뜨려 없애어 '관계 맺는 대상의 특징'(所緣相)에 대한 집착에서 영구히 떠났으니, 이로 인해 저 '[번뇌가 자기와] 서로 응하는 [주관인] 마음(心)과 마음현상(心所)을 묶는 것'(相應法)을 끊을 수 있었습니다."라고 하였다.

그렇다면 '헤아리는 작용'(惠數)의 말에 의거하면, 먼저 '[번뇌가] 대상을 묶는 것'(所緣縛)을 끊고 이후에 '[번뇌가 자기와] 서로 응하는 [주관인] 마음(心)과 마음현상(心所)을 묶는 것'(相應縛)을 끊은 것이다. 이러한 뜻에 의거하기 때문에 『현양성교론』에서는, "'따라가는 것'을 끊는다는 것은, '관계 맺는 대상'(所緣境)을 따라 모든 번뇌를 끊는 것을 말한다. '관계 맺는 대상'에 대해 번뇌를 끊고 나면, 모든 [대상에] 상응하는 [주관에 대한 번뇌의 결박]도 다시 [그에] 따라 끊어진다."[170]라고 한 것이다.

[그리고] 만일 '마음[의 비유인] 왕'(心王)의 말에 의거한다면, 먼저 '[번뇌

170 『현양성교론』 권3(T31, 496b24~26). "斷所從者, 謂從所緣境, 斷諸煩惱. 於所緣境, 斷煩惱已, 無繫纏故, 諸相應法, 亦復隨斷." 밑줄 친 내용은 인용문에 빠져 있다.

가 자기와] 서로 응하는 [주관인] 마음(心)과 마음현상(心所)을 묶는 것'(相應縛)에서 벗어나고 이후에 '[번뇌가] 대상을 묶는 것'(所緣縛)에서 벗어난 것이다. 이러한 뜻에 의거하기 때문에 『유가사지론』에서는 [다음과 같이] 말하였다. "또한 '[대상과] 서로 응하는 것'(相應)[인 마음(心) 및 마음현상(心所)]과 '[마음(心)과 마음현상(心所)이] 관계 맺는 것'(所緣)[인 대상]을 따르기 때문에 번뇌를 끊을 수 있다. 그 이유는 무엇인가? '[번뇌에] 대한 치유법'(對治道)이 나타나면 번뇌가 일어나지 않아 '생겨나지 않는 것'(無生法)이 되니, 그러므로 〈저 '[대상과] 서로 응하는 것'(相應)[인 마음(心) 및 마음현상(心所)]을 끊는다.〉고 말한다. [또] '[대상과] 서로 응하는 것'(相應)[인 마음(心) 및 마음현상(心所)]이 끊어지고 나면 다시 대상에 [번뇌로] 관계 맺지 않으니, 그러므로 '[마음(心)과 마음현상(心所)이] 관계 맺는 것'(所緣)[인 대상]을 따라서도 '[번뇌를] 끊는다'(斷)고 말한다."[171]

[상응박相應縛과 소연박所緣縛 이] 두 가지 결박을 끊는 뜻은 이와 같이 알아야 한다.

3) '[번뇌에] 묶인 것에서 벗어나는 방법의 차이'(離繫差別)

三明離繫差別者. 繫有二種, 其二是何? 一由二縛, 隨品被繫, 義如前說. 二由能緣, 被多品繫, 是義云何? 且如彼惑, 具有九品, 其上上品心及心法, 通爲九品能緣所縛, 如於一柱, 繫以九繩. 所緣之事猶[172]亦爾. 如上上品, 被九種繫, 其餘八品, 皆亦如是, 九品悉能互相緣故, 在

---

171 『유가사지론』 권59(T30, 628c11~14). "復次從彼相應及所緣故, 煩惱可斷. 所以者何? 對治道生, 煩惱不起, 得無生法, 是故說名斷彼相應. 相應斷已, 不復緣境, 故從所緣, 亦說名斷."

172 '猶'는 橫超本에 '被繫'로 되어 있다. 橫超本의 교감에는 원본에 없는 '繫'를 뜻이 통하도록 집어넣은 것이라고 하였다.

隨眠位, 恒性緣故. 論其離繫, 卽有二種, 謂於前二縛, 品別離繫, 於後一縛, 相屬離繫. 相屬離繫者, 雖斷初品二種之縛, 而被八品能緣所繫, 乃至己[173]斷八品二縛, 此八品心, 被一品繫, 是故前八皆未離繫故,[174] 不名已斷. 斷第九品二縛盡時, 前八此九一時離繫, 是故說名相屬離繫. 如一蘆束, 繫以九附, 雖斷八附, 而末離散, 斷第九繫, 一時離散. 相屬離繫, 當知亦爾. (如『瑜伽』說,)[175] "當知離繫亦有二種, 一於諸煩惱, 品別離繫, 二於諸煩惱事, 相屬離繫"故. 治斷差別竟.

[H1, 807c21~808a15; O 51,15~52,9]

세 번째인 '[번뇌에] 묶인 것에서 벗어나는 방법의 차이'(離繫差別)를 밝히는 것은 [다음과 같다.] '[번뇌에] 묶이는 것'(繫)에는 두 가지가 있으니, 그 두 가지는 무엇인가? 첫 번째는 [상응박相應縛과 소연박所緣縛, 이] 두 가지 [번뇌의] 결박에 의해 [상응박相應縛이나 소연박所緣縛 가운데 어느 한] 유형(品)에 따라 '묶이는 것'(繫)이니, 그 뜻은 앞에서 설명한 것과 같다. 두 번째는 [관계 맺는 마음인] 주관(能緣)에 의해 여러 층[의 번뇌]에 '묶이는 것'(繫)[176]이니, 이 뜻은 무엇인가?

마치 저 번뇌(惑)에 '아홉 층'(九品)이 있는 것과 같이, 그 '가장 위층'(上上品)의 '마음(心)과 마음현상(心法)'은 모두 아홉 층의 '주관에 의해 묶이는 것'(能緣所縛)이 되니, [이것은] 마치 한 기둥에 아홉 개의 밧줄로 묶는 것과 같다. '대상이 [마음을] 묶는 것'(所緣縛)[177]도 또한 그러하다.

173 '己'는 橫超本에 '已'로 되어 있다. '已'로 교감하여 번역한다.

174 '未離繫故'는 橫超本에 '未離繫, 未離繫故'로 되어 있다. 한불전에 없는 '未離繫'를 추가해서 '未離繫, 未離繫故'로 보아야 문맥이 적절하므로 '未離繫, 未離繫故'로 보고 번역한다.

175 한불전에는 '如『瑜伽』說'이 없으나, 橫超本에는 있는 것으로 나온다. '如『瑜伽』說'을 넣어서 번역한다.

176 능연박能緣縛을 말한다.

'가장 위층'(上上品)이 아홉 가지로 묶이는 것처럼 그 나머지 여덟 층도 모두 이와 같으니, '아홉 층'(九品)은 모두 '서로의 [발생]조건'(互相緣)이 될 수 있기 때문이고, '잠재적 번뇌의 층위'(隨眠位)에서는 [번뇌의 '아홉 층'(九品)이] 항상 [잠재적 번뇌의] '바탕이 되는 조건'(性緣)이기 때문이다.

그 '[번뇌에] 묶인 것에서 벗어나는 방법'(離繫)에 대해 논한다면 곧 두 가지가 있으니, 앞에서 말한 [상응박相應縛과 소연박所緣縛, 이] 두 가지 결박에서는 유형별(品別)로 '[번뇌의] 속박'(繫)에서 벗어나고, 뒤에서 말한 [번뇌의 '아홉 층'(九品)에 의해 여러 유형에 묶이는] 하나의 결박(能緣縛)에서는 '서로 소속되는 것'(相屬)으로써 '[번뇌의] 속박'(繫)에서 벗어난다.

'서로 소속되는 것'(相屬)으로써 '[번뇌의] 속박'(繫)에서 벗어난다는 것은 [다음과 같은 의미이다.] 비록 [번뇌의] '첫 층'(初品)에서의 [상응박相應縛과 소연박所緣縛] 두 가지 결박을 끊었을지라도 [그 첫 층의 번뇌는] [번뇌의 나머지] 여덟 층의 주관(能緣)에 의해 묶이게 되고, 이미 [번뇌의 첫 층부터] 여덟 층에서의 두 가지 결박을 끊었을지라도 이 여덟 층의 주관[인 마음과 마음현상]들이 [마지막] 한 층[의 주관]에 묶여 있기 때문에 앞의 여덟 층 주관들이 모두 아직 [번뇌의] 속박에서 벗어나지 못하며, 아직 속박에서 벗어나지 못했기 때문에 [번뇌를] 〈이미 끊었다.〉고 말할 수 없다. [번뇌의 마지막] 아홉 번째 층(第九品)에서의 [상응박相應縛과 소연박所緣縛] 두 가지 결박을 완전히 끊었을 때 앞의 여덟 층[의 주관들]과 이 아홉 번째 층[의 주관]이 한꺼번에 [번뇌의] 속박에서 벗어나니, 그러므로 〈서로 소속되는 것으로써 [번뇌의] 속박에서 벗어난다.〉(相屬離繫)고 말한다.

---

177 이 소연박은 '능연박의 대칭으로서의 소연박'이다. '관계 맺게 되는 대상'(所緣之境)이 '관계하는 마음'(能緣之心)에 계박되는 것을 능연박이라고 하고, 반대로 '관계하는 마음'(能緣之心)이 '관계 맺게 되는 대상'(所緣之境)에 구속되어 장애 받는 것을 소연박이라고 한다.

마치 한 갈대 묶음이 아홉 겹으로 묶여 있는데, 비록 여덟 겹을 끊어내도 아직 흩어지지 않다가 [마지막] 아홉 번째로 묶은 것을 끊으면 [갈대 묶음이] 한꺼번에 흩어지는 것과도 같다. '서로 소속되는 것으로써 [번뇌의] 속박에서 벗어나는 것'(相屬離繫)도 그러하다는 것을 알아야 한다. [이것은] 『유가사지론』에서 "'[번뇌의] 속박에서 벗어나는 것'(離繫)에는 또한 두 가지가 있으니, 첫 번째는 모든 번뇌에서 '유형별(品別)로 [그] 속박에서 벗어나는 것'(品別離繫)이고, 두 번째는 모든 번뇌에서 '서로 소속되는 것으로써 [그] 속박에서 벗어나는 것'(相屬離繫)임을 알아야 한다."[178]라고 말하는 것과 같다.

[이상으로] '[번뇌를] 다스려 끊는 방법의 차이'(治斷差別)[에 관한 설명]을 마친다.

4. [수행자의 유형에 따른] '다스려 끊는 수준의 차이'(治斷階位)를 판별함

1) 범부중생의 수준

四明治斷階位者, 總有三種, 一明凡夫, 二辨二乘, 三說菩薩. 諸異生位, 世間治道, 唯伏三空已還修道所斷煩惱, 捨其麤重, 不拔種子, 自餘一切, 非其所斷. 如『瑜伽』說, "若諸異生, 離欲界欲, 或色界欲, 但由修道, 無有見道. 彼於欲界, 得離欲時, 貪欲瞋恚及彼隨法隣近憍慢, 若諸煩惱相應無明, 不現行故, 皆說名斷, 非如見道所斷薩迦耶見等. 由彼諸惑, 住此身中, 從定起已, 有時現行, 非生上者, 彼復現起.

178 『유가사지론』 권68(T30, 675b7~9). "當知離繫亦有二種, 一於諸煩惱, 品別離繫, 二於諸煩惱事, 相屬離繫."

如是異生，離色界欲，如其所應，除瞋恚．餘煩惱，當知亦爾”故．若論末那相應四惑，雖是修斷，極微細故，世間修道，所未能伏．

[H1, 808a15~b5; O 52,10~53,1]

네 번째인 '[번뇌를] 다스려 끊는 수준의 차이'(治斷階位)를 밝히는 것에는 총괄적으로 세 종류가 있으니, 첫 번째는 범부중생[의 수준]을 밝혔고, 두 번째는 '[성문과 연각] 두 부류 수행자'(二乘)[의 수준]을 판별하였으며, 세 번째는 보살[의 수준]을 설명하였다.

모든 '범부중생 수준'(異生位)[179]에서의 '세간적 [번뇌] 치유방법'(世間治道)은 오직 '세 가지 실체 없음'(三空)[180][에 대한 이해] 이전의 '거듭 익혀

179 이생異生(pṛthagjana); 구역舊譯에서는 범부凡夫, 신역新譯에서는 이생異生이라 한다. 범부는 육도六道를 윤회하면서 갖가지 다른 과보(異類果)와 다른 생애(異類生)를 받기 때문에 이생異生이라 한다. 『불광대사전』, p.5151 참조. 전거로는 『아비달마대비바사론阿毘達磨大毗婆沙論』 권45의 다음과 같은 내용에 해당한다. "問，何故名異生性? 尊者世友作如是說．能令有情起異類見異類煩惱造異類業，受異類果異類生故，名異生性."(T27, 231c12~15.)

180 삼공三空: 인도의 초기·부파불교의 교학에서는 '불변·독자의 본질/실체가 없음'(空), '[불변·독자의 본질/실체로서의] 양상이 없음'(無相), '[불변·독자의 본질/실체적인 것들을] 바라는 것이 없음'(無願)이라는 '해탈의 세 가지 측면'(三解脫門)을 가리키는 술어이다. 유식학에서는 변계소집성遍計所執性(分別性)·의타기성依他起性·원성실성圓成實性(眞實性)의 삼성三性의 있음(有)에 대해, 상무성相無性(lakṣaṇa-niḥsvabhāvatā)·생무성生無性(utpatti-niḥsvabhāvatā)·승의무성勝義無性(paramārtha-niḥsvabhāvatā)의 삼무성三無性으로써 삼성三性의 공의空義를 설명한다. 변계소집성遍計所執性(分別性)·의타기성依他起性·원성실성圓成實性(眞實性)에는 모두 불변·독자의 본질이 없다는 뜻으로 삼무자성三無自性이라고도 한다. 그리고 『금강삼매경』에서는 '불변·독자의 본질/실체가 없는 면모 또한 불변·독자의 본질/실체가 없다'(空相亦空), ('불변·독자의 본질/실체가 없는 면모도 불변·독자의 본질/실체가 없다는 것' 또한 불변·독자의 본질/실체가 없다)(空空亦空), '불변·독자의 본질/실체가 없어진 것 또한 불변·독자의 본질/실체가 없다'(所空亦空)의 세 가지를 가리키는 말이기도 하다. 이 내용은 '사실 그대로가 온전하게 드러나는 지평에 들어감[을 주제로 하는] 단원'(入實際品)에서 자세

가는 수행에서 끊어지는 번뇌'(修道所斷煩惱)[181]를 억제하여 그 [번뇌의] '거칠고 무거운 잠재적 번뇌'(麤重)를 버리지만 [번뇌의] 종자를 제거하지는 못하며, 그 나머지 모든 번뇌는 그 [범부凡夫의 세간치도世間治道]가 끊는 것이 아니다. [이것은] 『유가사지론』에서 [다음과 같이] 말한 것과 같다. "만일 모든 범부중생(異生)이 '욕망 세계'(欲界)의 탐욕이나 '유형 세계'(色界)의 탐욕에서 벗어났다면 [그것은] 단지 '거듭 익혀 가는 수행'(修道)에 의한 것이지 '[진리다운] 이해를 밝혀 가는 수행'(見道)[에 의한 것]이 있는 것은 아니다. 그 [범부중생(異生)]이 '욕망의 세계'(欲界)에서 욕망을 벗어날 때는, 탐욕과 분노 및 그 [탐욕과 분노]에 따라 가까운 데서 일어나는 교만 그리고 모든 번뇌와 상응하는 근본무지(無明)가 현재에서 작용하지 않기 때문에 모두 [번뇌를] 〈끊었다〉고 말하나, [여기서 끊은 번뇌들은] '[진리다운] 이해를 밝혀 가는 수행'(見道)에서 끊어지는 '나에 관한 잘못된 견해'(薩迦耶見) 등과는 같지 않다. [억제된] 그 모든 번뇌는 이 몸 안에 머물러 있기 때문에 [세간의] 선정에서 나온 이후 어떤 때에는 현재에 나타나 작용하니, 더 수준 높은 세계에 태어나지 않는 자에게는 그 [억제되었던 번뇌]가 다시 나타난다. 이와 같이 범부중생(異生)이 '유형 세계'(色界)의 탐욕에서 벗어나고 그 응하는 것에 따라 분노를 제거하니, 나머지 번뇌들도 그러하다는 것을 알아야 한다."[182]

하게 거론되고 있다. 여기서는 『유가사지론』을 인용하고 있다는 점에서 유식학의 개념으로 보인다.

181 '거듭 익혀 가는 수행'(修道)은 크게 두 범주로 나눌 수 있다. 하나는 무아/공에 대한 이해를 핵심으로 하는 불교적 관점을 확립하는 과정인 '진리다운 이해를 밝혀 가는 수행'(見道) 이후에, 그 이해를 토대로 삼아 향상수행을 '거듭 익혀 가는 과정'이다. 이러한 의미의 수도는 '[선정을 토대로 이해를] 거듭 익혀 가는 수행'이라 번역하고 있다. 또 하나는 무아/공 등의 불교적 통찰을 수립하기 이전에 그저 윤리적 의지나 집중 수행 등에 입각하여 삶의 개선 노력을 '거듭 익혀 가는 과정'이다. 여기서는 후자에 해당하므로 수도修道의 번역어에서 '선정을 토대로 이해를' 이라는 말을 빼고 단지 '거듭 익혀 가는 수행'이라 번역하였다.

만일 [제7]말나식에 상응하는 ['자아에 대한 무지'(我癡) · '자아에 대한 잘못된 견해'(我見) · '비교를 통한 자기규정'(我慢) · '자아에 대한 애착'(我愛), 이] '네 가지 번뇌'(四惑)를 논한다면, [이것들은] 비록 '[선정을 토대로 이해를] 거듭 익혀 가는 수행'(修道)으로 끊지만 매우 미세하기 때문에 아직 [범부중생의] '세간적으로 거듭 익혀 가는 수행'(世間修道)에서는 억제되지 못한다.

2) '[성문과 연각] 두 부류 수행자'(二乘)의 수준

(1) 현상으로 드러나는 측면(顯了門)

① '번뇌로 인한 장애'(煩惱障)의 경우

次明二乘治道位者, 此有二義. 若就人法二執本末相依生門, 一切二乘, 於煩惱障, 唯是折伏, 而非永斷. 所以然者, 無廣大心, 不證法空, 由是不[183]拔煩惱本故. 如其直當人執之內纏及隨眠相生門者, 皆是永斷, 而非伏斷. 由證人空所顯眞如, 永害人執等種子故.[184] 如『彌勒所問論』云, "一切聲聞辟支佛人, 不能如實修四無量, 不能究竟斷諸煩惱, 但能折伏一切煩惱." 此依初門, 作是說也. 又『瑜伽』說, "若聖弟子, 由出世道, 離欲界欲, 乃至具得離三界欲, 爾時一切染法種子, 皆悉永害. … 如穀麥等諸外[185]種子, 安置空迥, 或於乾器, 雖不生死,[186] 非不種子,

---

182 『유가사지론』 권58(T30, 625b7~14). "若諸異生, 離欲界欲, 或色界欲, 但由修道, 無有見道. 彼於欲界, 得離欲時, 貪欲瞋恚及彼隨法鄰近憍慢, 若諸煩惱相應無明, 不現行故, 皆說名斷, 非如見道所斷薩迦耶見等. 由彼諸惑, 住此身中, 從定起已, 有時現行, 非生上者, 彼復現起. 如是異生, 離色界欲, 如其所應, 除瞋恚. 餘煩惱, 當知亦爾."

183 橫超本의 교감주에 따르면, '不'자는 원본에 없는데, 보완해 넣은 것이다.

184 橫超本의 교감주에 따르면, '故'자는 원본에 없는데, 보완해 넣은 것이다.

185 '外'는 橫超本의 교감주에서 원문의 '外種子'의 '外'자가 '芽'가 아닌지 의심스럽다고

若火所損，爾時畢竟不成種子．損伏永害道理亦爾．" 此依後門，而作是說．由是二門，伏斷永斷，皆不相違．今且依永斷，明其階降．

[H1, 808b5~22; O 53,1~9]

다음은 '[성문과 연각] 두 부류 수행자가 [번뇌를] 다스리는 수행의 수준'(二乘治道位)을 밝히는 것이니, 여기에는 두 가지 뜻이 있다.

만약 〈'자아에 불변 · 독자의 본질/실체가 있다고 하는 집착'(人執)과 '현상에 불변 · 독자의 본질/실체가 있다고 하는 집착'(法執)이 근본(本)과 지말(末)로서 서로 의지하여 생겨나는 측면〉(人法二執本末相依生門)에 의거한다면, 모든 '[성문과 연각] 두 부류 수행자'(二乘)는 '번뇌로 인한 장애'(煩惱障)에 대해 오직 억제시킬 뿐이지 완전하게 끊지는 못한다. 그 이유는, '[제한 없이] 넓고 큰 마음'(廣大心)[187]이 없어 '모든 현상에 불변 · 독자의 본질/실체가 없다'(法空)는 것을 증득하지 못하고 이로 인해 번뇌의 근본을 제거하지 못하기 때문이다.

[또] 만약 오로지 〈'자아에 불변 · 독자의 본질/실체가 있다고 하는 집착'(人執) 안에서 '현재 작용하고 있는 번뇌'(纏)와 '잠재적인 번뇌'(隨眠)가 서로를 생겨나게 하는 측면〉(人執之內纏及隨眠相生門)에 의거한다면, [이승二乘은 이 번뇌들을] 모두 '완전히 끊는 것'(永斷)이지 '억제하여 끊는 것'(伏斷)이 아니다. [이승二乘은] '자아에 불변 · 독자의 본질/실체가 없

하였다. 『유가사지론』 원문대로 '外種子'로 번역한다.

186 '死'는 원본에 '外'로 나오지만 『유가사지론』 원문에 의거하여 橫超本에서 '芽'로 교감한 것이다. '芽'로 교감하여 번역한다.

187 광대심廣大心: 특정한 범주의 대상에 갇혀 버리는 '제한됨'에서 풀려났다는 의미에서 '넓고 큰 마음'(廣大心)이라는 개념을 선택한 것으로 보인다. 니까야/아함에서 설하는 '제한이 없는 네 가지 마음'(四無量心)이라는 개념도 유사한 의미를 전하는데, 광대심廣大心은 법공法空의 통찰을 강조하는 대승의 관점에서 사무량심의 의미를 철학적으로 계승하는 것이라 할 수 있다.

다'(人空)[는 지혜]가 드러내는 '참 그대로'(眞如)를 증득하여 '자아에 불변 · 독자의 본질/실체가 있다고 하는 집착'(人執) 등의 종자를 완전히 없애기 때문이다.

[이것은] 『미륵소문론彌勒所問論』에서 [다음과 같이] 말한 것과 같다. "모든 '가르침을 들어서 혼자 깨달으려는 수행자'(聲聞乘)와 '연기를 이해하여 혼자 깨달으려는 수행자'(辟支佛人, 緣覺乘)는 '제한 없는 네 가지 마음'(四無量)[188]을 참되게(如實) 익힐 수 없어 모든 번뇌를 궁극적으로 끊을 수 없고 다만 모든 번뇌를 억제할 수 있을 뿐이다."[189] 이것은 '처음[에 거론한] 측면'(初門)[인 〈'자아에 불변 · 독자의 본질/실체가 있다고 하는 집착'(人執)과 '현상에 불변 · 독자의 본질/실체가 있다고 하는 집착'(法執)이 근본(本)과 지말(末)로서 서로 의지하여 생겨나는 측면〉(人法二執本末相依生門)]에 의거하여 이렇게 말한 것이다.

또한 『유가사지론』에서는 [다음과 같이] 설명한다. "만일 [부처님의] 고귀한 제자가 '세속을 넘어선 [경지에 속하는] 수행'(出世間道)으로 인해 '욕망 세계'(欲界)의 탐욕에서 벗어나고, 마침내 ['욕망 세계'(欲界) · '유형 세계'(色界) · '무형 세계'(無色界), 이] '세 종류 세계'(三界)의 탐욕에서 다 벗어나면, 이때에 모든 '오염시키는 [번뇌] 종자'(染法種子)들이 모두 다 완전히 없어진다. … [이것은] 마치 쌀이나 보리 등 모든 밖에 있는 종자를 공중이나 마른 그릇에 두면 비록 싹을 틔우지는 않더라도 종자가 아닌 것

188 사무량(四無量, catvāry apramāṇāni): 자애(慈), 동정(悲), 기뻐함(喜), 평온(捨)의 마음상태가 대상의 한정과 제한에서 풀려난 지평이다. 이러한 마음 지평을 열어가는 수행을 지칭하기도 한다.

189 『미륵보살소문론彌勒菩薩所問經論』 권8(T26, 265b17~21). "又諸聲聞辟支佛人, 爲取涅槃心取以爲究竟, 善根棄捨利益一切衆生, 棄捨世諦所作諸業, 其心專爲利益自身, 不能如實修四無量, 不能究竟斷諸煩惱, 唯能折伏一切煩惱." 밑줄 친 곳은 인용문에서 생략된 내용 및 차이가 있는 부분이다.

은 아니지만, 만일 불에 의해 손상된다면 그때에는 끝내 종자가 되지 못하는 것과 같다. [번뇌를] '억제하는 도리'(損伏道理)와 '완전히 없애는 도리'(永害道理)[의 차이]도 그러하다."[190] 이것은 '뒤[에 거론한] 측면'(後門)[인 〈'자아에 불변 · 독자의 본질/실체가 있다고 하는 집착'(人執) 안에서 '현재 작용하고 있는 번뇌'(纏)와 '잠재적인 번뇌'(隨眠)가 서로를 생겨나게 하는 측면〉(人執之內纏及隨眠相生門)]에 의거하여 이렇게 말한 것이다.

이 '두 가지 측면'(二門) 때문에 [번뇌를] '억제하여 끊는 것'(伏斷)과 '완전히 끊는 것'(永斷)이 모두 서로 어긋나지 않는다. 지금은 우선 [번뇌를] '완전히 끊는 것'(永斷)에 의거하여 그 수준의 차이를 밝힌다.

가. '여섯 가지 식이 일으킨 번뇌'(六識所起煩惱)를 끊는 경우

가) '잘못된 이해로 인한 번뇌'(見惑)를 끊는 경우

斷見惑者, 有其三人. 若從具縛入見道者, 斷見惑已, 證預流果, 倍離欲人入見道者, 兼斷信欲,[191] 證一來果, 已離欲人入見道者, 兼斷九品, 證不還果, 如『瑜伽』說.

[H1, 808b22~c2; O 53,9~11]

---

190 『유가사지론』 권51(T30, 584a2~10). "若聖弟子, 由出世道, 離欲界欲, 乃至具得離三界欲, 爾時一切三界染汚諸法種子, 皆悉永害. (何以故? 由聖弟子, 於現法中, 不復堪任從離欲退, 更起下地煩惱現前, 或生上地, 亦不堪任從彼沒已還生下地.) 如聲麥等諸外種子, 安置空迥, 或於乾器, 雖不生芽, 非不種子, 若火所損, 爾時畢竟不成種子. 內法種子, 損伏永害道理亦爾." 밑줄 친 곳은 인용문과 다른 부분이고, 괄호 안의 문장은 본문에서 … 에 들어갈 내용이다.

191 '信欲'은 원본에 나온 것이지만 橫超本의 교감에 따르면, 『오교장단혹분제장五教章斷惑分齊章』에 있는 동일한 문장에 의거하여, '信欲'을 '倍離欲'으로 고친 것이다. 문맥에 따라 '倍離欲'으로 보고 번역하였다.

'잘못된 이해로 인한 번뇌'(見惑)를 끊는 것에는 세 가지 경우의 사람이 있다. 만약 ['[진리다운] 이해를 밝혀 가는 수행에서 끊어지는 번뇌'(見惑)와 '[선정을 토대로 이해를] 거듭 익혀 가는 수행에서 끊어지는 번뇌'(修惑)를] '다 갖춘 번뇌'(具縛)[192]로부터 '[진리다운] 이해를 밝혀 가는 수행'(見道)에 들어가는 경우라면 '잘못된 이해로 인한 번뇌'(見惑)를 끊고 나서 '처음 성자의 반열에 들어가는 경지'(預流果)를 증득하고, '두 배로 빨리 욕망세계의 탐욕에서 벗어나는 사람'(倍離欲人)[193]이 '[진리다운] 이해를 밝혀 가는 수행'(見道)에 들어가는 경우라면 [이에] 겸하여 두 배로 빨리 ['욕망 세계'의] 탐욕을 끊고서 '한 번만 더 [윤회하는] 몸 받고 나서 열반할 수 있는 경지'(一來果)를 증득하며, '이미 욕망세계의 탐욕에서 다 벗어난 수행자'(已離欲人)가 '[진리다운] 이해를 밝혀 가는 수행'(見道)에 들어가는 경

192 구박具縛(sakala-bandhana): 구족번뇌具足煩惱라고 하는데, 견혹見惑·수혹修惑의 두 가지를 모두 갖추고 있는 것을 가리킨다. '박縛'은 번뇌의 다른 이름으로, 번뇌가 중생을 묶어 생사윤회의 고통에 떨어지게 하므로 '박縛'이라고 부른다. 유루든 무루든 견혹이나 사혹 중 일부분이라도 끊지 못한 것이 있으면 모두 구박具縛이라고 부른다. 또한 수행의 계위階位에 의거하여 말한다면, 견도 이전의 삼현三賢·사선근四善根 등과 아직 번뇌를 끊지 못한 일체 범부를 가리킨다. 일반적으로는 구박으로써 범부의 이명異名으로 삼아 범부도 구박범부具縛凡夫·구박범중具縛凡衆이라 칭한다. 그러나 엄격하게 논하면, 범부 중에 구박이 아닌 자가 있고 성자 중에도 구박을 지닌 자가 있다. 즉 유루도有漏道로써 수혹修惑을 단멸한 사람은 비록 범부이긴 하지만 실제로는 구박이 없다. 그리고 견도 최초 찰나의 성자가 만약 아직 수혹을 아직 끊지 못했다면, 비록 성자라고 하더라도 오히려 구박이라고 부른다. 『불광대사전』, p.3080.

193 배리욕인倍離欲人: 견도 마지막 제16심 때인 수도에 들어갈 즈음에 초과初果인 예류과를 건너뛰어 일래과를 증득하는 성자를 초월일래超越一來, 예류과와 일래과를 건너뛰어 불환과를 증득하는 성자를 초월불환超越不還이라고 부른다. 그리고 초월일래의 성자를 배리욕인倍離欲人, 초월불환의 성자를 전리욕인全離欲人이라고 한다. '배리욕倍離欲'은 욕계의 탐욕을 떠나는 것이 두 배나 빠르다는 뜻이고, '전리욕全離欲'은 욕계의 탐욕을 완전히 떠났다는 것을 뜻한다. 은정희(2004: 234-235) 참조.

우라면 [이에] 겸하여 '아홉 층의 번뇌'(九品惑)를 끊고서 '다시는 [윤회하는] 몸 받지 않고 열반할 수 있는 경지'(不還果)를 증득하니, [이것은]『유가사지론』에서 말한 것과 같다.[194]

入見道者, 有其二[195]種, 隨其所應, 證三果故. 總說雖然, 於中分別者, 斷見惑時, 有三頓義. 一以一心頓斷三界, 二以一觀頓斷四種, 三以一品頓斷九種. 所以一心頓斷三[196]者, 三界心行, 雖有麤細, 迷理輕重, 不隨界別, 是故一心頓斷三界. 所以一觀頓斷四者, 由壞緣諦作意相應, 通觀四諦無我理故. 所以一品頓斷九品者, 見道一心, 對第九品, 斷其輕時, 重隨滅故. 見道既是最初無漏, 所以忽[197]對第九品者, 始從懦法,[198] 修下下觀, 迄至見道, 成上上故. 無間道下, 旣對八品, 所以不能斷彼品種子, 若不能斷八品種子, 何由能生上上品道者? 漸捨八品所有麤重, 由是能引上上品道者. 此皆未證人空眞如, 故不能拔[199]彼品種子.

[H1, 808c2~18; O 53,11~54,4]

[이와 같이] '[진리다운] 이해를 밝혀 가는 수행'(見道)에 들어가는 것에는 세 종류가 있으니, 그 [세 가지 경우 중] 상응하는 것에 따라 세 가지

194 『유가사지론』 권28(T30, 436b14~19). "復有三種補特伽羅, 依此三學入諦現觀. 何等爲三? 一未離欲, 二倍離欲, 三已離欲. 當知此中於一切欲全未離者, 勤修加行入諦現觀, 既於諸諦得現觀已證預流果, 倍離欲者, 當於爾時證一來果, 已離欲者, 當於爾時證不還果."

195 '二'는 원본에도 '二'이나 『유가사지론』 원문에 의거하여 '三'으로 교감한다.

196 한불전 편집자 주에는 "'三' 뒤에 '界'자가 빠진 것으로 의심된다"라고 하였으나, '界' 없이도 문제가 없으므로 교감하지 않고 그대로 두었다.

197 '忽'은 橫超本에서 '忽'로 되어 있다. '忽'로 보고 번역한다.

198 '懦法'은 橫超本에 '燸法'으로 되어 있다. 동일한 뜻의 '煖法'으로 보고 번역한다.

199 이 '此皆未證人空眞如, 故不能拔' 열두 글자는 원본에 없는 것을 橫超本에서 보완해 넣은 것이라고 한다.

결과를 얻는 것이다. 총괄적으로 설명하면 그러하지만 그중에서도 구분한다면, ['[진리다운] 이해를 밝혀 가는 수행'(見道)에서] '잘못된 이해로 인한 번뇌'(見惑)를 끊을 때에는 세 가지 '한꺼번에 [끊음]'(頓[斷])의 뜻이 있다. 첫 번째는 [찰나에 불과한] '한 [종류의] 마음'(一心)을 가지고 [욕망세계 · 유형세계 · 무형세계, 이] '세 가지 세계'(三界)[에 대한 견혹見惑]을 '한꺼번에 끊는 것'(頓斷)이고, 두 번째는 [사제四諦에 대한] '한 [종류의] 이해'(一觀)를 가지고 [사제四諦 각각에 대한] 네 가지 [견혹見惑]을 '한꺼번에 끊는 것'(頓斷)이며, 세 번째는 ['아홉 층 번뇌'(九品惑)의] '한 층'(一品)을 가지고 '아홉 가지 층'(九種/九品)[의 견혹見惑을] '한꺼번에 끊는 것'(頓斷)이다.

'한 [종류의] 마음'(一心)을 가지고 세 가지 [세계에 대한 견혹見惑]을 한꺼번에 끊는 것은, '세 가지 세계'(三界)의 마음작용에 비록 거칠거나 미세한 차이가 있지만 [사제四諦에 대한] '미혹한 이해'(迷理)의 가볍거나 무거운 차이는 [세 가지] 세계([三]界)에 따라 다르지 않으니, 그러므로 '한 [종류의] 마음'을 가지고 '세 가지 세계'(三界)[에 대한 견혹見惑]을 한꺼번에 끊는 것이다.

[사제四諦에 대한] '한 [종류의] 이해'(一觀)를 가지고 [사제四諦 각각에 대한] 네 가지 [견혹見惑]을 한꺼번에 끊는 것은, '[사제四諦의] 모든 도리를 총괄하여 주의를 기울임'(壞緣諦作意)[200]에 상응하여 '네 가지 진리'(四諦)[가 밝히는] '불변의 독자적 자아가 없다'(無我)는 이치를 '통틀어 이해'(通觀)하기 때문이다.

'한 층'(一品)을 가지고 '아홉 가지 층'(九品)[의 견혹見惑을] 단번에 끊는 것은, '[진리다운] 이해를 밝혀 가는 수행'(見道)에서의 '한 [종류의] 마음'

---

200 괴연제작의壞緣諦作意: 사제四諦의 고제苦諦 · 집제集諦 · 멸제滅諦 · 도제道諦에는 각각의 도리가 드러내는 이치의 특징적 양상이 네 가지씩 있는데 이를 '사제四諦의 16행상'이라 한다. '괴연제壞緣諦'라는 말은 사제가 드러내는 16가지 도리를 총괄적 대상으로 삼아 주의를 기울이는 것을 지시하는 용어로 보인다.

(一心)으로써 ['아홉 층의 번뇌'(九品惑) 가운데 마지막] 아홉 번째 층[의 번뇌까지]를 치유하는 것이니, 그 가벼운 [층의 번뇌]를 끊을 때 무거운 [층의 번뇌]가 따라서 소멸하기 때문이다. '[진리다운] 이해를 밝혀 가는 수행'(見道)은 '번뇌가 스며들지 않는 최초의 경지'(最初無漏)이지만 ['아홉 층의 번뇌'(九品惑) 가운데 마지막] 아홉 번째 층[의 번뇌까지]를 홀연 치유하는 까닭은, ['진리다운 이해를 밝혀 가는 수행'(見道) 이전의] '[사제四諦에 관한 이해를] 착수하는 수행'(煖法)[201]에서 '가장 낮은 수준의 이해'(下下觀)를 익히는 것에서부터 마침내 '[진리다운] 이해를 밝혀 가는 수행'(見道)[의 단계]에 이르러 '가장 높은 수준의 이해'(上上[觀])를 성취하기 때문이다. [그런데] '[번뇌가] 끼어들지 못하게 하는 수행'(無間道)[202] 아래에서 이미

---

201 난법煖法: 의미는 앞의 16행상 역주 참고. 견도見道 이전에 4제四諦를 관찰하고 16행상十六行相을 닦아 성위聖位에 도달하는 수행의 네 단계가 난법煖法·정법頂法·인법忍法·세제일법世第一法의 4선근四善根이다. 그런데 이 사선근의 '法'은 문맥에 따라 두 가지로 번역할 필요가 있다. 하나는 '수행'이고 다른 하나는 '현상'이다. 그래서 본 번역에서는 4선근四善根의 번역어를 다음과 같은 두 가지 가운데 하나를 문맥에 따라 선택하고 있다. 즉, 난법煖法은 '[4제四諦에 관한 이해를] 착수하는 수행'/'[4제四諦에 관한 이해를] 착수하는 현상', 정법頂法은 '[4제四諦에 관한 이해가] 탁월해진 수행'/'[4제四諦에 관한 이해가] 탁월해진 현상', 인법忍法은 '[4제四諦의 도리를] 감당해 내는 수행'/'[4제四諦의 도리를] 감당해 내는 현상', 세제일법世第一法은 '[견도見道 이전의 단계에서] 가장 뛰어난 수준의 수행'/'[견도見道 이전의 단계에서] 가장 뛰어난 수준의 현상'의 어느 하나를 선택한다.

202 무간도無間道: 앞의 역주에서 이미 밝힌 것처럼, 번뇌를 끊어 깨달음을 증득하는 단도斷道의 과정을 가행도加行道·무간도無間道·해탈도解脫道·승진도勝進道의 네 단계로 구분하는데, 원효는 이 수행 과정의 구분 방식을 자량도資糧道·가행도·무간도·해탈도·승진도의 5도五道로 세분하여 견도見道의 과정에 적용한다. 원효에 따르면, 자량도資糧道는 4선근四善根 이전의 해탈분선근解脫分善根을 닦는 것이고, 방편도인 가행도는 난煖·정頂·인忍·세제일법世第一法의 4선근 수행을 가리키는 순결택분선근順決擇分善根을 닦는 것이며, 무간도는 방편도의 최후 찰나인 세제일법世第一法을 닦는 것이고, 해탈도는 견도見道의 본연(自性)에 통달한 것이며, 승진도는 다음 단계인 수도修道로 나아가기 위해 가행도를 일으킨 것이다. 가행도加行道·무간도無間道·해탈도解脫道·승진도勝進道 중에서

여덟 층[의 번뇌를] 치유하지만 [그것은] 그 [여덟] 층 [번뇌의] 종자까지는 끊을 수 없는 것이니, 만약 여덟 층 [번뇌]의 종자를 끊을 수 없다면 어떻게 '가장 높은 층[의 번뇌를 끊는] 수행'(上上品道)을 일으킬 수 있는가? 여덟 층의 [번뇌]가 지닌 '거칠고 무거운 잠재적 번뇌'(麤重)를 점차 버려 이로 인해 '가장 높은 층[의 번뇌를 끊는] 수행'(上上品道)을 이끌어 낼 수 있는 것이다. 이것은 모두 '자아에 불변·독자의 본질/실체가 없는 참 그대로'(人空眞如)를 아직 증득하지 못한 것이니, 그러므로 저 여덟 층 [번뇌]의 종자를 제거할 수 없는 것이다.

由是道理, 三乘聖人, 初入聖道, 並是頓斷九品種子, 非謂對麤品道. 强[203]斷餘細品惑, 亦非唯一品道猛利故, 對九品. 修道位中, 乘前勢力, 漸修方便, 卽入增品, 不須如前多品加行故. 於修惑, 隨品漸斷, 非謂修惑纏綿難斷故, 不一時頓斷九品. 後二種人, 所以能斷修惑種子者, 見道之品, 實不能對修惑之品, 是故不能永斷種子, 但此種子先已被伏, 今更重加見道利鋤故, 於彼種伏斷作證. 由是[204]得修彼品治道, 於欲界生, 不復還受. 是故賞功加不還位. 信欲[205]人, 唯[206]釋可解. 超越道理, 應如是知.

[H1, 808c18~809a7; O 54,4~10]

무간도를 단도라고 한다. 『구사론俱舍論』에 의하면 단도는 유루·무루의 무간도를 모두 가리키는데, 그중 견도는 오직 무루이고 수도는 유루·무루에 통한다.

203 橫超本의 교감에 따르면, 원본에는 '雖'이고 傍註에 '强'인데, '雖'로 교감한다고 하였다. '雖'로 보고 번역한다.

204 橫超本의 교감주에는 傍註에 '此'가 있다지만 동일한 뜻이므로 고려하지 않았다.

205 '信欲'은 원본에 나온 것이지만 橫超本에서는 '倍離欲'으로 교감하였다. 앞에서 교감한 것처럼 '倍離欲'으로 번역한다.

206 원본과 한불전의 '唯'를 橫超本에서는 '准'으로 교감하였다.

이와 같은 이치로 인해 [성문, 연각, 보살] 세 부류 수행자의 성인聖人이 처음 '[진리다운 이해를 밝혀 가는] 성스러운 수행'(聖道/見道)에 들어가 모두가 아홉 층 [번뇌]의 종자를 '한꺼번에 끊으니'(頓斷), [이것은] '거친 수준[의 번뇌를 다스리는] 수행'(麤品道)을 말하는 것이 아니다. [그러나] 비록 [삼승三乘의 성인聖人이 견도見道에서] 나머지 '미세한 수준의 번뇌'(細品惑)들을 끊기는 하지만, 오직 '한 가지 층[의 번뇌를 다스리는] 수행'(一品道)이 [그 힘이] 강하고 예리하기 때문에 '아홉 층'(九品) [번뇌들]을 [다] 치유하는 것도 아니다.

'[선정을 토대로 이해를] 거듭 익혀 가는 수행단계'(修道位)에서는 이전 [견도見道 수행의] 세력을 타고서 점차 '수단과 방법'(方便)을 닦아 바로 '증장하는 단계'(增品)에 들어가니, 앞[의 견도見道]에서와 같이 [번뇌를 끊기 위해] '많은 수준의 수행을 더하는 것'(多品加行)이 필요하지 않기 때문이다. '[선정을 토대로 이해를] 거듭 익혀 가는 수행에서 끊어지는 번뇌'(修惑)에 대해서는 [번뇌의] 층(品)에 따라 점차적으로 끊으니, [이것은] '[선정을 토대로 이해를] 거듭 익혀 가는 수행에서 끊어지는 번뇌'(修惑)가 얽혀 있어 끊기 어렵기 때문에 일시에 '아홉 층'(九品)[의 번뇌]를 단번에 끊지 못한다는 것은 아니다.

뒤의 ['두 배로 빨리 욕망세계의 탐욕에서 벗어나는 사람'(倍離欲人)과 '이미 욕망세계의 탐욕에서 다 벗어난 사람'(已離欲人), 이] 두 종류의 수행자가 '[선정을 토대로 이해를] 거듭 익혀 가는 수행에서 끊어지는 번뇌의 종자'(修惑種子)를 끊을 수 있는 [이유는 다음과 같다.] '[진리다운] 이해를 밝혀 가는 수행'(見道)의 단계(品)는 실제로 '[선정을 토대로 이해를] 거듭 익혀 가는 수행에서 끊어지는 번뇌'(修惑)의 수준(品)을 치유할 수 없기 때문에 ['진리다운 이해를 밝혀 가는 수행'(見道)의 단계에서는] [번뇌의] 종자를 완전하게 끊을 수 없지만, 단지 이 종자가 앞서 이미 억제되었고 이제 다시 '[진리다운] 이해를 밝혀 가는 수행'(見道)의 날카로운 호미질을 거듭 가하였기 때문에 그 종자에 대해 '억제하여 끊는 것'(伏斷)을 해내는 것이다. 이로 인해 [성문과 연각의 수행자 가운데 '이미 욕망세계의 탐욕에서 다 벗어난 사람'(已離欲人)은] 저 ['진리다운 이해를 밝혀 가는 수행'(見道)] 단계의 [번뇌를] '다스려 치유하는 수행'(治道)을 익혀 '욕망세계에 태어남'(欲界生)을 다시는 받지 않게 된다. [그리고] 이 때문에 그 대가로 '다시는 [윤회하는] 몸 받지 않고 열반할 수 있는 경지'(不還位)를 얻게 된다. '두 배로 빨리 욕망세계의 탐욕에서 벗어나는 사람'(倍離欲人)은 이에 준해 해석하면 이해할 수 있을 것이다. '단계를 뛰어넘어 증득하는 도리'(超越[證]道理)는 이와 같이 알아야 한다.

나) '[선정을 토대로 이해를] 거듭 익혀 가는 수행에서 끊어지는 번뇌'(修惑)를 끊는 경우

次約修惑明斷位者. 進修道人, 有其二種. 一漸出離義, 如常說. 二頓出離者, 謂總緣三界所有諸法, 入無漏道, 漸修九品, 頓斷三界, 漸除九品, 此是[207]直證阿羅漢果. 所謂頓斷三界惑者, 如前所說, 品數輕重, 不隨行相之麤細故. 若爾, 何故有漸斷者? 於三界法, 不頓緣故. 如『對法論』云. "頓出離者, 謂入諦現觀已, 依止未至定, 發出世道, 頓斷三界一切煩惱, 品品別斷. 唯立二果, 謂預流果·阿羅漢果. 此義以何爲證? 如『指端經』說, '諸所有色, 乃至識, 若過去未來現在, 若遠若近, 總此一切, 略爲一分一團一積一聚. 如是略已, 應觀一切皆是無常, 一切皆苦.' 乃至廣說. 又依此故, 如來於『分別經』中, 預流果無間, 卽建立阿羅漢果"故. 上來所明治斷差別, 是說六識所起煩惱.

[H1, 809a7~b1; O 54,10~55,3]

다음은 '[선정을 토대로 이해를] 거듭 익혀 가는 수행에서 끊어지는 번

207 '是'는 橫超本에 '時'로 나온다. 문맥상 '時'로 보고 번역한다.

뇌'(修惑)에 의거하여 [그 번뇌를] '끊는 수준'(斷位)[의 차이]를 밝힌다. '[선정을 토대로 이해를] 거듭 익혀 가는 수행'(修道)에 나아간 사람에는 두 종류가 있다. 첫 번째는 '점차적으로 [번뇌]에서 벗어나는'(漸出離) 면모(義)[를 지닌 사람]이니, 일반적인 설명과 같다. 두 번째는 '한꺼번에 [번뇌]에서 벗어나는'(頓出離) 사람이니, [욕망세계 · 유형세계 · 무형세계, 이] '세 종류의 세계'(三界)에 있는 모든 현상과 총체적으로 관계 맺으면서 '번뇌가 스며들지 않는 수행'(無漏道)에 들어가 '아홉 층'(九品)[의 번뇌를 다스리는 수행]을 점차로 익혀 '세 종류의 세계'(三界)[에 대한 번뇌]는 한꺼번에 끊지만 '[번뇌의] 아홉 층'(九品)은 점차 제거하는 것이다. 이때에 곧바로 '아라한의 경지'(阿羅漢果)를 증득한다. 이른바 〈'세 종류의 세계'(三界)에 대한 번뇌를 한꺼번에 끊는다.〉(頓斷三界惑)는 것은, 앞에서 설명한 것과 같이 [사제四諦에 대한 '미혹한 이해'(迷理)의] '수준 차이'(品數輕重)는 ['세 가지 세계'(三界)의 마음작용] 양상(行相)들의 거칠거나 미세함[의 차이]를 따르지 않기 때문이다. 만약 그렇다면, 무엇 때문에 ['[번뇌의] 아홉 층'(九品)처럼] '점차로 끊는'(漸斷) 것이 있는가? '세 종류의 세계'(三界)에 있는 [모든] 현상과 한꺼번에 관계하지는 않기 때문이다.

[이것은] 『대승아비달마잡집론』에서 [다음과 같이] 말한 것과 같다. "'한꺼번에 [번뇌에서] 벗어나는 자'(頓出離者)란, '[네 가지] 진리에 대한 이해'([四]諦現觀)에 들어가고 나서 '['유형세계 선정'(色界定)에 들어가는] 예비단계의 선정'(未至定)[208]에 의거하여 '세속을 넘어선 [경지에 속하는] 수행'(出

---

208 미지정未至定(anāgaṇya-samādhi): '미도정未到定' 혹은 '미도지未到地'라고도 한다. 색계色界의 사선정四禪定 중에 초선정初禪定을 일으키기 위한 준비수행에 해당하는 선정을 미지정이라 한다. 근본정根本定에 아직 이르지 못했다는 의미를 취하여 미지정이라고 부른다. 색계의 사선정과 무색계無色界의 사무색정四無色定은 각각의 선정 자체를 모두 근본정根本定이라고 하고, 각각의 근본정 이전의 준비단계를 근분정近分定이라고 한다. 따라서 욕계의 수혹修惑을 끊어 일으킨 선정

世道)을 일으켜 '세 종류의 세계'(三界)의 모든 번뇌를 한꺼번에 끊으니, [번뇌의 '아홉 층'(九品)을] 품별로 [한꺼번에] 끊는 것이다. [여기에는] 오직 두 가지 결과(果)만 인정되니, '처음 성자의 반열에 들어가는 경지'(預流果)와 '더 이상 배울 것이 없는 경지'(阿羅漢果)가 그것이다. … 이러한 뜻은 무엇을 가지고 [그] 증거로 삼는가? 예컨대 『지단경指端經』에서 〈모든 존재하는 '모양과 색깔 있는 것'(色) 내지 의식(識)을, 과거·미래·현재이거나 멀거나 가깝거나, 이 모든 것을 총괄하여 '한 부류'(一分), '한 덩어리'(一團), '한 더미'(一積), '한 무리'(一聚)로 간략히 한다. 이와 같이 간략하게 하고 나서 '모든 것이 다 변하는 것이고' '[무지를 조건으로 삼는] 모든 것이 다 괴로움이다'라고 이해(觀)해야 한다.〉라고 하면서 상세하게 설명하는 것과 같다. … 또한 이것에 의거하기 때문에 여래如來는 『분별경分別經』에서 '처음 성자의 반열에 들어가는 경지'(預流果)에 잇따라 곧바로 '더 이상 배울 것이 없는 경지'(阿羅漢果)를 세웠다."[209]

(초선初禪의 근본정)에서부터 무소유처의 수혹을 끊어 얻은 선정(비상처非想處의 근본정)에 이르기까지 모두 여덟 가지의 근본정이 있다. 또한 욕계의 번뇌를 조복하고 없애어 일으킨 '초선의 근본정과 유사한 선정'(초선의 근분정近分定)에서 무소유처의 번뇌를 조복하고 없애어 일으킨 '비상처의 근본정과 유사한 선정'(비상처의 근분정近分定)에까지 모두 여덟 가지의 근분정近分定이 있다. 그러나 여덟 가지 근본정과 여덟 가지 근분정 중에 오직 '초선의 근분정'과 기타 근분정에는 차이가 있으므로 따로 이름을 세워서 특히 '미지정未至定'이라고 한다. 『불광대사전』, p.1935.

209 『대승아비달마잡집론』 권13(T31, 756b9~25). "頓出離者, 謂入諦現觀已, 依止未至定, 發出世道, 頓斷三界一切煩惱. 品品別斷, 唯立二果, 謂預流果·阿羅漢果. (品品別斷者, 謂先頓斷欲色界修道所斷上上品隨眠, 如是乃至軟軟品, 頓斷三界者, 如見道所斷, 非如世間道界地漸次品品別斷) 此義以何爲證? 如『指端經』說, '諸所有色, 乃至識, 若過去若未來若現在, 廣說乃至若遠若近, 總此一切, 略爲一分一團一積一聚. 如是略已, 應觀一切皆是無常, 一切皆苦.' 乃至廣說. (依如是觀但可建立初後二果, 由此二果如其次第, 永斷三界一切見修所斷煩惱, 無餘所顯故, 不立第二第三兩果, 由此二果已見諦者, 唯斷欲界修道所斷, 有餘無餘所顯故.) 又依如是頓出離者, 如來於『分別經』中, 預流果無間, 卽建立阿羅漢果." 괄호 안의 내용은 인용문에서 생략된 부분이고, 밑줄 친

곳은 인용문과 다른 부분이다. 〈산스크리트본의 해당 내용: (출전1) AS., p.92.; sakṛnnairyāṇikaḥ satyābhisamayam abhisaṃpraviṣṭaḥ aprāptasamāpattim āśritya adhigatena lokottaramāgreṇa sakṛt traidhātukāvacarān sarvakleśān prajahāti prakāraśaḥ prajahāti | dvayoḥ phalayoḥ strotāpattiphalārhattvaphalayoḥ prajñāpyate |; '단번에 출리出離하는 자'란 [네 가지 성자들의] 진리에 대한 분명한 통찰(現觀)에 들어간 후, [제 1정려 혹은 초선에] 아직 도달하지 못한 상태(未至定)에 근거하고서, 이미 증득한 출세간도로서 삼계에 속한 모든 번뇌들을 단번에 끊는 [즉] 종류(品類)마다 끊는 자로서, 두 결과 즉 수다원과와 아라한과에 대해 그와 같이 부르는 것이다. (출전2) ASBh., pp.12H1, 122; sakṛnnairyāṇikaḥ sakṛt traidhātukāvacarān kleśān prajahāti | prakāraśa ity adhimātrādhimātrān kāmarūpārūpyāvacarān bhāvanāprahātavyān anuśayān prajahāti, evaṃ yāvan mṛdumṛdūn darśanaprahātavyān, na tu laukikamārgavad bhūmiprakārabhedena pṛthak pṛthag ity arthaḥ | tatredaṃ jñāpakaṃ yathoktam aṃgulyagrasūtre - "yat kiṃcid rūpaṃ yāvad vijñānam atītānāgatapratyutpannam iti vistareṇa yāvad dūre yad vāntike tat sarvam ekadhyam asaṃkṣipyaikaṃ bhāgaṃ karoty ekaṃ piṇḍam ekaṃ puñjam ekaṃ rāśiṃ karoty ekaṃ kṛtvātaḥ pratisaṃśikṣate sarvam etad anityaṃ sarvaṃ duḥkham iti vistaraḥ | dvayor evādyantayoḥ phalayoḥ prajñāpyate | tayos traidhātukasarvadarśanabhāvanāprahātavyāśeṣaprahāṇaprabhāvitatvād yathākramam | madhyayos tu na prajñāpyate, tayor dṛṣṭasatyasya kāmavacarāṇām eva bhāvanāprahātavyānāṃ sāvaśeṣaniravaśeṣaprahāṇaprabhāvitatvāt | sakṛnnairyāṇikaṃ cādhikṛtya vibhaṅgasūtre srotāpannānantaram arhad vyavasthānaṃ veditavyam |; [『집론』에서] "단번에 출리出離하는 자는 삼계에 속한 번뇌들을 단번에 끊는 [즉] 종류(品類)별로 [끊는 자로서]"라는 것[에서 '종류별로'(prakāraśas)]는 다음과 같은 의미이다. [즉] '욕[계] · 색[계] · 무색[계]에 속하고, 반복된 수행(修習)으로써 끊어야만 하는, 강한 것 중에서도 강한(上上) 잠세력(隨眠)을 [단번에] 끊는다. 동일한 방식으로 최종적으로는 [욕계 · 색계 · 무색계에 속하고, 진리를] 봄으로 끊어야 하는 약한 것 중에서도 약한 [잠세력을 단번에 끊는다.] 그렇지만 세간도처럼 [번뇌가 속한] 토대(地)의 종류의 차이에 따라 하나하나씩 [끊는 것은] 아니다'라는. 이것에 대한 근거(혹은 source, jñāpaka)는 『지단경指端經』에서 다음과 같이 설해졌다. "과거, 현재, 미래의 그 어떤 색[· 수 · 상 · 행 ·] 식일지라도 … [그것이] 멀리 있든 가까이 있든 간에, 그 모두를 하나로 모으고서 하나의 부분으로 만든다. [즉], 한 덩어리로, 한 덩이로, 한 뭉치로 [만든다.] 하나로 만들고서 '이 모든 것은 무상하고 고통이다'라고 완전하게 안다 …."라고. 둘 즉 처음과 마

지금까지 밝힌 '[번뇌를] 다스려 끊는 [수준의] 차이'(治斷差別)는 '여섯 가지 식'(六識)이 일으킨 번뇌에 대해 설명한 것이다.

若其末那相應四惑, 行相與品最爲微細, 於三界中等無差別. 是故唯離非想欲時, 一時頓斷. 如『瑜伽』說, "末那相應任運煩惱, 唯離非想處欲故, 一時頓斷, 非如餘惑漸次而斷." 『無相論』云, "第二執識及相應法, 至羅漢位究竟滅盡. 若見諦實[210]煩惱識及心法, 得出世[211]道十六心時, 畢竟斷滅, 餘殘未盡但屬思惟, 是名第二執識." 此中簡別二種斷義. 若意識中實[212]煩惱者, 十六心時皆悉斷盡故, 屬見諦. 此第二識彼斷所餘, 唯羅漢位方究竟滅, 是故此識但屬思惟也. 依此等文故, 知末那非見所斷. 是明二乘斷煩惱障.

[H1, 809b1~14; O 55,3~55,9]

지막의 두 결과(=수다원과와 아라한과)에 대해 ['단번에 출리出離하는 자'라고] 부르는 것이다. 왜냐하면, 그 둘은 차례대로 ① [진리를] 봄에 의해 끊어야만 하는, [삼계에 속한 모든 번뇌를 남김없이 끊음]과 ② 반복된 수습을 통해 끊어야만 하는, 삼계에 속한 모든 [번뇌]를 남김없이 끊음으로 특징지어지기 때문이다. 그렇지만 중간의 두 결과(즉 일래과와 불환과)에 관해서 ['단번에 출리出離하는 자'라고] 부르지 않는다. 왜냐하면 그 둘의 경우 [성자들의 네 가지] 진리를 이미 본 사람이 단지 욕[계]만에 속한, 반복된 수습을 통해 끊어야만 하는 [번뇌]들을 남김이 있거나 혹은 남김없이 끊음으로 특징지어지기 때문이다. '단번에 출리出離하는 자'를 주제로 다룰 때, 『분별경分別經』에서 [세존이] 수다원 바로 다음에 [일래자나 불환자가 아니라] 아라한을 배치하였다는 사실을 알아야만 한다.〉('jñāpaka'를 직역하면 '[법칙 따위를] 알게 하는 것.')

210 『전식론轉識論』 원문에 따라 '實'은 '肉'으로 교정한다.

211 橫超本의 교감에 따르면, '世'는 원본에 없으나 보완해 넣은 것이다.

212 橫超本에는 '實'이 '肉'이라고 되어 있다. 橫超本에 따른다.

나. '말나식에 상응하는 네 가지 번뇌'(末那相應四惑)의 경우

말나식末那識에 상응하는 ['자아에 대한 무지'(我癡) · '자아에 대한 잘못된 견해'(我見) · '비교를 통한 자기규정'(我慢) · '자아에 대한 애착'(我愛), 이] '네 가지 번뇌'(四惑)의 경우는, 그 양상(行相)과 단계(品)가 가장 미세하여 '[욕망세계 · 유형세계 · 무형세계, 이] 세 종류의 세계'(三界)에서 [그 미세하기가] 똑같아 차이가 없다. 그러므로 오로지 '[무형세계(無色界)의 '네 가지 선정'(四處) 중 네 번째인] 개념적 지각도 아니고 개념적 지각이 아닌 것도 아닌 경지'(非想, 非想非非想處)[213]에 대한 탐욕을 떠났을 때에만 '일시에 한꺼번에 끊어진다'(一時頓斷).

[이것은] 『유가사지론』에서 "말나식末那識에 상응하는 '선천적으로 갖추고 있어 수시로 일어나는 번뇌'(任運煩惱)는 오로지 '[무형세계(無色界)의 '네 가지 선정'(四處) 중 네 번째인] 개념적 지각도 아니고 개념적 지각이 아닌 것도 아닌 경지'(非想處, 非想非非想處)에 대한 탐욕을 떠나기 때문에 일시에 한꺼번에 끊어지니, 다른 번뇌들이 점차 끊어지는 것과는 같

213 비상비비상처非想非非想處: 『구사론』 권8에서는 "無色界中都無有處, 以無色法無有方所, 過去未來無表無色不住方所, 理決然故. 但異熟生差別有四, 一空無邊處, 二識無邊處, 三無所有處, 四非想非非想處. 如是四種名無色界."(T29, 41a25~29)라고 하여, 무색계無色界의 사정지四定地인 제1 공무변처空無邊處, 제2 식무변처識無邊處, 제3 무소유처無所有處, 제4 비상비비상처非想非非想處 가운데 마지막 경지를 가리킨다. 권오민은 "비상비비상처정은, 그 아래 7지地에서와 같은 관념은 존재하지 않지만, 그렇다고 무상정無想定처럼 어떠한 관념도 존재하지 않는 것은 아니기 때문에 그렇게 일컬은 것으로, 여기서는 다만 어둡고 저열한 관념(昧劣想)만이 존재할 따름이다."(『아비달마불교』, 민족사, 2003, p.306)라고 비상비비상처정非想非非想處定을 설명한다. 관련된 출전은 다음과 같다. "立第四名至是立名正因者, 釋後無色, 立第四名由想昧劣, 謂無下七地明勝想故, 得非想名, 有昧劣想故不同二無心定名非非想."(보광普光, 『구사론기俱舍論記』 권28, T41, 420b3~6.)

지 않다."[214]라고 말한 것과 같다.

[또한] 『무상론』에서는 "'[제8아뢰야식에 이어] 두 번째인 [자아에] 집착하는 식'(第二執識, 자아 집착에 매인 말나식末那識)[215]과 [이 말나식에] 상응하는 [네 가지 번뇌] 현상은 아라한阿羅漢의 경지에 이르러 궁극적으로 다 사라진다. 〈'[진리다운] 이해를 밝혀 가는 수행'으로 끊는 '잘못된 이해로 인한 번뇌'〉(見諦肉煩惱)[216]에 해당하는 마음(識)과 마음현상(心法)의 경

---

214 『유가사지론』 권63(T30, 651c15~652a4). "復次阿賴耶識無有煩惱而共相應, 末那恒與四種任運煩惱相應, 於一切時俱起不絕, 謂我我所行薩迦耶見我慢我愛不共無明. 是諸煩惱與善不善無記識俱而不相違, 其性唯是隱沒無記任運而起. 當知諸餘分別所起, 隨衆緣力差別而轉. 又與末那相應俱有遍行任運四種煩惱, 世間治道尚不能爲損伏對治. 何以故? 已離欲者猶現行故, 隨所生處是諸煩惱即此地攝. 當知此地已離欲者, 此地煩惱現行不絕. 何以故? 此諸煩惱唯阿賴耶識種子所引, 於一切時任運而生, 非所對治及能對治境界緣力差別轉故. 諸離欲者世間治道, 若現在前若不現前, 此諸煩惱現行不絕. 若諸有學已見迹者, 出世間道現在前時, 此諸煩惱不得現行, 從彼出已還復現行, 善通達故未永斷故. 若諸無學, 此一切種皆不現行, 是諸煩惱當知唯離非想非非想處欲故, 一時頓斷, 非如餘惑漸漸而斷."

215 집식執識: 『전식론轉識論』 권1에서는 "本識如流五法如浪, 乃至得羅漢果, 此流浪法亦猶未滅, 是名第一識. 依緣此識有第二執識, 此識以執著爲體與四惑相應, 一無明, 二我見, 三我慢, 四我愛."(T31, 62a12~15)라고 하여, 집식執識은 집착을 근본으로 삼아 아치我癡(無明)·아견我見·아만我慢·아애我愛의 사혹四惑과 상응한다고 하므로 '집착에 매인 제7말나식'을 가리키는 것으로 보인다. 말나식은 자아감각의 핵심인데, 자아감각 자체는 가치중립적이다. 따라서 말나식의 자아감각은 두 가지로 구분될 수 있다. '자아에 대한 집착을 조건으로 삼는 자아감각'과 '자아에 대한 집착을 조건으로 삼지 않는 자아감각'이 그것이다. 후자는 '청정한 말나식'이다. 한편 본식本識인 제8아뢰야식을 제일식第一識, 제7말나식을 제이집식第二執識이라고 부르는데, 이러한 명명은 유식학에서 일반적으로 제8아뢰야식을 초능변식初能變識, 제7말나식을 제이능변식第二能變識이라 부르는 것과 같은 맥락이다.

216 견제육번뇌見諦肉煩惱: 앞의 역주 참조. 견제육번뇌見諦肉煩惱는 단적으로 견도의 수행 대상인 견혹을 가리키는데, 여기 『전식론』에서는 집식執識을 이 견제육

우는 '세속을 넘어서게 하는 도리'(出世道)인 '[사제四諦의 이치를 깨닫는] 16가지 지혜'(十六心)[217]를 얻었을 때 궁극적으로 끊어져 사라지지만, 나머지 아직 없어지지 않은 것은 단지 '[제8아뢰야식에 상응하는 다섯 가지 마음현상들 가운데] 사유판단'(思惟)[218]에 속하니, 이것을 '[제8아뢰야식에 이어] 두 번째인 [자아에] 집착하는 식'(第二執識)이라고 부른다."[219]라고 말한다.

이 [『무상론』]에서는 두 가지의 '끊어지는 뜻'을 구별하고 있다. [먼저] [제6]의식意識에 속하는 '[진리다운] 이해를 밝혀 가는 수행으로 치유되는 번뇌'(肉煩惱, 見惑)라면, '[사제四諦의 이치를 깨닫는] 16가지 지혜'(十六心)

번뇌인 견혹을 끊고도 남아 있는 것(餘殘)으로 설명하고 있다.

217 십육심十六心: 앞의 역주 참조.

218 사유思惟: 『전식론』에서 사유思惟는 아뢰야식의 다섯 가지 변행심소遍行心所(촉觸·작의作意·수受·상想·사思) 중 하나인 사思를 가리키는 용어이다. 『전식론』에서는 "又與五種心法相應, 一觸, 二作意, 三受, 四思惟, 五想. 以根塵識三事和合生觸, 心恒動行名爲作意, 受但是捨受, 思惟籌量可行不可行, 令心成邪成正, 名爲思惟. 作意如馬行, 思惟如騎者, 馬但直行不能避就是非, 由騎者故令其離非就是, 思惟亦爾, 能令作意離漫行也."(T31, 62a5~11)라고 하여 아뢰야식에 상응하는 오종심법五種心法 중 하나인 사유思惟를 설명하고 있는데, 특히 작의作意와 비교하여 작의가 말이 움직이는 것이라면 사유는 말의 기수와 같은 것이어서 마음이라는 말을 움직일지 말지를 헤아려 올바르게 만들기도 하고 그릇되게 만들기도 하는 마음작용이라고 설명한다. 그러므로 견제육번뇌見諦肉煩惱(견혹見惑)가 사라지고 나서 아직 남아 있는 것이면서도, 외진外塵에 미혹하는 수혹修惑과 같은 것이 아니라 제8아뢰야식의 5종 심법 중 하나인 사유思惟에 속하는 것이 제7말나식이라는 것이다.

219 진제역眞諦譯, 『전식론轉識論』 권1(T31, 62a17~20). "此識及相應法, 至羅漢位究竟滅盡. 及入無心定亦皆滅盡. 若見諦肉煩惱識及心法, 得出世道十六行, 究竟滅盡, 餘殘未盡但屬思惟, 是名第二識." 밑줄 친 곳은 인용문에서 생략 및 다른 부분이다. 〈산스크리트본의 해당 내용: *Triṁś*, p.68, 7-8; … arhato na tat | na nirodhasamāpattau mārge lokottare na ca || 7 ||; 그것은 아라한에게는 없고, 멸진정에도 없으며, 출세간에도 없다.〉 『전식론』의 제목 아래에 "從無相論出"(T31, 61c3)이라고 병기되어 있는 것으로 보아 『전식론』에 대해 '무상론無相論'이라는 서명이 혼용될 여지가 있었던 것으로 보인다.

[를 얻었을] 때 모두 끊어져 없어지기 때문에 '[진리다운] 이해를 밝혀 가는 수행'(見諦)[에서 끊어지는 것]에 속한다. [그리고] 이 '두 번째 식'(第二識)[인 '[자아에] 집착하는 식'(執識)/'자아 집착에 매인 말나식末那識'의 네 가지 번뇌]는 저 ['[진리다운] 이해를 밝혀 가는 수행'(見諦)이] 끊고 남은 것으로서 오로지 아라한의 경지라야 궁극적으로 사라지니, 따라서 이 [말나]식識은 단지 [제8아뢰야식에 상응하는 다섯 가지 마음현상들 가운데] '사유판단'(思惟)에 속한다.

이러한 글들에 의거하기 때문에 말나식末那識[에 상응하는 네 가지 번뇌]는 '[진리다운] 이해를 밝혀 가는 수행에서 끊어지는 것'(見所斷)이 아님을 알 수 있다.

이것은 '[성문과 연각] 두 부류 수행자'(二乘)가 '번뇌로 인한 장애'(煩惱障)를 끊는 것을 밝힌 것이다.

② '대상에 대한 이해를 가로막는 장애'(所知障)의 경우

所知障中有斷不斷. 惠解脫人都無所斷. 俱解脫者, 分有所斷, 謂八解脫障不染無知, 修八勝解所對治故. 如『瑜伽』說, "又諸解脫由所知障解脫所顯, 由是聲聞及獨覺等, 於所知障, 心得解脫故." 上來所說, 是顯了門斷心相應起煩惱義.

[H1, 809b14~20; O 55,9~12]

['[성문과 연각] 두 부류 수행자'(二乘)의 경우,] '대상에 대한 이해를 가로막는 장애'(所知障) 중에는 끊는 것과 끊지 못하는 것이 있다. '지혜로만 해탈하는 [이승二乘의] 사람'(惠解脫人)[220]은 [소지장所知障을] 전혀 끊지 못한다. '[선정까지] 갖추어 해탈하는 [이승二乘의] 사람'(俱解脫者)은 [소지장所

知障을] 부분적으로 끊을 수 있으니, [소지장所知障의 부분인] '여덟 가지 해탈을 방해하는 것'(八解脫障)[221]은 '[근본무지(無明)에] 물든 것이 아닌 [하열한 지혜인] 무지'(不染無知)[222]여서 [구해탈자俱解脫者가] '여덟 가지 수

220 혜해탈慧解脫과 구해탈俱解脫: 『구사론』 권25에서는 "依唯慧離煩惱障者立慧解脫, 依兼得定離解脫障者立俱解脫."(T29, 131b27~28)이라고 하여, 오로지 지혜(慧)에만 의거하여 번뇌장煩惱障을 떠나는 것이 혜해탈이고, 선정(定)까지 갖추어 해탈장解脫障을 떠나는 것이 구해탈이라고 한다.

221 팔해탈장八解脫障: 『구사론』 권29에서는 "解脫有八. 一內有色想觀外色解脫, 二內無色想觀外色解脫, 三淨解脫身作證具足住, 四無色定爲次四解脫, 滅受想定爲第八解脫."(T29, 151b1~4)이라고 하여 내유색상관외색해탈內有色想觀外色解脫·내무색상관외색해탈內無色想觀外色解脫·정해탈신작증구족주淨解脫身作證具足住가 세 가지 해탈이 되고, 공무변처정空無邊處定·식무변처정識無邊處定·무소유처정無所有處定·비상비비상처정非想非非想處定의 사무색정四無色定이 차례대로 네 가지 해탈이 되며, 멸수상정滅受想定이 마지막 여덟 번째 해탈이 된다고 한다. 그러므로 팔해탈장八解脫障은 이 팔해탈八解脫을 각각 가로막는 장애라고 하겠다. 그리고 『구사론』의 이어지는 설명에서는 "初二解脫一一通依初二靜慮, 能治欲界初靜慮中顯色貪故. 第三解脫依後靜慮, 離八災患心澄淨故."(T29, 151b8~10)라고 하여, 처음의 두 가지 해탈(初二解脫)인 내유색상관외색해탈內有色想觀外色解脫과 내무색상관외색해탈內無色想觀外色解脫은 색계色界 초선정初禪定과 이선정二禪定(初二靜慮)에서, 처음의 세 번째 해탈(第三解脫)인 정해탈신작증구족주淨解脫身作證具足住는 색계의 마지막 선정인 사선정四禪定(後靜慮)에서 이루어지는 해탈이라고 하므로 팔해탈八解脫은 색계 초선으로부터 무색계의 비상비비상처정非想非非想處定을 거쳐 멸수상정滅受想定에 도달하는 과정을 가리키는 용어라고 하겠으며, 이리하여 구해탈俱解脫이 선정에 의거하는 해탈이라고 할 때 팔해탈八解脫은 구해탈에서 의거하는 선정의 구체적 내용이라고 할 수 있을 것으로 보인다.

222 불염무지不染無知: 보광普光, 『구사론기俱舍論記』 권1에서는 염오무지染污無知와 불염무지不染無知에 대해 각각 "問, 染污無知何以爲體? 解云, 以無明爲體."(T41, 3c23~24) 및 "不染無知, 以未成佛來, 所有一切有漏無染劣慧爲體."(T41, 5a25~26)라고 하여, 염오무지의 체體는 무명無明이고 불염무지의 체體는 유루무염열혜有漏無染劣慧라고 한다. 말하자면 염오무지는 무명無明이 체體인 무지이므로 염오染污이고, 불염무지는 열등한 지혜(劣慧)가 체體인 무지이므로 불염不染이라는 것이다. 결국 원효는 불염무지인 팔해탈장八解脫障이라는 열혜劣慧를 승해勝解로 닦아 다스린다고 설명하고 있는 것으로 보인다.

승한 이해능력'(八勝解)[223]을 닦아 [팔해탈장八解脫障을] 다스리는 것을 말한다.

[이것은] 『유가사지론』에서 "또한 모든 해탈은 '대상에 대한 이해를 가로막는 장애'(所知障)로부터의 해탈에 의해 드러나는 것이니, 그러므로 '가르침을 들어서 혼자 깨달으려는 사람'(聲聞)과 '연기를 이해하여 혼자 깨달으려는 사람'(獨覺)들은 '대상에 대한 이해를 가로막는 장애'(所知障)에 대해 ['지혜에 의한 해탈'(慧解脫)이 아닌] '마음이 해탈(心解脫)을 얻는 것'(心解脫))이다."라고 말한 것과 같다.

여기까지 말한 것은 [이승二乘이] '현상으로 드러나는 측면'(顯了門)에서 〈마음에 상응하여 일어나는 '['토대가 되는 번뇌'(住地煩惱)를] 따라 일어나는 번뇌'〉(心相應起煩惱)[224]를 끊는 뜻[에 대한 설명]이다.

---

223 팔승해八勝解: 승해勝解는 아비달마의 제법분별諸法分別에서는 심소법心所法에서 일체의 마음 현상에 반드시 함께하는 대지법大地法 10가지 중의 하나로서 어떤 대상에 대해 도장 찍듯이 최종적으로 규정하는 능력("勝解謂能於境印可." 『구사론』 권4, T29, 19a21~22)을 말하는데, 여기서는 열혜劣慧인 팔해탈장八解脫障을 다스려 이루어지는 팔해탈八解脫 각각의 수승한 이해능력을 가리킨다.

224 심상응기번뇌心相應起煩惱: 원효는 제4편 '번뇌의 종류를 여러 방식(門)에 의해 밝힘'의 제6장 '2종 번뇌로 묶는 방식'에서 "六明二種煩惱門者, 謂住地煩惱及起煩惱. 起煩惱者, 謂顯了門所說二障, 諸心相應纏及隨眠, 皆依住地而得生起, 故名起惑."(H1, 801a6~10)이라고 하여, 번뇌를 주지번뇌住地煩惱와 기번뇌起煩惱의 두 가지로 나누면서 기번뇌는 현료문顯了門의 번뇌장煩惱障과 소지장所知障을 가리키며 은밀문隱密門의 무명주지無明住地에 의거하여 일어나기 때문에 기번뇌起煩惱라 한다고 설명한다. 또한 무명주지에 대해 '不同起惑刹那相應. 是故通名心不相應無明住地.'(H1, 801b9~10)라고 하여 '心不相應無明住地'라는 표현이 나오는데, 지금의 '心相應起煩惱'와 비교해 보면 주지번뇌는 심불상응心不相應이고 기번뇌는 심상응心相應임을 알 수 있다. 따라서 여기서의 심心은 '현상으로 드러나지 않는 측면'(隱密門)의 무명주지의 마음이 아니라 '현상으로 드러나는 측면'(顯了門)에서의 마음이다.

(2) '현상으로 드러나지 않는 측면'(隱密門)

若論隱蜜門內住地煩惱, 一切二乘分有所斷. 此義云何? 三界住地及通相無明,[225] 如是有愛取[226]數四住地, 在見道位, 斷其少分. 於三界

225 여기서의 '通相無明'은 '總無明住地'여야 뜻이 통한다. 원효는 '通相無明住地'와 '總無明住地'를 구분하여 사용하고 있는데, 관련 내용은 다음과 같다. "當知此中別卽唯有四種住地, 總卽唯一無明住地. 四外無一故, 唯言'住地有四種', 四卽是一故, 言'心不相應, 無明住地'. 如其總別合數, 卽有五種住地, 是卽無明. 無明有通有別, 如多羅有其通別. 十二部經, 通名多羅, 是爲通相, 餘十一部之所不攝, 直說蘊界處等法門, 名修多羅, 是爲別相. 無明亦爾. 四種住地通名無明, 是爲通相無明住地, 如上二經之所說故. 其有愛數三所不攝, 直迷一處生得住地, 還愛無明住地名者, 是爲別相無明住地, 如『經』言, 〈無明住地, 其力最大, … 唯佛菩提智所能斷故.〉 又直就有愛數所攝中, 總別合數, 立四住地, 謂別三愛數住地, 及總無明住地. 如『經』言, 〈非聲聞緣覺, 不斷無明住地.〉 又言, 〈阿羅漢辟支佛, 斷有愛數四住地故.〉 何以要須總別合立者? 爲顯能起三愛力異, 而其闇相無麤細故. 當知經中直言四住地者, 是說唯別四種住地, 一切住地, 皆入四中. 四中更言有愛數四住地者, 是謂總別合立四種, 其見一處住地, 不入此四中. 四有二種, 應如是知."(H1, 801c6~802a4.) 밑줄 부분을 번역하면, "이 가운데 개별적으로 구분하면 오직 〈네 가지 '토대가 되는 번뇌'〉(四種住地)가 있고, 총괄적으로 묶으면 오직 〈하나의 '삼계의 근본무명'〉(一無明住地)이라는 것을 알아야 한다. … 만일 '총괄적 유형'과 '개별적 유형'의 수를 합하면 곧 다섯 가지의 '토대가 되는 번뇌'(住地)가 있게 되니, 이 [모든] 것이 바로 근본무지(無明)이다. [이와 같이] 근본무지(無明)에는 '통합적인 유형'(通)과 '개별적인 유형'(別)이 있으니, 경전에 '통합적 유형'(通)과 '개별적 유형'(別)이 있는 것과도 같다. … 〈네 가지 '토대가 되는 번뇌'〉(四種住地)를 통틀어 근본무지(無明)라고 한 것은 〈통합적 유형의 '삼계의 근본무명'〉(通相無明住地)이니, 위의 [『본업경』과 『승만경』] 두 경經이 설한 것과 같은 것이다. [그리고] 그 '욕망세계 · 유형세계 · 무형세계에 대한 애착의 번뇌'(有愛數) [이] 세 가지에 포함되지 않는 것으로서 단지 '하나처럼 통하는 세계'(一處)에 미혹한 〈선천적으로 갖추어진 '토대가 되는 번뇌'〉(生得住地)가 다시 '삼계의 근본무명'(無明住地)이라는 명칭을 받는 것은 〈개별적 유형의 '삼계의 근본무명'〉(別相無明住地)이니, 『승만경』에서 〈'삼계의 근본무명'(無明住地)은 그 힘이 가장 커서 … 오직 붓다의 '깨달은 지혜'(菩提智)만이 끊을 수 있는 것이다.〉라고 한 것과 같다. 또한 단지 '욕망세계 · 유형세계 · 무형세계에 대한 애착의 번뇌'(有愛數)에 포함되는 것에 의거해서 총괄적인 것과 개별적인 것의 수를 합하여 〈네 가지

中迷事境邊, 於此位中未能斷故, 是故於中唯斷少分. 如『經』言, "聲聞緣覺初觀聖諦, 以一智斷諸住地," 以一智四斷故, 至羅漢位, 有愛數四住地斷之已盡. 如『經』言, "非聲聞緣覺不斷無明住地, 以無二聖諦智斷諸住地故."

[H1, 809b20~c5; O 55,12~56,2]

만약 '현상으로 드러나지 않는 측면'(隱密門)에서의 '토대가 되는 번뇌'(住地煩惱)를 논한다면, 모든 '[성문과 연각] 두 부류 수행자'(二乘)는 [주지번뇌住地煩惱를] 부분적으로 끊는다. 이 뜻은 무엇인가?

'토대가 되는 번뇌'〉(四住地)를 세우니, 〈개별적인 세 가지 '욕망세계 · 유형세계 · 무형세계에 대한 애착의 토대가 되는 번뇌'〉(別三愛數住地)와 〈총괄적인 '삼계의 근본무명'〉(總無明住地)이 그것이다. … 『[승만]경』에서 단지 〈네 가지 '토대가 되는 번뇌'〉(四住地)라고 말한 것은 오직 〈개별적 유형의 네 가지 '토대가 되는 번뇌'〉(別四種住地)를 말한 것임을 알아야 하니, 모든 '토대가 되는 번뇌'(住地)는 다 [이] 네 가지 가운데 들어간다. [『승만경』에서] 네 가지 중에서 다시 '욕망세계 · 유형세계 · 무형세계에 대한 애착의 네 가지 토대'(有愛數四住地)를 말한 것은 '총괄적 유형'(總)과 '개별적 유형'(別)을 합하여 네 가지를 세운 것이니, 저 '견도見道의 일처一處에서 함께 끊어지는 삼계의 견혹見惑'(見一處住地)은 이 네 가지에 들어가지 않는다. 네 가지 ['토대가 되는 번뇌']에는 [이처럼] 두 종류가 있으니 이와 같이 알아야 한다." 통상무명주지通相無明住地는 생득주지生得住地(見一處住地)와 작득作得의 삼주지三住地(欲界住地 · 色界住地 · 無色界住地, 有愛數住地)를 합한 사주지四住地를 통틀어 부르는 것이고, 별상무명주지別相無明住地는 생득주지인 견일처주지見一處住地만을 특칭한다. 그리고 견일처주지見一處住地는 사주지四住地의 또 다른 유형인 유애수사주지有愛數四住地에 속하지 않는다. 그런데 본문에서는 욕계주지欲界住地 · 색계주지色界住地 · 무색계주지無色界住地 · 총무명주지總無明住地의 유애수사주지有愛數四住地를 말하고 있으므로 본문의 '三界住地及通相無明'은 별삼애수주지別三愛數住地와 총무명주지總無明住地를 말하는 것이어야 한다. 따라서 '通相無明'은 '總無明住地'여야 한다. 원효는 '通相無明住地'와 '總無明住地'를 분명히 구분하고 있으므로 필사자의 오기誤記로 보인다. '通相無明'을 '總無明住地'로 교감하여 번역한다.

226 横超本 교정주에 따르면 大谷大學 원본에는 '取'가 있으나 문맥에 따라 '取'를 삭제한다고 한다. 번역은 横超本을 따른다.

'[욕망세계 · 유형세계 · 무형세계, 이] 세 종류의 세계에서 토대가 되는 번뇌'(三界住地)[인 욕계주지欲界住地 · 색계주지色界住地 · 무색계주지無色界住地]와 〈총괄적인 '삼계의 근본무명'〉(總無明住地)이라는, 이와 같은 '욕망세계 · 유형세계 · 무형세계에 대한 애착의 네 가지 토대'(有愛數四住地)는, '[진리다운] 이해를 밝혀 가는 수행단계'(見道位)에서 그 일부분을 끊는다. '[욕망세계 · 유형세계 · 무형세계, 이] 세 종류의 세계'(三界)의 '현상에 미혹한 측면'(迷事境邊)에서라면 [이승二乘의 경우] 이 단계에서는 아직 끊을 수 없기 때문이니, 따라서 [이승二乘은] 여기 [견도위見道位]에서는 오직 일부분만 끊는 것이다.

[이것은] 『승만경』에서 "'가르침을 들어서 혼자 깨달으려는 사람'(聲聞)과 '연기를 이해하여 혼자 깨달으려는 사람'(獨覺)은 처음 '[네 가지] 고귀한 진리'([四聖]諦)를 이해했을 때 '[사성제四聖諦에 대한] 한 [종류의] 지혜'(一智)[227]로 모든 '토대가 되는 번뇌'(住地)를 끊는다."[228]라고 말한 것과 같으니, [견도見道의 단계에서] '[사성제四聖諦에 대한] 한 [종류의] 지혜'(一智)

227 일지一智: 『승만경』의 주해서인 길장吉藏의 『승만보굴勝鬘寶窟』 권3에서는 "以一智斷諸住地者, 明二乘人, 單用初一有作諦智斷四住地, 不用無作斷無明地, 故名一智"(T37, 64c19~21)라고 하는데, 일지一智를 일유작제지一有作諦智라고 하여 대승의 무작제지無作諦智는 알지 못하고 하나의 유작제지有作諦智만을 아는 것이라고 설명한다. 하지만 『이장의』에서 원효가 『승만경』을 인용하는 맥락은 일지一智의 부정적 의미보다는 사주지四住地를 모두 끊는 적극적 의미를 부각하는 맥락이다. 따라서 『이장의』 '이승치도위二乘治道位'의 '단견혹斷見惑' 단락에서 "斷見惑時, 有三頓義. … 以一觀頓斷四種"이라고 하고 이어서 "所以一觀頓斷四者, 由壞緣諦作意相應, 通觀四諦無我理故"([사제四諦에 대한] '한 [종류의] 이해'(一觀)를 가지고 [사제四諦 각각에 대한] 네 가지 [견혹見惑]을 한꺼번에 끊는 것은, '[사제四諦의] 모든 도리를 총괄하여 주의를 기울임'(壞緣諦作意)에 상응하여 '네 가지 진리'(四諦)[가 밝히는] '불변의 독자적 자아가 없다'(無我)는 이치를 '통틀어 이해'(通觀)하기 때문이다.)라고 설명하는 맥락에 더 부합한다. 비록 현료문顯了門과 은밀문隱密門이라는 단락 차이가 있지만 같은 견도 수행이라는 점에서 일관一觀의 뜻으로부터 일지一智를 이해하여 '[사성제四聖諦에 대한] 한 [종류의] 지혜'로 번역했다.

228 『승만경』 권1(T12, 221a20~21). "聲聞緣覺初觀聖諦以一智斷諸住地."

로 '[욕계주지欲界住地 · 색계주지色界住地 · 무색계주지無色界住地 · 총무명주지總無明住地, 이] 네 가지를 끊기'(四斷) 때문에 [수도위修道位를 거쳐] 아라한阿羅漢의 경지에 이르러 '욕망세계 · 유형세계 · 무형세계에 대한 애착의 네 가지 토대'(有愛數四住地)를 끊어 모두 사라지게 한다. [이것은 또한] 『승만경』에서 "'가르침을 들어서 혼자 깨달으려는 사람'(聲聞)과 '연기를 이해하여 혼자 깨달으려는 사람'(獨覺)이 '삼계의 근본무명'(無明住地)을 끊지 못하는 것은 아니니, '고귀한 진리에 대한 다름이 없는 지혜'(無二聖諦智, 一智)로 모든 '토대가 되는 번뇌'(住地)를 끊기 때문이다." 라고 말한 것과 같다.

3) 보살의 수준

三就菩薩明斷位者, 亦有二義. 若依隱蜜[229]門中未[230]相生義者, 金剛已還一切菩薩, 於諸煩惱, 但能伏斷, 未能永[231]斷. 所以然者, 於一法界, 唯信未見, 不能拔諸惑定[232]根本故. 如『仁王經』言, "從習仁[233]至金剛三味, 皆悉伏斷一切煩惱, 以無相信, 然[234]第一義諦, 不名爲見", 『夫人經』言, "若無明住地, 不斷不究竟, 過恒沙等所應斷法, 不斷不究竟"故.

[H1, 809c5~14; O 56,2~6]

229 橫超本에는 '蜜'이 '密'이라 되어 있다. 橫超本에 따른다.

230 橫超本 교정주에서 "원본에는 '末'이라고 되어 있지만 '本末'로 고친다."라고 한다. 한불전에는 '未'라고 되어 있다. 橫超本에 따른다.

231 橫超本 교정주에서 "원본에는 '未'라고 되어 있지만 '永'으로 고친다."라고 한다. 橫超本에 따른다.

232 橫超本 교정주에서 "원본에는 '定'이라고 되어 있지만 '之'로 고친다."라고 한다. 橫超本에 따른다.

233 『인왕경』 원문에 따라 '仁'을 '因'으로 교정한다.

234 『인왕경』 원문에 따라 '然'을 '照'로 교정한다. 橫超本은 그대로 '然'이라 되어 있다. 은정희본은 별다른 설명 없이 '照'라 되어 있는데, 『인왕경』 원문에 따른 듯하다.

[범부凡夫와 이승二乘의 경우 이어] 세 번째인 '보살이 번뇌를 [다스려] 끊는 수준을 밝히는 것'(就菩薩明斷位)에도 두 가지 뜻이 있다.

(1) 〈'현상으로 드러나지 않는 측면'(隱密門)에서 [번뇌의] 근본과 지말이 서로 생겨나게 하는 뜻〉(隱密門中本末相生義)에 의거한 설명

만약 '현상으로 드러나지 않은 측면에서 [번뇌의] 근본과 지말이 서로 생겨나게 하는 뜻'(隱密門中本末相生義)에 의거한다면, [무명주지無明住地를 아직 끊지 못한] '금강[석처럼 굳건한 선정]'(金剛, 金剛喩定)[235] 이전의 모든

235 금강金剛: 금강유정金剛喩定, 금강심金剛心, 금강정金剛定, 금강삼매金剛三昧라고도 불린다. 『아비달마구사론』 권24에 따르면 "金剛喩定是斷惑中最後無間道所生, 盡智是斷惑中最後解脫道, 由此解脫道與諸漏盡得最初俱生故名盡智. 如是盡智至已生時便成無學阿羅漢果."(T29, 126c23~26)라고 하여, 이승二乘에서 금강유정은 번뇌를 끊는 수행 중 마지막 단계인 무간도無間道에서 발생하는 선정으로서, 금강유정으로 인해 발생하는 지혜가 '진지盡智'이며 이 진지로 인해 무학의 아라한과가 이루어진다. 한편 『성유식론』 권10에 따르면 "由三大劫阿僧企耶修習無邊難行勝行, 金剛喩定現在前時永斷本來一切麁重, 頓證佛果, 圓滿轉依."(T31, 54c13~15)라고 하여, 대승의 금강유정 역시 번뇌를 끊는 수행 중 최후의 선정으로서 3대겁아승기야(三大劫阿僧企耶)의 수행으로 인해 금강유정이 앞에 나타났을 때 모든 번뇌의 종자가 완전히 끊어져 불과佛果를 얻는다. 요약하자면 이승에서는 아라한과를, 대승에서는 불과를 얻게 하는 선정이다. 『이장의』에서는 금강유정에 대한 설명을 더욱 세분하고 있다. 수도修道에서 금강유정을 설명할 때는 "十地終心金剛喩定, 唯解脫道, 非無間道"(H1, 804c22~23)라고 하여, 보살 십지十地 수행이 성취된 최종단계의 마음(終心)이므로 아직 십지 수행의 과정에 있는 무간도가 아니라 해탈도라고 한다. 그리고 구경도究竟道에서 금강유정을 설명할 때는 "當知最後金剛喩定, 若望修道所斷, 一向是解脫道, 若望非二所斷, 一向爲無間道. 又復金剛以還, 乃至初地, 皆爲究竟道之方便道"(H1, 805a8~12)라고 하여, 견소단見所斷과 수소단修所斷이 아닌 구경도에서는 한결같이 무간도이며, 금강유정 이전에서 십지의 초지까지는 무간도보다 더 아래 단계인 방편도라고 한다. 수도위修道位에서 보살 십지의 과정을 통해 완성되는 금강유정은 현료문顯了門의 번뇌장과 소지장을 끊은 해탈도이지만, 구경도究竟道의 관점에서 보면 금강유정은 은밀문隱密門의 무명주지無明住地를 최종적으로 끊어야 할 과정에 있는 무간도無間道에 해당하며, 금강유

보살은 모든 번뇌를 단지 '억제하여 끊을'(伏斷) 수 있을 뿐이지 아직 '영원히 끊을'(永斷) 수는 없다. 왜냐하면 [금강유정金剛喩定 이전의 모든 보살은] '하나처럼 통하는 [차이들의] 현상세계'(一法界)를 오직 믿을(信) 뿐 아직 [있는 그대로] 보지(見) 못하여 모든 번뇌의 근본[인 무명주지無明住地]를 제거할 수 없기 때문이다.

[이것은] 『인왕경仁王經』에서 "'[번뇌를 억누르는 것을] 거듭 익히는 수행'(習忍)[인 십주十住 수행]으로부터 '금강[석처럼 굳건한] 삼매'(金剛三昧)[인 등각等覺]에 이르기까지는 다 모든 번뇌를 '억제하여 끊지만'(伏斷), '[번뇌에] 실체가 없음'(無相)에 대한 믿음으로써 '궁극적인 진리'(第一義諦)를 이해(照)하므로 '[있는 그대로] 봄'(見)[의 경지]라고 부르지 않는다."[236]라 말하고, 『승만경』에서 "만약 '삼계의 근본무명'(無明住地)이 끊어지지 않아 다하지 않는다면, 갠지스강 모래알들보다도 많은 끊어야 할 것들이 끊어지지 않아 다하지 않는 것이다."[237]라고 말한 것과 같다.

(2) 〈'현상으로 드러나는 측면'(顯了門)에서 '현재 작용하고 있는 번뇌'(纏)와 '잠재적인 번뇌'(隨眠)가 서로 생겨나게 하는 뜻을 곧바로 설하는 것〉(顯了門直說纏及隨眠相生義)에 의거한 설명

若依顯了門直說纏及隨眠相生義者, 始從初[238]至無垢地, 於二障種, 是皆是永斷. 所以然者, 雖未能見一法界義, 而得證見十重法界故. 惣

정 이전의 십지 수행은 이 무간도인 금강유정에 이르기 위한 방편도方便道라는 것이다. 은밀문의 무명주지를 논하는 지금 문맥에서는 금강유정이 아직 무명주지를 끊지 못한 점을 부각해야 할 것으로 보아 보조문을 만들었다.

236 『인왕반야바라밀경仁王般若波羅蜜經』 권2(T8, 832b6~9). "善男子! 從習忍至頂三昧, 皆名爲伏一切煩惱. 而無相信, 滅一切煩惱, 生解脫智; 照第一義諦, 不名爲見."

237 『승만경』 권1(T12, 220b12~14). "無明住地不斷不究竟者, 過恒沙等所應斷法, 不斷不究竟."

238 橫超本에는 '初' 뒤에 '地'가 첨가되어 있다. 橫超本에 따른다.

說雖然, 於中分別者, 幷[239]有二種. 若從二乘無覺[240]果成漸悟菩薩, 入初地時, 唯斷智障, 非煩惱障, 先己[241]斷故. 如『楞伽經』言, "智障者, 見法無我, 殊勝淸淨, 煩惱障者, 先習見人無我, 斷七識滅故."

[H1, 809c14~22; O 56,6~10]

① 총괄적으로 설명함

만약 <'현상으로 드러나는 측면'(顯了門)에서 '현재 작용하고 있는 번뇌'(纏)와 '잠재적인 번뇌'(隨眠)가 서로 생겨나게 하는 뜻을 곧바로 설하는 것>(顯了門直說纏及隨眠相生義)에 의거한다면, 처음 '[십지十地의] 첫 번째 단계'(初地)로부터 '[십지十地 수행의 완성인] 번뇌에 더럽혀지지 않은 경지'(無垢地, 等覺地)[242]에 이르기까지 [번뇌장과 소지장, 이] '두 가지 장애'(二障)의 종자들을 모두 완전히 끊는다. 왜냐하면 비록 '하나처럼 통하는 [차이들의] 현상세계'(一法界)의 면모(義)를 아직 [있는 그대로] 볼(見) 수는 없지만, [초지初地부터 제십지第十地까지의 경지가 드러내는] '열 가지 중층적인 진리세계'(十重法界)[243]를 깨달아 이해할 수 있기 때문이다.

239 橫超本에는 '幷'이 '菩薩'이라고 되어 있다. 橫超本에 따른다.

240 橫超本 교정주에는 "'覺'을 '學'으로 고친다"라고 한다. 橫超本에 따른다.

241 橫超本에는 '己'가 '已'라고 되어 있다. 橫超本에 따른다.

242 무구지無垢地: 『보살영락본업경菩薩瓔珞本業經』에서는 등각을 무구지無垢地라고 한다. 따라서 무구지無垢地는 제십지第十地와 묘각지妙覺地 사이의 등각지等覺地를 가리킨다.

243 십중법계十重法界: 원효, 『금강삼매경론』 권2에 따르면 "初地即是十地, 一時頓入十重法界故. 十地即是初地, 直以遍滿爲初門入故."(T34, 988b20~21)라고 하여, 진리세계(法界)의 관점에서 각지各地와 십지十地 전체가 돈입頓入과 편만遍滿의 관계에 있는 것을 십중법계十重法界라는 용어로 표현하고 있다.

② 나누어 구별함

총괄적으로 설명하면 이러하지만, 여기서 [다시] 나누어 구별하면 [대승의] 보살菩薩에는 두 가지가 있다.

가. '점차 깨닫는 보살'(漸悟菩薩)의 경우

만약 '[성문과 연각] 두 부류 수행자'(二乘)의 '[더 이상] 배울 것이 없는 경지[인 아라한阿羅漢]의 과보'(無學果)로부터 '점차 깨닫는 보살'(漸悟菩薩)[244]을 이룬 경우라면 '[십지十地의] 첫 번째 단계'(初地)에 들어갔을 때 오직 '[대상에 대한] 지혜를 가로막는 장애'(智障)[245]만을 끊고 '번뇌로 인한 장애'(煩惱障)를 [끊지는] 않으니, 앞[의 이승二乘의 인무아人無我 수행]에서 이미 [자아를 실체로 보아 생긴 '번뇌로 인한 장애'(煩惱障)를] 끊었기 때문이다. [이것은] 『능가경』에서 "'[대상에 대한] 지혜를 가로막는 장애'(智障)는 '현상에 불변 · 독자의 본질/실체가 없음'(法無我)을 이해하는 것이 수승하기에 [지장智障을 치유하여] 청정해지며, '번뇌로 인한 장애'(煩惱障)는 이전에 '자아에 불변 · 독자의 본질/실체가 없음'(人無我)을 이해하는

---

244 점오보살漸悟菩薩: 둔륜遁倫, 『유가론기瑜伽論記』 권8에 따르면 "漸悟菩薩如羅漢迴心入大."(T42, 494b3)라고 하여 이승의 아라한이 마음을 돌려 대승에 입문한 자를 점오보살漸悟菩薩이라고 하는데, 지금 『이장의』 본문에서 이승二乘의 무학과無學果인 아라한으로부터 대승의 보살이 된 자로 설명하는 내용과 일치한다. 한편 점오보살에 대한 아래의 설명에서는 이승의 최고계위에 있던 아라한이 회심하여 대승에 입문할 때 시작하는 수행의 첫 단계가 십지十地의 초지初地이며, 그 까닭은 이승의 수행을 통해 인집人執의 번뇌장을 끊어 제7말나식의 자아에 대한 집착까지도 사라졌으므로 점오보살은 곧바로 법집法執의 소지장所知障을 끊는 십지十地의 견도見道 초지에 들 수 있다.

245 지장智障: 『이장의』에서는 "言二障者, 一煩惱障, 亦名惑障, 二所知障 亦名智障."(H1, 789c6~7)이라고 하여 지장智障은 소지장所知障의 다른 이름이라고 한다.

것을 익혔기에 제7말나식第七末那識[의 자아 집착]을 끊어 사라지게 하는 것이다."[246]라고 말한 것과 같다.

나. '[이승二乘의 수행을 거치지 않고] 한꺼번에 깨닫는 보살'(頓悟菩薩)의 경우

가) '[십주十住 · 십행十行 · 십회향十廻向에 속하는] 세 가지 보살의 경지'(三賢位)

若其頓悟菩薩, 三賢位中, 但能漸伏二障現行, 亦能漸捨見道所斷二障麁重, 未斷種子. 如『本經[247]』言, "前三賢位伏三界無明, 而用麁□,[248] 何以故? 當受生時, 善爲緣子, 受[249]爲閏[250]業故."『花嚴經』言, "第四生貴眞佛子, 從諸賢聖正法生, 有無諸法無所着, 捨離生死出三界者," 是就不受繫業三界故, 爲出, 非斷種故, 名爲出也.

[H1, 809c22~810a6; O 56,10~14]

만약 '[이승二乘의 수행을 거치지 않고] 한꺼번에 깨닫는 보살'(頓悟菩

246 『능가아발다라보경楞伽阿跋多羅寶經』 권4(T16, 513a20~22). "智障者, 見法無我, 殊勝清淨. 煩惱障者, 先習見人無我, 斷七識滅." 〈산스크리트본의 해당 내용: LAS., p.241. jñeyāvaraṇaṃ punar mahāmate dharmanairātmyadarśanaviśeṣād viśudhyate | kleśāvaraṇaṃ tu pudgalanairātmyadarśanābhyāsapūrvakaṃ prahīyate |; 나아가 대혜여, '인식대상에 대한 장애'(智障)는 법무아를 보는 것이 뛰어나므로 청정해진다. 그리고 '번뇌에 의한 장애'(煩惱障)는 이전에 인무아를 보는 것을 수습했기 때문에 버려진다.〉

247 '本經'은 '本業經'으로 교감한다.

248 橫超本 교정주에서 "원본에는 '蘖'이지만 『본업경』에 따라 '業'으로 고친다"라고 한다. 橫超本에 따른다.

249 橫超本 교정주에서 "원본에는 '受'이지만 『본업경』에 따라 '愛'로 고친다"라고 한다. 橫超本에 따른다.

250 橫超本 교정주에서 "원본에는 '閏'이지만 『본업경』에 따라 '潤'으로 고친다"라고 한다. 橫超本에 따른다.

薩)[251]이라면, '[십주十住 · 십행十行 · 십회향十廻向에 속하는] 세 가지 보살의 경지'(三賢位)에서는 단지 〈'[번뇌장과 소지장, 이] 두 가지 장애'(二障)의 '현재 작용'(現行)〉을 점차 억제할 수 있을 뿐이고 또한 '[진리다운] 이해를 밝혀 가는 수행에서 끊어지는 [번뇌장과 소지장, 이] 두 가지 장애의 거칠고 무거운 잠재적 번뇌'(見道所斷二障麁重)를 점차 버릴 수 있을 뿐, 아직 [이장二障의] 종자種子를 끊지는 못한다.[252]

[이것은] 『본업경本業經』에서 "앞의 '[십주十住 · 십행十行 · 십회향十廻向에 속하는] 세 가지 보살의 경지'(三賢位)에서 '[욕망세계 · 유형세계 · 무형세계, 이] 세 종류의 세계'(三界)의 근본무지(無明)를 억제했지만 [여전히] '[근본무지에 매인] 거칠고 [무거운 잠재적 번뇌의] 행위'(麤業)를 일으키는 것은 무엇 때문인가? 태어날 때 [전생의] '이로운 [행위]'(善[業])가 '인연의 종자'(緣子)가 되고 [전생의] '[삼계三界에 대한] 애착'(愛)[253]이 '[근본무지에 매인

---

251 돈오보살頓悟菩薩: 돈오보살은 이승의 수행 과정, 즉 '신身 · 수受 · 심心 · 법法의 사념처四念處 및 난煖 · 정頂 · 인忍 · 세제일법世第一法의 사선근四善根'과 '사향사과四向四果를 내용으로 삼는 견도見道 · 수도修道'를 거치지 않는 보살을 말하며, 점오보살漸悟菩薩과 대비된다. 아래 설명에서 보듯이 십주十住 · 십행十行 · 십회향十回向의 삼현위三賢位 수행을 거쳐 십지十地의 초지初地로 들어가는 보살이다.

252 돈오보살頓悟菩薩의 삼현위三賢位에 대한 설명에서 나오는 '이장현행二障現行' 및 '추중麤重'과 '종자種子'의 개념은 이 단락의 제목인 '의현료문직설전급수면상생의依顯了門直說纏及隨眠相生義'에서 '전纏'과 '수면隨眠'에 각각 해당한다. '이장현행二障現行'이 '현재 작용하고 있는 번뇌'(纏)이고, '추중麤重'과 '종자種子'가 '잠재적인 번뇌'(隨眠)이다. 추중麤重과 종자種子에 대해 『이장의』에서는 "隨眠之內, 亦有二種, 一卽種子, 二是麤重"(H1, 793a17~18)이라고 하여, 잠재적인 번뇌인 수면隨眠에 동일하게 속하는 두 가지 부류라 한다. 그리고 그 차이에 대해서는 "染所熏發, 不發調柔性, 無堪能性, 在異熟識, 而非能生現纏之能, 此謂麤重, 不名種子. 又彼識中, 染所熏發, 成自類性故, 能生現行, 說名種子, 卽不調柔, 亦名麤重"(H1, 793a19~23)이라고 하여, 이숙식異熟識에 저장되어 있더라도 조유성調柔性과 감능성堪能性이 없어 현재 작용하는 전纏을 일으킬 수 없는 것이 추중麤重이고, 종자種子는 자류성自類性이 있어 현행現行을 일으킬 수 있는 것이라고 한다.

거칠고 무거운 잠재적 번뇌의] 행위에 생명력을 부여하는 것'(潤業)이 되기 때문이다."[254]라고 말한 것과 같다.

『화엄경』에서는 "[십주十住 중] 네 번째인 '고귀한 불교 가문에 태어나는 [단계]'(生貴[住])[255]에 있는 참된 '부처님의 제자'(佛子)는, 모든 현자와 성인의 '올바른 진리'(正法)로부터 태어나 있음(有)과 없음(無)의 모든 현상에 집착하는 것이 없어서 '[근본무지에 매여] 태어나고 죽은 [윤회하는] 삶'(生死)을 떠나 '[욕망세계 · 유형세계 · 무형세계, 이] 세 종류의 세계'(三界)를 벗어나는 자이다."[256]라고 말하는데, 이 [『화엄경』의 말]은 [삼현위三賢位의 돈오보살頓悟菩薩이] '[근본무지에 따르는] 행위에 얽매인 [욕망세계 · 유형세계 · 무형세계, 이] 세 종류의 세계'(繫業三界)를 받지 않는 것에 의거하기 때문에 [삼계三界를] "벗어난다"(出)고 한 것이지, 종자種子를 끊었기 때문에 "벗어난다"(出)고 한 것은 아니다.

---

253 애愛: 『아비달마대비바사론』 권50에 따르면 "有九結, 謂愛結 · 恚結 · 慢結 · 無明結 · 見結 · 取結 · 疑結 · 嫉結 · 慳結."(T27, 258a3~4)이라고 하여 애愛 · 에恚 · 만慢 · 무명無明 · 견見 · 취取 · 의疑 · 질嫉 · 간慳의 아홉 가지 번뇌(九結) 중 하나라 하고, 같은 책에서 "云何愛結? 謂三界貪. 然三界貪於九結中總立愛結."(T27, 258a16~17)이라고 하여 욕계탐欲界貪 · 색계탐色界貪 · 무색계탐無色界貪의 삼계탐三界貪을 총칭하여 애愛라 한다고 설명한다.

254 『보살영락본업경』 권1(T24, 1016c14~15). "前三賢伏三界無明, 而用麁業. 何以故? 當受生時, 善爲緣子愛爲潤業故."

255 제사생귀第四生貴: 『보살영락본업경』 권2에 따르면 "生在佛家種性清淨故゜名生貴住."(T24, 1017b6~7)라고 하여 불가佛家에 태어나 종성이 청정한 단계가 생귀주라 하고, ① 발심주發心住, ② 치지주治地住, ③ 수행주修行住, ④ 생귀주生貴住, ⑤ 방편구족주方便具足住, ⑥ 정심주正心住, ⑦ 불퇴주不退住, ⑧ 동진주童眞住, ⑨ 법왕자주法王子住, ⑩ 관정주灌頂住의 십주十住 중 네 번째이다.

256 『화엄경』 권8(T9, 448a10~11). "第四生貴眞佛子, 從諸賢聖正法生, 有無諸法無所著, 捨離生死出三界."

나) 〈보살의 '[진리다운] 이해를 밝혀 가는 수행단계'〉(菩薩見道位)

若入菩薩見道位時, 頓斷二障分別起種. 此中惣有五種頓義, 三如二乘見道中說. 第四頓斷二障者, 通證二空故. 第五頓斷煩惱障內見修二惑.[257] 所以然者, 由是菩薩在地前時, 見道所斷一切煩惱能障利益衆生行者, 於方便道皆悉伏滅,[258] 今得道更加其上故. 於彼種伏斷作證, 由是道理, 說名頓斷, 非於修惑亦是永斷.

[H1, 810a6~14; O 56,14~57,3]

만약 〈보살菩薩의 '[진리다운] 이해를 밝혀 가는 수행 단계'〉(菩薩見道位)에 들어갔을 때라면, '[번뇌장과 소지장, 이] 두 가지 장애'(二障)의 '[후천적으로] 분별해서 일어나는 번뇌의 종자'(分別起種)를 한꺼번에 끊는다.

㈎ 총괄하여 '다섯 가지의 한꺼번에 [끊는] 뜻'(五種頓義)이 있음을 설명함

이 [보살의 견도위見道位]에는 총괄하여 '다섯 가지의 한꺼번에 [끊는] 뜻'(五種頓義)이 있으니, [다섯 가지 중] 세 가지는 [앞 단락의] 〈'[성문·연각] 두 부류 수행자'(二乘)의 '[진리다운] 이해를 밝혀 가는 수행'〉(二乘見道)에서 [이미] 설명했다.[259] [다섯 가지 중] 네 번째인 〈[번뇌장과 소지장, 이] 두

---

257 橫超本에서 원본의 '或'을 '惑'으로 교정한 것이다.

258 한불전에서는 교정주 없이 '滅'이라 되어 있고, 橫超本 교정주에서는 "'伏'과 '今' 사이에 '滅'자가 보기補記되어 있다."고 하면서 그에 따라 '滅'을 첨가했다. '伏' 뒤에 한 글자를 첨가해야 한다면, 이 문맥은 '복단伏斷'과 '영단永斷'의 의미 차이에 입각하여 진행되고 있으므로 『이장의』에서 용례가 있는 '斷'을 첨가하는 것이 적절하다. '伏滅'을 '伏斷'으로 교감하여 번역한다. 『이장의』에서의 용례는 'Ⅴ. 명치단明治斷'의 '3. 명치단차별明治斷差別'의 첫 번째인 '복단차별伏斷差別'에서 "所言斷者, 有三差別, 一者伏斷, 二者永斷, 其第三者, 無餘滅斷"이라고 하는 대목에서 나오는데, 끊음(斷)의 세 가지 차이 중에서 첫 번째 뜻으로 '복단伏斷'의 용례가 나오고 '영단永斷'은 그 두 번째 뜻이다.

가지 장애'(二障)[의 분별기종자分別起種子]를 한꺼번에 끊는 것〉(頓斷二障)은, '[인공人空과 법공法空, 이] 두 가지 실체 없음'(二空)을 모두 깨닫기 때문이다. [다섯 가지 중] 다섯 번째는 〈'번뇌로 인한 장애'에서의 '[진리다운] 이해를 밝혀 가는 수행과 [선정을 토대로 이해를] 거듭 익혀 가는 수행으로 끊는 두 가지 번뇌'〉(煩惱障內見修二惑)를 한꺼번에 끊는 것이다. 왜냐하면, 이 [대승의] 보살이 '[보살 수행의 열 가지] 본격적인 단계 이전'(地前)에 있을 때에는 '[진리다운] 이해를 밝혀 가는 수행에서 끊어지는 모든 번뇌'(見道所斷一切煩惱)가 '중생을 이롭게 하는 수행'(利益衆生行)을 장애할 수 있는 것이지만, '[해탈에 이르는] 수단과 방법이 되는 수행'(方便道)[인 지전地前의 삼현위三賢位][260]에서 [번뇌장에서의 견수이혹見修二惑을] 모두

259 '이승치도위二乘治道位'에서 '현료문顯了門'의 '단견혹斷見惑' 단락에서는, "斷見惑時, 有三頓義. 一以一心頓斷三界, 二以一觀頓斷四種, 三以一品頓斷九種"(H1, 808c4~6)이라고 하여 견도의 일심一心과 사제四諦에 대한 일관一觀과 구품혹九品惑 중 마지막 일품一品의 세 가지로 삼계三界와 사제四諦와 구품九品의 견혹들을 돈단頓斷한다고 설명한 적이 있다. 오종돈의五種頓義는 이 이승 견도의 삼종돈의三種頓義를 포함하고 있으므로 보살 견도의 돈의頓義는 이하의 네 번째와 다섯 번째를 실제 내용으로 삼는다.

260 대승 견도의 방편도方便道: 'V. 명치단明治斷'의 '간능치簡能治'에서 첫 번째인 '견도見道'에서는 "見道五者, 一資糧道, 二方便道, 三無間道, 四解脫道, 五勝進道"(H1, 802c2~4)라 하여 견도를 다섯 가지로 나누고, 여기서 두 번째인 방편도方便道와 세 번째인 무간도無間道에 대해 "方便道者, 所有資糧, 皆是方便. 復有方便, 非資糧道, 所謂順決擇分善根. 無間道者, 謂方便道最後刹那, 世第一法無間定位"(H1, 802c9~13)라 하여 방편도는 순결택분선근順決擇分善根에 해당하고 무간도는 세제일법무간정위世第一法無間定位에 해당한다고 특정한다. 이승二乘의 견도 수행에서 방편도는 '사성제에 대한 이해를 발생시키는 이로운 능력'(順決擇分善根)인 난煖·정頂·인忍·세제일世第一의 사선근四善根 수행에 해당하고, 무간도는 사선근四善根 중에서 견도의 해탈도解脫道에 들어가기 직전인 세제일법무간정위世第一法無間定位에 해당한다고 하며, 대승의 견도에 대해서는 따로 설명하지 않는다. 이 이승 견도의 방편도 설명에 따라 대승 견도의 방편도를 특정하자면 십주十住·십행十行·십회향十迴向이라는 지전地前의 삼현위三賢位가 될 것이며, 무간도는 이 삼현위 중에서 견도의 해탈도에 들어가기 직전인 십회향무간정위十迴向無間定位

'억제하여 끊어 왔고'(伏斷), 이제 '[진리다운 이해를 밝혀 가는] 수행'([見]道)을 얻어 ['[진리다운] 이해를 밝혀 가는 수행'(見道)을] 그 ['억제하여 끊는 수행'(伏斷)에] 더하기 때문이다.[261] 저 [번뇌장에서의 견수이혹見修二惑의] 종자種子를 '억제하여 끊고'(伏斷) [다시 '[진리다운] 이해를 밝혀 가는 수행단계'(見道位)를] 증득하는 것이니, 이러한 [삼현위三賢位와 견도에서 견수이혹見修二惑의 종자를 다스리는] 도리 때문에 "[번뇌장에서의 견수이혹見修二惑을] 한꺼번에 끊는 것"(頓斷)이라고 부른 것이지, '[선정을 토대로 이해를] 거듭 익혀 가는 수행에서 끊어지는 번뇌'(修惑)까지도 [견도見道에서] '영원히 끊는다'(永斷)[262][는 의미]는 아니다.

如『彌勒所問論』云, "問. 若聲聞人, 先斷見道所斷煩惱, 然後漸斷修

가 될 것으로 보인다.

261 수도修道에서 끊어지는 번뇌를 지전地前의 삼현위三賢位에서 미리 복단伏斷한다는 도리는, 앞서 '이승치도위二乘治道位'의 '단견혹斷見惑' 단락에서 "倍離欲人入見道者, 兼斷倍離欲, 證一來果, 已離欲人入見道者, 兼斷九品, 證不還果"(H1, 808b23~c2)라고 하여, 배리욕인倍離欲人과 이리욕인已離欲人이 견도見道에 들어갔을 때 견도 이전 욕계欲界에서의 수행 정도에 따라 예류과預流果를 건너뛰어 각각 수도修道의 일래과一來果와 불환과不還果를 얻는다는 이승 수행의 도리와 유사하게 보인다.

262 복단伏斷과 영단永斷: 'V. 명치단明治斷'의 '명치단차별明治斷差別' 첫 번째인 '복단차별伏斷差別'에서 복단伏斷과 영단永斷의 차이를 구별하고 있다. 복단伏斷에 대해서는 "已離欲人, 入見道時, 斷於欲界修斷種子, 此等一切, 皆名伏斷"(H1, 807b3~4)이라고 하여 지전地前의 욕계欲界 수행자인 이리욕인已離欲人이 수소단종자修所斷種子를 끊은 것을 복단伏斷이라고 하고, 영단永斷에 대해서는 "金剛以還, 乃至二乘, 斷種子義"(H1, 807b7~8)라고 하여 금강유정金剛喩定 이전의 수도修道 단계에 있는 성인행聖人行의 수행자가 종자를 끊은 것을 영단永斷이라고 한다. 지금 본문에서도 〈보살의 견도위에서 번뇌장의 견수이혹을 모두 끊는다.〉는 말은 보살 수행자가 수소단종자修所斷種子를 지전地前인 삼현위三賢位에서 끊는다는 뜻의 복단伏斷을 가리킨 것이지 실제 수도위修道位에서 수소단종자修所斷種子를 끊는다는 뜻의 영단永斷을 가리킨 것이 아니라고 하여, 복단伏斷과 영단永斷이라는 용어의 의미를 일관되게 구사하고 있다.

道煩惱, 菩薩何故不同聲聞? 答. 菩薩之人, 無量世來, 爲諸衆生, 作利益事, 復見眞如甘露法界, 觀彼一切諸衆生身, 而實不異我所求處. 是故菩薩見修道中一切煩惱, 能障利益衆生行故, 卽見道中一時俱斷”故. 此中所斷修道惑者, 但說上中能障利益衆生行者. 論其下品不妨行者, 七地以還亦現行故. 如是乃至金剛喩定, 頓斷微細二障皆盡.

[H1, 810a14~b1; O 57,3~8]

[이것은] 『미륵보살소문경론彌勒菩薩所問經論』에서 [다음과 같이] 말한 것과 같다. “묻는다. 만약 ‘가르침을 듣고서 혼자 깨달으려는 사람’(聲聞人)이라면 먼저 ‘[진리다운] 이해를 밝혀 가는 수행에서 끊는 번뇌’(見道所斷煩惱)를 끊고 그 후에 ‘[선정을 토대로 이해를] 거듭 익혀 가는 수행에서의 번뇌’(修道煩惱)를 점차 끊는데, 보살은 무엇 때문에 ‘가르침을 듣고서 혼자 깨달으려는 사람’(聲聞)과 같지 않은가? 답한다. 보살은 [삼현위三賢位에서] ‘[과거의] 헤아릴 수 없이 많은 시간’(無量世)[263] 동안 모든 중

263 무량세無量世: 십지 수행이 완성되는 데 걸리는 시간에 대해 무착無著의 『섭대승론』 권3에서는 “於幾時中修習十地, 正行得圓滿, 有五種人, 於三阿僧祇劫修行圓滿.” (T31, 126c1~2)이라고 하여 삼아승기겁三阿僧祇劫이라 답하고 아울러 오종인五種人을 거론한다. 양자의 관계에 대해 같은 책에서는 “何者爲五人? 行願行地人滿一阿僧祇劫, 行淸淨意行人, 行有相行人, 行無相行人, 於六地乃至七地滿第二阿僧祇劫, 從此後無功用行人, 乃至十地滿第三阿僧祇劫.”(T31, 126c3~7)이라고 하여, 첫 번째인 행원행지인行願行地人이 원만해지는 데 제일아승기겁이 걸리고, 두 번째에서 네 번째까지인 행청정의행인行淸淨意行人과 행유상행인行有相行人 및 행무상행인行無相行人이 제육지第六地에서 제칠지第七地에 이르러 원만해지는 데 제이아승기겁이 걸리며, 다섯 번째인 무공용행인無功用行人이 제십지第十地에 이르러 원만해지는 데 제삼아승기겁이 걸린다고 설명한다. 이 문단에 대해 세친世親의 『섭대승론석攝大乘論釋』 권11에서는 먼저 “釋曰. 何等爲五? 一有一人, 謂願樂行人. 二有三人, 謂淸淨意行人有相行人無相行人, 三有一人, 謂無功用行人, 是名五人.”(T31, 229b19~22)이라고 하여 원만해지기까지 제일아승기겁이 걸리는 『섭대승론』에서의 행원행지인行願行地人을 원락행인願樂行人으로 고쳐 부르고, 이 원락행인願樂行人에 대해 “願樂行人自有四種, 謂十信十解十行十迴向, 爲菩薩聖道有四種方便.”

생을 위해 이로운 일을 하다가 [견도見道에 들어] '감로수와 같은 참 그대로의 현상세계'(眞如甘露法界)에 눈떠 저 모든 중생의 몸이 [보살] 자신이 추구하는 세계와 실제로 다르지 않다는 것을 이해(觀)한다. 그러므로 보살은 [지전地前에 있을 때] '[진리다운] 이해를 밝혀 가는 수행과 [선정을 토대로 이해를] 거듭 익혀 가는 수행에서 [끊는] 모든 번뇌'(見修道中一切煩惱)가 '중생을 이롭게 하는 수행'(利益衆生行)을 장애할 수 있기 때문에 바로 '[진리다운] 이해를 밝혀 가는 수행'(見道)에서 [번뇌장에서의 '[진리다운] 이해를 밝혀 가는 수행과 [선정을 토대로 이해를] 거듭 익혀 가는 수행에서 끊는 번뇌'(見修二惑)를] 한순간에 모두 끊는다."[264]

이 [견도見道]에서 끊는 '[선정을 토대로 이해를] 거듭 익혀 가는 수행에

(T31, 229b22~24)이라고 하여 보살성도菩薩聖道인 견도見道의 사종방편도四種方便道로서 십신十信·십주十住(十解)·십행十行·십회향十迴向이라고 설명한다. 말하자면 십지 수행이 원만해지는 데 걸리는 삼아승기겁 중의 첫 번째 기간인 제일아승기겁은 십신十信·십주十住(十解)·십행十行·십회향十迴向의 수행 기간이 되므로, 지금 『이장의』에서 인용한 『미륵소문론』 본문에서 '진여감로법계眞如甘露法界를 보는 견도見道 이전의 무량세無量世'라고 말한 것은 구체적으로 삼현보살三賢菩薩의 수행 기간인 제일아승기겁을 가리키는 셈이다. 한편 『이장의』에서 원효도 "如是三種無數大劫滿時, 四智竝現"(H1, 807b16)이라고 하여, 십지 수행을 통해 대원경지大圓鏡智·평등성지平等性智·묘관찰지妙觀察智·성소작지成所作智의 사지四智가 나타나는 기간을 삼종무수대겁三種無數大劫이라고 부른 적이 있다.

264 『미륵보살소문경론彌勒菩薩所問經論』 권2(T26, 239b19~c4). "問<u>曰</u>. <u>如</u>聲聞人, 先斷見道煩惱, 然後漸斷修道煩惱, 菩薩何故不同聲聞? (先斷見道煩惱, 然後乃斷修道煩惱. 又問. 如菩薩取無量世住, 修集無量善根, 須陀洹等何故不取無量世住, 亦不修集無量善根.) 答<u>曰</u>. (須陀洹等常有樂斷煩惱心故, 以得無漏對治明故, 轉轉怖畏諸世間故, 生如是心, 何時當得離一切苦入無餘涅槃, 故修道中餘殘煩惱自然漸盡. 以是義故, 聲聞不取無量世住, 亦不修集無量善根.) 菩薩之人, 無量世來, 爲諸衆生, 作利益<u>因</u>, (爲諸衆生作利益事, 得如是等畢竟之心.) 復見眞如甘露法界, 觀<u>察</u>一切諸衆生身, 而實不異我所求處. 是故菩薩見修道中一切煩惱, 能障利益衆生行故, 即見道中一時俱斷." 밑줄 친 곳은 인용문과 차이가 있는 부분이고, 괄호 안의 구문은 인용에서 생략된 내용이다.

서의 번뇌'(修道惑)라는 것은, 단지 [수도修道에서의] '상층과 중층[의 거친 번뇌]'(上中)가 '중생을 이롭게 하는 수행'(利益衆生行)을 장애할 수 있는 것을 가리키는 것일 뿐이다. 그 [수도修道에서의] '하층[의 미세한 번뇌]'(下品)가 [중생을 이롭게 하는] 수행(行)을 방해하지 않는 것을 논하자면, [이 하품下品의 미세한 번뇌는] [비록 중생을 이롭게 하는 수행을 방해하지는 않아도] [십지十地의] 제칠지第七地 이후[인 제팔부동지第八不動地 이상]에서도 '현재 작용하는 [번뇌]'(現行)인 것이다. 이와 같아서 '금강석처럼 굳건한 선정'(金剛喩定)에 이르러서야 '[번뇌장과 소지장의] 미세한 두 가지 장애'(微細二障)를 한꺼번에 끊어 모두 없앤다.[265]

㈏ [보살의 견도위見道位에서 이장二障의 분별기종자分別起種子를 한꺼번에 끊는다는 뜻을] 구별함

於中分別, 卽有二行. 一者, 若據三重二障, 說斷能緣繫義, 唯在三地頓斷二障, 其餘下地皆未能斷, 但能[266]修習彼斷資糧,[267] 以是相續離繫門故.

[H1, 810b1~5; O 57,8~10]

265 보살 견도의 돈단의頓斷義 가운데 '번뇌장 내의 견수이혹'(煩惱障內見修二惑)을 돈단頓斷하는 것에 대한 설명이 현재 단락까지의 중심 주제이다. 이 주제에서 논의의 초점은 견도見道에서 어떻게 수혹修惑이 끊어질 수 있는가라는 의문에 있다고 하겠다. 그 의문의 대답으로, 앞 단락에서는 삼현위三賢位에서의 수혹修惑 끊음을 매개로 삼아 복단伏斷과 영단永斷의 차이를 밝혀 견도見道에서 수혹修惑을 끊는다는 것은 복단伏斷일 뿐이라고 설명하고, 이 단락에서도 삼현위三賢位에서의 수혹修惑 끊음을 매개로 삼아 상품上品·중품中品의 거친 번뇌와 하품下品의 미세한 번뇌의 차이를 밝혀 견도見道에서 수혹修惑을 끊는다는 것은 상품上品과 중품中品의 거친 번뇌를 끊는 것일 뿐이라고 설명하고 있다.

266 '能'은 원본에 없는 것을 橫超本에서 보완해 넣은 것이다. 이에 의거하여 번역한다.

267 橫超本에서는 원본의 '粮'을 '糧'으로 교정한 것이라 한다.

여기 [보살의 견도위見道位에서 이장二障의 분별기종자分別起種子를 한꺼번에 끊는 것]에서 구별하면 두 가지 수행이 있다.

㉮ '[잠재적 번뇌인 피추중皮麤重 · 부추중膚麤重 · 육추중肉麤重, 이] 세 겹으로 이루어진 두 가지 장애'(三重二障)에 의거하여 '[대상이] 주관에 묶인 것'(能緣繫, 能緣縛)을 끊는 뜻을 말함

첫 번째로 만약 '[잠재적 번뇌인 피추중皮麤重 · 부추중膚麤重 · 육추중肉麤重, 이] 세 겹으로 이루어진 두 가지 장애'(三重二障)에 의거하여 '[대상이] 주관에 묶인 것'(能緣繫, 能緣縛)을 끊는 뜻을 말하자면, 오직 '[수도위修道位인 제팔부동지第八不動地 · 제구선혜지第九善慧地 · 제십법운지第十法雲地, 이] 세 가지 경지'(三地)에서만 '[번뇌장과 소지장, 이] 두 가지 장애'(二障)를 한꺼번에 끊고, 그 나머지 '아래의 경지'(下地)[인 견도초지見道初地에서 제칠원행지第七遠行地까지] 모두에서는 아직 [이장二障을] 끊지 못하고 단지 저 [이장二障을] 끊는 기초(資糧)를 닦아 익힐 수 있을 뿐이니, 이것은 '서로 이어 가면서 [번뇌의] 속박에서 떠나는 측면'(相續離繫門)이기 때문이다.[268]

如『喻[269]伽』說, "經三無數大劫時量, 能斷二障所有麁重, 謂極歡喜住中, 一切惡趣諸煩惱品所有麁重皆悉永斷, 一切上中諸煩惱品皆不現前. 於無加行無功用無相住中, 一切能障一向清淨無生法忍諸煩惱品皆悉永斷, 一切煩惱皆不現前. 於最上成滿菩薩住中, 當知一切煩惱

268 삼추중三麤重: 『유가사지론』 권48(T30, 562a28~b14)에 의하면, 번뇌장과 소지장 각각의 세 가지 '거칠고 무거운 잠재적 번뇌'(麤重)인 피추중皮麤重 · 부추중膚麤重 · 골추중骨麤重은 각각 삼주三住(극환희주極歡喜住 · 무가행무공용무상주無加行無功用無相住 · 최상성만보살주最上成滿菩薩住)에서 끊을 수 있다. 극환희주極歡喜住에서는 피추중皮麤重, 무가행무공용무상주無加行無功用無相住에서는 부추중膚麤重, 최상성만보살주最上成滿菩薩住에서는 골추중骨麤重이 각각 끊어진다. 자세한 내용은 '여섯 가지 추중麤重' 및 '22종 우치愚癡와 11종 추중麤重'에 관한 앞의 역주 참조.

269 橫超本에는 '喻'가 '瑜'라고 되어 있다. 橫超本에 따른다.

習氣隨眠障碍皆悉永斷, 入如來地. 所知障者亦有三種, 當知此中在忮[270]麁重, 極歡喜住皆悉己[271]斷, 在膚麁重, 無加行無功用無相住中皆悉已斷, 在完[272]麁重, 如來住中皆悉己[273]斷, 得一切種[274]極淸淨智. 於三住中, 煩惱所知二障永斷, 所餘諸住, 如其次第, 修斷資粮[275]"故.

[H1, 810b5~19; O 57,10~58,1]

[이것은] 『유가사지론』에서 [다음과 같이] 말한 것과 같다. "[번뇌를 끊어 열반을 증득하기 위해 필요한] 세 가지로 구분하는 헤아릴 수 없이 긴 시간(三無數大劫時量)[276]을 지나면 '[번뇌장과 소지장, 이] 두 가지 장애에 있는 거칠고 무거운 잠재적 번뇌'(二障所有麤重)를 끊을 수 있으니 [다음과 같다.] [첫 번째로] '[십이주十二住의 세 번째이자 십지十地의 견도見道 초지初地에 해당하는] 최고의 기쁨을 누리는 경지'(極歡喜住)[277]에서는 〈모든 해로운

270 橫超本에는 '忮'가 '彼'라 되어 있다. 『유가사지론』 원문에 따라 '忮'를 '皮'로 고친다.

271 橫超本에는 '己'가 '已'라고 되어 있다. 『유가사지론』 원문에 따라 '己'를 '已'로 고친다.

272 橫超本 교정주에서 "원본에 '完'이라 되어 있지만 '肉'으로 고친다"고 한다. 『유가사지론』 원문에 따라 '完'을 '肉'으로 고친다.

273 橫超本에는 '己'가 '已'라고 되어 있다. 『유가사지론』 원문에 따라 '己'를 '已'로 고친다.

274 『유가사지론』 원문에 따라 '種'을 '障'으로 고친다. 橫超本과 은정희본에는 '種'이라고 되어 있다.

275 『유가사지론』 원문에 따라 '粮'을 '糧'으로 고친다.

276 삼무수대겁시량三無數大劫時量: 삼아승기겁三阿僧祇劫이라고도 한다. 제일무수대겁第一無數大劫은 지전地前 삼현위三賢位의 수행 기간이고, 제이무수대겁第二無數大劫은 견도見道 초지初地에서 수도修道 칠지七地까지의 수행 기간이며, 제삼무수대겁第三無數大劫은 수도修道 팔지八地에서 십지十地까지의 수행 기간이다. 상세한 내용은 '삼종무수대겁三種無數大劫'에 관한 역주 참조.

277 『유가사지론』의 보살 십이주十二住와 극환희주極歡喜住: 극환희주極歡喜住 및 아래에 나오는 무가행무공용무상주無加行無功用無相住와 최상성만보살주最上成滿菩薩住의 세 가지는 보살의 십이주十二住 중에서 세 번째와 아홉 번째와 열두 번째에 각각 해당한다. 『유가사지론』 권47(T30, 552c28~553a4)에서는 "云何菩薩十二住等? 嗢拕南曰, 種性勝解行, 極喜增上戒, 增上心三慧, 無相有功用, 無相無功用, 及以無

환경으로 이끄는 '번뇌[로 인한 장애의] 유형'〉(一切惡趣諸煩惱品) 가운데 '거칠고 무거운 잠재적 번뇌'(麤重)가 모두 다 영원히 끊어져 모든 '상층과 중층'(上中)의 '번뇌[로 인한 장애의] 유형'(煩惱品)이 다 현재 나타나 [작

礙解, 最上菩薩住, 最極如來住"라고 하여 ① 종성주種性住(種性), ② 승해행주勝解行住(勝解行), ③ 극환희주極歡喜住(極喜), ④ 증상계주增上戒住(增上戒), ⑤ 증상심주增上心住(增上心), ⑥ 각분상응증상혜주覺分相應增上慧住, ⑦ 제제상응증상혜주諸諦相應增上慧住, ⑧ 연기유전지식상응증상혜주緣起流轉止息相應增上慧住(三慧), ⑨ 유가행유공용무상주有加行有功用無相住(無相有功用), ⑩ 무가행무공용무상주無加行無功用無相住(無相無功用), ⑪ 무애해주無礙解住(無礙解), ⑫ 최상성만보살주最上成滿菩薩住(最上菩薩住)의 보살 십이주十二住와 마지막으로 ⑬ 여래주如來住(最極如來住)까지 거론하는데, 거의 동일한 내용이 『보살지지경菩薩地持經』 권9(T30, 939c16 이하)에도 나온다. 『보살지지경』에서는 ① 종성주種性住에 대해 "云何種性住? 是菩薩性自賢善, 性自能行功德善法, 性賢善故率意方便, 諸善法生不待思惟, 然後能得種性菩薩."(T30, 939c29~a3)이라고 하여 십주十住 이상인 정정취正定聚의 종성보살種性菩薩이 되기 위한 과정이라 설명하고, ② 승해행주勝解行住에 대해 "云何解行住? 是菩薩初發心未得淨心地, 未得淨心地菩薩所有諸行, 是名解行住."(T30, 940a7~8)라고 하여 십주十住의 초주初住인 발심주發心住에서 초발심初發心을 일으켰으나 아직 견도 초지初地인 정심지淨心地를 얻지 못한 과정이라 설명하는 것으로 보아 ① 종성주種性住와 ② 승해행주勝解行住는 지전보살地前菩薩의 과정을 가리키며, ③ 극환희주極歡喜住에 대해 "云何歡喜住? 菩薩淨心住是名歡喜住."(T30, 940a17~18)라고 하여 견도 초지인 정심주淨心住가 곧 극환희주極歡喜住라고 하므로 이하 ③~⑫까지의 십주十住가 각각 십지十地에 해당하는 것으로 보인다. 마지막으로 언급한 ⑬ 여래주如來住에 대해서는 『유가사지론』에서 "如來住者, 謂過一切諸菩薩住, 現前等覺大菩提住, 此中最後如來住者, 於後究竟瑜伽處最後建立品."(T30, 553a16~19)이라고 하여, 여래주如來住는 보살 십이주十二住에서 ⑫ 최상성만보살주最上成滿菩薩住까지 거치고 나서 성취되는 최후건립품最後建立品으로서, 보살 십지十地에서 제십법운지第十法雲地까지 거치고 나서 성취되는 등각지等覺地에 해당하는 것으로 보인다. 보살 십이주十二住 체계에서 보살 십지十地에 해당하는 것들을 짝지어 보면 다음과 같다.

십이주 十二住	極歡喜住	增上戒住	增上心住	覺分相應增上慧住	諸諦相應增上慧住	緣起流轉止息相應增上慧住	有加行有功用無相住	無加行無功用無相住	無礙解住	最上成滿菩薩住	如來住
십지 十地	① 歡喜地	② 離垢地	③ 發光地	④ 焰慧地	⑤ 難勝地	⑥ 現前地	⑦ 遠行地	⑧ 不動地	⑨ 善慧地	⑩ 法雲地	等覺地

용하지] 않는다. [두 번째로] '[십이주十二住의 열 번째이자 십지十地의 제8부동지不動地에 해당하는] [실체를 세우는] 개념분별이 없는 경지가 끊어짐 없이 이어져 노력과 작용이 필요 없는 경지'(無加行無功用無相住)[278]에서는 '한결같고 온전하게'(一向淸淨) '생겨나[고 사라지]는 것에 대해 실체적 현상으로 보지 않음을 확고하게 간직하는 경지'(無生法忍)[279]를 가로막을 수 있는 모든 '번뇌[로 인한 장애의] 유형'(煩惱品)이 모두 다 영원히 끊어져 [하품下品 추중麤重까지의] 모든 번뇌가 다 현재 나타나 [작용하지] 않는

278 무가행무공용무상주無加行無功用無相住: 『유가사지론』 권47(T30, 553c5~7)에서는 "云何菩薩無加行無功用無相住? 謂諸菩薩即於前無相住多修習已, 任運自然無缺無間運轉道隨行住."라고 하여, 직전 수행인 유가행유공용무상주有加行有功用無相住를 닦고 나서 무상행無相行이 임운자연任運自然하게 되는 경지라고 설명한다.

279 무생법인無生法忍: 무생법인無生法忍에 대해 『대지도론』 권50에서는 "無生法忍者, 於無生滅諸法實相中, 信受通達無礙不退, 是名無生忍."(T25, 417c5~6)이라고 하여 무생멸無生滅의 제법실상諸法實相을 신수통달信受通達한 것이라고 설명하고, 『유가사지론』 권48에서는 "菩薩無加行無功用無相住, 謂入一切法第一義智成滿得入故, 得無生法忍故, 除斷一切災患故."(T30, 561b3~6)라고 하여 이 무가행무공용무상주無加行無功用無相住에서 얻는 것으로서 일체법에 대한 제일의지第一義智가 완성된 것이라고 설명하므로 『대지도론』의 설명과 대체적으로 궤를 같이하는 것으로 보인다. 『유가사지론』 권74에서는 "問. 如經中說無生法忍, 云何建立? 答. 由三自性而得建立, 謂由遍計所執自性故. 立本性無生忍, 由依他起自性故, 立自然無生忍. 由圓成實自性故, 立煩惱苦垢無生忍, 當知此忍無有退轉."(T30, 705a14~19)이라고 하여 유식唯識학의 삼성설三性說로부터 본성무생인本性無生忍·자연무생인自然無生忍·번뇌고구무생인煩惱苦垢無生忍을 구체적으로 거론하기도 한다. 한편 무생법인無生法忍의 범어인 anutpattika-dharma-kṣānti에서 忍의 원어인 kṣānti에 대해 'patient waiting for anything'라고 하여 어떤 것을 참고 기다리는 것이라 하고 'the state of saintly abstraction'이라고 하여 무념무상無念無想의 상태라고도 설명한다.(Monier-Williams Sanskrit-English Dictionary, p.326 참조.) 이상을 감안할 때 '무생無生'은 '생겨나고 사라지는 것을 실체적 현상으로 보지 않는 경지'를, '법인法忍'은 그런 경지를 마치 인내하고 있는 마음처럼 '확고하게 간직하고 있는 상태'를 지시하는 것으로 보인다. 따라서 무생법인無生法忍을 '생겨나고 사라지는 것에 대해 실체적 현상으로 보지 않음을 확고하게 간직함'이라고 번역해 본다.

다. [세 번째로는] '[십이주十二住의 열두 번째이자 십지十地의 제10 법운지法雲地에 해당하는] 최상의 완성된 보살의 경지'(最上成滿菩薩住)[280]에서는 모든 번뇌의 '누적된 경향성으로 생겨난 잠재적 번뇌로 인한 장애'(習氣隨眠障碍)[281] 모두 다 영원히 끊어져 '[보살 십이주十二住의 완성이자 등각지等覺地에 해당하는] 여래의 경지'(如來住)에 들어간다는 것을 알아야 한다.

'대상에 대한 이해를 가로막는 장애'(所知障)[를 끊는 것]에도 세 가지 [과정]이 있으니, 이 [세 가지 과정]에서 [첫 번째로] '표층의 거칠고 무거운 잠재적 번뇌'(皮麤重)는 '[십이주十二住의 세 번째이자 십지十地의 견도見道 초지初地에 해당하는] 최고의 기쁨을 누리고 있는 경지'(極歡喜住)에서 모두 다 이미 끊어지고,[282] [두 번째로] '중간층의 거칠고 무거운 잠재적 번뇌'(膚麤重)는 '[십이주十二住의 열 번째이자 십지十地의 제8 부동지不動地에 해당

---

280 최상성만보살주最上成滿菩薩住: 『유가사지론』 권47에서는 "云何菩薩最上成滿菩薩住? 謂諸菩薩安住於此, 於菩薩道已到究竟, 於阿耨多羅三藐三菩提已得大法灌頂, 或一生所繫, 或居最後有, 從此住無間即於爾時證覺無上正等菩提, 能作一切佛所作事."(T30, 553c11~15)라고 하여, 보살도菩薩道의 구경도究竟道이며, 무상정등보리無上正等菩提인 등각等覺의 무간도無間道라고 설명한다.

281 상중추중上中麤重과 하품추중下品麤重과 습기수면習氣隨眠: 여기까지의 논의에서 삼주三住에서 끊어지는 번뇌장煩惱障의 유형을 추려 보면, 극환희지極歡喜地에서 끊어지는 것은 추중麤重의 상품上品과 중품中品이고, 무가행무공용무상주無加行無功用無相住에서 끊어지는 것은 추중麤重의 하품下品이며, 최상성만보살주最上成滿菩薩住에서 끊어지는 것은 습기수면習氣隨眠이라고 정리될 수 있겠다. 그리고 이 세 가지는 아래 소지장所知障에 대한 설명에 나오는 피추중皮麤重·부추중膚麤重·육추중肉麤重에 차례대로 대응할 것으로 보인다. 여기서 습기수면習氣隨眠은 심층적인 거칠고 무거운 잠재적 번뇌인 육추중肉麤重에 대응하므로 습기수면習氣隨眠은 하품추중下品麤重보다 더 심층적인 추중麤重이라고 이해할 수 있을 것이다.

282 이 단락의 주제인 '보살의 견도위見道位에서 이장二障의 분별기종자分別起種子를 한꺼번에 끊는다는 뜻을 구별함'에 국한하자면, 결국 '견도위見道位에서 끊어지는 이장二障의 분별기종자分別起種子'란 피추중皮麤重, 즉 이장二障 추중麤重의 상품上品과 중품中品이 될 것이다.

하는] [실체를 세우는] 개념분별이 없는 경지가 끊어짐 없이 이어져 노력과 작용이 필요 없는 경지'(無加行無功用無相住)에서 모두 다 이미 끊어지며, [세 번째로] '심층의 거칠고 무거운 잠재적 번뇌'(肉麤重)는 '[보살 십이주十二住의 완성이자 등각지等覺地에 해당하는] 여래의 경지'(如來住)에서 모두 다 이미 끊어져 '모든 [번뇌의] 장애를 궁극적으로 완전히 제거하는 지혜'(一切障極淸淨智)를 얻는다는 것을 알아야 한다. [보살 십이주十二住 중에서 무가행무공용무상주無加行無功用無相住·무애해주無礙解住·최상성만보살주最上成滿菩薩住, 이 마지막] '세 가지 경지'(三住)에서 〈'번뇌로 인한 장애'와 '대상에 대한 이해를 가로막는 장애'라는 두 가지 장애〉(煩惱所知二障)[의 피추중皮麤重·부추중膚麤重·육추중肉麤重]이 영원히 끊어지고, 나머지 [십이주十二住 중에서 제1 종성주種性住로부터 제3 극환희주極歡喜住를 거쳐 제9 유가행유공용무상주有加行有功用無相住까지의] 모든 경지(住)에서는 그 차례대로 [각 추중麤重을] 끊는 기초(資糧)를 닦는다."[283]

---

283 『유가사지론』 권48(T30, 562a28~b14). "經三無數大劫時量, 能斷一切煩惱障品所有麁重, 及斷一切所知障品所有麁重. 於三住中當知能斷煩惱障品所有麁重. 謂於極歡喜住中, 一切惡趣諸煩惱品所有麁重皆悉永斷, 一切上中諸煩惱品皆不現行. 於無加行無功用無相住中, 一切能障一向淸淨無生法忍諸煩惱品所有麁重皆悉永斷, 一切煩惱皆不現前, 於最上成滿菩薩住中, 當知一切煩惱習氣隨眠障礙皆悉永斷入如來住. 當知一切所知障品所有麁重亦有三種. 一者在皮麁重, 二者在膚麁重, 三者在肉麁重. 當知此中在皮麁重, 極歡喜住皆悉已斷, 在膚麁重, 無加行無功用無相住皆悉已斷, 在肉麁重. 如來住中皆悉已斷, 得一切障極淸淨智. 於三住中煩惱所知二障永斷, 所餘諸住, 如其次第, 修斷資糧." 〈산스크리트본의 해당 내용: Bobh., pp.356-357.; ebhiś ca dvādaśabhir bodhisattvavihārais tribhir asaṃkhyeyaiḥ kleś'āvaraṇapakṣyaṃ ca dauṣṭhulyaṃ prahīyate. jñey'āvaraṇapakṣyaṃ ca. tatra triṣu vihāreṣu kleś'āvaraṇapakṣyadauṣṭhulyaprahāṇaṃ veditavyaṃ. pramudite vihāre āpāyikakleśapakṣyasya sarveṇa sarvaṃ samudācāratas tv adhimātramadhyasya sarvakleśapakṣasya anābhoge nirnimitte vihāre anutpattikadharmakṣāṃtiviśuddhivibandhakleśapakṣyasya sarveṇa sarvaṃ dauṣṭhulyasya prahāṇaṃ veditavyaṃ. samudācāratas tu sarvakleśānāṃ. parame punar vihāre sarvakleśasavāsanā'nuśay'āvaraṇaprahāṇaṃ veditavyaṃ. tac ca tāthāgataṃ vihāram anupraviśataḥ jñey'āvaraṇa-pakṣyam api dauṣṭhulyaṃ trividhaṃ

此中最細所知障是在阿賴耶識故，唯如來住之所斷，最細惑障唯在轉識故，菩薩住所能斷盡．言"習氣"者，八地已上永無現行故，言習氣，此是種子習氣，非謂餘殘習氣．是謂相屬[284]離繫義也．

[H1, 810b19~23; O 58,1~4]

이 [『유가사지론』 구절]에서 '대상에 대한 이해를 가로막는 가장 미세한 장애'(最細所知障)는 [제8]아뢰야식阿賴耶識에 있기 때문에 오직 '[보살 십이주十二住의 완성이자 등각지等覺地에 해당하는] 여래의 경지'(如來住)에서만 끊어지는 것이고, '번뇌로 인한 가장 미세한 장애'(最細惑障, 最細煩惱障)는 오직 [제7]말나식(轉識)에 있기 때문에 '[십이주十二住의 열두 번째이

---

veditavyaṃ. tvaggataṃ phalgugataṃ sāragataṃ ca. tatra tvaggatasya pramudite vihāre prahāṇaṃ bhavati. phalgu-gatasyānābhoge nirnimitte. sāragatasya tāthāgate vihāre prahāṇaṃ bhavati. sarv'āvaraṇaviśuddhijñānatā ca. teṣu ca triṣu vihāreṣu tasya kleśajñey'āvaraṇaprahāṇasya tadanye vihārā yathākramaṃ saṃbhāra-bhūtā bhavaṃti.; (번역 안성두, 『보살지』, 2015, pp.376-377.) 또한 이들 12개의 보살주에 의해 세 무수겁 동안에 번뇌장에 속한 추중과 소지장에 속한 추중이 제거된다. 그중에서 세 개의 주에서 번뇌장에 속한 것과 소지장에 속한 것이 제거된다고 알아야 한다. 즉, 환희주에서 나쁜 존재형태로 이끄는 번뇌의 부분이 모든 방식으로, 그렇지만 현행의 관점에서는 상과 중의 모든 번뇌의 부분이 [제거되며], 또 노력이 없고 상을 여읜 주에서는 무생법인의 청정을 장애하는 번뇌에 속한 추중이 모든 방식으로 제거된다고 알아야 한다. 반면 현행의 관점에서는 모든 번뇌가 [제거된다.] 그리고 최고의 주에서 일체 번뇌의 습기를 가진 잠재력의 장애가 제거된다고 알아야 한다. 여래에 속한 주에 들어가는 자에게 소지장에 속한 추중도 3종이라고 알아야 한다. 겉껍질에 있는 [추중]과 피부에 있는 [추중], 그리고 정수에 있는 [추중]이다. 그중에서 겉껍질에 있는 [추중]은 환희주에서 제거된다. 피부에 있는 [추중]은 노력을 수반한, 상을 여읜 [주]에서, 정수에 있는 [추중]은 여래중에서 제거되며, 모든 장애의 청정에 대한 지혜가 [생겨난다.] 그들 세 가지 주에서 번뇌장과 소지장의 제거는 그것과 다른 주들을 순서대로 자량으로 삼는다.〉

284 橫超本에서는 원본에 없는 '屬'을 보완해 넣은 것이라 한다.

자 십지十地의 제10 법운지法雲地에 해당하는 '최상의 완성된] 보살의 경지'([最上成滿]菩薩住)에서 끊어 없앨 수 있는 것이다.[285]

"'누적된 경향성'(習氣)"이라 말한 것은, '[십지十地의] 여덟 번째 단계'(八地)[인 부동지不動地이자 십이주十二住의 열 번째인 무가행무공용무상주無加行無功用無相住] 이상이라야 [번뇌가] '나타나 작용하는 것'(現行)이 영원히 없어지므로 [번뇌의] '누적된 경향성'(習氣)[이 없어진다고] 말한 것인데, 이 [최상성만보살주最上成滿菩薩住에서 없어지는 습기習氣]는 [팔지八地 이후로 이미 현행現行하지 않는 번뇌의] '종자에 해당하는 누적된 경향성'(種子習氣)이지 '[현행現行하는 번뇌에] 남아 있는 누적된 경향성'(餘殘習氣)을 말하는 것이 아니다. 이 [단락은] '서로 [식識에] 소속시키면서 [번뇌의] 속박에서 떠나는 뜻'(相屬離繫義)을 말한 것이다.

㉴ '[십지十地의] 열 가지 층에 [각각] 있는 두 가지 장애'(十重二障)에 의거하여 '[번뇌가 자기와] 서로 응하는 [주관인] 마음(心)과 마음현상(心所)을 묶는 것'(相應縛)을 끊는 뜻을 말함

二者若依十重二障說斷相應縛義，卽於地地皆斷二障，以是品別離繫門故.

[H1, 810b23~c1; O 58,4~5]

285 앞 단락의 『유가사지론』에서는 먼저 "於最上成滿菩薩住中，當知一切煩惱習氣隨眠障碍皆悉永斷，入如來地"라고 하여 가장 미세한 번뇌장이자 육추중肉麤重에 해당하는 습기수면習氣隨眠을 최상성만보살주最上成滿菩薩住에서 끊는다고 하고, 다음으로 "在肉麁重，如來住中皆悉已斷，得一切障極淸淨智"라고 하여 가장 미세한 소지장에 해당하는 육추중을 여래주如來住에서 끊는다고 구분하였는데, 원효는 그 이유를 인집人執을 필두로 삼는 번뇌장煩惱障(惑障)과 법집法執을 필두로 삼는 소지장所知障 각각의 의지처인 제칠식第七識과 제팔식第八識의 구분에서 찾고 있다. 원효의 설명에 따르자면, 최상성만보살주最上成滿菩薩住에서는 제칠식第七識에 있는 가장 미세한 번뇌장煩惱障을 끊었지만 제팔식第八識에 있는 가장 미세한 소지장을 끊지 못했고, 최상성만보살주最上成滿菩薩住를 거쳐 여래주如來住에 들어가서야 가장 미세한 소지장所知障까지 끊는 셈이 된다.

두 번째로, 만약 '[십지十地의] 열 가지 층에 [각각] 있는 두 가지 장애'(十重二障)에 의거하여 '[번뇌가 자기와] 서로 응하는 [주관인] 마음(心)과 마음현상(心所)을 묶는 것'(相應縛)을 끊는 뜻을 말한다면, [십지十地] 각각의 단계(地)마다 '[번뇌장과 소지장, 이] 두 가지 장애'(二障)를 끊으니, 이것은 '단계별로 [번뇌의] 속박에서 떠나는 측면'(品別離繫門)[286]이기 때문이다.

如『深蜜[287]經』言, "世尊, 於諸地, 有幾愚癡, 有幾麁重, 爲所對治? 善男子, 有二十二愚癡十一麁重, 爲所對治, 謂於初地, 有二愚癡, 一者執着補特伽羅及法愚癡, 二者惡趣雜染愚癡, 及彼麁重, 爲所對治. 乃至於如來地, 有二愚癡, 者[288]於一切種所知境界極微細着愚癡, 二者極微細碍愚癡, 及彼麁重, 爲所對治. 由此二十二種愚總[289]及十一種麁

---

286 상속리계문相續離繫門과 품별리계문品別離繫門: 앞의 상속리계문相續離繫門에서는 번뇌장과 소지장의 이장二障을 피추중皮麤重·부추중膚麤重·육추중肉麤重으로 구분하여 견도 초지初地에서는 표층의 번뇌인 피추중皮麤重이 끊어지고 제팔지第八地에서는 중층의 번뇌인 부추중膚麤重이 끊어지며 여래지如來地에서는 심층의 번뇌인 육추중肉麤重이 끊어진다고 하여 보살 십지十地의 수행 과정을 전체적인 관점에서 조망했다면, 이 품별리계문品別離繫門에서는 피추중皮麤重·부추중膚麤重·육추중肉麤重으로 범주화된 것에 대해 그 구체적 번뇌의 내용을 적시하기 위해 십지十地 각각의 경지에 미시적으로 천착하는 관점을 채택하는 것으로 보인다. 예를 들어 다음에 이어지는 『해심밀경』 인용문에서 "於初地有二愚癡 一者執着補特伽羅及法愚癡 二者惡趣雜染愚癡及彼麁重爲所對治"라고 하는 것에서 보듯이, 견도 초지初地에서 끊어지는 피추중皮麤重의 구체적 내용은 보특가라급법우치補特伽羅及法愚癡, 악취잡염우치惡趣雜染愚癡 및 이것들의 추중麤重이 된다.

287 橫超本 교정주에서 "원본에 '蜜'이라 되어 있지만 '密'로 고친다"라고 한다. 橫超本에 따른다.

288 橫超本 교정주에서 "원본에는 '一'이 없다. 지금 뜻에 따라 '一'자를 넣는다"고 하여 '癡'와 '者' 사이에 '一'을 삽입한다. 『유가사지론』 원문에 따라 '癡'와 '者' 사이에 '一'을 삽입한다.

289 橫超本에는 '總'이 '癡'라고 되어 있다. 『유가사지론』 원문에 따라 '總'을 '癡'로 고친다.

重, 安立諸地”故. 是明品別離繫門也.

[H1, 810c1~11; O 58,5~9]

[이것은] 『해심밀경』에서 [다음과 같이] 말한 것과 같다. “‘세상에서 가장 존귀한 분’(世尊)이시여, [십지十地의] 모든 단계에는 몇 가지 ‘[근본무지를 조건으로 삼는] 어리석음’(愚癡)[290]과 몇 가지의 ‘거칠고 무거운 잠재적 번뇌’(麁重)가 있어서 다스려야 할 대상이 됩니까? 훌륭한 이여, ‘[근본무지를 조건으로 삼는] 스물두 가지의 어리석음’(二十二愚癡)과 ‘열한 가지의 거칠고 무거운 잠재적 번뇌’(十一麁重)[291]가 있어서 다스려야 할 대상이

290 우치愚癡: 앞에서는(H1, 795c12 이하) 『대승아비달마잡집론』을 인용하면서 “愚有二種, 一異熟愚, 二眞實義愚”라 하여 우치愚癡를 이숙우異熟愚와 진실의우眞實義愚의 두 가지로 나누고, 이숙우異熟愚에 대해서는 “初者是染汚性, 無明合時, 心不容受信解異熟行相正見故”라 하고 진실의우眞實義愚에 대해서는 “後者, 眞實義卽四諦, 於彼愚故, 未見諦者, 雖起善心, 由彼隨眠所隨縛故, 亦名愚癡”라고 하여, 이숙우異熟愚는 이숙식異熟識인 제팔식第八識 차원의 ‘근본무지(無明)와 결합된 어리석음’인데 비해 진실의우眞實義愚는 ‘이승二乘의 견도見道에서 증득하는 사제四諦의 진리에 대한 어리석음’이라고 설명한다. 지금 본문에서의 우치愚癡는 십지十地 전체에 걸쳐 끊어야 할 대상으로 거론되므로 ‘근본무지와 결합하는 이숙우異熟愚’의 개념에 가까운 것으로 보인다.

291 이십이우치二十二愚癡와 십일추중十一麤重: 인용되어 있는 『해심밀경』 권4(T16, 704b4~c4)의 내용을 참조하여 이십이우치二十二愚癡를 정리하면 다음과 같다.

초지初地	① 집착보특가라급법우치執著補特伽羅及法愚癡, ② 악취잡염우치惡趣雜染愚癡
제이지第二地	③ 미세오범우치微細誤犯愚癡, ④ 종종업취우치種種業趣愚癡
제삼지第三地	⑤ 욕탐우치欲貪愚癡, ⑥ 원만문지다라니우치圓滿聞持陀羅尼愚癡
제사지第四地	⑦ 등지애우치等至愛愚癡, ⑧ 법애우치法愛愚癡
제오지第五地	⑨ 일향작의기배생사우치一向作意棄背生死愚癡, ⑩ 일향작의취향열반우치一向作意趣向涅槃愚癡
제육지第六地	⑪ 현전관찰제행유전우치現前觀察諸行流轉愚癡, ⑫ 상다현행우치相多現行愚癡
제칠지第七地	⑬ 미세상현행우치微細相現行愚癡, ⑭ 일향무상작의방편우치一向無相作意方便愚癡
제팔지第八地	⑮ 어무상작공용우치於無相作功用愚癡, ⑯ 어상자재우치於相自在愚癡

되니, [그 내용은 다음과 같다.] '[십지十地의] 첫 번째 단계'(初地)에는 두 가지 '[근본무지를 조건으로 삼는] 어리석음'(愚癡)이 있으니, 첫째는 '자아와 현상에 집착하게 하는 어리석음'(執着補特伽羅及法愚癡)이며, 둘째는 '해로운 환경에 떨어뜨리고 삶을 오염시키는 어리석음'(惡趣雜染愚癡)이고, 아울러 저 [두 가지 우치愚癡의] '거칠고 무거운 잠재적 번뇌'(麁重)가 [있어서 이것들이] 다스려야 할 대상이 된다.[292] [중략] '여래의 경지'(如來地)에

제구지第九地	⑰ 어무량설법무량법구문자후후혜변다라니자재우치於無量說法無量法句文字後後慧辯陀羅尼自在愚癡, ⑱ 변재자재우치辯才自在愚癡
제십지第十地	⑲ 대신통우치大神通愚癡, ⑳ 오입미세비밀우치悟入微細祕密愚癡
여래지如來地	㉑ 어일체소지경계미세착우치於一切所知境界極微細著愚癡, ㉒ 극미세애우치極微細礙愚癡

한편『해심밀경』에서 각 경지의 두 가지 우치愚癡를 나열하고 나서 아울러 '피추중彼麤重'이라고 언급한 것에 대해, 원측圓測의『해심밀경소解深密經疏』권7에서는 "彼麤重言, 顯彼二種, 或二所起無堪任性, 具說如彼."(X21, 344b2~3)라고 한다. 이에 따르면 추중麤重은 그 두 가지 우치愚癡의 종자種子 및 그 두 가지 종자에 의해 일어난 무감임성無堪任性을 뜻하므로 '피추중彼麤重'의 '피彼'는 앞에 나열된 두 가지 우치愚癡를 모두 가리키는 것이 된다. 말하자면 십일추중十一麤重은 실제로는 스물두 가지 추중麤重이지만, 진술 형식의 특성상 이십이우치二十二愚癡와 연계하여 각 경지에서 한 번씩만 언급되므로 십일추중十一麤重이라 불리는 것으로 보인다.

292 이 단락의 주제인 '보살의 견도위見道位에서 이장二障의 분별기종자分別起種子를 한꺼번에 끊는다는 뜻을 구별함'에 국한하자면, 결국 견도見道에서 끊어지는 이장二障의 분별기종자分別起種子란 '집착보특가라급법우치執着補特伽羅及法愚癡와 악취잡염우치惡趣雜染愚癡 및 그것들의 추중麤重'이 되며, 앞의 상속리계문相續離繫門에서의 '이장二障 추중麤重의 상품上品과 중품中品인 피추중皮麤重'에 해당할 것이다. 이와 관련하여 원측의『해심밀경소』권7에서는 '초지初地의 우치愚癡와 추중麤重'을 뭉뚱그려 초장初障이라 부르면서 "且初障體, … 即用分別二障爲體. 故唯識云, 異生性障, 謂二障中分別起者, 依彼種立異生性故. 又云, 執著我法愚, 即是此中異生性障."(X21, 344a16~19)이라고 하여 이생성장異生性障, 즉 범부중생의 본성이 되는 장애라 하고 아울러 그것을 '이장二障의 분별기分別起' 번뇌라고 설명하는데, 지금『이장의』에서 견도見道에 이르러 끊어지는 이장二障의 분별기종자分別起種子를 논의하는 맥락과 부합한다.

는 두 가지 '[근본무지를 조건으로 삼는] 어리석음'(愚癡)이 있으니, 첫째는 '모든 종류의 앎의 대상에 대해 가장 미세하게 집착하는 어리석음'(於一切種所知境界極微細着愚癡)이고, 둘째는 '가장 미세하게 장애하는 어리석음'(極微細碍愚癡)이며, 아울러 저 [두 가지 우치愚癡의] '거칠고 무거운 잠재적 번뇌'(麁重)가 [있어서 이것들이] 다스려야 할 대상이 된다.[293] 이 '[근본무지를 조건으로 삼는] 스물두 가지의 어리석음'(二十二愚癡)과 '열한 가지의 거칠고 무거운 잠재적 번뇌'(十一麁重) 때문에 [십지十地의] 모든 단계를 세우는 것이다."[294] 이 [『해심밀경』 구절]은 '단계별로 [번뇌의] 속박에서 떠나는 측면'(品別離繫門)을 밝힌 것이다.

---

293 여래지如來地의 두 가지 우치愚癡: 원측의 『해심밀경소』 권7에서는 여래지如來地의 두 가지 우치愚癡에 대해 "由斯佛地, 說斷二愚及彼麤重. 一於一切所知境極微細著愚, 即是此中微所知障. 二極微細礙愚, 即是此中一切任運煩惱障種."(X21, 346c21~24)이라고 하여, 첫 번째 우치愚癡는 미소지장微所知障이고 두 번째 우치愚癡는 임운기번뇌장종자任運起煩惱障種子라고 설명한다. 이에 따르면 여래지의 두 가지 우치愚癡는 이 이장二障 중 각각 미소지장微所知障과 임운기번뇌장종자任運起煩惱障種子에 해당할 것이다.

294 『해심밀경解深密經』 권4(T16, 704b4~c4). "觀自在菩薩復白佛言. '於此諸地, 有幾愚癡, 有幾麁重, 爲所對治?' 佛告觀自在菩薩曰. 善男子, 此諸地中有二十二種愚癡十一種麁重, 爲所對治, 謂於初地, 有二愚癡, 一者執著補特伽羅及法愚癡, 二者惡趣雜染愚癡, 及彼麁重, 爲所對治. (於第二地, 有二愚癡, 一者微細誤犯愚癡, 二者種種業趣愚癡, 及彼麁重爲所對治. 於第三地, 有二愚癡, 一者欲貪愚癡, 二者圓滿, 聞持陀羅尼愚癡, 及彼麁重爲所對治. 於第四地, 有二愚癡, 一者等至愛愚癡, 二者法愛愚癡, 及彼麁重爲所對治. 於第五地, 有二愚癡, 一者一向作意棄背生死愚癡, 二者一向作意趣向涅槃愚癡, 及彼麁重爲所對治. 於第六地, 有二愚癡, 一者現前觀察諸行流轉愚癡, 二者相多現行愚癡, 及彼麁重爲所對治. 於第七地, 有二愚癡, 一者微細相現行愚癡, 二者一向無相作意方便愚癡, 及彼麁重爲所對治. 於第八地, 有二愚癡, 一者於無相作功用愚癡, 二者於相自在愚癡, 及彼麁重爲所對治. 於第九地, 有二愚癡, 一者於無量說法無量法句文字後後慧辯陀羅尼自在愚癡, 二者辯才自在愚癡, 及彼麁重爲所對治. 於第十地, 有二愚癡, 一者大神通愚癡, 二者悟入微細祕密愚癡, 及彼麁重爲所對治.) 於如來地, 有二愚癡, 一者於一切所知境界極微細著愚癡, 二者極微細礙愚癡, 及彼麁重, 爲所對治. 善男子, 由此二十二種愚癡及十一種麁重故, 安立諸地, 而阿耨多羅三藐三菩提離彼繫縛." 괄호는 인용문에서 중략된 부분이고, 밑줄 친 곳은 인용문과 차이가 있다는 표시이다.

다) 〈'[보살수행의] 열 가지 [본격적인] 단계'에서의 '[선정을 토대로 이해를] 거듭 익혀 가는 수행단계'〉(十地修道位)

然此十地修道位中, 多住眞如自相作意, 不修眞如差別作意, 而入觀時, 通證二空所顯眞如, 是故雙斷二障種子. 非不別修人執對治故, 不能斷人執隨眠. 如『瑜伽』說, "法執自性, 執我自性而轉, 覺彼, 由觀故還滅."[295] 『對法論』云, "又諸菩薩於十地修道位中, 唯修所知障對治道, 非煩惱障, 得菩提時, 頓斷煩惱障及所知障, 頓成阿羅漢及如來", 是明頓斷二障, 頓得二果, 非望九品, 說頓斷也.

[H1, 810c11~21; O 58,9~14]

그런데 이 '[보살수행의] 열 가지 [본격적인] 단계'(十地)에서의 '[선정을 토대로 이해를] 거듭 익혀 가는 수행단계'(修道位)에서 [대승 보살은] 대부분 〈[법무아法無我라는] '참 그대로' [고유의] 면모에 마음을 두는 수행〉(眞如自相作意)에[만] 전념하고 〈[상주상常住相과 적정상寂靜相이라는] '참 그대로'의 구별되는 면모에 마음을 두는 수행〉(眞如差別作意)을 닦지 않아도[296]

---

295 『유가사지론』 인용문 전체인 '法執自性, 執我自性而轉. 覺彼, 由觀故還滅'에 대해 은정희본에서는 "『유가사지론』에 의거하여 '執法自性故, 執我性而轉. 覺此故覺彼, 由覺故還滅'로 고침"이라고 한다. 글자 순서가 바뀌어 있거나 몇 글자가 아예 빠져 있는 것이 보일 정도로 『이장의』의 문장은 혼란스러운 데 반해, 『유가사지론』의 문장은 문맥에 잘 맞아떨어지므로 은정희본에 따른다. 橫初本에는 아무런 언급이 없다.

296 진여자상작의眞如自相作意와 진여차별작의眞如差別作意: 『유가사지론』에 따르면 진여자상작의眞如自相作意와 진여차별작의眞如差別作意는, 진여법계眞如法界에 통달하는 데 있어서 대승과 이승의 차이를 설명하기 위해 나오는 대칭개념으로 보인다. 『유가사지론』 권78에서는 "① 問. 如說五種入正性離生? 此中聲聞入正性離生, 若諸菩薩入正性離生, 等於法界如實通達. 此二差別云何應知? 答. 略說法界有二種相, 一者差別相, 二者自相. ② 差別相者, 謂常住相, 及寂靜相. 常住相者, 謂本來無生法性, 及無盡法性. 寂靜相者, 謂煩惱苦離繫法性. ③ 言自相者, 謂於相名分別眞如正智

[십지十地 수도위修道位를 거치고 나서] '['참 그대로'(眞如)를] 봄'(觀)에 들어갈 때 '[인공人空과 법공法空, 이] 두 가지 실체 없음[에 대한 이해]가 드러내는 참 그대로'(二空所顯眞如)를 통틀어 증득하니, 그러므로 '[번뇌장과 소지장, 이] 두 가지 장애의 종자'(二障種子)를 쌍으로 끊는다.[297] [대승보살은 대부

所攝一切法中, 由遍計所執自性故, 自性不成實法無我性. ④ 此中聲聞由差別相通達法界, 入正性離生, 不由自相以通達彼故. … 唯即於此法界定中, 由緣法界差別作意, 無相心轉, 非由緣彼自相作意. … 入於菩薩正性離生入離生已, 多分安住緣於法界自相作意."(T30, 738a17~b9)라고 하는데, 먼저 ① 단락에서는 정성리생正性離生인 진여법계眞如法界를 통달하는 데 이승二乘 성문聲聞과 대승大乘 보살菩薩의 차이가 무엇인지 질문하고, 그 대답으로 먼저 진여법계眞如法界에는 차별상差別相과 자상自相의 두 가지가 있다고 한다. ② 단락에서는 법계의 차별상差別相이란 상주상常住相과 적정상寂靜相의 구별을 말하는데, 상주상常住相은 무생법성無生法性과 무진법성無盡法性이고 적정상寂靜相은 번뇌고리계법성煩惱苦離繫法性이라고 설명한다. ③ 단락에서는 법계의 자상自相을 설명하는데, 차별상差別相에서처럼 명상名相으로 분별된 진여정지眞如正智는 변계소집성遍計所執性에서 기인하는 것이기 때문에 참된 법무아성法無我性을 이루지 못한다고 하여 자상自相을 법무아성法無我性이라고 설명하는 것으로 보인다. ④ 단락에서는 법계의 차별상差別相에 따라 진여법계眞如法界를 통달하는 자가 이승 성문聲聞으로서 이들은 법계차별작의法界差別作意에 의거하여 무상심無相心으로 바뀐 자이지 법계자상작의法界自相作意에 의거하지 않는 데 비해, 대승 보살은 법계자상작의法界自相作意에 의거한다고 설명한다. 요약하면 이승은 인집人執의 번뇌장煩惱障과 법집法執의 소지장所知障을 구분하여 수행함으로써 진여법계眞如法界 역시 인공人空의 적정상寂靜相과 법공法空의 상주상常住相이라는 두 가지 차별상差別相에 대한 작의作意 속에서 증득하는 자인 반면, 보살은 법무아성法無我性이라는 진여법계眞如法界의 자상自相 개념에서 작의作意하여 결과적으로 번뇌장煩惱障 치단治斷을 위한 인공人空 수행과 소지장所知障 치단治斷을 위한 법공法空 수행이라는 차별상差別相을 해소하는 자라고 하겠다. 아래 『유가사지론』 인용문에서 법집法執(法自性)이 아집我執(我性)을 포섭하는 지위에 있음을 설명하는 대목과 상통하는 논의로 보인다.

297 앞서 "若就菩薩明三種者, 此二障中諸分別起, 是見所斷, 任運起中除第八識, 是修所斷"(H1, 800c23~801a2)이라고 한 것에 따르면, 견도見道에서는 이장二障의 분별기번뇌分別起煩惱가 끊어지고, 수도修道에서는 제팔식第八識 차원의 번뇌를 제외한 이장二障의 임운기번뇌任運起煩惱가 끊어진다. 따라서 지금 본문에서 언급하는 '수소단修所斷의 이장종자二障種子'는, '견소단見所斷의 이장二障의 분별기종자

분 수도修道에서 법집法執의 임운기종자任運起種子를 끊는 진여자상작의眞如自相作意의 수행을 닦으므로] '자아에 불변·독자의 본질/실체가 있다고 하는 집착을 다스리는 것'(人執對治)을 별도로 닦지 않는다고 해서 '자아에 불변·독자의 본질/실체가 있다고 집착하는 [임운기任運起의] 잠재적인 번뇌'(人執隨眠)를 끊을 수 없는 것은 아니다.

[이것은] 『유가사지론』에서 "'현상의 [불변·독자적] 본질'(法自性)에 집착하기 때문에 '자아의 [불변·독자적] 본질'(我性)에 집착하여 '[그 집착이] 굴러가는 것'([流]轉)이다. 이 ['모든 현상에 불변·독자의 본질/실체가 있다고 하는 집착'(法執)]을 깨닫기 때문에 저 ['자아에 불변·독자의 본질/실체가 있다고 하는 집착'(人執)]을 깨달으니, ['모든 현상에 불변·독자의 본질/실체가 있다고 하는 집착'(法執)을] 깨달음으로 말미암아 [저 '자아에 불변·독자의 본질/실체가 있다고 하는 집착'(人執)]을 되돌아가 없앤다."[298]라고 말한 것과 같다.

『대승아비달마잡집론』에서는 "또 모든 보살은 '[보살수행의] 열 가지 [본격적인] 단계'(十地)에서의 '[선정을 토대로 이해를] 거듭 익혀 가는 수행 단계'(修道位)에서 오직 '대상에 대한 이해를 가로막는 장애'(所知障)를 다스리는 수행만 닦고 '번뇌로 인한 장애'(煩惱障)를 [다스리는 수행을 닦지] 않아도, 깨달음을 얻을 때에는 '번뇌로 인한 장애'(煩惱障)와 '대상에 대한 이해를 가로막는 장애'(所知障)를 '한꺼번에 끊어'(頓斷) [이승二乘의] 아라한阿羅漢과 [대승大乘의] 여래如來 [두 과보를] '한꺼번에 이룬다'(頓成)."[299]라고 말하는데, 이것은 [오로지 소지장을 끊음으로써] '[번뇌장과 소지

分別起種子'와 대비하여, '이장二障의 임운기종자任運起種子'로서 제팔식第八識 차원의 번뇌를 제외한 것이라고 하겠다.

298 『이장의』가 인용하는 "法執自性, 執我自性而轉. 覺彼, 由觀故還滅"의 『유가사지론』 권67(T30, 672a20~21) 원문 내용은 "執法自性故, 執我性而轉. 覺此故覺彼, 由覺故還滅."이다. 필사과정에서 오기가 발생한 것으로 보고 번역은 『유가사지론』 원문을 따른다.

장, 이] 두 가지 장애'(二障)를 한꺼번에 끊어 '[아라한과 여래] 두 가지 과보'(二果)를 한꺼번에 얻는 것을 밝힌 것이지, '[번뇌의] 아홉 가지 층'(九品)[300]에 대하여 [그것들을] 한꺼번에 끊는다고 말하는 것이 아니다.[301]

---

299 『대승아비달마잡집론大乘阿毘達磨雜集論』 권14(T31, 763c26~29). "又諸菩薩已得諦, 現觀於十地修道位, 唯修所知障對治道, 非煩惱障, 對治道. 若得菩提時, 頓斷煩惱障及所知障, 頓成阿羅漢及如來." 밑줄 친 곳은 인용문에서 생략된 부분이다. 〈산스크리트본의 해당 내용: ASBh., p.101.; bodhisattvaḥ satyāny abhisamayena labdhvā daśasu bhūmiṣu bhāvanāmārgeṇa jñeyāvaraṇapratipakṣamārgaṃ bhāvayati na kleśāvaraṇapratipakṣamārgam || tathā ca bodhiprāptaḥ kleśāvaraṇaṃ jñeyāvaraṇaṃ ca vijahāti arhan tathāgataś ca saṃpadyate ||; 『대승아비달마잡집론』의 『집론』 인용부분 번역: 보살은 분명한 앎ㅣ꿰뚫음(現觀)으로써 [성자들의 네 가지] 진리들을 획득하고서 열 가지 [보살의] 단계들에서(十地) 반복적인 수행(修道)의 길로서 알아야만 하는 대상에 대한 장애(所知障)를 치료하는 길을 닦지만, 번뇌라는 장애(煩惱障)를 치료하는 길을 [닦는 것은] 아니다. 그리고 또한 붓다의 깨달음(菩提)의 깨달음을 얻을 때, 그는 번뇌라는 장애와 알아야만 하는 대상에 대한 장애를 [단번에] 버리고서 아라한과 여래가 된다.〉 ([단번에]; 티벳역 "cig car"와 한역 "頓"에 의거하여 첨가함.)

300 구품九品: 구품혹九品惑을 말하고, 구종욕九種欲 또는 구종결九種結이라고도 한다. 『구사론』 권23에 따르면 "如先已辯欲修斷惑九品差別, 如是上地乃至有頂例亦應爾. 如所斷障一一地中各有九品, 諸能治道無間解脫九品亦然. 失德如何各分九品? 謂根本品有下中上, 此三各分下中上別. 由此失德各分九品, 謂下下下中下上, 中下中中中上, 上下上中上上品."(T29, 123a4~10)이라고 하여 삼계구지三界九地, 즉 욕계 일지一地(散地), 색계 사정려四靜慮(초선初禪 · 이선二禪 · 삼선三禪 · 사선四禪), 무색계 사처四處(공무변처空無邊處 · 식무변처識無邊處 · 무소유처無所有處 · 비상비비상처非想非非想處) 각각에 하하下下 · 하중下中 · 하상下上 · 중하中下 · 중중中中 · 중상中上 · 상하上下 · 상중上中 · 상상上上의 품계 차별이 있다고 한다. 『구사론』 권24에서는 "論曰, 即不還者進斷色界及無色界修所斷惑, 從斷初定一品爲初, 至斷有頂八品爲後, 應知轉名阿羅漢向."(T29, 126b22~24)라고 하여, 불환과不還果의 수행자가 색계 초정려初靜慮 제일품으로부터 무색계 비상비비상처非想非非想處(有頂處) 제팔품의 수도소단修道所斷의 번뇌까지를 끊고 나면 아라한향阿羅漢向이라 불리게 된다고 한다. 따라서 이승의 아라한과阿羅漢果는 무색계 비상비비상처非想非非想處의 제구품혹第九品惑까지 끊은 자라고 하겠다. 이에 따라 보살의 십지수도위十地修道位에서 얻는 여래과如來果는 제십 법운지第十法雲地의 제구품혹第九品惑까지 끊은 자가 될 것이다.

301 수도修道에서 번뇌장과 소지장의 임운기종자任運起種子를 끊어 얻는 경지로 언급된 여래如來의 개념은 은밀문에서 끊어지는 번뇌를 포함하지 않는 경지를 가리킨다. 따라서 여래如來의 경지라고 하더라도 기본적으로 현료문 수준의 여래如來 개념이라 할 수 있다. 앞서 "此前所除微細知障, 又前所斷二障習氣, 及隱密門煩惱碍內根本業染, 及與智碍無明住地, 此等皆是非二所斷, 唯究竟道所能斷故"(H1, 801a2~5)라고 한 것에 따르면, 견도見道와 수도修道에서 끊어지지 않고 구경도究竟道에서 끊어지는 번뇌들은 미세지장微細知障, 이장습기二障習氣, 은밀문번뇌애내근본업염隱密門煩惱碍內根本業染, 지애무명주지智碍無明住地 등이다.

제2장 '토대가 되는 번뇌'(住地煩惱)의 다스림(對治)과 끊음(斷)

<'토대가 되는 번뇌'(住地煩惱)에 의거하여 보살의 십지十地에서 다스려 끊는 수준을 설명함>

1. '통합적 유형의 근본무지'(通相無明)를 기준으로 설명함

上來所明見修位住中所斷二障, 皆在起惑, 未明住地. 若就住地煩惱, 說其治斷位者, 二乘所斷四種住地, 隨其所應, 菩薩亦斷. 除此以外, 亦能更斷通相無明地[302]少分, 迷入[303]妄想所緣境邊, 妄想斷時亦能斷故. 如『起信論』云, "不了一法界義者, 從信相應地觀察學斷, 入淨心地隨分得離, 乃至如來地究竟離故." 此就通相無明而說.

[H1, 810c21~811a5; O 58,14~59,3]

이상에서 밝힌 <'[진리다운] 이해를 밝혀 가는 수행'과 '[선정을 토대로 이해를] 거듭 익혀 가는 수행'의 단계>(見修位)에서 끊어지는 '[번뇌장과 소지장, 이] 두 가지 장애'(二障)는 모두 '['토대가 되는 번뇌'(住地煩惱)를] 따라 일어나는 번뇌'(起惑)에 속하니, [보살의 십지十地 견수위見修位에서] '[번뇌들의] 토대'(住地)를 [끊는 것은] 아직 밝히지 않았다. 만약 '토대가 되는 번뇌'(住地煩惱)를 기준으로 [보살의 십지十地 견수위見修位에서] 그 ['토대가

302 '通相無明地'는 '通相無明住地'의 오기로 보인다. '通相無明住地'로 교감한다.
303 橫超本에는 '入'이 '八'이라 되어 있다. 橫超本에 따른다.

되는 번뇌'(住地煩惱)를] 다스려 끊는 수준을 말한다면, 〈[성문과 연각] 두 부류 수행자가 끊는 [총무명주지總無明住地 · 욕계주지欲界住地 · 색계주지色界住地 · 무색계주지無色界住地, 이] 네 가지 '토대가 되는 번뇌'〉(二乘所斷四種住地, 有愛數四住地)들은 그 [사종주지四種住地의 번뇌들에 이승二乘이] 대응하는 만큼[의 것들]을 보살 또한 끊는다. [보살은] 이 [이승二乘이 견도見道에서 끊는 네 가지 주지번뇌住地煩惱] 이외에도 〈통합적 유형의 '삼계의 근본무명'〉(通相無明住地)[304]의 일부분을 더 끊을 수 있으니, [수도위修道位에서 끊는 번뇌들 가운데] '여덟 가지 망상이 관계 맺는 대상에 미혹한 측면(迷八妄想所緣境邊)[305]은 [여덟 가지] 망상妄想이 끊어질 때 역시 끊을

---

304 통상무명주지通相無明住地와 별상무명주지別相無明住地: 통상무명주지通相無明住地는 생득주지生得住地인 견일처주지見一處住地와 작득作得의 삼주지三住地(유애수주지有愛數住地)인 욕계주지欲界住地 · 색계주지色界住地 · 무색계주지無色界住地를 합한 사주지四住地를 통틀어 부르는 것이고, 별상무명주지別相無明住地는 생득주지인 견일처주지見一處住地만을 특칭한다. 그리고 견일처주지見一處住地는 사주지四住地의 또 다른 유형인 유애수사주지有愛數四住地(총무명주지總無明住地 · 욕계주지欲界住地 · 색계주지色界住地 · 무색계주지無色界住地)에 속하지 않는다.

305 팔망상八妄想과 팔망상八妄想의 소연경所緣境: 앞서 '제4편 섭제문攝諸門'의 '제4장 명팔망상明八妄想'(H1, 799c20 이하)에서는 팔망상八妄想 또는 동의어인 팔종분별八種分別을 논한다. 우선 팔종분별은 ① 자성분별自性分別, ② 차별분별差別分別, ③ 총집분별總執分別, ④ 아분별我分別, ⑤ 아소분별我所分別, ⑥ 애분별愛分別, ⑦ 불애분별不愛分別, ⑧ 애불애구상위분별愛不愛俱相違分別(H1, 799c23~800a15 참조)을 말한다. 이 팔종분별은 "分別有八種, 能生於三事"(H1, 799c21~22)라고 하여 세 가지 현상(三事)를 발생시킨다고 하는데, 이에 대해 "此中初三分別, 能生分別戲論所依所緣事, 我我所分別, 能生餘見根本身見餘慢根本我慢, 愛不愛俱相違, 如其所應, 生貪瞋癡"(H1, 800a16~20)라고 설명한다. ① 자성분별自性分別, ② 차별분별差別分別, ③ 총집분별總執分別의 처음 세 가지 분별은 소의所依인 내육처內六處와 소연所緣인 외육처外六處를 총칭하는 분별희론소의소연사分別戲論所依所緣事를 발생시키고, ④ 아분별我分別, ⑤ 아소분별我所分別의 두 가지 분별은 잘못된 견해와 교만의 근본인 신견身見 · 아만我慢을 발생시키며, ⑥ 애분별愛分別, ⑦ 불애분별不愛分別, ⑧ 애불애구상위분별愛不愛俱相違分別의 세 가지 분별은 탐貪 · 진瞋 · 치癡를 발생시킨다는 것이다. 지금 본문에서 '팔망상八妄想의 소

수 있기 때문이다.[306]

연경所緣境'이라고 부른 것은 이 팔망상에 의해 발생되는 세 가지 현상(三事), 즉 ① 분별희론소의소연사分別戱論所依所緣事와 ② 신견身見·아만我慢과 ③ 탐貪·진瞋·치癡에 해당한다. 그런데 이 '제4편 섭제문攝諸門'의 '제4장 명팔망상明八妄想' 단락에는 팔망상八妄想과 삼사三事의 관계를 소지장所知障과 번뇌장煩惱障의 구도 속에서 규정하는 내용이 보인다. 먼저 이 단락의 결론 부분에서 "八種妄想分別, 是顯了門所知障攝"(H1, 800c17~18)이라고 하여 팔종분별 전체가 소지장所知障에 속한다고 설명하고, 세부적으로는 "又此三分別, 總攝一切所知障內分別皆盡, 以離此三相外, 更無所分別故. 但爲更顯此所知障生煩惱障增上緣用故, 卽就此三種總分別, 隨其所應, 別立後五"(H1, 800b12~17)라고 하여 팔종분별에서 ① 자성분별自性分別, ② 차별분별差別分別, ③ 총집분별總執分別의 앞의 세 가지 분별은 소지장所知障으로서의 분별을 총섭하는 근원적 성격의 분별이지만 뒤의 다섯 가지 분별은 이 처음 세 가지 분별에 따라 성립하는 번뇌장증상연용煩惱障增上緣用, 즉 번뇌로 인한 장애를 만들어 내는 조건으로서의 작용이라고 규정한다. 뒤의 다섯 가지 분별이 번뇌장증상연용煩惱障增上緣用이라는 말의 뜻은 "此中五種分別, 是所知障所生, 二事是煩惱障"(H1, 800c9~10)이라는 설명에 의해 분명해진다. 뒤의 다섯 가지 분별은 근원적 성격의 소지장所知障인 앞의 세 가지 분별로부터 파생되는 것이므로, 단락의 결론에서 팔종분별 전체가 소지장이라고 밝혔듯이, 뒤의 다섯 가지 분별 역시 소지장所知障에 속한다. 하지만, 뒤의 다섯 가지 분별이 발생시키는 두 가지 현상(二事: 신견身見·아만我慢과 탐貪·진瞋·치癡)은 번뇌장煩惱障이어서 뒤의 다섯 가지 분별에는 소지장所知障과 번뇌장煩惱障을 매개하는 역할로서의 번뇌장증상연용煩惱障增上緣用이라는 용어가 사용되는 것으로 보인다. 지금 본문의 용어로 말하자면 〈팔망상八妄想은 소지장所知障이고 '팔망상八妄想의 소연경所緣境'은 번뇌장煩惱障〉이라고 정리할 수 있겠다. 본문의 논의에서는, 보살 견도見道에서 끊어지는 주지번뇌住地煩惱가 이승의 견도見道와 동일하다고 설명한 후에 보살 수도修道에서 끊어지는 주지번뇌住地煩惱를 설명하는 대목에서 '팔망상소연경八妄想所緣境'이라는 용어를 사용하고 있으므로, 이 용어는 '보살 수도위修道位에서 끊어지는 번뇌장煩惱障', 구체적으로는 팔종분별에서 뒤의 다섯 가지 분별에 의해 발생되는 두 가지 현상인 ② 신견身見·아만我慢과 ③ 탐貪·진瞋·치癡를 가리킨다. 그런 점에서 '미팔망상소연경변迷八妄想所緣境邊'이라는 용어는 '팔종분별에 해당하는 소지장所知障과 그 소연경所緣境에 해당하는 번뇌장煩惱障에 미혹한 측면'이라 하겠다.

306 이승二乘이 견도위見道位에서 통상通相의 삼계주지三界住地의 일부분을 끊는 방법은 사성제四聖諦 하나하나에 대한 깨달음의 모음인 견도 십육심十六心에 대해 그것들을 하나로 꿰뚫는 일지一智(無二聖諦智)에 의거하는 것이었다. 무명주지無

[이것은] 『대승기신론』에서 "'하나처럼 통하는 [차이들의] 현상세계'(一法界)를 알지 못하는 것[인 '근본무지'(無明)]는 '[진리에 대한] 믿음과 서로 응하는 경지'(信相應地)[307][인 십주十住]에서부터 [지혜에 따라] '이해하고 성찰하여'(觀察) [근본무지의 분별을] 끊는 것을 배워 ['[보살수행의] 열 가지 [본격적인] 단계'(十地) 가운데 첫 번째 단계인] '온전한 마음의 경지'(淨心地)에 들어가 '능력대로 [근본무지의 분별에서] 벗어나다가'(隨分得離) '여래의 경

明住地는 아래 『대승기신론』 인용문에서도 보듯이 일법계一法界라는 근원적 지평에 대한 무지(不了一法界)이므로 가장 근본적인 이해의 결여라고 할 수 있는데, 견도에서 이러한 무명주지의 일부분을 끊기 위해서는 잡다한 십육심十六心의 이해방식으로는 가능하지 않고 십육심을 '하나로 꿰는 이해' 방식인 '[사성제四聖諦에 대한] 한 [종류의] 지혜'(一智)라야 가능하다는 뜻으로 보인다. 이 이승二乘 견도見道의 '하나로 꿰는 이해' 방식에 해당하는 대승大乘 수도修道의 방식은, 팔망상八妄想과 그 소연경所緣境에 대한 앞 주석에서 보았듯이, ① 자성분별自性分別, ② 차별분별差別分別, ③ 총집분별總執分別의 처음 세 가지 분별은 소지장所知障이고 이를 제외한 뒤의 다섯 가지 분별은 번뇌장증상연용煩惱障增上緣用이며 이 뒤의 다섯 가지 분별에 의해 발생되는 두 가지 현상인 ② 신견身見·아만我慢과 ③ 탐貪·진瞋·치癡 소연경所緣境은 번뇌장煩惱障이라고 구분하는 것에서 찾을 수 있을 것이다. 보살 수도위 단락의 논의에서 보았듯이, 수도위에서는 오로지 소지장대치도所知障對治道만을 닦아 '이장二障의 임운기종자任運起種子' 모두를 돈단頓斷한다. 이 이치를 팔망상八妄想에 적용한다면, 팔망상八妄想의 대치對治는 가장 근원적인 망상이라 할 처음 세 가지 분별의 대치를 통해 가능할 수 있을 것이다. 이렇게 본다면 처음 세 가지 분별의 위상이 수도위에서 나타나는 번뇌 대치對治 원리의 핵심일 수 있다. 이승은 견도위에서 일지一智를 통해 무명주지의 일부분을 끊는다면, 보살은 이를 겸하여 수도위에서 처음 세 가지 분별의 대치를 통해 무명주지의 일부분을 더 끊는 것이라고 볼 수 있을 것이다. '제4장 명팔망상明八妄想' 단락에서는 "此三種總分別"(H1, 800b16)이라고 하여 팔망상八妄想 중의 처음 세 가지 분별을 '총분별總分別'이라 부르고 있는데, 여기서도 '세 가지 분별'이 번뇌 대치對治 원리에서 차지하는 위상을 확인하게 된다.

307 신상응지信相應地: 원효는 『기신론소起信論疏』 권1에서 "此言信相應地者, 在十解位, 信根成就, 無有退失, 名信相應."(T44, 215a12~13)이라고 하여, 신상응지信相應地는 십해위十解位(十住位)로서 이전의 십신十信 수행에 의해 신근信根이 완성된 단계라고 한다.

지'(如來地)에 이르러 궁극적으로 벗어날 수 있는 것이다."[308]라고 말한 것과 같다.

이것은 '통합적 유형의 근본무지'(通相無明)를 기준으로 [보살 십지十地에서 끊어지는 주지번뇌住地煩惱를] 설명한 것이다.

2. 〈개별적 유형의 '삼계의 근본무명'〉(別相無明住地)을 기준으로 설명함

若論別相無明住地, 一切菩薩所不能斷, 唯佛鏡智之所頓斷. 依此義故, 『仁王經』言, "唯有頓覺如來, 無有漸覺諸佛," 『夫人經』言, "無明住地其力最大, 唯佛菩提智所能斷"故. 又異熟識極微細着, 依此無明最微細碍, 諸轉識中二障習氣, 隨異熟識, 不離而轉, 皆是菩薩所不能離, 唯有如來之所能斷. 是謂究竟道中所斷差別.

[H1, 811a5~13; O 59,3~7]

만약 〈개별적 유형의 '삼계의 근본무명'〉(別相無明住地)[인 생득주지生得住地로서의 견일처주지見一處住地]를 논한다면, 모든 보살[의 십지十地 수행]은 끊을 수 없는 것이고 오로지 부처님의 '[아뢰야식을 치유하여 성취하는] 거울로 비추는 것처럼 [현상세계를] 온전하게 드러내는 지혜'([大圓]鏡智)만이 한꺼번에 끊을 수 있는 것이다. 이러한 뜻에 의거하기 때문에 『인왕경』에서는 "[근본무지(無明)가 끊어진 경지는] 오로지 '[일체지一切智를 갖추어] 한꺼번에 깨닫는 여래'(頓覺如來)에게만 있지 '[습인習忍(십주十住)으로부터 금강유정金剛喩定 이전까지의 과정에서] 점점 깨닫는 부처들'(漸覺

308 『대승기신론』 권1(T32, 577c15~17). "不了一法界義者, 從信相應地觀察學斷, 入淨心地隨分得離, 乃至如來地能究竟離故."

諸佛)에게는 있지 않다."[309]고 말했고, 『승만경』에서는 "'삼계의 근본무명'(無明住地)은 그 힘이 가장 커서 오로지 '부처님[이 성취한] 깨달음의 지혜'(佛菩提智)만이 끊을 수 있는 것이다."[310]라고 말했던 것이다.

또한 '다르게 무르익어 가는 식識[인 아뢰야식]의 매우 미세한 집착'(異熟識極微細着)은 이 '근본무지의 가장 미세한 장애'(無明最微細碍)에 의거하고, 모든 '바뀌어 가며 일어나는 [일곱 가지] 식'(轉識)에 있는 '[번뇌장과 소지장, 이] 두 가지 장애의 누적된 경향성'(二障習氣)은 '다르게 무르익어 가는 식'(異熟識)[인 아뢰야식]에 따르면서 떨어지지 않고 [이리저리] 바뀌어 가니, [무명최미세애無明最微細碍와 이숙식극미세착異熟識極微細着과 이장습기二障習氣는][311] 모두 보살[의 십지十地 수행]이 벗어날 수 없는 것이고

---

309 『인왕호국반야바라밀다경仁王護國般若波羅蜜多經』 권2(T8, 842b25~c1). "善男子! 從初習忍至金剛定, 皆名爲伏一切煩惱無相信忍, 照勝義諦, 滅諸煩惱, 生解脫智, 漸漸伏滅. 以生滅心得無生滅, 此心若滅即無明滅; 金剛定前所有知見, 皆不名見, 唯佛頓解具一切智, 所有知見而得名見." 같은 문장이 찾아지지 않아 문세文勢가 유사한 곳을 출전으로 밝혔고, 본문 번역도 이 문장의 내용에 따랐다. 여기에 따르면 점각제불漸覺諸佛은 습인習忍(십주十住)으로부터 금강유정金剛喩定 이전까지의 과정에서 모든 번뇌를 점점복멸漸漸伏滅하여 단계마다 무명無明을 없애 깨달음을 얻지만, 금강유정金剛喩定 이후의 돈각여래頓覺如來와 달리 일체지一切智를 갖추지 못하여 아직 수행 도정에 있는 모든 부처님을 말하는 것으로 보인다.

310 『승만사자후일승대방편방광경勝鬘師子吼一乘大方便方廣經』 권1(T12, 220a9~15). "世尊! 如是無明住地力, 於有愛數四住地, 無明住地其力最大. 譬如惡魔波旬於他化自在天, 色·力·壽命·眷屬·衆具·自在殊勝. 如是無明住地力, 於有愛數四住地, 其力最勝, 恒沙等數上煩惱依, 亦令四種煩惱久住. 阿羅漢·辟支佛智所不能斷, 唯如來菩提智之所能斷. 如是世尊! 無明住地最爲大力."

311 무명최미세애無明最微細碍와 이숙식극미세착異熟識極微細着과 이장습기二障習氣: 무명최미세애無明最微細碍와 이숙식극미세착異熟識極微細着과 이장습기二障習氣의 세 가지는 지금 구경도究竟道에서 끊어지는 번뇌들로서 등장하는데, 무명최미세애無明最微細碍는 이숙식극미세착異熟識極微細着의 근거이고 이숙식극미세착異熟識極微細着은 다시 이장습기二障習氣의 근거라는 구도로 설명되어 있다. 따라서 구경도究竟道 내에서 추세차별麤細差別을 논하자면, 무명최미세애無明最微細碍가 가장 미세하고 이숙식극미세착異熟識極微細着이 그다음이며 이장습기

오로지 여래如來만이 끊을 수 있는 것이다. 이것은 '궁극적인 수행'(究竟道)에서 [번뇌를] 끊는 것을 구별한 것이다.

二障習氣가 세 번째라 하겠다. '제4편 섭제문攝諸門'의 '제5장 명삼종번뇌문明三種煩惱門'에서도 구경도究竟道에서 끊어지는 번뇌들을 미세지장微細知障 · 이장습기二障習氣 · 은밀문번뇌애내근본업염隱密門煩惱碍內根本業染 · 지애무명주지智碍無明住地의 네 가지로 밝히고 있다. 무명최미세애無明最微細碍는 별상무명주지別相無明住地로 인한 가장 미세한 장애를 말하므로 은밀문隱密門의 번뇌애煩惱碍와 지애智碍를 통틀어 가리키는 것이고, 무명최미세애無明最微細碍에 의거하는 이숙식극미세착異熟識極微細着은 미세지장微細知障을 가리키는 것으로 이해한다면, 구경도究竟道에서 끊어지는 번뇌들을 네 가지로 구분하는 것은 이 단락에서 거론되는 세 가지와 동일한 번뇌의 내용을 네 가지로 세분하여 나열한 것으로 볼 수 있다.

제3장 '오염(染)과 온전함(淨)이 [서로] 막거나 방해함이 없는 측면'(染淨無障碍門)에서의 다스림(對治)과 끊음(斷)

上來所說障治差別，是約染淨非一義門故，說障能尋[312]道，道能除障. 若就染淨無障碍門, 障非碍道, 道不出障, 障無異障.[313] 如來旣體如是道理故，一切諸法卽爲自體. 旣皆自體，有何[314]所斷，有何能斷，何得有出二諦外, 而灼然獨住者乎? 如『經』言, "生死與道合, 道卽是生死"故, 又『論』云, "無苦亦極苦, 無我亦我見"故.

[H1, 811a14~22; O 59,7~11]

여기까지 말한 '[번뇌의] 장애와 [번뇌를] 다스림의 구별'(障治差別)은 '오염과 온전함이 같지 않은 뜻의 측면'(染淨非一義門)에 의거하기 때문에, '[오염시키는] 장애'(障)는 '[온전하게 하는] 수행'(道)을 방해하고 '[온전하게 하는] 수행'(道)은 '[오염시키는] 장애'(障)를 없앨 수 있다는 것을 말한 것이다. 만약 '오염과 온전함이 [서로] 막거나 방해함이 없는 측면'(染淨無障碍門)에 의거한다면, '[오염시키는] 장애'(障)는 '[온전하게 하는] 수행'(道)

312 은정희본에서는 '尋'을 '碍'로 교감하고 있고 橫超本에서는 언급이 없다. 이어지는 문장 내용으로 보면 '碍'로 교감하는 것이 자연스럽지만 '尋'으로 보아도 뜻은 통한다. 여기서는 '碍'로 교감하여 번역한다. 만일 '尋'으로 두고 번역할 때는 '障能尋道'는 〈'[오염시키는] 장애'(障)는 '[온전하게 하는] 수행'(道)을 찾게 한다.〉가 된다.

313 은정희본에서는 "원본에는 '障'으로 되어 있지만, 문맥에 따라 '道'로 고침"이라고 한다. 橫超本에서는 언급이 없다. 은정희본에 따른다.

314 橫超本의 교정주에는 원본에 없는 '何'를 집어넣은 것이라 한다.

을 방해하지 않고 '[온전하게 하는] 수행'(道)은 '[오염시키는] 장애'(障)에서 벗어나지 않으니, '[오염시키는] 장애'(障)는 '[온전하게 하는] 수행'(道)과 다른 것이 아니다.[315]

여래如來는 이미 이와 같은 도리를 체득했기 때문에 [오염시키는 장애나 온전하게 하는 수행 등] '모든 현상'(一切諸法)이 곧 '[참 그대로인] 스스로의 본연'(自體)이 된다. 이미 모든 것이 '[참 그대로인] 스스로의 본연'(自體)이라면, 무슨 끊어질 [장애]가 있고 무슨 끊을 [수행]이 있으며, 어떻게 '['세속적 진리'(俗諦)와 '궁극적 진리'(眞諦), 이] 두 가지 진리'(二諦)를 벗어나 [별도로] 뚜렷이 홀로 머물 수 있는 것이 있겠는가? [이것은] 경전에서 "'[근본무지에 매여] 태어나고 죽는 [윤회하는] 삶'(生死)은 '[열반으로 향하는] 수행'(道)과 하나가 되는 것이니, '[열반으로 향하는] 수행'(道)이 바로 '[근본무지에 매여] 태어나고 죽는 [윤회하는] 삶'(生死)이다."[316]라 말하고, 또 논서에서 "'괴로움 없음'(無苦)이 또한 '극심한 괴로움'(極苦)이고, '[불변/독자의] 자아가 없다'(無我)[는 견해]가 또한 '[불변/독자의] 자아가 있다는 견해'(我見)이다."[317]라고 말한 것과 같다.

當知一切法及一切種門, 無障無有碍, 悉然悉不然. 佛會如是性, 不集亦不散, 由無得不得故, 有斷不斷. 離相而窮往故, 號爲善逝, 乘如

---

315 '장애'와 '수행'이 각각 불변의 독자적 내용을 가진 본질이라면, 서로 작용하지도 못하고 바뀌지도 못한다. 따라서 여기서 '다른 것이 아니다'(無異)라는 말의 의미는 '장애'와 '수행'이 각자 '별개의 본질로서 다른 것이 아니라는 뜻'이다.

316 『보살영락경菩薩瓔珞經』 권14(T16, 126a5~6). "闇者常在無所歸趣, 亦如是與闇共合. 觀此義生死與道合, 道則是生死."

317 무착無著, 『대승장엄경론大乘莊嚴經論』 권7(T31, 626a8). "無我復我見, 無苦亦極苦." 〈산스크리트본의 해당 내용: MSA., p.95.; vinātmadṛṣṭyā ya ihātmadṛṣṭir vināpi duḥkhena suduḥkhitaś ca |; [대아라는 견해를 가진 그에게는] 이 세상에서 [중생과 자신을 동일시하므로] 아견이 없이도 아견이 있고, [중생의 고통을 자신의 고통으로 하므로] 고통이 없이도 매우 고통스럽다.〉

而盡還故, 稱曰如來. 如『經』言, “諸佛還爲凡夫故不空無, 無故不有. 法非法故不二, 非二[318]法故不一.” 由是道理, 斷與不斷皆無障碍. 上來四門合爲第五治斷分竟.

[H1, 811a22~b5; O 59,11~14]

'모든 현상'(一切法)과 '모든 방식'(一切種門)은 [서로] 가로막음도 없고 방해함도 없어서, '모두 그대로이면서 [또한] 모두 그대로이지 않다'(悉然悉不然)는 것을 알아야 한다. 부처님은 이와 같은 [모든 현상의 장애 없는] 면모(性)에 통달하여 [오염시키는 장애를] 모으지도 않고 [온전하게 하는 수행을] 흩어 버리지도 않으니, '[온전하게 하는 수행을] 얻음과 얻지 않음이 [모두] 없기'(無得不得) 때문에 '[오염시키는 장애를] 끊음과 끊지 않음이 [모두] 있는 것이다'(有斷不斷). [또] '[실체로서의] 차이'(相)를 떠나되 [그 떠남의] 궁극으로 나아가 [차이를 버리지 않기] 때문에 '잘 가신 분'(善逝)이라 부르고, '[참] 그대로[인 지평]'(如)에 올랐으면서도 궁극에는 [생멸하는 현상세계로] 돌아오기 때문에 '[참] 그대로 돌아온 분'(如來)이라 부른다. [이것은] 경전에서 "모든 부처님은 도리어 범부凡夫를 위하기 때문에 [범부라는 현상이] '없는 것이 아니고'(不空), [범부가] '없다는 것'(無)마저도 [인정함이] 없기(無) 때문에 [범부라는 현상이] 있는 것도 아니다. 현상(法)은 '[실체로서의] 현상이 아닌 것'(非法)이므로 ['모든 현상'(諸法)이] '다른 것이 아니고'(不二), [현상은] [나름의 차이/특징을 지닌] '현상이 아닌 것도 아니기'(非非法) 때문에 ['모든 현상'(諸法)이] '같은 것도 아니다'(不一)."[319]라고 말

---

318 橫超本에는 '二'가 '非'라고 되어 있다. 『보살영락본업경』 원문에 따라 '二'를 '非'로 고친다.

319 『보살영락본업경 권2(T24, 1018b28~c2). "諸佛還爲凡夫故不空無, 無故不有. (空實故不一, 本際不生故不二, 不壞假名諸法相故不空, 諸法即非諸法故不有.) 法非法故不二, 非<u>非</u>法故不一." 괄호 안의 내용은 생략된 부분이고, 밑줄 친 곳은 인용문과 다른 부분이다.

한 것과 같다. 이러한 이치이기 때문에 [번뇌를] 끊음과 끊지 않음이 모두 '[서로] 가로막음도 없고 방해함도 없다'(無障碍).

이상의 ['번뇌를 다스라는 수행의 구분'(簡能治) · '끊을 대상을 정함을 밝힘'(明定所斷) · '번뇌를 다스려 끊는 방법의 차이를 밝힘'(明治斷差別) · '번뇌를 다스려 끊는 수준의 차이들을 판별함'(辨治斷階位), 이] '네 가지 방식'(四門)을 합하여 [『이장의』 여섯 단원(分)의] 다섯 번째인 '[두 가지 장애를] 다스려 끊음[을 밝히는] 단원'([明]治斷分)이 되는데, [이 단원을] 마친다.

제6편

[의문들을] 총괄적으로 해결함

次第六總決擇.

다음은 여섯 번째로 [의문들을] 총괄적으로 해결한다.

제1장 첫 번째 문답

問. 若已永斷欲界惑者, 一切皆證不還果耶? 設其證得不還果者, 皆己[1]永斷欲界惑耶? 答. 應作四句. 有已永斷欲界惑盡, 而非證得不還果者, 謂超越那含進斷色界九品惑時, 兼斷欲界彼[2]伏種子等. 有未永斷欲界種子, 而已證得不還果者, 謂如已離欲人入見道時, 於彼種子, 伏斷作證等. 第三句者, 漸出離人證不還時, 第四句者, 除止[3]爾所事.

[H1, 811b6~15; O 59,15~60,5]

묻는다. [이승二乘의 수행에서] 만약 이미 '욕망세계의 번뇌'(欲界惑)를 영원히 끊은 자라면 모두 다 '[욕계에] 다시는 태어나지 않고 열반할 수 있는 경지'(不還果)를 증득하는가? '[욕계에] 다시는 태어나지 않고 열반할 수 있는 경지'(不還果)를 증득한 자라면 모두 이미 '욕망세계의 번뇌'(欲界惑)를 영원히 끊은 것인가?[4]

---

1 橫超本에는 '己'가 '已'라고 되어 있다. 橫超本에 따른다.

2 橫超本에는 '彼'가 '被'라고 되어 있다. 橫超本에 따른다.

3 橫超本에는 '止'가 '上'이라고 되어 있다. 橫超本에 따른다.

4 욕계혹欲界惑과 불환과不還果: 『구사론』 권24에서는 "預流者, 進斷欲界一品修惑乃至五品, 應知轉名一來果向. 若斷第六成一來果."(T29, 124a8~10) 및 "若斷第九成不還果, 必不還來生欲界故."(T29, 124b1~2)라고 하여, 견도見道 16심心을 거쳐 예류과預流果를 얻은 수행자가 욕계欲界 1품에서 5품까지의 수혹修惑을 끊는 과정이 일래향一來向이고, 제6품을 끊으면 일래과一來果를 이루며, 불환과不還果는 욕계欲界 제9품까지 모두 끊었으므로 욕계欲界에 다시 돌아갈 필요가 없는 수행자라고 설명한다. 이 문답에서는 욕계혹欲界惑을 모두 끊은 수행자를 불환과不還果라고 부르는 것에 대해 물음을 제기하고, 이 정의定義에서 벗어나는 예외적 사례들을 거론하여 그 세부 내용을 더 미시적으로 논하고 있다.

답한다. 네 가지로 구분해야 한다. [첫 번째 구분은,] 이미 '욕망세계의 번뇌'(欲界惑)를 영원히 다 끊어 버렸지만 '[욕계에] 다시는 태어나지 않고 열반할 수 있는 경지'(不還果)를 증득한 것이 아닌 경우가 있으니, '[예류預流와 일래一來의] 단계를 뛰어넘어 [욕계에] 다시는 태어나지 않고 열반할 수 있는 경지를 증득한 자'(超越那含, 超越不還)[5]가 '유형세계의 아홉 층 번뇌'(色界九品惑)에 나아가서 끊을 때 겸하여 '욕망세계에서 억제되었던 [번뇌의] 종자'(欲界被伏種子)를 끊는 것 등을 말한다. [두 번째 구분은,] 아직 '욕망세계의 [번뇌의] 종자'(欲界種子)를 영원히 끊지 않았지만 이미 '[욕계에] 다시는 태어나지 않고 열반할 수 있는 경지'(不還果)를 증득하는 경우가 있으니, 예컨대 '[견도見道 이전의 세간도世間道 중에] 이미 욕망세계의 탐욕에서 다 벗어난 사람'(已離欲人)이 '[진리다운] 이해를 밝혀 가는 수행'(見道)에 들어가 [초월불환超越不還이 되었을] 때 저 [욕망세계의 번뇌의] 종자種子를 억눌러 끊는 것을 완수하는 것 등을 말한다.[6] 세

5 초월나함超越那含(超越不還): 둔륜遁倫, 『유가론기瑜伽論記』 권8에서는 "若先已離欲界貪者乃至不復還來生此世間者, 此中據先用世間道伏離欲界欲. 今入見道時成不還果, 即是超越不還之人."(T42, 480c1~3)이라고 하여, 견도에 들기 전의 세간도世間道에서 욕계욕欲界欲(欲界九品惑)을 복리伏離한 이리욕인已離欲人이 견도에 들었을 때 불환과不還果를 이루는 것을 초월불환超越不還이라 한다고 설명한다. 『이장의』에서도 '이승치도위二乘治道位' 단락에서 "已離欲人入見道者, 兼斷九品, 證不還果"(H1, 808c1~2)라고 하여 초월불환超越不還의 의미를 언급한 적이 있다. 본문에서 원효의 설명에 따르면 이 초월불환超越不還이 된 수행자는 명목상 욕계欲界로 돌아갈 필요가 없으므로 이제 색계色界에 나아가 색계色界의 구품혹九品惑을 끊을 자격이 주어지지만 실제로는 겸하여 욕계구품혹欲界九品惑의 피복종자被伏種子도 끊어야 한다. 그 까닭은 유루세간도有漏世間道에서의 치단治斷은 번뇌의 종자를 억제(被伏)하는 것일 뿐이기 때문인 것으로 보인다.

6 첫 번째와 두 번째의 대답은 앞선 두 가지 물음의 순서에 따른 대답인 것으로 보인다. 첫 번째 물음은 〈욕계혹欲界惑을 이미 영단永斷했다면 모두 불환과不還果를 증득하는가?〉이고 두 번째 물음은 역으로 〈불환과不還果를 증득했다면 모두 욕계혹欲界惑을 이미 영단永斷한 것인가?〉이다. 두 가지 대답에서는 공통적으로 유루세간도有漏世間道에서 욕계구품혹欲界九品惑을 모두 끊은 이리욕자已離欲者

번째 구분은 '점차적으로 [번뇌에서] 벗어나는 사람'(漸出離人)[7]이 '[욕계에] 다시는 태어나지 않고 열반할 수 있는 경지'(不還果)를 증득할 때이고, 네 번째 구분은 위와 같은 사례를 제외한 것이다.[8]

의 사례를 들어 순서대로 대답하는데, 첫 번째 대답에서는 〈욕계혹欲界惑을 끊은 이리욕자已離欲者가 초월나함超越那含이 되었다고 하더라도 욕계欲界의 피복종자被伏種子를 아직 끊어야 하므로 불환과不還果를 제대로 증득한 것은 아니다.〉라고 대답하고, 두 번째 대답에서는 〈이리욕已離欲의 초월나함超越那含의 경우는 명목상 불환과不還果를 얻은 것이지만 첫 번째 대답에서 밝혔듯이 실제로는 욕계欲界의 피복종자被伏種子를 아직 끊지 못한 상태〉라고 대답한다. 말하자면 같은 내용을 뒤집어 두 번 질문한 순서에 따라 이리욕已離欲의 초월나함超越那含의 사례를 들어 각각 대답하고 있는 것으로 보인다.

7 점출리인漸出離人: 앞서 '이승치도위二乘治道位'의 '약수혹명단위約修惑明斷位' 단락에서는 "進修道人, 有其二種. 一漸出離義, 如常說. 二頓出離者"(H1, 809a8~9)라고 하여, 이승二乘 수도인修道人을 점출리인漸出離人과 돈출리인頓出離人의 두 종류로 나누고 점출리인漸出離人에 대해서는 일반적인 설명(常說)과 같다고 하면서 논의를 생략한다. 이 일반적인 설명의 내용은 그 앞 단락인 '단견혹斷見惑'에서 군데군데 보이는데, 예를 들어 "修道位中, 乘前勢力, 漸修方便, 卽入增品"(H1, 808c21~22)이라든가 "於修惑, 隨品漸斷"(H1, 808c22~23)이라는 내용이 그것이다. 말하자면 삼계三界의 구품혹九品惑을 점차적으로 끊어 가면서 이승二乘의 성도聖道 단계인 사향사과四向四果를 차례대로 성취해 가는 과정이 점출리漸出離라고 하겠다. '욕계혹欲界惑을 세간도世間道에서 복단伏斷한 초월나함超越那含'과는 달리, 점출리인漸出離人은 '성도聖道인 수도위修道位에서 욕계欲界의 구품수혹九品修惑을 영단永斷한 자'이다. 따라서 〈욕계혹欲界惑을 모두 끊은 수행자를 불환과不還果라고 부른다.〉는 정의에 가장 잘 부합하는 사례는 점출리인漸出離人이 된다. 이에 비해 돈출리인頓出離人에 대해서는 『대승아비달마잡집론』의 "頓出離者, 謂入諦現觀已, 依止未至定, 發出世道, 頓斷三界一切煩惱. 品品別斷, 唯立二果, 謂預流果·阿羅漢果"(H1, 809a15~18)라는 구절을 인용하여 설명한다. 견도見道에서 사제四諦의 이치를 현관現觀하여 예류과預流果를 이루고 나서, '색계정色界定에 들어가는 예비단계의 선정'인 미지정未至定에 의거하여 삼계三界의 모든 번뇌를 돈단頓斷함으로써 일래과一來果와 불환과不還果를 거치지 않고 곧바로 아라한과阿羅漢果를 이루는 자라는 것이다.

8 세 번째의 점출리인漸出離人과 대비하여 돈출리인頓出離人의 경우가 이 네 번째 구분의 한 사례일 수 있다. 돈출리인頓出離人은 삼계三界의 모든 번뇌를 돈단頓斷하므로 당연히 욕계欲界의 구품혹九品惑을 끊었지만 불환과不還果를 거치지 않고 곧바로 아라한과阿羅漢果를 얻는 수행자이기 때문이다.

제2장 두 번째 문답

問. 若永離色界欲者, 一切皆入無色定耶? 設入無色解脫定者, 一切皆離色界欲耶? 答. 應作四句. 或有已離色界欲, 未入無色定, 謂依未至定, 離色界欲等.

[H1, 811b15~19; O 60,6~7]

묻는다. 만약 '유형세계의 탐욕'(色界欲)에서 영원히 벗어난 자라면 모두 다 '무형세계의 선정'(無色定)에 들어가는가? '무형세계의 [탐욕에서] 풀려나는 선정'(無色解脫定)에 들어간 자라면 모두 다 '유형세계의 탐욕'(色界欲)에서 벗어나는가?

답한다. 네 가지로 구분해야 한다. [첫 번째 구분은,] 이미 '유형세계의 탐욕'(色界欲)에서 벗어났으면서도 아직 '무형세계의 선정'(無色定)에 들어가지 않은 경우가 있으니, '[색계정色界定에 들어가는] 예비단계의 선정'(未至定)에 의거하여 '유형세계의 탐욕'(色界欲)에서 벗어나는 것 등을 말한다.[9]

---

9 색계色界의 사선정四禪定 중에 초선정初禪定을 일으키기 위한 준비수행에 해당하는 선정이 미지정未至定이다. 자세한 내용은 앞서의 '미지정未至定' 역주 참조. 색계色界의 사정려四靜慮와 무색계無色界의 공무변처정空無邊處定·식무변처정識無邊處定·무소유처정無所有處定·비상비비상처정非想非非想處定의 사선정四禪定이 8가지 근본정根本定이 되고, 8가지 근분정近分定은 8가지 근본정根本定 각각을 예비하는 단계의 선정이 되어, 8근분정近分定과 8근본정根本定은 무간도無間道와 해탈도解脫道의 관계를 이룬다. 여기서 제1근분정近分定은 욕계欲界 구품수혹九品修惑을 끊어 제1근본정根本定인 색계色界(초정려初靜慮)에 처음 들어가는

或有已入無色定，未離色界欲，謂聖者已得第四靜慮，不求生色界，而由厭背第四靜慮，捨斷結道，依勝進道，漸次能入空處等定. 第三句者，依斷結道，入空處定，第四句者，除上爾所事. 由是道理，說滅盡定，亦於色界，重現在前.[10] 如『對法論』云，"滅盡三摩鉢底，要於人趣，方能引發，或於人趣，或色界，能現在前，先已生起後，重現前故." 此

선정이므로 특별히 미지정未至定이라 부른다. 그러므로 미지정未至定은 이승二乘 수도위修道位의 과정 상에서 욕계혹欲界惑을 다 끊어 다시는 욕계欲界에 돌아갈 필요가 없는 불환不還(정확하게 말하자면 무간도無間道)의 단계이므로, 불환향不還向의 단계에 해당하고 욕계혹欲界惑을 다 끊는 과정이라 할 수 있다. 그런데 이러한 일반적 이해와는 달리 본문의 첫 번째 구분에서는 미지정未至定에 의거하여 욕계혹欲界惑을 끊는 것이 아니라 색계혹色界惑을 끊는다고 말하고 있다. 이 진술의 의미를 추적하기 위해서는 제1문답의 주석에서 언급했던 돈출리인頓出離人의 사례를 상기할 필요가 있겠다. 원효가 인용하고 있는 『대승아비달마잡집론』의 "頓出離者，謂入諦現觀已，依止未至定，發出世道，頓斷三界一切煩惱. 品品別斷，唯立二果，謂預流果 · 阿羅漢果"(H1, 809a15~18)라는 설명에 따르면, 돈출리인頓出離人은 미지정未至定에 의거하여 욕계욕欲界欲뿐 아니라 색계色界 · 무색계無色界를 포함하는 삼계三界의 일체번뇌를 돈단頓斷하는 자이다. 따라서 이 돈출리인頓出離人은 본문에서 진술되는 '미지정未至定에 의거하여 색계욕色界欲에서 벗어나는 사례'에 해당할 것이다. 미지정未至定의 일반적 의미에 따라 '색계色界 초정려初靜慮의 무간도無間道 단계인 미지정未至定'에 의거하여 색계色界에 처음 들어가 다시 다음 단계로 점차적으로 나아가는 수행자가 점출리인漸出離人이라면, 미지정未至定의 단계에서 색계色界 사정려四靜慮와 무색계無色界 사선정四禪定을 초월하여 한꺼번에 아라한과阿羅漢果를 이루는 수행자가 돈출리인頓出離人이다. 그러므로 이 돈출리인頓出離人은 본문 대답의 첫 번째 구분인 '색계욕色界欲에서 벗어났으면서도 무색정無色定에 들어가지 않는 사례'에도 해당할 것으로 보인다. 한편 돈출리頓出離의 방법에 대해, 『대승아비달마잡집론』이 인용하고 있는 『지단경指端經』은 "諸所有色，乃至識，若過去未來現在，若遠若近，總此一切，略爲一分一團一積一聚. 如是略已，應觀一切皆是無常，一切皆苦"(H1, 809a18~22)라고 하여, 과거 · 현재 · 미래나 원 · 근의 오온五蘊의 모든 현상을 일분一分 · 일단一團 · 일적一積 · 일취一聚로 간략하게 하고 나서 무상無常 · 고苦의 진리로써 돈단頓斷하는 것이라고 설명한다.

10 橫超本에서는 원본에 없는 '前'을 보완해 넣은 것이라 한다.

是依未建立阿賴耶識聖教而說. 就如實義, 於無色界, 亦重現前, 有異熟識及種子, 色爲所依止, 命根得住. 此義具如『瑜伽論』說.

[H1, 811b19~c6; O 60,7~13]

[두 번째 구분은,] 이미 '무형세계의 선정'(無色定)에 들어갔으면서도 아직 '유형세계의 탐욕'(色界欲)에서 벗어나지 못한 경우가 있는데 [그것은 다음과 같다.] [이승二乘의 어떤] 성자聖者는 [색계色界 '네 가지 선정'(四禪)의 마지막 경지인] '네 번째 선정'(第四靜慮)을 얻고 나서 [더 이상] 유형세계(色界)에 태어나기를 원하지 않아 [그로 인해] [색계色界의] '네 번째 선정'(第四靜慮)을 싫어하여 등지려 하기 때문에 '번뇌를 끊는 수행'(斷結道)[11]을 버리고 '이전보다 뛰어난 경지로 나아가는 수행'(勝進道)에 의거하여 [무색계無色界의 '네 가지 선정 경지'(四處) 가운데 첫 번째인] '무한하게 비어 있는 경지'(空處, 空無邊處) 등 [무색계無色界의 네 가지] 선정에 점차적으로 들어간다.[12]

---

11 단결도斷結道와 승진도勝進道: '제5편 명치단明治斷'의 '간능치簡能治'에서는 "見道五者, 一資糧道, 二方便道, 三無間道, 四解脫道, 五勝進道. 修道四者, 除資糧道, 有餘四種, 先已積集二資糧故. 究竟道三者, 除勝進道, 有餘三種, 無上菩提, 無所進故"(H1, 802c2~6)라고 하여, 견도見道 · 수도修道 · 구경도究竟道의 수행 과정을 5가지 · 4가지 · 3가지로 세분한다. 지금 본문에서의 논의를 수도修道의 수행 과정에 국한하고 그중에서도 색계色界의 번뇌를 끊어 들어간 무색계정無色界定을 해탈도解脫道라고 설정하면, 색계정色界定은 방편도方便道와 무간도無間道의 수행 과정에 해당하므로 지금 단결도斷結道라는 용어는 넓게 보아 방편도와 무간도를 가리킨다고 할 수 있다. 그리고 좁게 보자면 지금 본문에서는 색계정色界定 중에서 최후정最後定인 제4정려靜慮를 단결도라고 부르고 있으므로 무간도만을 가리킨다고도 하겠다. 그럴 때 승진도勝進道는 해탈도인 무색계정無色界定에 든 이후에 전개되는 네 가지 무색계정의 수행과정을 가리킨다.

12 앞의 제1구에서 거론했던 돈출리인頓出離人을 지금 제2구의 용어로 이해해 보자면 '단결도를 버리는 자'(捨斷結道人)라고 말할 수 있겠다. 미지정未至定에서 무색계정無色界定으로 돈출리頓出離한 자는 색계정色界定의 단결도斷結道를 닦지 않으므로, 무색계정에 들었지만 색계욕色界欲에서 아직 벗어나지 못할 것으로 보인

세 번째 구분은 [색계色界의 '네 가지 선정'(四禪) 가운데 '네 번째 선정'의] '번뇌를 끊는 수행'(斷結道)에 의거하여 [무색계無色界의 '네 가지 선정 경지'(四處) 가운데 첫 번째인] '무한하게 비어 있는 경지'(空處, 空無邊處)에 들어가는 것이고, 네 번째 구분은 위와 같은 사례를 제외한 것이다.

이러한 이치 때문에 '모든 지각과 느낌이 사라진 선정'(滅盡定)[13]이 유

다. 그리고 점출리인漸出離人은 다음의 제3구의 용어에 따르자면 '단결도斷結道에 의거하는 자'(依斷結道)일 것이다. 한편 『구사론』 권5에서는 "如是無想定, 後靜慮求脫"(T29, 24c1) 및 "許此定唯異生得非諸聖者, 以諸聖者於無想定如見深坑不樂入故. 要執無想爲眞解脫, 起出離想而修此定, 一切聖者不執有漏爲眞解脫及眞出離故, 於此定必不修行."(T29, 24c15~20)이라고 하여, 색계色界 최후정려最後靜慮인 제4정려(後靜慮)에서 얻는 무상정無想定은 오로지 이생범부異生凡夫가 수행하는 것으로서, 이승二乘의 성자聖者는 무상정無想定을 무색계無色界로의 진입을 가로막는 '깊은 구덩이'(深坑)와 같은 것으로 여겨 즐겨 들어가고자 하는 수행이 아니라고 한다. 그러므로 지금 제2구의 돈출리인頓出離人은 색계욕色界欲에서 벗어나지 못한다는 측면에서는 부정적인 면모가 있지만, 이생범부異生凡夫의 수행인 색계色界의 무상정 수행을 기피하여 이승二乘 성자聖者의 수행인 무색계정無色界定에 들어간다는 측면에서는 긍정적인 면모가 있다고 하겠다.

13 멸진정滅盡定: 멸수상정滅受想定, 멸진삼매滅盡三昧라고도 한다. 『구사론』 권5에서는 "例無想定心心所滅, 如說復有別法能令心心所滅名無想定. 如是復有別法能令心心所滅名滅盡定."(T29, 25a2~4)이라고 하여, 무상정無想定이나 멸진정滅盡定이나 심心·심소心所를 소멸시키는 별법別法이라는 점에서는 같은 내용의 설명을 전개한다. 그러나 그 차이에 대해서는 "前無想定在後靜慮, 此滅盡定唯在有頂, 即是非想非非想處."(T29, 25a7~8) 및 "前無想定唯異生得, 此滅盡定唯聖者得, 非異生能起, 怖畏斷滅故, 唯聖道力所能起故."(T29, 25a13~15)라고 하여, 무상정은 색계色界의 최후정려最後靜慮인 제4 정려靜慮(後靜慮)에 있는 선정으로서 오직 이생범부異生凡夫가 얻는 것인 반면, 멸진정은 무색계無色界의 유정처有頂處인 비상비비상처非想非非想處에 있는 선정으로서 오직 성자聖者가 얻는 것이라고 설명한다. 그런데 이 멸진정에 대해 같은 책에서는 "滅定初起唯在人中, 此在人中初修起已由退爲先方生色界, 依色界身後復修起."(T29, 25b25~27)라고 하여, 멸진정은 오로지 인취人趣에서 처음 일어나고 멸진정에서 물러 나와서는(退) 색계色界에서 태어났다가 색계신色界身에 의거하여 다시 멸진정을 닦고 일으킨다고 설명한다. 말하자면 멸진정은 무색계無色界의 선정이지만 무색계無色界에는 소의신所依身으로서의 색신色身이 있을 수 없으므로 멸진정에서 물러나서 색계色界에 태어나 거듭 선정을 닦

형세계(色界)에서도 거듭 나타나 존재한다고 말한다. [이것은] 『대승아비달마잡집론』에서 "'모든 지각과 느낌이 사라진 선정'(滅盡三摩鉢底, 滅盡定)은 인간세계(人趣)에서라야 [처음] 생겨나게 할 수 있고,[14] 인간세계(人趣)나 유형세계(色界)에서 [거듭] 나타나 존재하는 경우가 있으니, [멸진정滅盡定은] 먼저 [인간세계(人趣)에서] 생겨서 일어난 후에 [인간세계(人趣)나 유형세계(色界)에서] 거듭 나타나기 때문이다."라고 말한 것과 같다.[15]

아야 한다는 것이다. 한편 『유가사지론』 권53에서는 멸진정에 대해 "復次云何滅盡定? 謂已離無所有處貪未離上貪, 或復已離由止息想作意爲先故, 諸心心所唯滅靜唯不轉, 是名滅盡定. 此定唯能滅靜轉識, 不能滅靜阿賴耶識. 當知此定亦是假有非實物有."(T30, 593a1~5)라고 하여, 『구사론』에서처럼 기본적으로 심心·심소心所를 멸정滅靜하는 것이라고 정의하면서도 이 심心·심소心所의 멸정은 7전식轉識에 대한 것이지 아뢰야식阿賴耶識에 대한 것이 아니라고 지적한다.

14 멸진정滅盡定이 인취人趣에서 '처음 일어난다'(初起)는 것에 대해 『아비달마장현종론阿毘達磨藏顯宗論』 권7에서는 "無想定, 欲色二界皆得初起. 滅定初起唯在人中, 謂滅盡定唯在人中, 得初修起唯人中有. 說者釋者, 及有強盛加行力故. 有在人中初修得已, 由退爲先方生色界, 依色界身後復修起, 非在無色能入滅定, 無所依故, 命根必依色心而轉, 若在無色入滅定者, 色心俱無, 命根應斷."(T29, 807c13~20)이라고 하여 『구사론』보다 좀 더 자세히 설명한다. 무상정無想定은 욕계欲界와 색계色界 모두에서 처음 일어나지만 멸진정滅盡定은 오직 욕계欲界의 인취人趣에서만 처음 일어나는데, 그 까닭은 멸진정은 석가모니 부처님(釋者)의 강성가행력強盛加行力으로 인해 처음 일어나는 것이기 때문이라고 설명한다. 한편 무색계無色界에서 멸진정에 들어갈 수 없는 까닭에 대해서는, 명근命根은 색色·심心에 의거하여 전전展轉하는 것인데 무색계無色界에서는 색·심이 모두 없어 멸진정 수행자의 소의所依인 명근이 끊어지기 때문이라고 설명한다. 이러한 명근과 멸진정에 대한 이승二乘의 논의는 원효가 아래에서 논의하는 '아뢰야식阿賴耶識을 건립한 여실의如實義'의 내용, 즉 무색계無色界에서도 소의인 명근이 머무를 수 있어서 멸진정에 들어갈 수 있다는 내용과 대비된다.

15 『대승아비달마잡집론大乘阿毘達磨雜集論』 권9(T31, 737b5~8). "滅盡三摩鉢底, 是出世間, 由聖道後所證得故. 要於人趣, 方能引發, 言引發者是初起義. 或於人趣. 或於色界, 能現在前, 先已生起後, 重現前故." 밑줄 친 곳은 생략된 내용이다. 〈산스크리트본의 해당 내용: (출전1) AS., p.69; nirodhasamāpattir lokottarā manuṣyeṣv

이 [『대승아비달마잡집론』의 논의]는 아직 아뢰야식阿賴耶識을 세우지 않은 교법(聖教)에 의거하여 말한 것이다. [아뢰야식을 세우는] '진리에 맞는 뜻'(如實義)에 의거한다면 무형세계(無色界)에서도 [멸진정滅盡定이] 거듭 나타나 존재하니, [무형세계(無色界)에도] [제8식인] '다르게 무르익어 가는 식'(異熟識)과 종자種子가 있어서 [이숙식異熟識과 종자種子가 만들어 내는] '색깔이나 모양 있는 것'(色)이 의지처가 되어 [멸진정滅盡定을 일으키는] '생명 능력'(命根)이 자리 잡기 [때문이다.][16] 이러한 뜻의 자세한 것은 『유가사지론』에서 설명하는 것과 같다.[17]

---

abhinirhiyate | manuṣyeṣv abhinirhṛtā manuṣyeṣu rūpadhātau vā saṃmukhīkriyate |; 멸진정은 출세간이고, 사람들 중에서 일어난다. 사람들 중에서 일어났던 [멸진정]은 사람들 중에서 혹은 색계에서 현전한다. (출전2) ASBh., pp.8H1, 82; nirodhasamāpattir lokottarā, āryamārgapṛṣṭhalabhyatvāt | manuṣyeṣv abhi[ni]rhriyate utpādyata ādita ity arthaḥ, pūrvotpāditāyāḥ paścāt saṃmukhībhāvo manuṣyeṣu vā tasminn eva janmani rūpadhātau vā upapadya |; 멸진정은 출세간이다. 왜냐하면, 성자들의 길 이후에 획득되는 것이기 때문이다. 사람들 중에서 일어난다는 것은 처음에 생겨난다는 의미이다. 이전에 생겨났던 [멸진정]은 이후에 사람들 중에서 즉 바로 그 생에서 혹은 [다음 생에서] 색계에서 태어난 후 현전한다.〉

16 앞서 아뢰야식阿賴耶識을 건립하지 않은 이승二乘의 논의에서는 무색계無色界에서 멸진정滅盡定에 들어갈 수 없는 까닭에 대해 〈무색계無色界에는 색色·심心이 모두 없어 멸진정滅盡定 수행자의 소의所依인 명근命根이 끊어지기 때문〉이라고 설명한 데 반해, 아뢰야식阿賴耶識을 건립한 대승大乘의 여실의如實義에서는 무색계無色界에도 이숙식異熟識과 이에 근거한 색色이 있는 것이 되므로 색色·심心에 의거하여 전전展轉하는 명근命根까지 무색계無色界에 존재하는 것이 되고, 결국 명근命根에 의거하여 무색계無色界에서도 멸진정滅盡定이 현전現前할 수 있다는 뜻이다.

17 『유가사지론』 권56(T30, 607a28~b18). "問, 依何分位建立無想定滅盡定及無想天? 此三各有幾種? 答, 依已離遍淨貪, 未離上貪出離想作意爲先, 名滅分位, 建立無想定. 此復三種, 自性者唯是善, 補特伽羅者在異生相續, 起者先於此起, 後於色界第四靜慮, 當受彼果. 依已離無所有處貪止息想作意爲先, 名滅分位, 建立滅盡定. 此復三種, 自性者唯是善, 補特伽羅者在聖相續, 通學無學, 起者先於此起, 後於色界重現在前, 託色所依方現前故. 此據未建立阿賴耶識教, 若已建立於一切處, 皆得現前. 依已生無想有情天

제3장 세 번째 문답

問. 三界之外, 爲有衆生, 爲無衆生? 此何所疑? 若有若無, 違聖言故. 答. 此有二義. 若如古說, 衆生之厚, 厚[18]在識窟, 從彼流來, 來[19]入三界. 是同外道經所說宗, 佛法之內, 無如是義. 是故若望過去求衆生本, 無始[20]世來, 流轉三界, 若望其後修道除[21]障出三界者, 卽當分別. 何者? 若據現事, 有多衆生, 出三界外, 未離生死. 若說[22]自性, 出三界外, 唯有佛地, 更無流轉.

[H1, 811c7~16; O 60,14~61,3]

묻는다. '[욕망세계 · 유형세계 · 무형세계, 이] 세 종류의 세계'(三界) 바깥에 중생[의 근원根源]이 있는가, [아니면 삼계三界의 바깥에는] 중생[의 근원]

中, 名滅分位, 建立無想. 此亦三種, 自性者無覆無記, 補特伽羅者唯異生性, 彼非諸聖者, 起者謂能引發無想定思, 能感彼異熟果, 後想生已是諸有情便從彼沒. 問, 依何分位建立命根? 此復幾種? 答, 依業所引異熟住時決定分位, 建立命根. 此復三種, 謂定不定故, 愛非愛故, 歲劫數等所安立故." 여기 『유가사지론』에서도 아뢰야식阿賴耶識을 건립하지 않은 가르침과 이미 건립한 가르침으로 나누어 논의하고, 이미 건립한 가르침에서는 일체처一切處에서 멸진정滅盡定이 현전現前한다고 하며, 말미에서는 명근命根에 대해 논의하는 내용들이 주목된다.

18 橫超本에서는 "원본에 '厚厚'라고 되어 있지만 지금 '原原'으로 고친다"라고 한다. 은정희본도 동일하다. 橫超本의 교감 취지를 따르지만 '原'은 '源'으로 바꾸어 번역한다.

19 橫超本에서는 '來來'는 원본에 '未未'라 되어 있으나 '來來'로 고친다고 하였다.

20 橫超本에서는 원본의 '姤'를 '始'로 고친 것이라 하였다.

21 橫超本에서는 원본의 '降'을 '除'로 고친 것이라 하였다.

22 橫超本에는 '說'이 '就'라고 되어 있다. '就'나 '據'로 보는 것이 적절하다.

이 없는가? 이것이 어째서 의문의 대상인가? [삼계三界 바깥에 중생의 근원이] 있다고 하든 없다고 하든 [부처님의] '고귀한 말씀'(聖言)에 어긋나기 때문이다.

답한다. 이 [중생의 근원에 대한 설명]에는 두 가지 방식(義)이 있다. 만약 '옛부터의 [어떤] 주장'(古說)과 같다면, 중생의 근원은 [그] 근원이 '의식의 동굴'(識窟)[23]에 있으니, [중생은] 저 ['의식의 동굴'(識窟)]에서 흘러나와 '[욕망세계·유형세계·무형세계, 이] 세 종류의 세계'(三界)에 들어오는 것이다. [이것이 첫 번째 방식의 설명이다.] [그런데] 이것은 '[불교와는] 다른 가르침을 설하는 경전'(外道經)에서 말하는 주장(宗)과 같으니, '부처님의 진리'(佛法)에 이와 같은 뜻은 없다. 그러므로 만약 과거에 의거하여 중생의 근본을 찾는다면 [식굴識窟과 같은 일점一點 근원에서가 아니라] '시작을 알 수 없는 [과거의] 시간'(無始世) 이래로 [중생은] '[욕망세계·유형세계·무형세계, 이] 세 종류의 세계'(三界)로 떠돌아다니는 것이고, 만약 '[떠돌아다닌] 이후에 수행하여 [번뇌의] 장애를 없애고 세 종류의 세계에서 벗어나는 것'에 의거하여 [중생의 근본을 찾는다면] 곧 [두 가지로] 나누

---

23 식굴識窟: 길장吉藏, 『법화의소法華義疏』 권6에서는 "問, 衆生云何是佛子耶? 答, … 成論師云. 衆生從無明識窟流來, 爲佛所愛念故名爲子. 今明子有二義, 一者衆生與佛同源, 謂衆生本性清淨, 佛亦爾也."(T34, 539a28~b4)라고 하여, 〈중생을 왜 '부처님의 자식'(佛子)이라고 부르는가?〉라는 물음에 대해 중생을 '무명식굴無明識窟'에서 유래한 존재로 규정하고 부처님이 애념愛念하기 때문에 자식(子)이라 부른다고 대답하는 중국 남북조南北朝 시대의 양대梁代 성실론사成實論師(成論師)의 견해를 소개한다. 길장吉藏의 대답은 성실론사의 견해와 달리 중생과 부처님의 본원이 본성청정本性淸淨의 면모에서 같기 때문이라는 것이다. 참고로 중생의 본원을 '무명식굴'로서 규정하는 양대梁代 성실론사는 일반적으로 '약리約理의 이제'에 집착한다고 삼론학파三論學派에 의해 비판되는 학파인데, '약리約理의 이제二諦'란 유有와 무無의 이제를 방편적인 교법(敎)이 아니라 실재하는 불변의 이법(理)이라고 이해하는 논리를 말한다. 김성철, 『중관사상』(민족사, 2006), p.281 이하 참조.

어 보아야 한다. [이것이 두 번째 방식의 설명이다.]

어떻게 나누어 보아야 하는가? 만약 '나타난 현상'(現事)에 의거하여 본다면, 많은 중생이 '[욕망세계 · 유형세계 · 무형세계, 이] 세 종류의 세계'(三界)를 떠났지만 아직 '[근본무지에 매여] 태어나고 죽는 것'(生死)을 떠나지 못하고 있다. 만약 본연(自性)에 의거하여 본다면, '[욕망세계 · 유형세계 · 무형세계, 이] 세 종류의 세계'(三界)를 벗어나면 오직 '부처 경지'(佛地)만 있어 다시는 [근본무지에 매여 생사生死의 윤회에] 떠돌아다니지 않는다.

言"據事"者, 曲有四重. 一趣寂二乘, 已出三界, 受意生身. 如『經』言, "出三界外, 有三種意生身"故. 二直往菩薩, 於十住中第四住位, 已出三界, 受不繫身. 如『經』言, "第四生貴眞佛子, 捨離生死, 出三界"故.

[H1, 811c16~21; O 61,3~5]

[수행으로 삼계三界에서 벗어나는 것에 의거하여 중생의 근본을 찾는 '두 가지 구분' 가운데 하나인] "'[나타난] 현상'([現]事)에 의거한다"라는 말에는, 자세히는 네 가지 [의미]가 있다.

첫 번째는, '고요한 [열반의 경지]에 나아간 [성문과 연각] 두 부류 수행자'(趣寂二乘)가 '[욕망세계 · 유형세계 · 무형세계, 이] 세 종류의 세계'(三界)를 벗어나고 나서 '[모태에서 태어나지(胎生) 않고] 뜻으로 태어나는 몸'(意生身)[24]을 받는 것이다. 경전에서 "'[욕망세계 · 유형세계 · 무형세계, 이] 세 종류의 세계'(三界)를 벗어나 '뜻으로 태어나는 세 가지 몸'(三種意生身)[인 아라한阿羅漢 · 벽지불辟支佛 · 대력보살大力菩薩]이 있다."[25]고 말한 것과 같다.

---

24 의생신意生身의 의미는 앞서의 '의생신意生身' 역주 참조.

25 『승만경』 권1(T12, p.220a15~22). "如是世尊, 無明住地最爲大力. 世尊, 又如取緣有漏業因而生三有, 如是無明住地緣無漏業因, 生阿羅漢辟支佛大力菩薩三種意生身. 此三

두 번째는, '[이승二乘의 수행을 거치지 않고 대승의 십지十地 수행으로] 곧

地彼三種意生身生, 及無漏業生, 依無明住地, 有緣非無緣. 是故三種意生身及無漏業緣無明住地. 世尊, 如是有愛住地數四住地, 不與無明住地業同. 無明住地異離四住地, 佛地所斷." 구문상 일치하는 문장이 검색되지 않아 이승二乘을 포함하는 삼종의생신三種意生身에 대해 논의하는 문장을 출전으로 제시했다. 여기서는 의생신意生身을 무명주지無明住地와 관련시켜 논의한다. 이에 따르면 유루有漏의 업인業因을 취연取緣하여 욕계·색계·무색계의 삼유三有를 일으키듯이 무명주지無明住地가 무루無漏의 업인業因을 반연하여 일으키는 것이 아라한阿羅漢·벽지불辟支佛·대력보살大力菩薩이라는 삼종의생신三種意生身이며, 이런 점에서 의생신意生身과 무루無漏의 업인業因은 무명주지無明住地를 반연하여 일어나는 것이라고 한다. 삼계三界 내의 욕계주지欲界住地·색계주지色界住地·무색계주지無色界住地 및 총무명주지總無明住地의 유애수사주지有愛數四住地는 이렇듯 유루有漏의 업인業因을 반연하지만 삼계三界 밖의 무명주지無明住地는 무루無漏의 업인業因을 반연한다는 점에서 유애수사주지有愛數四住地와 무명주지無明住地는 다르며, 끝으로 무명주지無明住地는 아라한阿羅漢·벽지불辟支佛·대력보살大力菩薩에 의해서가 아니라 오로지 불지佛地에서만 끊는다고 결론짓는다. 『이장의』에서도 이하에서 자성삼계自性三界를 논의하는 자리에서 자성삼계自性三界를 벗어나는 자는 오로지 부처님뿐이라고 지적하는데, 이로부터 의생신意生身과 관련하여 '현사現事의 삼계三界'와 '자성自性의 삼계三界'로 나누어 논의하고 있는 『이장의』의 내용을 개괄적으로 이해해 보면 다음과 같다. 지금 현사現事의 삼계를 벗어나는 주체로서 등장하는 취적이승趣寂二乘이나 직왕보살直往菩薩, 초지보살初地菩薩, 팔지보살七地菩薩 등은 삼계三界를 벗어나 의생신意生身을 얻는 자들이지만, 이들 모두는 유애수사주지有愛數四住地를 벗어난 것일 뿐 아직 무루無漏의 업인業因을 반연하는 무명주지無明住地를 벗어나지는 못한 것이고, 무명주지에 의해 근원적인 번뇌 지평으로서 펼쳐지는 자성自性의 삼계三界는 오로지 불지佛地에서만 벗어날 수 있다. 한편 『능가아발다라보경』 권3에서도 삼종의생신三種意生身을 논의하면서 "有三種意生身, 云何爲三? 所謂三昧樂正受意生身, 覺法自性性意生身, 種類俱生無行作意生身."(T16, p.497c20~22)이라고 하여, 삼매락정수의생신三昧樂正受意生身·각법자성성의생신覺法自性性意生身·종류구생무행작의생신種類俱生無行作意生身의 세 가지를 제시한다. 이어지는 문장에서 "修行者了知初地上增進相, 得三種身."(T16, p.497c22~23)이라고 하듯이, 이 『능가경』에서 제시하는 삼종의생신三種意生身은 초지初地 이상의 보살菩薩이 얻는 것이라고 설명하므로 이승二乘이 얻는 의생신意生身을 포함하지 않는 개념이다. 예를 들어 삼매락정수의생신三昧樂正受意生身에 대해서는 "云何三昧樂正受意生身? 謂第三第四第五地, 三昧樂正受故."(T16, p.497c23~24)라고 하여 제3·제4·제5지에서 얻는 의생신意生身이

바로 나아가는 보살'(直往菩薩)[26]이 '[믿음이 이해로] 안착하는 열 가지 단계'(十住, 十解) 가운데 '네 번째 단계'(第四住)[인 생귀주生貴住]에서 '[욕망세계 · 유형세계 · 무형세계, 이] 세 종류의 세계'(三界)를 벗어나고 나서 '번뇌에 묶이지 않는 몸'(不繫身)을 받는 것이다. 경전에서 "[십주十住 중] 네 번째인 '고귀한 불교 가문에 태어나는 [단계]'(生貴[住])[27]에 있는 참된 '부처님의 제자'(佛子)는 '[근본무지에 매여] 태어나고 죽는 [윤회하는] 삶'(生死)을 떠나 '[욕망세계 · 유형세계 · 무형세계, 이] 세 종류의 세계'(三界)를 벗어난다."[28]라고 말한 것과 같다.

三者, 於七地中三地菩薩, 由願力故, 損伏煩惱, 出三界外, 受淨土[29]身, 若不依願力, 非直出故. 例如異生伏下地惑, 受上生等, 此亦如是. 如『經』[30]言, "有淸淨土, 出於三界. 三地菩薩, 由願力故, 得生於彼, 非諸異生及非異生二乘."等故.

[H1, 811c21~812a3; O 61,5~8]

라 하고, 각법자성성의생신覺法自性性意生身에 대해서는 "云何覺法自性性意生身? 謂第八地, 觀察覺了如幻等法悉無所有, 身心轉變 …"(T16, p.497c27~28)이라고 하여 제8지에서 얻는 의생신이라는 등으로 설명한다. 이 『능가경』의 삼종의생신 개념을 지금 본문의 맥락과 관련시켜 보자면, 이승이 삼계를 벗어나는 첫 번째 사례와는 부합하지 않고, 초지보살 이상이 삼계를 벗어나는 경우인 다음의 세 번째와 네 번째 사례에 부합할 것으로 보인다.

26 직왕보살直往菩薩: 돈오보살頓悟菩薩이라고도 한다. 점오보살漸悟菩薩은 이승二乘의 아라한阿羅漢이 마음을 돌려 대승大乘에 입문한 자이라면, 돈오보살頓悟菩薩은 아라한阿羅漢이 되기까지의 이승二乘 수행을 거치지 않고 십주十住 · 십행十行 · 십회향十廻向의 삼현위三賢位 수행을 거쳐 십지十地의 초지初地로 들어간 자이다. 점오보살漸悟菩薩과 돈오보살頓悟菩薩에 대해서는 앞서의 역주 참조.

27 제사생귀第四生貴: 앞서의 역주 참조.

28 『화엄경』 권8(T9, 448a10~11). "第四生貴眞佛子, 從諸賢聖正法生, 有無諸法無所著, 捨離生死出三界."

29 橫超本에서는 원본의 '立'을 '土'로 교정한 것이라 한다.

30 아래의 인용문은 출전이 『유가사지론』이므로 '經'을 '論'으로 고친다.

세 번째는, [『유가사지론』의 보살 13주住를 재편성한] '일곱 가지 단계'(七地)[31] 가운데 '세 번째 단계[인 정승의락지淨勝意樂地]의 보살[이자 십지十地의 초지初地인 환희지보살歡喜地菩薩]'(三地菩薩)[32]이 '[중생을 구제하려는] 서

31 7지地: 7지地는 『유가사지론』에서 제시하는 보살의 수행 계위인 13주住(앞서의 '승해행지勝解行地' 역주 참조) 체계를 일곱 가지 단계로 재편성한 것을 말하는데, 그 내용은 다음과 같다. "如前所說十三住中, 應知隨彼建立七地前之六種唯菩薩地. 第七一種菩薩如來, 雜立爲地. 何等爲七? 一種性地, 二勝解行地, 三淨勝意樂地, 四行正行地, 五決定地, 六決定行地, 七到究竟地. 如是七種菩薩地中, 最後一種名爲雜地. 前種姓住名種性地, 勝解行住名勝解行地, 極歡喜住名淨勝意樂地, 增上戒住, 增上心住, 三種增上慧住, 有加行有功用無相住, 名行正行地. 無加行無功用無相住名決定地, 此地菩薩墮在第三決定中, 故無礙解住名決定行地. 最上成滿菩薩住, 及如來住, 名到究竟地."(『유가사지론』 권49, T30, 564c28~565a10.) 여기에 따르면 7지地는 ① 종성지種性地, ② 승해행지勝解行地, ③ 정승의락지淨勝意樂地, ④ 행정행지行正行地, ⑤ 결정지決定地, ⑥ 결정행지決定行地, ⑦ 도구경지到究竟地의 일곱 가지를 일컫는데, 여기에 13주住가 분속된다. 13주住의 ① 종성주種性住는 7지地의 ① 종성지種性地에, ② 승해행주勝解行住는 ② 승해행지勝解行地에, ③ 극환희주極歡喜住는 ③ 정승의락지淨勝意樂地에, ④ 증상계주增上戒住, ⑤ 증상심주增上心住, ⑥ 각분상응증상혜주覺分相應增上慧住, ⑦ 제제상응증상혜주諸諦相應增上慧住, ⑧ 연기유전지식상응증상혜주緣起流轉止息相應增上慧住, ⑨ 유가행유공용무상주有加行有功用無相住의 6주住는 ④ 행정행지行正行地에, ⑩ 무가행무공용무상주無加行無功用無相住는 ⑤ 결정지決定地에, ⑪ 무애해주無礙解住는 ⑥ 결정행지決定行地에,

7地	① 種性地	② 勝解行地	③ 淨勝意樂地	④ 行正行地						⑤ 決定地	⑥ 決定行地	⑦ 到究竟地	
13住	① 種性住	② 勝解行住	③ 極歡喜住	④ 增上戒住	⑤ 增上心住	⑥ 覺分相應增上慧住	⑦ 諸諦相應增上慧住	⑧ 緣起流轉止息相應增上慧住	⑨ 有加行有功用無相住	⑩ 無加行無功用無相住	⑪ 無礙解住	⑫ 最上成滿菩薩住	⑬ 如來住
10地	十信	十住·十行·十迴向	① 歡喜地	② 離垢地	③ 發光地	④ 焰慧地	⑤ 難勝地	⑥ 現前地	⑦ 遠行地	⑧ 不動地	⑨ 善慧地	⑩ 法雲地	等覺地

원의 힘'(願力)으로 인해 번뇌를 덜어 내고 억제하여 '[욕망세계 · 유형세계 · 무형세계, 이] 세 종류의 세계'(三界)를 벗어나 '청정한 세계의 몸'(淨土身)을 받는 것이니, 만약 '서원의 힘'(願力)에 의거하지 않는다면 [삼계三界를] 곧바로 벗어나지는 못하기 때문이다.[33] 예컨대 범부중생(異生)이

마지막으로 ⑫ 최상성만보살주最上成滿菩薩住와 ⑬ 여래주如來住의 2주住는 ⑦ 도구경지到究竟地에 각각 분속되는 구조다. 7지와 13주와 10지의 체계를 도표화하면 위와 같다.

32 삼지三地와 정승의락지淨勝意樂地 및 초지환희지初地歡喜地: 본문의 삼지三地는 10지地의 제3지地인 발광지發光地가 아니라 위 주석의 도표에서 보듯이 7지地의 제3지地인 정승의락지淨勝意樂地를 가리키고, 12주住에서는 제3주住인 극환희주極歡喜住를, 10지地에서는 초지初地인 환희지歡喜地를 가리킨다. 원효는 본문의 아래에서 제시되어 있는 『유가사지론』 인용문을 『무량수경종요』 권1에서도 좀 더 자세히 인용하면서 이 삼지三地에 대해 "解云. 此第三地是歡喜地, 以就七種菩薩地門, 第三淨勝意樂地故, 攝十三位, 立七種地, 具如彼論之所說故."(T37, 126b3~6)라고 하여, 이 제3지는 10지(十地) 체계에서는 초지初地 환희지歡喜地이고 칠종보살지문七種菩薩地門(7지地)에서는 제3 정승의락지淨勝意樂地에 해당한다고 해설하며, 아울러 『유가사지론』의 칠종보살지문七種菩薩地門과 십삼위十三位의 관계를 언급한다.

33 지금 '현사現事의 삼계三界'를 벗어나는 것에 대한 이 세 번째 문단에서 삼계를 벗어난다는 것이 정토신淨土身을 얻는 것과 직결됨을 적시하고 있는데, 원효는 정토학의 소의경전에 대한 해석서인 『무량수경종요』 권1에서도 "第三純與雜相對門者, 凡夫二乘雜居之處, 不得名爲清淨世界, 唯入大地菩薩生處, 乃得名爲清淨世界."(T37, 126a24~26)라고 하여, 범부와 이승의 잡거처는 청정세계라고 부를 수 없고 오로지 입대지보살入大地菩薩(初地菩薩)의 생처生處만이 청정세계라고 설명하여 『이장의』 본문에서 초지보살이 원력으로 정토신淨土身을 얻는다는 논의와 동일한 내용의 논의를 전개한다. 앞 주석에서 제3지가 10지 체계에서는 초지初地 환희지歡喜地라고 설명하는 원효의 『무량수경종요』에서의 논의도 이 설명에 이어지는 대목의 내용이다. 여기서 제삼순여잡상대문第三純與雜相對門이라는 항목은 『무량수경종요』에서 원효가 정토淨土와 예토穢土의 차이를 드러내기 위해 설정한 네 가지 상대相對 중 하나인데, 먼저 원효는 『무량수경』의 종체宗體를 정토인과淨土因果로 규정하고("此經正以淨土因果爲其宗體." T37, 125c28~29), 이어서 "因與果相對故, 一向與不一向相對故, 純與雜相對故, 正定與非正定相對故."(T37, 126a4~5)라고 하여 네 가지 상대相對를 설정한다. 첫 번째로 인여과상대因與果相對에서

'[수준이] 낮은 [욕망]세계'(下地)의 번뇌를 억제하여 '[수준이] 높은 [유형세계와 무형세계의] 삶'(上生)들을 받는 것과 같이, 이 [초지보살初地菩薩이 곧바로 삼계三界를 벗어나는] 것도 이와 같다. [이것은] 『유가사지론』에서 "'청정한 세계'(淸淨土)가 있으니, '[욕망세계 · 유형세계 · 무형세계, 이] 세 종류의 세계'(三界)를 벗어난 것이다. '세 번째 단계[인 정승의락지淨勝意樂地]의 보살[이자 십지十地의 초지初地인 환희지보살歡喜地菩薩]'(三地菩薩)이 '[중생을 구제하려는] 서원의 힘'(願力)으로 인해 저 [청정토淸淨土]에 태어날 수 있으

는 "言因與果相對門者, 謂金剛以還菩薩所住名果報土不名淨土, 未離苦諦之果患故, 唯佛所居乃名淨土."(T37, 126a6~8)라고 하여, 금강유정 이하의 모든 거주처(所住)는 穢土이고 오로지 부처님이 계신 곳(佛所居)만이 정토라고 한다. 두 번째로 일향여불일향상대一向與不一向相對에서는 "第二一向與不一向相對門者, 謂八地以上菩薩住處, 得名淨土, 以一向出三界事故. 亦具四句一向義故, 七地以還一切住處, 未名淨土, 以非一向出三界故."(T37, 126a11~14)라고 하여, 8지地 이상의 거주처가 정토라고 한다. 세 번째인 순여잡상대純與雜相對는 앞에서 보았듯이 초지보살과 범부 · 이승의 상대를 말한다. 네 번째로 정정여비정정상대正定與非正定相對에서는 "第四正定與非正定相對門者, 三聚衆生苦生之地, 是爲穢土, 唯正定聚所居之處, 名爲淨土, 於中亦有四果聲聞."(T37, 126b6~8)이라고 하여, 삼취중생三聚衆生인 부정취不定聚 이하의 거주처는 예토이고 오로지 정정취正定聚인 삼현보살三賢菩薩의 거주처만이 정토라고 하면서 이 정토에는 이승의 성문도 있다고 한다. 『무량수경종요』에서 제시하는 이 네 가지 상대문相對門은 지금 본문의 제3문답의 전체 구도와 잘 맞아떨어지는데, 현사삼계의 첫 번째와 두 번째 문단에서 '이승이 얻는 의생신'과 '직왕보살(삼현보살)이 얻는 불계신'은 네 번째 상대문에서 제시되는 정토에서 얻는 몸이고, 현사삼계의 세 번째 문단에서 '초지보살이 얻는 정토신'은 세 번째 상대문에서 제시되는 정토에서 얻는 몸이며, 다음에 이어지는 것처럼 현사삼계의 네 번째 문단에서 '팔지보살이 얻는 의생신'은 두 번째 상대문에서 제시되는 정토에서 얻는 몸이고, 마지막으로 자성삼계를 홀로 벗어나는 부처님(佛如來)은 첫 번째 상대문에서 제시되는 정토에서 얻는 몸이 된다. 정토학의 소의경전에 대한 해석서인 원효 『무량수경종요』의 '정부정문淨不淨門'(T37, 126a3~126b27)에서의 이와 같은 논의에 비추어 보면, 본문의 제3문답과 동일한 구조의 논의를 『무량수경종요』에서는 정토라는 주제에 맞추어 더 자세히 전개한 것이므로, 중생의 근본을 삼계를 벗어난 청정신淸淨身에서 찾는 『이장의』 제3문답 전체를 정토학의 맥락에서 이해할 수도 있을 것이다.

니, 모든 범부중생(異生)과 '범부중생이 아닌 [성문과 연각] 두 부류 수행자'(非異生二乘)가 [태어날 수 있는 곳이] 아니다."[34] 등으로 말한 것과 같다.

四者, 於十地中七地菩薩, 由行勢力故, 伏斷種子, 捨此身已, 受意生身. 例如超越那含, 無漏力故, 伏斷種子, 不生欲界, 此亦如是. 如『經』言, "初地乃至七地, 三界業果俱伏盡無餘, 八地乃盡故."

[H1, 812a3~8; O 61,8~10]

네 번째는, '[보살수행의] 열 가지 [본격적인] 단계'(十地) 가운데 '일곱 번째 단계의 보살'(七地菩薩)[인 원행지보살遠行地菩薩]이 수행의 힘으로 인해 [번뇌의] 종자種子를 억눌러 끊어 이 [삼계三界의] 몸을 버리고 나서 '뜻으로 태어나는 몸'(意生身)을 얻는 것이다. 예컨대 '[예류預流와 일래一來의] 단계를 뛰어넘어 [욕계에] 다시는 태어나지 않고 열반할 수 있는 경지를 증득한 자'(超越那含, 超越不還)가 '번뇌가 흘러들어오지 않게 하는 힘'(無漏力)으로 인해 [번뇌의] 종자種子를 억눌러 끊어 욕망세계(欲界)에 태어나지 않는 것과 같으니, [칠지七地를 성취한 보살도] 이와 같[이 삼계三界에 태어나지 않는]다. 경전(『본업경』)에서 "[십지十地의] '첫 번째 단계'(初地, 歡喜地)에서부터 '일곱 번째 단계'(七地, 遠行地)에 이르기까지 [욕망세계·유형세계·무형세계, 이] 세 가지 세계의 '행위의 과보'(業果)를 모두 다 남김없이 억누르다가, '여덟 번째 단계'(八地, 不動地)에서는 ['[윤회하는] 행위의 과보'(業果)가] 다 없어진다."[35]라고 말한 것과 같다.[36]

---

34 『유가사지론』 권79(T30, 736c24~29). "於清淨世界中, 無那落迦傍生餓鬼可得, 亦無欲界色無色界, 亦無苦受可得, 純菩薩僧於中止住, 是故說名清淨世界. 已入第三地菩薩, 由願自在力故, 於彼受生, 無有異生及非異生聲聞獨覺."

35 『보살영락본업경』 권1(T24, 1016c16~19). "又十一人亦伏法界中三界業果故, 初地乃至七地, 三界業果俱伏盡無餘, 八地乃盡故, 從此以上示現作佛."

36 칠지七地와 팔지八地: 『십지경론』 권1에서 "善修無相行功用, 究竟能過世間二乘出

此等皆約現事三界，說其不受故，得出世,[37] 而於自性三界，如是四位乃至金剛，皆未能出．何等名爲自性三界，謂三界內八種分別之所業薰發自性緣生．此中俱有三界所攝煩惱業報十八界性．彼三乘人出三界者，永斷三界增上緣種，由是不受三界現事．而其自性三界悉具有，猶未能斷其因緣故．若就能斷因緣種子，以明能出自性三界者，於初地中，始斷麁品三界因緣，卽出麁品自性三界，如是漸出，乃至金剛，斷最細品[38]三界因緣，出最細品自性三界．而由未離習氣三界，由是義故，一切衆生在自性三界藏內，唯佛如來獨出三界．

[H1, 812a8~21; O 61,10~62,2]

이 [네 가지]들은 모두 '나타난 현상으로서의 세 종류의 세계'(現事三界)에 의거하여 [수행으로 번뇌의 장애를 없애어] 그 [삼계三界]에 태어나지 않

世間道故，名遠行地．報行純熟無相無間故，名不動地."(T26, 127a24~26)라고 한 것에 따르면, 제7 원행지遠行地에 대해서는 무상행공용無相行功用을 닦아 궁극적으로 세간도世間道와 이승二乘의 출세간도出世間道를 넘어서기 때문에 원행지遠行地라 하고, 제8 부동지不動地에 대해서는 7지까지의 수행이 성숙하여 무상無相의 관점이 '틈 없이'(無間) 완수되기 때문에 부동지不動地라 한다고 설명한다. 제7지에서 제8지로의 전환은 일종의 무간도無間道와 해탈도解脫道의 관계로서, 십지十地 수행 상에서 하나의 분기점을 이루는 것으로 보인다. 13주住 체제에서 제7 원행지遠行地와 제8 부동지不動地가 각각 유가행유공용무상주有加行有功用無相住와 무가행무공용무상주無加行無功用無相住라고 불리는 것으로 유추하자면, 제7지는 가행加行을 통해 무상無相의 경지를 얻는 과정이고 제8지는 이미 무상無相의 경지를 얻어 더 이상 가행加行이 필요하지 않은 경지인 듯하다. 『유가사지론』 권48에서 "菩薩無加行無功用無相住，謂入一切法第一義智成滿得入故，得無生法忍故，除斷一切災患故."(T30, 561b3~6)라고 하는 것에 따르면, 무가행무공용무상주無加行無功用無相住(제8 부동지不動地)에서 일체법一切法에 대한 제일의지第一義智가 완성되어 무생법인無生法忍을 얻는다.

37 橫超本에는 '世'가 '也'라고 되어 있다. 橫超本에 따른다.

38 橫超本의 교정주에 따르면, '品'자는 원본에 없는 것을 보완해 넣은 것이라 한다.

는 것을 말하기 때문에 [삼계三界에서] 벗어나는 것이라 할 수 있지만, '본연을 분별하여 만든 세 종류의 세계'(自性三界)에서라면 이와 같은 [취적이승趣寂二乘, 직왕보살直往菩薩, 십지의 초지보살初地菩薩, 칠지보살七地菩薩, 이] 네 가지 경지 및 '금강석처럼 굳건한 선정'(金剛, 金剛喩定)에서도 모두 아직 [삼계三界를] 벗어날 수 없다.

무엇을 '본연을 분별하여 만든 세 종류의 세계'(自性三界)라고 부르는가 하면, '[욕망세계 · 유형세계 · 무형세계, 이] 세 종류의 세계'(三界) 안에서 '여덟 가지 분별의 행위'(八種分別之所業)가 거듭 익혀 일으킨 '본연을 [분별하는] 반연으로 생겨나는 것'(自性緣生)을 말한다.[39] 이 ['본연을 [분별하

39 팔종분별八種分別과 자성연생自性緣生: 팔종분별八種分別에 대해서는 '제4편 섭제문攝諸門'의 '명팔망상明八妄想'(H1, 799c20 이하)에서 논의되고 있다. 자세한 내용은 앞서의 '팔망상八妄想과 팔망상八妄想의 소연경所緣境' 역주 참조. 팔종분별은 ① 자성분별自性分別, ② 차별분별差別分別, ③ 총집분별總執分別, ④ 아분별我分別, ⑤ 아소분별我所分別, ⑥ 애분별愛分別, ⑦ 불애분별不愛分別, ⑧ 애불애구상위분별愛不愛俱相違分別을 말한다. 이 팔종분별 가운데 처음의 세 가지 분별인 ① 자성분별自性分別, ② 차별분별差別分別, ③ 총집분별總執分別은 "又此三分別, 總攝一切所知障內分別皆盡, 以離此三相外, 更無所分別故"(H1, 800b12~14)라고 하여, 소지장所知障 내의 모든 분별을 총섭總攝하는 가장 본연적인 분별이라 한다. 또한 "此中初三分別, 能生分別戱論所依所緣事"(H1, 800a16~18) 및 "所依謂內六處, 言所緣者是外六處. 此明總攝十八界法"(H1, 800b7~8)이라고 하여, 처음의 세 가지 분별은 분별희론소의소연사分別戱論所依所緣事를 발생시키며, 여기서 분별희론分別戱論의 소의所依는 안 · 이 · 비 · 설 · 신 · 의의 내육처內六處와 색 · 성 · 향 · 미 · 촉 · 법의 외육처外六處이어서, 결과적으로 '분별희론소의소연사'라는 것은 십팔계十八界를 총섭하는 용어라고 설명한다. 그러므로 지금 본문에서 '팔종분별八種分別이 훈발薰發하는 자성연생自性緣生'이라는 것은 '십팔계十八界를 내용으로 삼는 분별희론소의소연사'를 가리키는 용어로 보인다. 한편 『이장의』 '제3편 변공능辨功能' 단원에서는 분별자성연생分別自性緣生 · 분별애비애연생分別愛非愛緣生 · 분별수용연생分別受用緣生의 삼종연생문三種緣生門을 거론하면서, 삼종연생문의 첫 번째인 분별자성연생에 대해 "所知障者, 於三界中, 無有發業結生功能. 非迷四諦人空理故. 然此別有二種功能. 何等爲二? 一者, 分別諸法自性差別故, 能熏成十八界, 由是辨生諸法體相. 此是因緣之功能也, 三種緣生中, 自性緣生"(H1, 797b1~6)이라고 한다. 소지장所知障의 이종공능二種功能 중의 하나인 분별제법자성차별分

는] 반연으로 생겨난 것'(自性緣生)] 가운데에는 '[욕망세계 · 유형세계 · 무형세계, 이] 세 종류의 세계'(三界)에 속하는 '번뇌로 인한 행위의 과보'(煩惱業報)인 '열여덟 가지 [모든 경험] 세계의 면모'(十八界性)를 [그 내용으로] 모두 갖춘다.

['나타난 현상으로서의 세 종류의 세계'(現事三界)를 벗어나는 자들인] 저 '[성문聲聞, 연각緣覺, 보살菩薩] 세 종류의 사람'(三乘人)[40]이 '[욕망세계 · 유형세계 · 무형세계, 이] 세 종류의 세계'(三界)를 벗어난다는 것은, '세 종류의 세계'(三界)의 '[번뇌장을] 증폭시키는 조건으로서의 종자'(增上緣種)[41]를

別諸法自性差別이 십팔계十八界를 훈성熏成한다고 하면서 이 분별제법자성차별分別諸法自性差別이 분별자성연생分別自性緣生에 관련되는 것으로 서술하고 있는 것이다. 그러므로 이 삼종연생문三種緣生門 중의 첫 번째인 분별자성연생이, 팔종분별八種分別 중의 처음의 세 가지 분별인 ① 자성분별自性分別, ② 차별분별差別分別, ③ 총집분별總執分別에 의해 발생되는 분별희론소의소연사分別戲論所依所緣事에 해당할 것으로 보인다.

40 피삼승인彼三乘人: 앞의 '거사據事' 문단에서 삼계를 벗어나는 사람들로 거론된 취적이승趣寂二乘, 직왕보살直往菩薩, 십지의 초지보살初地菩薩, 칠지보살七地菩薩을 가리킨다.

41 증상연종增上緣種과 팔종분별八種分別: 본문에서 '증상연종을 영단하여 현사삼계를 벗어난다'는 내용은 팔종분별의 의미맥락과 연관하여 이해해야 할 것으로 보인다. 팔종분별에서 ① 자성분별自性分別, ② 차별분별差別分別, ③ 총집분별總執分別의 처음 세 가지 분별은 소의所依인 내육처內六處와 소연所緣인 외육처外六處를 총칭하는 분별희론소의소연사分別戲論所依所緣事를 발생시키고, ④ 아분별我分別, ⑤ 아소분별我所分別의 다음 두 가지 분별은 신견身見 · 아만我慢을 발생시키며, ⑥ 애분별愛分別, ⑦ 불애분별不愛分別, ⑧ 애불애구상위분별愛不愛俱相違分別의 마지막 세 가지 분별 탐貪 · 진瞋 · 치癡를 발생시킨다. 그런데 이 팔종분별에 대해 "又此三分別, 總攝一切所知障內分別皆盡, 以離此三相外, 更無所分別故. 但爲更顯此所知障生煩惱障增上緣用故, 卽就此三種總分別, 隨其所應, 別立後五."(H1, 800b12~17)라고 하여, 처음의 세 가지 분별은 모든 소지장을 총섭하는 근원적인 분별이고, 뒤의 다섯 가지 분별은 번뇌장증상연용煩惱障增上緣用, 즉 '번뇌장의 증상연이 되는 분별 작용'이므로 별립別立한 것이라고 구분한다. 말하자면 "八種妄想分別, 是顯了門所知障攝"(H1, 800c17~18) 및 "此中五種分別, 是所知障所生, 二事是煩惱障"(H1, 800c9~10)이라고 하여, 팔종분별이 모두 소지장에 속하지만, 뒤의

영원히 끊어 이로 인해 '[욕망세계 · 유형세계 · 무형세계, 이] 세 종류의 세계로서 나타나는 현상'(三界現事)에서 태어나지 않는다는 것이다. 그러나 [삼승인三乘人은] 그 '본연을 분별하여 만든 세 종류의 세계'(自性三界)를 모두 갖추고 있으니, 아직 여전히 그 [자성삼계自性三界의] '원인과 조건'(因緣)[42]을 끊을 수 없기 때문이다.

만약 [자성삼계自性三界의] '원인과 조건으로서의 종자'(因緣種子)를 끊는 것에 의거하여 '본연을 분별하여 만든 세 종류의 세계'(自性三界)를 벗어나는 것을 밝힌다면 [다음과 같다.] '[십지十地의] 첫 번째 단계'(初地)에서 '[욕망세계 · 유형세계 · 무형세계, 이] 세 종류의 세계를 만드는 거친 유형의 원인과 조건'(麁品三界因緣)을 처음 끊어 곧바로 '본연을 분별하여 만든 거친 유형의 세 종류 세계'(麁品自性三界)를 벗어나고, 이와 같이 점점 벗어나다가 '금강석처럼 굳건한 선정'(金剛, 金剛喩定)[43]에 이르러 '[욕망세계 · 유형세계 · 무형세계, 이] 세 종류의 세계를 만드는 가장 미

다섯 가지 분별은 이사二事, 즉 신견身見 · 아만我慢과 탐貪 · 진瞋 · 치癡라는 번뇌장을 발생시키므로 이 두 가지 부류의 번뇌장에 대한 증상연增上緣이 된다는 것이다. 그러므로 본문에서 '증상연종을 영단한다'는 것을 팔종분별 상에서 이해하자면, 번뇌장의 증상연인 뒤의 다섯 가지 분별을 영단한다는 의미가 된다. 나아가 이 영단을 통해 벗어나는 것은 '현사의 삼계'이므로, 팔종분별의 맥락에서 '자성의 삼계'를 벗어난다는 것은 근원적인 분별인 ① 자성분별自性分別, ② 차별분별差別分別, ③ 총집분별總執分別의 처음 세 가지 분별을 영단해야 할 것으로 보인다.

42 자성삼계自性三界의 인연因緣: 이 문단의 첫 문장인 "何等名爲自性三界, 謂三界內八種分別之所業, 薰發自性緣生"에 따르자면, 자성삼계自性三界는 자성연생自性緣生이고, 자성연생은 팔종분별八種分別, 정확히 말해 팔종분별 중에 모든 분별을 총섭總攝하는 가장 본연적인 분별인 처음의 세 가지 분별에 의해 훈발薰發된 것이이다. 그러므로 자성연생인 18계界의 '원인과 조건'(因緣)이라는 것은 ① 자성분별自性分別, ② 차별분별差別分別, ③ 총집분별을 가리킨다고 하겠다.

43 수도위修道位에서 보살 십지의 과정을 통해 완성되는 금강유정은, 현료문顯了門의 번뇌장煩惱障과 소지장所知障을 끊은 해탈도解脫道이지만, 구경도究竟道의 관점에서 보면 은밀문隱密門의 무명주지無明住地를 최종적으로 끊어야 할 과정에 있는 무간도無間道이다.

세한 유형의 원인과 조건(最細品三界因緣)을 끊어 '본연을 분별하여 만든 가장 미세한 유형의 세 종류 세계'(最細品自性三界)를 벗어난다. 그러나 아직 '누적된 경향성으로서의 [욕망세계 · 유형세계 · 무형세계, 이] 세 종류의 세계'(習氣三界)[44]를 떠나지 못하니, 이러한 뜻으로 인해 모든 중생은 '본연을 분별하여 만든 세 종류 세계의 범위'(自性三界藏) 안에 있고 오로지 부처님 여래만이 [자성삼계自性三界로서의] '[욕망세계 · 유형세계 · 무형세계, 이] 세 종류의 세계'(三界)를 홀로 벗어나는 것이다.

如『經』言, "一切衆生煩惱不出三界藏, 三[45]一切衆生果報二十[46]二根不出三界, 諸佛應化法身亦不出三界. 三界外無衆生藏, 佛何所化? 是故我說, 三界外別有一衆生界藏者, 是外道『大有經』中說, 非七佛所說. 我常語, 一切衆生斷三界煩惱業果報盡者, 名爲佛"故.

[H1, 812a22~b4; O 62,2~5]

---

44 습기삼계習氣三界: 자성삼계 중에서도 습기삼계는 오로지 불여래佛如來만이 독출하는 것으로 서술되는데, 『이장의』에서 습기의 개념이 같은 맥락에서 거론되는 대목들은 다음과 같다. 『이장의』 '제4편 섭제문攝諸門'의 '명삼종번뇌문明三種煩惱門'에서는 견도見道와 수도修道와 구경도究竟道에서 각각 끊어지는 번뇌들을 밝히고 있다. 그런데 "此前所除微細知障, 又前所斷二障習氣, 及隱密門煩惱碍內根本業染, 及與智碍無明住地, 此等皆是非二所斷, 唯究竟道所能斷故."(H1, 801a2~5)라고 한 것에 따르면, 견수도見修道에서 끊어지지 않고 구경도究竟道에서 끊어지는 번뇌들은 미세지장微細知障 · 이장습기二障習氣 · 은밀문번뇌애내근본업염隱密門煩惱碍內根本業染 · 지애무명주지智碍無明住地라고 하여 구경도究竟道에서 끊어지는 번뇌로서 이장二障의 습기習氣를 거론한다. 그리고 '제5편 명치단明治斷'의 '변치단계위辨治斷階位'에서도 별상무명주지別相無明住地의 구체적 내용을 설명하면서 "諸轉識中二障習氣, 隨異熟識, 不離而轉, 皆是菩薩所不能離, 唯有如來之所能斷."(H1, 811a11~13)이라고 하여, 보살 수행으로는 벗어날 수 없고 오로지 여래만이 끊을 수 있는 것으로서 이장二障의 습기習氣가 거론된다.

45 橫超本 교감주에 "'三'자는 잉자剩字인가?"라고 의문을 제기한다. 『인왕경』 원문에 따라 '三'을 삭제한다.

46 여기서 '二十'은 橫超本과 한불전의 '廿'을 알기 쉽게 교정한 것이다.

[이것은] 경전에서 [다음과 같이] 말한 것과 같다. "모든 중생의 번뇌는 '[욕망세계 · 유형세계 · 무형세계, 이] 세 종류의 세계의 범위'(三界藏)를 벗어나지 않고, 모든 중생의 [행위의] 과보인 '22가지 인식능력'(二十二根)[47]도 '[욕망세계 · 유형세계 · 무형세계, 이] 세 종류의 세계'(三界)를 벗어나지 않으며, 모든 부처의 '[중생에] 응하여 나타나는 진리의 몸'(應化法身) 역시 '[욕망세계 · 유형세계 · 무형세계, 이] 세 종류의 세계'(三界)를 벗어나지 않는다. [이렇게] '[욕망세계 · 유형세계 · 무형세계, 이] 세 종류의 세계'(三界) 외에 '중생이 사는 곳'(衆生藏)이 없다면 부처는 어디에서 교화하겠는가? 그러므로 [부처인] 나는 설하노니, '[욕망세계 · 유형세계 · 무형세계, 이] 세 종류의 세계'(三界) 밖에 또 하나의 '중생 세계'(衆生界藏)가 있다고 하는 것은 '[불교와는] 다른 가르침'(外道)인 『대유경大有經』[48]에서나 말하는

47 22근根: 『구사론』 권2에 따르면 22근根은 "二十二根, 謂眼根 · 耳根 · 鼻根 · 舌根 · 身根 · 意根, 女根 · 男根, 命根 · 樂根 · 苦根 · 喜根 · 憂根 · 捨根, 信根 · 勤根 · 念根 · 定根 · 慧根, 未知當知根 · 已知根 · 具知根."(T29, 13a20~23)이라고 하여, ① 안근眼根, ② 이근耳根, ③ 비근鼻根, ④ 설근舌根, ⑤ 신근身根, ⑥ 의근意根의 6근根과 ⑦ 여근女根, ⑧ 남근男根의 남녀 2근根과 ⑨ 명근命根과 ⑩ 낙근樂根, ⑪ 고근苦根, ⑫ 희근喜根, ⑬ 우근憂根, ⑭ 사근捨根의 5수근受根과 ⑮ 신근信根, ⑯ 근근勤根, ⑰ 염근念根, ⑱ 정근定根, ⑲ 혜근慧根의 5선근善根과 ⑳ 미지당지근未知當知根, ㉑ 이지근已知根, ㉒ 구지근具知根의 3무루근無漏根을 가리킨다. 그리고 "於雜染中樂等五受有增上用."(『구사론』 권3, T29, 14a10~11)이라고 하여 ⑩ 낙근樂根, ⑪ 고근苦根, ⑫ 희근喜根, ⑬ 우근憂根, ⑭ 사근捨根의 5수근受根은 잡염법雜染法에 대해 증상용增上用을 갖는다고 하고, "於淸淨中信等五根有增上用."(T29, 14a13~14)이라고 하여 ⑮ 신근信根, ⑯ 근근勤根, ⑰ 염근念根, ⑱ 정근定根, ⑲ 혜근慧根의 5선근善根은 청정법淸淨法에 대해 증상용增上用을 갖는다고 하며, "見所斷煩惱滅中, 未知當知根有增上用, 於修所斷煩惱滅中, 已知根有增上用, 於現法樂住中, 具知根有增上用, 由此能領受解脫喜樂故."(T29, 14a22~25)라고 하여 ⑳ 미지당지근未知當知根, ㉑ 이지근已知根, ㉒ 구지근具知根의 3무루근無漏根은 각각 차례대로 견소단번뇌見所斷煩惱를 없애는 것과 수소단번뇌修所斷煩惱를 없애는 것 및 해탈의 상태인 현법락주現法樂住에 증상용增上用을 갖는다고 한다. 따라서 22근根은 잡염법雜染法과 청정법淸淨法을 통틀어 중생들이 행위의 과보로 얻는 모든 인식능력을 가리키는 개념이라고 하겠다.

것이지 '일곱 부처님'(七佛)[49]이 설한 것은 아니다. 나는, 모든 중생이 '[욕망세계 · 유형세계 · 무형세계, 이] 세 종류의 세계'(三界)에서 [일어나는] 번뇌와 행위의 과보를 다 끊은 것을 부처라 부른다고 늘 말해 왔다."[50]

---

48 『대유경大有經』: 원측의 『인왕경소仁王經疏』 권2에 따르면 "吠世史迦外道, 『大有經』中說, 非七佛說. 言大有者, 彼說六句義. 一實, 二德, 三業, 四大有, 五同異, 六和合句義. 彼說大有, 名大有經."(T33, 391a7~10)이라고 하여, 『대유경』은 폐세사가외도吠世史迦外道, 즉 승론勝論(Vaiśeṣika)의 경전으로서 승론勝論의 6구의句義 중에서 네 번째인 대유大有를 말하는 경전이라고 한다.

49 칠불七佛: 과거칠불過去七佛이라고도 하며 석가모니 부처님 이전의 모든 부처님을 통칭하는 용어이다. 경론들에서 명칭이 다른데, 『칠불경七佛經』 권1에서는 ① 비바시불毘婆尸佛, ② 시기불尸棄佛, ③ 비사부불毘舍浮佛, ④ 구류손불俱留孫佛, ⑤ 구사함모니불俱那含牟尼佛, ⑥ 가섭파불迦葉波佛, ⑦ 석가모니불釋迦牟尼佛의 명칭을 다음과 같이 거론한다. "佛言. 汝等諦聽, 我今說之. 過去九十一劫, 有毘婆尸佛應正等覺, 出現世間. 三十一劫, 有尸棄佛, 毘舍浮佛應正等覺, 出現世間. 於賢劫中第六劫, 有俱留孫佛應正等覺, 出現世間. 第七劫, 有俱那含牟尼佛應正等覺, 出現世間. 第八劫, 有迦葉波佛應正等覺, 出現世間. 第九劫, 我釋迦牟尼佛, 出世間應正等覺."(T1, 150a17~24.)

50 『인왕반야바라밀경』 권1(T8, 826c28~827a5). "善男子! 一切衆生煩惱不出三界藏, 一切衆生果報二十二根不出三界, 諸佛應化法身亦不出三界. 三界外無衆生, 佛何所化? 是故我言, 三界外別有一衆生界藏者, 外道大有經中說, 非七佛之所說. 大王! 我常語, 一切衆生斷三界煩惱果報盡者, 名爲佛."

제4장 네 번째 문답

問. 聲聞緣覺無學果者, 望於大乘, 配當何位? 答. 二乘正行有高有下故, 其配位亦有進退, 何者? 若就已得解脫身邊, 與諸佛同坐解脫床. 如『楞伽經』言, "聲聞緣覺諸佛如來, 煩惱障斷解脫一味, 非智障斷"故. 若論解脫品, 卽同十地最後念中人空解邊. 依此義故, 『涅槃經』中說四依言, "阿羅漢者, 住第十地." 若論具[51]受最後身義, 卽與七地菩薩位同. 依此義故, 『仁王經』言, "遠達[52]菩薩伏三界集[53]因業滅, 住後身中, … 住第七地[54]阿羅漢位." 若論外化神力等行, 還在十解菩薩已下. 如經言, "習種性中有十種心, 已起[55]二乘一切善地"故. 若就心行寬狹長短, 十信菩薩亦在其上. 如論說, "羅漢比丘知其沙彌發菩薩心, 推在前"等故.

[H1, 812b4~20; O 62,6~13]

묻는다. '가르침을 들어서 혼자 깨달으려는 사람'(聲聞)과 '연기를 이해하여 혼자 깨달으려는 사람'(緣覺)의 '[더 이상] 배울 것이 없는 경지[인 아라한阿羅漢]의 과보'(無學果)는 대승大乘과 비교하면 어느 단계에 배당

51 橫超本에는 '具'가 '其'라고 되어 있다. 횡초본橫超本에 따른다.

52 橫超本 교감주에 "출전인 『인왕경』에는 '遠達'이 '玄達'이라고 되어 있다."라고 한다. 『인왕경』 원문에 따라 '玄達'로 고친다.

53 은정희본 교감주에 "원본에는 '集'으로 되어 있지만, 『인왕경』에 의거하여 '習'으로 고침"이라고 한다. 『인왕경』 원문에 따라 '習'으로 고친다.

54 橫超本 교감주에 "출전인 『인왕경』에는 '七地'가 '十地'라고 되어 있다."라고 한다. 橫超本에 따른다.

55 『인왕경』 원문에 따라 '超'로 고친다.

되는가?

답한다. '[성문과 연각] 두 부류 수행자'(二乘)의 '바른 수행'(正行)에는 높은 것이 있고 낮은 것이 있기 때문에 그 배당되는 단계에도 [위로] 나아감과 [아래로] 물러남이 있으니, [그것은] 어떤 것인가?

만약 '[번뇌장을 끊어] 해탈한 몸'(解脫身)을 이미 얻은 측면에 의거한다면, [이승二乘의 무학과無學果는] '모든 부처님'(諸佛)과 똑같이 '해탈한 자리'(解脫床)에 앉는다. 『능가경』에서 "'가르침을 들어서 혼자 깨달으려는 사람'(聲聞)과 '연기를 이해하여 혼자 깨달으려는 사람'(緣覺)과 '모든 부처님'(諸佛)과 여래如來가 '번뇌로 인한 장애'(煩惱障)를 끊어 해탈한 것은 '한 맛'(一味)[처럼 같은 것]이지만, [성문과 연각의 이승二乘이] '올바른 지혜를 가로막는 장애'(智障, 所知障)를 끊은 것은 아니다."[56]라고 말한 것과 같다.

만약 '[번뇌장에서] 해탈하는 단계'(解脫品)를 논한다면, 바로 '[보살수행의] 열 가지 [본격적인] 단계'(十地)의 '마지막 생각[의 경지]'(最後念)[인 제십지第十地]에서 [얻는] '자아에 불변 · 독자의 본질/실체가 없다는 이해'(人空解)의 측면과 동일하다. 이러한 뜻에 의거하기 때문에 『열반경』에서 '[세간에서] 의지할 만한 네 가지 사람들'(四依)[57]을 설명하면서 "아라한은

---

56 『능가아발다라보경』 권4(T16, 513a19~20). "聲聞 · 緣覺 · 諸佛如來, 煩惱障斷解脫一味, 非智障斷." 〈산스크리트본의 해당 내용: LAS., p.241. na hi mahāmate śrāvakapratyekabuddhānāṃ kleśāvaraṇaprahāṇaviśeṣo vimuktyekarasatayā nātra jñeyāvaraṇaprahāṇaṃ |; 대혜여, 성문과 독각에게는 해탈의 일미성 때문에 번뇌장의 단멸이라는 뛰어남은 있지만, 여기에 지장의 단멸은 없다.〉

57 사의四依: 아래 문장에서 인용되는 『열반경』의 앞선 문장에 따르면 사의四依는 ① 구번뇌성具煩惱性, ② 수다원須陀洹(預流) · 사다함斯陀含(一來), ③ 아나함阿那含(不還), ④ 아라한阿羅漢을 말한다. 『열반경』 권6에서는 "佛復告迦葉. 善男子! 是『大涅槃微妙經』中, 有四種人, 能護正法建立正法憶念正法, 能多利益憐愍世間, 爲世間依安樂人天. 何等爲四? 有人出世具煩惱性, 是名第一. 須陀洹人斯陀含人, 是名第二.

'[십지十地의] 열 번째 단계[인 법운지法雲地]'(第十地)에 머무른다."[58]라고 말하였다.

만약 그 [이승二乘의 무학과無學果가] '마지막 몸'(最後身)[59][인 현사삼계現事三界 외의 의생신意生身]을 받는 뜻을 논한다면, 바로 '[십지十地의] 일곱 번째 단계[인 원행지遠行地] 보살의 단계'(七地菩薩位)와 동일하다. 이러한 뜻에 의거하기 때문에 『인왕경』에서 "현달보살玄達菩薩이 '[욕망세계·유형세계·무형세계, 이] 세 종류의 세계'(三界)에 있는 '[번뇌 과보의] 원인이 되는 행위의 버릇'(習因業)을 억제하고 없애어 '마지막 몸'(最後身)[인 현사삼계現事三界 외의 의생신意生身]에 머무르니, … [현달보살玄達菩薩은] '[『인왕경』에서 제시하는 13법사法師의 경지 중에서] 열 번째 경지'(第十地)[60]인 [이

阿那含人, 是名第三. 阿羅漢人, 是名第四. 是四種人出現於世, 能多利益憐愍世間, 爲世間依安樂人天."(T12, 637a20~27)이라고 하여, 이 사의四依는 세간世間을 이익되게 하고 연민하므로 '세간의 의지'(世間依)가 되어 인천人天을 안락하게 한다고 설명한다.

58 『열반경』 권6(T12, 637b26~28). "第四人者, 名阿羅漢. 阿羅漢者, 斷諸煩惱捨於重擔, 逮得己利所作已辦, 住第十地得自在智."

59 최후신最後身: 무명에 매여 생사 윤회하는 몸인 생사신生死身으로서 마지막 몸이다. 소승에서는 모든 견사번뇌見思煩惱를 끊고 무여열반無餘涅槃을 성취한 아라한을 가리키고, 대승에서는 '부처로서의 과보'(佛果)인 등각보살等覺菩薩의 몸을 가리킨다. 『불광대사전』, p.5043. 앞의 '제삼문답第三問答'에서 "趣寂二乘, 已出三界, 受意生身"(H1, 811c16)이라고 한 것에 따르면, 여기의 최후신最後身은 취적이승趣寂二乘이 현사삼계現事三界를 벗어나 받는 의생신意生身을 가리키는 것으로 보인다.

60 『인왕경』의 제십지第十地: 『인왕반야바라밀다경』 권1의 「보살교화품菩薩教化品」에서는 "佛言, 大王! 五忍是菩薩法, 伏忍上中下·信忍上中下·順忍上中下·無生忍上中下·寂滅忍上中下, 名爲諸佛菩薩修般若波羅蜜."(T8, 826b22~25)이라고 하여, 보살은 복인伏忍·신인信忍·순인順忍·무생인無生忍·적멸인寂滅忍의 오인법五忍法에 의거하여 수행하며, 앞의 네 가지는 각각 상·중·하의 3단계로 다시 나뉘고, 마지막의 적멸인은 상·하의 2단계로 나뉘어, 모두 14가지의 단계가 있다고 한다. 그런데 지금 『이장의』에서 인용되어 있는 『인왕반야바라밀다경』 권2 「수지품受持品」에서는 다시 "大牟尼言, 有修行十三觀門諸善男子, 爲大法王, 從習忍

至金剛頂, 皆爲法師, 依持建立."(T8, 831a24~26)이라고 하여, 복인伏忍의 하품下品인 습인習因(습종성習種性)으로부터 적멸인寂滅忍인 금강유정金剛喩定에 이르는 관문觀門의 13법사法師를 거론한다. 「보살교화품」의 14단계와 「수지품」의 13법사는 용어상 차이가 있지만 같은 경지를 가리키는 것으로 보이는데, 『인왕반야바라밀다경』 권1 「보살교화품』의 14단계와 13법사를 설명하는 권2 「수지품」의 내용(T8, p.831a29~832b06)을 참고하여 정리해 보면 다음과 같다.

오인법 五忍法	오인법五忍法의 삼품三品과 이품二品	수행 계위	13법사法師
복인 伏忍	① 하: 습종성習種性	십주十住	① 습종성보살習種性菩薩
	② 중: 성종성性種性	십행十行	② 성종성보살性種性菩薩
	③ 상: 도종성道種性	십회향十迴向	③ 도종성보살道種性菩薩
신인 信忍	④ 하	초지 환희지歡喜地	④ 선각보살善覺菩薩
	⑤ 중	이지 이구지離垢地	⑤ 덕혜보살德慧菩薩
	⑥ 상	삼지 발광지發光地	⑥ 명혜도인明慧道人
순인 順忍	⑦ 하	사지 염혜지焰慧地	⑦ 성각달보살聖覺達菩薩
	⑧ 중	오지 난승지難勝地	⑧ 승달보살勝達菩薩
	⑨ 상	육지 현전지現前地	⑨ 상현진실보살 常現眞實菩薩
무생인 無生忍	⑩ 하	칠지 원행지遠行地	⑩ 현달보살玄達菩薩
	⑪ 중	팔지 부동지不動地	⑪ 등각보살等覺菩薩
	⑫ 상	구지 선혜지善慧地	⑫ 혜광신변보살 慧光神變菩薩
적멸인 寂滅忍	⑬ 하: 금강유정주하인 金剛喩定住下忍	십지 보살법운지 菩薩法雲地	⑬ 관불보살觀佛菩薩
	⑭ 상: 금강유정주상인 金剛喩定住上忍	십일지 등각일체지지 等覺一切智地	

표에서 드러나듯이 지금 인용된 『인왕경』에서 현달보살玄達菩薩이 습인업習因業을 복멸伏滅하는 경지로 제시되는 '제십지第十地'는, 13법사法師의 순서로는 열 번째가 되지만 초지 환희지歡喜地로부터 시작되는 보살 십지十地의 순서로는 일곱 번째인 제7 원행지遠行地가 된다. 그러므로 원효가 인용문 앞에서 '칠지보살위七地菩薩位'라고 말한 것과 『인왕경』 인용문에서 '제십지第十地'라고 말하는 것은 동일한 경지를 가리키는 것으로 보인다. 원측의 『인왕경소仁王經疏』 권3에서도 이 점에

승二乘의] 아라한 단계에 머무르는 것이다."[61]라고 말했다.

만약 밖으로 신통력(神力)을 보이는 등의 행위를 논하자면, [이승二乘의 무학과無學果는] 도리어 '[믿음이 이해로] 안착하는 열 가지 단계의 보살'(十解菩薩, 十住菩薩) 아래에 있다. 경전(『인왕반야바라밀다경』)에서 "'[번뇌를 억누르는 것을] 거듭 익혀 [여래가 될 수 있는] 원인을 갖추는 수행'(習種性)[인 십주十住의 수행] 중에는 '열 가지의 마음'(十種心)[62]이 있어 이미 '[성문과 연각] 두 부류 수행자'(二乘)의 모든 '이로운 경지'(善地)를 넘어선다."[63]라고 말한 것과 같다.

만약 마음작용(心行)의 넓고 좁음이나 길고 짧음에 의거한다면, '열 가지 믿음 단계의 보살'(十信菩薩)도 그 [이승二乘의 무학과無學果보다] 위에 있다. 논서에서 "아라한인 비구는 그의 [제자인] 사미沙彌가 '보살의 마음'(菩薩心)을 일으킨 것을 알고는 밀어서 [아라한인 자기보다] 앞에 [가게] 했다."[64] 등으로 말한 것과 같다.

대해 "經, 住第十地(至)梵天位. 釋曰, 第五立果也, 謂十三法師中, 住第十法師位."(T33, 421a3~4)라고 하여, 이 수행의 과보로서의 '제십지第十地'가 십삼법사十三法師 중의 '제십법사위第十法師位'인 현달보살玄達菩薩을 말한다고 해설한다.

61 『인왕반야바라밀경仁王般若波羅蜜經』 권2(T8, 832a15~20). "復次, 玄達菩薩, 十阿僧祇劫中, 修無生忍, 法樂忍者, 名爲縛忍. 順一切道生而一心忍中滅三界習因業果, 住後身中, 無量功德皆成就. 無生智·盡智五分法身皆滿足, 住第十地阿羅漢梵天位, 常行三空門, 觀百千萬三昧, 具足弘化法藏."

62 습종성習種性의 10심心: 아래 문장에서 인용되어 있는 『인왕반야바라밀경』의 생략된 부분에 따르면 10심心은 ① 신심信心, ② 정진심精進心, ③ 염심念心, ④ 혜심慧心, ⑤ 정심定心, ⑥ 시심施心, ⑦ 계심戒心, ⑧ 호심護心, ⑨ 원심願心, ⑩ 회향심迴向心이다.

63 『인왕반야바라밀경』 권1(T8, 826b25~30). "善男子! 初發想信, 恒河沙衆生修行伏忍, 於三寶中生習種性十心; 信心·精進心·念心·慧心·定心·施心·戒心·護心·願心·迴向心. 是爲菩薩能少分化衆生, 已超過二乘一切善地. 一切諸佛菩薩長養十心爲聖胎也."

64 『대지도론』 권78(T25, 610a5~13). "譬如一六神通阿羅漢, 將一沙彌令負衣鉢, 循路而行. 沙彌思惟; 我當以何乘入涅槃? 即發心; 佛爲世尊, 最上最妙, 我當以佛乘入涅槃.

由是義故，趣寂二乘隨其利鈍，逕多劫數，方到阿耨菩提心位．如經言，“須陀洹人亦復不定，以不定故，逕八萬劫，卽能得到阿耨菩提，乃至，獨覺逕十千劫，得到阿耨菩提之心.” 此明何義? 如最能[65]根須陁洹人，受七生已，方入涅槃滅心心法，如入滅定，經[66]八萬劫，乃得生心，生心之時，受佛敎化，卽發阿耨菩提之心．若其一心[67]得第二果，受二生已，入於涅槃，逕六萬劫，卽能發心．若其一身得那含果，不還欲界，入涅槃者，逕四萬劫，能得發心．若其一身得第四果，卽於現身入涅槃者，逕二萬劫，卽能發心．若諸獨覺，根性最利，逕一萬劫，便得發心．此爲彼經所說意也，如是五人發心之時，方與十信菩薩位等．然於菩薩行中，未能猛利修習，不及本來大乘種性初始發心凡夫菩薩．如世諺曰，“趣直往者，應先裹粮，” 盖謂此乎．

[H1, 812b20~c15; O 62,13~63,7]

이러한 뜻이기 때문에 '고요한 [아라한의 경지]에 나아간 [성문과 연각] 두 부류 수행자'(趣寂二乘)는 그 '우수하거나 열등한 [능력]'(利鈍)에 따르면서 무수히 많은 시간을 지나서야 비로소 '최상의 깨달음을 성취하려는 마음의 단계'(阿耨菩提心位)[68]에 이른다. 경전(『열반경』)에서 "'처음 성

師知其念，即取衣鉢自擔，推沙彌在前行．沙彌覆復思惟，佛道甚難，久住生死，受無量苦，且以小乘早入涅槃．師復以衣鉢囊還與沙彌令擔，語在後行，如是至三.” 간단히 요약하면, 신통력이 있는 스승 아라한阿羅漢이 제자인 사미沙彌에게 의발衣鉢을 지우고 길을 걷다가 사미가 불승佛乘으로 열반을 얻고자 발심했을 때는 의발을 아라한인 자기가 지고 사미를 앞에서 걷게 했고, 다시 사미가 마음을 돌려 소승小乘으로 열반을 빨리 얻고자 했을 때는 의발을 사미가 지게 하고 자기 뒤에서 걷게 하기를 세 번에 걸쳐 반복했다는 내용이다.

65 橫超本에는 '能'이 '鈍'이라고 되어 있다. 橫超本에 따른다.

66 橫超本에는 '經'이 '逕'이라고 되어 있다. 橫超本에 따른다.

67 橫超本에는 '心'이 '身'이라고 되어 있다. 橫超本에 따른다.

68 아뇩보리阿耨菩提(anuttara-samyak-saṃbodhi): 아뇩다라삼먁삼보리阿耨多羅三

자의 반열에 들어가는 경지의 사람'(須陀洹人, 預流人) 역시 '[깨달음의 세계로 갈지, 타락하여 해로운 세계로 갈지] 정해져 있지 않은 것'(不定)이니, 정해져 있지 않기 때문에 8만 겁劫을 지나서야 곧 '최상의 깨달음[을 성취하려는 마음]'(阿耨菩提)을 얻을 수 있고, …[69] '연기를 이해하여 혼자 깨달으려는 사람'(獨覺)은 1만 겁劫을 지나서야 '최상의 깨달음을 성취하려는 마음'(阿耨菩提之心)에 이를 수 있다."[70]라고 말한 것과 같다.

이 [『열반경』의 구절]는 어떤 뜻을 밝히는 것인가? 가장 '열등한 능력'(鈍根)[을 가진] '처음 성자의 반열에 들어가는 경지의 사람'(須陀洹人, 預流人)[71]의 경우는 '일곱 번의 삶'(七生)[72]을 받고 나서야 [이승二乘의] 열반에

藐三菩提의 약칭. 무상정등정각無上正等正覺, 무상정등각無上正等覺, 무상정변지無上正遍智 등으로 의역된다. 『일체경음의一切經音義』 권21에서는 "阿耨多羅三藐三菩提 … 阿此云無也. 耨多羅上也, 三藐正也, 三遍也等也, 菩提覺也, 總應言無上正等覺也."(T54, p.438b7~8)라고 하여 무상정등각無上正等覺을 의역어로 제시한다.

69 생략된 『열반경』의 내용에 따르면 사다함斯陀含(一來)은 6만 겁, 아나함阿那含(不還)은 4만 겁, 아라한阿羅漢은 2만 겁을 지나야 아뇩보리阿耨菩提를 얻는다고 한다.

70 『열반경』 권22(T12, p.494b1~9). "善男子, 須陀洹果亦復不定, 不決定故, 經八萬劫得阿耨多羅三藐三菩提心, 斯陀含果亦復不定, 不決定故, 經六萬劫得阿耨多羅三藐三菩提心, 阿那含果亦復不定, 不決定故, 經四萬劫得阿耨多羅三藐三菩提心, 阿羅漢果亦復不定, 不決定故, 經二萬劫得阿耨多羅三藐三菩提心, 辟支佛道亦復不定, 不決定故, 經十千劫得阿耨多羅三藐三菩提心."

71 최둔근最鈍根인 예류과預流果라는 것이 '일래과一來果와 불환과不還果의 과정을 모두 거쳐 아라한과阿羅漢果를 얻은 경우'를 가리키는 것이라면, 아래에서 설명되는 일래과一來果·불환과不還果·아라한과阿羅漢果는, 최둔근最鈍根인 예류과預流果가 거치는 과정 중의 단계가 아니라, '세간世間의 유루도有漏道에서 욕계欲界 6품혹品惑을 이미 끊은 배리욕인倍離欲人의 초월일래과超越一來果'와 '욕계欲界 9품혹品惑 모두를 이미 끊은 이리욕인已離欲人의 초월불환과超越不還果' 및 '예류과預流果를 이루고 나서 삼계三界의 모든 번뇌를 돈단頓斷하여 곧바로 아라한과阿羅漢果를 얻는 돈출리인頓出離人'을 각각 가리킨다고 볼 수 있다.

72 칠생七生: 『구사론』 권23에서는 "諸住果者於一切地修所斷失都未斷時名爲預流, 生極七返, 七返言顯, 七往返生, 是人天中各七生義."(T29, p.123a24~26)라고 하여, 수도소단修道所斷의 번뇌를 끊지 못한 예류預流는 최대한 7번의 삶을 욕계欲界의 인人·천天에서 반복한다고 설명한다.

들어 [번뇌에 물든] '마음과 마음현상'(心心法)을 없애는데, 만약 [그가] '모든 지각과 느낌이 사라진 선정'(滅定, 滅盡定)에 빠져들면 8만 겁劫을 지나서야 마음을 일으킬 수 있고, 마음을 일으킬 때 부처님의 교화를 받으면 곧바로 '최상의 깨달음을 구하려는 마음'(阿耨菩提之心)을 일으킨다. 만약 그가 '[성자의] 두 번째 [반열에 들어가는] 경지[인 사다함斯多含(一來)의 경지]'(第二果)를 얻으면 '두 번의 삶'(二生)[73]을 받고 나서야 [이승二乘의] 열반에 들어가고, [다시] 6만 겁劫을 지나서야 곧 [최상의 깨달음을 구하려는] 마음을 일으킬 수 있다. 만약 그가 [성자의 세 번째 반열에 들어가는 경지인] '욕망세계에 돌아오지 않고 열반하는 경지'(那含果, 不還果)를 얻어 욕망세계(欲界)에 돌아오지 않고 열반에 드는 경우라면, 4만 겁劫을 지나서야 [최상의 깨달음을 구하려는] 마음을 일으킬 수 있다. 만약 그가 '[성자의] 네 번째 [반열에 들어가는] 경지[인 아라한阿羅漢의 경지]'(第四果)를 얻어 곧바로 '그때의 몸'(現身)에서 열반에 드는 경우라면, 2만 겁劫을 지나서야 곧 [최상의 깨달음을 구하려는] 마음을 일으킬 수 있다. 만약 '연기를 이해하여 혼자 깨달으려는 사람'(獨覺)들이라면 '능력의 자질'(根

---

73 이생二生: 『구사론』 권24에서는 "預流者, 進斷欲界一品修惑乃至五品, 應知轉名一來果向, 若斷第六成一來果."(T29, 124a8~10)라고 하여, 견도見道 16심心을 거쳐 예류과預流果를 얻은 수행자가 욕계欲界 1품에서 5품까지의 수혹修惑을 끊는 과정이 일래향一來向이고, 제6품을 끊으면 일래과一來果를 이룬다고 한다. 말하자면 일래과一來果는 욕계欲界 구품혹九品惑을 모두 끊기 위해 욕계欲界에 한 번 더 태어나야 하는 자이다. 그런데 같은 책에서는 "且應建立一來向果. 頌曰, 斷欲三四品, 三二生家家."(T29, p123c21~23)라고 하여, 일래과一來果 중에서 욕계欲界의 3품과 4품을 끊는 삼생가가三生家家와 이생가가二生家家를 따로 설정하여 일래과一來果의 범위를 세분하는데, 권오민에 따르면 삼생가가三生家家란 욕계欲界의 3품혹품惑까지 끊어 3생生을 더 욕계欲界에서 다시 살아야 하는 자이고, 이생가가二生家家란 욕계欲界의 4품혹品惑까지 끊어 2생生을 더 욕계에서 다시 살아야 하는 자라고 한다.(『아비달마불교』, 민족사, 2003, pp.259~260 참조.) 본문에서 일래과一來果가 이생二生을 받는다고 말한 것은 이생가가二生家家의 경우를 가리키는 것으로 보인다.

性)이 가장 우수하여 1만 겁劫을 지나면 곧 [최상의 깨달음을 구하려는] 마음을 일으킬 수 있다.

이것이 저 경전(『열반경』)에서 말한 뜻이니, 이와 같은 [예류預流, 일래一來, 불환不還, 아라한阿羅漢, 독각獨覺의] 다섯 사람은 [최상의 깨달음을 구하려는 대승의] 마음을 일으킬 때라야 비로소 '열 가지 믿음을 갖추는 보살의 단계'(十信菩薩位)와 같아진다. 그러나 [이 다섯 사람이] 보살수행(菩薩行)[의 과정] 중에서[74] 맹렬하고 치밀하게 닦아 익히지 못하면, '본래부터 대승의 자질을 지닌 자'(本來大乘種性)로서 처음으로 [최상의 깨달음을 구하려는 대승의] 마음을 일으킨 범부보살凡夫菩薩에도 미치지 못한다. 세간의 속담에서 "'곧게 뻗은 [길]'(直往)에 나아가는 자는 먼저 식량을 싸 두어야 한다."[75]고 말하는 것과 같으니, 이를 말한 것이리라.

---

74 이승二乘의 수행자들이 대승大乘의 아뇩보리阿耨菩提를 얻고자 발심發心하게 되기까지 걸리는 기간인 8·6·4·2·1만 겁劫과 대비하여, 대승의 보살행菩薩行이 완성되는 데 걸리는 시간은 삼아승기겁三阿僧祇劫(三種無數大劫)이다. 제일아승기겁第一阿僧祇劫은 지전地前 삼현위三賢位의 수행기간이고, 제이아승기겁第二阿僧祇劫은 견도見道 초지初地에서 수도修道 칠지七地까지의 수행기간이며, 제삼아승기겁第三阿僧祇劫은 팔지八地에서 십지十地까지의 수행 기간이다. 상세한 내용은 '삼아승기겁三阿僧祇劫'인 '삼종무수대겁三種無數大劫' 및 '삼무수대겁시량三無數大劫時量'에 관한 앞서의 역주 참조.

75 예류預流·일래一來·불환不還·아라한阿羅漢·독각獨覺의 5인이 이승二乘의 점진적 수행을 거쳐 대승大乘의 수행으로 들어가는 점오보살漸悟菩薩이라면, 대승종성大乘種性을 갖춘 범부보살凡夫菩薩이나 십신보살十信菩薩 등은 이승二乘의 점진적 수행을 거치지 않고 대승의 십지十地 수행에 곧바로 나아가는 직왕보살直往菩薩이다. 이 직왕보살直往菩薩은 대승종성大乘種性이라는 식량(糧)을 갖춘 자이므로 원효는 '직왕直往'의 구절이 들어가는 속담을 들어 이승二乘의 5인에 대해 범부보살凡夫菩薩과 십신보살十信菩薩 등의 직왕보살直往菩薩이 갖는 높은 위상을 나타내려는 것으로 보인다.

제5장 다섯 번째 문답

問. 上說末那緣一切法, 以何道理而得證成? 答. 證成道理略有二種, 先立比量, 後引聖言. 比量之中, 亦有二種, 一能立正, 二能破邪. 初能立者, 第七末那, 意識生時, 必與同境, 不共所依故. 凡諸所有不共所依, 能依生時, 必與同境, 猶如眼等. 如其未必同一境者, 見彼一切非不共所依, 如前滅等. 此所立因具[76]三種相, 不可破壞故, 得成立.

[H1, 812c15~23; O 63,8~12]

묻는다. 앞에서 〈[제7]말나식末那識은 '모든 현상'(一切法)을 반연한다〉고 말했는데,[77] 어떤 이치로 증명할 수 있는가?

---

76 橫超本에는 '具'가 '異'로 되어 있다. 橫超本에 따른다.

77 앞에서 말나식末那識이 일체법을 반연한다는 내용을 직접적으로 언급하는 대목은 찾아지지 않으나, 말나식末那識이 반연하는 대상에 대해 개괄적으로 논의하는 대목은 '제5편 명치단明治斷'에서 '견도見道'의 '내증승의도리內證勝義道理'를 설명하는 단락에 해당한다. 여기에서는 견도見道에서 발생하는 평등성지平等性智가 말나식末那識이 전의轉依된 것임을 설명하면서 말나식末那識이 반연하는 대상에 대해 언급한다. 예를 들어 "意者, 謂從阿賴耶識種子所生, 還緣彼識"(H1, p.803c11~12)이라고 하여 말나식末那識(意)은 아뢰야식阿賴耶識을 반연한다고 언급하고, "此末那, 任持意識, 令分別轉, 是故說爲意識所依"(H1, p.803c20~22)라고 하여 말나식末那識은 제6의식意識으로 하여금 분별하게 하면서 바뀌어 가도록 하기 때문에 제6의식意識의 소의所依가 됨을 지적하기도 한다. 지금 본문의 대답에서는 '제6의식意識'과 '제6의식意識의 불공소의不共所依인 말나식末那識'이 법경法境을 똑같이 반연한다는 내용에 국한하여 논의를 진행하고 있다. 따라서 지금 질문에서 '말나식末那識이 반연하는 일체법一切法'의 구체적 내용은 '제6의식意識이 반연하는 법경法境'의 범위에 제한될 것으로 보이지만, 앞서의 '내증승의도리內證勝義道理' 단락에서 언급되었듯이 말나식末那識은 기본적으로 '아뢰야식阿賴耶識의 종자種

답한다. 증명하는 이치에는 대략 두 가지가 있으니, 먼저 '추리에 의한 증명'(比量)을 세우고, 나중에 '고귀한 [경론의] 말씀'(聖言)을 인용한다. '추리에 의한 증명'(比量)에도 두 가지가 있으니, 첫 번째는 '바른 [이치]를 세우는 것'(能立正)이고 두 번째는 '잘못된 [이치]를 논파하는 것'(能破邪)이다.

먼저 '[바른 이치를] 세우는 것'(能立)[은 다음과 같다.] 제7말나식末那識은 [제6]의식意識이 생겨날 때 반드시 대상(境)[인 형상(色)·소리(聲)·냄새(香)·맛(味)·감촉(觸)·개념(法)의 '여섯 가지 대상'(六境) 중에 '개념적 대상'(法境)]을 [제6의식意識]과 같이 [반연]하니, [제7말나식末那識은 제6의식意識의] '인식의 근거를 함께하지 않는 의지처'(不共所依)[78]이기 때문이다. 무릇 존재하는 모든 '인식의 근거를 함께하지 않는 의지처'(不共所依)는 '의지하는 주체'(能依)가 생겨날 때 반드시 [그에게만 상응하는] 대상(境)과 같이 [반연]하니, 시각[능력](眼[根])[이 그에 상응하는 형상(色)과 같이 반연하는 것] 등의 경우와 같다. 만약 그 [제7말나식末那識]이 반드시 [제6의식意識과 상응하는] 대상(境)[인 법경法境]을 같이 [반연하지는] 않는 것이라면, [말나식이 '여섯 가지 식'(六識)이 발생하기 위한 의지처가 되지 않아] 저 모든 [나머지 안근眼根·이근耳根·비근鼻根·설근舌根·신근身根 등]이 '인식의 근거를 함께하지 않는 의지처'(不共所依)가 아니라고 보게 될 것이니, [이것은] 마치 [뒤의 것이 생겨나기 위해서는 반드시 있어야 할] 앞의 것이 사

子로부터 생겨나 일체법一切法의 창고라 할 아뢰야식阿賴耶識을 다시 반연하는 성격'을 띤다는 점도 고려되어야 하겠다. 지금 제5문답의 말미에서는 결론적으로 "由是能立及與能破, 末那與意識, 共境義立. 旣意識同境界故, 緣一切法不立自成"(H1, 813a11~14)이라고 하여, 제6의식意識의 경계境界와 일체법一切法의 내용을 동일시한다.

78 불공소의不共所依: 의미에 대해서는 앞서의 '불공소의不共所依' 역주 참조. 본문에서는 제7말나식末那識이 제6의식意識에 대해 불공소의不共所依가 됨을 말하고 있는데, 불공소의不共所依의 관계에 있는 제7말나식末那識과 제6의식意識이 6경境 중의 법경法境을 똑같이 반연한다는 것이 능립정能立正의 요지로 보인다.

라지는 것과 같다. 이 '세워진 [주장]'(所立, 宗)과 이유(因)와 '[주장과] 다른 [비유]'(異[喩])의 '세 가지 특징'(三種相)[79]은 논파될 수 없기 때문에 [제7말나식이 일체법一切法을 반연한다는 이치는] 성립할 수 있다.

言能破者, 如有立言, "末那不必與識同緣, 非相應故. 諸非相應, 見彼未必能所同緣, 猶如眼等." 或有立言, "眼等根不必與識同境, 非相應故. 諸非相應, 見彼能所不必同境, 猶如末那." 是謂決定相違過失. 故此二宗皆不得成. 所以然者? 若於末那, 所依能依非相應故, 許不同境, 卽由此因, 於眼根等不得不許不同境義. 如由此因, 二處俱許不同緣義, 俱決定故. 又若眼等無緣之義, 爲同法喩, 卽成末那是無緣法. 若彼末那非無緣法, 但與能依不同境者, 卽无同類, 因不得成. 由是能立及與能破, 末那與意識共境義立, 旣意識同境界故, 緣一切法不立自成.
[H1, 812c23~813a14; O 63,12~64,4]

'[잘못된 이치를] 논파하는 것'(能破)이라고 말한 것은 [다음과 같다.] 어떤 사람은 [주장을] 세우기를, "[제7]말나식末那識이 반드시 [제6]의식意識과

79 소립所立·인因·이異의 삼종상三種相: 인명학因明學의 삼지작법三支作法에서 종宗·인因·유喩의 논증 형식을 가리킨다. 여기서 이유異喩는 동유同喩의 대칭인데, 이품異品, 이법異法, 이법유異法喩라고도 한다. 기존의 종宗과 인因의 내용에 대해 반대가 되는 상황을 설정하고 그에 맞는 사례를 제시하여 기존의 내용을 증명하는 방식을 말한다. 예를 들어 '소리는 무상하다'는 주장(宗)과 '만들어진 것이기 때문이다'라는 논거(因)에 대해 동유同喩에서는 깨지기 쉬워 무상한 물병을 사례로 든다면, 이유異喩에서는 '무상하지 않은 것을 본다면 만들어지지 않은 것'이라는 반대의 상황을 설정하고 그 사례로서 허공을 든다.(『佛光大辭典』 p.5156 참조.) 지금 본문에서 진행되는 능립能立의 과정을 삼지작법三支作法에 따라 구분해 보자면 "第七末那, 意識生時, 必與同境"이 소립所立(宗), "不共所依故. 凡諸所有不共所依, 能依生時, 必與同境"이 인因, "猶如眼等"이 동유同喩, "如其未必同一境者, 見彼一切非不共所依, 如前滅等"이 이유異喩에 각각 해당할 것이다.

함께 [대상(境)을] 똑같이 반연하지는 않으니, [소의所依인 제7말나식과 능의能依인 제6의식은] 상응하지 않기 때문이다. 모든 상응하지 않는 것[의 경우]라면 저 [상응하지 않는 것들인 안근眼根이나 이식耳識, 이근耳根이나 비식鼻識의 경우 등]은 '의지하는 것[인 식識들]과 의지되는 것[인 근根들]'(能所)에 있어서 반드시 [대상(境)을] 똑같이 반연하지 않는 것을 보게 되니, 시각[능력](眼[根])[과 이식耳識] 등의 경우와 같다."고 말한다.[80] 또 어떤 사람은 [주장을] 세우기를, "시각(眼) 등 [안眼 · 이耳 · 비鼻 · 설舌 · 신身의] 감관능력(根)은 반드시 제6의식意識과 함께 대상(境)을 똑같이 [반연하지] 않으니,[81] [시각(眼) 등의 감관능력(根)과 제6의식意識은] 상응하지 않기 때문이다. 모든 상응하지 않는 것[의 경우]라면 [상응하지 않는] 저 '의지하는 것[인 제6의식意識]과 의지되는 것[인 안眼 · 이耳 · 비鼻 · 설舌 · 신身의 근根들]'(能所)은 반드시 대상(境)을 같이 [반연하지는] 않는 것을 보게 되니, [제7]말나식末那識[이 제6의식意識과 대상을 똑같이 반연하지 않는] 경우와 같다."고 말한다. 이 [두 사람의 주장]을 '상호 모순이 결정되어 있는 오류'

80 안근眼根은 안식眼識과 상응하여 색경色境을 반연하는 것이지, 안근이 안식 이외의 5식識과 상응하여 색경色境 이외의 5경境을 반연하는 것이 아니다. 그러므로 제7말나식末那識 역시 제6의식意識과 상응하지 않고, 대상인 법경法境을 똑같이 반연하는 것도 아니라는 것이, 첫 번째 주장의 요지인 것으로 보인다. 첫 번째 주장에서는 제7말나식이 제6의식과 상응하지 않는다는 이유(因)로써 제7말나식이 제6의식과 대상을 똑같이 반연하지 않는다는 주장(宗)을 근거 짓는다면, 아래의 두 번째 주장에서는 전오근前五根과 제6의식이 상응하지 않는다는 이유(因)로써 전오근前五根이 제6의식과 대상을 똑같이 반연하지 않는다는 주장(宗)을 근거 짓는다. '제7말나식과 제6의식이 상응하지 않아 대상을 똑같이 반연하지도 않는다'는 첫 번째 주장의 요지는 이 두 번째 주장을 성립시키는 사례(喩)로서 제시되어 있다.

81 간단히 말하자면 앞의 주장에서는 제7말나식이 제6의식과 상응하지 않는다는 것이고, 여기서는 전오근前五根이 제6의식과 상응하지 않는다는 것이라고 말할 수 있겠다. 그런데 두 번째 주장은 그 자체 내용만으로는 인정될 수 있는 이치이겠지만, 이 주장이 오류인 까닭은 아래에서 보듯이 첫 번째 주장과의 관계라는 조건하에서 결정상위과실決定相違過失의 사례에 해당하기 때문이다.

(決定相違過失)[82]라고 말한다. 그러므로 이 두 가지 주장(宗)은 모두 이루어질 수 없다.

왜 그러한 것인가? 만약 [제7]말나식末那識에서 '의지되는 것'(所依)[인 제7말나식末那識과] '의지하는 것'(能依)[인 제6의식意識]이 상응하지 않는다는 것을 이유로 대상(境)을 같이 [반연하지] 않는다[는 첫 번째 주장]을 인정하고, 곧바로 이러한 이유(因)에 의거하여 시각능력(眼根) 등 [안眼·이耳·비鼻·설舌·신身의 감관능력(根)들이] 대상(境)을 같이 [반연하지]

---

82 결정상위과실決定相違過失: 이지수에 따르면 인명논리因明論理에서는 크게 자오自悟의 방법과 오타悟他의 방법으로 나누어 자오自悟의 방법에서는 현량現量과 비량比量을 다루고 오타悟他의 방법에서는 능립能立과 사능립似能立 및 능파能破와 사능파似能破를 다룬다고 한다. 자기가 안 것을 타인에게 전달하는 오타悟他의 방법은 넓은 의미에서 비량에 속하는데, 여기서 능립은 종宗·인因·유喩의 삼지작법에 의해 구성되는 비량의 올바른 논증 형식이고, 사능립似能立은 그릇된 논증 또는 오류추리를 말하며, 능파와 사능파는 능립과 사능립의 응용이라고 한다. 능립의 종宗·인因·유喩에 대비하여 사능립에는 사종似宗·사인似因·사유似喩가 있는데, 본문의 결정상위과실決定相違過失은, 사능립의 사인似因에서 불성과不成過·부정과不定過·상위과相違過 세 가지 중 두 번째인 부정과에 속하고, 이 부정과의 여섯 가지 중 여섯 번째 과실이다.(「인명입정리론의 변증적 방법」, 『불교학보』 36, 1999 참조.) 『인명입정리론因明入正理論』 권1에서 결정상위과실에 대해 "相違決定者, 如立宗言聲是無常, 所作性故. 譬如瓶等, 有立聲常, 所聞性故. 譬如聲性, 此二皆是猶豫因, 故俱名不定."(T32, 12a12~14)이라고 하는 것에 따르면, '소리는 무상하다'는 주장과 '소리는 영원하다'는 상반된 주장에 대해 그 이유 및 사례로서 각각 '만들어진 성질'(所作性)이기 때문이라는 것과 '들음이라는 성질'(聞性)이기 때문이라는 것 및 물병과 '소리의 성질'(聲性)이 제시되어 모두 논증되지만, 이 두 가지는 모두 의심스러운 이유(豫因)가 되는 것이어서 '올바른 것으로 확정되지 않는 오류'(不定過)라 불린다고 설명한다. 말하자면 상반된 주장이 같은 이유와 사례에 의해 각각 논증될 때 양자는 동시에 성립하는 것이 아니라 동시에 부정과에 빠진다고 추리하는 것이 결정상위과실이라고 하겠다. 본문에서는 '제7말나식末那識과 제6의식意識이 대상(境)을 똑같이 반연하지 않는다'는 첫 번째 주장과 '안眼·이耳·비鼻·설舌·신身의 감관능력(根)과 제6의식意識이 대상(境)을 똑같이 반연하지 않는다'는 두 번째 주장이 결정상위과실決定相違過失의 사례라고 한다.

않는다는 뜻을 인정하지 않을 수 없다고 하자. 만일 이러한 이유(因)에 의거한다면 ['제7말나식末那識과 제6의식意識이 상응하지 않아 대상(境)을 같이 반연하지 않는다'는 잘못된 이치 및 '전오근前五根과 전오식前五識이 각각 상응하지 않아 대상(境)을 같이 반연하지 않는다'는 이치] 두 곳에서 모두 [각각 상응하는 대상(境)을] 같이 반연하지 않는다는 뜻을 인정하는 것이 되니, [소의所依인 제7말나식末那識과 능의能依인 제6의식意識이 상응하지 않는다는 첫 번째 주장의 이유(因)가 저 두 곳의 서로 다른 이치를] 모두 결정하기 때문이다.

또 만일 시각[능력](眼[根]) 등 [안眼·이耳·비鼻·설舌·신身의 감관능력(根)들]이 [각각의 대상(境)을 제6의식意識과 같이] 반연하지 않는다[는 이치(法)가 '제7말나식末那識이 제6의식意識과 대상을 같이 반연하지 않는 것과 같다'는 비유(喩)로 구성되]는 [두 번째 주장의] 뜻을 똑같이 이치(法)와 비유(喩)[83]로 삼는다면, 곧바로 [제7]말나식末那識은 [제6의식意識과 대상(境)을 같이] 반연하지 않는다는 이치가 성립하게 된다. [그렇다면 상반된 주장인 첫 번째 주장과 동시에 성립하게 되므로 결정상위과실決定相違過失에 빠지게 된다.] 만약 저 [제7]말나식末那識이 [다른 감관능력의 대상(境)들을] 반연함이 없는 것은 아니지만 단지 '의지하는 주체'(能依)[인 제6의식意識]하고만 [그] 대상(境)[인 법경法境]을 같이 [반연하지] 않는 것이라면, 곧 '똑같이 적용되어야 하는 원칙'(同類)이 없는 것[84]이어서 ['시각(眼) 등의 감관능력(根)

---

83 법法·유喩: 원효는 이치(法)·비유(喩)·'비유와의 합치'(合)라는 간단한 형식을 통해 문장을 해석하는데, 예를 들어 『기신론소』 권2에서는 "又諸佛以下, 明緣參差, 有法喩合, 文相可見也."(T44, 218a7~8)라고 한다.

84 '無同類'라는 것은, 안근眼根과 안식眼識이 색경色境을 반연하고 이근耳根과 이식耳識은 성경聲境을 반연하는 등 같은 부류끼리의 반연 관계, 즉 제5문답에서의 용어로는 '불공소의不共所依의 관계'가 파괴되는 것을 가리키는 것으로 보인다. 같은 부류끼리의 반연 및 상응관계가 파괴되어 무차별적으로 대상을 반연하게 된다면, 두 번째 주장의 이유(因)였던 '안근眼根 등의 전오근前五根과 제6의식意識이 상응하지 않는다는 이치'도 파괴될 것이기 때문에 아래에서는 '因不得成'이라고 부

과 제6의식意識은 상응하지 않기 때문이다'라고 한] 이유(因)가 성립할 수 없게 된다.

이러한 '[바른 이치를] 세우는 것'(能立)과 '[잘못된 이치를] 논파하는 것'(能破)에 의거하여 [제7]말나식末那識과 [제6]의식은 대상(境)[인 법경法境]을 함께 [반연한다는] 뜻이 성립하니, 이미 [제6]의식意識과 대상(境界)을 같이 [반연]하기 때문에 [제7말나식末那識이] '모든 현상'(一切法)을 반연한다[는 이치]는 세우지 않아도 저절로 성립한다.

聖言量者, 如經言, "境界風所動七識波浪轉." 『起信論』主述此意, "以有境界緣故, 復生六種相, 何等爲六? 一者智相," 乃至廣說. 此中智相, 卽是末那中, 於一切時, 惠數相應故, 名智相, 於中委悉, 具如彼『論記』中已說. 依此聖言, 當知末那亦爲六塵境界所起, 非直緣其阿賴耶識也.

[H1, 813a14~21; O 64,4~7]

'경론에 의거한 증명'(聖言量)이라는 것은, 『능가경』에서 "'객관대상의 바람'(境界風)에 의해 움직인 '일곱 가지 식識의 파도'(七識波浪)가 [출렁이며] 바뀌어 간다."[85]라고 말한 것과 같다. 『대승기신론』의 저자[인 마명馬

연하는 것으로 보인다.

85 『입능가경(入楞伽經)』(T16, 515a6~8). "爾時, 如來觀察衆生阿梨耶識大海水波, 爲諸<u>境界猛風吹動</u>, <u>轉識波浪</u>隨緣而起"; 『능가아발다라보경楞伽阿跋多羅寶經』 권1(T16, 484b11~12). "藏識海常住, <u>境界風所動</u>, 種種諸<u>識浪</u>, 騰躍而<u>轉</u>生." 〈산스크리트본의 해당 내용: LAS., p.46.; ālayaughas tathā nityaṃ viṣayapavaneritaḥ | citrais taraṅgavijñānair nṛtyamānaḥ pravartate |2-100|; 마찬가지로 아뢰야[식이라는] 바다는 상주하지만, 대상이라는 바람에 흔들려 여러 가지 파도와 같은 식에 의해 춤추면서 발생한다.〉

嗚]은 이 뜻에 대해 기술하기를, "'객관 대상이라는 조건'(境界緣)이 있기 때문에 다시 '여섯 가지 양상'(六種相)[86]을 일으키니, 어떤 것이 그 여섯이 되는가? 첫째는 '분별하는 양상'(智相)이니 …"[87]라고 하면서 상세하게 설명했다. 여기서 '분별하는 양상'(智相)은 바로 [제7]말나식末那識에서 모든 때에 '헤아리는 작용'(慧數, 惠數)[88]과 상응하는 [양상]이기 때문에 '분별하는 양상'(智相)이라고 부르니, 이에 대한 자세한 내용은 저 『대승기신론별기』에서 이미 자세히 말한 것[89]과 같다. 이 '경론에 의거한 증명'(聖言[量])에 의거하여 [제7]말나식末那識도 '여섯 가지 감관의 대상들'(六塵境界)에 의해 일어난 것이지 그 아뢰야식阿賴耶識을 '직접 반연'(直緣)[하여 일어난 것]은 아님을 알아야 한다.[90]

---

86 6종상(六種相): 『대승기신론』 권1(T32, 577a7) 이하에서는 불각不覺의 3세상細相으로 무명업상無明業相 · 능견상能見相 · 경계상境界相의 세 가지를 거론하고, 6추상麁相으로 지상智相 · 상속상相續相 · 집취상執取相 · 계명자상計名字相 · 기업상起業相 · 업계고상業繫苦相의 여섯 가지를 거론하는데, 6종상은 곧 6추상麁相이다.

87 『대승기신론』 권1(T32, 577a12~13). "以有境界緣故, 復生六種相. 云何爲六? 一者, 智相."

88 혜수慧數: 앞서의 '혜수慧數' 역주 참조.

89 『대승기신론별기大乘起信論別記』 권1에서 원효는 지상智相에 대해 "言智相者, 此第七識麁中之始. 始與惠相應分別我我所故, 名智相."(T44, 234a28~29)이라고 해설을 시작하여, "聖言量者, 如『十卷經』云, '彼七種識, 依諸境界念觀而生.' 又云, '境界風吹動, 七識波浪轉.' 今此論中, 釋彼經意云, '以有境界緣故, 復生六種相.' 由此等文故得知乎."(T44, 234c15~18)라고 해설을 마치고 있다. 6추상麁相에서 나머지 다섯 가지 양상과 비교하여 이 지상智相에 대해 월등히 자세한 해설을 진행하고 있음을 알 수 있다. 대체적 내용은 '제7말나식이 본식本識인 제8아뢰야식의 능견상能見相을 반연한다고 이해하는 경우'와 '제7말나식이 육진경계六塵境界를 반연한다고 이해하는 경우'의 맥락 차이를 밝히는 것이다.

90 성언량聖言量의 제시를 통해 원효는 '제7말나식末那識의 직접적 반연 대상은 육진경계六塵境界이지 제8아뢰야식阿賴耶識이 아님'을 분명히 한다. 『능가경』에서 '칠식七識은 경계풍境界風에 의해 동전動轉되는 것'이라고 명확히 밝히기 때문이고, 『능가경』을 해석한 『대승기신론』에서도 '경계연境界緣 때문에 일어나는 육종상六種相의 첫 번째 양상이 지상智相'이라고 설명하는데 이 지상이 제7말나식의 혜

수慧數와 상응하기 때문이다. 그런데 제7말나식에게 제8아뢰야식이 직접적 반연 대상이 아니라 간접적 반연 대상이라는 점은, 『대승기신론』의 '제8아뢰야식의 양상인 3세상細相'과 '칠전식七轉識의 양상인 6추상麁相'의 관계로부터 추론할 수 있을 것으로 보인다. 『대승기신론』 권1에서는 3세상細相에 대해 "復次, 依不覺故生三種相, 與彼不覺相應不離. 云何爲三? 一者, 無明業相. 以依不覺故心動, 說名爲業; 覺則不動. 動則有苦, 果不離因故. 二者, 能見相. 以依動故能見; 不動則無見. 三者, 境界相. 以依能見故境界妄現; 離見則無境界."(T32, 577a7~12)라고 하여 제8아뢰야식의 양상인 3세상細相으로부터 육진경계가 성립함을 설명하고, 여기에 이어 "以有境界緣故, 復生六種相. 云何爲六? 一者, 智相."(T32, 577a12~13)이라고 하여 지금 본문에 인용되어 있는 6추상麁相의 내용을 설명하기 시작한다. '제7말나식이 직접 반연하는 육진경계는 애초에 제8아뢰야식의 3세상細相의 작용에 의해 성립한다'는 구도이므로, 제8아뢰야식은 제7말나식이 직연直緣하는 육진경계의 성립 근거로서 제7말나식의 간접적 반연 대상이라고 하겠다.

제6장 여섯 번째 문답

問. 上說通相無明住地, 亦爲二乘隨分所斷, 未知如是無明住地爲有麁細, 爲无輕重. 若有麁細故, 有斷不斷者, 卽應通分[91]與八識相應, 若是一向不相應故, 無麁細輕重異者, 云何二乘有斷不斷? 若使同迷我見等惑所迷理故, 雖非是麁而同斷者, 是則末那相應無明, 同與見惑迷無我理故, 於見道亦應共斷, 若此細故, 不能斷者, 彼最極細, 何得同斷?

[H1, 813a21~b6; O 64,7~12]

묻는다. 앞에서 〈통합적 유형의 '삼계의 근본무명'〉(通相無明住地)[92]은 '[성문과 연각] 두 부류 수행자'(二乘)가 분수에 따라 [부분적으로] 끊는 것이 된다고도 말했는데,[93] 이와 같은 '삼계의 근본무명'(無明住地)에 '뚜렷

---

91 橫超本 교감주에 "'分'자에 삭제하는 부호가 있다."고 한다. 橫超本 교감주에 따른다.

92 통상무명주지通相無明住地: 별상무명주지別相無明住地의 대칭이다. '제4편 섭제문攝諸門'의 '이종번뇌二種煩惱'에 대한 설명에서는 무명주지無明住地를 생득주지生得住地(견일처주지見一處住地)와 작득주지作得住地(유애수주지有愛數住地)로 구분하고, 작득주지作得住地에 대해서는 생득주지生得住地에 의거하여 일어난 삼유심三有心에 따라 다시 욕계주지欲界住地·색계주지色界住地·무색계주지無色界住地로 삼분한다. 여기서 통상무명通相無明은 생득주지生得住地와 작득作得의 삼주지三住地를 합한 사주지四住地를 통틀어 부르는 것이고, 별상무명別相無明은 작득作得의 삼주지三住地와 구분하여 생득주지生得住地만을 특칭하는 것이다. 그리고 무명주지無明住地를 통상通相과 별상別相으로 구분하는 까닭은 〈'[욕망세계·유형세계·무형세계, 이] 세 가지 세계에 대한 애착'(三愛)을 일으킬 수 있는 힘은 각각 다르지만 그 힘인 근본무지(無明)의 어두운 특성에는 '뚜렷함과 미세함'(麤細)의 차이가 없다는 것을 나타내려 하기 때문〉이라고 한다.

93 앞서 '제5편 명치단明治斷'의 '이승치도위二乘治道位'의 '은밀문隱密門' 단락에서는

함과 미세함'(麁細)이 있거나 '가벼움과 무거움'(輕重)이 없는 것인지 알지 못하겠다. 만약 [무명주지無明住地에도] '뚜렷함과 미세함'(麁細)이 있어서 [이승二乘이] 끊는 것도 있고 끊지 못하는 것도 있다면 [무명주지無明住地는] 바로 [이승二乘이 알지 못하는] 제8아뢰야식阿賴耶識과 통하여 상응해야 할 것이고, 만약 [무명주지無明住地가] 한결같이 [제8아뢰야식阿賴耶識과도] 상응하지 않[을 정도로 은밀하]기 때문에 '뚜렷함과 미세함'(麁細) 및 '가벼움과 무거움'(輕重)의 차이가 없는 것이라면 어째서 '[성문과 연각] 두 부류 수행자'(二乘)가 끊는 것도 있고 끊지 못하는 것도 있다고 말하는가?

[또] 만약 '[불변 · 독자의] 자아가 있다는 견해'(我見) 등 [제7말나식末那識과 상응하는 아견我見 · 아치我癡 · 아만我慢 · 아애我愛의 네 가지] 번뇌(惑)가 미혹하는 [무아無我의] 이치(理)를 [무명주지無明住地가] 똑같이 미혹하기 때문에 비록 [무명주지無明住地가] '뚜렷한 것'(麁)은 아니지만 [이승二乘도] 똑같이 끊는 것이라고 한다면, 이 [무명주지無明住地]는 바로 '제7말나식末那識에 상응하는 근본무지'(末那相應無明)여서, '[진리다운] 이해를 밝혀가는 수행에서 끊어지는 번뇌'(見惑)[94]와 똑같이 '[불변 · 독자의] 자아가

"若論隱蜜門內住地煩惱, 一切二乘分有所斷. 此義云何? 三界住地及總無明住地, 如是有愛數四住地, 在見道位, 斷其少分. 於三界中迷事境邊, 於此位中未能斷故, 是故於中唯斷少分"(H1, 809b20~c1)이라고 하여, 이승은 견도見道에서 유애수사주지有愛數四住地(삼계주지三界住地와 총무명주지總無明住地)의 일부분(少分)을 끊는다고 밝힌 적이 있다. 이를 발판으로 삼아 무명주지無明住地의 추세麁細와 경중輕重에 대한 논의의 폭을 확장하려는 것이 설문設問의 의도로 보인다.

94 견혹見惑과 10종 번뇌: '제4편 섭제문攝諸門'의 '128종 번뇌'에서는 『유가사지론』을 인용하여 "於欲界苦集諦, 及彼欲界增上滅道諦, 具有十種煩惱迷執. 於色界苦集諦, 及彼增上滅道諦, 除瞋有餘. 如於色界, 無色界亦爾. 於欲界對治修中, 有六迷執, 除邪見, 見取, 戒禁取, 疑. 色無色界, 有五迷執, 於上六中, 各除瞋故."(H1, 798b8~14)라고 하는데, 10종 번뇌를 중심으로 삼아 견혹見惑과 수혹修惑 및 욕계 · 색계 · 무색계의 삼계三界로 각각 분류하여 합산한 것이 128종 번뇌가 된다는 내용이다. 견혹見惑의 경우, 욕계에서 끊어지는 견혹見惑은 10종 번뇌 전체이지만 색계 · 무

없다는 이치'(無我理)에 미혹하기 때문에 '[진리다운] 이해를 밝혀 가는 수행'(見道)에서 [무명주지無明住地도] 또한 함께 끊어져야 할 것이고, 만약이 [말나상응사혹末那相應四惑도] 미세(細)하기 때문에 [이승二乘이] 끊을 수 없는 것이라면 저 [무명주지無明住地의] '가장 미세한 [장애]'(最極細)[95]를 어떻게 [부분적으로나마 이승二乘이] 똑같이 끊을 수 있겠는가?

答. 無明住地其相微密, 麁細輕重不可定說故, 一切種皆可得說, 何者? 若就功力增强遍生諸惑, 卽應得說唯麁非細. 若就行相未分非心相應, 卽應得說唯細非麁. 望其所障下障上,[96] 卽可得說有重有輕. 直

색계에서 끊어지는 견혹見惑은 진瞋이 빠져 9종 번뇌이고, 이것이 고苦·집集·멸滅·도道의 사제四諦에 대한 이해에 의해 끊어지는 번뇌로 다시 구분되므로 욕계의 견혹見惑 40종과 색계의 견혹見惑 36종과 무색계의 견혹見惑 36종으로 늘어나 총 112종의 견혹見惑이 있게 된다. 그리고 수혹修惑의 경우, 욕계에서 끊어지는 수혹修惑(欲界對治修)은 사견邪見·견취견見取見·계금취견戒禁取見·의疑가 제외되어 6종이고, 색계·무색계에서 끊어지는 수혹修惑은 다시 진瞋이 빠져 5종이어서 총 16종의 수혹修惑이 있는 셈이다. 그리하여 견혹見惑과 수혹修惑을 합산하면 128종 번뇌가 성립한다. 여기서 근간이 되는 10종 번뇌란 『유가사지론』 권8에 따르면 "或分十種. 一薩迦耶見, 二邊執見, 三邪見, 四見取, 五戒禁取, 六貪, 七恚, 八慢, 九無明, 十疑."(T30, 313b12~14)라고 하여 ① 살가야견薩迦耶見(有身見), ② 변집견邊執見, ③ 사견邪見, ④ 견취견見取見, ⑤ 계금취견戒禁取見, ⑥ 탐貪, ⑦ 에恚(瞋), ⑧ 만慢, ⑨ 무명無明(癡), ⑩ 의疑의 10종이다. 말하자면 견혹見惑의 구체적 내용은 욕계에서는 이 10종 번뇌 전체이고 색계와 무색계에서는 진에瞋恚가 빠진 9종 번뇌이다.

95 최극세最極細: '제5편 명치단明治斷'의 '논별상무명주지論別相無明住地' 단락에서는 "異熟識極微細着, 依此無明最微細碍, 諸轉識中二障習氣, 隨異熟識, 不離而轉, 皆是菩薩所不能離, 唯有如來之所能斷"(H1, 811a10~13)이라고 하여 여래如來만이 끊는 '무명최미세애無明最微細碍'라는 표현이 나온다.

96 橫超本에는 '下障上'이 '障下障上'이라고 교감되어 있다. 그러나 '望其所障, 下障上'으로 읽지 않고 '望其所障下障上'으로 읽는 것이 더 적절하며 따라서 굳이 '障'을 추가할 필요가 없다. 필사과정에서 발생한 문제로 보고 '望其所障下障上'으로 교감하여 번역한다.

當自相一无增微, 卽唯可說非輕非重. 其上无重, 其下無輕, 亦不可說唯在中品. 但由非輕故, 下智能除, 由非重故, 上智亦斷, 非輕重故, 中智得滅耳. 喩如法界流轉五道, 五道可說是麁, 永絶四句可說是妙. 望其所通[97]通下通上, 卽可得說有淺有深. 當其自相一無階降, 卽唯所[98]說非淺非深, 其下無淺, 其上無深, 亦不可說在其中間. 但由非深故, 下智得證, 由非淺故, 上智能會, 非深非淺故, 中智亦涉. 當知无明輕重亦[99]爾.

[H1, 813b6~22; O 64,12~65,5]

답한다. '삼계의 근본무명'(無明住地)은 그 양상이 미세하고 은밀하여 '뚜렷함과 미세함'(麁細) · '가벼움과 무거움'(輕重)을 단정하여 말할 수 없기 때문에 수많은 방식으로 말할 수 있으니, 어째서인가? 만약 '[번뇌를] 일으키는 힘'(功力)을 증강하여 모든 번뇌를 두루 생겨나게 하는 [측면]에 의거한다면, [무명주지無明住地는] 오로지 '뚜렷한 것'(麁)이지 '미세한 것'(細)가 아니라고 말해야 할 것이다. [그리고] 만약 [무명주지無明住地가 제8식에서 제7식을 거쳐 제6식으로] '움직여 가는 양상'(行相)이 아직 나누어지지 않아 [육진경계六塵境界를 반연하는] 마음과 상응하지 않는 [측면]에 의거한다면, 오로지 '미세한 것'(細)이지 '뚜렷한 것'(麁)이 아니라고 말해야 한다.

---

97 '望其所通, 通下通上'은 앞의 '望其所障下障上'이라는 표현과 대응되는 것이므로 '望其所通, 通下通上'이 아니라 '望其所通下通上'으로 보는 것이 적절해 보인다. 그럴 경우 '所通通'의 '通' 한 글자는 剩字가 된다. 필사과정의 오류로 간주하고 '望其所通下通上'으로 번역한다.

98 '所'는 '可'의 오기로 보인다. 앞의 문장인 "卽唯可說非輕非重"에 상응하는 표현이기 때문이다.

99 橫超本에도 '亦'이라고 되어 있지만, 교감주에서 '亦'에 대해 "원본에는 '亦一'의 두 글자에 교정부호가 있고, 방기傍記로서 '亦' 자가 있다. 여기서는 방기傍記에 따른다."라고 한다. 원본인 大谷大學所藏本에 따라 '亦' 뒤에 '一'을 첨가한다.

[또] 그 [무명주지無明住地]가 [마음의] 하층도 장애하고 [마음의] 상층도 장애하는 [측면]에 의거한다면, [무명주지無明住地에는 마음의 하층을 장애하는] '무거운 것'(重)도 있고 [마음의 상층을 장애하는] '가벼운 것'(輕)도 있다고 말할 수 있다. [그리고] 오로지 [무명주지無明住地의] '자기 [고유의] 면모'(自相)에는 [번뇌를 일으키는 공력功力이] 증강되거나 미미해지는 일이 조금도 없다는 [측면]에서 본다면, [무명주지無明住地는] 오직 '가벼운 것도 아니고 무거운 것도 아니라고'(非輕非重) 말할 수 있다. [자상自相의 측면에서는] 그 [무명주지無明住地의] 상층이 무거운 것도 아니고 그 하층이 가벼운 것도 아니며 [그렇다고] 오로지 '중간 정도의 것'(中品)에 해당한다고 말할 수도 없는 것이다. 단지 '가벼운 것만이 아니기'(非輕) 때문에 '낮은 [경지의] 지혜'(下智)로 없앨 수 있고, '무거운 것만이 아니기'(非重) 때문에 '높은 [경지의] 지혜'(上智)로도 끊으며, '가볍거나 무거운 것이 아니기'(非輕重) 때문에 '중간 [경지의] 지혜'(中智)로도 없앨 수 있는 것이다.

[무명주지無明住地는 '뚜렷함과 미세함'(麁細)·'가벼움과 무거움'(輕重)을 단정하여 말할 수 없기 때문에 수많은 방식으로도 말할 수 있다는 것은,] 비유하자면 현상세계(法界)가 '다섯 가지 미혹의 세계'(五道)[100]로 흘러들어 바뀌어 가는 것과 같으니, [여기서] '다섯 가지 미혹의 세계'(五道)는 [무명주지無明住地의] '뚜렷한 것'(麁)이라고 말할 수 있고 '[유有·무無·역유역무亦有亦無·비유비무非有非無, 이] 네 가지 [잘못된] 명제'(四句)를 영원히 끊은 것은 오묘한 ['사실 그대로'의 현상세계(法界)]라고 말할 수 있다.

그 [무명주지無明住地]가 하층[의 번뇌]에도 통하고 상층[의 번뇌]에도 통하는 [측면]에 의거한다면, '얕은 것'(淺)도 있고 '깊은 것'(深)도 있다고

---

100 5도道: 중생이 윤회하는 곳들인 지옥地獄·아귀餓鬼·축생畜生·아수라阿修羅·인人·천天의 6도道에서 아수라도阿修羅道를 제외한 것을 말한다. 아함에서는 5도만을 말한다. 『대지도론』 권30에서는 "問曰, 經說有五道. 云何言六道? 答曰, 佛去久遠, 經法流傳五百年後, 多有別異, 部部不同; 或言五道, 或言六道."(T25, 280a15~18)라고 하여, 경전들에서 5도道와 6도道의 용어를 혼용한다고 한다.

말할 수 있다. [그리고] 그 [무명주지無明住地의] '자기 [고유의] 면모'(自相)에 [얕거나 깊은] 단계가 조금도 없는 [측면]에서 본다면, 오로지 '얕은 것도 아니고 깊은 것도 아니라고'(非淺非深) 말할 수 있으니, [자상自相의 측면에서는] 그 [무명주지無明住地의] 하층이 얕은 것도 아니고 그 상층이 깊은 것도 아니며 [그렇다고] 그 '중간의 것'(中間)에 해당한다고 말할 수도 없는 것이다. 단지 '깊은 것만이 아니기'(非深) 때문에 '낮은 [경지의] 지혜'(下智)로 증득할 수 있고, '얕은 것만이 아니기'(非淺) 때문에 '높은 [경지의] 지혜'(上智)로 증득할 수 있으며, '깊지도 않고 얕지도 않은 것이기'(非深非淺) 때문에 '중간 [경지의] 지혜'(中智)로도 [무명주지無明住地의 장애를] 건너가는 것이다. '삼계의 근본무명'(無明[住地])에 '가벼움과 무거움' [이 있는가 하는 문제]도 동일하게 그러하다는 것을 알아야 한다.

末那無明是相應惑, 行相有定, 輕重有限故, 其對治唯在一品, 不可將有行相, 以例無明住地. 是故如是無明體相, 唯佛圓智照其始終, 後身菩薩究竟道智, 唯照其終, 未見其始. 照其終者, 於此無明所起三有, 達其非有, 亦照非無故, 未見始者, 於此無明所迷獨空, 唯有信解, 未能證見故. 如遠[101]所起三界有無, 亦照能起無明空有, 未見所迷一法界相故, 亦未達能迷行相. 是故如是無明行相甚深微密, 唯佛所窮.

[H1, 813b22~c9; O 65,5~10]

[무명주지無明住地는 그 양상이 미세하고 은밀하여 추세경중麁細輕重을 단정하여 말할 수 없지만,] '제7말나식末那識의 근본무지'(末那無明)는 [제7말나식末那識에] '상응하는 [네 가지] 번뇌'(相應[四]惑)여서, '작용 양상'(行相)에도 정해진 것이 있고 '가벼움과 무거움'(輕重)에도 한도가 있기 때문에

101 橫超本에는 '遠'이 '達'이라고 되어 있다. 橫超本에 따른다.

그 [말나무명末那無明을 끊는] 치유(對治)는 오로지 [이승二乘 아라한阿羅漢이 수행하는 비상비비상처非想非非想處의] '한 가지 층'(一品)[102]에만 있으니, [정해진] '작용 양상'(行相)이 있는 [말나무명末那無明]을 '삼계의 근본무명'(無明住地)의 사례로 삼아서는 안 된다.

그러므로 이와 같은 근본무지(無明)의 '본연과 양상'(體相)은, 오로지 부처님의 '완전한 지혜'(圓智, 大圓鏡智)가 그 [무명주지無明住地의] 처음과 끝을 이해하지, [대승의 십지十地 수행을 통해 얻는] '마지막 몸의 보살'(後身菩薩)[인 등각보살等覺菩薩]의 '궁극적인 수행에서의 지혜'(究竟道智)[103]는

---

102 말나상응사혹末那相應四惑과 비상비비상처非想非非想處의 일품一品: '제5편 명치단明治斷' '이승치도위二乘治道位'의 '말나상응사혹末那相應四惑' 단락에서는 "若其末那相應四惑, 行相與品最爲微細, 於三界中等無差別. 是故唯離非想欲時, 一時頓斷"(H1, 809b1~3)이라고 하여, 말나상응사혹末那相應四惑은 비상비비상처非想非非想處에 대한 탐욕(欲)을 떠났을 때에만 일시一時에 돈단頓斷된다고 한다. 같은 단락에서는 제7말나식을 제6의식意識의 경우와 구분하면서 "若意識中肉煩惱者, 十六心時皆悉斷盡故, 屬見諦. 此第二識彼斷所餘, 唯羅漢位方究竟滅, 是故此識但屬思惟也. 依此等文故, 知末那非見所斷. 是明二乘斷煩惱障"(H1, 809b10~14)이라고 하여, 제6의식의 견혹見惑(肉煩惱)은 '견도見道에서 일어나는 사제四諦에 대한 이해'인 16심心에 의해 끊어지지만, 제7말나식末那識(第二識)의 사혹四惑은 오로지 수도修道에 속하는 아라한위阿羅漢位에서만 사라지므로 말나상응사혹末那相應四惑은 '견도에서 끊어지는'(見所斷) 번뇌가 아니라 수도修道의 비상비비상처非想非非想處에서 끊어지는 번뇌라고 한다. 이에 따르면 제6의식意識에 의해 일어나는 번뇌장煩惱障은 이승二乘 견도見道에서 끊어지고, 제7말나식末那識에 의해 일어나는 번뇌장煩惱障인 말나상응사혹末那相應四惑은 이승二乘 수도修道의 최상 1품品인 비상비비상처非想非非想處에서 끊어지는 차이를 보인다.

103 후신보살後身菩薩의 구경도지究竟道智: '제5편 명치단明治斷'의 '간능치簡能治' 단락에서는 '① 견도見道', '② 수도修道', '③ 구경도究竟道'의 세 단락으로 나누어 보살 수행의 과정을 설명한다. 초지初地인 견도見道 및 십지十地 수행인 수도修道와 구분하여 구경도究竟道에 대해 "究竟道中方便道者, 於第十地勝進分中, 爲欲拔除根本無明, 仍不出觀, 進修方便. 方便成滿, 最後一念, 是無間道. 如『對法論』云; 究竟道者, 謂金剛喩定"(H1, 805a3~7)이라고 하여, 먼저 구경도의 방편도方便道는 제10법운지法雲地의 승진분勝進分(等覺地)에서 근본무명根本無明(無明住地)을 제거하는 과정이며 그 과정의 최후일념最後一念이 무간도無間道라고 설명하면서, 『대승아

오로지 그 [무명주지無明住地의] 끝만을 이해할 뿐 아직 그 [무명주지無明住地의] 처음을 보지는 못한다.

그 [무명주지無明住地의] 끝을 이해한다는 것은, 이 근본무지(無明)가 일으키는 '[욕망세계 · 유형세계 · 무형세계, 이] 세 종류의 세계'(三有, 三界)에 대해 그 [삼유三有가] '[실체로서] 있는 것이 아님'(非有)을 통달하면서도 '[아무것도] 없는 것이 아님'(非無)을 이해하는 것이고, [후신보살後身菩薩이 무명주지無明住地의] 처음을 아직 보지 못한다는 것은, 이 근본무지(無明)가 미혹한 '오로지 공함'(獨空)[104][인 무이無二의 뜻]에 대해 오로지 '믿어서 헤아릴'(信解)일 뿐이지 아직 '체득적으로 이해하지'(證見) 못하는 것이다.

만약 [무명無明에 의해] 일으켜진 '[욕망세계 · 유형세계 · 무형세계, 이] 세 종류의 세계'(三界)의 있음(有)과 없음(無)을 통달하고, 또한 [삼계三界를] 일으키는 근본무지(無明)의 없음(空)과 있음(有)을 이해한다고 해도, [무명無明이 궁극적으로] 미혹한 '하나처럼 통하는 현상세계의 양상'(一法界相)을 아직 이해하지 못하기 때문에 [일법계상一法界相을] '미혹하는 작용 양상'(能迷行相) 역시 아직 통달하지 못한다. 그러므로 이와 같은 '근본무지의 작용 양상'(無明行相)은 매우 깊고 미세하며 은밀하여 오로지 부처님만이 궁극적으로 [이해하는] 것이다.

비달마잡집론』을 인용하여 구경도의 방편도와 무간도가 바로 금강유정金剛喩定이라고 지적한다. 다음으로 구경도의 해탈도解脫道에 대해서는 "究竟道中解脫道者, 佛地所得大圓鏡智, 以爲其體"(H1, 805a17~19)라고 하여, 불지佛地에서 얻는 대원경지大圓鏡智가 구경도究竟道의 최종 목적지인 해탈도라고 설명한다. 그러므로 본문에서 부처님의 대원경지와 구분되는 '후신보살後身菩薩의 구경도지究竟道智'라는 것은, 견도見道 · 수도修道의 십지十地 수행을 마친 등각보살等覺菩薩이 구경도를 완성하기 위해 구경도의 방편도 및 무간도에서 진행하는 금강유정의 지혜이고, 그 내용은 본문에서 보듯이 무명주지無明住地의 끝을 아는 것이라고 하겠다.

104 독공獨空: 앞서의 역주 참조.

제7장 난문難問들에 대한 회통會通

難曰. 若使二執所迷二空之理, 是實不無, 聖智所照者, 亦可二惑所執人法之事, 是妄非有, 非聖所照. 若齊許者, 卽無俗智, 撥無因果是大邪[105]見. 若言雖無所執實法, 而有假法, 量智所照者, 是卽雖無所執實我, 而有假我, 量智所照. 若齊許者, 聖智[106]所照不出三法, 蘊界處內, 我在何法? 若言實有假法, 實無假我者, 是卽實有我空, 而無法空, 若二空齊有, 卽人法等無. 若言如所執法, 實無所有故, 有法空, 而由法執名言薰習所生之法, 不實而有, 有而不實, 不癈法空者, 是卽人執名言薰習所生之我, 不實而有, 有而不實, 不癈人空. 因時等習, 果非等生, 不應道理故. 若言於世俗諦因緣道理, 四緣和合, 有法生者, 他亦於世俗諦因緣道理, 五蘊和合, 卽有人生. 若五蘊雖和, 無人生者, 四緣雖和, 亦無法生. 齊有薰習種子, 因緣果有生不生, 不應道理故.

[H1, 813c9~814a4; O 65,11~66,5]

[다섯 가지의] 난문難問을 제기한다:

i) 만약 '[인집人執과 법집法執, 이] 두 가지 집착'(二執)이 미혹한 '[인공人空과 법공法空, 이] 두 가지 실체 없음의 이치'(二空之理)는 실재하는 것이고 없는 것이 아니어서 '성인의 지혜'(聖智)로 이해하는 것이라면, 또한 '[견혹見惑과 수혹修惑, 이] 두 가지 번뇌'(二惑)가 집착하는 '[불변의 독자적] 자아와 현상이라는 것'(人法之事)은 허망한 것이고 있는 것이 아니어

105 橫超本의 교감주에 따르면, '邪'는 원본의 '耶'를 교정한 것이다.

106 橫超本에서는 이 '智'자는 보완해 넣은 것이라고 한다.

서 '성인[의 지혜]'(聖)로 이해하는 것이 아니게 된다. 만약 [성지聖智의 대상인 이공지리二空之理는 실재하는 것이고 속지俗智의 대상인 인법지사人法之事는 허망한 것이라는 두 명제가] 모두 허용된다면 곧 [허망하여 있는 것이 아닌 인법지사人法之事를 대상으로 삼는] '세속에 대한 지혜'(俗智)가 없는 것이 되니, '원인과 결과'(因果)[라는 세속의 이치에 대한 지혜]를 버려 없애는 것은 '크게 잘못된 견해'(大邪見)이다.

ⅱ) 만약 〈비록 집착하는 '[불변의] 실체 현상'(實法)은 없더라도 '[변화하는] 언어로 지칭하는 현상'(假法)이 있어서 '['근원적인 지혜'(根本智)에 의거하여 세속의 대상을] 사실대로 헤아리는 지혜'(量智, 後得智)[107]로 [그 가법假法을] 이해하는 것〉이라고 말한다면, 이것은 바로 〈비록 집착하는 '[불변의] 실체 자아'(實我)는 없더라도 '[변화하는] 언어로 지칭하는 자아'(假我)가 있어서 '['근원적인 지혜'(根本智)에 의거하여 세속의 대상을] 사실대로 헤아리는 지혜'(量智, 後得智)로 [그 가아假我를] 이해하는 것〉이 된다. 만약 [양지量智로 가법假法을 이해하고 양지量智로 가아假我를 이해한다는 두 명제가] 모두 허용된다면, '성인의 지혜'(聖智)로 이해하는 것은 '[5온蘊 · 12처處 · 18계界의] 세 가지 현상들'(三法)을 벗어나지 않는 것인데 '[자아를 이루는 요소들의 5가지] 더미'(蘊)와 '[12가지로 분류한 모든] 경험세계'(處)와 '[18가지로 분류한 모든] 경험세계'(界)[의 세 가지 현상들] 안에서 [양지量智로 이해하는] '[변화하는 임시적] 자아(我)는 어느 것에 있다는 것인가?

---

107 양지量智: 여량지如量智 · 권지權智 · 속지俗智 · 후득지後得智라고도 하고, 여리지如理智 · 실지實智 · 진지眞智 · 근본지根本智의 대칭이다. 『불광대사전』, p.3805 참조. 『섭대승론석』 권10에서는 여리지如理智와 여량지如量智에 대해 "又約眞俗說一切處, 如此一切處菩薩能見無量相, 如佛所說法相及世間所立法相. 菩薩皆能了達即是如量智, 如其數量, 菩薩以如理智, 通達無分別相. 此二智能照了眞俗境."(T31, 225b10~14)이라고 하여, 여량지는 부처님이 설한 무량無量한 법상法相과 세간世間에서 세워진 무량無量한 법상法相을 요달한 것이고, 여리지는 그 무량無量한 법상法相의 무분별상無分別相을 통달한 것이라고 한다.

iii) 만약 〈'[변화하는] 언어로 지칭하는 현상'(假法)은 실제로 있지만 '[변화하는] 언어로 지칭하는 자아'(假我)는 실제로 없다.〉고 말한다면, 이것은 바로 〈'자아에 불변 · 독자의 본질/실체가 없다[는 이치]'(我空)는 실제로 있지만 '모든 현상에 불변 · 독자의 본질/실체가 없다[는 이치]'(法空)는 [실제로] 없는 것〉이 되고, 만약 '[아공我空과 법공法空, 이] 두 가지 실체 없음'(二空)[의 이치]가 모두 [실제로] 있다면 바로 자아(人)와 현상(法)이 똑같이 [실제로] 없는 것이 된다.

iv) 만약 〈'집착한 현상'(所執法)의 경우는 실제로 있지 않기 때문에 '모든 현상에 불변 · 독자의 본질/실체가 없다[는 이치]'(法空)는 [실제로] 있지만, '모든 현상에 불변 · 독자의 본질/실체가 있다고 하는 집착과 관련된 언어적 분별의 거듭된 영향으로 인해 생겨난 현상'(由法執名言薰習所生之法)은 '[불변의 독자적] 실체가 아니면서도 존재하고'(不實而有) '존재하면서도 [불변의 독자적] 실체가 아니어서'(有而不實) '모든 현상에 불변 · 독자의 본질/실체가 없다[는 이치]'(法空)를 폐기하지 않는다.〉고 말한다면, 이것은 곧 〈'자아에 불변 · 독자의 본질/실체가 있다고 하는 집착과 관련된 언어적 분별의 거듭된 영향으로 인해 생겨난 자아'(人執名言薰習所生之我)는 '[불변의 독자적] 실체가 아니면서도 존재하고'(不實而有) '존재하면서도 [불변의 독자적] 실체가 아니어서'(有而不實) '자아에 불변 · 독자의 본질/실체가 없다[는 이치]'(我空)를 폐기하지 않는 것〉이 된다. [그렇다면] 원인일 때는 똑같이 익혀도 결과는 똑같이 생겨나지 않는 것이 되니,[108] 도리에 맞지 않는 것이다.

108 이 문단의 첫 번째 문장은 "若言實有假法, 實無假我者, 是卽實有我空, 而無法空, 若二空齊有, 卽人法等無"이므로, 실유가법實有假法이면 무법공無法空이고 실무가아實無假我이면 유아공有我空이고 이공제유二空齊有이면 인법등무人法等無라는 인과관계를 밝히고 있다. 여기서 제시되는 인과관계란, 가법假法이 있으면 법공法空이 없고 가법이 없으면 법공이 있다는 '가법유假法有와 법공法空의 양립 불가능성'이고, 가아유假我有와 아공我空의 관계도 마찬가지이다. 그런데 두 번째 문장

v) 만약 〈'세속적 진리의 인연 도리'(世俗諦因緣道理)에서 '[인연因緣 · 등무간연等無間緣 · 소연연所緣緣 · 증상연增上緣의] 4가지 조건'(四緣)[109]이 결합하여 현상(法)이 생겨남이 있다.〉고 말한다면, 다른 경우[인 자아(人)] 또한 '세속적 진리의 인연 도리'(世俗諦因緣道理)에서 '[자아를 이루는 요소들의] 5가지 더미'(五蘊)가 결합하여 바로 '자아'(人)가 생겨남이 있을 것이다. [마찬가지로] 만약 '[자아를 이루는 요소들의] 5가지 더미'(五蘊)가 결합하더라도 '자아'(人)가 생겨남이 없는 것이라면 또한 '[인연 · 등무간연 · 소연연 · 증상연의] 4가지 조건'(四緣)이 결합하더라도 현상(法)이 생겨남이 없을 것이다. [세속제世俗諦의 인연도리因緣道理에서는 현상(法)과 자

에 따르면, 법집명언훈습소생지법法執名言薰習所生之法과 인집명언훈습소생지아人執名言薰習所生之我라는 개념을 매개로, 가법이 있어도 법공이 있을 수 있어 가법이라는 대상과 법공이라는 이치가 양립 가능하고, 가아假我와 아공我空의 관계도 마찬가지라는 논리가 성립한다. 그러므로 첫 번째와 두 번째 문장을 종합해 보면, '가법유假法有와 가아유假我有'라는 원인에 대한 성찰로부터 '법공의 있음과 없음' 및 '아공我空의 있음과 없음'이라는 두 가지 상반된 결과를 모두 허용하는 셈이므로 도리에 어긋나게 된다고 비판하는 것으로 보인다.

109 4연緣: 4연緣에 대해 『아비달마구사론』 권7에서는 "如契經中說四緣性, 謂因緣性, 等無間緣性, 所緣緣性, 增上緣性."(T29, 36b14~16)이라고 하여, 인연因緣 · 등무간연等無間緣 · 소연연所緣緣 · 증상연增上緣의 네 가지라고 밝힌다. 권오민에 따르면 인연因緣은 일체의 유위법有爲法을 생겨나게 하는 직접적인 원인이고, 심법心法에만 국한되는 원인인 등무간연等無間緣은 전 찰나의 심법이 후 찰나 심법의 근거가 된다는 것으로서 '등무간等無間'이란 전 찰나와 후 찰나의 마음 사이에 다른 마음이 개입되지 않는 시간적 상태를 말한다. 소연연所緣緣은 마음의 대상인 소연所緣이 마음에 대해 원인이 되는 것이고, 증상연增上緣은 생겨나고 있는 자신 이외의 다른 일체의 유위법을 말한다. 증상연 설명에 대한 출전을 밝히자면 『구사론』 권7의 "以一切法各除自性, 與一切有爲爲增上緣故"라는 대목에 해당한다.(T29, 37b17~18.) 한편 또 다른 원인론인 능작인能作因 · 구유인俱有因 · 동류인同類因 · 상응인相應因 · 변행인遍行因 · 이숙인異熟因의 6인설因說은 아비달마불교의 고유한 이론이지만, 인연因緣 · 등무간연等無間緣 · 소연연所緣緣 · 증상연增上緣의 4연설緣說은 대승불교에서도 채용하는 이론이라고 한다. 『아비달마불교』, 2003, pp.115~118 참조.

아(人)를 생겨나게 하는 과정에] 모두 '거듭 영향을 주는 종자'(薰習種子)가 있는데, '원인과 조건의 결과'(因緣果)[인 현상(法)과 자아(人)]가 생겨나기도 하고 생겨나지 않기도 한다는 것은 도리에 맞지 않는 것이다.

通曰. 所設諸難皆有道理. 有道理故, 悉無不許, 無不許故, 無所不通, 是義云何? 若對外道所執是一是常是我, 卽許有五蘊而無一我, 離蘊法外, 無神我故. 如經言, "無我無造無受者, 以因緣故, 諸法生." 又言, "如第三牛,[110] 如第二頭," 五陰中我亦復如是故. 若對二乘所執三世五蘊之法, 卽許有一我而無五蘊, 雖[111]眞我外, 無五法故. 如經言, "卽此法界流轉五道, 說名衆生," 又言, "一切衆生皆有佛性," 卽是我義者, 卽是如來藏義故. 若對菩薩依甚深敎, 如言取義, 起損減執, 卽許我法皆悉是有. 如論說云, "又此假我是無常相, 是非有[112]相, 非安保相,[113]" 乃至廣說故. 若對菩薩依法相敎, 如言取義, 起增益執, 卽許人法皆無所有. 如經言, "尙無我, 無衆生, 乃至智者見者, 何況當有色受[114]想行識?"故.

[H1, 814a4~22; O 66,5~13]

서로 통하도록 말해 보겠다. 제기된 모든 비판에는 다 [나름대로의] 타당성(道理)이 있다. [나름대로의] 타당성(道理)이 있기 때문에 모두 허용되지 않음이 없고, 허용되지 않음이 없기 때문에 [서로] 통하지 않는 것이 없으니, 이 뜻은 무엇을 말하는가?

---

110 橫超本에는 '牛'가 '手'라고 되어 있다. 橫超本에 따른다.

111 橫超本에는 '雖'가 '離'라고 되어 있다. 橫超本에 따른다.

112 『유가사지론』 원문에 따라 '有'를 '恒'으로 고친다.

113 橫超本에는 '非安保相' 뒤에 '是變壞相'이 있다. 橫超本에 따른다. 『유가사지론』 원문에도 '非安保相' 뒤에 '是變壞相'이 있다.

114 橫超本의 교감에 따르면, 이 '受'는 원본에 없는데 보완해 넣은 것이라고 한다.

i) 만약 〈'[불교와는] 다른 가르침'(外道)이 집착하는 '[변치 않는] 동일함'(一)과 영원함(常)과 '[불변 · 독자의] 자아'(我)〉를 상대[하여 말]한다면, 바로 〈'[자아를 이루는 요소들의] 5가지 더미'(五蘊)는 있지만 '[변치 않는] 동일한 자아'(一我)는 없다[는 도리]〉(有五蘊而無一我)를 허용하니, '[자아를 이루는 요소들의 5가지] 더미의 현상들'(蘊法)을 떠나 [별도의] '초월적 자아'(神我)[115]가 없기 때문이다. "경전(『유마힐소설경維摩詰所說經』)에서 "'[불변 · 독자의] 자아도 없고'(無我) '[행위를] 짓는 자도 없으며'(無造) '[과보를] 받는 자도 없다'(無受)는 것은 인연(因緣) 때문에 모든 현상이 생겨난다는 것이다."[116]라고 말한 것과 같다. 또 [여러 논서에서] "'세 번째 손'(第三

---

115 신아神我와 수론학파數論學派의 25제諦: 신아神我는 인도 수론학파數論學派의 25제諦 중에 '가장 중요한 진리'(主諦)로서 나머지 24제諦의 의지처인 초월적 자아(puruṣa)를 말한다. 『번역명의집翻譯名義集』 권5에 따르면 수론학파 25제諦는 ① 명冥(世性, 自然), ② 각覺(中陰識), ③ 아심我心(我慢之我), ④~⑧ 5진塵(5唯, 色 · 聲 · 香 · 味 · 觸), ⑨~⑬ 5대大(地 · 水 · 火 · 風 · 空), ⑭~㉔ 11근根(眼 · 耳 · 鼻 · 舌 · 身의 5知根과 手 · 足 · 口 · 大 · 小遺根의 5業根과 心平等根), ㉕ 신아神我인데, 앞의 24제諦는 제1제諦인 명제冥諦로부터 제24제諦까지 발생론적 계열을 이루면서 제25제諦인 신아神我에 속하는 것(我所)으로 모두 신아神我를 의지한다고 설명한다(此二十四諦, 即是我所, 皆依神我). 해당 문장은 다음과 같다. "僧佉論, 正云僧企耶? 此云數術? 又翻數論, 輔行云. 迦毘羅說經十萬偈名僧佉論, 用二十五諦. 明因中有果, 計一爲宗. 言二十五諦者, 一者從冥初生覺, 過八萬劫前冥然不知, 但見最初中陰初起, 以宿命力, 恒憶想之, 名爲冥諦. 亦云世性, 謂世間衆生由冥初而有即世間本性也. 亦曰自然, 無所從故, 從此生覺. 亦名爲大, 即中陰識也. 次從覺生我心者, 此是我慢之我, 非神我也, 即第三諦, 從我心生色聲香味觸, 從五塵生五大, 謂四大及空, 塵細大麁, 合塵成大, 故云從塵生大. 然此大生多少不同, 從聲生空大, 從聲觸生風大, 從色聲觸生火大, 從色聲觸味生水大, 五塵生地大, 地大藉塵多故, 其力最薄, 乃至空大, 藉塵少故, 其力最強, 故四輪成世界. 空輪最下, 次風, 次火, 次水, 次地. 從五大生十一根, 謂眼等根能覺知故, 故名爲根, 名五知根. 手足口大小遺根能有用故名五業根, 心平等根, 合十一根. 心能遍緣, 名平等根. 若五知根各用一大, 謂色塵成火大, 火大成眼根, 眼根還具色, 空塵成耳根, 耳根還聞聲, 地成鼻, 水成舌, 風成身, 亦如是. 此二十四諦, 即是我所, 皆依神我, 名爲主諦, 能所合論, 即二十五."(T54, 1145a5~27.)

116 『유마힐소설경維摩詰所說經』 권1(T14, 537c15~16). "說法不有亦不無, 以因緣故諸法生, 無我無造無受者, 善惡之業亦不亡." 〈산스크리트본의 해당 내용: VKN, p.6;

手)과 같고 '두 번째 머리'(第二頭)와 같아서 [본래 없는 것이다.]"[117]고 말했으니, '[자아를 이루는 요소들의] 5가지 더미'(五陰)에서 '[불변 · 독자의] 자아'(我)도 이 [세 번째 손이나 두 번째 머리]와 같이 [본래 없는 것이기] 때문이다.

ii) 만약 〈'[성문과 연각] 두 부류 수행자'(二乘)가 집착하는 '과거 · 현재 · 미래에 [실체로서 존재하는] 5가지 더미라는 현상'(三世五蘊之法)〉을 상대[하여 말]한다면, 바로 〈'하나의 [참 그대로의] 자기'(一我)[118]는 있지만 '[자아를 이루는 요소들의] 5가지 더미'(五蘊)는 [실체로서] 없다[는 도리]〉(有一我而無五蘊)를 허용하니, '참된 자기'(眞我)를 떠나서는 '[자아를 이루는 요소들의] 5가지 더미라는 현상'(五[蘊]法)이 없기 때문이다. 경전에서 "바로 이 현상세계(法界)가 '다섯 가지 미혹의 세계'(五道)로 흘러들어 바뀌어 가는 것을 중생이라고 부른다."[119]라 말하고, 또 "모든 중생에게 다

---

hetuṃ pratītya imi saṃbhavi sarvadharmāḥ | naivātra ātmana ca kāraku vedako vā; 원인을 조건으로 삼아 모든 법이 발생한다. 여기에는 자아도 없고 [업을 짓는] 행위자도 없으며, [업의 결과를 향수하는] 향수자도 없다.〉

117 『대지도론大智度論』 권2(T25, 74b22~23). "實無, 無故不見. 譬如第二頭, 第三手." 『중론』 권2(T30, 12a2~3). "法若無者則無滅相, 如第二頭第三手無故不可斷."

118 이 단락 아래에서 인용되는 『열반경』에서는 '무상無常 · 고苦 · 무아無我 · 부정不淨'에 대비되는 '상常 · 낙樂 · 아我 · 정淨'이라는 개념을 부각시켜 열반 지평의 긍정적 내용을 긍정용어로 기술하고 있다. 여기서의 '무아無我'는 긍정기술로서의 '아我'가 없다는 의미이다. 따라서 무지의 매인 '불변 · 독자의 자아관념'을 부정하는 측면(門)에서 기술하는 '무아無我'를 '불변 · 독자의 자아가 없음'으로 번역하고 있는 점을 고려하여, 여기에서의 '아我'는 '자기'로 번역한다. 『열반경』의 취지에 따라 본 번역에서는 '아我'를 두 가지로 번역한다. 치유와 극복의 맥락인 부정기술에서의 '아我'는 '자아'로, 구현된 긍정내용을 나타내는 긍정기술에서의 '아我'는 '자기' 혹은 '참 그대로의 자기'로 번역한다.

119 같은 구문이 검색되지 않으나 윤회하는 중생衆生의 본연이 법성法性, 법신法身, 여래장如來藏 등임을 나타내는 문장은 다음과 같은 것들이 있다. 『승천왕반야바라밀경勝天王般若波羅蜜經』 권3(T8, 701a23~25). "大王! 如是法性, 無量無邊, 爲諸煩惱之所隱覆, 隨生死流沈沒六道長夜輪轉, 隨衆生故名衆生性."; 『부증불감경不增不

'부처 면모'(佛性)가 있다."[120]고 말한 것과 같으니, 바로 이 [이승二乘을 대치對治하는] '[참된] 자기'(我)의 면모(義)는 곧 '여래의 면모가 간직된 창고'(如來藏)의 면모(義)인 것이다.

iii) 만약 〈보살이 [아공我空과 법공法空을 설하는 공관空觀의] '매우 깊은 가르침'(甚深教)에 의거하면서 말 그대로의 [표면적인] 뜻을 취하여 '[아무것도] 없다는 집착'(損減執)을 일으키는 것〉을 상대[하여 말]한다면, 바로 〈'[참 그대로의] 자기'(我)와 '[참 그대로의] 현상'(法)이 모두 있다[는 도리]〉(我法皆悉是有)를 허용한다. 논서(『유가사지론』)에서 "또한 이 '[변화하는] 언어로 지칭하는 자아'(假我)는 '변화하는 특징'(無常相)이고, '항구적이지 않은 특징'(非恒相)이며, '안정적으로 보존되지 않는 특징'(非安保相)이고, '변화하여 파괴되는 특징'(變壞相)이다."[121]라고 하면서 상세하게 설명한 것과 같은 것이다.

iv) 만약 〈보살이 [식識이 만든 현상이 있음을 설하는 유식관唯識觀의] '[식識이 만든] 현상의 양상에 대한 가르침'(法相教)에 의거하면서 말 그대로

減經』 권1(T16, 467b6~8). "舍利弗! 即此法身過於恒沙, 無邊煩惱所纏從無始世來隨順世間, 波浪漂流往來生死, 名爲衆生."; 『무상의경無上依經』 권1(T16, 469c17~19). "阿難! 是如來界無量無邊, 諸煩惱鷇之所隱蔽, 隨生死流漂沒六道無始輪轉, 我說名衆生界."

120 『대반열반경』 권7(T12, 645b10~11). "一切衆生, 皆有佛性." 〈산스크리트본의 해당 내용: Mpm., p.568; "*tathāgatagarbhaḥ sarvvasatvānāṃ**"; 모든 중생들에게는 여래장이 있다. ※가노 가즈오의 번역(「Tathāgatagarbhaḥ sarvasattvānām―涅槃経における如来蔵の 複合語解釈にかんする試論」, 『불교학리뷰』 22, pp.9-61) "모든 중생들에게는 여래를 안에 품은 [스투파]가 있다."〉

121 『유가사지론』 권6(T30, 307b22~27). "又此假我, 是無常相, 是非恒相, 非安保相, 是變壞相, 生起法相, 老病死相, 唯諸法相, 唯苦惱相故. 薄伽梵說, 苾芻當知. 於諸法中假立有我, 此我無常無恒不可安保, 是變壞法. 如是廣說. 由四因, 故於諸行中假設有我. …" 〈산스크리트본의 해당 내용: YBh., pp.136-137; sa punar anityalakṣaṇaḥ | adhruvalakṣaṇaḥ | anāśvāsikalakṣaṇaḥ | vipariṇāma-lakṣaṇaḥ … ; 그 [언어적 존재로서 자아]는 무상을 특징으로 하고, 견고하지 않음을 특징으로 하며, 영원하지 않음을 특징으로 하고, 파괴되는 것을 특징으로 한다.〉

의 [표면적인] 뜻을 취하여 '[모든 것이] 있다는 집착'(增益執)을 일으키는 것〉을 상대[하여 말]한다면, 바로 〈자아(人)와 현상(法)이 모두 [실체로서] 있지 않다[는 도리]〉(人法皆無所有)를 허용한다. 경전(『마하반야바라밀경』)에서 "오히려 자아(我)도 없고 중생도 없으며 나아가 '아는 자'(智者)와 '보는 자'(見者)도 없는데, 어찌 하물며 '색깔이나 모양'(色)·느낌(受)·'특징·차이에 대한 지각'(想)·의도(行)·의식작용(識)[의 5온법蘊法]이 있을 것인가?"[122]라고 말한 것과 같은 것이다.

如其當因緣道理, 若人若法, 非有非無. 非無故, 說人法皆有量智所照, 非有故, 說人法二空理智所證. 理智所證者, 不損人法也, 量智所照者, 不壞二空也. 如『花嚴經』言, "分別一切法, 不取諸法相, 善分別衆生, 而無衆生相,"[123]『中邊論』云, "謂實有我增益人邊, 實無有我損

122 『마하반야바라밀경』 권25(T8, p.405b5~8). "舍利弗! 今有佛無佛, 諸法相常住不異, 是法相中, 尙無我, 無衆生, 無壽命乃至無知者, 無見者, 何況當有色受想行識?" 〈산스크리트본의 해당 내용: PvsP., pp.110-111. (*완전히 대응하는 부분은 아니고 내용상 유사한 부분임); tatra nātmā na sattvo na jīvo na jantur na poṣo na puruṣo na pudgalo na manujo na mānavo na kārako na vedako na jānako na paśyakaḥ, tat kuto rūpaṃ bhaviṣyati, kuto vedanā kutaḥ saṃjñā kutaḥ saṃskārāḥ, kuto vijñānam iti bhaviṣyati; 그곳에는 아트만(ātman 我)도 사트바(sattva 有情)도 지바(jīva 命者)도 생류(jantu 生者)도 뽀샤(poṣa 養者)도 뿌루샤(puruṣa 士夫)도 뿌드갈라(pudgala 補特伽羅)도 마누자(manuja 意生)도, 마나바(mānava 儒童)도, 행위자(kāraka 作者)도 감수자(vedaka 受者)도, 아는 자(jānaka 知者)도, 보는 자(paśyaka 見者)도 존재하지 않는다. 그런데 어디로부터 색·수·상·행·식[이라는 오온]이 존재할 수 있겠는가?〉 ※반야경의 주석서에서는 '아트만'(ātman)부터 '보는 자'(pāśyaka)의 영원불변의 존재로 상정되는 용어들에 대해, '니룩따'(nirukta)라는 말놀이(wordplay)를 사용하여 그 본래의미를 도려내고 불교의 입장에서 그 용어들을 새로이 해석하여 비판하고 있다. 이에 관해서는 이영진. 2013. 「아리야 비묵띠세나의 현관장엄론에 대한 주석(Abhisamayālaṅkāravṛtti) 중 "수행의 그릇, 인식대상, 목표(pratipatter ādhārālambanoddeśāḥ)" 장에 관한 역주」, 『불교학리뷰』 13, pp.180-182를 참조.

減人邊, 謂實有法增益法邊, 實無有法損減法邊." 依此聖言, 當知人法有無齊等是究竟義, 乎[124]說有無是隨宜說.

[H1, 814a22~b7; O 66,13~67,3]

v) 만약 그 '원인과 조건의 도리'(因緣道理)에서 본다면, 자아(人)이든 현상(法)이든 [실체로서] 있는 것도 아니고 [아무것도] 없는 것도 아니다. '없는 것이 아니므로'(非無) 〈자아(人)와 현상(法)은 모두 있는 것이어서 '['근원적인 지혜'(根本智)에 의거하여] 사실대로 헤아리는 지혜'(量智; 後得智)로 이해되는 것〉(人法皆有量智所照)이라 말하고, '있는 것이 아니므로'(非有) 〈자아(人)와 현상(法) 두 가지 모두 '[불변 · 독자의] 실체가 없는 것'(空)이어서 '[인법이공人法二空의] 이치에 대한 [근원적인] 지혜'(理智; 根本智)로 증득되는 것〉(人法二空理智所證)이라고 말한다. '[인법이공人法二空의] 이치에 대한 [근원적인] 지혜'(理智, 根本智)로 증득되는 [공空의 이치]는 자아(人)와 현상(法)을 손상시키지 않고, '['근원적인 지혜'(根本智)에 의거하여] 사실대로 헤아리는 지혜'(量智, 後得智)로 이해되는 [있음(有)의 이치]는 '[자아와 현상이] 둘 다 실체가 없다'(二空)[는 이치]를 파괴하지 않는다.

[이것은] 『화엄경』에서 "'모든 현상'(一切法)을 구별(分別)하면서도 모든 현상의 실체(相)를 취하지 않고 … 모든 중생을 잘 구별(分別)하면서도 '중생이라는 실체관념'(衆生想)이 없다."[125]고 말하고, 『중변분별론』에서 "'실제로 자아가 있다'(實有我)고 하는 것은 '[불변 · 독자의] 자아를 세우는 측면'(增益人邊)이고, '실제로 자아가 있지 않다'(實無有我)고 하는 것은

123 『화엄경』 본문에는 '衆生相'이 '衆生想'으로 되어 있다. 『화엄경』 본문을 따라 번역한다.

124 橫超本에는 '乎'가 '互'라고 되어 있다. 橫超本에 따른다.

125 『화엄경』 권9(T9, 455a16~c1). "分別一切法, 不取諸法相. … 善分別衆生, 而無衆生想."

‘자아를 완전히 없애는 측면’(損減人邊)이며, ‘실제로 현상이 있다’(實有法)고 하는 것은 ‘[불변·독자의] 현상을 세우는 측면’(增益法邊)이고, ‘실제로 현상이 있지 않다’(實無有法)고 하는 것은 ‘현상을 완전히 없애는 측면’(損減法邊)이다.”[126]라고 말한 것과 같다.

이러한 ‘고귀한 [경론의] 말씀’(聖言)에 의거하여, 〈자아(人)와 현상(法)이 ‘있다는 것’(有)과 ‘없다는 것’(無)은 모두 같은 것이다.〉라는 것이 ‘궁극적인 뜻’(究竟義)이고 〈[자아와 현상에 대해] 있다거나 없다고 교대로 말하는 것〉은 [손감변損減邊과 증익변增益邊을 상대하기 위해] ‘[수단과 방법으로] 편의에 따라 말한 것’(隨宜說)임을 알아야 한다.

此所說我, 何法攝者? 若論法界衆生佛性之我, 非卽蘊界處, 不離蘊界處, 而亦得說法界法處所攝. 此義具如『十二門論』說. 若論我見薰習所生假我, 十一識中自他差別識攝, 非卽蘊界處, 不離蘊界處, 而亦得入行蘊法界法處所攝. 如論說言, “如是假我, 不可說言與彼諸法異不異性”故. 行蘊之內, 何法攝者, 入於不相應法所攝, 二十四中衆同分攝, 此亦名爲衆生種類. 然此衆生及與[127]諸法, 非如所說有人有法, 而

---

126 『중변분별론』 권2(T31, 462c7~11). “有我者, 增益邊毀謗, 無我者, 損減邊毀謗, 有假名人故, 爲離此二邊故, 佛說中道. 有我無我二, 彼中間非二, 所觸無分別故. 心實有是增益法邊, 不實有損減法邊, 爲離此二邊故, 佛說中道.” 〈산스크리트본의 해당 내용: MAV., p.70. ātmeti pudgalasamāropānto nairātmyam ity apavādāntaḥ prajñaptisato 'py apavādāt | tatparivarjanārthaṃ madhyamā pratipad yad ātmanairātmyayor madhyamaṃ nirvikalpaṃ jñānam | bhūtaṃ cittam iti dharmasamāropānto 'bhūtam ity apavādāntaḥ |; ‘자아’는 것은 뿌드갈라를 덧씌우는(增益) 극단이다. ‘무아’라는 것은 뿌드갈라를 부정(損減)하는 극단인데, 왜냐하면 가설적(개념적) 존재를 또한 부정하는 것이기 때문이다. 그 [두 극단]을 벗어나기 위하여 중도가 있는데, 자아와 무아의 중[도]는 무분별지이다. “마음은 실재한다”는 것은 다르마를 덧씌우는 극단이고, “마음은 실재하지 않는다”는 것은 다르마를 부정하는 극단이다.〉

127 橫超本의 교감주에는 원본에 없는 ‘與’를 집어넣은 것이라고 한다.

非是無故, 作是說耳. 然二障道理唯佛所窮, 但依仰信, 聊須斟酌也.
[H1, 814b8~20; O 67,3~9]

여기서 말하는 자아(我)는 [5온蘊 · 12처處 · 18계界의] 어느 현상(法)에 포함되는가? 만약 '현상세계 중생의 부처 면모로서의 자기'(法界衆生佛性之我)[의 측면]에서 논한다면, '[자아를 이루는 요소들의 5가지] 더미'(蘊) · '[18가지로 분류한 모든] 경험세계'(界) · '[12가지로 분류한 모든] 경험세계'(處)가 바로 [자아인 것은] 아니지만 '[자아를 이루는 요소들의 5가지] 더미'(蘊) · '[18가지로 분류한 모든] 경험세계'(界) · '[12가지로 분류한 모든] 경험세계'(處)에서 [자아가] 벗어나는 것도 아니어서, '[18계界 중에서의] 개념적 경험세계'(法界)와 '[12처處 중에서의] 개념적 경험세계'(法處)에 포함된다고 말할 수도 있다. [법계중생불성지아法界衆生佛性之我가 온蘊 · 계界 · 처處 중에 포함되는 현상으로 규정될 수 없으면서도 법계法界나 법처法處에 포함된다고 말할 수도 있다는] 이러한 뜻에 대한 구체적인 [내용]은 『십이문론十二門論』에서 설명하는 것[128]과 같다.

만약 〈자아에 관한 [잘못된] 견해가 거듭 영향을 주어 생겨나는 '언어로 지칭하는 자아'〉(我見薰習所生假我)[의 측면]에서 논한다면, [자아는] '[제8아뢰야식이 변이되어 성립하는] 11가지 의식작용'(十一識)[129] 중에서 '나와

---

128 『십이문론十二門論』 권1(T30, 160b4~6). "因五陰十二入十八界有爲法, 故說有我. 如因可然, 故說有然, 若陰入界空, 更無有法可說爲我, 如無可然不可說然." 인용된 『십이문론』에서는 연료(可然, 可燃)를 원인으로 삼아 불(然, 燃)이 있듯이 5온蘊 · 12처處 · 18계界를 원인으로 삼아 자아(我)가 있다고 말할 수 있다고 하면서도 곧이어 온蘊 · 처處 · 계界라는 현상이 공空이라면 자아(我)라고 할 만한 것도 없다고 하여, 『이장의』 본문에서처럼 자아(我)와 온蘊 · 처處 · 계界(法)의 관계에 대한 즉비卽非와 비리非離의 두 측면을 논의한다.

129 11식識: 본식本識인 아뢰야식阿賴耶識이 분화된 11가지 능변식能變識을 말하는데, 『섭대승론석攝大乘論釋』 권5에 따르면 "由本識能變異作十一識, 本識卽是十一識種子."(T31, 181b26~27)라고 하여 이 11식識에 대해 본식本識인 아뢰야식阿賴

남을 차별하는 의식작용'(自他差別識)에 포함되는 것이니, [이 경우] '[자아를 이루는 요소들의 5가지] 더미'(蘊) · '[18가지로 분류한 모든] 경험세계'(界) · '[12가지로 분류한 모든] 경험세계'(處)가 바로 [자아인 것은] 아니지만 '[자아를 이루는 요소들의 5가지] 더미'(蘊) · '[18가지로 분류한 모든] 경험세계'(界) · '[12가지로 분류한 모든] 경험세계'(處)에서 [자아가] 벗어나는 것도 아니어서, '[자아를 이루는 요소들의 5가지 더미 중] 의도의 더미'(行蘊)와 '[18계界 중에서의] 개념적 경험세계'(法界)와 '[12처處 중에서의] 개념적 경험세계'(法處)에 포함되는 것이 된다고도 할 수 있다. [이러한 뜻은] 논서(『유가사지론』)에서 "이와 같은 '언어로 지칭하는 자아'(假我)는 저 [온蘊 · 처處 · 계界의] 모든 현상과 다른 것이라거나 다르지 않은 것이라고 [확정하여] 말할 수 없다."[130]고 말한 것과 같은 것이다.

[앞에서 5온蘊 중에 행온行蘊에 속한다고 했던 가아假我는] '의도의 더미'(行

耶識은 종자種子가 되는 관계에 있다고 한다. 같은 곳에서는 이어서 "論曰, 謂身識, 身者識, 受者識, 應受識, 正受識, 世識數識, 處識言說識, 自他差別識, 善惡兩道生死識, 身識身者識, 受者識, 應受識, 正受識, 世識數識處識, 言說識. 如此等識, 因言說熏習種子生, 自他差別識, 因我見熏習種子生, 善惡兩道生死識, 因有分熏習種子生." (T31, 181c4~9)이라고 하여, ① 신식身識, ② 신자식身者識, ③ 수자식受者識, ④ 응수식應受識, ⑤ 정수식正受識, ⑥ 세식世識, ⑦ 수식數識, ⑧ 처식處識, ⑨ 언설식言說識, ⑩ 자타차별식自他差別識, ⑪ 선악양도생사식善惡兩道生死識의 11가지 식識을 거론하고, ① 신식身識~⑨ 언설식言說識까지 9가지 식識은 언설훈습종자言說熏習種子에 의해 생겨나고, ⑩ 자타차별식自他差別識은 아견훈습종자我見熏習種子에 의해 생겨나며, ⑪ 선악양도생사식善惡兩道生死識은 유분훈습종자有分熏習種子에 의해 생겨난다고 설명한다. ⑩ 자타차별식自他差別識에 대한 이 『섭대승론석』에서의 설명은 본문에서 아견훈습소생가아我見薰習所生假我가 자타차별식自他差別識에 포함된다는 원효의 지적과 부합한다. 자타차별식自他差別識을 세우는 까닭에 대해서는 "爲明衆生各各計我有多種, 我所亦然. 故須立自他差別識, 攝一切自他差別."(T31, 184b2~4)이라고 하여, 중생들 각자가 자아(我)와 자아에 속하는 것(我所)들을 헤아리는 것이 다종多種임을 밝히기 위해서라고 한다.

130 『유가사지론』 권6(T30, 307b19~21). "所言我者, 唯於諸法假立爲有, 非實有我, 然此假我, 不可說言與彼諸法異不異性."

蘊) 안에서 어느 현상에 포함되느냐 하면, '[마음과] 상응하지 않는 작용 현상'(不相應法, 心不相應行法)[131]에 포함되는 것에 들어가 [이 심불상응행법心不相應行法의] 24가지 중에서 '중생 [각자의] 고유성'(衆同分)[132]에 포함되는데, 이 [중동분衆同分을] '중생의 종류'(衆生種類)라고도 부른다. 그런데 이 [가아假我인] 중생과 [가법假法인] 모든 현상은, 〈'[불변 · 독자의] 자아'(人)와 '[불변 · 독자의] 현상'(法)으로서 있다〉(有人有法)고 말하는 것과 같은 것은 아니지만 [아무것도] 없는 것도 아니기 때문에, [가아假我가 '18계

131 심불상응행법心不相應行法: 『구사론』 권4에서는 일체법一切法에 대해 "一切法略有五品. 一色, 二心, 三心所, 四心不相應行, 五無爲."(T29, 18b16~18)라고 하여 색色 · 심心 · 심소心所 · 심불상응행心不相應行 · 무위無爲의 다섯 부류로 나누고, 심불상응행법心不相應行法에 대해 "心不相應行何者是耶? 頌曰, 心不相應行, 得非得同分, 無想二定命, 相名身等類. 論曰, 如是諸法心不相應非色等性, 行蘊所攝, 是故名心不相應行."(T29, 22a4~9)이라고 하여 득得 · 비득非得 등의 심불상응행법心不相應行法에 속하는 것들(諸法)들은 마음과 상응하지 않고(心不相應) 색 등의 면모도 아닌(非色等性) 것이므로 행온行蘊에 포함된다고 설명한다. 권오민에 따르면 아비달마에서 말하는 심불상응행법心不相應行法은 "존재양태에 관한 관념을 추상화시켜 얻은 개념"으로 득得 · 비득非得 · 동분同分 · 무상과無想果 · 무상정無想定 · 멸진정滅盡定 · 명근命根 · 생生 · 주住 · 이異 · 멸滅 · 명신名身 · 구신句身 · 문신文身의 14가지가 있다. 『아비달마의 철학』, 2003년, p.82 참조. 한편 『유가사지론』 권3에서는 "不相應行有二十四種, 謂得 · 無想定 · 滅盡定 · 無想異熟 · 命根 · 衆同分 · 異生性 · 生 · 老 · 住 · 無常 · 名身 · 句身 · 文身 · 流轉 · 定異 · 相應 · 勢速 · 次第 · 時 · 方 · 數 · 和合 · 不和合."(T30, 293c7~11)이라고 하여, 득得 · 무상정無想定 · 멸진정滅盡定 · 무상이숙無想異熟 · 명근命根 · 중동분衆同分 · 생生 · 노老 · 주住 · 무상無常 · 명신名身 · 구신句身 · 문신文身 · 이생성異生性 · 유전流轉 · 정이定異 · 상응相應 · 세속勢速 · 차제次第 · 시時 · 방方 · 수數 · 화합和合 · 불화합不和合의 24가지를 거론한다.

132 중동분衆同分: 『구사론』 권5에서는 "同分者何? 頌曰, 同分有情等. 論曰, 有別實物名爲同分, 謂諸有情展轉類等, 本論說此名衆同分."(T29, 24a7~10)이라고 하여, 중동분衆同分은 중생의 동등성(有情等)이고, 개별적인 실물로서 있게 하는 것(有別實物)이며, 모든 중생이 같은 종류로서 전전展轉하는 것(諸有情展轉類等)이라고 설명한다. 말하자면 중동분은 중생 집단이 삼계三界를 유전流轉할 때 각각의 고유성을 유지하도록 하는 작용이라고 하겠다.

界 중의 법계法界'와 '12처處 중의 법처法處' 및 '행온行蘊인 심불상응행법心不相應行法의 중동분衆同分'에 포함된다는] 이러한 말을 할 수 있는 것이다.

그런데 '[번뇌장과 소지장, 이] 두 가지 장애'(二障)의 도리는 오로지 부처님만이 궁극적으로 아신 것이니, 다만 [부처님을] 우러러 믿는 [마음]에 의지하여 [지금까지] 조금이나마 [그 도리를] 짐작해 본 것이다.

二障義卷終.

慈尊未[133]流應理圓實宗,

英實. 戒四, 歲三五.

『이장의』 [필사筆寫를] 마친다.

[『유가사지론瑜伽師地論』을 설한] 미륵보살彌勒菩薩(慈尊)[134]의 후계인 응리원실종應理圓實宗[135]의 영실英實. ('[살殺 · 도盜 · 음淫 · 망妄의] 4가지 [바

133 橫超本에는 '未'가 '末'이라고 되어 있다. 橫超本에 따른다.

134 자존慈尊: 자씨보살慈氏菩薩로 의역되는 미륵보살彌勒菩薩을 가리킨다. 존尊은 미륵보살을 경칭敬稱하는 것이다. 『불광대사전』, p.5805 참조. 『유가사지론』은 이 미륵보살이 설한 것("瑜伽師地論卷第一, 彌勒菩薩說, 三藏法師玄奘奉詔譯." T30, 279a3~6)으로 되어 있다.

135 응리원실종應理圓實宗: 당唐 현장玄奘이 개창한 법상종法相宗(唯識宗)의 별칭이고, 약칭은 응리종應理宗이다. 『불광대사전』, p.6434 참조. 법상종의 종장宗匠인 규기窺基는 『아미타경통찬소阿彌陀經通贊疏』 권1에서 "宗有八者"(T37, 329c8)라고 하고 이하(T37, 329c8~12)에서 ① 아법공유종我法空有宗(犢子部), ② 유법무아종有法無我宗(薩婆多部), ③ 법무거래종法無去來宗(大衆部), ④ 현통가실종現通假實宗(說假部), ⑤ 속망진실종俗妄眞實宗(說出世部), ⑥ 제법단명종諸法但名宗(一說部), ⑦ 승의개공종勝義皆空宗, ⑧ 응리원실종應理圓實宗의 8종宗을 교판한다. ①~⑥이 이승교二乘라면 ⑦과 ⑧은 대승교大乘教를 둘로 나눈 것으로서, ⑦ 승의개공종勝義皆空宗에 대해서는 "七勝義皆空宗, 般若等經龍樹等說中百論等是."(T37, 329c12~13)라고 하여 반야 공관계의 교학을 가리키고, ⑧ 응리원실종應理圓實宗에 대해서는 "八應理圓實宗, 華嚴法華等及無著等說中道教是."(T37, 329c13~14)라

라이계波羅夷戒[136])를 지키고, 나이는 35세이다)[137]

고 하여 화엄華嚴과 법화法華 및 무착無著·세친世親 등의 유식계 교학을 가리켜 응리원실종應理圓實宗이라는 명칭 하에 자종自宗의 위상을 설정한다.

136 4바라이계波羅夷戒: 4바라이법波羅夷法, 4이계夷戒, 4極惡法이라고도 한다. 바라이波羅夷는 비구와 비구니가 받는 구족계具足戒의 하나로서 계율 중 근본극악계根本極惡戒인데, 4바라이는 대음계大淫戒·대도계大盜戒·대살계大殺戒·대망어계大妄語戒의 4가지이다. 이 4가지를 어기면 출가중出家衆과 함께 머물 수 없기 때문에 극중죄極重罪라고 한다. 『불광대사전』, pp.1720, 3442 참조.

137 橫超慧日에 따르면 『이장의』의 大谷대학 소장 필사본의 오서奧書(사본의 말미에 베낀 사람의 이름, 제작 일자, 제작 경위 등을 적은 글)인 "慈尊末流應理圓實宗英實戒四歲三五"가 본문과 같은 필체(同筆)로 되어 있으므로 영실英實이 이 필사본의 필사자라 한다. 그리고 '자존말류응리원실종慈尊末流應理圓實宗'이라고 하므로 미륵보살을 신봉하는 법상종의 법사인 것은 알 수 있지만 이 외에 다른 행적을 따로 찾아볼 수는 없다고 한다. 한편 『이장의』 필사본의 표지에는 다른 필체(別筆)로 "應理圓實宗沙門實算"이라고 되어 있는데, 거듭 응리원실종應理圓實宗이 등장하고 실산實算은 13세기 가마쿠라鎌倉 시대 법상종法相宗의 학장學匠으로 그 행적이 추적되므로, 이 필사본은 일본의 가마쿠라 시대에 법상종 학자들의 연구서였다는 것을 알 수 있다고 한다. 『二障義(硏究篇)』(京都: 平樂寺書店, 1979), pp.9~10 참조. 『이장의』 내용의 유식학적 엄밀성으로 미루어 볼 때 충분히 있을 법한 사실史實적 정황으로 보인다.

번역어 색인

ㄱ

ㄷ

ㅁ

ㅂ

ㅅ

ㅇ

ㅈ

ㅊ

ㅌ

ㅍ

ㅎ